领导关怀

1986年4月10日，中国工程院院士、中国农科院院长卢良恕（前排右四），山东省农科院院长王大刚（前排右五）来所视察

1988年8月，农业部副部长刘江（前排左五）来所考察西洋参科研工作

1988年,原烟台地委书记李文(前排右三)来所视察

1990年8月,农业部副部长洪绂曾(右四)来所视察

1992年1月20日,烟台市市长周训德(左四)来所视察

1997年5月,烟台市委原书记董传周(右二)来所视察

1997年5月23日,烟台市副市长王修伯(右四)来所视察小麦良种田

1997年,烟台市市长任海深(右一)来所视察小麦良种田

1997年6月10日,山东省副省长邵桂芳(左五)视察我所小麦良种田

2000年10月20日,全国政协副主席张思卿(右一)视察我院

2001年6月8日，新西兰前总理詹尼·希普利（左一）来我院参观

2002年4月24日，烟台市市长杨金镜（右二）来院视察

2002年4月26日,烟台市副市长李淑芹(左二)来院视察

2002年5月2日,烟台市市委书记焉荣竹(中)来院视察

2002年5月2日，十届全国人大农经委主任委员刘明祖（右二）来院视察

2002年5月21日，烟台市政协主席范庆梅（左二）来院视察

2002年6月17日,全国人大农经委副主任(原山东省省长)李春亭(左二)一行视察我院

2002年7月28日,山东省人大常委会主任赵志浩(左三)来院视察

2002年12月4日,济南军区副司令员李良辉(中)视察我院

2003年3月12日,人事部副部长张汉夫(左一)来院视察

2003年5月4日，烟台市市长周齐（右一）来院视察

2003年8月2日，加纳议会外委会主席夸比纳·奥克彻瑞（左一）一行来院视察

2003年8月8日，山东省政协原主席陆懋曾（右四）来院视察

2003年8月26日，山东省财政厅厅长尹慧敏（右二）来院视察

2003年9月22日,全国政协常委、人口资源环境委员会主任陈邦柱(右一)来院视察

2003年9月24日,联合国国际贸易投资司司长拉维·拉特那亚克(左四)一行参观我院,烟台市委副书记范庆梅、市人大副主任仇善强陪同

2003年10月3日,原中央军事委员会委员王瑞林上将(前排左二)一行考察我院

2003年11月20日,山东省农业厅厅长战树毅(右三)视察我院

2003年11月20日，农业部副部长齐景发（左三）视察我院

2004年4月1日，济南军区副司令员陈炳德（右一）来院视察

2004年8月9日,全国人大副委员长丁石孙(前)来院视察

2005年7月7日,全国人大常委会原副委员长王光英(右二)来院视察

2006年8月15日,烟台市委副书记齐秀生(左四)来院视察

2008年5月5日,山东省农科院党委书记仲崇高(左三)视察我院

2008年5月12日，山东省农科院院长王金宝（前排右一）视察我院

2008年9月1日，农业部副部长张桃林（右二）来院调研

2009年4月27日，烟台市副市长张广波（左一）来院视察

2009年5月5日，原烟台地委书记董传周（左二）来院视察

2009年12月10日，农业部原部长、中国绿色食品协会名誉会长何康（前排左四）来院考察

2010年5月1日，烟台市市长张江汀（前排右二）视察我院

2010年8月13日,农业部农产品质量安全监管局局长马爱国(前排左一)视察我院

2010年10月27日,烟台市委书记孙永春(左二)来院视察

2011年7月1日，烟台市市长王良（左二）来院视察

2012年3月25日，农业部科教司副司长刘艳（前排左三）来院调研

2012年9月23日，农业部总经济师毕美家（右三）视察我院

2012年11月22日，烟台市委常委、副市长燕卫华（右二）一行视察我院

2013年7月9日，南非政府副首相莫泰乔阿·梅辛一行来院视察

2014年4月3日，山东省农科院党委书记周林（左一）一行6人视察我院

2015年1月29日,烟台市副市长徐少宁(右二)来院调研

2015年4月14日,山东省农科院院长万书波(中)一行来我院调研

2016年3月23日，山东省委常委、组织部部长杨东奇（左二）在烟台市委书记孟凡利（右一）陪同下来我院考察调研

2016年4月21日，烟台市委副书记王继东（左三）来我院调研

2016年4月28日,烟台市副市长宋卫宁(左二)来我院调研

2016年12月15日,山东省委原副书记、山东省委农村工作领导小组副组长王军民(右一),在市委副书记王继东(右二)陪同下来我院调研

副市长宋卫宁与束怀瑞院士为烟台国际苹果育种中心揭牌；
市政府副秘书长董锐与于振文院士为院士工作站揭牌；
朱波院长与赵振东院士为博士后科研工作站揭牌

2018年4月20日上午，市委书记张术平在市委常委、组织部部长于涛，市委常委、秘书长于松柏，副市长金志海的陪同下，到我院调研

2018年4月27日省科技厅副厅长于书良来我院调研国际科技合作工作

2018年5月7日，科技部党组成员夏鸣九（前排左四）在山东省外国专家局局长张祝秀等陪同下，来我院调研

获奖成果

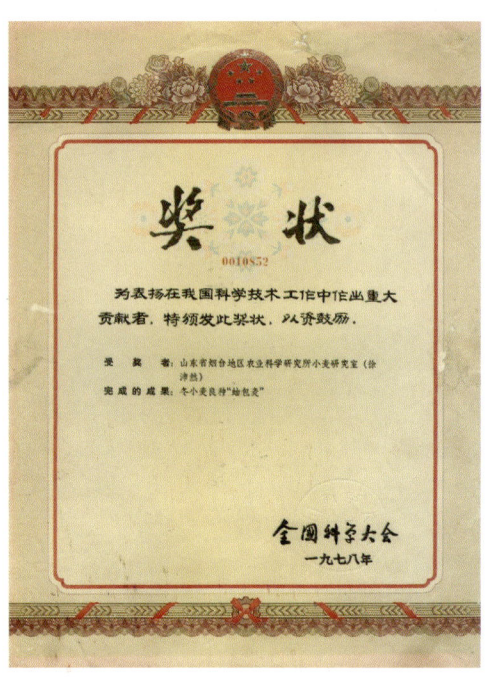

冬小麦良种"蚰包麦"1963年育成，1978年获全国科学大会奖

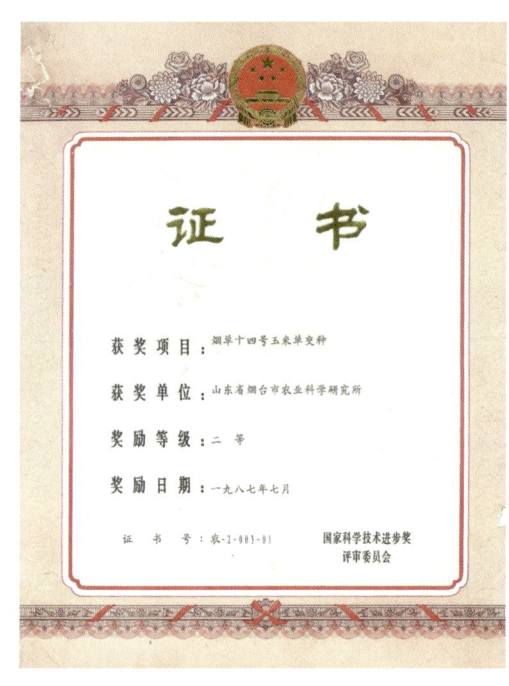

烟单14号玉米单交种1977年育成，1987年获国家科技进步二等奖

快中子诱发甘薯下胚轴不定芽突变育种方法，1989年获国家发明三等奖

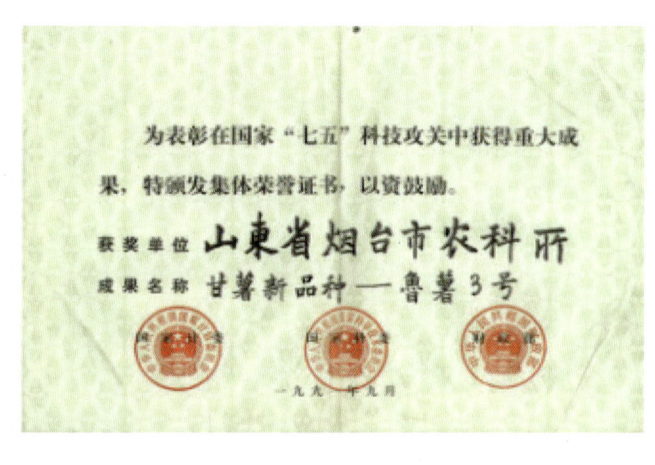

甘薯新品种鲁薯3号1978年育成，1989年通过山东省品种审定，1991年获国家计委、科委、财政部颁发的"七五"攻关重大科技成果奖

"高产、多抗、优质小麦新品种选育"1996年获国家"八五"科技攻关重大科技成果奖

"甘薯新品种选育"1996年获国家"八五"科技攻关重大科技成果奖

"甘薯高淀粉、抗病、高产新品种选育"1986年获国家"六五"攻关重大科技成果奖

鲁麦14号小麦品种先后通过山东省、山西省和国家品种审定，1996年获国家科技进步二等奖

烟农19小麦品种先后通过山东、江苏、安徽、山西、河南、北京6省（市）品种审（认）定，2007年获国家科技进步二等奖

阿塔纳斯·布拉高夫教授是我院引进合作研究的保加利亚果树专家，先后获得"齐鲁友谊奖""国家友谊奖"和"国家特聘专家"等荣誉，成功入选"外专千人计划"，2014年获山东省国际合作奖

烟农5158小麦品种，分别通过山东省、安徽省品种审定，2016年获山东省科技进步一等奖

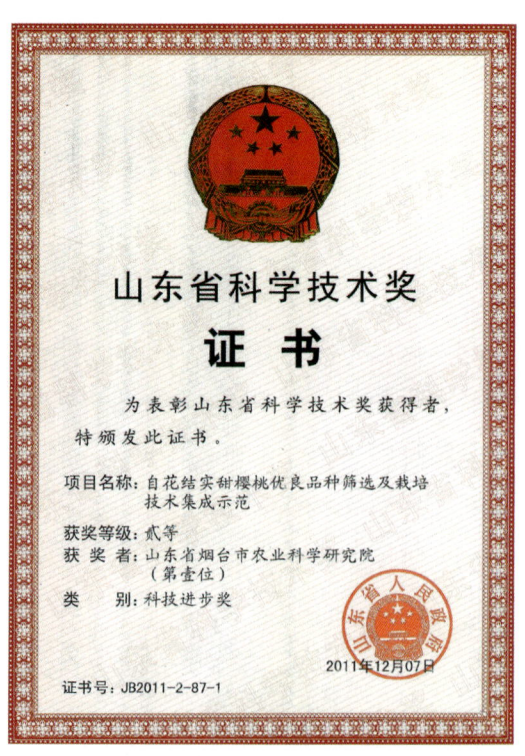

"自花结实甜樱桃优良品种筛选及栽培技术集成示范"2011年获山东省科技进步二等奖

光荣榜

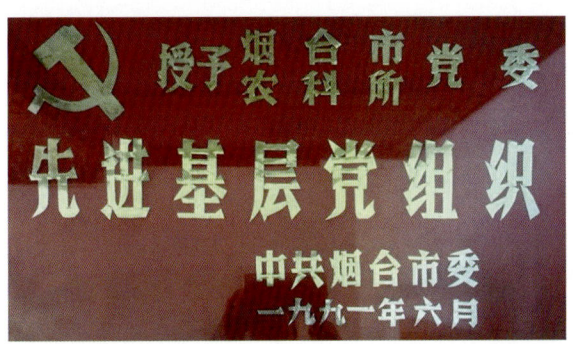
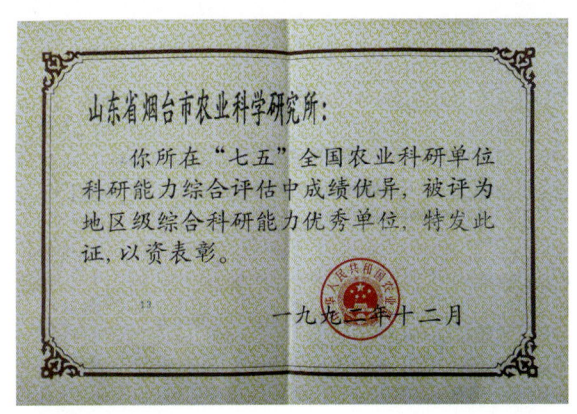

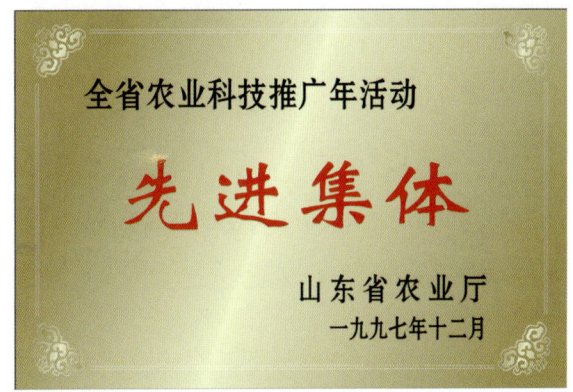
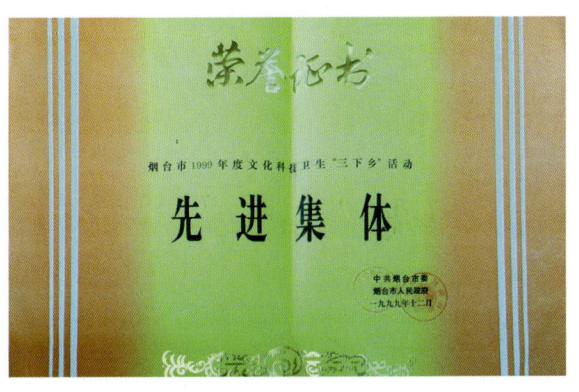

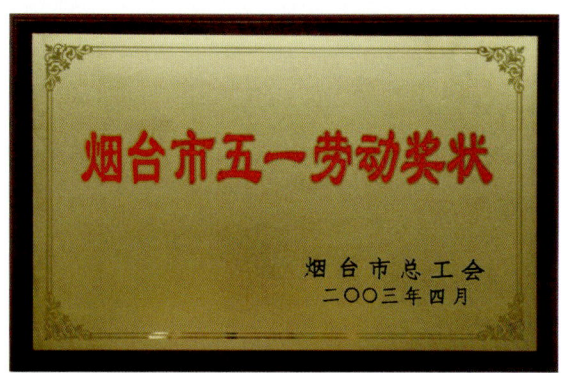
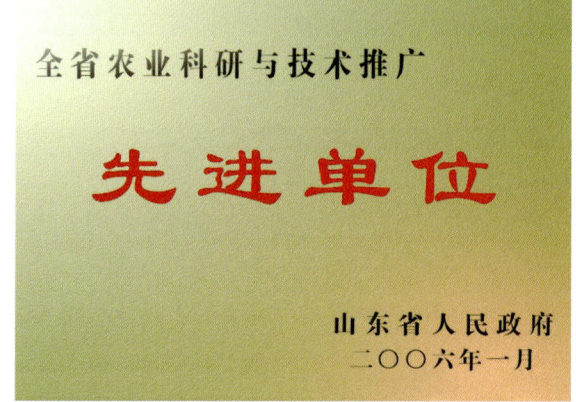

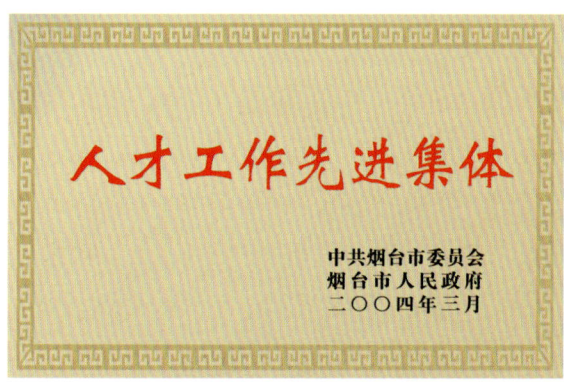

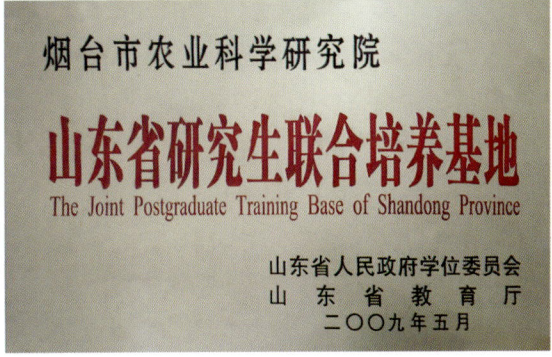
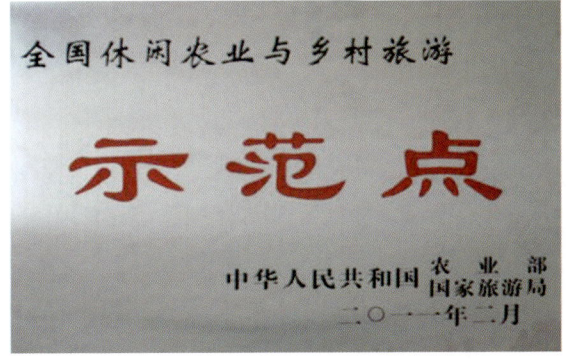

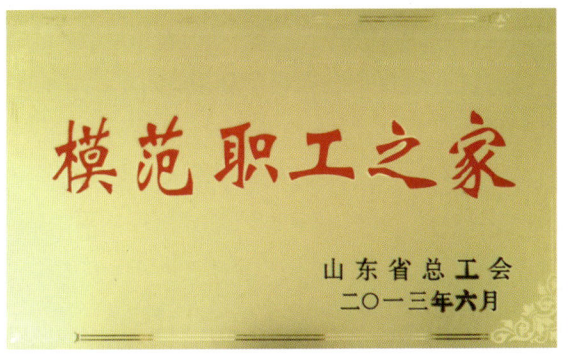
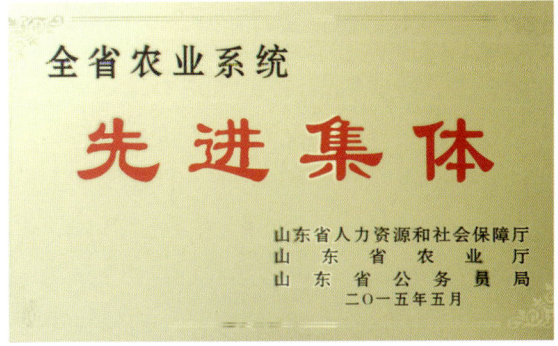

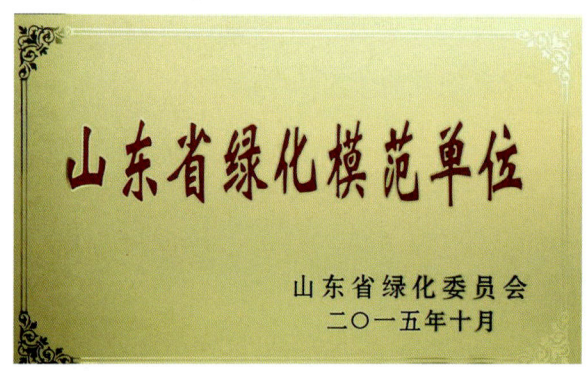
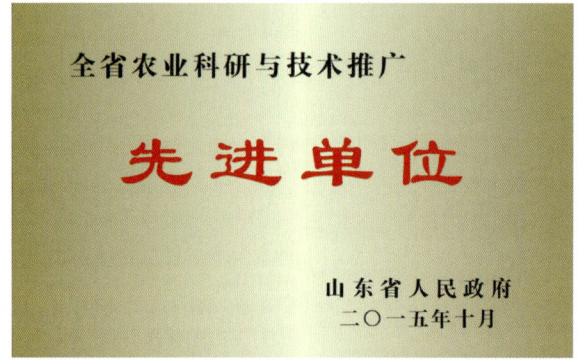

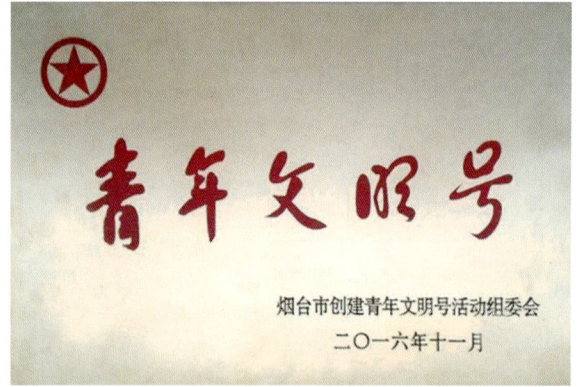

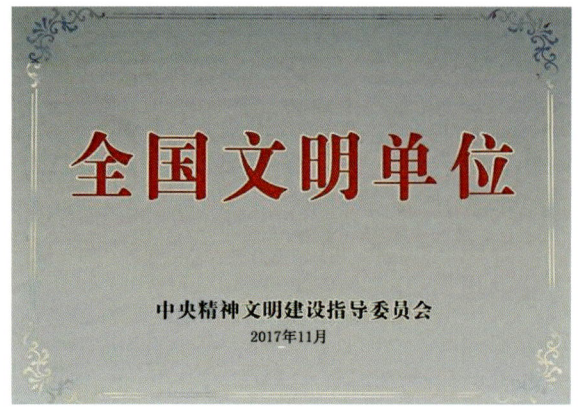
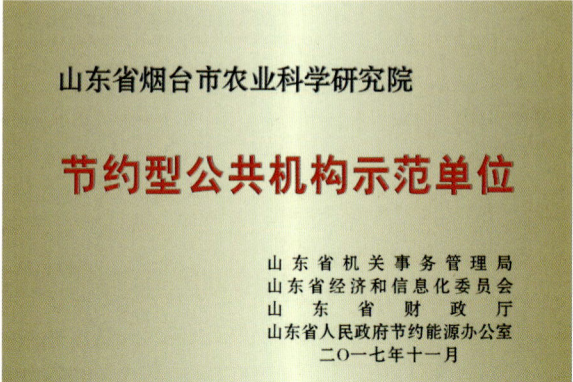

仪器设备

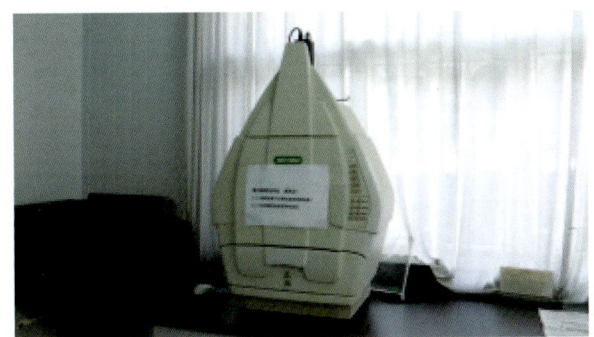

Gel Doo XR 凝胶成像系统

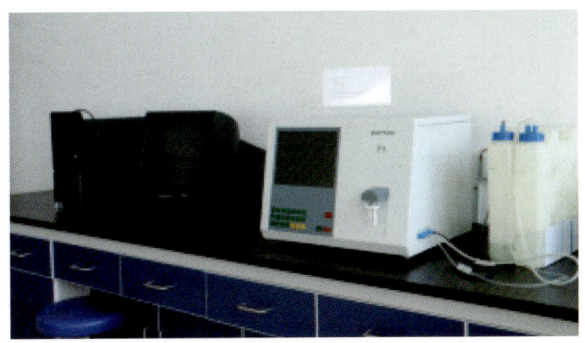

PA 流式细胞仪

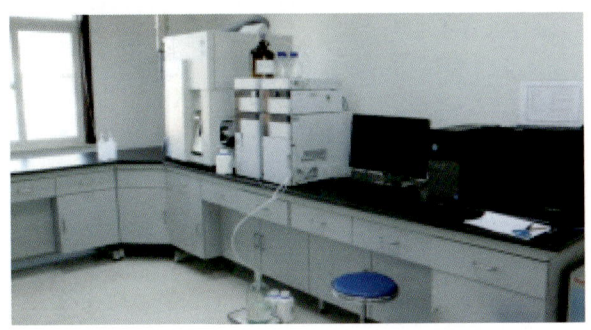

ICP-MS 电感耦合等离子体质谱仪

生理生化测定

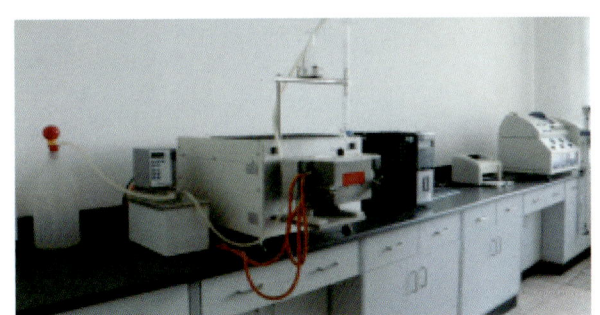

FARINOG RAPH-E 粉质仪

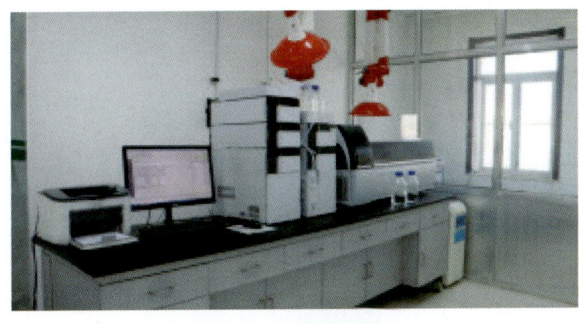

液相色谱串联质谱仪

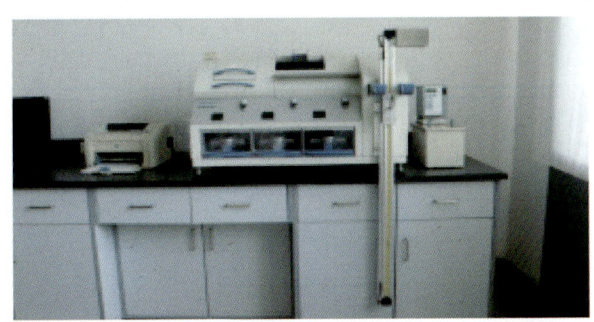

Extensograph-E 拉伸仪

分子生物学实验室

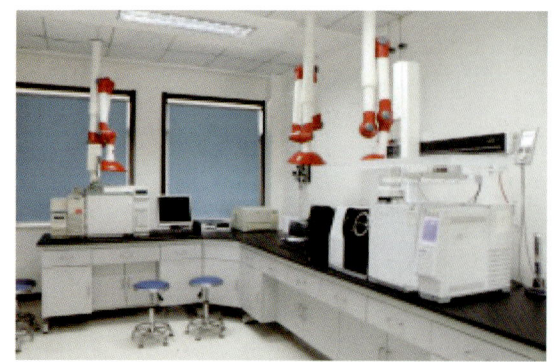
气相色谱串联质谱仪

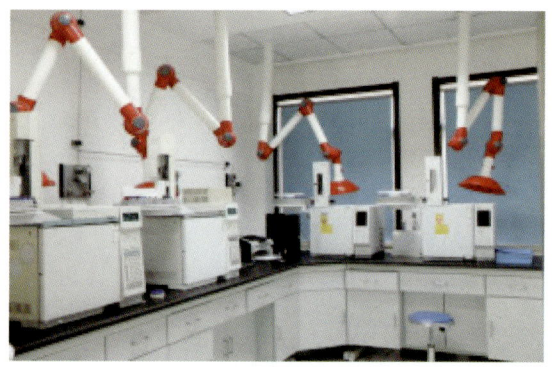
气相色谱仪

组织培养室

人工气候室

植保生测喷雾塔

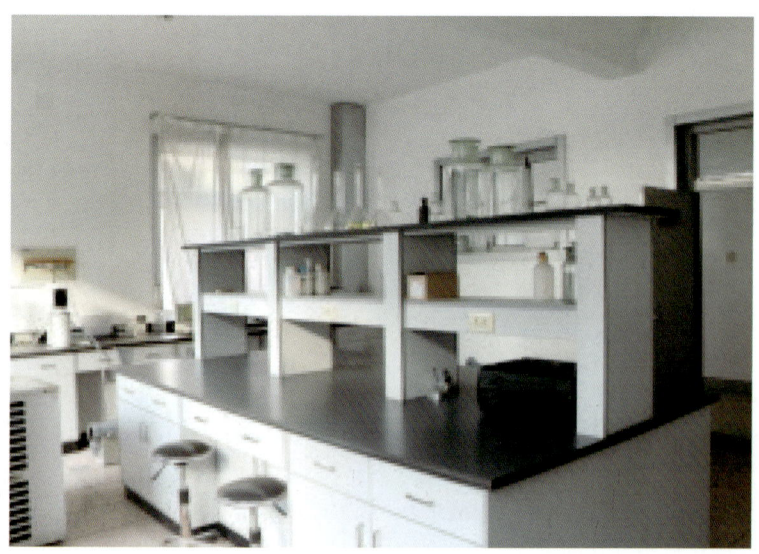
谷物品质检测仪

历任院（所）领导

烟台市农科院（所）历任书记

姓　名	职　务	任职时间
李树才	烟台专区科学研究所党委书记	1958.08—1959.08
董传周	烟台专区农科所党委书记	1959.09—1969.01
刘耕夫	烟台地区农科所支部书记	1969.01—1970.?
王登国	烟台地区农科所支部书记	1970.?—1973.09
王忠善	烟台地区农科所支部书记	1973.09—1975.03
王忠善	烟台地区农科究所总支委员会书记	1975.03—1978.08
王忠善	烟台地区农科究所基层委员会书记	1978.08—1982.06
左言华	烟台地区农科所基层委员会书记	1982.06—1985.05
左言华	烟台市农科所党委书记	1985.05—1988.03
初展蘷	烟台市农科所党委书记	1989.12—1995.09
王培旭	烟台市农科所党委书记	1995.09—1996.02
隋安臣	烟台市农科所党委书记	1996.02—1997.12
梁新明	烟台市农科所党委书记	1997.12—1998.08
梁新明	烟台市农科院党委书记	1998.08—2008.09
张善勇	烟台市农科院党委书记	2008.12—2016.09
朱　波	烟台市农科院党委书记	2016.09至今

烟台市农科院（所）历任院(所)长

姓　名	职　务	任职时间
李树才	烟台专区科学研究所所长	1958.08—1959.08
王树森	烟台专区农业科学研究所所长	1959.09—1972.08
李保欣	烟台地区农业科学研究所所长	1972.?—1985.05
王熙玉	烟台市农业科学研究所所长	1985.05—1995.08
隋安臣	烟台市农业科学研究所所长	1995.09—1997.11
梁新明	烟台市农业科学研究所所长	1997.12—1998.08
梁新明	烟台市农业科学研究院院长	1998.08—2008.09
董　锐	烟台市农业科学研究院院长	2008.12—2013.09
朱　波	烟台市农业科学研究院院长	2013.09至今

机构设置

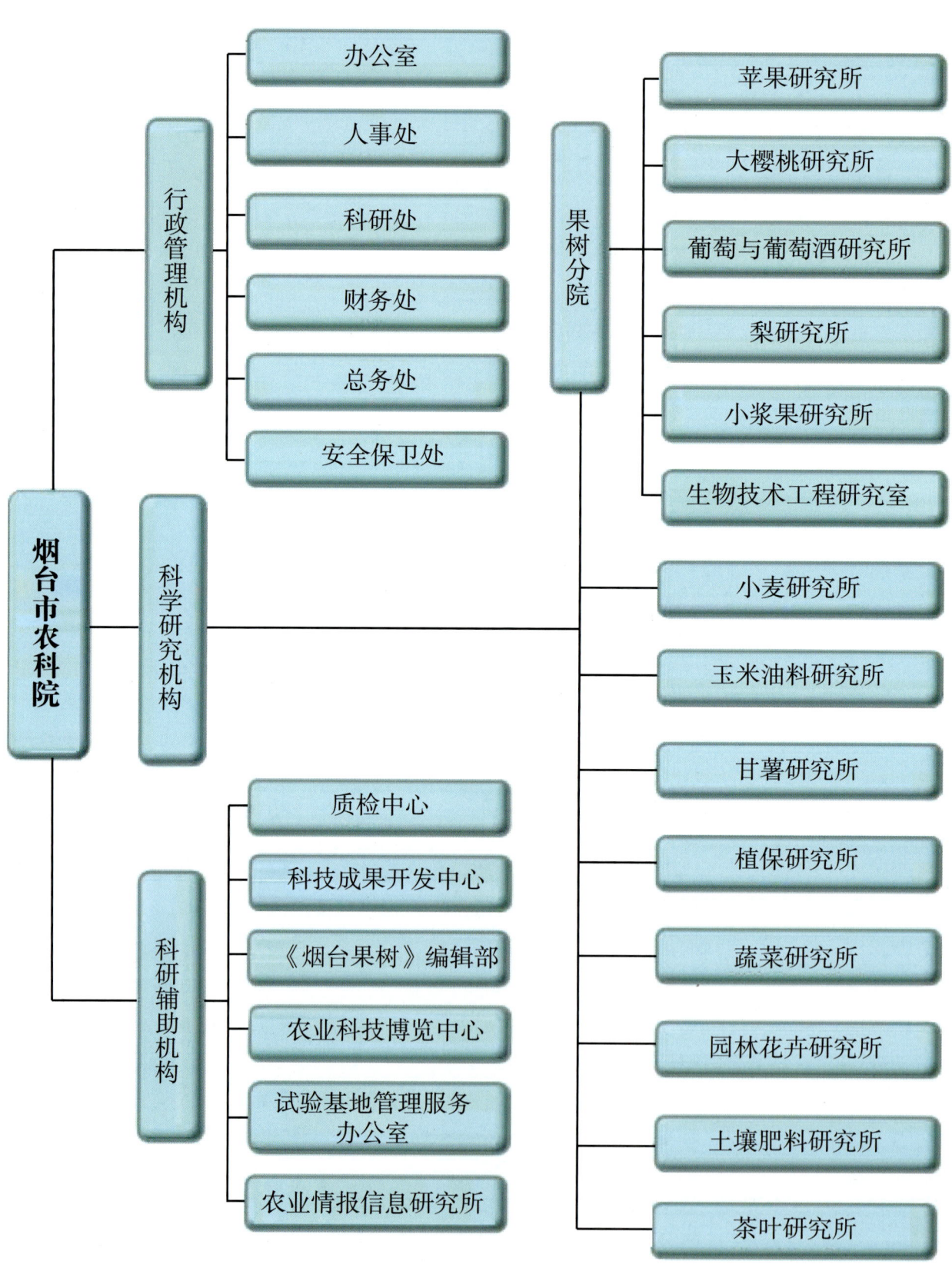

烟台市农业科学研究院志
1958～2018

院志编纂委员会　编

中国农业科学技术出版社

图书在版编目（CIP）数据

烟台市农业科学研究院志：1958—2018／院志编纂委员会编．—北京：中国农业科学技术出版社，2018.6
　　ISBN 978-7-5116-3695-9

Ⅰ．①烟…　Ⅱ．①院…　Ⅲ．①农业科学-科学研究组织机构-概况-烟台-1958-2018　Ⅳ．①S-242.523

中国版本图书馆 CIP 数据核字（2018）第 103298 号

责任编辑　张国锋
责任校对　贾海霞

出 版 者	中国农业科学技术出版社
	北京市中关村南大街 12 号　邮编：100081
电　　话	（010）82106636（编辑室）　（010）82109702（发行部）
	（010）82109709（读者服务部）
传　　真	（010）82106631
网　　址	http://www.castp.cn
经 销 者	各地新华书店
印 刷 者	北京富泰印刷有限责任公司
开　　本	880mm×1 230mm　1/16
印　　张	27.5　　彩插 40 页
字　　数	930 千字
版　　次	2018 年 6 月第 1 版　2018 年 6 月第 1 次印刷
定　　价	298.00 元

◀━━━ 版权所有·翻印必究 ━━━▶

编纂领导小组

组　　长：朱　波
成　　员：周先学　刘学卿　姜鸿明　姜中武　刘学庆　王英姿
　　　　　郭绪良　李元军

编纂委员会

主　　任：朱　波
副 主 任：郭绪良　张凤敏（常务）
委　　员：苏佳明　汤国民　刘维正　姜青梅　李美玲　徐维华
　　　　　张焕春　张福兴　宋来庆　孙庆田　张洪胜　唐美玲
　　　　　赵玲玲　于　强　李晓亮　于经川　袁堂玉　辛国胜
　　　　　李　涛　孙纪霞　王培松　黄代峰　王常芸　丁朋松

编审人员

主　　审：朱　波
副 主 审：郭绪良
主　　编：张凤敏
副 主 编：苏佳明　汤国民
参编人员：宋世志　张焕春　黄代峰　刘翠玲　徐维华　丁朋松
　　　　　李　涛　孙纪霞　袁堂玉　段小娜　邱鹏飞　王建玲
　　　　　唐　岩　李公存　张　序　慈志娟　李林志　刘保友
　　　　　夏秀波　李庆余　赵　明　崔万锁　李　晶　姜法祥
　　　　　张丽丽　刘　洁　梁明志　王　婷　梁志清　杨剑超
　　　　　王新语　郑建鹏　殷　岩

烟台农科院建院历史悠久，通过技术创新推广示范成果丰硕，对农业生产做出重大贡献，在全国同类院所中名列前茅。院所研究方向代势务实。在新时代创一流新形势下，望聚精凝力，在挖掘新动能、提质增效、降低成本、农民增收、生态优化、精准科技诸方面取得新成果，为实现我国农业现代化做贡献。

束怀瑞
2017.12.20

中国工程院院士、山东农业大学教授束怀瑞　题词

发扬科技创新好传统
再创服务三农新辉煌

贺烟台市农科院成立六十周年

于振文 敬

二〇一七年十二月

中国工程院院士、山东农业大学教授于振文 题词

恭贺烟台市农业科学研究院六十年诞

辛勤耕耘
造福农民

戊戌年夏 陈剑平

中国工程院院士、宁波大学植物病毒学研究所所长、浙江省农业科学院原院长陈剑平研究员　题词

贺烟台农科院成立60周年
创新立院
再创辉煌

孙中华
2017.8.18.

农业部总农艺师孙中华　题词

序

翻开《烟台市农科院志》，就会将我们带回到那些难忘的记忆中，她记载了我院60年发展的变迁，承载着几代农科院人情系"三农"事业、勇攀科研高峰的累累硕果，全面展示了农科院人为烟台乃至全省、全国农业发展和振兴做出的重要贡献。

60年风雨沧桑，60年不懈奋斗，农科院人薪火相传、生生不息，始终以勇于创新的精神，科学严谨的态度，无私奉献的情怀，脚踏实地的作风，全身心地投入到农业科研事业中。"晴天一身土，雨天一身泥"是他们的真实写照；爱岗敬业、无私奉献，是他们的共同美德；业务精湛、兢兢业业是他们的一贯特色。在半个多世纪的发展历程中，农科院人风雨兼程，一路跋涉，历经风雨，铸就辉煌，科研综合实力跻身全国地市级农业科研单位前列，科研水平和服务"三农"的能力不断提升，成为全市农业发展、农民增收、农村繁荣的重要支撑。

建院以来，全院共承担各级各类项目653项，其中国家级课题项目150项，省级课题项目163项，地市级215项；累计获得国家、省、市成果奖275项，其中国家级16项，省部级88项，地厅级171项；编辑出版著作99部，在各种科技刊物发表研究论文1 538篇；申报国家专利71项，获得国家发明专利30项，国家实用新型专利4项；审（鉴）定新品种118个。拥有一支知识结构合理、技能技术水平高、服务三农活力强的科研队伍。在全院168名专业技术人员中，二级研究员4名、三级研究员4名、四级研究员20名，具有副高级职称的53名，中级职称65名，博士23名，硕士75名。拥有中国工程院合作院士4名，"外专千人计划"专家1名，山东省"外专双百计划"特聘专家3名，博士后科研工作站培养在读博士后3名。我院国家首批"外专千人计划"项目、保加利亚农业研究所教授阿塔纳斯·布拉高夫博士，2012年12月5日在人民大会堂被中共中央总书记、国家主席、中央军事委员会主席习近平亲切接见。承建了农业部山东苹果育种中心、农业农村部果品质量安全风险评估实验室、农业农村部果品及苗木质量监督检验测试中心、小麦新品种研究综合院士工作站、博士后科研工作站等一批国家级、省级科研平台。

看到这一串串闪光的数字，如同看到一串串凝结着无数科研人员的心血和汗水的足迹，艰辛的付出和卓越的贡献得到了上级的肯定和社会的认可。市农科院被中央文明委授予第五届全国文明单位，被省委表彰为山东省先进基层党组织，被省政府授予全省农业科研与技术推广先进单位等70多项荣誉。涌现出全国人大代表3名、全国先进工作者4名，全国"五一"奖章获得者4名；享受国务院特殊津贴人员15名；泰山学者1名，省劳动模范和先进工作者5名；获得烟台市最高科技奖1人；省、市有突出贡献专家10名；山东省富民兴鲁劳动奖章5人，9人获得烟台市劳动模范和先进工作者。

  回首60年的辉煌历程，每名农科院人都为之感到欣慰和自豪。今天，我们用朴实真诚的手笔，记载下烟台农科院历史变革浓墨重彩的历史画卷。这些成绩的取得，无不包含着历届领导班子的心血，浸透着新老农科院人的辛勤汗水。我们永远铭记为农科院呕心沥血、无私奉献的先贤和前辈。在此衷心感谢长期以来关心和支持农科院发展的各级领导和社会各界朋友，向为农科院事业发展艰苦创业、凝心聚力、勇于拼搏的离退休老同志和全体干部职工致以崇高的敬意和衷心的感谢！

  院党委对《院志》的撰写工作高度重视。为保证编纂质量，编纂委员会的工作人员本着"尊重历史、力求精准"的原则，历时两年时间，不辞辛劳，追求卓越，付出了辛勤的智慧和汗水。先后拜访了曾在我院工作过的多位退休老领导、老同志和老科研人员，追随他们的记忆，翻开历史的档案，边问边查，一路走来，经过反复核对后，今天正式与读者见面。《院志》真实反映了60年发展的历史画面，没有华丽的语言作陪衬，更没有豪言壮语来描绘，只有朴实真诚的历史画面。

  新时代、新征程，要有新思路、新作为。我们将以建院60周年为契机，高举中国特色社会主义伟大旗帜，在习近平新时代中国特色社会主义思想指引下，以"建设全国一流地市级农业科研单位，捍卫全国文明单位"为目标，在全面实施乡村振兴战略的新征程上，同心同德、齐心协力、再立新功、再创辉煌，共同谱写烟台农科院跨越发展的新篇章！

  是为序。

烟台市农科院党委书记、院长 朱波
二〇一八年六月五日

前 言

烟台市农业科学研究院为筹建建院（所）60年院庆，决定编写《烟台市农业科学研究院志》，向60年庆典献礼。院党委对院志编纂工作高度重视，于2016年5月16日召开了全体中层以上干部动员会，成立了院志编纂委员会和院志编纂办公室，抽调了部分人员具体进行编纂工作。各中层单位确定一名人员负责本单位的院志编纂工作，并且在人力、物力、交通、经费以及办公设施等方面提供了有力保障，为院志编纂工作创造了良好条件。

院志办公室的编纂人员在参考学习了江苏徐州、四川南充及省内兄弟单位等所志的基础上，结合烟台市农业科学研究院的具体情况，经过酝酿讨论，形成了《烟台市农业科学研究院志》编写大纲，本志共设5篇，篇内设章、节、条目，志首冠以概述、大事记，志末殿以附录。

院志办公室将编纂的内容进行了具体分工和明确任务，各中层单位根据编纂内容的具体要求，负责搜集、整理、编写本单位的有关资料，集中上报到编纂办公室，编纂办公室负责统计、汇总、编排。在经过与各中层单位多次沟通，反复补充修改后，形成了《烟台市农业科学研究院志》征求意见稿，印刷装订成册，分发至各中层单位和部分相关的老领导、老科技人员审阅，征求修改意见。编纂办公室根据提出的修改意见，进行了全面的调整、补充、修改后，形成初稿。初稿经院长审核并进行了适当的修改，作为暂定稿付印。

《烟台市农业科学研究院志》虽然经编纂人员认真撰写，反复修改，仔细审阅，但由于历时长远，资料繁多，时间紧迫，加之编纂人员存在历史、专业和水平的局限性，难免出现错误和遗漏，敬请各级领导、史志专家和学者批评指正。同时对关心支持和帮助院志编纂工作的各级领导、有关单位和退休的老同志致以诚挚的谢意。

《烟台市农业科学研究院志》编纂委员会

2018年6月30日

说 明

1. 本志全面真实记载烟台市农业科学研究院 60 年来的历史与现状、发展与变化、科研与开发等。

2. 本志以 1958 年 8 月为上限，2018 年 6 月为下限。

3. 本志由概述、大事记、专志和附录组成，体例采用述、志、记、图、表、录等形式进行记述和说明，结构除概述、大事记、附录外均设篇、章、节、条目。

4. 本志凡叙述事物的演变，均以时间为序，以事物为材，篇、章、节相辖。注重记述资料，记而不议，述而不作。

5. 本志坚持生不立传的原则，仅对历任院所领导（副处级以上）和正、副高级专业技术职务的人员设简介（附照片），人物简介的排序是以任职时间的先后和公布任职文件的人员顺序排列。

6. 科研成果统计国家级、省部级、市厅级的获奖成果；著作只统计有书号的正规出版物；论文统计在有刊号的科技刊物上发表的研究论文；品种为通过国家审（鉴）定和省审（认、鉴）定的品种。国家专利为已授权的和进入实质审查期的发明专利和实用新型专利。

7. 本志根据烟台市农业科学研究院的专业特点，重点突出农业科研活动和科研成就，按时间顺序记述，略远详近，对历史和现状作客观记载。

8. 本志所用汉字、标点符号、计量单位和数字均按国家语言文字工作委员会、国家出版局、国家标准局、国家计量局等规定书写。

9. 本志资料来源于中共烟台市委组织部、烟台市档案馆、1988 年 12 月出版的烟台市农业局编写的《烟台农业志（1940—1985）》、农科院档案室、各研究所和科室以及 1987 年 12 月编印的《烟台市农业科学研究所志》等。

目 录

概述 … 1
大事记（1958—2018） … 5

第一篇　组织机构

第一章　机构沿革 … 37
第二章　行政管理机构 … 40
　第一节　办公室 … 40
　第二节　人事处 … 44
　第三节　科研处 … 47
　第四节　财务处 … 49
　第五节　总务处 … 50
　第六节　安全保卫处 … 55
第三章　科学研究机构 … 59
　第一节　小麦研究所 … 59
　第二节　玉米油料研究所 … 65
　第三节　甘薯研究所 … 79
　第四节　苹果研究所 … 81
　第五节　大樱桃研究所 … 85
　第六节　葡萄与葡萄酒研究所 … 89
　第七节　梨研究所 … 92
　第八节　生物技术工程研究室、小浆果研究所 … 94
　第九节　蔬菜研究所 … 95
　第十节　园林花卉研究所 … 97
　第十一节　植物保护研究所 … 100
　第十二节　土壤肥料研究所 … 109
　第十三节　生物组培脱毒中心 … 113
第四章　科研服务机构 … 118
　第一节　农业农村部果品及苗木质量监督检验测试中心（烟台） … 118
　第二节　科技成果开发中心 … 122
　第三节　烟台农博园 … 124
　第四节　基地管理服务办公室 … 126
　第五节　《烟台果树》编辑部 … 129
　第六节　农业情报信息研究所 … 131
第五章　党群社团组织 … 135
　第一节　党组织 … 135
　第二节　群团组织 … 137

第三节　社会团体 ··· 139

第二篇　科　研

第一章　科研条件 ··· 153
　　第一节　自然条件 ··· 153
　　第二节　人才资源 ··· 154
　　第三节　科研经费 ··· 155
　　第四节　科研设施 ··· 155
　　第五节　科技文献 ··· 156
第二章　科研成就 ··· 157
　　第一节　获奖成果 ··· 157
　　第二节　著作、论文及获奖论文 ·· 172
　　第三节　审（鉴、认）定品种 ·· 234
　　第四节　知识产权 ··· 239
第三章　科研管理 ··· 247
　　第一节　科研体制改革 ··· 247
　　第二节　科技人员培训 ··· 248
　　第三节　科技计划与成果管理 ·· 249
　　第四节　科技档案管理 ··· 251
　　第五节　资料采编 ··· 251
　　第六节　图书管理 ··· 251
第四章　科研平台 ··· 253
第五章　国家、省综合试验站 ·· 263

第三篇　科技开发

第一章　科技示范基地建设 ··· 271
　　第一节　小麦研究所基地建设 ·· 271
　　第二节　玉米油料研究所基地建设 ·· 271
　　第三节　甘薯研究所基地建设 ·· 272
　　第四节　苹果研究所基地建设 ·· 273
　　第五节　大樱桃研究所基地建设 ·· 274
　　第六节　葡萄与葡萄酒研究所基地建设 ·· 275
　　第七节　梨研究所基地建设 ·· 276
　　第八节　蔬菜研究所基地建设 ·· 277
　　第九节　植物保护研究所基地建设 ·· 278
　　第十节　土壤肥料研究所基地建设 ·· 279
　　第十一节　科技成果开发中心基地建设 ·· 280
第二章　科技服务 ··· 281
　　第一节　科技下乡 ··· 281
　　第二节　科技培训 ··· 283
第三章　成果转化 ··· 289
　　第一节　新品种开发 ··· 289
　　第二节　新技术开发 ··· 295

第四篇　合作与交流

第一章　科技合作
第一节　国际合作 ········· 301
第二节　国内合作 ········· 302
第二章　学术交流
第一节　国际学术交流 ········· 304
第二节　国内学术交流 ········· 305
第三章　重要访问
第一节　外宾来访 ········· 308
第二节　出境访问 ········· 310
第四章　国内互访交流
第一节　来院考察指导 ········· 314
第二节　外出考察学习 ········· 319

第五篇　人　物

第一章　人物简介
第一节　现任院领导 ········· 325
第二节　往届院（所）领导 ········· 329
第三节　正高级专业技术职务人员 ········· 339
第四节　副高级专业技术职务人员 ········· 349
第二章　外聘专家 ········· 381
第三章　全院（所）职工名录 ········· 386
附录 ········· 407

概 述

烟台市农业科学研究院

山东省烟台市农业科学研究院（以下简称烟台市农科院）的前身是1954年设立的山东省莱阳农业试验站，1958年8月经山东省农业厅批准，正式成立莱阳专署农业科学研究所，历经烟台专区科学研究所、烟台地区农业科学研究所、烟台市农业科学研究所等机构名称，于1998年8月更名为烟台市农业科学研究院。

烟台市农科院位于山东省烟台市福山区港城西大街26号，占地960亩（1亩≈667m^2）。2001年4月，经市政府批准，原烟台市果树科学研究所归并到烟台市农科院，位于芝罘区黄务街道办事处上车门村的800亩科研用地划转烟台市农科院。

烟台市农科院是综合性农业科研公益一类事业单位，机构规格为正处级，以应用技术研究为主，肩负以科技保障国家粮食安全和支撑全市主要农业产业发展两大任务，下设小麦、玉米油料、甘薯、蔬菜、园林花卉、苹果、大樱桃、葡萄与葡萄酒、梨、小浆果、茶叶、植保、土肥、生物技术等14个研究所（室）；质检中心、科技成果开发中心、《烟台果树》编辑部、农业情报信息研究所、烟台农业科技博览中心、试验基地管理服务办公室6个科研辅助部门；办公室、人事处、科研处、财务处、总务处、安全保卫处6个行政后勤部门。

"七五"以来，在农业部组织的历次全国农业科研院所科研综合实力评估中，烟台市农科院稳居"百强"，其中，"九五"评估中位列地区级农科院所第3位，全国总排名第32位；"十一五"评估中位列地市级农科院所第4位，全国总排名第68位。自2003年以来连续16年被评为"省级文明单位"，2017年11月被中央文明委授予"全国文明单位"荣誉称号。先后荣获山东省先进基层党组织、山东省农业科研与推广先进单位、全省农业系统先进集体、山东省绿化模范单位、烟台市文明单位、烟台市先进基层党组织、烟台市科技工作先进集体、烟台市人才工作先进集体等荣誉称号。烟台市农科院是花园式单位，创建的烟台农博园是烟台市唯一的国家AAA级农业科技观光旅游景区。

据不完全统计，先后有670名同志在烟台市农科院工作过，包括研究员42名、副高级职称人员116名、中级职称人员104名。目前，现有在职职工202名，退休职工206名。其中，从事专业技术研究人员168名，包括研究员28名（二级研究员4名、三级研究员4名）、副高级职称人员53名、中级职称人员65名，博士23名、硕士75名。先后涌现出全国先进工作者4名、全国人大代表3名、全国"五一"劳动奖章获得者4名、全国"五一"巾帼标兵1名、全国优秀女职工1名，享受国务院特殊津贴专家15名；山东省先进工作者5名、山东省人大代表1名、山东省政协委员4名、山东省富民兴鲁劳动奖章获得者5名、山东省有突出贡献专家3名；烟台市先进工作者9名、烟台市人大代表5名、烟台市政协委员5名、烟台市有突出贡献专家7名、烟台市杰出人才4名、烟台市"五一"劳动奖章10名；苹果育种与高产栽培创新团队被山东省评为泰山学者团队，小麦新品种选育与配套技术研究创新团队被命名为烟台市十大创新团队。

目前，承建有农业部山东烟台苹果育种中心、农业农村部果品及苗木质量监督检验测试中心（烟台）、农业农村部果品质量安全风险评估实验室、小麦玉米国家工程实验室烟台试验站、国家主要农作物品种区域试验站、人社部博士后科研工作站、农业部果树无病毒苗木繁育基地、农业部小麦原原种繁育基地、农业部甘薯原原种扩繁基地、农业部大樱桃良种苗木繁育基地等国家级科技创新研发平台，山东省甘薯示范工程技术研究中心、山东省酿酒葡萄良种工程实验室、烟台市农产品质量安全综合检验检测中心、烟台大学农学院、烟台市苹果工程技术研究中心、烟台苹果创新中心、烟台大樱桃创新中心等省、市创新研发平台，是国家自然科学基金依托单位。"十五"以来，先后承担国家现代农业产业技术体系小麦、苹果、梨、葡萄、甘薯、花生、蔬菜7个综合试验站建设和山东省现代农业产业技术体系水果、薯类、小麦、玉米4个岗位和1个试验站建设。先后主持或承担国家自然科学基金、国家863计划、国家公益性行业科研专项、国家粮食丰产科技工程、国家科技支撑计划、国家科技成果转化、农业部948项目、国家重点研发计划、科技部国际科技合作、欧盟科技项目、山东省科技计划项目、山东省农业重大应用技术、山东省良种工程等各级各类科研课题项目653余项，其中，千万元以上大项目6个，百万元以上项目27个。

先后选育出118个农作物新品种通过国家、省级审定、认定或鉴定，其中19个品种通过国家级审（鉴）定，有11个品种（系）获得品种权。获得国家发明专利30项、实用新型专利4项；制修定国家、省部级行业技术标准约20项；出版主编、参编各类专业著作99部，在国内外有影响力的学术期刊发表论文1 538余篇；先后获得各级各类科技成果奖275项，其中，国家级16项（全国科学大会奖1项，国家发明三等奖1项，国家科技进步二等奖3项、三等奖4项），省部级88项（山东省科技进步一等奖3项、二等奖13项），市厅级171项。创造了一批在生产应用中具有重大影响力的科技事件：1972年，选育的"蚰包麦"在黄淮麦区首次突破每亩500kg，开创了我国小麦高产育种的先河；1977年，选育出我国第一个紧凑型玉米新品种"烟单14号"单交种；1978年，在国内率先攻克被称为"小麦癌症"的小麦全蚀病；苹果病毒脱除、检测与无毒矮化丰产技术研究实现了"烟富3号"苹果已知病毒的完全脱除，脱毒"烟富3号"苹果苗成为最畅销的苹果苗木；快中子诱发甘薯下胚轴不定芽突变育种方法解决了半个世纪以来无性繁殖易形成嵌合体的世界性难题，获国家发明三等奖；选育的"烟农15""鲁麦14""鲁麦21""烟农19""烟农21"5个小麦新品种在全国累计推广面积均超过1亿亩；选育的"烟农999""烟农1212"小麦新品种，在2014年和2016年分别创817.0kg/亩和828.5kg/亩，刷新了当年全国小麦高产纪录；引进和选育的大樱桃新品种占全国樱桃栽培区域内主栽品种的80%；选育的甘薯新品种"烟薯25号"被国内行业专家评为"全国最好吃的甘薯"等。

烟台市农科院与国际国内数十家教育、科研机构保持良好的合作交流关系。先后与德国、美国、法国、新西兰、波兰、保加利亚、俄罗斯、匈牙利、智利、韩国等十几个国外农业科研机构开展学术交流与人员培训等工作。改革开放以来，先后选派107名科研人员赴美国、法国、德国、荷兰、西班牙、葡萄牙、波兰、保加利亚等国家和地区进行学习培训与考察交流。每年接待来自美国、德国、法国、日本、韩国和中东、非洲等国外来宾30余人次。与德国拜耳公司联合建立试验站，共同开展山东地区农作物主要病虫害化学防治技术研究，并承担德国、日本、瑞士、美国、以色列、意大利、中国台湾等10个国家和地区及国内大型公司新型农药室内外试验。保加利亚国家农业研究所、波兰国家园艺研究所、俄罗斯顿河国立技术大学、格鲁吉亚国家农业研究院、白俄罗斯研究院和中国农业大学、中国农业科学院、山东农业大学、辽宁省果树研究所、云南省农业科学院园艺研究所、黑龙江省农业科学院牡丹江分院、青岛市农业科学院等12个国内外大学和农业科研机构合作共建烟台国际苹果育种中心，中国工程院院士、山东农业大学教授束怀瑞担任主任。

2012年承担国家"外专千人计划"，国家特聘专家、保加利亚苹果育种专家阿塔纳斯·布拉高夫（Atanas·Blagov）教授在院内开展为期3年的科研工作，先后荣获"国家友谊奖""齐鲁友谊奖"称号和省国际合作奖，2012年12月5日，受到习近平总书记亲切接见。2017年，本院与西班牙、俄罗斯、格鲁吉亚等4个国家的12个科研机构与大学联合申报成功欧盟"伊拉斯谟+"计划，首次承担欧盟科技项目。与中国农业大学、西北农林科技大学、南京农业大学、华中农业大学、山东农业大学、青岛农业大学和中国农业科学院、山东省农业科学院、浙江省农业科学院等国内院校保持长期合作关系。2016年，中国工程院院士陈剑平、于振文、赵振东3位不同研究方向的院士联合在本院设立小麦新品种研究综合院士工作站。

概 述

烟台市果树科学研究所

烟台市果树科学研究所是烟台市一个专门进行果树科学研究的副处级事业单位，由烟台专区果树试验站、烟台地区林业科学技术站、烟台地区果业科学技术站、烟台地区果树实验站等单位逐步演变而来，2001年4月并入烟台市农业科学研究院。

1966年4月，烟台专署林业局在西沙旺烟台园艺场内建立烟台专区果树试验站，以加强烟台地区果树科学实验研究与推广工作，负责人杨洪瑞。1970年改名为烟台地区林业科学技术站，许文江任站长。1978年底，农业、林业局分别设立，水果业归农业局后，复设烟台地区果业科学技术站。1980年迁至黄务上车门，与烟台地区果林实验场合并，建立烟台地区果树实验站。1983年11月烟台地区改烟台市后，更名为烟台市果树实验站。1984年更名为烟台市果树科学研究所，下设品种资源研究室、果树栽培研究室、植保室、化验室、科技管理科、实验场、总务处、《烟台果树》编辑部、资料室。2001年4月，合并到烟台市农业科学研究院，组建烟台市农业科学研究院果树科学研究所，下设果树品种资源室、果树栽培室、新技术研究室、果品贮藏保鲜室、《烟台果树》编辑部。

烟台市果树科学研究所占地800亩，共建有办公室1 600m²，果树育种实验室400m²，无病毒网室200m²，冷藏库1座。拥有荧光定量PCR仪、光合仪、紫外分光光度计等仪器设备89台（套），价值总额536万元。1978年承担农业部"山东烟台苹果良种繁殖场"，负责国内外苹果优良品种的收集、保存、试验研究。1991年承担农业部"山东国际级无病毒果树苗木繁育基地脱毒检测中心"，负责果树病毒病的脱除和脱毒材料的检测，为繁殖圃提供无病毒原种材料。

截至2002年，烟台市果树科学研究所共有职工81人，其中高级职称12人，中级职称22人，博士研究生2人，硕士研究生4人，大学本科生21人。

历任所（站）长：温承日（1978—1987）、于绍夫（代所长，1989—1991）、刘志坚（1991—1997）、王树大（1997）、刘宝革（1997—2002）；历任副所（站）长：王树大（1984—1996）、张宗坤（1985—1993）、姜中武（1997—2002）、张凤敏（1999—2002）、张广和（2001—2002）；历任书记：申泗贵（1988—1989）、于坤令（1992—1997）；历任副书记：孙洪喜（1978—1985）、陈希山（1978—1988）、于学先（1994—1999）、都韶英（1999—2002）。

烟台市果树科学研究所主要从事苹果、大樱桃及其砧木、梨、桃子、葡萄以及杏、李子等水果方面的优良品种引进、选育和栽培技术的研究和开发。为广大果农及时提供各类优质良种果树苗木，并提供优质的技术服务咨询。1980年由本所主办的《烟台果树》季刊，全国发行，到2002年底已发行80期，年发行量最多时可达16万余册，居全国同类刊物首位。

建所以来，共承担国家、省、市科研项目40余项，自选课题多项，获国家、省、市各等级奖励42项。其中主持33项，协作9项。1992年承担的省科委"苹果病毒脱除、检测与无毒矮化丰产技术研究"课题，经过6年的项目实施，成功脱除了烟富1~6号、皇家嘎拉等12个苹果无病毒原种，并建立了一套较为完善的无病毒苗木繁育体系，在省内外共建苹果无毒矮化丰产示范园38处，推广面积4万余亩，取得了显著经济效益和社会效益，获国家科技进步三等奖。

与烟台市果树站合作选育的烟富1~6号苹果品种达国内领先水平，现已在全国各地推广面积达200万亩，对我国苹果产业发展做出了较大贡献。2001年果科所又对韩国、日本引进的10余个砂梨优良品种进行系统的比较研究，筛选出了综合性状优良的圆黄、黄金、华山、晚秀4个品种，通过了省级鉴定，达到了国内领先水平，并获得烟台市和山东省科技进步三等奖，现已在全国各地广泛推广。

从加拿大B.C.夏地农业研究站引进的9个大樱桃新品种中，经过多年的观察研究和推广，筛选出斯太拉、先锋、拉宾斯、斯帕克里和萨姆5个品种，是适于在我国栽培推广的大樱桃优良新品种。于2004年通过了山东省林木品种审定委员会审定，并获山东省科技进步三等奖。这些品种具有优质、丰产、适应性强、耐贮运及经济价值高等突出特点。制定了"大樱桃优良新品种苗木繁育技术规程"和"大樱桃优良新品种优质丰产栽培技术规程"国家行业标准，已获经济效益14.301 5亿元。

坚持以科研为立所之本,开发为强所之路。在强化科技管理,加大科研力度的同时,结合果业生产,广泛进行果树新成果、新技术、新品种、新药肥的开发应用。多年来,果树所及各实体围绕高档优质果品的开发和良种苗木的繁育作了大量工作,先后繁育的烟富1~6号、烟嘎1~2号、澳红等苹果品种,红灯、芝罘红、拉宾斯、优选砂蜜豆、早生凡、黑珍珠、美早等大樱桃品种,丰水、水晶、黄金、圆黄等梨品种,安农水蜜、春艳、早红珠油桃等桃品种苗木,为我国果树新品种的推广和果业的发展起到了很大的推进作用。

从20世纪60年代至2001年12月,烟台市果树科学研究所科技人员共发表研究论文320余篇,出版著作23部。为促进果树研究、果品生产的健康发展,普及推广先进的果树品种及栽培技术,提高广大果农的技术水平起到了十分明显有效的宣传教育作用。

积极开展国际间的交流与合作,先后与德国、荷兰、日本、新西兰、保加利亚等国家建立了友好合作关系。选派科技人员出国研修、考察30余人次,每年接待国外果树专家来访20余次,是烟台市果树对外交流的主要窗口。

2002年,烟台市果树科学研究所搬迁到烟台市农业科学研究院,组建烟台市农业科学研究院果树科学研究所,仍保留副处级规格,副院长牟春生研究员兼任所长。内部机构设立果树品种资源室、果树栽培室、新技术研究室、果品贮藏保鲜室、《烟台果树》编辑部。

大事记（1958—2018）

1958 年

7月，撤销山东省立莱阳农业试验站，成立山东省花生研究所，试验站部分工作人员参加筹建莱阳专区农业科学研究所。

8月9日，山东省农业厅批准并投资20万元，在福山县芝阳山下购地1 000亩，成立莱阳专区农业科学研究所，所长李树才，副所长王树森。

10月25日，成立党委会和团委会。

11月，由于莱阳专署与烟台市合并为烟台地区行政专员公署，莱阳专区农业科学研究所更名为烟台专区科学研究所。

1959 年

1月10日，组织机构设置：试验场（副业、畜牧、农田）、气象组、农田水利系、土壤肥料系（土肥、化验室）、园艺系（蔬菜、果树）、植物保护系（预测预报、病虫防治）、经济作物系（油料作物、薯类作物）、粮食作物系（杂粮、小麦）、办公室（资料、行政事务、党团人事）。

2月1日，附设农业学校。

3月7日，成立烟台专区科学研究所党委，书记董传周，副所长王树森、孙忠远。地区专署批准启用正式印章"山东省烟台专区科学研究所"，原"莱阳专区农业科学研究所筹备处"印章同时作废。

△撤销烟台专区科学研究所，成立烟台专区农业科学研究所。

1960 年

5月，王树森任烟台专区科学院兼农科所党委委员、副院长兼副所长。

5月28日，中央农业技术观摩团华北分团莅临本所检查。

1961 年

1月，制定了烟台专区农科所《农场简明章则（试行草案）》《生活管理制度》《工作与学习制度》3项制度。

12月，内设机构：作物育种栽培系、植保系、土肥系、园艺系及办公室、试验农场、气象组7个中层单位。

1962年

1月，正式成立资料档案室。

7月，作物育种栽培系、土肥系、植保系分别更名为作物育种栽培研究室、土肥研究室、植保研究室。

10月25日，内设机构调整：办公室、试验场、作物育种研究室、土壤肥料研究室、植物保护研究室、畜牧兽医研究室、资料室。

1963年

3月16日，建立医务室。

7月1日，烟台地委和地区专署决定，将烟台专署机关农场移交给烟台专区农科所作为试验农场，并编造资产交接清册。

7月26日，所长王树森参加山东省农业科学院召开的专区农科所所长会议，并介绍了本所在小麦、玉米、地瓜、作物栽培、土壤肥料、植物保护、农业生产服务、技术资料档案8个方面的情况。

11月24日，在福山县兜余公社南涂山生产队设立基点，进行试验示范及生产指导。

1964年

1月，作物系出席山东省劳模大会。

12月14日，召开"试验示范队农民技术员会议"。

1965年

9月，经山东省农业厅批准，农技推广站、植物保护站合并到本所为技术推广组，山东省垛山猪育种辅导站并入本所。

△选育出甘薯新品种"烟薯3号"。

1966年

△选育出玉米新品种"烟三6号"。

1967年

△成立烟台地区农科所革命委员会。

△选育出小麦新品种"烟农78"。

1968 年

△划归烟台地区五·七干校领导，编成农科连，设连长、排长、班长、指导员。

1969 年

△选育出玉米新品种"烟三1号"。
△植保研究室组织人力开始重点研究"小麦全蚀病"。

1970 年

△选育出小麦品种蚰包麦、烟农12，引进小麦品种北京8号、济南10号、徐州8号等。
△编辑印制内部资料《农业科技成果资料选编》《烟台地区农业技术参考资料》。

1972 年

△用52-45×济薯2号后代中选育而成"烟薯6号"（72-579）。
△选育出甘薯新品种"烟薯8号"（亲本为：丰收黄×台农10号）。
△所党委改为党支部，农科连改为烟台地区农业科学研究所，内设机构：办公室（辖资料室）、总务室、农场、土肥研究室、植保研究室、育种研究室、栽培研究室、技术推广组。所长李保欣，副所长孙忠远、郑洪良。

1973 年

△方正同志参加上海科教电影制片厂来烟摄制蚰包麦的科教片《莱阳小麦创千斤》剧本的创作和编导工作。
△党支部改为党总支。育种研究室、栽培研究室分解组建为小麦研究室、甘薯研究室、杂粮研究室，撤销技术推广组。农技推广站、植物保护站恢复为地区农业局属单位。

1974 年

2月，烟台地革委表彰本所为"先进单位"。
△牵头组织成立全国小麦全蚀病研究协作组。

1975年

3月6日，增设内部机构：畜牧研究室、杂粮棉花研究室。

3月15日，烟台地委批准成立中共烟台地区农业科学研究所总支委员会。王忠善任党总支书记，孙忠远任党总支副书记。

6月27日，李保欣任中共烟台地区农业科学研究所总支委员会副书记。

△小麦全蚀病研究被农业部列为重点研究项目（本所和省农科院共同主持）。出版《小麦全蚀病》（山东人民出版社，植保专家吴桂本等编著）。

△增设畜牧研究室，杂粮研究室分为玉米研究室和大豆研究室。

1976年

△农场改为生产组。

1977年

△选育出玉米新品种"烟单14"。

1978年

1月，被评为"烟台地区农林场圃学大寨先进单位"，徐沛然被评为"场圃先进工作者"。

3月18—31日，李保欣所长出席了全国科学大会，发表了由方正撰写的"高举毛泽东思想伟大红旗，开门办所结硕果"的书面发言。选育的冬小麦良种"蚰包麦"获得全国科学大会奖。

8月25日，成立中共烟台地区农业科学研究所基层委员会，王忠善任书记，孙忠远、李保欣任副书记，资料室更改为技术档案资料室。

9月19日，墨西哥农业工程师托马斯·曼萨纳拉斯来本所考察交流玉米育种与科研技术经验。

12月5日，王凤福任烟台地区农业科学研究所党委副书记、副所长。

△选育的冬小麦良种"烟农78""烟农685"，玉米杂交种"烟三6号""烟三10号""群育32"和玉米自交系"2411"，甘薯良种"烟薯1号""烟薯6号"，以及"综合防治甘薯茎线虫病"科技成果，分别获山东省科学大会奖。

△"地瓜亩产突破万斤"和"利用肉食牛改良当地牛"分别获烟台地区科学大会奖。

1979年

1月，张香蓉编著的《甘薯茎线虫病》一书，由山东科技出版社出版发行。

1980 年

△撤销畜牧研究室。
△成立烟台地区农业系统技术干部技术职称评定委员会，贾廷祥任副主任委员，杨中萃、于伊、章宗江、赵万图任委员。

1981 年

△主持完成的"春地瓜高产栽培"获山东省科技成果二等奖；"烟农15冬小麦良种"和"小麦全蚀病菌生物学及培养鉴定技术研究"获山东省科技成果三等奖；"山区建设高产稳产田适宜土体厚度的研究"获山东省农业厅农牧业科技成果三等奖。
△主持完成的"小麦施穗粒肥试验研究"获烟台地区科技成果一等奖；"烟黄1号大豆良种"获烟台地区科技成果二等奖。

1982 年

2月20日，谢良全任烟台地区农科所副所长。
4月，小麦新品种"烟农15""烟农685"通过山东省认定。
9月25日，烟台地区经委、建委、科委、农办、档案局联合授予我所"科技档案工作先进单位"。
△徐沛然被评为"烟台地区劳动模范"；于伊被评为"省科普积极分子"；吴桂本被评为"烟台地区三八红旗手"；吕学勤被评为"烟台地区红旗车驾驶员"。
△被农业部农药检定所首批认证为国内外农药登记田间药效试验单位。

1983 年

2月19日，生产组改为试验农场，实行独立核算，自负盈亏；化验室同土肥研究室分置（列为中层单位），负责全所及对外化验任务。情报资料室改为技术档案资料室；总务室改为总务科；增设政工科和科研管理科；成立团总支委员会。
△"夏玉米大面积高产攻关"获农牧渔业部技术改进二等奖。
△更名为烟台市农业科学研究所。
△小麦新品种"烟农78"通过山东省认定。

1984 年

△"利用磷肥副产氟硅酸防治小麦锈病的研究"获农牧渔业部技术改进二等奖。
△"烟单15号玉米"获烟台市科技成果一等奖。

1985 年

5月，市委、市政府任命王熙玉为烟台市农业科学研究所所长，郑洪良、贾廷祥、牟春生任副所长；王熙玉、于乃敏任烟台市农业科学研究所党委副书记。

10月9日，请示市委增设了蔬菜、畜牧、新技术应用、组织培养研究室。

10月14日，建立和健全所党委领导下的职工代表大会制，成立工会，颁布了《烟台市农科所职工代表大会暂行条例》。

△烟台市农业科学研究所下设办公室、政工科、总务科、科研管理科、农场、技术档案资料室、小麦研究室、玉米研究室、甘薯研究室、植保研究室、大豆研究室、土肥研究室、蔬菜研究室、植物组织培养研究室、化验室、新技术应用研究室、农业技术开发服务中心、畜牧研究室等18个科室。

1986 年

1月30日，成立保卫股（隶属办公室）。

5月2日，美国肯塔基大学农学院教授克劳博士和斯托克斯博士率领该学院学生代表团来本所考察。

7月26日，成立烟台市农科所所务委员会，成员：于乃敏、王熙玉、左言华、牟春生、吴朝熙、郑洪良、贾廷祥。

10月6—11日，方正受邀赴日本岗山参加第五届国际大麦遗传学报告会。

△主持完成的"双穗高产糯质玉米新品种'烟单5号'的选育""旱地粮食作物增产技术开发研究"分别获山东省科技进步三等奖，与省农科院联合完成的"小麦叶锈病发生规律与防治"获山东省科技进步三等奖。

△主持完成的"甘薯高淀粉、抗病、高产新品种选育"，获国家"六五"攻关重大科技成果奖。

△徐沛然被山东省人民政府授予"山东省劳模"荣誉称号。

1987 年

4月3日，韩义文任工会主席。

6月5日，烟编（1987）41号文件批准农科所内部机构调整为：办公室（保卫股挂靠）、政工科、总务科、财务科、科研管理科、小麦研究室、玉米研究室、甘薯研究室、杂粮研究室、土肥研究室、植保研究室、蔬菜研究室、畜牧研究室、新技术应用研究室、化验室、资料档案室、农业技术开发服务中心、试验农场。

7月30日，主持完成的"'烟单14号'玉米杂交种"获国家科技进步二等奖。

12月1日，在全省"双放"试点工作会议上被确定为山东省"双放"试点单位。

△本所协作（中国农科院作物育种栽培研究所主持）完成的科技成果"全国大区级小麦良种区域试验'六五'成果及其应用"获国家科学技术进步二等奖。

△被评为市级精神文明先进单位。

1988 年

4月11日，省科委同意烟台市农科所制定的"关于省双方改革试点实施方案"（鲁科政字〔1988〕第119号）。

6月8日，成立"市农科所外事管理领导小组"。

△ 主持完成的"玉米笋罐头研制"获山东省科技进步三等奖。

△ 于伊被评为"山东省先进工作者"。

1989 年

4月，小麦新品种"鲁麦7号"通过国家审定。

4月17日，市政府任命于乃敏为烟台市农业科学研究所副所长。

12月，初展葵任烟台市农科所党委书记。

△ 主持完成的"快中子诱发甘薯下胚轴不定芽突变育种新方法"获国家发明三等奖。

△ 徐沛然被授予"全国先进工作者"荣誉称号。

1990 年

2月23日，成立农科所党校，校长：初展葵；名誉校长：王忠善、王凤福、孙忠远。

3月5日，召开共青团烟台市农科所全体团员大会，选举产生新一届委员会。书记：张善勇；副书记：王福斌、刘维正。

4月9日，烟台市农科所全体工会会员选举产生新一届工会委员会。主席：郑洪良；副主席：王克诰、鞠法远。

△ 主持完成的"'鲁麦7号'冬小麦良种"获山东省科技进步二等奖。

△ 吴桂本被评为"农业部先进工作者"。

1991 年

4月23日，本所在山东省农业厅组织的全省18个市地农科所（站）考评工作中，总分第一，被授予省级"先进农业科研单位"荣誉称号。

5月，编辑出版本所《获奖科技成果汇编》（1978—1990年）。

9月5日，副所长贾廷祥任烟台市农业区划委员会委员。

12月13日，成立烟台市农科所考核委员会，由所长和书记主持工作。

△ 主持选育的小麦新品种"鲁麦14号"被列为农业部百项农业适用科技成果之一。

△ 主持国家"八五"攻关课题"甘薯育种亲本筛选创新和育种技术研究（1991—1995年）"；甘薯专家杨中萃主持国家"八五"攻关课题"甘薯兼用型食用型新品种选育（1991—1995年）"。

△ 主持选育的"甘薯新品种——鲁薯3号"获国家"七五"攻关重大科技成果奖。

△ 参加完成的"冬小麦晚播独秆栽培方法"获国家发明三等奖。

△崔广琴、杨中萃分别被选拔为"山东省专业技术拔尖人才"。
△吴桂本被全国总工会授予"全国先进女职工"荣誉称号。
△徐沛然、崔广琴获国务院政府特殊津贴。

1992 年

5月20日，孙苡瑶、张善勇为烟台市农科所副所长，郑洪良、贾廷祥不再担任烟台市农科所副所长职务。郑洪良、贾廷祥任烟台市农科所调研员。

5月27日，荣获"烟台市属科研机构先进集体"称号。

△"温室保护地黄瓜霜霉病粉尘法防治技术研究"获农业部科技进步三等奖。

△"烟农15"小麦获首届中国农业博览会优质小麦银奖。

△"果树害螨高效杀螨剂的筛选及其应用技术研究"获山东省科技进步二等奖；"15万亩芋头新法栽培技术开发"获山东省丰收计划二等奖。

△吴桂本、于伊、王志范、杨中萃、孙始良获国务院政府特殊津贴。

△徐沛然、于伊分别获"烟台市有突出贡献专家"称号。

△本所被农业部评为"七五"期间农业科研机构综合科研能力地区级优秀单位。

△吴桂本被山东省妇女联合会授予"山东省齐鲁女杰"荣誉称号。

△姜学玲、于乃敏、于洪春同志被评为"山东省农业科教先进工作者"。

1993 年

5月5日，召开农科所第一次学术委员会全体会议，选举产生主任委员：牟春生；副主任委员：贾廷祥、郑洪良；委员：王熙玉、汤国民、杨忠萃、张善勇、徐沛然、盛志政。

△吴桂本当选第八届全国人大代表；崔广琴当选山东省八届政协委员。

△"高产广适小麦良种鲁麦14号的选育和应用"获山东省科技进步一等奖。

△小麦新品种"鲁麦14号"通过国家审定。

△吴桂本被山东省妇女联合会授予"山东省三八红旗手"荣誉称号。

△崔广琴被山东省总工会授予"山东省三八红旗手"和"山东省巾帼科技先进工作者"荣誉称号。

△吴桂本被山东省政府、人事厅授予"齐鲁女杰"和"省巾帼先进工作者"荣誉称号。

△王树钿获国务院政府特殊津贴。

1994 年

1月19日，"玉米自交系文黄31413的选育"获烟台市科技进步一等奖、"高效杀螨剂三唑锡的应用开发"获省丰收计划一等奖。

△吴桂本（2位）、王英姿（4位）参加完成的"苹果斑点落叶病发生规律与防治对策研究"获国家成果完成者证书。

△吴桂本被农业部药检所指定为国内外农药登记试验主持人，列全省6单位之首。

△崔广琴被评为"山东省优秀科技工作者"；吴桂本被评为"山东省优秀共产党员"。

△王玉心获国务院政府特殊津贴。

1995 年

1月16日，关于本所工业企业实行产权制度改革的意见，通过转让出售所有（国有）企业资产，将本所现有工业企业改造成具有独立法人财产权的有限责任公司或股份合作制企业，各厂企业改制工作领导小组成员名单。塑化厂组长：于乃敏；副组长：张善勇、王学宽；成员：刘淑卿、郭绪良；胶辊厂组长：牟春生；副组长：吕振中；成员：娄桂兰、张建萍；安装队组长：孙莅瑶；副组长：田学俭；成员：成秀萍、巴信斌。

6月12日，制定颁布了《烟台市农科所房地产租赁管理办法（试行）》。

9月21日，市委组织部任命隋安臣为中共烟台市农业科学研究所委员会副书记（列于乃敏同志之前），隋安臣任烟台市农业科学研究所所长；王培旭任中共烟台市农业科学研究所委员会书记；免去王熙玉的中共烟台市农业科学研究所委员会副书记职务，初展葵不再担任烟台市农业科学研究所副所长职务，免去初展葵的中共烟台市农业科学研究所委员会书记职务。

△崔广琴被山东省人民政府授予"山东省劳模"荣誉称号。

1996 年

2月，隋安臣任烟台市农业局副局长、中共烟台市农业科学研究所委员会书记、烟台市农业科学研究所所长。

2月15日，市委组织部任命孙莅瑶为烟台市农业科学研究所助理调研员，不再担任烟台市农业科学研究所副所长职务。

7月12日，制定印发了《各级各类人员岗位责任制》《机关职能部门责任制》《财务管理办法》。

7月18日，职工宿舍楼（1#）工程项目开工。

8月5日，历时3个月的新建饮水工程竣工，并正式通水，解决了本所职工饮水源严重污染问题。

12月，"小麦根腐性病害发生规律和防治技术研究"获山东省科技进步二等奖。

△主持完成的"高产广适小麦良种鲁麦14号的选育和应用"获国家科技进步二等奖。

△主持完成的"高产多抗优质小麦新品种选育"获国家"八五"重大科技成果奖（集体）。

△主持完成的"甘薯新品种——鲁薯6号"获国家"八五"攻关重大科技成果奖。

△在全国农业系统"八五"科研开发能力综合评估中排名第85位，列639个地市级农科所第4名，山东省地市级农科所第1名。被农业部评为"八五"全国农业科研开发综合实力百强研究所。

1997 年

6月6日，中共山东省委书记吴官正视察烟台市农科院。

9月18日，撤销烟台市农科所服装工艺学校，解除原隶属关系。

12月24日，烟台市委决定，梁新明任中共烟台市农业科学研究所委员会书记。

12月31日，市政府任命梁新明为烟台市农业科学研究所所长（兼烟台市农业局副局长）；市委组织部决定，孙莅瑶不再担任烟台市农业科学研究所助理调研员职务。

△吴桂本被全国总工会授予"全国优秀女职工"荣誉称号。

△崔广琴、吴桂本被评为"山东省专业技术拔尖人才"。

△牟春生、方正获国务院政府特殊津贴。

1998 年

7月30日，山东省烟台市农业科学研究所更名为山东省烟台市农业科学研究院。内设机构：小麦研究所、玉米油料研究所、甘薯花卉研究所、蔬菜研究所、植物保护研究所、土肥化验研究所，生物组培脱毒中心、科技成果开发中心，试验农场、畜牧试验场，办公室、政治处、科研管理处、财务处、总务处。更名后单位性质、规格、人员编制、经费形式、隶属关系等均不改变。

8月7日，烟台市委组织部任命于乃敏任中共烟台市农科院委员会副书记。于乃敏、牟春生、张善勇任烟台市农科院副院长。

8月8日，烟台市委任命梁新明任中共烟台市农业科学研究院委员会书记。

8月11日，烟台市政府聘任梁新明为烟台市农科院院长。

8月12日，举行烟台市农科所建所40周年暨撤所建院仪式。农业部科技司计划处处长杨雄年、省农业厅副厅长吴雪珍、市人大副主任邹梅清、市政府副市长王修伯等到会祝贺。

8月15日，与烟台张裕葡萄酒公司共同组建"烟台葡萄种苗组培脱毒中心"，并举行签约仪式。

9月9日，聘任甘肃农业大学植物生理生化教研室主任、博士生导师曹孜义教授为本院高级技术顾问。

10月25日，选育的甘薯新品种"烟薯16"，在牟平区龙泉镇星石泊村高产田，经省、市专家验收，鲜薯亩产6 023kg，薯干亩产达1 987.59kg，打破了全国北方薯区薯干亩产的最高纪录。

10月28日，举行"山东省农科院烟台分院"揭牌仪式。省农科院徐会三院长、烟台市副市长王修伯到会并讲话。

11月15日，承担"948"项目（引进国际先进农业科学技术计划）"甘薯新品种、优异种质资源及配套技术引进"，经费2万美元。

△被评为山东省科技推广年先进集体。

△被命名为省级引进国外农业成果示范园。

△崔广琴获"全国五一劳动奖章"。

△徐沛然被中共中央组织部授予"全国老干部先进工作者"荣誉称号。

1999 年

1月14日，烟台市农科院1 500m² 职工宿舍楼（2#）竣工。

1月19日，组建"烟台烟星种业有限责任公司"，注册资本50万元，院控股26万元，职工参股24万元。股东大会选举梁新明为公司第一任董事长，聘任张善勇为公司总经理。

1月28日，举行山东农业大学、烟台市农科院研究生课程进修班开学典礼仪式。山东农业大学副校长温孚江教授、烟台市副市长王修伯到会并讲话。

3月5日，在山东省农业良种产业化重点项目——优质小麦育种评标会上，本院投标的"优质小麦育种"课题，以83.63分名列第二中标，获经费12万元。

4月，小麦新品种"烟农18"通过山东省审定。

4月15日，选育的耐寒甘薯新品种"鲁薯2号"，被国际马铃薯研究中心选中以种薯的形式支援朝鲜民主主义人民共和国解决粮食问题。

5月1日，烟台市人民政府授予吴桂本、王玉心为"烟台市先进工作者"称号。

5月31日，在全市科学技术大会上，院党委书记、院长梁新明，植保专家吴桂本分别作典型发言。本院被命名为"烟台市科技工作先进集体"；吴桂本被授予"科技功臣"，获5万元奖励。

6月10日，承担科技部重点项目"市属农科院转制进入市场的试点工作研究"，被列为全国农科院科技体制改革试点单位。

6月29日，被中共烟台市委授予"烟台市先进基层党组织"称号。

6月29日，烟台市委组织部聘任林祖军为烟台市农业科学研究院副院长。

7月1日，中央电视台第七套科技苑节目播出10分钟专题节目《来自烟台市农科院的报告》，并配发了编后语。

7月9日，承建的"烟台市农作物工程技术研究中心"项目正式立项，经费330万元。

9月15日，被农业部列为"全国重点地（市）级农科院（所）"。支持建设经费100万元，主要用于仪器设备的购置和科研条件的改善。

9月17日，3 000m² 职工宿舍楼（3#、4#）正式开工。

9月28日，在北京召开的中国国际农业博览会上，选育的小麦新品种"烟农15""鲁麦21"被农业部认定为"1999农博会名牌产品"。

12月20日，由烟台市政府投资，中国农业大学建筑设计院综合设计所设计的占地7 155m² 现代化连栋实验温室竣工。

△"苹果绵蚜和金纹细蛾生物学研究及国内外新农药防治技术大面积开发应用研究"获烟台市科技进步一等奖。

2000年

3月，烟台市委、市政府授予"市级文明单位"称号。

5月1日，吴桂本被全国总工会授予"全国先进工作者"荣誉称号。

6月26日，烟政办发（2000）43号，成立烟台农业高新技术开发区建设领导小组，院长梁新明任副组长。

7月29日，两栋3 000m² 的职工宿舍楼（3#、4#）竣工，并交付使用。

8月，市委、市政府授予"政治思想工作先进单位"称号。

11月2日，承担省级农业科技示范园（果树）项目，第一批经费300万元。

11月16日，中央电视台第七套节目播出烟台市农科院50分钟专题片，全面介绍、宣传本院的农业科研成果。

△"名优苹果主要病害发生规律及防治技术研究"获山东省科技进步二等奖。

△烟台市农业科学院被农业部农药检定所评为"1999—2000年度药效试验先进单位"。

2001年

4月2日，法国农业代表团30余人来本院参观现代化连栋温室。

4月3日，申报的"烟农18弱筋小麦新品种生产技术体系试验示范"项目被农业部农业科技跨越计划管理办公室正式列入2001年农业科技跨越计划项目，经费205万元。

4月23日，烟台市人民政府批准将烟台市果树科学研究所合并到烟台市农业科学研究院，组建烟台市农业科学研究院果树科学研究所，仍保留副处级规格。

5月14日，烟台市委组织部聘任牟春生、张善勇、林祖军、薛增敏为烟台市农业科学研究院副院长。

5月24日,烟台市人民政府聘任梁新明为烟台市农业科学研究院院长,聘期3年。

8月9日,成立"烟台市芝阳山皮肤性病研究所",法定代表人梁新明。

△主持完成的"甘薯抗多种病害新品种——鲁薯3号"获"九五"国家重点科技攻关计划重大科技成果。

△"番茄离子束诱变育种研究"获烟台市科技进步一等奖。

△吴桂本被山东省人民政府记三等功。

2002 年

2月21日,副院长牟春生兼任烟台市果树科学研究所所长。

2月27日,承担烟台市旅游局"农业科技博览园旅游建设项目"。

4月10日,烟台市科协、市教育局联合命名"烟台农科院农业科技博览园"为烟台市科普教育基地(也称烟台市青少年科普教育基地),并颁发牌匾。

4月15日,《农科院综合改革方案》经全院职工表决通过。

4月28日,烟台农业科技博览园开园典礼。省农业厅副厅长李占祥,烟台市人大副主任王德元等领导参加开园仪式。烟台农博园正式作为旅游景点对外开放。

4月28日,院党委书记、院长梁新明获"山东省富民兴鲁劳动奖章"。

8月5日,烟台农业科技博览园被命名为"全国农村科普示范基地",成为全国首批98个示范基地之一。

9月4日,设立农业科技博览中心。

10月,姜鸿明获山东省农业厅——山东省农业科技教育社会力量龙大奖(十大科技创新工作者)。

10月25日,烟台市委组织部公布并选举周先学为烟台市农科院工会主席。

10月27日,农业部批复同意我院承担"山东烟台苹果育种中心(国家级)建设项目",总投资1 100万元(其中,中央投资800万元,地方投资300万元),建设期限2年。

△吴桂本被全国双学双比领导小组授予"全国优秀科技服务工作者"。

2003 年

3月20日,承建"农业部果品及苗木质量监督检验测试中心(烟台)"。

4月2日,市政府批准设立"烟台市农产品质量检验检测中心",以市农科院为依托,负责全面筹建。建成后,隶属市农业局领导,由市农科院管理。

4月6日,建设"山东农业大学小麦研究中心烟台分中心"(农政发〔2003〕93号)。

4月29日,被评为烟台市"五一劳动奖状"先进集体。

6月27日,荣获"省级精神文明单位"称号。

8月1日,烟台农博园被全国旅游景区质量等级评定委员会评为"AAA级国家旅游景区"。

12月31日,"农业部果品及苗木质量监督检验测试中心(烟台)""烟台市农产品质量检验检测中心"和"山东省农产品质量安全中心烟台市分中心"一个机构三块牌子,规格副处级,由市农科院按内部机构管理,编制25人(市编办批复文件)。

△梁新明评为"山东省先进工作者"。

2004 年

4月1日,被评为"烟台市人才工作先进集体";吴桂本被评为"烟台市十大杰出人才",重奖(第二次);姜鸿明被评为"烟台市优秀人才"。

7月1日,烟台农博园被全国工农业旅游示范点评定委员会评为"首批全国农业旅游示范点"。

8月27日,刘学卿任中共烟台市农业科学研究院纪律检查委员会书记(烟组任〔2004〕15号)。周先学被聘任为烟台市农产品质量检验检测中心主任(烟组任〔2004〕18号)。

8月29日,牟春生、张善勇、林祖军、薛增敏被聘任为烟台市农业科学研究院副院长(烟人任〔2004〕6号)。

10月,小麦新品种"烟农21"通过国家审定。

11月19—21日,成功举办"首届中国(烟台)北方果树苗木交易会"。

11月29日,"优质、高产、广适性强筋小麦新品种烟农19(烟优361)的选育推广和产业化开发"获山东省科技进步一等奖。

12月8日,成立烟台市农科院中医皮肤病医院。

△王英姿被评为"山东省优秀科技服务工作者"。

2005 年

1月,姜鸿明获山东省总工会"山东省职工创新能手"。

6月23日,市政府副市长张幸福在我院主持召开"烟台农业科技创新体系汇报会"。

7月22日,梁新明被任命为农业部果品及苗木质量监督检验测试中心(烟台)主任(烟农科政字〔2005〕21号)。

7月23日,制定印发烟台市农科院工作管理制度(包括办公会议制度、会议纪要制度、月份重点工作分工负责制度、考勤制度、请假制度、办公纪律、业务工作会议制度、请示报告制度、车辆管理制度、文件签发制度、重大事项集体研究制度、党政领导干部选拔任用制度、民主生活会制度、领导干部保稳定制度、经费使用管理制度、资产管理和物资采购制度、科研管理工作暂行办法等)。

10月12日,正式成立烟台市果树苗木协会,挂靠我院(烟农〔2005〕48号)。

11月16—19日,设在我院的"农业部果品和苗木质量监督检验测试中心"顺利通过农业部质量办公室、国家技术监督局组织的机构审查认可和国家计量认证评审。

11月19—21日,成功举办第二届北方(烟台)果树·绿化苗木交易会。

△小麦新品种"烟农19"被确定为全国小麦主导品种。

2006 年

2月,姜鸿明获山东省人民政府"山东省有突出贡献的中青年专家"称号。

6月11日,成功举办由中国园艺学会果树专业委员会、中国园艺学会樱桃分会筹备组、烟台市农科院联合主办的"全国樱桃产业发展学术研讨会"。科技部计划司副司长刘玉兰、农业部种植业司副司长王守聪、农业部种植业司经作处杜建斌光临会议指导;会议期间正式成立了中国园艺学会樱桃分会,选举产生了首届理事。

8月，山东省科技厅批准在我院设立山东省甘薯工程技术研究中心。

9月20日，完成全国农业科学研究与技术开发机构综合科研能力评估调查。

10月9日，承担的国家科技部、财政部"节水型强筋小麦烟农21号优质高产高效试验示范"项目获批立项，资金100万元。

11月19—21日，成功举办第三届北方（烟台）果树苗木·生产资料交易会。烟台市副市长张广波、省农业厅副厅长王培泉等领导参加活动。

11月26日，烟台市农业科技创新体系建设听证会在我院召开。会议由烟台市副市长张广波主持，市财政局、市科技局、市农业局，院领导及相关科室负责人参加会议。

12月8日，顺利通过农业部评估核查小组针对鉴定成果、国内外知识产权证书、仪器设备购置证明等的核查。（接受核查单位：山东省农业科学院8个研究所和烟台市农科院、潍坊市农业科学院、淄博市农业科学院3个地市级农业科学院）

△梁新明获全国总工会"全国五一劳动奖章"。

2007年

2月6日，在全市科技工作会议上，被授予烟台市第一批科技自主创新"双十"工程示范单位。

2月7日，"烟台苹果优质高效综合技术研究与产业化开发"项目被评为2006年度烟台市十大科技成果。

2月13日，姜鸿明获国务院政府特殊津贴。

3月6日，出台《双高人才考核暂行办法》《院长基金管理办法》《学科管理考核暂行办法》《关于交通管理工作的有关规定》等文件。

4月，姜鸿明获山东省总工会"山东省富民兴鲁劳动奖章"。

8月，在农业部"十五"全国科研机构综合科研实力评估中排名第32位（全国1 077个参评单位），列全国地市级农科院（所）第3位（全国505个地市级参评单位）、山东省第1位。

8月10日，召开中共烟台市农科院委员会换届选举大会，选举产生党委委员11名，分别是：王英姿、刘学庆、刘学卿、牟春生、张善勇、林祖军、周先学、姜中武、姜鸿明、梁新明、薛增敏，梁新明任党委书记。

8月28日，蝴蝶兰优质分生大苗首批出口韩国，实现了山东省自主研发技术生产的蝴蝶兰首次出口。

8月30日，张善勇、林祖军、薛增敏、刘学卿被聘任为烟台市农业科学研究院副院长；周先学被聘任为烟台市农产品质量检验检测中心主任（烟人任〔2007〕5号）。

10月，"高产优质节水小麦新品种'烟农18'的选育及产业化开发"获烟台市科学技术进步一等奖。

11月19—21日，第四届北方（烟台）果树苗木·生产资料交易会在本院圆满举行，本届交易会共吸引了来自国内外展销商约150家，展示了200多个果树优新品种；参会人员2.6万多人，苗木交易36万余株。

12月，承建国家现代农业产业技术体系烟台综合试验站2个（小麦、苹果），建设时间5年，总资金300万元。

12月11日，"优质、高产、广适性强筋小麦新品种'烟农19'（'烟优361'）的选育推广和产业化开发"获国家科技进步二等奖。

2008 年

2月1日,"沙蜜豆、8-102优质晚熟大樱桃新品种选育及配套栽培技术研究"被评为2007年度烟台市十大科技成果。

6月24日,姜鸿明被山东省人民政府授予"山东省先进工作者"称号。

7月31日,市政府聘任姜鸿明为烟台市农业科学研究院副院长;姜中武为烟台市农业科学研究院副院长、烟台市果树科学研究所所长。

8月28日,烟台市委、烟台市人民政府,授予烟台市农业科学研究院小麦新品种选育及配套技术研究创新团队——烟台市优秀创新团队。

9月12日,在任院长梁新明因病医治无效,在北京逝世,享年53岁。

11月19日,成功举办第五届北方(烟台)果树苗木·生产资料交易会。

12月17日,市委决定,张善勇任中共烟台市农业科学研究院委员会书记。

12月24日,市委决定,任命董锐同志为市农业局副局长、市农科院院长、党委副书记;张善勇同志为市农科院党委书记、副院长。

12月26日,农业部果品及苗木质量监督检验测试中心(烟台)取得"农业部无公害农产品定点检测机构"资格。

2009 年

3月2日,院长董锐兼任农业部果品及苗木质量监督检验测试中心(烟台)主任。

3月27日,承担的"农业部山东烟台苹果育种中心"建设项目(一期),通过山东省农业厅组织的专家验收。

4月,姜鸿明获全国总工会"全国五一劳动奖章"。

7月29日,市委、市政府授予"烟台市人才工作先进集体"称号,授予姜鸿明"烟台市杰出人才奖"称号。

9月,在中国第七届花卉博览会上,本院选送的蝴蝶兰品种分别荣获盆栽植物类银奖3项、铜奖2项;荣获科技成果类铜奖1项、优秀奖1项。

11月,姜鸿明获烟台六十佳评选组委会——山东(烟台)社会主义建设六十佳先进人物之十佳创新风云人物。

11月19日,成功举办第六届北方(烟台)果树苗木·生产资料交易会。

11月24日,我院主持承担国家公益性行业(农业)科研专项——樱桃产业主要障碍因素攻关研究,总经费3044万元,张福兴担任该项目首席专家。

△姜鸿明获"2008山东十大责任公民"。

△刘学卿被山东省总工会授予"山东省女职工建功立业标兵"荣誉称号。

2010 年

1月22日,被中国科协命名为"全国科普教育基地(2010—2014年)"。

2月26日,姜鸿明荣获2009年度"烟台市科学技术最高奖"。

4月，姜鸿明获"全国先进工作者"称号。

5月21日，主持完成的"保护地茄果类蔬菜优质安全高效生产技术集成与推广应用"获山东省农牧渔业丰收奖二等奖。

8月4日，首个申请的国家发明专利"阿维菌素·杀虫双杀虫剂组合物及其微乳剂制备方法"获得授权。

9月，姜鸿明被中共烟台市委、烟台市人民政府授予"烟台市科技领军人才"。

9月10日，孙庆田被聘为山东省现代农业产业技术体系水果产业创新团队遗传育种岗位专家。

10月15日，甘薯新品种"烟薯24"通过国家鉴定委员会鉴定。

11月12日，农业部果品及苗木质量监督检验测试中心（烟台）经考核合格，取得"农业部农药登记残留试验单位"资质。

11月19日，第七届中国北方（烟台）果树苗木·生产资料交易会在本院圆满召开，市人大副主任于旭华、市农业局局长梁传松等领导一行到会视察。

12月13日，设在我院农业部果品及苗木质量监督检验测试中心（烟台）经考核合格，被中国绿色食品发展中心批准，取得"绿色食品产品质量定点监测机构"资质。

△经本院与拜耳公司友好协商，双方达成第一个为期5年（2010—2014年）的合作协议，共同建设"拜耳山东试验农场"，合作实施"山东地区农作物主要病虫草害化学防治技术研究"。每年试验项目30~40个，经费40万元左右。

△张善勇获山东省总工会"山东省富民兴鲁劳动奖章"。

2011年

3月14日，在全国休闲农业与乡村旅游经验交流会上，烟台农博园被认定为"首批国家休闲农业与乡村旅游示范点"。

5月3日，姜鸿明被烟台市委宣传部作为"全市重大典型"进行集中宣传。

5月5日，与鲁东大学联合申报的首批"山东省研究生联合培养基地"举行挂牌仪式。

6月，王江春被聘为山东省现代农业产业技术体系小麦创新团队遗传育种岗位专家。

11月8日，烟台农博园被农业部办公厅、共青团中央办公厅联合授予"首批全国青少年农业科普示范基地"（全国共100家）。

11月19日，成功举办第八届中国北方果树苗木生产资料交易会。

12月，主持完成的"自花结实甜樱桃优良品种筛选及栽培技术集成示范""名优花卉新品种选育、关键栽培技术集成与产业化""高产稳产小麦新品种'烟农24号（原代号烟475）'的选育与应用"分别获山东省科技进步二等奖。

△本年度共获省、市科技成果11项，其中省成果5项、市成果6项，是获奖最多的一年。

△林祖军获山东省总工会"山东省富民兴鲁劳动奖章"；孙纪霞获山东省总工会"山东省女职工建功立业标兵"。

△赵倩被山东省人民政府公布为"山东省有突出贡献的中青年专家"。

2012年

1月20日，市委书记、市人大常委会主任张江汀看望"全国劳动模范"徐沛然同志。

1月31日，在全省农村工作会议上，张善勇被授予"全省粮食生产突出贡献农业科技人员"荣誉称号。

2月，刘学庆任农科院副院长；王英姿任工会主席。

2月29日，王英姿被选举为烟台市农科院第四届工会委员会主席。

3月2日，与烟台大学经济与工商管理学院举行联合培养研究生及共建实践基地签约仪式并揭牌。

3月16日，被国家发展改革委和农业部批准建设"烟台农产品质量安全综合检验检测中心"，总投资1 000万元。

4月26日，刘学庆获山东省"富民兴鲁"劳动奖章。

5月8日，被教育部、农业部确定为"全国首批农科教合作人才培养基地"。

5月16日，烟台市大樱桃协会第二届会员代表大会暨烟台市大樱桃协会第二届换届选举大会在本院召开，张福兴被选为第二届大樱桃协会会长。

6月13日，姜鸿明作为农业科技典型代表参加海阳亚沙会火炬传递。

11月19日，第九届北方果树苗木生产资料交易会在本院隆重开幕。来自国内外的180余家参展商参展，展位数量达245个。市人大常委会副主任王建国、副市长徐少宁等领导参加了开幕式。

12月5日，中共中央总书记、国家主席、中央军委主席习近平在人民大会堂接见我院国家首批"外专千人计划"项目特聘专家、保加利亚农业研究所教授布拉高夫（Atanas Blagov）博士。

12月29日，在全市科技创新大会上，获"烟台市科学技术创新奖"。

△农业部山东烟台苹果育种中心（二期）建设项目，顺利通过专家验收。

△"苹果病虫害安全防控药剂的研配与推广"获山东省农牧渔业丰收一等奖。

△我院制定的首个山东省地方标准《苹果轮纹病综合防治技术规程》发布。

△刘保友在SCI收录期刊"Scanning"上发表论文"Effect of Glutaraldehyde Fixation on Bacterial Cells Observed by Atomin Force Microscopy"。

△小麦新品种"烟农21"被确定为全国小麦主导品种。

2013年

1月，烟台市精神文明建设委员会办公室、烟台日报传媒集团授予姜鸿明"烟台万达杯"2011—2012双年度人物——十佳烟台好人。

1月7日，烟台农博园被烟台市农业局、旅游局授予首家"烟台市休闲农业与乡村旅游五星级园区"。

4月25日，农业部批准设立"农业部果品质量安全风险评估实验室（烟台）"，由烟台市农科院承担建设。

4月28日，市委书记张江汀到烟台市农科院调研，实地考察农业科技创新和高效农业发展情况。

4月28日，刘学庆荣获"全国五一劳动奖章"。

5月，刘学卿荣获"全国五一巾帼标兵"称号。

5月，"苹果病虫害安全防控药剂的研配与推广"获全国农牧渔丰收二等奖。

7月26日，院长董锐被聘请为山东省农业科研究所科技协作委员会委员。

8月15日，王英姿被聘为山东省现代农业产业技术体系水果产业创新团队病虫害防治与质量安全控制岗位专家。

9月，郭绪良任农科院副院长；李元军任工会主席。

9月23日，与烟台大学联合成立烟台大学农学院，金海珠兼任农学院院长，姜中武、林剑兼任副院长。成立烟台大学农学院管理委员会，聘任郭善利为主任；张善勇为副主任；刘学卿、金海珠、姜中武、郭承华为委员。聘任市农科院林祖军、姜中武、刘学庆、王英姿、李元军、姜鸿明、张福兴、刘维正、王江春为农学院兼职硕士生导师。

9月30日，市政府聘任朱波为烟台市农业科学研究院院长，董锐不再担任烟台市农业科学研究院院长。

10月29日，市政府任命朱波为烟台市农业局副局长。

11月14日，根据农质测函〔2013〕129号文件，院长朱波任农业部果品与苗木质量监督检验测试中心（烟台）主任。

11月19日，第十届北方（烟台）果树苗木·生产资料交易会在烟台市农科院圆满召开。

12月，王英姿、张福兴获"烟台市有突出贡献中青年专家"称号。

12月26日，烟台市机构编制委员会批准在本院内部增设"农产品质量标准与检测技术研究所"。

△刘学庆被山东省人民政府授予"山东省有突出贡献的中青年专家"称号。

2014年

1月，小麦新品种"烟农836"通过国家品种委员会审定。

3月13日，召开"党的群众路线教育实践活动"动员大会，院党委书记张善勇主持，院长朱波作动员部署，市委第九督导组金延洛出席会议，市农业局党委副书记、纪委书记、局教育实践活动领导小组办公室主任田殿章出席会议并讲话。

3月17日，召开"双百"实践活动动员大会，成立了10个工作组。

4月25日，培育的精品大花蝴蝶兰，在2014年青岛世界园艺博览会"母爱绽放"为主题的单株洋兰竞赛中，荣获铜奖2项、优秀奖1项。

6月18日，在农业部组织的专家组对招远市"农业部小麦高产创建万亩示范区"的10亩攻关田现场实打验收中，选育的小麦新品种"烟农999"以亩产817.0kg成绩，刷新了全国冬小麦单产最高纪录。

7月8日，经研究决定，建设烟台市农科院牟平高陵试验基地，组建了试验基地建设领导小组。

8月5日，姜中武被聘为"泰山学者"种业计划专家（苹果种业领军人才）。

8月11日，主持完成的"苹果脱毒良种良砧苗木培育及大面积开发应用"和"山东苹果重要有害生物抗药性治理技术研究与推广"分别获山东省农牧渔业丰收奖二等奖。

8月27日，山东省发展改革委项目"苹果种质资源收集、保存与创新利用"批复立项，总投资经费1 007万元。

9月17日，王江春被聘为第二批第二轮省现代农业产业技术体系小麦遗传育种岗位专家。

11月19日，第11届北方（烟台）果树苗木·生产资料交易会在烟台国际博览中心圆满召开。本院设计的"微农"手机APP正式上线。

12月8日，召开欢送布拉高夫教授（国家"外专千人计划"特聘专家）回国座谈会。本院承担的国家"外专千人计划"项目，已按照项目合同要求和相关规定，圆满完成了规定的各项工作任务。

2015年

1月19日，小麦新品种"烟农21号""烟农999"被确定为全省主导品种，"甜樱桃避雨防霜设施栽培技术"被确定为全省主推技术。

1月21日，加入山东省农业科技创新联盟。

2月，姜中武获准享受"国务院政府特殊津贴"。

2月4日，主持完成的"高产广适高白强筋小麦新品种'烟农5158'的选育与应用"获得烟台市科技进步一等奖。

3月，山东省总工会授予赵玲玲"山东省女职工建功立业标兵"荣誉称号。

3月9日，颁布实施新修订的烟台市农科院保密管理制度、公文处理规程、印章使用办法、车辆使用与管理办法、请销假制度。

3月24日，在2014年度烟台市直属事业单位绩效考核中，被评为A级事业单位。

4月，加入国家农业科技创新联盟。

4月13日，组建烟台市农科院苹果创新团队。

5月1日，刘学庆被中共中央、国务院联合授予"全国先进工作者"荣誉称号。

5月13日，颁布实施新修订的烟台市农科院财务管理制度（试行）、科研项目和课题管理办法、农作物新品种管理办法。

5月18日，被山东省人力资源与社会保障厅、省农业厅、省公务员局联合授予"全省农业系统先进集体"荣誉称号。

6月，被烟台市委农村工作领导小组授予"2012—2014年度部门包村工作先进单位"。

6月，承建的"山东省甘薯工程技术研究中心"经山东省科技厅批准，升级为"山东省甘薯示范工程技术研究中心"。

6月，与拜耳公司签署了第二个五年合作协议，继续开展农药新化合物探索试验等工作。

6月18日，番茄新品种"烟粉207"通过全国蔬菜品种鉴定委员会鉴定。

6月22日，选育的小麦新品系"烟农1212"，在莱州市由省农业厅组织有关专家，对小麦高产创建项目——10亩高产攻关田进行现场实打验收中，亩产达809.13kg，创全省最高纪录。

7月22日，刘兆晔被授予"烟台市有突出贡献的中青年专家"荣誉称号。

8月4日，烟台市编办批复，同意我院内部机构增设：农业情报信息研究所、安全保卫处和试验基地管理服务办公室，撤销畜牧研究所和试验农场、畜牧场；政治处更名为人事处；果树分院加挂烟台国际苹果育种中心牌子，内部增设小浆果研究所和茶叶研究所。中层领导干部职数由54名调整为59名。

8月26日，颁布实施新修订的烟台市农科院院长办公会议事规则、督查督办制度、公务活动管理规定、差旅费管理办法（试行）、内部资产和科研产品管理办法、外来劳务人员管理办法、农业信息服务管理办法（试行）、试验地管理办法。

9月11日，全国先进工作者、小麦育种专家徐沛然因病医治无效，在烟台逝世，享年93岁。

10月21日，国家人力资源与社会保障部、全国博士后管委会研究决定，批准在我院设立"博士后科研工作站"。

10月30日，被推举为中国农业科技管理研究会地市农业科研院所工作委员会副主任单位。

11月19日，由烟台日报传媒集团主办、主管，烟台市农科院、烟台市农技推广中心联办，面向全市三农领域的《土生金周刊》（烟台晚报农村版）正式创刊，本周刊主要向广大农民提供及时的种植、养殖、加工技术服务，宣传惠农政策，传递农业信息和市场咨询。

12月，连续第13年被授予"省级文明单位"荣誉称号。

12月6日，烟台农博园被烟台市旅游局授予"烟台市研学旅游基地"。

12月7日，被山东省绿化委员会授予"山东省绿化模范单位"荣誉称号。

12月29日，烟台市农科院举办"爱洒农科，迎新欢歌"首届元旦联欢会。联欢会历时两个半小时，本院职工自编自导的24个节目，内容丰富，形式多样，寓意深刻。

△于晓丽在SCI收录期刊"Plant Disease"上发表论文"First report of cherry stem rot and leaf necrosis disease caused by Phytophthora nicotianae in Yantai, China"，在世界范围内首次鉴定了樱桃茎腐病的病原菌为烟草疫霉，证实了烟草疫霉可侵染樱桃。

2016 年

1月14日,"高产广适优质高白小麦新品种'烟农5158'的选育与推广应用"获山东省科技进步一等奖。

3月14日,烟台农博园被山东省旅游局、省委宣传部、省精神文明办联合授予"山东省文明旅游先进单位"。

3月24日,小麦新品种"烟农999"通过国家农作物品种审定委员会审定。

5月1日,小麦新品种"烟农999"被授予《植物新品种权》证书。

5月3日,"烟薯29号"和"烟紫薯4号"通过全国甘薯品种鉴定委员会鉴定。

5月4日,申报的"山东省苹果种质资源收集、保存与创新利用建设项目初步设计"获省林业厅批复,建设总投资1 000.71万元,其中,中央预算内投资403万元。

5月16日,成立烟台市农科院院志编纂委员会,主任:朱波,副主任:郭绪良、张凤敏(常务)。

5月31日,申报的"山东省烟台市国家农作物品种区域试验站建设"项目获农业部批复立项,总经费965万元。

6月17日,举办欢送援藏干部刘少青座谈会。刘少青将任西藏自治区聂拉木县农牧综合服务中心副主任,开展为期一年半的援藏工作。本次援藏任务是继市农科院科研成果开发中心主任黄代峰第一批援藏任务后,第二次选派援藏干部。

6月22日,选育的小麦新品系"烟农1212",在农业部组织的专家实打验收中,亩产达到828.5kg,创全国冬小麦高产新纪录。

6月30日,被中共山东省委授予"山东省先进基层党组织"荣誉称号。

8月,申报的国家科技部重点研发计划"环渤海(烟威地区)设施蔬菜化肥农药减施技术模式建立与示范",获批项目经费157万元。

9月,"优质高产食用型甘薯品种烟薯25选育及轻简化栽培技术研究与应用"获2016年度烟台市科技进步一等奖。

9月20日,市委任命朱波为中共烟台市农科院委员会书记;张善勇不再担任中共烟台市农科院委员会书记职务。

10月24日,承办的山东省专业技术人才知识更新工程高级研修班"山东省苹果园化肥农药减施增效技术"在烟台成功举办。中国工程院院士、山东农业大学束怀瑞教授等7名国内果树行业知名专家授课。

10月28日,隆重举行小麦新品种研究综合院士工作站、博士后科研工作站、烟台国际苹果育种中心揭牌仪式。烟台市副市长宋卫宁,中国工程院院士、山东农业大学束怀瑞教授,中国工程院院士、山东农业大学于振文教授,中国工程院院士、山东省农业科学院赵振东研究员共同为"两站一中心"揭牌。中国工程院院士、浙江省农业科学院院长陈剑平研究员发来贺信。

11月,经国家自然科学基金委员会委务会议审批,被批准为国家自然科学基金依托单位。

11月15日,农业部和国家认监委共同组织专家对设在本院的农业部果品及苗木质量监督检验测试中心(烟台)进行了农产品质量安全检测机构考核、机构审查认可和检验检测机构资质认定的扩项评审,考核全部合格。

11月21日,中国共产党烟台市农科院委员会换届选举党员大会圆满召开。选举产生新一届院党委委员(按姓氏笔画):王英姿、朱波、刘学庆、刘学卿、李元军、周先学、姜中武、姜鸿明、郭绪良。会后,新一届党委委员召开了院党委会,推选朱波同志为院党委书记。

12月15日,由我院承办的烟台市人民政府、山东省农科院合作共建"山东省农科院胶东半岛创新中心"签约仪式,在烟台市东山宾馆圆满举行。

12月30日,王江春获"国务院政府特殊津贴"。

△孙纪霞被山东省妇女联合会授予"山东省三八红旗手"荣誉称号。

2017 年

1月3日,小麦育种综合院士工作站(由中国工程院院士于振文、陈剑平、赵振东共建)被省科技厅批准进入第二批院士工作站备案名单,正式完成省级备案。

2月13日,承担的欧盟科技项目"Erasmus+(伊拉斯谟+)"计划"University-enterprise cooperation via spin-off companies network",在西班牙圣地亚哥-德孔波斯特拉大学举行项目启动仪式。姜中武作为中方项目负责人,参加了项目启动会。

2月17日,我院加入国家农业科技创新联盟。

3月31日,组织院领导班子成员和全体中层领导干部赴烟台市看守所接受廉政警示教育,随后召开全院党风廉政建设工作会议。

4月2日,中国工程院院士、山东农业大学于振文教授,中国工程院院士、浙江省农科院院长陈剑平研究员,中国工程院院士、山东省农科院赵振东研究员及团队与我院小麦学科的科研人员举办座谈会,共商小麦新品种研究与学科发展大计。

4月14日,市人大常委会副主任张伟来院视察、调研农业科技创新工作。

4月25日,副市长张波来院调研现代农业科技创新与应用工作。

4月26日,中国工程院院士、山东农业大学束怀瑞教授来院主持博士后科研工作站首批新进站博士后开题汇报会。

4月27日,省农业厅副厅长林国华来院调研农业科技工作。

5月1日,联合筹建成立烟台农博园生态园艺科技有限公司,主题园区突出绿色、自然等特色成为农博园新的亮点。

5月11日,与福山区政府签署战略合作协议,积极探索科技成果转化新方式和院区共建现代农业产业新模式。

6月28日,我院被列入农业部科研成果权益分配试点单位和农业部分类评价试点单位。

6月30日,在烟台市委党校第六会议室组织召开庆祝建党96周年表彰大会暨专题党课。

7月9日,与昆嵛山保护区签署战略合作协议,双方将在示范项目建设、科技项目申报、科技成果转化、专业技术支持、科技人才培训等方面开展全面、广泛的战略合作,积极探索农业科技进步之路和院区共建农技推广新模式。

7月11—18日,党委书记、院长朱波一行5人赴西藏聂拉木县看望援藏干部,并考察当地相关农业产业。

7月18日,副市长聂作坤来院调研农业科技创新、成果转化物化、科研人员奖励激励机制等方面的工作。

7月18日,被批准为山东省省级科技成果转移转化服务机构,将有效加快科技成果转移转化和技术转移,极大地提高本院的科技服务水平。

7月23日,与烟台电视台合作创办全新电视栏目《前沿播报》,进一步丰富农业科技信息服务体系,该栏目专家全部由本院科技人员组成,保证了内容的权威性、客观性。

7月25日,与日本岛津企业管理(中国)有限公司共建合作示范实验室,并举行签约暨揭牌仪式。

7月31日,法人治理结构建设工作取得实质性进展,召开了首届理事会成立大会暨第一次会议,理事会由9名理事、2名外部理事、2名职工理事组成。

8月3日，承担的"国家樱桃良种苗木繁育基地建设项目"，顺利通过省农业厅专家组验收。

8月7日，中国工程院院士、中国农业科学院副院长吴孔明研究员来院调研区域植保科研工作。

8月15日，农业部总农艺师孙中华来院调研农业科技创新工作。

8月17日，成功申报国家自然科学基金青年基金项目"樱桃茎腐病菌RxLR效应分子PpAvh241功能与作用机制研究"，这是自2016年获批国家自然科学基金依托单位以来首次获得立项资助。

8月30日，省人大常委会委员、农业与农村委员会主任委员战树毅来院调研《种子法》贯彻落实情况，并组织召开座谈会。

8月，我院14名研究员被列入中国博士后科学基金评审专家库正式专家。

9月3日，3名科研人员赴保加利亚农业研究所执行第十五届中保例会项目"中保苹果抗病种质资源创新利用"，考察交流果树科研工作。在保加利亚期间，组织举行了烟台国际苹果育种中心在保加利亚农业研究所的挂牌合作仪式。

9月8日，承建农业部种子工程建设项目"山东省烟台市国家苹果育种创新（科研）基地"，经费540万元。

11月2日，与省农科院共建山东省农业科学院胶东特优果品技术研发中心，副市长张代令参加签约仪式。

11月15日，举办首届果树新品种展示观摩会，现场展示170余个近年来选育的苹果、大樱桃、桃子、梨、葡萄、小麦、蔬菜、甘薯、玉米等优良新品种。

11月17日，被中央文明委授予第五届"全国文明单位"荣誉称号，是本届唯一一家获此殊荣的地市级农业科研单位。

11月20日，申报的"国内外富士芽变优系分子身份证的建立及甲基化研究初探"项目，荣获2017年度山东省博士后创新项目专项资金二等资助，这是自2015年获批设立博士后科研工作站以来，获得的首个省博士后创新项目的专项资助项目。

12月7日，选育的具有自主知识产权的甘薯新品种"烟薯25"，授权河北、河南、辽宁、山东等10家省内外企业开发转化，品种使用权转让费达50万元，是目前国内甘薯品种权转让费最高的。

12月14日，与烟台市福山区政府、北京市林业果树科学研究院联合在福山区成立中国福山大樱桃博士科学试验站，这是国内第一个以大樱桃研发为主的博士科学试验站。

12月24日，荣获2017年度烟台市杰出人才奖；朱波荣获"人才引进伯乐奖"。

12月27日，辛国胜荣获第七批"烟台市有突出贡献的中青年专家"荣誉称号。

12月29日，顺利通过2017年度"省级文明单位"复评审。

12月30日，创建《烟台果树》融媒体版，首次实现传统纸媒与现代电子媒体相互融合，让读者有更好地体验文字与图片、视频等实时直观的演示，充分发挥纸媒与电子媒体两者优势的新形式科技期刊。

2018年

1月12日，与牟平区政府举行战略合作签约仪式。牟平区委副书记、区长高君勃，副区长李剑出席签约仪式。

3月23日，农业农村部科技发展中心主任杨雄年一行在省农业厅巡视员姜卫良等陪同下，来我院调研。市农业局党委书记、局长白国强，市农业局副局长宫本俊参加座谈。

3月30日，中国农业科技管理研究会地市农业科研院所工作委员会主任单位座谈会在我院召开。

4月10日，世行贷款中国食品安全示范项目考察团来我院市农产品综合质检中心进行考察调研。

4月17日，格鲁吉亚国家科学院院士Avtandil Korakhashvili先生来我院进行科技合作交流。

4月20日，市委书记张术平在市委常委、组织部部长于涛，市委常委、秘书长于松柏，副市长金志海的陪同下，到我院调研。

4月27日，山东省科技厅副厅长于书良一行，来我院调研国际科技合作工作。

5月7日，科技部党组成员夏鸣九，在国家外国专家局经济技术专家司司长徐晧庆和山东省外国专家局局长张祝秀等陪同下来我院调研国际科技合作工作。

5月19日，中国工程院院士、山东省农科院作物所首席专家赵振东研究员和中国工程院院士、宁波大学植物病毒学研究所所长陈剑平研究员，来我院指导、考察小麦新品种研究综合院士工作站的相关科研试验和新品种选育工作，并分别举办了《小麦育种的思考与实践》与《农业科研工作的新时代、新思维、新境界》的主题讲座。

6月2日，山东省现代农业产业技术体系小麦产业创新团队在我院召开团队交流会暨新品种观摩会。团队首席专家、山东农业大学农学院院长孔令让、省小麦创新团队全体岗位专家、试验站站长、团队骨干成员以及省小麦品种审定委员会部分成员出席会议。

6月3日，我院召开"烟台市农科院小麦育种60周年座谈会暨小麦新品种观摩会"，国家小麦产业技术体系首席科学家、中国农科院作物研究所研究员肖世和，山东省种子管理总站和省农技总站主要负责人和院领导以及省内外部分农业科研院校的专家、学者，山东省小麦主产区的县市区种子站和农技站负责人，鲁苏皖冀等省内外知名种业公司的企业家等110多人参加了会议。

附：烟台市果科所大事记

1966年

4月11日，烟台专署林业局在西沙旺烟台园艺场内建立烟台专区果树试验站，以加强烟台地区果树科学实验研究与推广工作，负责人杨洪瑞。

1967年

1月，章宗江当选为烟台市第六届人民代表大会代表、人民委员会委员。

△农业部程照轩副部长来烟台指导果树生产工作。

1968年

7月20日和8月6—9日，烟台专区果树试验站所在的西沙旺地区连遭三次风害，造成大风落果，损失严重。

1969年

△地革委农林局组织果树试验站和莱阳农校部分专业干部，深入烟台苹果重点产区的先进社队调查、访问，编写的20余万字的《烟台苹果》发行，受到了广大果农和专业科技人员的极大欢迎。

1970年

△烟台专区果树实验站改名为烟台地区林业科学技术站,许文江任站长。

1971年

6月11日,烟台地区林业科学技术站所在的西沙旺区域果园遭受雹灾,砸掉苹果160万kg,损失严重。

△秋季,全国妇联主任蔡畅到烟台地区果树园艺场视察工作。

1972年

8月20日至9月28日,烟台地区林科站、莱阳农校、蓬莱县园艺场等,以及有关县、烟台地区农林局的专业人员,在福山、栖霞等6县的31个大队进行苹果高产优质技术考察,系统调查总结苹果高产优质的栽培管理技术。

△于绍夫参编的《烟台苹果》,由山东人民出版社出版发行。

△由烟台地区林科站、烟台地区果品采购供应站、烟台食品进出口公司及有关区县组成"苹果良种选育协作组",领导烟台地区苹果良种评选工作。

1973年

1月,由烟台地革委农业局、烟台市革委农林局、烟台地区林科站和烟台市园艺场共同组成的苹果矮化砧试验小组,2年内设点11处,繁育苹果矮化砧苗6万余株。

△夏季,烟台地革委农林局在组织烟台地区林科站、莱阳农校等单位的专业人员调查考察的基础上,提出"苹果低产旺树的修剪技术",有力地提高了苹果产量。

1974年

6月11日,在开展群众性的苹果良种评选活动中,初步选出了红香蕉、青香蕉短枝型芽变。

12月15日,烟台地革委农林局在组织烟台地区林科站、莱阳农校等单位专业人员调查考察的基础上,提出了"关于苹果幼树整形修剪的技术意见"。

1977年

6月,参加的"苹果良种选育协作组"选出S.D.18、S.W.6和740正式定名为烟红、烟青和烟红蜜。

8月24日，烟台地区车门园艺场改建为烟台地区果树实验场，承担全区果林生产试验示范和繁育果树良种。

12月，章宗江当选为山东省第五届人民代表大会代表。

1978年

5月，章宗江当选为烟台市第八届人民代表大会代表。

△农业、林业局分设，水果业归农业局后，复设烟台地区果业科学技术站。

△于绍夫、李治协作的《苹果高额丰产栽培技术研究》获山东省科学大会奖。

△陈希山、孙洪喜任副书记。

△于绍夫被山东省科委评为"山东省科技大会先进个人"。

1979年

6月，于绍夫编著的《烟台大樱桃栽培》由山东科技出版社出版，发行2 600册。

7月，烟台地区果树园艺学会成立，选出第一届理事会。

8月，山东省园艺学会召开成立大会，章宗江当选为第一届学会理事。

△农业部确定，建立山东省烟台市苹果良种繁育场，承担全国苹果良种繁育任务。场址设在烟台黄务车门烟台地区果树实验场内。

1980年

1月10日，《烟台果树》创刊，出版第一期，系内部技术资料，主要供当地果业技术人员和果农参考。主办单位为烟台地区果树实验站，季刊，开设的栏目有专题报告、研究简报、生产经验、果农杂谈等。

2月25日，烟署发（80）35号文，决定晋升赵万图、于绍夫、杨洪瑞等3人为果树技师。1981年3月套改为农艺师。

2月27日，烟署发（80）38号文，同意将烟台地区果树站和烟台地区果树试验场合并，成立烟台地区果树实验站，属事业单位。原烟台地区果树站由西沙旺迁往黄务车门。

3月10日，农业部由日本引进的着色系富士苗木350株（秋富1号100株、长富2号150株、长富6号100株）抵达烟台。3月中旬农业部分配给烟台地区长富2苗100株、接穗500条，均安排在山东省烟台市苹果良种繁育场。

8月2日，农业技术干部职称评定委员会成立。果业干部章宗江、赵万图二人任委员。

8月3日，烟台地区农业系统技术干部职称评定委员会成立。果业技术干部甄文远任副主任委员，章宗江、赵万图任委员。

1981年

7月1日，烟台地区农业局和烟台地区果树实验站向行署提呈《关于大力推广科学技术，实现苹果大面积高产优质的报告》，总结多年来推广的六大方面先进经验和科研成果。

8月26—30日，西德联邦葡萄研究院汉纳·施密特博士考察了烟台地区果树实验站。

12月8日，章宗江晋升为高级农艺师，为烟台地区果业技术干部中首位高级知识分子。

△章宗江主持的"苹果灰斑病防治研究""桃小食心虫综合防治"分别获得山东省科委科技成果三等奖、烟台地区行署科技成果三等奖。

△赵万图主持的"山楂新品种的选育""板栗六个品种的选育"，分别获得山东省科委科技成果二等奖、山东省林业厅科技成果三等奖。

△于绍夫主持的"苹果丰产树体结构和丰产群体结构"，获山东省农业厅科技成果三等奖。

△邹云贵主持的"矮化砧木与苹果品种组合研究"，获烟台地区行署科技成果二等奖。

1982 年

1月，改革招生制度后第一届大学生（77级）王树大、汪克诚、曲复宁毕业后，被分配到烟台地区果树实验站工作。

3月，爱国华侨郭永均先生委托上海远洋运输公司赠送富士、嘎拉、王林、红月、千秋、阳光等6个苹果新品种接穗，安排在烟台地区果树实验站试验观察。

5月28日，烟台地区农业局在烟台地区果树实验站举办果树研究方法培训班，以提高果树技术干部的科学试验技能和水平，学员30人，为期15天。

10月25—27日，根据中波科技合作协议，波兰果树所果树栽培专家米加博士来烟台考察苹果、梨密植栽培和整形修剪技术，先后访问了烟台地区果树实验站、莱阳农学院等。

章宗江被山东省科委聘任为山东省农业技术干部技术职称评委会植保考评委员。

1983 年

7月29—31日，澳大利亚联邦科学与工作研究组织昆虫研究所里德肖博士来烟台考察，参观了烟台市果树实验站。

10月14—15日，根据中朝科技合作委会第23届会议协议，由中国科协和外经部组织的"朝鲜苹果栽培技术考察团"一行5人出访朝鲜，由甄文远同志任副团长，于绍夫、王之佐等参加。

11月，烟台地区改烟台市后，更名为烟台市果树实验站。

△郭尊东被农业部派往意大利研修。

△秦洪志主持的"短枝型苹果丰产栽培技术研究"获山东省农业厅科技成果三等奖。

△于绍夫主持的"苹果氮钙营养调运及苦痘病发生防治研究"获山东省科技成果三等奖。

△承办农业部主办的全国果树科技工作者会议。

△章宗江当选为第六届全国人民代表大会代表和山东省烟台市第六届人民政治协商会议副主席。

1984 年

4月23日，经烟台市政府批准，烟台市果树实验站更名为烟台市果树科学研究所。下设品种资源研究室、果树栽培研究室、植保室、化验室、科技管理科、实验场、总务处、《烟台果树》编辑部、资料室。

7月，于绍夫编著的《苹果栽培200题》一书，由中国农业出版社出版，先后在全国发行11万册。
8月，温承日任烟台市果树科学研究所所长、书记。
△赵万图主持的"乙烯利对山楂幼树成花增产效果研究"获烟台市科技成果三等奖。
△章宗江当选为山东省园艺学会第二届理事。

1985年

9月20—24日，以澳大利亚维多利亚州农业部高级研究官员、园艺研究所产后处处长为首的澳大利亚园艺考察团来本单位参观访问。
11月19—28日，烟台市总工会主席韩岩和温承日所长作为全国总工会全国职工对外技术交流中心组织的中国果树研修生先遣访日团成员，出访日本。
△周培庆主持的"着色系富士苹果引种试栽"获山东省科委科技成果三等奖。
△秋季，日本国平田商美教授由山东农业大学园艺系罗新书副教授陪同，到我单位访问。

1986年

△徐杰被派往日本研修。
△曲俊远主持的"苹果红腐病发病规律研究"获烟台市科技成果三等奖。
△李治协作的"赤眼蜂繁殖利用研究"获山东省农业厅科技改进三等奖（第4位）；赵万图同志协作的"板栗良种选育（六个品种）"获山东省科技进步三等奖（第2位）。

1987年

9月，于绍夫主编的《果树病虫害防治问题》由山东科技出版社出版发行。
11月，吕锡祯编著的《苹果丰产长寿修剪法》由中国展望出版社出版发行。
△于泳被派往厄瓜多尔做支援专家。
△章宗江被烟台市政府评为"专业技术拔尖人才"。

1988年

△于绍夫担任烟台市果树科学研究所代所长，申泗贵任书记。
△周培庆主持的"红富士苹果试验、示范、推广"获山东省农业厅科技改进三等奖；于绍夫主持的"苹果缺铁黄叶病防治开发研究"获山东省农业厅科技改进三等奖。
△赵万图协作的"板栗良种选育（6个品种）"获国家科技进步二等奖（第2位）；于绍夫协作的"红富士苹果引种试验"获农业部科技进步二等奖。
△姜中武、王树大、杨昌庆赴新西兰富饶湾技术学院留学。

1989 年

△吕禓祯主持的"草莓保护地栽培及引种试验"获烟台市科技进步三等奖。
△于绍夫主持的"硅橡胶扩散窗保鲜袋贮藏苹果的应用"获烟台市科技进步三等奖。
△章宗江主持的"应用靳式线虫及性信息素防治桃小食心虫研究"获烟台市科技进步三等奖。
△臧逢春主持的"呋喃丹种衣剂防治玉米主要害虫研究"获烟台市科技进步二等奖。

1990 年

3月，刘志坚任烟台市果树科学研究所所长。
△于绍夫、周培庆参加协作完成的"红富士苹果引种试验"获国家科技进步二等奖。

1991 年

△于绍夫主持的"落叶果树花粉开发利用研究"获山东省农业厅科技进步二等奖；主持的"苹果无病毒苗木引进繁育研究"获烟台市科技进步二等奖。
△王树大主持的"山楂幼树丰产栽培生物学研究"获烟台市科技进步三等奖。
△周培庆编著的《苹果新品种》由山东省新闻出版局出版发行。
△刘志坚被烟台市政府评为"专业技术拔尖人才"。

1992 年

7月，联邦德国森林研究院果树植保研究所兼德国海德尔堡大学教授狄克勒博士（Dr. Dickler）来本所进行学术访问。

8月，张宗坤、张福兴被派往厄瓜多尔做支援专家，对厄瓜多尔进行历时2年的果树栽培技术指导及技术培训。

△王树大被农业部派往德国果树植保研究所开展合作研究。
△以科室为单位兴办经济实体6个。

1993 年

9月，于绍夫、姜中武编著的《落叶果树的主要病毒病害》由中国农业出版社出版发行。
△刘志坚获得国务院特殊津贴。
△农业部投资在烟台市果树科学研究所建立"苹果脱毒检测繁育中心"。

1994 年

△姜中武被农业部派往德国果树植保研究所开展合作研究。
△《烟台果树》经国家新闻出版署批准,获得正式刊号,国内公开发行,从此结束了十几年作为内部资料的历史,成为一份名副其实的果业期刊杂志,仍为季刊,16开,页码56。
△邹云贵主持的"苹果新品种(系)丰产栽培扩大试验"获烟台市科技进步二等奖。
△周培庆被烟台市委组织部、人事局、科协评为"市科技英才"。

1995 年

△周培庆主持的"北斗苹果新中心扩大试验"获烟台市科技进步三等奖。
△张福兴主持的"短枝型苹果低产变高产优质开发研究"获烟台市科技进步三等奖。
△刘志坚编著的《果树育苗建园》由河北科技出版社出版发行。
△刘志坚被烟台市人民政府评为"专业技术拔尖人才"。

1996 年

△臧逢春主持的"桃小灵防治桃小食心虫应用技术研究与大面积推广应用"获烟台市科技进步二等奖。

1997 年

4月,于绍夫、房道亮编著的《大樱桃栽培新技术》由山东科技出版社出版发行。
9月,请当地书法家史征夫先生为《烟台果树》题写刊名,在国家商标局进行了商标注册,沿用至今。
△刘宝革任烟台市果树科学研究所所长。
△刘宝革主持的"高产优质高效农业模式研究开发"获山东省科技进步三等奖。

1998 年

△姜中武主持的"早生富士苹果优质丰产栽培技术研究"获烟台市科技进步二等奖。
△张宗坤主持的"大樱桃保护地栽培技术研究"获烟台市科技进步三等奖。

1999 年

3月,张凤敏从山东省烟台农业学校调任烟台市果树科学研究所业务副所长。

12月，姜中武、张福兴被评为"烟台市学科（技术）带头人"。

△刘志坚被烟台市人民政府评为"专业技术拔尖人才"。

△李全义主持的"仁用杏引种试验"获烟台市科技进步三等奖。

△姜中武参加完成的"苹果病毒脱除、检测与无毒矮化丰产技术研究"获国家科技进步三等奖。

2000 年

5月，张凤敏与烟台市果树工作站合作完成的"苹果枝干轮纹病防治技术研究与开发"获烟台市科技进步三等奖（第2位）。

△姜中武、刘宝革、于忠赴德国、比利时执行农业部948樱桃砧木引种项目，引进樱桃砧木CG和GM砧木6个。

2001 年

3月，张凤敏编著的《核果类果树设施栽培实用技术》由中国石油大学出版社出版发行。

7月，房道亮、姜丽芝、田世恩编著的《果园新农药使用技术问答》由山东科技出版社出版发行。

△姜中武主持的"日本'丰水'梨引种试栽及开发"、张凤敏主持的"早熟桃高效设施栽培技术研究"、刘宝革主持的"山东省果树设施栽培现状及发展策略研究"，分别获得烟台市科技进步三等奖。

2002 年

5月，刘志坚编著的《苹果全套袋栽培》由中国农业出版社出版发行。

9月，《烟台果树》杂志被评为第三届华东地区优秀期刊。

△烟台市果树科学研究所合并到烟台市农业科学研究院，组建烟台市农业科学研究院果树科学研究所，仍保留副处级规格，牟春生兼任所长。内部机构设立果树品种资源室、果树栽培室、新技术研究室、果品贮藏保鲜室、《烟台果树》编辑部。

第一篇 组织机构

第一章 机构沿革

一、1958—1982 年

烟台市农业科学研究院成立于1958年8月,其前身最早为山东省莱阳农业试验站,后改名莱阳专署农业科学研究所,莱阳专署、烟台市合并为烟台地区行政公署,后又改名为烟台专区科学研究所。当时的内部组织设有党委办公室、行政办公室、农业系、工业系、综合化验室,并附设农业中等专业学校一处。1960年改为烟台专区农业科学研究所。

1962年1月成立资料档案室,1978年资料室独立,后改为技术档案资料室。1963年3月成立医务室,7月成立试验农场;1965年9月烟台农技推广站、植物保护站合并到本所成立技术推广组,山东省垛山猪育种辅导站并入本所。1967年成立革命委员会,1968年归属烟台地区五·七干校,编成农科连。

1972年改农科连为烟台地区农业科学研究所,设办公室(辖资料室)、总务室、农场、土肥研究室、植保研究室、育种研究室、栽培研究室、技术推广组。1973年育种、栽培两室拆分为小麦研究室、甘薯研究室、杂粮研究室;撤销技术推广组,农技推广站、植物保护站从本所剥离;1975年增设畜牧研究室,杂粮研究室拆分为玉米研究室和大豆研究室。

1972年党委改为党支部,1973年改为党总支,1975年3月15日建立中共烟台地区农业科学研究所总支委员会。1978年烟台地委公布重建党委。

1976年农场改为生产组。

1978年8月25日成立烟台地区农业科学研究所基层委员会。

1980年撤销畜牧研究室。

1980年9月3日成立烟台地区农业系统技术干部技术职称评定委员会,贾廷祥任副主任委员,杨中萃、于伊、章宗江、赵万图任委员。

二、1983—1997 年

1983年,本所改称山东省烟台市农业科学研究所,编制200人,其中工人95人,并增设政工科和科研管理科。内部组织设有办公室、政工科、总务科、科研管理科、农场、技术档案资料室、小麦研究室、玉米研究室、甘薯研究室、植保研究室、大豆研究室、土肥研究室、蔬菜研究室、植物组织培养研究室、化验室、新技术应用研究室、农业技术开发服务中心、畜牧研究室,共18个科室。

1983年3月成立团总支委员会;1986年1月成立保卫股(隶属办公室);7月26日成立烟台市农科所所务委员会。1987年7月成立烟台市农科所农业技术职务评审委员会。

1988年4月15日化验室成立"烟台广播电视、农业仪器维修服务部";6月8日成立市农科所外事管理领导小组。

1989年2月对所内部分机构进行调整,撤销原技术开发服务中心,设立所级技术开发服务中心;设立特产研究室,承担西洋参、人参技术研究、开发、加工等业务;设立畜牧实验场,畜牧研究室隶属畜牧实验场,畜牧研究室为副科级单位。3月本所编制由200人增至250人,人员结构为正、副所长4人,中层领导职数37人,科研、科技管理、科技辅助人员84人,一般行政干部15人,工人110人。

1990年2月成立农科所党校;4月9日改选了职代会,建立了所工会。1991年1月撤销保卫股,成立保卫科,副科级,隶属办公室;12月13日成立考核委员会。

1990年8月按照科技体制改革的要求,先后创办了塑化技术开发实验厂、胶辊厂和被服厂等单位,为加强对这些单位的领导和管理,成立工业管理科。1992年5月8日成立"烟台市农科所供销经理部",隶属于烟台市农科所领导,其性质为全民所有制企业;5月19日成立"烟台市农科所综合服务公司",隶属于总务科领导,办公室参与部分工作;6月4日成立"烟台市农科所蔬菜研究开发服务中心",该"中心"性质为全民所有制科技开发企业;6月22日成立"烟台市农科所劳动服务公司";6月4日成立"烟台市农科所农作物良种开发服务中心",该中心性质为全民所有制科技开发企业;12月25日成立"烟台市农科所建筑安装工程公司",为全民所有制单位。1993年12月4日成立"烟台市农科所科技发展总公司"。1995年5月23日原烟台市农科所胶辊厂和企业改制发起人代表吕振中双方签订了企业改制协议书,并于1995年5月28日签订了合同,正式批准组建为具有独立法人资格的股份合作制企业,新企业用名为"烟台霞辉胶辊制造有限责任公司"。1996年1月10日撤销烟台市农科所供销经理部、烟台市农科所塑化技术实验厂防腐保温施工队、烟台市农科所劳动服务公司、烟台市农科所服务部4个实体;10月9日注销烟台市农科所科技发展总公司、烟台市农科所胶辊厂经销处。

1994年3月18日成立生物技术研究开发中心,隶属科研部,办公室设在科研部。

1996年1月设置17个正科级单位,包括办公室(党政合一)、政工科、科研管理科、财务科、总务科、保卫科(隶属办公室);小麦研究室、玉米杂粮研究室、甘薯蔬菜花卉研究室、植保研究室、土肥化验室、新技术特产研究室;粮作开发中心、蔬菜开发中心、生资农药开发中心、综合服务门市部;试验农场、试验畜牧场。

三、1998—2018年

1998年7月山东省烟台市农业科学研究所更名为山东省烟台市农业科学研究院,中共烟台市农业科学研究所委员会更名为中共烟台市农业科学研究院委员会。院内设小麦、玉米油料、甘薯花卉、蔬菜、植物保护、土肥化验6个研究所,生物组培脱毒、科技成果开发2个中心,农场、畜牧2个试验场,办公室、政治处、科研管理处、财务处、总务处5个行政处室。更名后,原定单位性质、规格、人员编制、经费形式、隶属关系等均不改变。

1999年1月,成立"烟台烟星种业有限责任公司"。

2000年4月,院内设畜牧研究所和果业研究开发中心,规格科级,中层领导职数增加4名。

2001年4月,烟台市果树科学研究所合并到本院,组建烟台市农业科学研究院果树科学研究所,仍保留副处级规格。

2001年4月,撤销果业研究开发中心,合并到果树科学研究所;撤销甘薯花卉研究所,设立甘薯研究所、花卉研究所;撤销总务处,成立后勤服务中心;撤销果树科学研究所内设的科技管理科、植保研究室、保卫科。烟台市农科院编制总额为380名,配备院长1名,副院长5名(其中1名兼果科所所长),科级领导干部职数54名(含原烟台市果树科学研究所副所长3名,中层干部职数10名)。

2002年9月,成立烟台农业科技博览园,规格正科级。

2003年12月,成立烟台市农产品质量检验检测中心,与农业部设在我市的"农业部果品及苗木质量监督检验测试中心(烟台)"一个机构两块牌子,规格副处级,由市农科院按内部机构管理,编制25名。

2004年5月,市农产品质量检验检测中心内部机构设办公室、检测一室、检测二室、检测三室,设主任1名,副主任2名,中层领导干部职数4名。

2005年12月,花卉研究所更名为园林花卉研究所;增设生态农业应用技术研究所;撤销市农科院果树科学研究所内设的办公室、政工科、化验室和技术开发办公室,增设贮藏保鲜技术研究室和《烟台果树》编辑部;市农产品质量检测中心内设的办公室更名为综合科;市农科院人员编制由380名调整为320名。

2010年9月,烟台市农业科学研究院果树科学研究所内部机构调整设置为:苹果研究室、大樱桃研究室、梨研究室、葡萄与葡萄酒研究室、生物技术工程研究室和《烟台果树》编辑部6个正科级部室。

2012年3月，以市农产品质量检验检测中心为基础，整合烟台市水产研究所承担的水产品质量检测职能以及烟台市动物疫病预防与控制中心承担的动物及其疫病、药物残留的卫生安全检测等职能，成立烟台市农产品综合质检中心。烟台市农业科学研究院果树科学研究所更名为烟台市农业科学研究院果树科学研究分院，其内设的苹果研究室、大樱桃研究室、梨研究室、葡萄与葡萄酒研究室更名为苹果研究所、大樱桃研究所、梨研究所、葡萄与葡萄酒研究所。

8月12日，本院与省农科院开展院地实质性合作对接，联手打造山东省农科院胶东半岛研发中心，联合建设烟台大学农学院。

2013年5月，编办下发文件，重新核定本院机构编制，为财政拨款事业单位，机构规格正处级，内设机构20个，人员编制261名，其中管理人员编制27名，专业技术人员编制228名，工勤技能人员编制6名。单位领导职数6名，科级领导职数54名。

2013年12月，山东省烟台市农业科学研究院内部机构增设农产品质量标准与检测技术研究所。2014年3月市编办研究将本院人员编制由261名调整为245名。2014年12月，本院配备纪委书记和工会主席各1名（副处级）。

2014年7月8日，建设烟台市农科院牟平高陵试验基地，并成立了试验基地建设领导小组。

2015年8月，本院增设农业情报信息研究所、安全保卫处和试验基地管理服务办公室，撤销试验农场、试验畜牧场和畜牧研究所；政治处更名为人事处；烟台市农业科学研究院果树科学研究分院加挂烟台国际苹果育种中心牌子，内部机构增设小浆果研究所和茶叶研究所。中层领导职数由54名调整为59名。

2016年12月，市农产品综合质检中心改设在山东省烟台市农业科学研究院，机构规格不变，由本院按内部机构管理。

附：烟台市果树科学研究所沿革

山东省烟台市果树科学研究所由烟台专区果树试验站、烟台地区林业科学技术站、烟台地区果业科学技术站、烟台地区果树实验站等单位演变而来。

1966年4月，烟台专署林业局在西沙旺烟台园艺场内建立烟台专区果树试验站，1970年更名为烟台地区林业科学技术站。

1978年底，农业、林业局分设，水果业归农业局后，复设烟台地区果业科学技术站。

1980年，迁至黄务上车门，与烟台地区果林实验场合并，建立烟台地区果树实验站。

1983年11月，烟台地区改烟台市后，更名为烟台市果树实验站。

1984年，更名为烟台市果树科学研究所，下设品种资源研究室、果树栽培研究室、植保室、化验室、科技管理科、实验场、总务处、《烟台果树》编辑部、资料室。

2001年4月，烟政编〔2001〕1号文，将烟台市果树科学研究所合并到烟台市农业科学研究院，组建烟台市农业科学研究院果树科学研究所，仍保留副处级规格。下设品种资源室、栽培室、新技术室、贮藏加工室、《烟台果树》编辑部。

第二章 行政管理机构

第一节 办公室

一、机构沿革

烟台市农科院办公室最早成立于1958年8月，前身是原烟台专区科学研究所行政办公室。1960年撤销烟台专区科学研究所，成立烟台专区农业科学研究所，下设办公室；1968年烟台地区农业科学研究所划归烟台地区五·七干校，编成农科连，不再设办公室；1972年由原烟台地区五·七干校农科连改为烟台地区农业科学研究所，下设办公室（辖资料室，1978年资料室分离出办公室）；1983年随着行政体制变动，原烟台地区农业科学研究所更名为烟台市农业科学研究所，下设办公室；1985年科技体制改革后，原办公室与政工科合并成立办公室；1986年成立保卫股（1991年撤销保卫股，成立保卫科）隶属办公室；1996年党政办公室合并，成立所办公室，保卫科隶属办公室；1998年撤所建院，成立山东省烟台市农业科学研究院办公室，政治处、科研管理处（2009年6月分离出办公室）与办公室合署办公，保卫科归并总务处；2012年3月保卫科归并办公室；2015年8月政治处更名为人事处，与办公室继续合署办公；2016年4月保卫科分离出办公室；目前，办公室与人事处合署办公，对外名称是院办公室。

二、工作职能

1. 针对上级党委、政府、部门的决定、决议、通知和领导指示、批示等精神，提出实施意见，并抓好落实。
2. 协助院主要负责人处理日常事务，协调院各中层单位工作。
3. 负责督查督办院重要工作，协调相关中层单位贯彻落实好上级党委、政府、部门涉及本院的重要工作部署以及院党委会、院长办公会的重要决定和决议。
4. 协助院领导进行调查研究，提出科学合理建议、意见，为院领导决策部署提供依据。
5. 负责院党委会议、院长办公会议和党委民主生活会的筹备、通知和记录，组织筹备和承办院工作会议及全院性重大活动。
6. 负责上级机关或部门文件的收发、传送，保管机要或普通文电，负责全院各类发文的核稿、审稿、缮印。
7. 负责日常接待、保密、印章、档案的管理工作。
8. 负责院内外综合性工作的联系、协调、规划，以及撰写院工作计划、总结、报告等。
9. 协助做好重大、紧急突发公共事件应急处置的组织协调管理工作。
10. 组织院规章制度的制定、修订工作，督促贯彻落实。
11. 掌握全院工作动态，组织信息交流及宣传报道，编印院大事记、宣传册等综合性资料。
12. 负责全院驾驶员管理工作，以及车辆的调配、使用。
13. 负责全院的人口与计划生育管理工作。

14. 负责处理职工、群众来信来访。
15. 协同院工会、团委处理相关工作。
16. 办理院领导交办的其他工作。

三、历任领导

杨景华，1959.1—1965.9任办公室主任。

张树贵，1966—1973.7任一组组长（相当于办公室主任）。

于承柞，1973.7—1978.7任办公室主任；陈栋，1973.7—1978.10任办公室副主任。

宋子钦，1978.10—1983.8任办公室副主任；吴朝熙，1983.8—1985.6任办公室副主任。

吴朝熙，1985.6—1988.12任办公室主任；张心玲，1984.4—1985.5任办公室副主任；董世文，1987.8—1989.2任办公室副主任，1989.2—1990.12任正科级调研员；孙世川，1989.2—1990.12任办公室副主任。

孙世川，1991.1—1998.12任办公室主任；刘再庆，1991.1—1998.12任办公室副主任；宋子钦，1993.1—1995.1任办公室名誉主任；孙吉南，1995.2—1996.1任办公室副主任（兼任服务站站长）。

周先学，1998.12—2002.10任办公室主任；刘学卿，1998.12—2002.11任办公室副主任（其间兼任科研处副处长、处长）；郭绪良，1998.12—2004.12任办公室副主任（其间兼任政治处副处长、处长）。

刘学卿，2002.11—2007.12任办公室主任（其间2004.8—2007.12以纪委书记兼任办公室主任）；郭绪良，2004.12—2007.12任办公室副主任（兼任政治处处长）；刘维正，2002.12—2009.6任办公室副主任（兼任科研处处长）；翟广印，2004.3—2007.12任办公室副主任；王荣，2007.7—2008.7任办公室副主任。

郭绪良，2007.12—2014.12任办公室主任（兼任政治处处长），其中，2013.9—2014.12以副院长兼任；迟爱花，2008.1—2013.12任办公室副主任（兼任工会副主席）；刘克宁，2009.6—2011.8任办公室副主任；宋世志，2012.3—2013.3负责办公室日常工作，兼任保卫科科长；苏佳明，2014.3—2014.12，任办公室负责人，负责日常工作。

苏佳明，2014.12至今任办公室主任（兼任人事处处长）；迟爱花，2014.12至今任办公室副主任。

四、行政管理与服务

办公室是烟台市农科院的一个综合科室，是协调带动各中层单位正常运转的枢纽，也是联系上下、左右、内外的桥梁。建院以来，办公室一直承担着党务、行政、宣传、后勤服务等综合职能。

1958—1997年

1958年8月建所初期设置党委办公室、行政办公室，党委工作和行政工作分开运行，此阶段的办公室承担职能较多，除党务、行政工作外，还负责科研管理、人事政工、后勤保障等工作。

1972年改农科连为烟台地区农业科学研究所，党委办公室、行政办公室统一为办公室，增设总务室，负责基建、水电暖、仓储保管等后勤工作，办公室剥离了总务工作，增加了资料室管理工作，直到1978年资料室独立。

1983年随着行政体制变动，改称烟台市农业科学研究所，增设政工科和科研管理科，办公室工作范围缩小至党务和行政。

1985年科技体制改革后，市农科所也相继进行了一系列改革。1988年省科委同意了烟台市农科所制定的"关于省双方改革试点实施方案"。此阶段全所工作主要以兴办实业、发展产业为主，办公室主要工作也转变为以服务产业为主。

1992年大兴创办实业，总务科、办公室联合成立"烟台市农科所综合服务公司"，隶属于总务科领导，办公室参与部分工作，1996年1月撤销该公司。

1996年办公室实现党政合一。

1998—2018年

1998年山东省烟台市农业科学研究所更名为山东省烟台市农业科学研究院，办公室全面负责全院党政事务，承担、参与的重大事项有以下两个方面。

1. 大型会议、活动的组织实施

1998年8月组织举行烟台市农科所建所40周年暨撤所建院仪式；2000年3月组织召开烟台农业科技示范园和创汇农业高新区规划论证会；2008年8月组织举行建所50周年、建院10周年华诞庆祝活动；2014年7月组织召开山东省农业科研院所科技协作委员会暨山东省农科院科技咨询委员会会议；2016年10月组织举行小麦育种研究综合院士工作站、博士后科研工作站、烟台国际苹果育种中心揭牌仪式；2016年12月组织举行山东省农科院胶东半岛创新中心签约仪式；2004—2014年连续举办了11届北方果树苗木交易会。

2. 宣传工作

设计推出烟台市农科院画册、烟台市农科院形象展示幻灯片，使来院领导和客人对农科院有了全面直观的了解。每年都有知名媒体，如新华社、《农民日报》、《大众日报》、《烟台日报》，山东电视台、烟台电视台、新华网、中国新闻网、凤凰网等对本院科研人员、科研成果、先进事迹等进行报道、转载。

（1）农业科技信息服务体系　将院网站全面升级为烟台农业科技网；推出"微农"APP手机客户端，实现专家与农民的互联互通；开通烟台农科院微信公众号；与烟台日报社、农技中心联合创办《土生金周刊》；与山东有线电视联合推出《农科苑》栏目。

（2）文化建设和精神文明建设　开展了农科院精神大讨论活动，确立农科院精神为"传承、创新、协作、奉献"。每年组织拔河比赛、跳绳比赛、"同心球"接力赛、羽毛球比赛、乒乓球比赛、演讲比赛、摄影比赛等丰富多彩的文体活动，健康向上、文明和谐的文化氛围进一步浓厚。

五、制度建设

办公室根据各个时期具体形势制定了适合不同时期的规章制度，包括行政管理类、科研管理类、劳动人事类、后勤类等。建院以来，共进行过4次大的制度起草、修订，具体如下。

（一）制度初建

1958—2000年，这一阶段的制度建设以分散建立为主，根据工作需要陆续出台相关规章制度。主要有：农场简明章则（试行草案）；生活管理制度（包括食堂就餐、食堂核算、家属客人招待、生活管理方面）；工作与学习制度；烟台市农科所职工代表大会暂行条例；各级各类人员岗位责任制；机关职能部门责任制；财务管理办法；关于微机管理的暂行规定。

（二）第一次整理、汇总

2005年对全院规章制度进行了整理汇总，共梳理出49项制度，具体如下。

各类人员的职业道德规范：管理部门干部职业道德规范；科技工作者职业道德规范；后勤服务人员职业道德规范。

行政管理：关于机关保密工作的试行规定（汇编）；关于驾驶员管理的有关规定；关于加强文印管理的暂行规定；关于办公用车管理的有关规定；行政办公楼及教学设备管理办法；关于使用印章有关问题的通知；关于招待所管理的有关规定。

劳动人事：关于离退休专业技术干部返聘的暂行规定；关于职工内退有关问题的暂行规定；关于鼓励在职人员以同等学历水平申请硕士学位的有关规定；关于微机管理的暂行规定；关于加强临时用工管理的规定；2001年烟星种业公司工资分配及内部管理暂行办法；2001年农场工资发放暂行办法；2001年试验畜牧场工资及奖惩暂行办法；2001年生物中心工资改革实施方案；2001年服务中心工资改革暂行办法；关于内退职工的有关规定；关于本院综合配套改革工作的实施意见；关于待聘人员有关待遇的

规定;烟台市农科院分配制度改革方案;关于本院2002年岗位津贴发放的有关规定;关于调整内退职工有关待遇的通知;烟台市农科院实行全员聘用制暂行办法。

科研管理:科研管理工作暂行办法;科技成果管理办法;关于农作物新品种(系)参加区试、预试的有关规定;2003年专业技术职务聘任办法。

财务规章:财务管理规定;经费核算的有关规定;联合采购的规定;关于电话管理有关办法;关于严格控制职工医疗费用开支的有关规定;农科院暖气收费暂行规定;关于修改《严格控制职工医疗费用开支的规定》的通知。

后勤制度:房产管理使用规定;水电管理有关规定。

其他:院规民约;关于加强本院安全保卫工作的实施意见;户籍管理暂行规定;关于流动人员和离下岗(失业)人员计划生育管理工作的规定;卫生检查管理试行办法;关于兴办"烟台烟星种业有限责任公司"的有关规定;烟台市农科院2000年经济工作方案;烟台市农科院2000年工作总结;烟台市农科院2001年经济工作方案。

(三)第二次整理、汇总

2013年对前期的规章制度作了整理汇总,印发烟台市农科院规章制度汇编,汇编共分党政文件、领导讲话、会议纪要3部分,具体分类及目录如下。

组织人事:烟台市农科院党委议事规则(烟农科党字〔2009〕11号);烟台市农科院院长办公会议事规则(烟农科政字〔2009〕22号);烟台市农科院督查督办制度(烟农科政字〔2009〕23号);关于报考在职研究生暂行规定(烟农科政字〔2009〕45号);关于报考在职研究生暂行规定(烟农科政字〔2012〕3号);关于印发《联合培养研究生工作暂行办法》的通知(烟农科政字〔2013〕1号);关于加强合同制职工管理的有关规定(烟农科政字〔2009〕31号);关于加强临时用工管理有关问题的通知(烟农科政字〔2013〕22号);关于驾驶员管理的有关规定(烟农科政字〔2009〕43号)。

科研管理:烟台市农科院科研管理办法(烟农科政字〔2009〕28号);烟台市农科院科研项目经费使用办法(烟农科政字〔2009〕29号);烟台市农业科学研究院新品种和成果奖励暂行办法(烟农科政字〔2009〕32号);新品种和成果奖励的补充规定(烟农科政字〔2013〕2号);烟台市农科院关于基金项目奖励的有关规定(烟农科政字〔2009〕34号);烟台市农科院实验室考核办法(烟农科政字〔2009〕40号);烟台市农科院院长基金项目管理办法(烟农科政字〔2009〕33号);烟台市农科院实验室管理制度(烟农科政字〔2009〕39号);关于开展三个"零距离"实践活动的实施意见(烟农科政字〔2013〕9号)。

财务管理:烟台市农科院财务管理办法(烟农科政字〔2009〕24号);烟台市农科院创收分配管理办法(烟农科政字〔2009〕25号);关于产业发展工作中有关问题的通知(烟农科政字〔2012〕20号);烟台市农科院差旅费管理办法(烟农科政字〔2009〕30号);关于调整出车补贴和合同制驾驶员工资标准的通知(烟农科政字〔2013〕23号);烟台市农科院微机管理规定(烟农科政字〔2009〕41号);关于办公用车管理的有关规定(烟农科政字〔2009〕42号)。

(四)第三次修订、完善

2014年起,以党的群众路线教育实践活动为契机,根据新形势的发展变化和新时代的发展要求,对全院规章制度进行了全面、系统的修订、完善,将全院规章制度分为管理类、科研类、经济类、纪律类、考核与奖惩类5大类,共修订规章制度32项。其中,《烟台市农科院岗位目标责任制分类考核办法》采用量化为主的考核方法,按不同岗位类型、不同考核对象,对科研能力、管理能力、创新突破能力、服务"三农"、民主测评等诸多指标设置不同权重和赋值,创新性地构建起科学公正、综合全面、指向明确、激励性强的综合考核体系。

1. 管理类

党委会议事规则;院长办公会议事规则;督察督办制度;公文处理规程;印章使用办法;行政后勤单位岗位职责;公务活动管理规定;安全生产管理制度;人口与计划生育管理规定;治安保卫工作管理

制度；车辆使用与管理办法；驾驶员管理办法；外来劳务人员管理办法；烟台市农科院卫生保洁管理办法。

2. 科研类

科研项目和课题管理办法；科技信息和科技档案管理办法；实验室管理制度；农作物新品种管理办法；烟台市农科院博士后管理办法（试行）；烟台市农科院实习学生管理暂行规定（试行）。

3. 经济类

财务管理制度（试行）；差旅费管理办法（试行）；内部资产和科研产品管理办法；试验地管理办法；水电暖管理规定。

4. 纪律类

保密管理制度；请销假制度；纪律处分规定。

5. 考核与奖惩类

农业信息服务管理办法（试行）；关于创新人才管理机制，加快学科团队建设和中青年人才培养步伐的意见；烟台市农科院科学技术奖励办法（试行）；烟台市农科院岗位目标责任制分类考核办法（试行）。

第二节　人事处

一、机构沿革

1958—1983年，组织、人事、党务等政工方面相关业务由办公室承担。

1983年2月随着内部设置机构调整，政工科隶属于办公室。

1998年撤所建院，政工科更名为政治处，与办公室合署办公。

2015年8月经市编办批准更名为人事处，与办公室合署办公。

二、历任领导

韩义文，1983.8—1985.4任政工科科长；于乃敏，1983.8—1985.4任政工科副科长。

于乃敏，1985.4—1989.3任政工科科长（副书记兼任）；张福良，1987.3—1988.10任政工科副科长。

徐文芳，1989.3—1998.12任政工科科长（1998.8更名为政治处）。

郭绪良，1998.12—2001.12任政治处副处长（主持工作），2002.1—2014.12任政治处处长（其间：2013.9—2014.12以副院长兼任政治处处长）；王丽，2007.7—2014.12任政治处副处长。

苏佳明，2014.12至今任人事处处长（2015.8原政治处更名为人事处）；王丽，2014.12至今任人事处副处长。

三、工作职能

1. 负责全院党的思想建设、组织建设、作风建设等党建工作的组织、协调、落实。指导全院各党支部"三会一课"工作。
2. 负责全院机构与人员编制工作，做好事业单位法人资格管理工作。
3. 负责全院中层干部竞聘、考察、报批、公示等工作的组织、落实。
4. 负责后备干部推荐工作的组织、考察、公示、上报等工作。
5. 负责各级各类人才招聘、录用手续的办理工作及军转干部的接收安置工作。
6. 负责全院干部职工工资的申报、统计、保险的申报、缴纳等工作。

7. 负责全院干部职工考勤、请销假、休假等管理工作。

8. 负责全院各中层单位的绩效考核和岗位目标责任制考核工作。

9. 负责相关知识分子政策的落实,做好国务院政府特殊津贴、国家(省、市)先进工作者和有突出贡献中青年专家的待遇落实工作。

10. 做好单位或个人的各级各类荣誉的申报、考察,以及省市级精神文明单位申报、管理等工作。

11. 负责全院干部职工的人事档案管理工作。

12. 负责党员组织关系管理工作,做好积极分子入党申请、党员预备与转正、党费收缴、组织关系转移、党员统计等工作。

13. 负责退休、调动或辞职的职工手续的办理工作。

14. 承办干部职工因公出国(境)政治审查工作。

15. 负责离退休老干部管理的相关工作。

16. 负责全院聘用制干部管理工作;组织申报工人技术等级考核。

17. 负责人事代理人员及外来劳务人员管理的有关工作。

18. 办理院领导交办的其他工作。

四、人事管理及服务

(一) 党务和精神文明建设工作

多年来,院人事处认真贯彻执行党的各项方针政策,不断提高对党建和精神文明建设工作重要性、规律性的认识,切实提高党建和精神文明建设的能力和水平,拓展工作内容,创新工作方法,为全院可持续发展提供政治保证、精神动力和智力支持,促进了本院政治文明、社会文明、物质文明、精神文明、生态文明的协调发展。

2005年开展保持共产党员先进性教育活动;2011年开展"以人为本、执政为民"教育活动;2014年开展党的群众路线教育实践活动、"双百"实践活动;2015年开展"三严三实"专题教育;2016年开展"两学一做"学习教育;2017年开展"两学一做"学习教育常态化、制度化。

本院历来重视精神文明建设,1987年被评为市级精神文明先进单位;1992—1993年,被评为市级精神文明单位;1999年3月—2002年,被授予"烟台市文明单位";2003年6月27日被授予"省级精神文明单位"称号,至今已连续保持了16年;2016年8月召开创建全国文明单位动员大会,正式启动争创全国文明单位工作。2017年11月,被中央文明委授予第五届"全国文明单位"荣誉称号。

(二) 干部管理

1973年聘任中层行政领导16名;1975年聘任中层行政领导8名;1982年聘任中层行政领导4名;1983年聘任中层行政领导12名;1984年聘任中层行政领导20名;1985年聘任中层行政领导28名;1986年新聘任中层行政领导5名;1987年12月公布聘任本所中层行政领导33名;1988年新聘任中层行政领导2名;1989年新聘任中层行政领导20名;1991年1月聘任中层行政领导34名;1993年新聘任中层行政领导8名;1995年聘任中层行政领导1名;1996年1月聘任中层行政领导职务24人,4月新聘中层行政领导职务4名。

1998年12月23日公布了撤所建院后首批聘任了32名中层行政职务领导干部;2002年1月公布农科院第二批中层干部25名;2004年12月31日公布农科院第三批35名中层干部名单;2005年12月27日调整部分中层领导岗位,新提拔7名中层领导干部;2007年3月通过竞争上岗新提拔6名中层干部,7月新提拔4名中层领导;2008年5月第四批中层干部通过公开竞聘,聘任39名中层干部;2009年6月任免9名中层干部,新提拔7名中层干部;2011年6月在第五批中层干部聘任工作中,任免52名中层干部,新提拔中层干部11名;2013年4月新提拔中层干部11名,9月30日提拔中层干部1名;2014年12月在第六批中层干部聘任工作中,任免56名中层干部,新提拔18名;2016年3月任免11名中层干部;2017年12月聘任中层干部67名。

(三) 工资管理

1973年3月10日劳薪便字（1973）第59号，本所4月份恢复为月工资日计算制。1974年2月27日烟台地革委农业局答复法定节日出勤仍拿日工资，不出勤者不发工资；探亲假、婚丧假、产假的工资照月工资标准计发；临时工雨、雪天，发月工资的75%。

1986年随着改革工作的发展，少数职工经单位批准，可以"停薪留职"从事个体经营。同年，解决临时工工资福利待遇问题。计划内临时工（1966年以前入厂且一直在本单位工作的）可以按照同期入厂的固定工评定工资等级，按固定工规定办理退休；1967年以后入厂的临时工可以按照同期入厂的固定工评定工资等级；1988年合同制工人的劳动保险、各种津、补贴标准，公休假、婚丧假、产假、哺乳时间、子女入托、医疗待遇和病假工资，丧葬补助费、直系亲属抚恤费、救济费等福利待遇与固定工同等对待。

1991—1992年，先后解决了乡镇半脱产人员、临时工、合同工、亦工亦农人员工龄计算问题；1994年解决1966—1969届因"文革"延期分配的大专院校毕业生（含毕业研究生）参加工作时间和工龄计算问题。

根据山东省有关规定，为在职职工和离退休人员，根据职务、岗位不同从1992年1月起分别增加了第一次职务补贴；从1992年12月起增加了第二次职务补贴；从1995年12月起增加了第三次职务补贴。从1996年起为每两年年度考核合格的在职职工，正常晋升一级工资，同时给离退休人员增加生活费。到2006年每人正常晋升了七级工资。

2007年根据《烟台市事业单位工作人员收入分配制度改革实施意见》《烟台市机关事业单位离退休人员计发离退休费等问题的实施意见》（烟政办发〔2007〕31号）规定，对2006年7月1日在册的在职职工进行收入分配制度改革。岗位绩效工资由岗位工资、薪级工资、绩效工资和津贴补贴组成，其中岗位工资和薪级工资为基本工资。岗位分专业技术岗位、管理岗位和技能工勤人员岗位，政治处按政策做好工资改革方案，为220名在职职工套改了工资，同时，为148名离退休职工按标准增加了离退休费。同时，为96名在职人员争取浮动转固定工资，为220名在职人员争取原工资构成中津贴比例高出30%部分，即8%津贴工资。从2007年1月起每年对上年度考核合格的在职职工正常晋升一级薪级工资，至2018年每人正常晋升了十二级薪级工资。

从2002年1月起按职工基本工资的20%发放住房补贴，自2005年4月起按上年度基本工资的35%发放住房补贴；2010年10月清理规范津贴补贴，将在职人员的津贴补贴项目统一归并设立基础性津贴和奖励性津贴，保留住房补贴、取暖补贴等改革性补贴，规范特殊岗位津贴，同时为离退休职工增加生活补贴；2012年7月调整在职职工津贴补贴标准，新增加的津贴补贴，各按50%的比例分别纳入到基础性津贴和奖励性津贴，为离退休人员增发生活补贴；2014年10月起调整214名在职职工的基本工资标准、离退休人员离退休费；2015年1月为79名干部职工浮动转固定工资；2016年7月为203名在职人员调整基本工资标准。

(四) 离退休服务工作

1. 每年召开两次老干部通报会，及时了解老干部的思想情况，听取他们对全院事业发展的意见、建议和要求；鼓励他们积极为农科院的发展建言献策，实现老有所为。

2. 由主要领导带队，每年至少两次对有突出贡献的老专家、老干部进行走访，及时了解老干部的身体健康情况、家庭生活以及特殊困难，确保老干部老有所养、老有所医。

3. 不定期地邀请离退休专业技术人员回单位传授他们的实践经验，指导培养年轻科技人员。

4. 成立离退休职工党支部，畅通意见、建议反馈渠道，支部成员参与日常管理，建立老干部活动室，为老干部订阅报纸杂志，经常组织退休职工开展台球、扑克、象棋等友谊比赛，并组织离退休职工参加烟台市老干部举行的趣味比赛，让他们学习阅读有书报，活动娱乐有场所。

5. 关心离退休职工的生活和身体健康，每年组织离退休职工进行健康查体，在职工生病期间代表院党委及时探望，重阳节、春节期间为离退休职工发放节日慰问品，走访困难党员和困难家庭并发放慰问金，年底院里为大病致贫家庭发放困难补助。

（五）社会保险

按上级文件要求，积极参加各项社会保险，及时办理职工的养老、医疗、事业、工伤保险费的缴纳等社会保障工作。1985年12月之后招收的合同制工人，与单位签订劳动合同，从其参加工作开始缴纳劳动保险金；1995年4月在职职工养老保险从福山区转到烟台市管理，并办理了养老保险手册；自2001年医疗保险纳入统筹，职工住院费用出院时按比例报销，解决了职工的后顾之忧；自2002年10月开始缴纳失业保险；2007年1月开始缴纳工伤保险；2012年1月缴纳职工基本医疗保险；2013年1月缴纳大额医疗保险；2014年10月调整养老保险缴费比例，并开始缴纳职业年金；2015年1月开始缴纳生育保险；2017年4月开始缴纳补充医疗保险。

第三节 科研处

一、机构沿革

1983年2月20日正式成立科研管理办公室；同年8月23日，科研管理办公室更名为科研管理科，原主任、副主任改任为科长、副科长。1996年1月30日党政合一，合署办公，科研管理科与政工科、保卫科、办公室合署办公。2009年6月11日科研处独立办公，不再与办公室合署办公。

1. 职工队伍

自1983年成立科研管理科，有1名工作人员盛志政，从事科研管理工作。目前有工作人员6名，分别是刘维正、王鹏、孙妮娜、孙亮、冯烨宏、刘洁。其中研究员1人，高级农艺师1人，农艺师4人，硕士4人，本科1人。黄代峰任成果开发中心主任兼科研处副处长。

2. 历任领导

科长：盛志政（1985.6—1993.1）；副科长：盛志政（1983.2—1985.5）、董世文（1984.5—1985.12）、王福斌（1991.1—1993.1）、周先学（1996.4—1998.12）；副部长：汤国民（1993.1—1995.12）；处长：刘学卿（2000.2—2002.11）、刘维正（2002.11至今）；副处长：李涛（2009.6—2013.10）、王荣（2009.6—2012.4）、王鹏（2014.12至今）、孙妮娜（2016.4至今）。

二、职责范围

1. 按照国家农业现代化建设、农业发展新方向，遵循国家农业科技方针政策，规划全院科技发展计划，组织、协调申报各级各类计划项目、课题，并立项推进。
2. 负责全院专业技术人员管理、考核工作，人才引进、推荐工作，各种平台的申报创建工作。
3. 负责全院各类人才创新的筹建和管理、考核工作，全院各级各类计划项目、课题和国家、省现代农业产业技术体系岗位专家、综合试验站的建设、实施管理、协调、督办、考核等工作，组织开展好立项、中期检查、验收等工作。
4. 负责全院科研成果管理工作，做好科研成果评议、审核、报奖等工作。
5. 负责全院实验室和各级各类创新平台的统筹管理工作，协调有关中层单位做好科研仪器、设备的计划编报、购置和使用情况的监督检查工作。
6. 负责学术委员会日常工作，组织开展学术活动；组织农民科技培训、农业技术推广工作。
7. 负责科技信息搜集、传递和全院科技信息资料管理工作。
8. 负责全院对外科技合作与交流工作，组织协调专业技术人员出国考察、研修、培训、合作研究。
9. 负责气象观测、数据整理、保存、设施维护。
10. 负责科研、高层次人才管理和农业科技进展动态等调研工作，研究科研管理新办法，提出前瞻性合理化建议。

11. 负责烟台大学农学院有关工作。

12. 负责做好科技机构年报、科技资源、成果、技术合同等相关调查、登记工作。

三、取得成就

1. 科研项目及平台

建所以来至2018年6月，本院先后承担了国家、省产业技术体系、国家"外专"千人计划、国家发展改革委、农业部建设项目等国家、省市项目、课题528项。承担国家公益性行业科技项目——樱桃产业主要障碍因素攻关研究、国家现代农业产业技术体系综合试验站建设、农业部山东（烟台）苹果育种中心、烟台市农产品质量安全综合检验检测中心、国家"外专"千人计划、国家主要农作物区域试验站，国家级千万元以上大项目7项。

拥有国家农业部"山东（烟台）苹果育种中心""农业农村部果品及苗木质量监督检验测试中心"等3个国家级研发中心（实验室）；果树无病毒苗木繁育基地、小麦原原种扩繁基地、甘薯原原种扩繁基地、大樱桃良种苗木繁育基地4个国家级种苗基地；"山东省甘薯示范工程技术研究中心""山东省酿酒葡萄良种工程实验室"2个省级和"烟台市苹果工程技术研究中心""烟台市苹果种质创新与品质调控工程研究中心""烟台市苹果创新中心""烟台市大樱桃创新中心""烟台市小麦工程技术研究中心"等6个市级科研中心；承建国家现代农业产业技术体系小麦、花生、苹果、梨、葡萄、甘薯、大宗蔬菜7个综合试验站，山东省现代农业产业技术体系水果、薯类、小麦、玉米创新团队的4个岗位和1个试验站。

2009年，本院被山东省教育厅认定为山东省研究生联合培养基地；2012年，与烟台大学联合创办农学院，培养农业推广硕士；2016年，作为鲁东大学本科生实习基地，为农学类本科生提供实习岗位；2015年获批成立博士后科研工作站，至今3名博士后在站工作；2016年成立了小麦育种研究综合院士工作站，组建烟台国际苹果育种中心。

2. 科技成果

先后获得国家、省、市成果奖275项，分别为国家级16项、省部级88项、地厅级171项。其中，国家科技进步二等奖6项，国家科技进步三等奖1项，国家发明三等奖1项，全国科学技术大会奖1项；省科技进步一等奖3项，二等奖14项，烟台市科技进步一等奖10项。其中，选育品种"蚰包麦"在黄淮麦区首次突破每亩500kg，开创了我国小麦高产育种的先河，获1978年全国科学大会奖；选育的我国第一个紧凑型玉米杂交种"烟单14"，获国家科技进步二等奖；"苹果病毒脱除、检测与无毒矮化丰产技术研究"实现了"烟富3"苹果已知病毒的完全脱除，获国家科技进步三等奖；烟农15、鲁麦14、鲁麦21、烟农19、烟农21五个小麦品种推广面积均超亿亩，其中鲁麦14、烟农19获国家科技进步二等奖。2014年"烟农999"单产817.0kg，刷新全国小麦高产纪录。2016年"烟农1212"平均亩产828.5kg，创全国小麦亩产最高纪录。

3. 高层次科技人才

自建院以来，本院共培养了山东省有突出贡献的中青年专家、烟台市有突出贡献的中青年专家、享受国务院特殊津贴专家、山东省拔尖人才、烟台市拔尖人才、烟台市拔尖终身补助人才、烟台市学科带头人、烟台市农科院科技领军人才等高层次人才百人次。其中共培养了山东省有突出贡献的中青年专家3人次，烟台市有突出贡献的中青年专家7人次。共培养国务院特贴专家15人。共培养省级拔尖人才4人；市级拔尖人才22人次；市拔尖人才终身补助2人次；烟台市学科带头人22人；烟台市农科院科技领军人才20人。

出台了《关于创新人才管理机制，加快团队建设和中青年人才培养步伐的意见》，促进全院人才培养。自建院以来，通过引进项目、高层次人才招聘等，引进国内外高层次人才百人次。其中中国工程院院士4名，博士后3名，博士18名，硕士60名，另外，还通过院里支持在职职工攻读博士学位，培养博士5名，培养在职硕士15名。

先后邀请美国、韩国、英国、保加利亚、匈牙利、俄罗斯等国家的果树、蔬菜、花卉、农产品加工等方面的专家60余人次，来院开展合作与交流。

第四节　财务处

一、概况

1985年前，没有独立会计机构，只在总务科设会计1人、出纳1人，归总务科管理。1985年为适应科研和开发工作的需求，独立设财务管理机构"财务科"。设负责人、主管会计、记账、出纳、保管等岗位。1990年烟台市农科所经济体制改革，争取财政周转金兴办实体以工养研。主要实体有烟台农科所胶辊厂、塑化厂、安装队、服装厂，各实体财务独立核算。1995年撤销实体单位的财务，人员归属财务科，归所财务科统一管理。1998年8月撤所建院，财务科改名为财务处。会计机构职能进一步扩大和深化，事、企分开独立建账，事业会计科目设置突出项目（课题）管理，人员保持6~8人，岗位分工更加规范。

财务处先后参与国家公益性行业科技项目、现代农业产业体系、科技部重大成果转化、农业部原原种繁育基地等国家和省级重大项目的财务工作，较好地完成了项目要求的资金使用管理工作。多年被评为单位先进科室。现在财务处8人，其中：高级会计师2人、高级农经师1人、经济师1人、会计师1人。在职人员姜青梅、王永奇、刘翠玲、马雪飞、陈娜。曾在财务处工作的人员有张悦敏、王均民、薛增敏、吕绍玲、隋金华、慕志凤、薛久香、巴信斌、张建平、马丽娜、孙君强、刘正金、孙盛宁、娄桂兰、刘淑卿、程秀萍、王丽君、付淑兰、辛举文、侯学珍、王存凯、权福凤、盛玉兰等人。

历任领导：第一任财务科长张悦敏（1985—1992），副科长薛增敏（1987—1992）；第二任财务科长薛增敏（1992—2001），副科长吕绍玲（1993—2001）；第三任财务处长吕绍玲（2001—2004），副处长姜青梅（2001—2004）；第四任财务处长姜青梅（2004—2017），副处长王永奇（2006—2007）、隋金华（2007—2009）、刘翠玲（2014—2017）；第五任财务处长王永奇（2017至今），副处长刘翠玲（2017至今）。

二、财务核算制度的调整

1985年以前科研单位实行的是行政事业会计制度，财务主管部门是烟台市农业局，经费属供给制大锅饭管理，全所统一核算，科目设置和核算单位单一，不设专项科研预算指标，不搞项目核算，课题组不能支配科研经费。

1985年试行科研拨款制度改革，统一对外试行科研项目合同制，财务主管由烟台市农业局改为烟台市科技局。1985年设立独立的财务科，内部核算依旧是大锅饭。1988年列为"科研单位会计制度改革"的实行单位，实行新的会计制度，将科研成本进入项目核算，克服科研活动与会计核算脱节的弊端，有效提高科研经费利用效率。1992年开始所、室两级分灶核算，实行专款专用，农田生产和后勤服务单独核算。1994年，单位由差额补助的事业单位转变为全额事业单位，财务主管部门由科委转为农业局，执行事业单位会计制度。2001年原果树所财务合并到农科院财务。财务处2009年实行会计电算化，实现财务办公自动化。2012年由定员（193人）拨款改为全员全额拨款。

三、财务处的主要职责

1. 建立内部会计控制机制，贯彻执行国家财经方针、政策、法规，建立健全全院财务规章制度。
2. 参与制定各研究所的发展战略目标，参与确定院里的内部控制、预算管理。

3. 负责编制单位年度财务预算和决算，掌握财务预算执行情况，年终提出财务总结报告。
4. 依法合理筹集和调度安排资金，充分利用单位各种资源，努力提高单位的经济效益。
5. 负责单位与省、市财政、税务、物价、银行等有关单位的联络、协调，积极争取财力的扶持。
6. 负责严格控制经费支出，掌握资金的流向，依法科学合理地使用资金。
7. 负责会计档案管理工作，检查、督促财务网络系统的安全性和准确性。

四、财务管理

1992 年以后，依据国家有关财经法律、法规，结合所内工作实际，先后出台 10 余项财务管理制度，内容涉及机构设置、人员岗位设定、现金银行账户、事业经费管理、科研经费管理、开发收入管理、农产品出售管理以及物资、固定资产、差旅费、票据、债权债务、存货管理等内容。

2014 年以来，山东省烟台市密集出台了各项实施细则落实"八项规定"，涵盖公务接待、会议、差旅、培训、因公临时出国（境）、外宾接待等方方面面。本院进一步梳理单位各类经济业务的流程，明确业务环节，系统分析经济活动风险，确定风险点，选择风险应对策略，在此基础上根据国家相关政策建立健全单位各项内部管理制度。

相继出台了一系列的相关制度。这些规范性文件发挥着"制度笼子"的效力。主要有财务管理制度、差旅费管理办法、内部资产和科研产品管理办法、试验地管理办法、水电暖管理办法等。

第五节　总务处

一、概况

总务处是由原来的烟台市农业科学研究所的总务科经 1998 年撤所建院后演变而来的。总务处的主要职能是后勤服务管理，是在院党委领导下的为全院科研、生产和生活服务的管理机构，主要负责全院的基本建设，水、电、气、暖和温室、实验室等科研设施的规划、设计、建设以及提供管理、维修等后勤保障服务，涉及的其他服务包括国家级大项目基本建设管理、安全治安管理、固定资产管理、安全生产管理、节能环保管理、卫生绿化管理等服务工作。分管的单位有皮肤病医院、职工餐厅、水电暖维修组。

（一）历任领导

1977—1978 年，总务室主任、所党支委员：张学禹；副主任：王惠民

1978—1980 年，总务室主任、所党委委员：张学禹；副主任：孟庆珉

1981—1983 年，总务室主任：韩义文；副主任：董世文

1983—1985 年，总务科科长：刘昌和；副科长：宋子钦、孙吉南

1985—1995 年，总务科科长：宋子钦；副科长：孙吉南

1995—2005 年，总务科科长、处长：孙吉南；副科长、副处长：李美玲

2007—2017 年，总务处处长：李美玲、徐维华（2017.12 至今）；副处长先后有：张孝征（2005—2006 年）、鞠法远（2005—2008 年）、宋世志（2006—2012 年）、张肖平（2007 至今）、卢建声（2014—2016 年）

（二）人员组成

现有在职职工 7 人，其中高级职称 2 人，中级职称 1 人，在职职工包括徐维华、张肖平、周爱军、梁明志、栾丛娇、于晓明、黄连明，曾在总务处工作的职工有：李美玲、孙元和、岳富卫、刘磊。离退休和调离职工有：盛作富、周鸿志、孙吉南、宋子钦、韩义文、王月平、张克云、林钧明、盛治川、孙廷昌、王镇国、宫淑清、迟旭海、王德芳、王民相、孙风珠、吕学军、尉福龙、杜成杰、史和平、宋金花、魏振华、牛国富、田学俭、冯雁玲、仲崇臣、刘云芝、周树仁、孙树章、李玉珍、王振礼、鞠少

杰、张爱杰、王元章、张爱萍等。

(三) 获得的荣誉

总务处自1985年以后，获得过11次先进党支部荣誉称号、8次先进科室荣誉称号。2015年度获得由烟台市公安局福山分局颁发的全区单位内部治安保卫工作先进集体称号。作为主要参与者获得的荣誉有：住房改革先进单位、花园式先进单位、爱国卫生先进单位、省级文明先进单位、八五全国农业科研开发综合实力百强所、全国首批农业旅游示范点、烟台市旅游工作先进集体、国家AAA级旅游区等。

二、机构沿革

1958年烟台地区农业科学研究所成立以后，总务一直和财务一起办公，1972年设立总务室，20世纪80年代实行改革开放后，1985年总务才从财务科分离出来，单独成立总务科，下设医务室、托儿所、食堂、商店、劳动服务公司、木工维修组、水电暖维修组、建筑安装工程公司、土建维修队、环保队等。1998年撤所建院时更名为总务处。

1. 中医皮肤病医院

前身是1963年开始成立的"医务室"，诊疗范围为内科，服务范围为本院职工及家属、周边居民，使用面积60 m^2。工作人员有盛作富、周鸿志、王振礼、王月平、张爱萍、黄金荣。2002年1月张克云、张肖平作为医学专业人才引进农科院。2002年2月向福山卫生局申请，批准成立"烟台市农科院门诊部"，主要负责人是张克云。诊疗科目内科、中医科、皮肤科、预防保健科，服务范围扩展至周边县市区，门诊量由每天2~3人次开始日渐增多至每天100多人次。2005年6月经烟台市卫生局批准成立"烟台市农科院中医皮肤病医院"，法定代表人经历了梁新明、张善勇，现是张肖平。诊疗科目中医、内科、皮肤科、医学检验科、理疗科等，服务对象是社会、内部。医院面积扩展至1 000 m^2，开展了冷冻、微波、皮肤护理治疗等项目。张克云老院长总结了50年的临床经验，带领医院医生在银屑病、白癜风、结缔组织病、大疱病、皮肤肿瘤、各型湿疹、痤疮、色素病等方面形成了独特有效的诊治方案。病人来源广，远至吉林、北京、新疆、内蒙古、浙江等地，门诊量增加到每日150~200人次，增设3个皮肤科门诊。医院注重团队人才培养，每年安排7~10人次参加国家级、省级、市级专科专业学习。增加16名医学专业合同制职工朱秀丽、崔玉梅、刘丹、崔红艳、岳素冰等。2005年张丽娟以转业军人分配医院，2014年调离；2014年9月黄连明通过人事考试进入本院。本院现已成为远近闻名的皮肤专科医院。

2. 托儿所

成立于1974年，职工先后有刘云芝、宋金花、李玉珍、冯雁玲、孙翔琴等人，曾经有农科所100多名职工子女入托，1999年因形势需要而撤销。

3. 餐厅

于1958年8月成立，地址坐落在福山区大沙埠村，工作人员5名，约100人就餐，1959年迁至烟台地区农业科学研究所内。起初食堂是与烟台党校合用，1972年与党校分开（党校1978年从农科所撤离，烟台农校1982年搬来）。1972年后农科所独立新建食堂，职工有：孙风珠、宫淑清、王德芳、李宗茂、仲崇臣、于波、陈广宽、鞠少杰、张爱杰、王元章、史和平、魏振华、张建明、岳富卫、宋金花等人，其中史和平中途病退回家。1985年曾分上、下两个食堂，1988年重又合并成一个食堂。1998年食堂对外承包，承包给李成湖。2001—2002年食堂内外装修一新，成立农博园餐饮中心，配合农博园开园旅游，于2002年五一正式对外开放营业。后来由于体制改革，2003年食堂被福山华侨宾馆承包，2013年6月应当时国家政策变化，国家出台了八项规定，加之宾馆承办婚宴对本院办公和交通影响较大，农科院与宾馆解除了承包合同。同年对餐厅重新装修，把餐厅一分为二，南面682 m^2的中心大厅装修改为职工活动室，丰富了职工生活；北面部分更名为职工餐厅，2014年被杨义文承包至今，2017

年本院利用财政资金把餐厅外墙东立面又重新进行了改造装修。

4. 商店

位于农科院北大门东面，共有18间平房，总面积270m²，成立于1982年，于1991年撤销，是计划经济的产物，曾为农科所广大干部职工和家属提供大量的家居生活日用品和农副产品等，方便了广大居民，保障了日常生活的正常运转。

5. 劳动服务公司

成立于1992年9月，由李福玉承包经营，在经营过程中，由于公司的银行贷款不到位，无力履行合同中的责任和义务，本院于1993年10月与李福玉正式终止了合同，撤销了劳动服务公司，并对遗留问题作出了处理意见。

6. 木工维修

是总务科早期的重要工作，20世纪60年代的农用生产工具及办公场所的门窗、桌椅和职工住房门窗大部分是木制品，容易损坏，损坏后均由木工维修，维修组职工先后有：张培举、孙树章、尉福龙、吕学军等，其中吕学军于2001年转为水暖维修工作。

7. 水电暖维修

也是总务科的重点工作，电工有孙廷昌、邱学德、于诗工，于诗工于1984年调走，同年周爱军由农场调入总务科干电工，王民相于1985年调入直至1996年退休，1996年李美玲接手电工工作。水暖维修工最初有孙廷昌，迟旭海于1987年由机务队调入总务科干水暖维修工作直至2001年退休，后由吕学军接手至2016年退休，然后由岳富卫负责水暖维修工作。

8. 建筑安装工程公司

于1992年12月成立，1995年撤销，期间农科院5号家属楼由其在1992—1993年建设，然后对外承建其他工程。

9. 土建维修队

主要负责办公场所和家属平房的土建维修工作，成立于1974年，工人有：于丕卓、于国志、于茂文等，张孝征工程师于1999年建设蔬菜花卉连栋温室时被农科院聘任进入总务处，2007年底离开农科院。

10. 环保队

主要负责农科所办公楼及主干道路的卫生清洁和绿化工作，其职工有：鞠法远、宋世志、周树仁、李玉珍、林钧明、牛国富、盛治川等人。2009年因形势需要而撤销，卫生保洁工作交由其他人员负责，绿化工作则由绿化队完成。

11. 家属委员会

是原烟台地区农科所的一个下属科级单位，成立于1972年，于1989年撤销，由分管的副所长王凤福负责委员会的工作，人员由职工和家属组成，如于庆宪、刘再庆、王镇国、薛成彩、姜翠英、姜风娥等，其主要职能是解决家属的就业问题。委员会的管理分两个阶段，一是1977年以前由职工管理、家属参入工作，二是1977年以后由家属自己管理并参入工作。1989年撤销时，委员会的固定资产有：4间平房、兔子场、鸽子场、野鸡场、压面机、烤箱、制药机等，由财务科盘点后交于总务科统一管理、使用。

三、职责范围和工作成绩

（一）职责范围

总务处管理院内各项事务，主要负责院内后勤保障、设施维护维修、物品采购及发放等工作，其履行以下主要工作职责。

1. 负责全院基建工程的规划、落实工作，做好招标、监理等工作。
2. 负责全院水、电、暖设备的规划设计、建造安装、运转和维修等管理与服务工作。

3. 负责全院办公用房、实验室和温室大棚调配使用工作。

4. 负责全院仓储保管工作,做好各项物资的准备、采购、供应、保管、使用监督工作,并按要求编制上报物资盘点报表。

5. 负责对全院财产进行登记、检查等工作。

6. 负责全院通信设施的管理与服务工作。

7. 负责全院节能减排工作。

8. 负责全院环境保护与治理、环境绿化工作,做好各中层单位办公场所和公共责任区域卫生保洁的检查督查工作和公共场所的卫生保洁工作。

9. 负责职工餐厅的管理工作。

10. 负责院内职工宿舍区的相关服务工作。

(二) 工作成绩

1. 院容院貌建设方面

本院的院容院貌建设在2000年以后有较大的发展变化,主要有3个阶段。一是在2002年由梁新明院长主持成立了农博园,开发组建了沙漠绿洲园(后来改为家庭园艺园)、高档花卉园、世界国花园、热带水果园、珍奇果蔬园、无公害果蔬采摘体验园等旅游景点,拆除了7号楼以南、以西的平房,在2005年拆除了烟台市兽医站黄牛改良站三层办公楼(1980年在本院建成,地址在现在行政实验楼路西),改善了本院的生态环境,吸引了大批游客前来参观游览。二是2009年以后由董锐院长主导建设了行政实验大楼,安装了中央空调,改善本院的办公条件,实现了办公设备自动化,提高了办公效率。三是2015年以后由朱波院长主持改建了本院北大门围墙,把花卉中心大棚向南拆除了一跨,围墙重新进行了修整;在行政实验楼前建设了景观墙;重新规划设计农博园旅游人文景观,改善全院办公环境,为本院争创全国文明单位奠定了坚实基础;园艺楼、作物楼、综合服务楼进行了外墙保温工程,更换了全部门窗。

2. 办公设施建设方面

1971年建成了综合服务楼,平顶、三层、砖混结构,总面积1 800m^2,先后入驻科研科室、成果开发中心,现在是皮肤病医院和研究生宿舍。1974年建成作物楼,平顶、四层、砖混结构,由福山县建筑公司建设,总面积2 400m^2,曾是农科所党政办公重要场所,现在是后勤和科研办公大楼。1989年建成园艺楼,平顶、四层、砖混结构,总面积2 600m^2,是农科院科研办公的重要场所。2012年建成行政实验楼,起脊、四层、框架结构,由烟台雨鑫建筑工程有限公司建设,总面积3 046m^2,是烟台国际苹果育种中心和农产品检测中心的重点办公场地,也是农科院的党政办公中心,实验楼由烟台彤辉空调技术有限公司设计安装了中美合资约克冷暖式130kW中央空调系统。作物楼、综合服务楼1997—1998年进行了室外装修,外墙面粘贴了墙面砖,1999—2000年进行了室内装修,园艺楼检测中心于2002年进行了室内装修。

3. 职工家居建设方面

1979年建成9号、10号两幢家属楼,每幢楼三层、平顶、砖混结构,总面积780m^2,可安置12户职工;1993年建成5号家属楼,四层、平顶、砖混结构,总面积1 231m^2,可安置16户职工;1997年建成1号家属楼,五层、坡顶、砖混结构,总面积1 499m^2,可安置20户职工;1999年建成2号家属楼,五层、坡顶、砖混结构,总面积1 554m^2,可安置20户职工;2000年建成3号、4号家属楼,每幢楼五层、坡顶、砖混结构,总面积1 585m^2,可安置20户职工;2001年建成6号、7号家属楼,每幢楼五层、坡顶、框架结构,其中6号楼总面积1 434m^2,可安置15户职工,7号楼总面积1 513m^2,可安置20户职工。2007年这9座楼的冬季供暖全部并网接入福山热力公司供暖系统,由热力公司负责供暖;2008年接入烟台天然气公司燃气管道并网送气,让职工用上了清洁无污染燃料。2002年在4号家属楼南建成职工健身广场,建设了门球场,设置了6套健身器材,包括秋千、翘翘轮、伸展器、臂力训练器、转体训练器、太空漫步训练器,在广场中央建立24m高的广告灯,2013年因形势需要而拆除。

2017年重新修整健身广场，健身器材重新更换安放，把健身广场中间部分改建成了篮球场。到2010年为止，职工家属区道路全部硬化，改造了照明线路，安装了一台纯净水饮水机，由水塔至家属区自来水主管道更换为PE管道。

关于职工住房制度改革方面的变化：本院进行了两次住房制度改革，第一次在1986年，本院丈量了全部平房，进行了房屋登记，取得了房产证，但是房屋不对职工出卖，职工住房只交房租，院里对职工实行住房补贴，房改实行"空运转"；第二次在1993年，本院5号家属楼建成，房改实行"实物运转"，住房实行货币化分配，住房维修服务性质也发生了改变：参加房改商品房成立了维修基金，存放于福山区财政局，包括屋顶、主排水和房屋主体维修内容在内的服务工作由福山区房管局负责，水电服务和垃圾转运由农科院总务处代为收费，并负责相关的维护工作；对于不参与房改的和未拆除的平房，部分用于困难遗属和职工居住，按要求上交住房租金、水电费和卫生费，相关的服务工作由农科院总务处负责。由于本院房改工作做得非常好，得到了福山房改办的充分肯定，荣获了烟台市住房改革先进单位称号。

4. 行政后勤建设方面

1985年前180KVA变压器放在室外，后因容量不够使用，报废了这台180KVA变压器，新上了一台200KVA变压器，同时更新四套配电柜，1985年新建了配电室，把200KVA变压器搬入配电室，后来因容量增加又上了一台100KVA变压器。1999年又新上一台315kVA变压器和一套配电柜，然后报停100kVA变压器，后因科研办公及家属生活区用电设备的增加，于2015年又新上了一台315kVA厢式变压器，用于满足科研办公及生活用电负荷。2012年在本院承接山东果树示范园建设项目时，购买了一台300kW的柴油发电机组，用于电业局停电时的应急发电。1998—2000年进行了电力线路改造，将1~12号地内的线杆全部拆除，改成地下埋地电缆，总长度约4 500m。2001年后，家属区、办公区、旅游区改造了电力、通信线路，将全部线杆拆除，改成地下线缆。北锅炉房始建于20世纪70年代初期，主房平顶单层，面积为126m^2，西泵房及作业室平顶单层，面积为202m^2。2002年10月本院在1号地北端建设了一台焚烧生活垃圾的锅炉，后因农博园娱乐园工程建设2004年拆除。2003年在热带水果园旁边，新建了153m^2的锅炉房（南锅炉房），建设了一台4t燃煤热水锅炉，用于热带水果园及各个温室大棚的冬季供暖，同年在锅炉房南新建了20m高、容水20m^3的水塔，钻井一眼，井深35m，用于热带水果园及各个温室大棚的生产供水，锅炉房和水塔均由海阳松林产业公司施工建设，2006年本院花费14万元由大连圣海锅炉有限公司重新修整了这台锅炉。2016年9月，根据烟台市政府关于划定高污染燃料禁燃区的通告及烟台市环保局2016年环境保护重点整治项目清单的通告，本院拆除了上述两台燃煤热水锅炉，然后在气调库东南方向、紧靠院围墙由烟台三友热力有限公司投资建设了一台以生物颗粒为燃料的6t热水锅炉，并负责锅炉的运行、维修等，由烟台移动公司负责建设采暖系统物联网信息数据采集平台，本院按照热量数据向热力公司支付采暖费用，总务处实现了由劳动服务型向管理服务型转变的重大突破。

5. 科研生产建设方面

20世纪60年代因甘薯育苗工作的需要，于1960年建设了甘薯储藏窖，1963年建设了甘薯廻龙火炕育苗床，2012年又在热带水果园东南方向、紧靠院围墙建设了新的甘薯储藏窖。北锅炉房西面的双小玻璃温室建于1959年，面积为172m^2。南面的甘薯温室和玻璃温室建于1975年，甘薯温室面积为500m^2，工作房平顶单层，面积为120m^2；玻璃温室面积为430m^2，工作房平顶单层，面积为140m^2，后来玻璃温室在1992年重新改造成中空玻璃温室。网室建于1985年，2002年把网室改造了1 100m^2，作为农博园家庭园艺园旅游景点。2000年在农场2号地最北端建设了1栋464m^2蔬菜温室大棚，2001年向南建设了3栋464m^2蔬菜温室大棚，2015年再向南又建设了1栋928m^2双连栋温室大棚。1999年在农场1号地北端建设了16跨7 150m^2的连栋温室，由中国农业大学设计，由烟建集团建设，用于蔬菜花卉科研和生产，其中1 120m^2用于农博园无土栽培观光旅游。2001年在连栋温室北建设了1 100m^2的用于储藏植物种子的气调库，优化了各研究所植物种子的储藏条件，提高了种子利用率，气调库由烟台冰轮集团公司建设，安装了德国比泽尔风冷式压缩冷凝机组。2002年在综合服务楼东侧建设了5跨3 040m²的花卉中心温室大棚，由北京丰隆农业科技有限公司建设，用于花卉养殖和销售，2015年因院围墙改造又向南拆除了1跨（4m）大棚。2003年在花卉连栋温室南建设了7 700m²的世界国花园，用于农博园旅游项目。同年在世界国花园南建设了2 700m²的热带水果园（最高处17m），也用于农博园旅游。2004年在农场2号地最南端建设了10跨3 520m²的连栋温室，其中南面3跨用作甘薯脱毒种苗繁育温室，北面7跨用作农博园珍奇果蔬园旅游园区。2005年在珍奇果蔬园北侧又建设了11跨3 872m²的连栋温室，其中南面8跨用作花卉研究所花卉育苗基地，北面3跨用作蔬菜大观园基地。2011年在热带水果园南建设了2栋各600m²的温室大棚，其中北面一栋作为苹果育种研究温室，南面一栋作为蔬菜育种研究温室。2012年在花卉和果蔬园中间连接处又建了2跨温室连接起来，这2跨温室一并交于花卉所使用。同年在蔬菜大观园北建设了5跨1 760m²的连栋温室，用作农博园无公害果蔬采摘体验园旅游项目。

2000年在农场8~12号地建设了200亩地的自动喷灌设备，此设备引进了以色列自动技术，由中国农业大学设计。2001年本院承建山东省果树示范园项目时，建设了210m²的二层管理房，管理房的艺术外形由烟台开发区斯坦普精工建设有限公司设计，主体结构由海阳松林产业有限责任公司建设，建成后主要做果树示范园灌溉设备机房及管理场所。同时铺设了示范园区环形混凝土道路，其中东路3 400m²，西路、南路、中路4 700m²。2003年1月修整了苹果育种中心品种资源圃道路，总长度为1 360m。2004年在农场1号地北端拆除了燃烧垃圾锅炉，建设了农博园娱乐园，该工程包括鱼池、鱼池桥、青蛙跳、太空旋转仪、迷宫、充气城堡等，由烟台市福山南苑实业公司承建。2005年在餐饮中心南面建成550m²的人工气候室，用于苹果、樱桃、花卉等的脱毒苗木培育，全院各研究所调配使用，该房屋基础部分由烟台建设集团设计施工、主体由烟台冰轮工程技术有限公司设计施工、室内模拟控制系统及配套设备由浙江大学求是科技有限公司设计施工。同年，本院承接山东烟台小麦原原种扩繁基地建设项目时在农场6号地北端建设了616m²的小麦种子库、120m²的车库、2 280m²的晒场。

2014年本院在烟台市牟平区高陵镇租用了230亩土地用作农业研究项目，成立了烟台市农科院牟平高陵试验基地。2015年完成了试验基地的围墙建设，工程由烟台祥和建筑工程有限公司承建。2016年完成了564m²的办公、生活用房建设，工程由万华集成房屋（烟台）有限公司和山东宁大建设集团有限公司承建。2017年开始东大门、门卫传达室和小型水利工程建设，东大门和门卫传达室由北京侨信装饰有限公司承建，小水利工程由烟台市牟平区集庆建安有限公司承建，这两项工程现已竣工，交付使用。

第六节 安全保卫处

一、概况

安全保卫处其前身为保卫股，成立于1986年1月，隶属办公室，刘再庆同志任首任保卫股股长。1991年1月撤销保卫股，成立保卫科，隶属办公室。1998年后保卫科隶属总务处。2016年4月改名为安全保卫处，成为一个独立的中层单位，首任处长为徐维华，副处长为于波。

1. 人员组成

安全保卫处现有正式员工4人，处长1名，副处长1名，其他人员2名，分别是徐维华、于波、孙翔玉、林治强。另有保卫其他工作人员9名。曾在保卫科工作的有李登民，在安全保卫处有纪秀敏、孙德明。

2. 历任领导

刘再庆、翟广印、宋世志、卢建声、徐维华（2016.4—2017.12任处长）、宋世志（2017.12任处长至今）。

二、岗位职责

1. 安全保卫处负责管理、检查、监督、指导全院各中层单位的安全保卫和安全生产工作。
2. 负责对全院职工进行法制、安全、治安方面的宣传教育。
3. 负责全院社会治安综合治理工作，组织实施全院的安全防范工作，制定、落实各项安全保卫制度，落实安全保卫责任制和安全防范措施，发动和组织职工做好安全防范工作。
4. 协助公安机关侦破院内发生的刑事、治安案件，查处安全生产事故和其他严重危及院内治安的情况；负责处置各种不安定事端和突发性事件，做好各种民事纠纷、矛盾调解工作；协助有关部门加强对在院内暂住人口和流动人口的管理；负责院内重大活动的安全保卫工作。
5. 负责维护院内交通秩序，确保院内交通安全。
6. 负责安全责任制、安全教育、安全检查、安全奖惩等制度以及各工种的安全操作规程的制定，并由其办公室督促实施；组织开展安全生产宣传教育活动。
7. 负责检查各中层单位安全生产措施执行情况，通报检查情况，及时做好安全总结工作，提出整改意见和防范措施，杜绝事故发生，定期向上级部门汇报全院安全生产情况。
8. 参与本院中层单位新建、改建、扩建工程，监督检查安全设施制度的执行情况。
9. 负责节假日期间的值班值岗工作。
10. 办理院领导和上级机关、公安部门交办的其他工作。

三、管理制度

（一）治安保卫

1. 目的

规范全院安全保卫工作，保障全院干部职工人身和生命财产安全，维护正常的科研、生产、工作、生活秩序。

2. 方式和方法

负责开展治安防范宣传教育，并落实内部治安保卫制度和治安防范措施；根据需要，检查进入本院人员的证件，登记出入的物品和车辆；在全院范围内进行治安防范巡逻和检查，建立巡逻、检查和隐患整改记录；维护全院内部的治安秩序，制止发生在本院的违法行为，对难以制止的违法行为以及发生的治安案件、涉嫌刑事犯罪案件应与公安部门取得联系，采取措施保护现场，配合公安部门侦查、处置工作；督促落实内部治安防范设施的建设和维护。

3. 行为准则及岗位规范

统一着装，举止得体，树立良好的形象；遵纪守法，文明执法，热情服务，礼貌待人；正确使用安保器械，不外借，不丢失；严格工作制度，不迟到，不早退，不脱岗，不空岗，严禁酒后上岗；不私自行动，保持联络畅通，保障人身安全。

4. 区域分工

分为三个区域，门卫区、办公区和生产区。

（1）门卫区　按照规定时间开、关大门。每天21：30至次日5：30，对进出大门的车辆进行查问、登记，特别是对23：00以后出入大门的人员、车辆要进行严格的查问、登记备案，在确认无任何问题后，方可放行。做好夜间的巡逻看护工作。负责看护范围内的安全，按时锁、开综合服务楼大门。对出入大门的货车进行盘查、登记。防止国有财产流失，禁止外来危险品及违禁品进入。闲杂人员、小商小贩、拾荒者及废品收购人员等不得放入院内。确保大门口道路畅通。疏导、指挥出入车辆。清理无关人员，维护好大门口的交通秩序和大门周围的治安秩序。未经允许的出租车不得私自入内。未经允许，严禁非本院车辆在院内存放、过夜。负责搞好大门周围的卫生。

（2）办公区　负责办公区、A区、餐饮中心区域安全，重点看好监控，发现可疑情况及时处理。对外来可疑人员进行询问盘查，不得随意进入办公场所。每天检查所有办公楼门窗是否关严，有问题要及时处理。积极主动处理值班期间的日常事务，认真填写值班记录，重大事项及时报告，遇治安事件如盗窃等，要注意保护好现场。

（3）生产区　负责非上班时间生产区安全。非上班时间对进入生产区车辆、人员进行盘查、登记，严禁无业务关系车辆、人员进入。重点防盗。保护好院品种资源、科研成果不被破坏。尤其是收获季节，严禁闲杂人员进入。要做到大公无私，对内部人员作案也绝不姑息，及时制止、上报。巡查温室、冷（风）库、锅炉房、仓库等设施，对存在的安全隐患或发生的事故要第一时间报告。

（二）安全生产

1. 基本要求

安全生产、预防为主、全员动员、综合治理。

2. 组织架构

安全生产领导小组是安全生产的组织领导机构。院长任组长，为第一责任人，负责全院安全生产的全面工作。其他院领导班子成员任副组长，负责分管领域的安全生产的日常管理工作。有关中层单位主要负责人任成员，负责落实执行有关安全生产事项。安全生产领导小组办公室设在安全保卫处，作为安全生产管理的常设机构，负责安全生产工作管理、落实、督促、协调、检查和安全生产责任事故处理等工作。

3. 重点监管

建立温室大棚检查制度；建立易燃易爆设施物品监察制度；建立健全消防制度；建立健全食品安全制度；建立健全药品防护措施；规范车辆、机械、锅炉、电器等操作规程。

四、取得的工作成就

安全保卫处建立初期主要职责是维护全院的治安秩序，保卫农科院的公共、个人财产，做好来访领导、专家的保卫工作，主动做好防火工作。安全保卫处独立成立后，增加安全生产和社会安全综合治理职能，与当地公安密切配合，防止院内重大恶性案件（是指造成重大人员伤亡和财产损失或影响恶劣的恶性刑事治安案件、涉黑涉恶犯罪案件、群死群伤恶性治安事件、群体性事件、监管羁押场所异常案事件）和多发性案件的发生，保证院内治安秩序良好，职工工作、生活有安全感。

安全保卫处自成立起，就为烟台市党政领导、山东省党政职能部门的领导、国家部委职能部门领导、科研机构专家学者等的来访、考察做好保卫工作，做到部署缜密，不出纰漏，保证领导、专家不出意外事故。

2016年度负责省、市领导和院士、专家的来访安保工作。主要是负责中共山东省委常委、组织部长杨东奇，烟台市委书记孟凡利，烟台市委常委、市政协主席、组织部长王晓敏等调研的安保工作。山东省委原副书记、山东省委农村工作领导小组副组长王军民，烟台市委副书记王继东，烟台市副市长宋卫宁，赵振东院士，于振文院士，陈建平院士及其他市领导及科研院所领导、专家来访的安全保卫工作。

保卫科（保卫股）多次获得福山区治安先进单位和先进个人，1993年刘再庆同志荣获福山区三等功。

附：工业管理科

按照科技体制改革的要求，遵循科技"双放"精神，本着为科研发展筹集资金，积蓄后劲，走"以工养科研、保科研"的路子，烟台市农业科学研究所先后创办了塑化技术开发实验厂、胶辊厂等单位。为加强对这些单位的领导和管理，1990年8月经所长办公会议研究决定成立工业管理科。王学宽同志为工业管理科副科长兼塑化技术开发实验厂厂长，分管领导为牟春生。

塑化技术开发实验厂于1989年成立，1994年注销；胶辊厂于1988年成立，负责人是吕振中，1995年注销，在此期间，参加"星火计划"，承担的"聚氨酯胶辊"课题通过市级验收；烟台市农科所安装队于1991年11月成立，负责人是田学俭，1994年注销。这些企业每年上交一定的利润给烟台市农业科学研究所。1993年根据本所内部改革实施方案规定，撤销工业管理科。

第三章 科学研究机构

第一节 小麦研究所

一、概况

(一) 科研团队

小麦研究所现有科技人员13名,分别是姜鸿明、于经川、王江春、陈永娜、刘兆晔、赵倩、丁晓义、严美玲、李林志、辛庆国、孙晓辉、殷岩、张炜。其中,研究员6人,高级农艺师4人,农艺师2人,博士3人,硕士4人。

曾经在小麦所工作的还有刘维正、徐沛然、方正、王玉心、孟惠英、孙苢瑶、徐元丰、冯长祥、于永平、刘笃信、曹继森、杨清大、侯庆福、周福来、李兴桥、叶连桂、牟春生、李瑞庆、鞠洪绶、邱化蛟。

科研团队中徐沛然、方正、王玉心、牟春生、姜鸿明、王江春6人享受国务院津贴;徐沛然为第六届全国人大代表;姜鸿明为福山区第十五届人大代表;牟春生为山东省第八、第九、第十届政协委员;方正为烟台市第六、第七、第八届政协常委;王江春为福山区第八、第九、第十届政协常委。姜鸿明、赵倩为山东省有突出贡献的中青年专家;刘兆晔为烟台市有突出贡献的中青年专家。于经川、王江春为烟台市专业技术拔尖人才;姜鸿明、于经川、王江春、陈永娜、刘兆晔、赵倩为烟台市学科(技术)带头人。

烟台市农业科学研究院小麦新品种选育及配套技术研究创新团队被烟台市委、市政府授予烟台市优秀创新团队。

(二) 历任领导

1. 小麦研究室

主任:徐沛然(1973.07—1985.05)、王玉心(1985.06—1990.12)、方正(1991.01—1993.07);副主任:徐元丰(1978.10—1981.12)、侯庆福(1978.10—1981.12)、冯长祥(1982.01—1983.07)、方正(1980.08—1990.12)、刘维正(1991.01—1993.07、1996.01—1998.12)、孙苢瑶(1991.08—1992.12)、姜鸿明(1996.01—1998.12)。

2. 小麦研究所

所长:姜鸿明(1999.01—2014.12)、于经川(2015.01至今);副所长:刘维正(1999.01—2002.12)、于经川(1998.12—2014.12)、王江春(2003.06至今)、李林志(2015.01至今)。

(三) 获得的荣誉

1. 国家级荣誉

国家级先进个人荣誉4项:全国五一劳动奖章(姜鸿明),全国先进工作者(徐沛然、姜鸿明),全国老干部先进工作者(徐沛然)。

2. 省级荣誉获

省级先进个人荣誉5项:山东省富民兴鲁劳动奖章(姜鸿明),山东省先进工作者(姜鸿明),山东省优秀团员（王江春），山东省职工创新能手（姜鸿明），政协委员履职为民故事奖（王江春）。

3. 市级荣誉

市级先进个人荣誉14项：烟台市贡献突出的科技工作者（徐沛然），烟台市新长征突击手标兵（王江春），烟台市青年科技标兵暨烟台市新长征突击手（于经川），烟台青年奖章（王江春），烟台市优秀人才（姜鸿明），烟台市五一劳动奖章（陈永娜、王江春），烟台市十佳女职工建功立业标兵、三八红旗手（王玉心、陈永娜），烟台市杰出人才（姜鸿明），烟台市最高奖（姜鸿明），烟台十大科技领军人才（姜鸿明），烟台市女职工建功立业标兵（赵倩），烟台市优秀女知识分子、烟台市三八红旗手（刘兆晔）。

4. 其他荣誉

其他类型先进个人荣誉10项：烟台市农科所优秀团员（于经川），2003年度福山区优秀人大代表（姜鸿明），"凝心聚力，富民兴烟"活动先进个人（王江春），2008山东十大责任公民（姜鸿明），烟台市九三学社优秀社员（王江春），山东（烟台）社会主义建设六十佳先进人物之十佳创新风云人物（姜鸿明），社会服务工作先进个人（王江春），"烟台万达杯"2011—2012双年度人物——十佳烟台好人（姜鸿明），福山区优秀政协委员（王江春），烟台市同心建功楷模（王江春）。

5. 集体荣誉

小麦党支部2004、2012年被评为院先进党支部，小麦研究所2001、2002、2005、2006、2008、2009、2011、2015、2016年被院里评为先进单位。

二、机构沿革

小麦研究工作起自胶东农业实验农场，由于在战争时期建立，机构不健全，科技人员缺乏，场址迁移不定，小麦工作只是号召群众选种，串换种子，宣传"母大儿肥""好种出好苗"，当时主要以栽培地方品种为主。中华人民共和国成立后随着形势的发展，生产从支援战争转向恢复生产。

烟台市农科所的前身是莱阳农业试验站，它是山东省农科所（现山东省农科院）的派出机构，分管当时的莱阳、胶州和文登三个专区的农业试验示范和推广工作，业务上受山东省农科所领导。1949年胶东农场作物组内即设有专人从事小麦研究工作，1955年文登专区撤销，并入莱阳专区。

1958年将莱阳农业试验站改为山东省花生研究所，同时在福山县大沙埠建立莱阳专署农业科学研究所，7月下旬方正和陈栋到芝阳山下测量土地，征地建所。秋播前，把小麦育种材料从莱西带到福山播种。1968—1972年徐沛然在莱西县姜山洼接受贫下中农再教育，小麦研究工作由方正继续。后随着机构调整，业务范围扩大，1973年建立小麦研究室，并开展群选群育工作，1976年增加春小麦研究。1978—1979年在青海西宁加代工作，1981年为了强化中肥品种选育，设立了中肥育种课题组。到1985年全室技术人员已发展到10人。1998年8月撤所建院，小麦研究室改为小麦研究所。

三、研究领域

（一）冬小麦品种资源的研究

1. 地方品种资源

（1）品种资源征集　开始于1950年，由山东省农业厅牵头，组织各县、区同时进行，本年所有大学毕业实习生，由全省统一组织协同各县进行组织宣传，技术指导，本所所有科技人员全力投入这一工作，全区共组织600余人，逐村逐户进行田间评选、征集、登记、制卡等工作，最后将西海、东海、北海、滨海四个专区征集的种子，分工与莱阳农业试验场，承担种子保存合并分类工作，总共征集到地方品种1000余份，经初步鉴定将同种异名或异名同种的品种合并为800余份。后在1956年合作化前又征集一次，收到100余个品种，但大都与第一次征集到的材料重复，这一阶段总共征集800余份。

（2）地方品种的整理　从1951年开始种植观察比较，将同一种名与同种不同名的材料种在一起，做田间观察比较。其方法：第一步将同种异名和同种不同名的材料进行合并，第二步将大同小异的品种种植进行观察比较合并,第三步将全部材料进行系统观察整理合并,第四步把尚不能肯定的同名品种或异名同种品种种在一起观察合并分类。

在多年的田间观察与室内考种的基础上,按照其形态特征、生物学特征以及经济性状,至1963年将325份品种资源合并为189份,划分为"红秃头""白秃头""白半芒""红半芒""红麦""白麦""一撮毛""拟密穗""园颖"和"大洋麦"十大类。

(3) 品种资源保存 品种经整理合并后,认为没有异议的材料,全部上交山东省农科院作物所品种资源组统一保管,省资源组为了保险起见,决定采用双轨制保存法,即除了省保存外,各地市负责本地市的地方品种保存,本所保存了东海、西海、北海、滨海四个专区的品种材料。在以后的保存中,由于当时种子库条件的限制,人力物力的不足,只能每隔4年播种一次。

2. 外地品种资源

中华人民共和国成立以来先后引进外地品种资源2 450个,通过观察将生态型差异大的、性状劣的进行淘汰,保存了1 457份。这些资源经历年观察研究,有的直接提供生产应用,有的提供杂交育种亲本,有的作为优异资源进行保存。这些材料根据不同性状进行编制分类制卡,以充分利用。

3. 品种资源的利用

中华人民共和国成立初期品种资源主要利用评选推广地方品种,先后评选推广了莱阳红秃头、白秃头,1973年利用莱阳白秃头作杂交亲本,先后选育出烟农3号、烟农12等优良品种,又利用诸城大洋麦的变异穗于1960年育成烟农392良种。以地方品种为基础材料,选育出抗倒耐肥、株型好的蚰包麦,这个品种在我区我省甚至全国生产上都发挥过重要作用。至于对外地品种资源的利用,在本所小麦育种工作上发挥作用更大。如烟农15、烟农685、烟农78、鲁麦7号、烟7770等良种的育成,都充分利用了外地资源,对全市全省以至全国的小麦生产都起到了良好作用。

4. 品种资源创新对小麦育种和生产的贡献

小麦关键遗传资源的发现及创新在品种改良中能起到重要作用。蚰包麦不仅是黄淮冬麦区具有划时代意义的一个小麦新类型,而且是最重要的亲本材料,由此衍生了48个省级审(认)定品种和18个国审品种;骨干创新亲本鲁麦13、鲁麦14也被山东省的16个育种单位广泛应用。截至2013年,鲁麦13、鲁麦14及其衍生系在山东共育成41个省级审(认)定品种和11个国审品种。创新资源蚰包、鲁麦13、鲁麦14为山东省和黄淮冬麦区的小麦生产和育种工作做出了突出贡献。

(二) 冬小麦品种选育概况

冬小麦选育工作,大体可分以下8个阶段。

1. 地方品种评选利用阶段

1949—1953年,主要进行省品种区域试验和引进品种的观察比较以及地方品种的鉴定工作,此期间各县评选了地方良种21个,经品种比较鉴定,选出了高密洋麦、乳山红秃白粒、即墨金巴齿、莱阳红筋麦、诸城红半芒、即墨亮麦、诸城白麦、文登扁穗8个优良地方品种进行推广。在品种引进观察及品种区域试验方面,引进了齐大195、徐州438、蚰子麦、碧蚂1号、碧蚂2号、碧蚂4号、早洋麦、钱交麦、平原50,通过鉴定,选出蚰子麦、碧蚂1号、碧蚂4号、钱交麦、早洋麦、徐州438等进行推广。

2. 引种鉴定阶段

1954—1956年,此期间大量引进外地品种进行筛选,同时所内选种、群众选种,通过外地、本所、群众三方面选出的良种进行试验比较,选出烟农9号、烟农8号、黄县大粒半芒、石家庄407等品种进行推广应用。

3. 选种、引种并重阶段

1957—1963年,本阶段所内选出11个品种,引进21个品种,通过鉴定选出烟农3号、跃进8号、关东矮、济南2号等良种,进行推广应用。

4. 综合杂交育种阶段

1964—1970 年，本阶段所内育成 4 个品种，外地引进 12 个品种，群众系统选出 1 个品种。通过试验选出蚰包麦、烟农 78、烟农 12、北京 8 号、济南 10 号、徐州 8 号等品种进行推广应用。

5. 抗锈、高产杂交育种阶段

1971—1975 年，这阶段主要以杂交育种为主，辅之以引种。所内通过杂交育种，选出了白蚰包，引入泰山 1 号等 30 个品种。经品种比较选出丰产抗锈的烟农 685、烟农 13、白蚰包、泰山 1 号、高 38 号、济宁 3 号、昌乐 5 号、卫东 8 号等良种，进行推广应用。

6. 丰产、多抗性育种阶段

1976—1980 年（其中 1978—1979 年在青海西宁进行加代夏繁工作），本阶段所内杂交育种育成烟农 15 等两个品种，引进济南 13 等 28 个品种。通过试验，鉴定出符合丰产、多抗的品种有烟农 15、济南 13、山农辐 63、莱阳 4671、掖选 1 号等良种，进行推广应用。

7. 综合育种阶段

1980 年以后，杂交育种的侧重点是综合性状要求高，除对品种要具有多抗性外，同时要具有综合性状好，因此侧重选育综合性状优良的材料。在此期间育成了早熟的烟农 16，适于中肥水抗病的 C136、烟农 7578（鲁麦 7 号）、烟农 7770，引进了鲁麦 1 号、鲁麦 2 号、宝丰 7228、CA8051、京花 1 号等 70 个品种，进行研究。

8. 高产广适节水优质育种阶段

1988 年后，随着生产的发展，人民生活水平逐步提高，人们不但要吃饱，而且要吃好，因此在高产的同时，对小麦品质的要求越来越高；并且随着工业的发展，生态气候的恶化，耐旱节水也成为小麦育种不可忽视的目标。此期间共育成了高产广适的鲁麦 14，耐旱节水的鲁麦 21、烟农 21、烟农 18，优质广适的烟农 19 等 18 个省级以上审定品种。

（三）春小麦品种选育研究

本所春小麦的选育工作，从 1976 年开始，当年主要征集优良春麦品种，引进杂交组合、品种、亲本，先后从北京农科院作物所、中国农科院作物所，引进各代杂交组合 524 个、杂交品系 432 个、原始材料 228 个，为春小麦品种选育打下了基础。先后进行了品种鉴定圃、选种圃、原始材料圃、品种比较试验和全省春小麦品种区域联合试验。春小麦的研究于 1981 年停止，不再继续下去。

（四）栽培技术研究

1. 良种良法配套研究

1958 年以前栽培技术研究，项目少、简单，无专人。1958 年以后，除单项试验外，课题研究配备专职人员，但 1964—1971 年未进行栽培试验。1987 年以前进行的研究主要包括：①小麦高产高限研究，1958 年"大跃进"年代，在人有多大胆、地有多大产的鼓动下，为探讨小麦产量的高限进行了早洋麦的不同播种期与播种量试验、钱交麦的高密度试验和高额丰产（卫星田）试验；②碧蚂 4 号、蚰子麦、扁穗、早洋、钱交、烟农 7 号、烟农 9 号的密植试验；③冬小麦晚播试验；④小麦浇水研究；⑤早洋麦、钱交麦播种期试验；⑥钱交麦、早洋麦的发育阶段温度指标测定；⑦白蚰包、烟农 685 不同追肥时期与追肥量试验；⑧进行了烟农 15 高产特性研究，提出了高产栽培的合理群体动态指标，制定了高产栽培措施。

近年来，主要进行了小麦的产量潜力研究及肥水高产高效栽培技术研究与示范。研究品种、地力基础、光温条件和栽培技术四个方面对烟台地区小麦产量潜力的影响和调节作用，研究高产超高产小麦品种合理的群体结构、光合效率、辐射利用效率以及小麦产量潜力之间的相关，研究高产超高产小麦高效利用水肥光热资源与高产高效的关系，研究烟农系列小麦品种高产高效机理，探索导致小麦最高产量和实际产量差异较大的关键因素和关键技术，为烟台地区小麦的大面积增产增收提供理论和技术支持。2014 年 6 月 18 日，农业部组织 7 位专家、教授，对烟台市农科院育成的小麦新品种烟农 999 高产创建万亩示范区项目进行现场实打验收，10 亩攻关田平均亩产达到 817kg，创造全国冬小麦单产最高纪录。

2015年6月22日，山东省农业厅组织有关专家对烟农1212小麦高产创建攻关田进行实打验收，平均亩产达到809.13kg，创2015年山东省小麦最高纪录。2016年6月20日，农业部农业技术推广中心组织7位全国小麦专家，对种植于莱州市金海种业示范园内的20亩烟农1212小麦高产攻关田进行实打验收，平均亩产828.5kg，创全国冬小麦单产最高纪录。

2. 小麦生态研究

由中国农科院主持，本所从1981年开始协作，按计划要求进行了四个年度的工作，基本达到预期目的。认为烟台属冬麦生态区，冬性品种春播（早春播）虽然获得产量，但产量较低，晚春播不能拔节、抽穗；夏播根本不能拔节、抽穗；半冬性品种，早期播种会受冻害，在适当晚播情况下才能获得较高的产量，夏播也不能拔节、抽穗；春性品种，秋播在越冬期全部或大部分冻死，而春播也是早春播种的产量高，夏播只有个别品种能拔节、抽穗，但籽粒很秕、很少，不能作种或食用，因此夏播在本地没有经济意义。通过幼穗分化观察认为，应将二棱期作为小麦通过春化阶段的标志。

3. 旱地周年覆盖栽培技术研究

该项研究的主要技术原理是贮水保墒，抑制盐碱和增加地温。在深耕增肥、沟垄种植的基础上，实行垄顶喷除草剂和加盖地膜相结合，确定最佳覆盖时间、最佳覆盖比例和最佳沟垄宽度，从汛期结束、秋种开始，对土地进行早盖、全盖、周年盖，从而取得贮水保墒、增加地积温、改善土壤理化性质和提高复种指数，达到增加收益的效果。采用该技术可使自然降水的利用率由原来的20%左右提高到60%左右，各种作物均可增产20%以上。该技术主要应用于旱地，在年降水600mm以上的地区，用以改旱地一年一熟为小麦—经济作物两熟，效益可成倍增加；用于水浇地上，可大大减少浇灌次数和灌水量；用于盐碱地，其抑碱、保苗、增产效果也十分明显。周年覆盖的增温作用，可使小麦的适作纬度向北推移200km以上。

四、取得的成就

（一）获奖成果

1. 国家级成果（8项）

"中国农作物种质资源收集保存评价与利用"获国家科技进步一等奖（集体），"蚰包麦冬小麦良种"获全国科学大会奖，"高产广适小麦良种鲁麦14号的选育和应用""优质高产广适性小麦新品种烟农19的选育和推广应用""全国大区级小麦良种区域试验'六五'成果及其应用"获国家科技进步二等奖，"冬小麦晚播独秆栽培方法"获国家发明三等奖，"中国小麦温光特性的研究"获国家自然科学三等奖（集体），"高产多抗优质小麦新品种选育"获"八五"重大科技成果奖（集体）。

2. 省部级成果（20项）

"蚰包麦冬小麦良种""烟农78冬小麦良种""烟农685冬小麦良种"获山东省科学大会奖；"优质、高产、广适性强筋小麦新品种烟农19（烟优361）的选育推广和产业化开发""高产广适小麦良种鲁麦14号的选育和应用""高产广适优质高白小麦新品种烟农5158的选育与推广应用""黄淮东部小麦玉米两熟丰产高效技术集成研究与应用"获山东省科技进步一等奖；"小麦超高产综合配套技术示范与推广"获农业部农业技术推广合作奖；"鲁麦7号""抗旱、高产、广适冬小麦新品种鲁麦21号（烟886059）的选育与应用""抗旱、节水、高产、优质小麦新品种烟农21号的选育与应用""高产稳产小麦新品种烟农24号（原代号烟475）的选育与应用""旱地周年覆盖栽培技术研究与开发""山东省小麦生态区划的研究"获山东省科技进步二等奖；"全国大区级小麦良种区域试验'六五'成果及其应用"获农牧渔业部科技进步二等奖。"烟农15小麦""早熟、高产小麦烟农22号的选育和推广应用""高产优质高效农业模式研究开发""优质高产啤酒大麦新品种选育及栽培技术研究"（二级证书集体）获山东省科技进步三等奖；"我国小麦白粉病菌毒性研究及抗源有效性评价利用"获农业部科技进步三等奖。

3. 市厅级成果（12项）

"蚰包麦冬小麦良种""烟农78冬小麦良种""烟农685冬小麦良种"获烟台地区科学大会奖；"鲁麦7号""高产优质节水小麦新品种烟农18的选育及产业化开发""高产稳产小麦新品种烟农23号的选育与应用""高产广适优质高白小麦新品种烟农5158的选育与推广应用"获烟台市科技进步一等奖；"烟农系列小麦品种示范与推广""小麦亩产800kg关键技术示范与推广"获山东省农牧渔业丰收奖农业技术推广合作奖；"冬小麦抗旱高产良种鲁麦13号"获烟台市科技进步二等奖；"旱地主要作物周年覆盖栽培技术研究"获山东省农业厅科技进步二等奖；"高产稳产小麦新品种烟2415的选育与应用"获烟台市科技进步三等奖。

此外还获得烟台市科学技术最高奖，烟农24获烟台市农业新品种奖二等奖，烟农21、烟农22获烟台市农业新品种奖三等奖，烟农15获首届中国农业博览会银质奖和中国国际农业博览会名牌产品。

（二）发表论文与著作

1. 发表论文（111篇）

《中国农业科学》1篇，《作物学报》3篇，《中国农学通报》13篇，《华北农学报》3篇，《扬州大学学报》1篇，《山东农业大学学报》2篇，《麦类作物学报》5篇，《青岛农业大学学报》3篇，《莱阳农学院学报》24篇，《植物遗传资源学报》1篇，《山东农业科学》36篇，《安徽农业科学》4篇，《河北农业科学》1篇，《遗传与育种》2篇，《作物杂志》1篇，《中国种业》1篇，《小麦研究》1篇，《大麦科学》1篇，《农业科技通讯》4篇，英文论文4篇。"建国以来山东省小麦品种及其亲本的亲缘系数分析"（王江春等，2006）发表于《中国农业科学》，"我国冬小麦品种谷蛋白聚合体的分布及其与和面仪参数的关系"（姜鸿明等，2003）、"不同基因型冬小麦叶片酸性磷酸酯酶活性的差异"（邱化蛟等，2004）、"不同灌溉处理对小麦蛋白组分和面团流变学特性的影响"（严美玲等，2007）发表于《作物学报》；"Genome-wide analysis and identification of cytokinin oxidase/dehydrogenase (CKX) gene family in foxtail millet (*Setaria italica*)"（辛庆国等，2014）发表于"The Crop Journal"，"Improved zinc tolerance of tobacco by transgenic expression of an allene oxide synthase gene from hexaploid wheat"（辛庆国等，2014）发表于"Acta Physiol Plant"，"Improvement of copper tolerance of Arabidopsis by transgenic expression of an allene oxide cyclase gene, *GhAOC*1, in upland cotton (*Gossypium hirsutum L.*)"（辛庆国等，2015）发表于"The Crop Journal"。

2. 获奖论文（7篇）

"Ti质粒转化百脉根叶圆片及其再生植株的研究"（王江春，1990）获山东省青年农业科技征文比赛一等奖；"发展高产高效种植业新格局"（姜鸿明，1994）获1994全国双高一优农业学术优秀论文；"水分胁迫对高产小麦品种的生理效应"（姜鸿明，1996）获烟台市科协1994—1995年度学术论文二等奖；"抗旱、高产、广适冬小麦新品种鲁麦21号的选育与应用"（方正、刘维正，2000）获山东省农学会优秀农业科技论文一等奖；"山东省小麦品种演变及产量性状的遗传分析"（王江春，2007）获烟台市自然科学优秀学术论文三等奖；"中华人民共和国成立以来山东省小麦品种及其亲本Glu-1位点的亚基组成和多样性分析"（王江春，2009）获烟台市十二届自然科学优秀学术论文优秀奖；"鲁麦14空间诱变后代籽粒蛋白质及相关酶活性研究"（王江春，2009）获烟台市第十二届自然科学优秀学术论文三等奖。

3. 出版著作（12部）

主编著作1部：《冬小麦新品种选育研究》（方正，2010）。参编著作11部：《小麦育种学》（方正，1976），《中国小麦品种及其系谱》（方正，1983），《中国小麦品种志》（方正，1986），《小麦生态理论与应用》（孟惠英，1991），《中国小麦品种志》（方正，1997），《冬小麦种质创新与评价利用》（姜鸿明，1998），《品种·环境·措施与小麦品质》（姜鸿明，2004），《粮油优质高效生产实用技术》（姜鸿明、丁晓义、陈永娜、刘维正，2007），《山东小麦遗传改良》（徐沛然、姜鸿明、于经川，2007），《全国小麦高产高效栽培技术规程》（姜鸿明、陈永娜、严美玲、李林志，2015），《中国小麦产业技术发展报告》（姜鸿明，2015）。

（三）育成品种

共育成品种24个：蚰包、烟农685、烟农15、烟农78、鲁麦7号、鲁麦13、鲁麦14、鲁麦21、烟85722、烟农18、烟农19、烟农21、烟农22、烟辐188、烟农23、烟农24、烟2415、烟农5286、烟农5158、烟农0428、烟农836、烟农999、烟农173和烟农1212。

23个品种通过省级以上审（认）定。其中鲁麦7号、鲁麦14、烟农21、烟农836、烟农999等5个品种通过国家审定，18个品种通过山东省审定，3个品种通过山东省认定，5个品种通过江苏省审（认）定，3个品种通过安徽省审（认）定，3个品种通过山西省审（认）定，1个品种通过河南省认定，1个品种通过北京市审定。

鲁麦7号通过山东、江苏、国家审定；鲁麦14通过山东、山西、国家审（认）定；烟农18通过山东、山西审定；烟农21通过山东、国家审定；烟农5286通过山东、安徽审（认）定；烟农5158通过山东、江苏、安徽审（认）定；烟农836、烟农999均通过山东和国家审定；烟农19通过山东、江苏、安徽、山西、河南、北京五省一市审（认）定。

此外，在品种审（认）定制度实行之前，本所育成品种还有烟农3号、烟农9号、烟农13、烟农16、C136被烟台地区列为推广品种。

（四）取得专利

烟农21、烟2070、烟农23、烟农5286、烟2415、烟BLU99603、烟农5158、烟农0428、烟农999获植物新品种权，烟农836、烟农173、烟农1212的植物新品种权正在申请中。

第二节 玉米油料研究所

玉米油料研究所的前身为玉米杂粮研究室，成立于1996年1月。1958年建立莱阳专署农业科学研究所至1972年，玉米杂粮研究分别附设于农业系、作物系、育种研究室。1973年成立杂粮研究室，1975年杂粮研究室分为玉米研究室和大豆研究室，1996年1月玉米研究室与大豆研究室合并成立玉米杂粮研究室，1998年撤所建院，组建玉米油料研究所。

建所以来，主要从事玉米、大豆、花生、高粱、谷子等作物的地方品种收集保存、新品种引进繁殖、种质资源创新利用、优良品种选育、高产配套栽培技术研究及特色作物的栽培、加工等研究与推广工作。目前主要开展玉米、花生两种作物的新品种选育及栽培技术研究。

玉米油料研究所现拥有科技人员9名，其中农技推广研究员1名，高级农艺师4名，农艺师2名；博士1名，硕士4名。先后主持承担了国家、省、市科研课题（项目）20余项；育成23个玉米新品种，通过山东省农作物品种审定委员会审（认）定的10个；育成大豆新品种5个；获得国家、省、市科技成果奖28项；发表研究论文60余篇，编写著作8部。

历任领导

杂粮室主任：李连（1973.02—1985.06）、王志范（1985.06—1997.10）、汤国民（1996.01—1998.12）；副主任：王志范（1974.07—1985.05）、邹德庆（1987—1994.04）、汤国民（1991.01—1993.01）、龙丽萍（1996.01—1998.12）、韩启秀（1996.01—1998.12）。

大豆研究室主任：刘明春（1985.06—1996.01）；副主任：辛举文（1987.12—1993.11）。

玉米油料研究所所长：汤国民（1998.12—2014.12）、袁堂玉（2015.01至今）；副所长：龙丽萍（1998.12—2007.11）、韩启秀（1998.12—2004.10）、矫岩林（2011.01至今）、夏德君（2015.01至今）。

一、玉米研究

(一) 玉米地方品种资源的收集整理与创新利用

本所玉米育种工作从20世纪50年代中期开始，品种资源的收集、鉴定工作亦同时展开。

1. 玉米品种资源的收集整理

1953年起，在全市范围内广泛开展了玉米地方品种的收集整理工作，共获得地方种223个，有4个失去发芽力。1960年又从外地征集了部分地方品种。1960—1961年进行了产量测定，以及形态特征的观察，并以亩产量、穗部性状、株高、抗病性、抗倒性等重要性状为依据合并归类。实有176个，其中包括本地品种163个，外引品种13个。

2. 玉米品种资源的生产利用

20世纪50年代，从当地品种中筛选出一些产量高、抗逆性强的品种，作为过渡时期的推广种用于生产，一般可增产5%~10%，其中推广面积大、利用时间较长的品种有胶东大粒红和黄县二马牙。胶东大粒红属中高秆中晚熟品种，抗倒伏，籽粒较大，品质优良，耐旱性强，春夏播均可；黄县二马牙属中高秆中早熟品种，抗倒伏，品质中等，宜夏播，适宜中上水肥条件。在做好本地玉米品种的收集和用于生产的同时，积极引进市外品种进行试验鉴定，筛选适合我市生产条件的优良品种为当地生产所用，促进了玉米产量的提高和生产的发展。推广面积较大的玉米地方品种有金皇后和安东马牙11号、13号。

3. 玉米品种资源的创新利用

随着玉米育种科研工作的不断发展，玉米杂交种选育研究得到了重大突破。20世纪50年代主要开展了玉米品种间杂交种的选育研究，根据亲本选配原则，1950年用当地硬粒品种大粒红与美国马齿型品种金皇后杂交育成了品种间杂交种莱杂7号。该杂交种具有品质好、抗叶斑病、适应性广等特点，比当地一般品种增产10%以上，从1952年到1955年累计推广面积45万亩。1957年起，利用20个地方品种资源开展玉米自交系的选育工作。经过连续自交分离，配合力及综合农艺性状鉴定，先后从海阳小粒红中选育出了配合力高的硬粒型"海7"玉米自交系；从衡白多穗中选育出了双穗性强的"衡白522"玉米自交系；从"馍耶岛小粒红"中选育出了抗病抗涝的"2411"玉米自交系；从文登小青苗中选育出了抗病性强的"文青1331"玉米自交系。这些优良玉米自交系的成功选育，为以后培育自交系间杂交种打下了良好基础。

(二) 玉米双交种、三交种和单交种新品种选育

从20世纪60年代开始，为更好地发挥玉米杂交优势，玉米新品种选育从品种间杂交种转向自交系间杂交种。开展了双交种、三交种和单交种玉米新品种的选育工作。先后育成了"烟双545""烟三1号""烟三6号""烟三10号""群三1号""单交36""烟单149""华威""华傲"等优良玉米杂交种。

1. 烟双545

组合为黄小162×金131/W591×M14，1963年育成。该杂交种属矮秆早熟品种，夏播生育期90天，株高200cm，果穗粗短，籽粒中间型，中抗玉米大斑病，适合中肥水地种植。推广应用9年，至1975年，累计种植面积390万亩。

2. 烟三1号

组合为BNP44×M17/海7，1969年育成。该杂交种属中秆中熟品种，夏播生育期90天，株高220cm，果穗锥形，籽粒中间偏硬，品质较好，抗大斑病，适宜夏播或套种。1969—1975年累计推广面积321万亩。

3. 烟三6号

组合为黄小162×海7/Oh43，1966年育成。该杂交种属中秆中熟品种，夏播生育期93天，株高230cm，果穗长锥形，籽粒中间型，品质较好，中抗大斑病，适宜夏播。推广应用12年，至1981年全

国 11 个省（市）累计推广面积 4 387 万亩。年最大推广面积 1 100 万亩，烟台市 196.6 万亩，山东省 500 万亩，朝鲜引进种植 300 万亩。

4. 烟三 10 号

组合为海 7×南 55/Oh43，1967 年育成。该杂交种属中高秆中晚熟品种，春播生育期 115 天，株高 240cm，果穗长锥形，籽粒中间型，品质较好，中抗大斑病。至 1979 年推广应用 10 年，累计种植面积 1 009 万亩。

5. 群三 1 号

组合为 525×2411/Mo17，1975 年本所与荣成县种子站联合育成。该杂交种属中高秆中晚熟品种，春播生育期 120 天，株高 240cm，果穗长筒形，籽粒中间型，品质较好，抗玉米大小叶斑病。1978—1983 年累计推广面积 51 万亩。

6. 单交 36

组合为旅 28×Oh43，1970 年本所与栖霞县种子站联合育成。该杂交种属中秆中晚熟品种，夏播生育期 96 天，株高 200cm，果穗短筒形，籽粒马齿型，抗旱性强，中抗玉米大斑病，较耐肥，不耐涝，适宜麦田套种。1976 开始推广应用 8 年，累计种植面积 225 万亩。

7. 烟单 14 号

组合为黄早四×Mo17，1977 年选育。中高秆中晚熟品种，株高 240cm，果穗长筒形，籽粒淡黄，部分粒有白顶，马齿型。适宜麦田套种，生育期 100 天，抗大、小叶斑病，株型紧凑，上部叶片直立，宜密植栽培。适应性好，1979 年开始推广应用。1981 年创亩产 934.1kg，大面积单产超过 500kg。

8. 鲁玉 1 号

组合为黄早四×三团，1978 年育成。中秆中早熟种，生育期 94 天，株高 200cm，果穗短筒形，籽粒黄色马齿型，抗旱性好，抗大斑病中下。株型良好，上部叶片小而上冲，下部叶片平展，呈塔状株型，适宜密植。1981 年创本市最高产量纪录，亩产 943.7kg。

（三）紧凑型玉米育种

紧凑型玉米育种是株型育种的一种，也是继承理想型的育种理论，通过改进株型以达到提高光能利用率的目的。紧凑型育种更能结合玉米的生理要求，在株型选育的同时，结合选育其他有益的农艺性状，避免单纯的形态育种。

1. 紧凑型种选育经过

紧凑型品种的选育，最早是从烟台地区开始的。烟台地区是国内重要的夏播玉米区，20 世纪 70 年代中期单产就超过 400kg。在向千斤过渡时，遇到品种更换的困难，当地夏播生长期只有 90 天，原有早熟玉米种产量不高，难过千斤，换种晚熟种又难于成熟，这时便想到选用密植型种来解决夏玉米产量问题。密植型种无论早熟晚熟都能使用，而烟台市是水肥高产区，种植密植型种就更相宜了。于是本所于 1975 年开设了紧凑型育种的课题。当时并没有"紧凑型"这个名称，是本所把这个新类型的种名根据株型形象命名的，并规定了紧凑型种型模式，绘制出株型模式图，以期按图形育种。从此，开始了紧凑型的育种工作。不但烟台地区农业科学研究所选育，还帮助各县育种单位选育。现在紧凑型种的命名，已经得到各地的认可。

2. 选育出的紧凑型品种

1977 年本所选育出第一个紧凑型品种烟单 14 号，1978 年育成烟单 15 号，1978 年莱州市农业科学院选出紧凑型品种掖单 2 号，1982 年莱州市农业科学研究所选出紧凑型品种掖单 4 号。首批育成的这些紧凑型品种在高肥水条件下的高密度产量潜力试验结果表明，烟单 14 号、掖单 2 号和掖单 4 号单产均超过 900kg，创造了夏玉米高产纪录。随着第一批紧凑型种投入使用取得较大推广面积后，国内许多育种单位也接受了这种类型的育种，并选出了一批新的紧凑型种，在株型创新和产量水平上都有新发展。作为第二批育成的优良紧凑型种，经过区域试验认为优良的有：莱阳农学院选出的鲁玉 10 号，烟台市农业科学研究所选育的烟单 16 号、烟单 17 号，山东农业科学院玉米研究所选育的 8703，新乡市农业科学研究所选育的豫玉 5 号、莱州市农业科学院选育的掖单 12 号、13 号，莱州市农业研究所选育的掖单 5 号等。

（四）超黄早四玉米自交系选育及利用

20 世纪 80 年代，主要开展了黄早四玉米自交系的改良工作。黄早四是中国农业科学院作物育种栽培研究所与北京市农林科学院于 1975 年联合育成的优良玉米自交系，该自交系自问世以来，我国玉米主产区竞相作亲本利用，面积之大、发展之快、效益之高，是玉米杂交种推广史上罕见的，对提高玉米单产和总产起到了巨大作用。但随着黄早四应用年限的增加，该自交系的抗病性越来越弱，不仅影响了以其为亲本的杂交种的抗病性和籽粒产量，而且大大降低了杂交制种产量，甚至造成制种失败。鉴于这种状况，自 1982 年起，承担了烟台市科技局下达的"超黄早四玉米自交系选育"课题。经过 5 年的努力，于 1986 年成功地育成了抗病性、抗倒性明显高于黄早四，其他性状类似于黄早四的新玉米自交系文黄 31413。

1. 超黄早四玉米自交系选育

确定目标性状及选配亲本是自交系选育的关键，黄早四自交系主要优点是配合力高，株型紧凑而且早熟；突出缺点是褐斑病和红叶病害重，抗倒（折）能力差，不稳产。通过对原始资料的分析，针对黄早四的缺点，确定用黄早四与具有综合农艺性状好，而且适应性强的地方自交系文青 1331（抗）杂交组配的单交种为选系基础材料。采用二环系法，以选育出优良性状倾向于某一个亲本而其种质基础来源于两个优良自交系的基因重组，克服回交改良法育成自交系其种质基础基本同于原自交系的缺点。通过自交、分离、抗病性鉴定与测交相结合，重点突出配合力及抗病性鉴定。经温室、海南加代，至 1985 年进到第 6 代，其中 120 个早代系因性状基本稳定一致在第 5 代各自进行了混合授粉。1986—1987 年，对保留的 5 代、6 代系进行了配合力测定，并通过其抗病性鉴定，初步选出了文黄 31413、文黄 314221 等 10 个较好的分离系。1987—1989 年对这几个初选系进行了多亲本制种及品种比较试验，并进行了配合力效应值分析。

2. 自交系文黄 31413 的利用

文黄 31413 在抗病性、抗倒性、配合力等方面均达到了预期的选育效果，用其替代黄早四所配出的杂交种，表现出了高产、稳产、适应性广等特点。

（1）烟单 16 号　组合为 8112×文黄 31413，1987 年育成，1993 年 5 月通过山东省农作物品种审定委员会认定。该品种属中早熟玉米杂交种，全生育期需总积温 2 300℃，夏播生育期 95 天。株高 240cm，穗位高 90cm，全株叶片 20 片。果穗长筒形，穗长 18cm，穗粗 4.6cm，每穗 12~16 行，籽粒黄色中间型，品质较好，千粒重 300g，出籽率 85.4%。该品种成株叶片较窄，叶色浓绿，上部叶片上冲，中部叶片斜伸，抗倒伏能力强，高抗玉米大、小叶斑病。自推广应用以来，累计种植面积 1 000 多万亩。

（2）烟单 17 号　组合为 107×文黄 31413，1987 年育成，1992 年 4 月通过山东省农作物品种审定委员会认定。该品种属中熟玉米杂交种，全生育期需总积温 2 400℃，夏播生育期 100 天左右，株高 240~260cm，穗位高 95~100cm，全株叶片 21 片。果穗筒形，粗 4.9~5.1cm，每穗 14~16 行，籽粒黄色马齿型，千粒重 320~340g，出籽率 84.7%。该杂交种株型较紧凑，前期生长势强，后期灌浆速度快，成熟时仍可保持较高的保绿度，具有高产、稳产、抗病、适应性广等特点。自推广应用以来，累计种植面积 3 000 多万亩。

（五）专用玉米新品种选育

本所开展专用玉米新品种选育工作起步于 20 世纪 70 年代，当时主要采用了回交转育方法，育成了烟单 5 号糯玉米杂交种。20 世纪 90 年代起，投入了较大精力，开展了糯玉米、笋玉米、鲜食极早熟玉米等类型的自交系及杂交种选育研究，先后育成了烟糯 6 号、烟糯 7 号、烟鲜玉 1 号、烟早糯 2 号、鲁笋玉 1 号等专用玉米杂交种。

1. 烟单 5 号

组合为衡白 522×白 525，1978 年育成，1983 年通过山东省农作物品种审定委员会认定，是国内第一个通过审（认）定的白粒糯质玉米杂交种。

2. 鲁笋玉1号

组合为多1×白爆，1989年育成，1990年4月通过山东省农作物品种审定委员会审定。该杂交种属中晚熟专用笋玉米杂交种，春季播种后68天采笋，夏季62天采笋，株高230cm，茎粗1.9cm，独秆叶平展。每亩种植4 000株，单株采笋5~6支，单笋重6g左右，亩产鲜笋120~140kg，笋金黄色，细长柱形。该杂交种抗倒伏，多穗性强，抗病，适应性广，适宜全国各地玉米产区种植。

3. 烟糯6号

组合为6125×1211，1995年育成，2001年4月通过山东省农作物品种审定委员会审定。该品种经多年试验示范及生产种植，一般亩产鲜果穗1 000kg以上，干籽粒450kg左右，较烟单5号糯玉米增产30%~35%。夏播生育期95天左右，采收鲜食青果穗80天左右，每株19~20片叶，株高250cm左右，穗位高100cm，果穗筒形，穗长21cm，每穗12.4行，籽粒白色中间型，品质好。秆硬，根系发达，抗倒能力强，抗大、小叶斑病，适合肥水较好的地块种植。

4. 烟糯7号

组合为43221×1211，1995年育成，2003年3月通过山东省农作物品种审定委员会审定。该杂交种株高平均220cm，穗位高95cm。夏播生育期90天，鲜穗采收期平均76天，属中早熟糯玉米杂交种。鲜食果穗长19.2cm，穗粗4.6cm，商品果穗率86.7%。该杂交种抗大小叶斑病、粗缩病，耐青枯病，籽粒营养成分含量高，果皮薄，果穗均匀，籽粒纯白，外观美观，适合加工。

5. 烟鲜玉1号

2002年育成的极早熟玉米品种。该品种丰产、抗倒、抗大小叶斑病和黑粉病。植株生长势强，苗期不产生分蘖，生育期极短，全生育期82.7天，春播一般在75天左右即可采鲜穗上市，果穗商品性状优良，适宜密度为4 000~4 500株/亩，宜做早熟鲜食玉米品种推广应用。

6. 烟早糯2号

2006年育成的极早熟糯质玉米品种。该品种高抗玉米螟和瘤黑粉病，抗旱性强，耐密性好。生育期短，商品性好。春播从播种到采收鲜果穗仅需75天，较一般品种提早上市10~12天，果穗商品性状优良，鲜食糯性强，口味甜嫩香润，味道好，籽粒行列整齐。

（六）玉米产业创新团队烟台综合试验站

玉米油料研究所2013年起承担山东省现代农业产业技术体系玉米创新团队烟台综合试验站建设任务，根据委托协议和岗位专家的安排，及时组织本团队人员认真学习，明确工作内容，严格执行计划任务，圆满完成了2013—2016年各项任务指标。

1. 玉米种质资源创新及新品种选育

鉴定筛选适宜山东省及周边相同生态区推广种植的玉米新品种。对岗位专家组配的124个新组合进行丰产性、适应性、抗逆性等性状的比较与鉴定，按试验要求，科学管理、认真调查、记载，并结合产量、抗性等综合性状，筛选出了44个优良组合，并及时把总结提交报送岗位专家。结合本单位的育种工作，进行了玉米育种材料的引进、改良、创新及组配新组合。

2. 玉米栽培技术试验研究

进行了玉米不同钾肥肥效比较试验、钾肥精准施用量试验和节水灌溉研究试验。针对当前玉米生产上普遍存在化肥使用不合理现象，特别是目前农村劳动力减少，施肥技术落后，肥料利用效率低，污染严重等系列问题，按照岗位专家的安排，我们分别进行了"玉米钾肥精准施用量研究试验""不同钾肥类型肥效比较试验""节水灌溉研究试验"等项研究工作。

3. 技术培训、指导及产业体系安排的应急性工作

加强对农民和基层技术人员技术培训和指导。在玉米生长期间多次对农民集中培训和技术指导，积极示范推广玉米"一增四改""直播晚收""秸秆还田"等技术。于每年的1月份对烟台的基层农技服务人员和种粮大户集中培训。对玉米生产中出现的一些临时性应急情况及时上报，完成相关部门交办的临时性应急任务。

4. 对烟台市玉米生产存在问题的调研

按照工作计划，结合科技下乡、科研项目的安排及技术讲座工作，先后到牟平区、福山区、海阳市、莱阳市、龙口市、蓬莱市等市区，开展了玉米品种类型、田间种植方式、肥料施用模式、玉米田间管理的调研工作，针对各环节存在的不足与问题，提出了有针对性的改进意见和及时的技术指导，对玉米生产发展起到了积极的促进作用。

5. 对本区域本产业试验示范

积极进行新品种和新技术示范展示、高产创建等工作，指导农民良种良法配套，推广玉米"一增四改"栽培技术、精准施肥技术，建立了新品种和新技术示范样板，并加大对基层农技人员和农民的培训指导，扩大了试验站影响，提升了对本区域玉米产业支撑作用。

先后从事玉米育种研究的人员有于伊、郑洪良、杨安钧、王秀清、王志范、宋文华、孙始良、龙丽萍、邹德庆、汤国民、于维忠、夏德君、袁堂玉、杜清福、刘少青、刘伟、石德杨。

（七）玉米栽培技术研究

玉米栽培的正式研究是从1972年开始的，重点开展了春夏玉米综合丰产技术的研究。1975年按作物设立了玉米研究室，玉米育种和栽培研究分别进行。玉米栽培研究采取所内外结合和专群结合的方法，对烟台地区玉米生产进行调研分析，通过单因子、多因子和丰产栽培试验，探索玉米高产的主要措施，为当时本所选育的烟三6号、烟三10号进行了良种良法配套，为发展全区玉米生产提供了科学依据。

1978年玉米研究室栽培组人员增至4人，此后工作重点致力于紧凑型玉米高产栽培的研究，采取了所内外结合，试验、示范和推广相结合的方法，对不同土质条件、不同株型品种和不同种植方式取得亩产千斤及以上的关键技术措施进行了一系列探讨。试验的初步结果，紧凑型品种较普通型品种在适当增加亩株数的情况下容易取得高产；肥沃的沙壤土比黏壤土玉米根深叶茂，叶面积系数、经济系数和产量均高；一般套种比二四畦套种容易增加亩株数并提高产量；夏直播虽然容易保密度但因农时季节和品种等因素的制约各年度产量不稳。

1980—1982年，玉米研究室2名科技人员与烟台市科协、烟台市农业局、烟台市农技站共同配合，在全区玉米生产重点县进行了"夏玉米大面积高产攻关试验"，取得了百亩方、千亩方以至万亩方大面积过千斤乃至小面积亩产900kg以上的高产纪录。此项联合攻关试验的成功，对推动全区玉米大面积丰产起到了巨大的促进作用，1983年该成果取得了山东省农业厅技术改进二等奖和农牧渔业部技术改进二等奖。此间栽培组的1名科技人员还参加了山东省科委下达的由莱阳农学院和掖县县政府在西由公社进行的"农业新技术综合应用试验研究"，1983年获山东省科委优秀科技成果三等奖。1981年在本所4号地夏直播烟单15号（17亩）丰产田，经烟台市科技局和烟台市农业局验收，亩产724.3kg，首创本所高产纪录。1982—1984年栽培组两名科技人员与莱阳县农业局共同主持对莱阳县4个乡镇3.3万亩玉米进行了"中低产玉米开发试验研究"，对莱阳和其他县中低产玉米增产起到了良好的推动作用，1986年获烟台市科委优秀科技成果三等奖。

1980—1984年，栽培组科技人员先后在北京市农业局和昌平县、河南省新乡地区以及本省各地、本市各县进行玉米高产经验的宣讲；先后多人次参加全国、全省玉米栽培学术讨论会，宣讲论文受到好评，对各地玉米生产的发展起到了积极的推动作用。1985年本所因科研体制改革，从事玉米栽培研究的科技人员充实到新建科室，同年烟台市科委下达的"玉米程序栽培规范化研究"，由原从事栽培研究后调入新技术研究室的1名科技人员承担。

20世纪70年代以来，玉米研究室栽培组的科技人员先后在中级以上学术刊物上发表研究论文多篇，编著多部玉米专业书籍，参加《中国玉米栽培学》一书修订版的编写工作。

玉米研究室栽培组人员：李连、常鸿、徐源连、谢永福。

二、大豆研究

（一）大豆良种选育

1. 大豆地方品种的征集与利用

1959年由莱阳农业试验站移交本所大豆地方品种72份，1960年由山东省农科院作物所引入286份，1963年又从各县（市）征集7份，共计365份，其中黄豆190份、青豆108份、黑豆40份、褐豆22份、双色豆5份。1959—1963年通过系统的种植观察，对同名异种、异种同名及名不符实的材料进行淘汰与归并，将365份大豆地方品种归并为227份，其中黄豆归并为125份、青豆57份、黑豆30份、褐豆12份、双色豆3份。

为便于选育利用，根据大豆的粒色（黄、青、黑、褐、双色）、生育期（早、中、晚）、结荚习性（有限、无限）、花色（白、紫）等6个主要性状为依据，将227份地方种划分为38种类型，其中黄豆14个类型、青豆8个类型、黑豆6个类型、褐豆7个类型、双色豆3个类型（表1）。

表1 大豆地方品种类型

编号	籽粒颜色	成熟早晚	结荚习性	花色	茸毛色	籽粒大小	个数	编号	籽粒颜色	成熟早晚	结荚习性	花色	茸毛色	籽粒大小	个数
1	黄	早	有限	白	灰	大中	14	20	青	晚	有限	紫	灰	大中	6
2	黄	早	有限	白	棕	小	1	21	青	晚	有限	紫	灰	中大	5
3	黄	中	有限	白	灰	小中	34	22	青	晚	无限	白	棕	小	1
4	黄	中	有限	白紫	棕	中	11	23	黑	中	有限	白	棕	小中	4
5	黄	中	有限	紫	灰	中	4	24	黑	中	有限	白	棕	大	2
6	黄	中	有限	白	灰	大	3	25	黑	中	无限	白	棕	小中	8
7	黄	中	无限	白	灰	小中	3	26	黑	晚	无限	紫	棕	小	6
8	黄	中	无限			中	3	27	黑	晚	有限	白	棕	大	2
9	黄	中	无限	白	棕	中大	12	28	黑	晚	无限	白	棕	小	8
10	黄	晚	有限	白	灰	小中	14	29	褐	早	有限	白	棕	小	1
11	黄	晚	有限	紫	灰	大	3	30	褐	早	无限	白	棕	中	1
12	黄	晚	无限	白		小中	14	31	褐	中	有限	白	棕	中	2
13	黄	晚	无限	白	棕		6	32	褐	晚	有限	紫	棕	大	1
14	黄	晚	无限	紫	灰棕	中	3	33	褐	晚	无限	白	棕	小	2
15	青	早	有限	白		中	17	34	褐	晚	无限	白	棕	小	2
16	青	早	无限	白			7	35	褐	晚	无限	白	棕		3
17	青	中	有限	白紫	灰	中	12	36	双色	中	无限	白	棕	小	1
18	青	中	无限	紫	灰	小中	2	37	双色	晚	有限	紫	棕	大	1
19	青	中	无限	白	棕	中	7	38	双色	晚	无限	紫	棕	小	1

大豆地方品种的不同类型在我市各地的分布，大体可划分为3个区。

（1）西部　该区以第1类型的黄豆早熟型为主，有限结荚习性，白花，灰毛，小到中粒较为集中，如蓬莱六十日、蓬莱六十日金黄大豆、掖县谷里混。其次为第4类型的黄豆中熟型，有限结荚习性，白花，棕毛，中粒较多，如蓬莱平顶黄、掖县永立站等。其他类型较少。

（2）中部　该区以第3类型的黄豆中熟型为主，有限结荚习性，白花，灰毛，小到中粒最为集中，如牟平平顶黄、牟平大粒黄、莱阳曹叶大黄豆、栖霞平顶黄。其次为第15类型的青豆早熟型，有限结荚习性，白花，灰毛，中粒种较多，如牟平六十日还家、福山老韩豆、莱阳江南青。最后为第17类型的青豆中熟种，有限结荚习性，紫花，灰毛，中粒，如莱阳青四粒、莱阳四粒，其他类型较少，分布分散。

（3）东部 该区以第3类型的黄豆中熟型为主，有限结荚习性，白花，灰毛，小到中粒种较多，如文登西海庄、文登工夫豆、威海平顶黄、荣成黄豆等。其次为第12类型的黄豆晚熟种，无限结荚习性，白花，小到中粒种，如莱阳水巴豆、文登秋白露。最后为第10类型的黄豆晚熟种，有限结荚习性，白花，灰毛，小到中粒种，如文登白豆、荣成气死洼等。

大豆地方种的利用，主要是对表现较好的地方种经提纯复壮后直接用于生产，如牟平平顶黄、文登工夫豆、六十日金黄等，这些品种的种植面积达10万余亩。

2. 夏大豆生态型试验鉴定

1962—1964年对我省各地表现较好的品种引入了40个，进行生态型鉴定。通过鉴定看出不同地区的大豆品种，对我区环境条件适应性不同。由昌潍及鲁中地区引入的品种适应性较强，表现生育正常，抗病力强，特别是从鲁中地区的济南引入的品种生育性状良好，丰产性能较高，如齐黄1号、齐黄2号、小粒青等，其他地区的品种适应性差，鲁北和鲁西北的品种适应性最差，表现生育性状不良，抗逆力差，产量低。同一地区的不同品种其适应性也有差异，一般直立有限结荚习性的黄豆类型品种较无限结荚习性的气死洼、小黑豆类型在我区的适应性较强。此外，在本省范围内，纬度的高低对大豆品种的适应性、生育期的长短亦有一定影响。根据我区自然环境条件的特点和大豆的栽培方式，以有限结荚习性类型的中、早熟黄豆为主，生育期85～95天，百粒重15～18g，品质佳，无褐斑，抗逆力强的品种为宜。

3. 大豆育种研究及成果应用

1959—1985年，通过异地引种、系统选种及杂交育种，先后鉴定、选育出一批大豆良种，提供生产应用的主要有以下良种。

（1）齐黄1号 系山东省农科院作物所选育。1961年引入本所参加区域试验，经3年试验示范，均优于爬蔓青，增产幅度23.6%～58.6%。该品种属中晚熟种，生育日数108天，无限结荚习性，株高100cm，分枝较多，4.5个，主茎节数14.4节，叶片中等大小，椭圆形，花紫色，荚褐色，茸毛灰白，籽粒黄色近圆，百粒重18.5g，抗涝性强，适宜两年三作区种植。1963年开始在我区推广，面积达100多万亩。

（2）早黄6号 本所由省农科院引入的早代杂交种，经分离选育而成。1969—1972年4年试验产量均高于齐黄10号。该品种属中熟种，有限结荚习性，主茎节数10.6节，株高65cm，分枝1.5个，叶片中等大小，椭圆形，花白色，荚色灰褐，茸毛灰白，籽粒黄色圆形，百粒重18.6g，较抗倒伏，抗霜霉病，适宜与玉米间作种植，种植面积2万余亩。

（3）早黄1号 1966年由省农科院引入三代杂交种，经分离混合选育而成。1967—1970年4年试验，平均亩产151.9kg，比六十日金黄增产10%左右。该品种为早熟种，生育期85天，亚有限结荚习性，生长直立，株高60cm左右，叶片中等大小，椭圆形，花白色，三粒荚多，荚褐色，茸毛灰色，籽粒黄色椭圆形，脐浅褐，百粒重17g左右。分枝力弱，抗涝性较差。适宜与早熟玉米间作，种植面积自1973年至1985年达20万亩。

（4）齐黄10号 系省农科院作物所选育，1969年引入本所，3年试验，较早黄1号增产10%～15%。该品种属有限结荚习性，生育期95天左右，株高57.5cm，主茎节数12.1节，叶片中等大小，卵圆形，花紫色，荚色灰褐，茸毛灰白，籽粒黄色近圆，百粒重17.9g。抗毒素病，抗倒性一般，是我区与玉米间作的一个主要推广品种。1973—1985年累计播种面积120万亩。

（5）早黄8号 是本所从六十日金黄大豆中系统选育而成，1972—1973年两年试验平均亩产153.3kg，比齐黄10号增产7.4%。该品种生育期91天，株高60cm，亚有限结荚习性，分枝较少，叶片中等大小，椭圆形，花白色，荚褐色，茸毛灰白，籽粒黄色，圆形，脐褐色，百粒重19g。缺点是不抗倒伏，我市作为间作搭配品种，种植面积1 000多亩。

（6）威廉姆斯　系美国品种。1974年经本市24处春播试验，平均产量亩产196.9kg，比对照齐黄1号增产34.9%。该品种生育期129天，株高115cm，分枝2个左右，百粒重18.9g，叶较大，椭圆形，花白色，荚棕色，棕毛，籽粒椭圆形、黄色，抗倒伏，抗毒素病，适宜春播。自1978年开始推广，历年种植数千亩，最多年份近万亩。

（7）六十日金黄　本所由地方品种中混合选育而成。该品种比齐黄10号略减产，但成熟早，生育日数85天，适宜与早熟玉米间作，有限结荚习性，株高66.5cm，叶片狭长，中等大小，株型收敛，花白色，荚色灰褐，茸毛灰白，籽粒黄色，圆形，无色脐。抗旱性较差，多在平泊地种植，累计面积3万多亩。

（8）东解1号　系牟平县解家庄东解家庄大队选育。1973年引入本所试验，亩产154.3kg，比早黄1号增产14.7%，同年本市多点示范试验，产量略低于中熟种齐黄10号，但因成熟早，仍受群众欢迎。自1975年开始推广至1985年，累计种植面积达200余万亩，1981年高达38.6万亩。该品种生育期88天左右，生长直立，有限结荚习性，分枝较多，株高50～60cm，百粒重17g左右，籽粒浅黄色，扁圆，脐褐色。褐斑较重，较抗倒伏，不抗毒素病，适宜与夏播早熟玉米间作和小畦大背套种。

（9）烟黄1号　系本所1973年采用群选1号作母本，早黄1号作父本杂交选育而成。该品种属早熟种，生育期85天，株高65cm，亚有限结荚习性，主茎节数14节，叶片较小，狭长，百粒重16.1g。较抗倒伏，抗旱耐阴，适宜夏直播纯作和与早熟玉米间作。累计种植面积达4万亩。1981年获市科委二等奖。

（10）烟黄2号　系本所1974年以东解1号作母本、美-3作父本杂交选育而成。该品种属早熟种，生育期83～85天，比东解1号早1～2天，株高60cm，分枝2个左右，主茎节数11节，叶片中等大小，长卵圆形，花紫色，荚灰黄色。籽粒黄色、扁圆，百粒重16.7g，粒质中上，抗倒伏，抗旱性一般，耐阴性强，抗霜霉病，较抗毒素病，适宜一般土地条件下小畦大背套种。自1982年试种至1985年累计种植面积达40万亩。1985年获市科委二等奖，1990年获山东省科技厅三等奖。

（11）极早熟大豆新品种烟豆4号　系1979年用7102-16412作母本、烟黄2号（鲁豆5号）作父本经有性杂交选育而成的极早熟大豆新品种。1994年4月通过山东省农作物品种审定委员会认定。该品种属极早熟种，生育期83～85天，株高50～60cm，有限结荚习性，籽粒黄色，百粒重16.5g，蛋白质含量41.5%，脂肪含量17.9%。抗旱、耐涝，高产稳产性好。在烟威地区累计推广面积达8万多亩，增加直接经济效益4 268.22万元。

（12）鲁青豆1号　是利用当地青豆和黄豆品种杂交选育而成。该品种具有早熟高产、粒大质优、抗逆性强等特点，适合黄淮海夏播和豆麦两作区种植。籽粒绿皮青子叶，色泽鲜艳，既可收成熟干豆作菜用和加工，又适合收青毛豆食用。在山东累计推广面积达6.2万亩，增加直接经济效益3 268.45万元。

（二）大豆丰产栽培试验

20世纪50年代，大豆栽培以调查群众经验为主，60年代栽培制度逐渐改变，大豆间作面积相应增加，单作减少，这段时期大豆试验主要鉴定由外地引入及本所系统选育的早、中熟大豆品种，选择适合本区豆、麦一年两作及间套作品种。70年代，随着耕作栽培制度的进一步改变，烟台东部玉米、小麦出现了二、四畦等新的栽培方式，大豆单作面积愈来愈少，主要种植形式是与玉米间作（西部地区）或套作（东部地区），大豆单产仅10～50kg。为适应生产发展和人民生活水平提高的需要，1974—1980年，按照良种良法配套要求，开展了大豆栽培试验，探索大豆高产潜力及栽培措施。

1. 春播大豆丰产栽培试验

1959年，本所农场，试验面积1亩，沙壤土较肥沃，该年未达到计划要求，亩实产119.5kg。主要是施肥不当所致，冬季结合深翻分层施入腥肥7 500kg，春季播前又施炉灰粪2 500kg，施肥总量含全氮163.3kg，速效磷103.7kg，速效钾19.9kg。施肥过量，植株于7月初开始徒长，后期全田倒伏，落花落荚严重。1974年、1976年、1977年，本所农场试验地，品种威廉姆斯（美国引进种），密度每亩13 000株，施肥为在亩施基肥（厩肥）2 000~4 000kg基础上，苗期追施磷铵4kg，花期6kg，产量结果以1977年最高，亩产219.4kg。

2. 夏大豆密度试验

1959年夏大豆密度试验，供试品种平顶黄，试验结果是产量以每亩1万株为最高，每亩1万至3万株差异不大，4万株以上则显著减产。1977—1979年本所试验地与协作点同时进行夏大豆早熟品种群体结构试验，所内、外33次试验结果，夏大豆早熟品种群体结构指标如下。① 极早熟品种韦尔金，基本无分枝，单株生产能力差，每亩群体密度以3万~4万株为宜，叶面积系数3~4。② 东解1号分枝能力强，叶片大，每亩2万~3万株，叶面积系数4.2~5.5。③ 烟黄1号，尖叶，分枝少，一般每亩3万株为宜。

3. 夏大豆丰产栽培试验

1977—1980年在本所试验地，进行了品种、密度、种子拌钼酸铵、花期喷亚硫酸氢钠的复因子试验，设纯作、间作（与玉米）两种栽培方式，以正交设计，探讨夏大豆丰产的优良措施组合。结果无论纯作、间作试验，均证明品种是影响大豆产量的主导因素，品种间极差R79.5，达1%显著标准。其次，种植密度也较重要，因夏大豆生育期短，个体发育差，尤其极早熟品种韦尔金在每亩2万、3万、4万株范围内，产量随密度增加而提高。1978—1979年同一品种三密度均以37 500株产量最高，平均亩产181.0kg。最后，大豆播种前种子拌钼酸铵（每500g种1~2g）和花期喷亚硫酸氢钠也是辅助增产措施。应用以上措施，1980年以本所育成的夏大豆品种烟黄1号创高产（纯作），达计划指标，获亩产201.4kg，面积10.66亩。

4. 大豆追施速效氮肥效果及适宜期试验

本所试验地，1976年5个施速效氮肥处理均比对照（不施速氮）增产，但增产幅度不大（1.0%~6.0%），因本所地力较肥，其中以种肥4kg（硫铵），初花期追施6kg最好，亩产232.1kg，比对照增产6.22%。

5. 夏大豆不同生育期追施三要素试验

本所试验地、协作点，1979—1980年本所与蓬莱北沟二村、莱阳庙在头、荣成泊于等协作试验，大豆生育期间无论根际追肥或叶面喷施三要素均有增产作用（增产3.2%~14.0%），全氮500~900mg/kg肥力条件下，磷、钾肥效果较好，追施时期以初花期根际追施或结荚期叶面喷比苗期追肥效果好。

6. 钼酸铵施于大豆增产效果及适宜剂量试验

本所试验地及各县协作点，自1977—1979年21次试验结果，钼酸铵用于大豆生产播前拌种或生育期叶面喷施，均有增产作用，一般增产10.0%~15.0%。施用剂量，拌种以1%溶液浓度较好，苗期喷施0.05%~0.25%的溶液均可，花期喷施浓度以0.3%~0.4%较好。但本所试验钼酸铵拌种每500g种1~2g，对有的品种易发生药害，严格掌握适宜剂量至为重要。

7. 大豆花荚期喷施亚硫酸氢钠试验

本所试验地、协作点，1978—1980年9个县11处科技队协作试验结果，大豆自初花期开始间隔7~10天，喷亚硫酸氢钠100mg/kg、80mg/kg、60mg/kg对大豆均有增产作用。各协作点3年平均增产13.0%，喷施时期以初花期、盛花末期、鼓粒期先后喷2~3次为好。喷施剂量以80mg/kg较为适宜。但本所3年正交试验结果，大豆花期喷施亚硫酸氢钠作为增产措施与其他栽培措施比较，对产量影响较小，极差R仅1.8~7.7，系次要因素。

先后从事大豆研究的人员有：王秀清、王彩珍、刘明春、林淑娟、辛举文、于开亮、韩启秀、吕祝章。

三、高粱研究

（一）高粱良种选育

1. 高粱地方品种征集、整理

高粱地方品种的征集工作始于1953年，有计划地大量征集在1955—1957年，由莱阳农业试验站进行。建所后，于1960—1962年进行观察记载归类，将同种异名的合并，淘汰了严重混杂者，至1962年保留了116个品种（包括外地引进种5个，本区地方种111个）。按其穗型分类，计紧穗型71个，中穗型3个，散穗型34个，帚穗型3个。再根据生育期、颖色、粒色、株高几个主要性状分类，共分为17个品种类型（紧穗型9个、中穗型1个、散穗型6个、帚穗型1个）。这些类型与其所在地生态条件密切相联。第1类紧穗早熟种（生育期125天以下），主要分布在莱西和掖县；第2~5类紧穗中熟种（生育期126~135天），主要分布于莱西、莱阳、海阳、乳山、掖县5个县，在栖霞、黄县、蓬莱、招远、牟平等地也有种植；第6~9类紧穗迟熟种（135天以上），主要分布于招远、栖霞、福山、蓬莱4个县，其次，牟平、掖县种植也较多，乳山、海阳、黄县也有少量分布；第10类中穗中熟品种，只出现于牟平、文登、荣成等县；第11类散穗早熟种，仅荣成县出现；第12~16类散穗中熟种，除了栖霞、招远没有出现外，其余各县均有种植，但主要分布于荣成、牟平、乳山、福山等5个县；第17类帚穗中熟种只出现于莱西和黄县。

2. 高粱优良品种比较及区域试验

（1）1961年筛选表现较好的地方品种进行品种比较试验（春播），以福山地方种竹竿青为对照，结果比对照增产的仅有旗杆（栖霞地方种）1个品种，亩产296.8kg，仅增产2.9%。

（2）1964年承担"全省高粱品种区域试验"，从中筛选丰产、抗病优质品种，供生产应用。试验结果，比地区标准种竹竿青增产在显著标准以上的大红和秋高粱2个品种，大红（济宁地区农家品种）籽粒亩产306.7kg，比省共同标准种香高粱增产30.4%，比竹竿青增产13.6%，茎秆亩产573.4kg，增产34.5%，是一个粮草产量均表现突出、经济性状优良的品种；秋高粱（临沂地区农家种）籽粒亩产286.8kg，比共同标准种增产22.0%，比地区标准种增产6.3%，茎秆亩产447.0kg，增产4.8%，该品种耐涝性较强，抗倒伏，耐折。

3. 高粱杂交育种试验

高粱杂交育种始于1962年，利用雄性不育七号作母本与当地较好品种杂交7个组合，其一代杂交种增产显著的有62-6（7号^{ms}×黄县谷里混）、62-5（7号^{ms}×旗杆）、62-3（7号^{ms}×寒秫秫），比标准种增产29.3%~46.97%。

自1966年后，我区相继引入反修19号、反修10号、晋杂5号、忻杂3号等高粱杂交种。试种结果，均比当地种增产，一般增产20.0%~50.0%，最高增产1倍以上。但制种产量太低，一般每亩仅15~25kg，多者35~40kg。为探讨提高杂交高粱制种产量的技术，于1970年以晋杂5号为基础进行制种技术试验，同时为选育产量高、着壳少，适合我区夏播的高粱杂交种，开展了杂交育种研究。

（1）父、母本不同播期试验　结果指出，母本3197A不育系在我区春季适当晚播，可大大减轻小花败育，提高制种产量。为了不误早、中茬麦，于5月15—20日播种为宜，并因晚播不分蘖，应适当密植，一般每亩6 000~8 000株。父本分期播种看出，5月7日播第一期父本，间隔5天播第二期的花期相遇好，产量高。

（2）父、母本不同行比试验　结果看出，在不影响正常授粉情况下，适当加大母本行比例是提高制种的有效措施之一。2∶4亩产41.5kg，4∶6亩产65.4kg，比4∶4增产4.8%、16.9%。种植方式上适当加大父、母本之间行距，缩小母本之间行距，可减轻父本对母本的影响和小花败育而提高制种产量。

（3）高粱杂交种选育及应用　1970—1973年，对省内、外引入的杂交种和本所杂交的组合进行了观察、鉴定、比较试验，选出以下几个较好的杂交种供示范、生产应用。

宜春播及夏移栽的品种：晋杂 5 号（山西汾阳作物所用 3197A×三尺三育成）、原杂 10 号（中国科学院原子能研究所，以原新 1A×忻粱 7 号育成）、原杂 12 号（中国科学院原子能研究所，以原新 1A×三尺三育成）、忻杂 7 号（山西忻县地区农科所用 3197A×忻粱 7 号育成）。

宜夏播的品种：同杂 2 号（山西大同良种场用黑龙 11A×7384 育成）、诸杂 4 号（诸城县原新 1A×忻粱 13）。

本所杂交的优良组合：① 适宜夏播者：71-1（黑龙 11A×忻粱 7 号）、71-16（黑龙 20A×忻粱 13）、71-18（黑龙 11A×平罗娃娃头）、71-14（黑龙 11A×忻粱 13）、黑龙 23A×7384、原新 1A×忻粱 8。这几个组合生育期比晋杂 5 号早 4~14 天，亩产增加 11.5%~34.9%，着壳低，品质好，适宜夏直播。② 适宜春播者：比晋杂 5 号增产 10% 以上的有原新 1A×熊岳 334、原新 1A×千斤白、原新 1A×护 4、原新 1A×7321，比原杂 10 号增产 10% 以上的有忻 2A×忻粱 52（72-22）、辽 4A×忻粱 52（72-21）、3198A×忻粱 52（忻杂 52）、原新 1A×忻粱 52，春播 545.5~563.5kg。

（二）高粱栽培

高粱栽培试验本所仅进行一年，即 1959 年春、秋播丰产栽培试验。春播试验面积 1.83 亩，前茬地瓜，品种为八杈（多穗）高粱，计划亩产 600kg，实产 345.7kg。未完成计划的主要原因，一是株数不足，每亩只有 6 000 株；二是播种过深；三是施肥太多；四是品种、播期不当，八杈高粱不宜春播。同年夏播八杈高粱高额丰产栽培面积 12.08 亩，平均亩产 426.2kg，创本所秋高粱亩产最高纪录。主要措施是，早播（6 月 24 日）、早间苗、早追肥、增加密度，每亩留苗 8 000 株，加分蘖实收 9 020 株，主穗占 88.7%，穗大整齐，成熟一致。

先后从事高粱育种栽培研究的人员有：邹玉真、王秀清、王彩珍。

四、谷子研究

（一）谷子良种选育

1. 谷子地方品种观察、鉴定

本区谷子地方品种 1960 年由省农科院供给 267 份，本所保存 72 份及以后几年陆续征集的 24 份，共计 363 份。通过 1960—1964 年观察鉴定，进行了归类并淘汰整理工作，在 363 份材料中淘汰重复材料 41 份，名不符实的 24 份，外地来源不明的 49 份，因倒伏严重未收回种子的 3 份，共计淘汰了 117 份，占总品种数的 35.8%，保留品种 246 份。按其生育期、穗形、刺毛长短、粒色、幼苗茎色、米质 6 个性状进行初步分类，先以成熟期分为早熟（115~119 天）、中熟（126 天左右）、晚熟（130 天左右）3 类，再按其余 5 性状，供分为 34 个品种类型。

2. 系统选种

（1）1960—1967 年对省内引入的谷子优良品种，通过比较、区域试验，选出了东风、六一、332、230、平阳谷、62-4 等优良品种（系），在本所试验，在各县进行示范推广。

（2）1970—1972 年适应轮作倒茬、扩大复种指数的需要，按早熟、高产适宜夏播的要求，在本所农场试验地及各县试验点选出的谷子良种有以下几个。

鲁谷 2 号：由省农科院引进。1970 年、1971 年所内试验占 1 位、2 位，全区各县示范总试验表现亦较好，群众反映是一个较好的麦茬谷良种。

鲁谷 1 号：引自省农科院。1970 年本所品比试验产量首位。1971 年是 10 县 18 处试验有 11 处平均增产 27%，3 处平均减产 24.0%。但 1972 年 22 处示范试验，有 6 处平均增产 31.6%，10 处平均减产 17.0%。该品种产量不甚稳定，不抗涝，易感黑粉病。

北京 5 号：本所 1970—1971 年品比试验均占第 2 位，10 处示范试验中 7 处平均增产 41.1%，3 处平均减产 12.0%；1972 年 15 处示范试验平均亩产 183.6kg，其中 10 处平均增产 32.8%，3 处平均减产 16.0%。该品种成熟早（80 余天），夏播无分蘖，宜适当密植。

柳条青：省农科院从泰安农家品种中选出。秆较硬，抗倒伏，病害较轻，不甚抗涝。所内两年试验产量均不甚好，但在山丘地区示范点表现较好，1971年7处示范试验有6处平均增产24.6%，1处减产24.0%；1972年15处示范点有4处平均增产11.5%，10处作为标准种平均位次为5位、3位。

以上4个品种，生育期都较短（80~85天），适于夏播，不耽误种早荏麦。

（二）谷子栽培试验

谷子栽培试验，未连续进行，主要有以下几项。

1. 谷子密度试验

1954年，莱阳农业试验站农场，黏壤土，品种为当地垫倒车。试验结果，产量以每亩2.5万株最高，比每亩2万株增产5.1%，比3万株增产1.5%。每亩同样2.5万株，墩苗比单苗减产6.8%，出草少2.1%。墩播和宽幅播种减产，在莱阳农业试验站3年试验结果均证实。1959—1960年在本所试验地，春播谷子密植试验结果，以每亩4万株左右粮草均高，每亩超过8万株严重倒伏。

2. 谷子白发病综合防治示范试验

20世纪50年代初，谷子白发病在本地区发病重而普遍。为研究防治措施，莱阳农业试验站于1952—1953年在莱阳县选3个村作为谷子白发病防治试验基点，采用综合防治的方法，即温水浸种，药剂（赛力散）拌种，换用抗病品种，拔出白尖与适当晚播等，连续进行3年防治，效果显著，平均发病率由15%降至4.3%。

3. 谷子播期试验

1959年，本所农场试验地，品种金钱子，播种期自3月31日开始至5月20日终，间隔10天，共6期。试验结果看出，谷子出苗期要在16℃以上，5厘米地温19℃以上，土壤湿度12%以上播种较合适（即4月下旬），拔节期平均温度24~25℃，土壤湿度18%~20%为宜。若土壤湿度不足15%应适当浇水，抽穗开花期平均温度应在24~27℃，土壤湿度20%以上有利。

4. 春谷丰产栽培试验

1959年本所农场，面积1.8亩，品种金钱子，前作地瓜，计划亩产500kg，实收308kg，减产主要原因，一是施肥量过大；二是实有株数不足（实有3.55万株）；三是雨多授粉不良。

5. 微量元素试验

1959—1960年，本所农场试验地。1959年设4个处理：抽穗前喷0.05%硫酸锌、0.05%硫酸锌浸种、0.02%硼酸浸种、0.1%钼酸铵浸种、不处理作对照。结果以钼酸铵浸种最好，锌喷施比浸种好，硼不显著。1960年继续试验结果，各处理均比不处理产量高，增产9.1%~20.5%，处理的出苗整齐，生长势强，早熟2~3天。

6. 丁二酸溶液拌种试验

1966年，本所试验地，品种撑破，设3个处理：对照清水拌种（40g清水拌250g种）、25mL/L丁二酸溶液浸30小时（40g溶液拌250g种）、50mL/L丁二酸溶液浸30小时（40g溶液拌250g种）。试验结果，25mL/L及50mL/L丁二酸溶液浸种处理均比对照增产，分别增产9.21%、7.66%。

先后从事谷子育种栽培研究的人员有：王秀清、王彩珍。

五、花生研究

本所从1997年开始从事花生育种与栽培研究。先后承担和参与山东省"三○"工程、农业部"花生产业技术体系建设子课题——出口型专用品种的选育及有机食品栽培技术研究""适合烟台地区出口型大花生品种的选育"等10余项国家级和省市级课题。2008年起开始承担国家花生产业技术体系烟台综合试验站建设项目。

先后从事花生育种的人员有：韩启秀、吕祝章、矫岩林、赵健、袁堂玉、曹萌。

（一）花生育种

1. 种质资源的引进与整理

1997年开始着手种质资源的引进和收集工作，2003—2006年终断，2007年重新开始花生育种研究。先后从山东省花生所、山东农业大学、中国农科院油料作物所、青岛农业大学、河南农科院等国内花生科研机构引进花生种质资源560份。通过大田种植，调查所有种质资源的株型、抗病性、果型、株高、抗倒伏等各种性状，进行详细的分类整理。根据引进种质资源的特征特性，选择有针对性的种质资源，通过杂交、辐射诱变、远缘杂交等方式进行种质资源的创新，将获得的种质资源后代进行分离筛选，并进行含油量、蛋白质含量、抗病性、抗倒伏等性状测定，共获得500余份种质资源，其中优质种质资源30余份。通过引进、创新等手段累计获得种质资源1 100余份。经过多年的种植，逐步了解各个资源的特征特性，已有400余份资源用于杂交育种中。

2. 杂交育种工作

杂交育种工作主要开展了出口型、高油型、高油酸型等适宜烟台地区种植的花生品种选育工作。从2007年开始每年选择果型优良、高产、优质、抗性好的优质亲本进行200个左右杂交组配。陆续从杂交后代中筛选出符合目标性状的植株，经过长期积累，本所现有花生杂交后代已达1 500多个，稳定的优良品系达到150余个，包括大花生、小花生及特用花生（黑花生、白花生、彩色花生等）。已有多个品种参加国家、山东省区域鉴定试验。

（二）花生空壳病研究

近年来，烟台、威海地区，尤其是牟平、文登、栖霞、蓬莱等传统山东大花生产区，"花生空秕"已成为制约花生产业发展的"瓶颈"，迫切需要探索出花生空秕的原因及防治方法。本所根据生产中实际需要，适时开展了烟台地区花生空秕原因及防治方法研究。通过全面测定常规地块和空秕发生地块的土壤pH值、养分含量、种植制度等指标，明确造成花生空秕的原因；明确了空秕植株的特征特性；研究了不同类型配方肥料施用对花生空秕率、植株的形态指标及其生理指标、籽粒产量性状等的影响；研究了不同钙肥用量对花生植株的形态指标及其生理指标、花生生长发育和籽粒产量及对花生空秕的调节作用。提出增施有机肥和钙肥，改进种植制度、改良土壤酸性、优化施肥结构、合理灌溉及选择适宜品种对防止花生空壳均有一定效果。

（三）承担国家和山东省花生试验

2008—2016年，本所一直承担国家（北方片）花生区域试验和生产示范试验，2008—2015年承担山东省花生区域试验和生产示范试验工作。为确保试验结果能够客观地表现新品种的丰产性、稳定性、抗逆性和适应性，本所从选地、小区设计、耕整、播种、收获等关键环节，严格按照区试方案组织实施，并严格按照区试方案的要求做好各生育时期生物学特征性状及成熟收获后各主要经济性状的调查，为花生新品种审（鉴）定和推广提供准确可靠的科学依据。

（四）国家产业技术体系花生试验站（烟台）建设

自2008年承担国家花生产业技术体系烟台综合试验站建设项目。按照任务目标要求，在胶东选取莱阳、海阳、牟平、莱州、乳山5个市区作为示范县。根据国家产业技术体系任务和山东半岛花生产区当前花生生产状况，综合地理、气候、地域分布等因素，将高产示范县分成3种模式加以示范创建。针对莱阳境内拥有鲁花、龙大等花生油制品企业的特点，将莱阳市确定为油用品种引进示范基地；将境内拥有多家花生加工出口企业的牟平、乳山作为传统大花生品种引进示范基地和绿色食品高产栽培示范基地；将莱州和海阳作为传统大花生和普通大花生相结合的品种引进示范基地。先后承担多项新技术新品种的试验示范工作，如花生单粒精播高产栽培技术、花生适期晚播高产栽培技术、花生蛴螬生物防治与综合防控技术、黄淮海一年两作花生品种筛选试验、抗旱耐瘠花生品种筛选试验示范、炭基花生专用肥料试验示范、花生新品种引进筛选试验及示范、机械化引进与示范试验、蓝膜控释肥试验、壮饱安化控技术试验示范、花生微量元素喷施试验、花生种衣剂和除草剂筛选试验、病虫害调查、高效低毒杀菌剂筛选试验以及农户调研、技术培训、应急性任务处理等。

第三节 甘薯研究所

一、概况

甘薯研究所原为甘薯研究室，是一个有着50多年甘薯研究历史的单位，在甘薯新品种选育、甘薯脱毒、资源保存和栽培技术研究等方面取得了较大成就，通过国家、省审（鉴、认）定品种23个，获得国家、省、市奖励23项，获得国家专利3项，发表论文70多篇，编写著作8部。2006年成为山东省甘薯工程技术研究中心的依托单位，2015年改为山东省甘薯示范工程技术研究中心。

1. 科研团队

目前有科技人员7名，其中研究员1名，高级农艺师4名，博士1名，硕士5名。

2. 历任领导

所长（主任）：杨中萃（1972—1991）、王树钿（1991—1996）、林祖军（1996—2007）、辛国胜（2008至今）；副所长：韩俊杰（2008至今）、邱鹏飞（2016至今）、王常芸（正科级2017.12至今）。

3. 基础设施条件

拥有综合科研气调库、种质资源库、甘薯育种实验室、甘薯贮藏窖1 000m^2、育苗连栋温室2 000m^2、甘薯杂交短日照暗室200m^2、组织培养室100m^2、杂交制种隔离网室300m^2、育苗火炕500m^2、试验田40亩等常规设施。并拥有从事育种研究、种质资源研究、生物技术、病理分析和产后加工必要的配套设施和仪器（超净工作台、双目解剖镜、自动高压灭菌锅、组织捣碎机、水分测定仪、糖分测定仪、鼓风干燥箱、胶体磨、真空包装机、大容量烤箱等）。

二、发展历程

1959年烟台专区农业科学研究所成立后，作物系内设有专人开展甘薯新品种、栽培技术等方面研究；1972年成立甘薯研究室。

1996年1月在甘薯研究室基础上成立了甘薯蔬菜花卉研究室。

1998年8月撤所建院，成立甘薯花卉研究所。

2001年4月成立甘薯研究所。

三、研究领域

甘薯研究所近年来主要从事甘薯、马铃薯的品种收集保存、新品种引进、种质资源创新利用、优质高产新品种选育、高产配套栽培技术研究与示范推广工作。

四、取得的成就

甘薯研究所经过多年发展与沉淀，在资源收集创新、育种技术创新、栽培技术创新以及脱毒技术创新等方面取得了较大的成就，并形成了试验示范推广体系，获得一批成果。

1. 形成了有效的资源评价创新平台

种质创新手段多样化，通过甘薯与野生种的杂交、甘薯种内遗传差异大的品种间杂交、集团杂交、体细胞杂交、人工诱变等方法进行种质创新，并通过田间和实验室相结合的方式对种质资源进行评价，创制多抗性、耐逆境、优质、高产等育种材料。目前搜集和保存的种质资源有800多份，通过建立有效的群别鉴定体系，使现有资源进行分群，为甘薯高效育种打下了坚实的基础。

2. 创建了高效的甘薯育种体系

建立了甘薯诱导开花体系，创新出"甘薯人工、昆虫二次授粉法"，该方法将人工杂交与集团杂交和放任授粉的优点融合起来,既做到了定向杂交,又能靠昆虫在不同类型品种间进行自由授粉,极大丰富了基因遗传范围,保证了目的杂交与随机杂交的有机结合。

到目前为止甘薯研究所共选育出23个通过国家、省审(鉴、认)定品种,占山东省46个审(鉴)定品种的50%,在全国处于领先地位。烟薯1号、烟薯3号通过山东省品种审定委员会认定;鲁薯2号、鲁薯3号、鲁薯5号、鲁薯6号、烟薯16号、烟薯18号、烟薯23号、烟薯25号、烟薯26号、烟薯28号、烟紫薯1号等通过山东省品种审定委员会审定;烟薯20号、烟薯21号、烟薯22号、烟薯24号、烟薯25号、烟薯29号、烟紫薯1号、烟紫薯2号、烟紫薯3号、烟紫薯4号通过国家鉴定委员会鉴定。其中鲁薯2号因其抗寒性强,在内蒙古等寒冷地区种植成功,将甘薯种植界线向北推移了1 000km,在甘薯育种上具有突破性进展,并被选为支援韩国的优良品种;鲁薯3号是国内罕见的兼抗三病(抗根腐、黑斑、茎线虫病)的优良品种,为避免甘薯主产区因病害较重而导致大幅度减产提供了品种保障;烟薯16号是一个高产、稳产、优质的淀粉型新品种,薯干亩产达1 987.6kg,创全国北方薯区薯干高产纪录,种植的烟薯16号单株最重达53.7kg,打破世界吉尼斯纪录,并获中国农产品挑战吉尼斯一等奖,2000年烟薯16号获国家新品种后补助二等奖;烟紫薯1号、烟紫薯2号、烟紫薯4号是高花青素型新品种,可加工紫色素、全薯粉等;烟薯24号、烟薯26号、烟薯29号是优良的高淀粉食用两用型新品种;烟紫薯3号是一个优质、高产的食用型紫薯品种,在国家区试中,鲜薯产量和食味均居第一位;烟薯25号被评为全国最好吃的烤薯品种,该品种的育成有望真正结束北京553、遗字138统治全国食用型品种的局面,已在全国授权推广,目前授权已达到19家。以上品种现已累计推广2 000万hm^2,增加社会经济效益350亿元。

3. 组装集成了甘薯高产、高效、轻简化覆膜栽培技术

该技术打破了传统的栽培方式,具有高产、省工省劲、无除草剂污染的优点,是当前丘陵山地最先进的甘薯栽培技术,目前已授权3项国家专利。

该技术将黑色地膜、起垄覆膜机械、甘薯栽插用打孔浇水破膜器、插苗棒等结合起来,操作方便灵活,可将甘薯覆膜栽培程序由8步减少到4步,劳动强度大幅降低,劳动力投入减少1倍,而且不用喷施除草剂,避免了除草剂污染,有利于生产绿色产品。

传统覆膜栽培甘薯程序:起垄、用手栽插苗子、浇水、封窝、喷洒除草剂、覆盖地膜、破膜将苗子抠出、封土。需8个步骤,亩需劳动力4~5个。

高效、轻简化覆膜栽培技术程序:起垄覆膜同步、用打孔浇水器打孔浇水、用插苗棒将薯苗插入、封土。只需4个步骤,亩需劳动力1~2个,比传统栽培节省劳动力1倍以上,且劳动强度下降。

4. 形成了完善的甘薯脱毒繁育体系

甘薯属于无性繁殖作物,甘薯田间繁殖很易感染病毒,造成产量和品质大幅度下降。解决甘薯病毒病的主要途径是茎尖分生组织培养,利用病毒的复制速度慢于茎尖分生组织生长速度的原理,剥离0.2~0.4mm的茎尖,将分生组织进行离体培养,获得无病毒植株。甘薯所建有无菌实验室,配备了脱毒仪器和设施,良种繁育温室、网棚,在茎尖剥离技术上,甘薯研究所拥有全国一流技术,提出甘薯"一刀切"的茎尖快速剥离技术,并获得国家专利。

5. 建立了完善的试验示范推广体系

以国家现代甘薯产业技术体系烟台综合试验站为依托,创建了"农科院+示范基地+加工企业+专业合作社+种植大户+技术骨干"的试验示范推广模式,在青岛、临沂、日照、济宁、威海、辽宁大连等地建立了30多个试验和生产示范基地,在新品种区域化种植、新品种繁育推广、配套栽培技术、脱毒种苗等进行育推繁一体化。

建立了网络咨询平台和会议、现场培训体系。为更好地推广新品种、新技术,解决农民在生产中遇到的问题,通过建立甘薯微信群和烟台市农科院网站,为农民提供全方位的科技咨询服务。同时采取灵活多变的现场培训、会议培训、热线培训等方式,取得较好的成效。

6. 课题项目、获奖成果以及著作论文取得可喜成绩

甘薯研究所在课题研究上，多年来先后承担了联合国粮农组织—原子能机构联合育种项目、国家"六五""七五""八五""九五"重大攻关项目、国家产业技术体系—烟台甘薯综合试验站、农业部行业计划"甘薯标准化栽培技术研究"、农业部农业综合开发项目"山东省甘薯原原种扩繁基地建设"、国家"863"甘薯生物育种技术创新与专用型新品种选育、山东省甘薯工程技术研究中心、山东省创新团队育种岗位以及省市等30多项研究课题，在甘薯科研上获国家、省部、市科研成果23项，在省级以上刊物上发表论文70余篇，编著甘薯著作8部。先后4次获国家科委、计委、财政部二委一部颁发的国家"六五""七五""八五""九五"重点科研攻关重大成果奖，"七五"期间在全国15个参加攻关科研单位被专家组评为唯一超额完成科研任务的特级单位。"快中子诱发甘薯下胚轴不顶芽突变育种技术"解决了半个世纪以来无性繁殖作物易形成嵌合体的难题，达到国际先进水平，获国家科技发明三等奖；"甘薯抗多种病害新品种——鲁薯3号""高淀粉甘薯新品种烟薯22选育及高产栽培模式研究与应用"均获得山东省科技进步三等奖；"甘薯高胡萝卜素食用、加工用新品种——烟薯18""甘薯高花青素特异种质创制与新品种选育应用"均获得农业部中华农业科技三等奖；"高产优质抗病甘薯新品种——烟薯16""优质高产食用型甘薯品种烟薯25选育及轻简化栽培技术研究与应用"均获得烟台市科技进步一等奖。

7. 马铃薯育种

2014年开始开展马铃薯育种工作，3年间共引进马铃薯种质资源200多份，对引进资源进行引种筛选试验，共筛选到可以利用的资源20多个；2015年春季探索适合烟台地区马铃薯杂交授粉的适宜条件，取得初步成功；2015—2016年共组配杂交组合420多个，得到杂交实生种子9万多粒，2017年初步获得后代材料200多份；成功掌握马铃薯脱毒技术，3年共脱毒马铃薯材料54份，扩繁脱毒苗1 000多瓶，生产微型薯2万多粒。

第四节 苹果研究所

一、概况

1. 发展过程

苹果研究所前身是原烟台市果树科学研究所品种资源室，重点从事苹果新品种选育和短枝型、矮化砧木筛选及丰产栽培技术研究。

2001年烟台市果树科学研究所与烟台市农科院合并，改名为烟台市农科院果树科学研究所，品种资源室更名为烟台市农业科学研究院果树科学研究所品种资源室。

2011年4月，改名为果树研究所苹果研究室。

2012年，烟台市编办批准烟台市农业科学研究院果树科学研究所改名为烟台市农业科学研究院果树科学研究分院，苹果研究室更名为果树分院苹果研究所。

2. 科研队伍

（1）品种资源室　主任李元军，副主任于青；成员有刘美英、宋来庆、赵玲玲（2007.7加入）、唐岩（2009.9加入）、孙燕霞（2011.1调入）。

（2）苹果研究室　主任宋来庆、副主任于青，成员有刘美英、唐岩、孙燕霞。

（3）苹果研究所　所长宋来庆、副所长于青（2012.4—2013.1）、唐岩（2015.1至今），成员有刘美英、孙燕霞、张学勇（2015.7加入）。

二、申报及承担科研项目

1978年承担了农业部"山东烟台苹果良种繁殖场"建设项目，负责国内外苹果优良品种的收集、

保存、试验、择优繁殖，并提供苗木、接穗等任务，选育出烟青、新红星、长富2、秋富1等苹果新品种，其中长富2推广到华北5省，成为我国主栽苹果品种。

1991年承担了农业部烟台果树无病毒苗木繁育基地建设项目。国家投资42.0万元，在烟台市果树研究所建设脱毒、病毒检测室100m^2、网室200m^2、温室90m^2，相继培育出脱毒烟富1~6号、脱毒烟嘎1~2号、脱毒皇家嘎啦等一系列品种，为脱毒良种苗木开发奠定了良好的基础。

2002年承担的农业部山东烟台苹果育种中心建设项目获批复实施；建设内容包括：土建工程（人工气候室、连栋温室）、田间工程（打机井、道路硬化、灌溉设施）、仪器设备购置（PCR分析仪、蛋白质核酸分析仪、凝胶成像系统等）。项目总投资1 100万元，其中中央财政投资800万元，地方投资300万元。

2004年承担"农业部山东（烟台）苹果育种中心项目配套——苹果优良新品种选育"项目，经费130万元；和烟台市果树工作站共同承担了参加烟台市重大专项课题"烟台苹果优质高效综合技术研究与产业化开发"，项目总经费60万元，其中我单位经费40.0万元；8月，引进选育的红露苹果新品种通过烟台市科技局组织的专家验收。

2005年承担了烟台市科技发展计划项目"果园霜冻预报预警机制及防治措施研究"，项目编号2005232，项目总经费26.0万元，主持单位为烟台市农科院，协作参加单位为栖霞市果业发展局。

2006年10月承担的烟台市科技发展计划项目"烟台苹果、大樱桃优质抗冻害新品种选育暨果树高效设施栽培技术研究"，获市科技局批准实施，项目总经费7.0万元；2006年，承担的烟台市科技自主创新"双十"工程，获科技局批准实施，项目总经费80.0万元。

2008年国家苹果产业技术体系启动，烟台苹果综合试验站成立，年度经费30.0万元。

2009年承担的烟台市科技发展计划项目"苹果大樱桃沃土降耗增效栽培模式创新与示范"，获批准实施，项目经费10.0万元；"烟台苹果产业技术创新中心"成立，获烟台市财政局批复，年度经费20万元；申报的烟台市科技发展计划项目"苹果抗病砧穗脱毒及果园肥水一体化技术研究与示范"，获批复实施，项目经费50.0万元。

2010年农业部山东烟台苹果育种中心（二期）建设项目，获批复实施，项目总经费679万元，其中国拨经费450万元。申报的"高抗苹果连作障碍CG系砧木引进筛选和消化利用"，获农业部批准实施，批复经费60万元；申报的烟台市科技发展计划项目"苹果抗重茬及鲜食加工型新品种选育与示范"和"烟台苹果品质提升关键技术研究与示范"，获批复实施，项目总经费均为50.0万元。

2011年申报的国家外专局引智重点项目"苹果、甜樱桃优质安全生产技术利用"，获国家外专局批准实施，项目编号为DZ20113700002，获资助经费20.0万元；申报的省科技星火计划项目"柱形苹果新品种选育与开发"，获山东省科技厅立项支持，经费6.0万元。

2012年推荐申报的保加利亚果树专家阿塔纳斯·布拉高夫教授被聘为国家外国专家局"外专千人计划"项目首批入选专家。国家科研补助经费是500万元，中央组织部一次性补助经费100万元。12月5日，布拉高夫先生在人民大会堂参加了习近平总书记的座谈会；申报的烟台市科技发展计划项目"苹果营养系砧木和容器大苗培育技术研究与开发"获批复实施，项目总经费15万元；申报的中保政府科技合作项目"优良葡萄新品种和苹果杂交种筛选利用研究"，获得科技部批准实施；申报的引进外国智力项目"果树抗病新品种选育与无毒化栽培利用"以及"葡萄和樱桃抗逆新品种选育与无毒化栽培项目"，获国家外国专家局批准实施，到位经费30.0万元。

2013年申报的农业部"苹果施药套袋操作技术规程"，获农业部批准实施，项目经费30.0万元；申报的烟台市科技局国际科技合作项目"中保苹果抗病新品种合作育种研究与推广利用"，获科技局批准实施，项目经费50.0万元；申报的烟台市科技发展计划项目"富士苹果芽变新品系选育及变异机理研究与应用"，获批准实施，项目总经费10.0万元。

2014年8月27日山东省发展和改革委员会"关于山东省苹果种质资源收集、保存与创新利用建设项目可行性研究报告的批复"（鲁发改农经〔2014〕872号），批复在烟台市农科院建设山东省苹果种质资源收集、保存与创新利用建设项目。

2015年4月烟台市农科院苹果创新团队正式成立；烟台市科技局首次实施重大项目招标工作，投标的"烟台地区中早熟富士系苹果新品种选育开发"项目，成功中标，项目建设周期从2015年1月至2019年12月，其中2015年项目经费50万元；申报完成了"山东省苹果种质资源收集、保存与创新利用建设"项目的初步设计与概算工作；申报的山东省农科院院地合作项目"生物炭在苹果生产上应用技术研究"，批复经费12.5万元。

2016年10月，承担申报的欧盟"伊拉斯谟+"项目，获欧盟委员会批复实施，项目经费62 035欧元。

2017年申报的山东省烟台市国家苹果育种创新（科研）基地项目，获农业部批复实施，总经费540万元，其中中央资金485万元。

三、验收、鉴定的课题

① "红露苹果新品种引种选育与试栽利用研究"，2006年9月16日通过烟台市科技局组织的专家验收；11月23日和烟台市果树站共同承担的"烟台苹果优质高效综合技术研究与产业化开发"课题，通过山东省科技厅组织的专家鉴定，该成果被评为烟台市十大科技成果。

② 主持选育出的高抗苹果轮纹病"YG"，2007年11月6日通过烟台市科技局组织的专家现场验收。

③ 由本院主持承担的山东烟台苹果育种中心建设项目，2009年3月27日顺利通过山东省农业厅组织的专家验收。引进选育出的甘红、皮诺娃、太平洋玫瑰3个苹果新品种通过烟台市科技局组织的专家验收。

④ "抗苹果轮纹病砧木选育与开发""中俄抗寒苹果、甜樱桃高新技术育种合作研究"2项研究课题，2010年通过烟台市科技局组织的专家验收。

⑤ 引进选育出的华金、王林、金富、陆奥4个苹果新品种，2011年通过烟台市农业局组织的专家验收。

⑥ 承担的农业部山东烟台苹果育种中心二期建设项目，2012年8月18日通过山东省农业厅组织的专家验收；"果园霜冻预报预警机制及防治措施研究""苹果大樱桃沃土降耗增效栽培模式创新与示范""烟台苹果、大樱桃优质抗冻害新品种选育暨果树高效设施栽培技术研究项目""烟台苹果品质提升关键技术研究与示范""苹果抗病砧穗脱毒及果园肥水一体化技术研究与示范"等5项研究课题顺利通过烟台市科技局组织的专家验收。华金、新世界、凉香、普利玛、布瑞本和苹果杂交单系JB-03-09-018等6个苹果新品种（系）通过专家验收。

⑦ 选育出的华硕、瑞缇娜、瑞维纳3个苹果品种，2014年通过烟台市科技局组织的专家验收；"苹果抗重茬及鲜食加工型新品种选育与开发"通过烟台市科技局组织的专家验收。

⑧ "苹果营养系砧木和容器大苗培育技术研究与开发""中保苹果抗病新品种合作育种研究与推广利用"，2015年通过烟台市科技局组织的专家验收。自主选育的PG-70（皮诺娃×嘎啦）、PG-101（皮诺娃×嘎啦）、FY6-143（粉红女士×嘎啦）、FG-44（粉红女士×嘎啦）4个苹果新品系通过烟台市科技局组织的专家验收。

⑨ "富士苹果芽变新品系选育及变异机理研究与应用"，2016年通过烟台市科技局组织的专家验收。

四、获奖成果及审定品种

（一）获奖成果

① 完成的"苹果病毒脱除检测与无毒矮化丰产技术研究"，1999年获国家科技进步三等奖。

② 与烟台市果树站共同承担的"烟台苹果优质高效综合技术研究与产业化开发"课题，于2006年

11月23日通过山东省科技厅组织的专家鉴定,该成果被评为烟台市十大科技成果,2007年获山东省科技进步三等奖。

③ 承担的"红露苹果新品种引种选育及试栽利用研究",2008年获烟台市科技进步二等奖。

④ "苹果高抗轮纹病砧木'烟砧一号'选育与开发",2011年获烟台市科技进步二等奖。

⑤ "苹果、甜樱桃品种资源搜集研究与创新利用",2012年获烟台市科技进步二等奖。

⑥ "苹果良砧良种选育及脱毒技术研究与应用"项目,2013年获山东省科技进步二等奖。

⑦ "苹果脱毒良种良砧苗木培育及大面积开发应用"和"烟台苹果品质提升关键技术研究与推广应用"项目,2014年分别获山东省农牧渔业丰收二等奖和烟台市科技进步二等奖。

⑧ "优良抗病耐贮早中熟苹果新品种选育与推广应用"和"苹果优良早中熟新品种选育与脱毒利用"项目,2015年分别获山东省农牧渔业丰收奖二等奖和烟台市科技进步二等奖。

⑨ "苹果脱毒良种良砧苗木培育及大面积开发应用"项目,2016年获农业部农牧渔业丰收奖三等奖。

⑩ 参加的"烟富7苹果新品种选育及配套技术研究与推广"2016年获山东省农牧渔业丰收奖三等奖。

⑪ "富士苹果红色芽变新品种选育与开发利用",2018年获烟台市科技进步三等奖。

(二)审(认)定品种

① 选育出的高抗苹果轮纹病砧木"YG",2009年9月通过山东省农作物品种审定委员会审定,定名为"烟砧一号"。

② 选育出的甘红和太平洋玫瑰苹果品种,2010年通过山东省林木良种审定;皮诺娃品种通过认定。

③ 选育出的华美、早红等2个苹果品种,2011年通过山东省农作物良种审定。

④ 选育的富士苹果浓红色芽变品种"美乐",2014年通过了山东省农作物品种审定。

五、国际间技术交流

2006年1月17—26日,姜中武、张凤敏、李元军组成的烟台市农科院果树考察团,执行外国专家局"果树育种方法与种质资源搜集利用技术培训",赴保加利亚进行了为期10天的果树生产考察。

2007年10月应美国纽约州康奈尔大学邀请,牟春生、姜中武等赴美国进行了为期15天的农业生产科技考察。

2009年6月15—30日,应保加利亚国家农业研究所的邀请,由牟春生副院长任团长,宋来庆、张序、刁伟臣为团员,赴保加利亚进行了为期15天的果树生产考察。

2011年6月13—27日,应保加利亚农业研究所的邀请,由翟广印、孙庆田、宋来庆组成的考察团赴保加利亚进行了为期15天的果树技术交流工作。

2013年7月3—8日,应保加利亚农业研究所的邀请,刘学卿、姜中武、宋来庆以及福山区农业局林毅先一行四人到保加利亚进行了为期6天的技术交流。

2016年11月23—30日,应匈牙利农业商务中心有限公司、波兰国家园艺研究所的邀请,由农科院院长朱波任团长、苹果研究所所长宋来庆和大樱桃研究所副所长张序组成的"果树高新技术交流与合作"考察团,赴匈牙利、波兰进行了为期8天的果树高新技术交流与合作。

2017年2月13—17日,应西班牙圣地亚哥—德孔波斯特拉大学邀请,姜中武赴西班牙参加欧盟"伊拉斯谟+"(Erasmus+)项目启动会议。

2017年7月4—8日,应葡萄牙科英布拉理工学院邀请,宋来庆赴葡萄牙参加欧盟"伊拉斯谟+"计划项目工作研讨会。

2017年9月3—17日,为执行中保政府间国际合作项目"苹果抗病种质资源鉴定评价与利用",刘美英赴保加利亚农业研究所,进行了为期15天的苹果国际合作交流。

2017年9月19日至10月2日,为执行国家外专局出国培训项目"苹果育种体系及省力化栽培模式技术培训",赵玲玲赴波兰园艺作物研究所进行了为期15天的苹果育种和省力化栽培技术培训。

2017年10月16—20日,应德国比勒费尔德中型企业应用技术大学邀请,姜中武赴德国参加欧盟"伊拉斯谟+"项目培训与交流会议。

六、科研平台建设

2002年承担的农业部山东烟台苹果育种中心建设项目获批复实施。

2008年国家苹果产业技术体系启动,烟台苹果综合试验站成立。

2009年"烟台苹果产业技术创新中心"成立。

2010年农业部山东烟台苹果育种中心(二期)建设项目,获批复实施。

2015年4月烟台市农科院苹果创新团队正式成立。

2015年8月19日烟台市发展和改革委员会认定"苹果种质创新与品质调控工程研究中心"为烟台市工程研究中心。

2016年10月"烟台国际苹果育种中心"挂牌成立。

2017年,山东省烟台市国家苹果育种创新(科研)基地项目,获农业部批复实施。

第五节 大樱桃研究所

一、概况

1. 发展过程

大樱桃研究所前身是原烟台市果树科学研究所栽培研究室,重点从事果树优质丰产栽培技术研究。

2001年烟台市果树科学研究所与烟台市农科院合并,改名为烟台市农科院果树科学研究所,栽培研究室更名为烟台市农业科学研究院果树研究所栽培研究室,开始从事大樱桃、桃、李等核果类果树育种与栽培技术研究。2011年4月改名为烟台市农业科学研究院果树研究所大樱桃研究室。2012年烟台市编办批准烟台市农业科学研究院果树科学研究所改名为烟台市农业科学研究院果树科学研究分院,大樱桃研究室更名为大樱桃研究所。

2. 科研队伍

2003—2005年,栽培研究室主任为张福兴,科室成员为孙庆田、姜学玲、杨洪芳(2004年离职)。

2005—2008年,栽培研究室主任为张福兴,副主任为孙庆田,科室成员为姜学玲、李淑平(2005年7月莱阳农学院果树学硕士专业毕业后加入)、张序(2006年7月山东农业大学果树学硕士专业毕业后加入)、李延菊(2006年7月山东农业大学果树学硕士专业毕业后加入)。

2009—2011年,栽培研究室副主任为孙庆田,科室成员为姜学玲、李淑平、张序、李延菊、田长平(2010年7月山东农业大学果树学硕士专业毕业后加入)。

2011—2012年,孙庆田任主任,科室成员为姜学玲、李淑平、张序、李延菊、田长平。

2013年至今,大樱桃研究所所长为孙庆田,副所长为张序,科室成员为姜学玲(2015年调任土肥所副所长)、李淑平(2016年调任信息情报所副所长)、李延菊、田长平、李芳东(2013年10月沈阳农业大学果树学博士专业毕业后加入)、王玉霞(2013年10月沈阳农业大学果树学博士专业毕业后加入)。

二、申报及承担科研项目

2003年9月承担烟台市科技发展项目(20030202)"国内大樱桃鲜食优良品种选育",经费10万元。

2006年10月承担的烟台市科技发展计划项目"烟台苹果、大樱桃优质抗冻害新品种选育暨果树高效设施栽培技术研究",获市科技局批准实施,项目总经费7.0万元;承担的烟台市科技自主创新"双十"工程,获科技局批准实施,项目总经费80.0万元。

2008年主持承担了烟台市科技局重大课题"大樱桃生产栽培中五大障碍因素攻关研究",项目经费70万元。

2009年9月主持承担国家公益性行业科研专项"樱桃产业主要障碍因素攻关研究",项目编号:200903019,经费3 044万元。

2010年承担山东省现代农业产业技术体系水果创新团队建设遗传育种岗位第一轮建设任务,孙庆田研究员担任岗位专家,项目经费75万元。

2013年1月承担山东省现代农业产业技术体系水果创新团队建设遗传育种岗位第二轮建设任务,孙庆田研究员担任岗位专家,经费75万元;9月,成功申报农业部种子工程"烟台市国家樱桃良种苗木繁育基地建设"项目,项目经费255万元。

2014年参加"十二五"国家科技支撑子课题"桃、樱桃、李新品种选育",经费13万元。主持承担了山东省农业重大科技创新项目"甜樱桃大果高糖果品生产关键技术研究与示范",项目经费30万元;主持承担了烟台市科技发展计划"甜樱桃增个提质关键技术研究与示范",经费10万元。主持承担了山东省科技厅农业良种工程重点课题"硬脆甘甜离核晚熟油桃新品种选育及开发",经费15万元。

2015年承担烟台市科技发展计划"樱桃多分枝大苗培育技术及老果园改建技术研究与示范",项目经费10万元。

2016年1月承担山东省现代农业产业技术体系水果创新团队建设遗传育种岗位第三轮建设任务,孙庆田研究员担任岗位专家,经费125万元。

2016年承担山东省农业良种工程子课题"樱桃新品种选育",经费15万元;承担山东省地方标准"甜樱桃苗木质量分级标准",经费2.5万元;主持承担山东省科技发展计划"甜樱桃乔砧密植早产早丰集约化栽培技术研究",经费20万元。

三、验收、鉴定的课题

"大樱桃优良新品种引种推广研究",2004年6月通过山东省科技厅组织的专家鉴定。选出5个品种;提出了"功能性结果母枝"的概念;研究了果实发育动态和产量形成以及产量组成因素等;创造亩产3 000kg高产典型。

"国内外大樱桃鲜食优良品种选育",2006年6月通过山东省科技厅组织的专家鉴定。选出美早、萨米脱、黑珍珠、早生凡4个品种;制定"甜樱桃早果丰产、优质、高效栽培技术规程"和"甜樱桃苗木繁育技术规程",建立一批幼树纺锤形整形修剪丰产样板园。

"大樱桃优质新品种引进及配套栽培技术研究",2007年6月通过山东省科技厅组织的专家鉴定,选育3个新品种,创建一批密植栽培示范园等。

"自花结实优良品种筛选及栽培技术集成示范",2008年6月通过山东省科技厅组织的专家鉴定,选出3个品种和2个优系(FX03-2-18、FX03-5-8,单果重9.0~10.6g)。创造性地开展了"深栽浅埋""高畦起垄""控芽整形""枝粗控剪""隐芽利用""保促肥水模式""碳铵增个"等关键生产技术的研究与示范。创造6年生树亩产1 447kg,12生树亩产3 115kg的产量,实现露地栽培亩产值3万~5万元。

2008—2011年,主持完成烟台市科学技术攻关重大计划项目"大樱桃生产栽培中五大障碍因素攻关技术研究",项目编号:2008107,经费70万元。本项目开展了5种适合大樱桃密植栽培的树形研究,首次提出了樱桃细长纺锤形和自由纺锤形标准化树体结构指标,并制定了相应的技术规程。明确了大樱桃流胶与葡萄孢座腔菌等7种真菌密切相关,与细菌侵染无关,樱桃根颈腐烂病与撕裂腊孔菌密切相关,烟台地区大樱桃根癌病病原菌的优势种群是A. tumefaciens生物Ⅱ型。提出了3种病害的有效综合防治技术，筛选出高效的防治药剂及抗病砧木。筛选出 5 种简易防雨防霜棚，示范园裂果率控制在 0.1%以下；选育出高抗根癌病、流胶病、涝渍的"优系大青叶"砧木。项目成果适于我国各樱桃产区，该成果制定的自由纺锤形、细长纺锤形整形修剪技术规程，提出了根癌病、流胶病、根颈腐烂病防控技术及避雨防霜设施，可切实解决樱桃产业发展中的病害发生及遇雨裂果问题，促进我国樱桃产业健康发展。

2009—2013 年，主持承担了国家公益性行业（农业）科研专项"樱桃产业主要障碍因素攻关研究"，项目编号 200903019，项目经费 3 044 万元。项目组采用常规有性杂交与分子辅助育种技术相结合、新品种创制与栽培技术研发相结合、技术研发与示范推广相结合的技术路线，取得了系列创新成果，成效显著。选育出优良甜樱桃品种 20 个、酸樱桃品种 6 个、砧木 6 个，其中 23 个通过国家或省级审定，育成的"福晨""彩霞"品种，丰富了品种资源，拉长了市场供应期；制定了全国 23 个省、市、自治区的樱桃区划图和区划意见；明确了主要产区的 7 种病毒病种类，建立了樱桃病毒病快速检测技术体系，制定了《樱桃无病毒苗木繁育技术规范》地方标准，建立了樱桃砧木组培快繁技术体系，并获得脱毒品种 13 个、砧木 3 个；研究筛选出适合密植栽培的 7 种树形及整形修剪技术，确立了 22 个不亲和品种组群，研制适宜不同立地条件的 6 种简易、低成本的避雨防裂果设施，研究提出优质丰产园甜樱桃叶片养分和土壤养分适宜值，研究明确了烟台及周边地区流胶病的 7 种致病真菌、根癌病致病菌为生物 II 型根癌农杆菌、根颈腐烂病的 5 种致病真菌、西安地区冠瘿瘤致病菌为生物 I 型根癌农杆菌，制定了"甜樱桃土肥水管理技术规程"，形成了平衡施肥与节水灌溉相结合的肥水一体化管理模式，提出了"三大"病害综合防控技术。建立良种苗木繁育基地 5 个，年繁育苗木 60 万株；创建核心示范区 1 600 余亩，各类试验基地、示范基地 67 个；举办培训班 199 场次，培训果农、技术骨干 25 519 人次；获科研成果奖励 9 项、专利 6 项，发表论文 104 篇，出版科技图书 6 部；新技术、新成果推广应用面积超过 60 万亩，获经济效益 93.45 亿元，社会效益显著，提升了我国樱桃标准化生产水平。与国家现代农业产业技术体系及各级农业技术推广体系密切结合，形成技术合力，为产业发展提供了有力的技术支撑。2014 年 5 月顺利通过专家验收。

2010—2012 年，承担山东省现代农业产业技术体系水果创新团队建设遗传育种岗位第一轮建设任务，项目经费 75 万元。该项目引进苹果、樱桃等水果优良营养系砧木及品种总计 33 份，并对部分优异种质资源进行了创新评价研究。在此基础上，完善了苹果、樱桃等主要砧木的扦插快速繁育技术。初步制定了山东省苹果、樱桃苗木分级标准各 1 套。建立了规范、快速、简便实用的果树苗木病毒快速检测技术，获得脱毒果树品种原种苗 11 份，制定了集约化、产业化苹果、樱桃脱毒苗木快速繁育集成技术 1 套。建立了山东省主要苗木生产经营单位、企业信息档案，苗木生产基地的品种及砧木信息档案 1 套，采集山东省苗木产业经济信息 3 份。制定出山东省苗木突发性生产问题建议和技术方案 1 套。课题组对筛选培育的脱毒苗木进行了推广示范，在省内外已累计示范推广 12 万亩，取得了显著的经济效益、社会效益和生态效益。

2013—2015 年，承担山东省现代农业产业技术体系水果创新团队建设遗传育种岗位第二轮建设任务，项目经费 75 万元。筛选出 1 套适宜苹果容器育苗基质配方，并建立容器大苗繁育示范基地 1 处；获得苹果新品种"龙富"和"沂源红"脱毒原种苗 2 份，建立采穗圃 1 处；建立了脱毒容器大苗生产技术规程 1 套；培育"烟富 3"苹果脱毒大苗 10 000 株；建立了苗木外部形态指标和内在生理指标相结合综合评价樱桃苗木质量的方法，总结形成提高樱桃苗木质量专利技术 1 套；获得苹果和樱桃苗木主要品种和砧木 DNA 指纹数据资料 1 份；采集山东省水果苗木产业经济信息 8 份；苹果脱毒原种、容器分枝大苗生产技术为苹果产业提供了技术支撑。建立了果园生草示范园 1 000 亩，组织果园涝害、冻害调查，培训基层科技人员及农民合作社负责人 520 人次，培训果农 2 500 人。申报发明专利 2 项。发表论文 9 篇，编著出版著作 1 部，通过山东省审定果树新品种 6 个。建立"福晨""福星"甜樱桃新品种的示范基地 450 亩，累计推广新品种 1.5 万亩，已获经济效益 2 360 余万元。

2013—2015 年，主持承担了农业部种子工程"烟台市国家樱桃良种苗木繁育基地建设"项目，项目经费255万元。建设选址地点在山东省烟台市福山区港城西大街26号和山东省烟台市芝罘区卧龙经济园区上车门村。建设优质苗木繁育基地780亩，配套建设泵房一处，新建和扩建樱桃无病毒原种保存圃、樱桃良种采穗圃、樱桃良种示范园等；完善田间沟渠、机井、配套等田间工程，购置农机具12台。通过该平台建设，完善苗木繁育技术体系，建立起高标准的良种苗木繁育基地。

2016—2020年，承担山东省现代农业产业技术体系水果创新团队建设遗传育种岗位第三轮建设任务，项目经费125万元。采用热处理结合茎尖组培和化学药剂结合茎尖培养方法，进行"龙富短枝"苹果、"美早"樱桃和"大青叶"砧木的病毒脱除研究，建立分子生物学方法快速稳定检测种苗病毒的方法。开展植物生长调节剂和刻芽处理对容器苗木发枝与生长的影响研究。

"大樱桃避雨防霜设施研究与示范推广"，2013年9月通过山东省科技厅组织的专家鉴定。通过对不同结构、不同立柱、不同覆盖物等避雨防霜设施的成本、实用性和效果比较试验，筛选出5种简单避雨防霜设施，集成了大樱桃避雨防霜设施配套管理技术规程，建立365亩示范基地，累计推广11.2万亩，已获经济效益5.82亿元。

四、获奖成果及审定品种

（一）获奖成果

① 参加的"系列晚熟桃品种引进及栽培技术研究"，2004年8月获烟台市科技进步二等奖。

② 完成的"大樱桃优良品种引种推广研究"，2005年11月获山东省科技进步三等奖。

③ 完成的"国内外大樱桃鲜食优良品种引种选育"，2008年10月获烟台市科技进步三等奖。

④ 完成的"国内外大樱桃鲜食优良品种选育及配套栽培技术研究"，2009年1月获山东省科技进步三等奖。

⑤ 完成的"大樱桃优质新品种引选及配套栽培技术研究"，2011年10月获烟台市科技进步三等奖。

⑥ 完成的"自花结实甜樱桃优良品种筛选及栽培技术集成示范"，2011年12月获山东省科技进步二等奖。

⑦ 完成的"大樱桃栽培关键技术研究与应用"，2013年11月获烟台市科技进步二等奖。

⑧ 完成的"大樱桃避雨防霜设施研究与示范推广"，2015年2月获烟台市科技进步三等奖。

（二）审定品种

① 引进选育的斯帕克里、先峰、拉宾斯、斯太拉、萨姆5个甜樱桃品种，2004年12月通过了山东省林木品种审定委员会审定。

② 美早、萨米脱、早生凡3个甜樱桃品种，2006年12月通过了山东省林木品种审定委员会审定。

③ 完成的"大樱桃优质新品种引选及配套栽培技术研究"，2007年11月获得烟台市十大科技成果；选育的砂蜜豆、晚丰通过山东省农作物品种审定委员会审定。

④ 选育的艳阳、桑提娜甜樱桃品种，2008年通过山东省农作物品种审定委员会审定。

⑤ 课题组选育的"黑珍珠"甜樱桃，2010年11月通过山东省农作物品种审定委员会审定。

⑥ 张福兴带领课题组通过杂交选育的"福晨""福星"甜樱桃，2013年11月通过山东省农作物品种审定委员会审定。"福晨"为极早熟、大果型优良品种，填补了国内极早熟、大果型品种的空白；"福星"为中熟、特大果型优良品种，开创了国内特大果型品种的先河。

⑦ 选育的"福翠"甜樱桃、"福美""福秀"油桃，2015年12月通过山东省品种审定。

⑧ 选育的"福金""福阳甜樱桃""烟樱3号"樱桃砧木，2017年2月通过山东省林木品种审定委员会审定。

（三）已获专利

① "一种提高甜樱桃苗木成活率及苗木质量的综合管理方法"，2016年10月获得国家发明专利，专利号：ZL201510029681.9。

② "一种丘陵山地甜樱桃园简易肥水一体化灌溉系统"，2017年9月获得国家实用新型专利，专利号：ZL201720039339.1。

五、国际间技术交流

1992年6月至1994年6月，张福兴受邀参加国家经贸部派遣的"中国援厄瓜多尔落叶果树专家组"赴厄瓜多尔进行了为期2年的果树技术指导培训。

2005年7月24日至8月13日，执行国家外专局出国培训项目，张福兴等一行赴匈牙利进行了为期21天的樱桃专家培训与考察学习。

2009年6月15—30日，应保加利亚国家农业研究所的邀请，由牟春生副院长任团长，宋来庆、张序、刁伟臣为团员，赴保加利亚进行了为期15天的果树生产考察。

2011年6月13—27日，应保加利亚农业研究所的邀请，由翟广印、孙庆田、宋来庆组成的考察团赴保加利亚进行了为期15天的果树技术交流工作。

2011年11月23日至12月13日，执行国家外国专家局出国培训项目"樱桃育种及高效栽培培训与合作"，由张福兴、刘维正、孙庆田、张序、李淑平一行五人组成的培训团赴智利农业科学院、瓦尔帕莱所天主教大学、智利大学进行了为期21天的大樱桃育种与栽培技术培训。

2016年11月23—30日，应匈牙利农业商务中心有限公司、波兰国家园艺研究所的邀请，由烟台市农科院院长朱波任团长、苹果研究所所长宋来庆和大樱桃研究所副所长张序组成的"果树高新技术交流与合作"考察团，赴匈牙利、波兰进行了为期8天的果树高新技术交流与合作。

六、科研平台建设

2013年农业部"烟台市国家樱桃良种苗木繁育基地建设项目"，获批复实施。

第六节　葡萄与葡萄酒研究所

一、概况

葡萄与葡萄酒研究所最初为原烟台市果树科学研究所贮藏加工研究室，2005年贮藏加工研究室成立，2011年4月改名为果树研究所葡萄研究室，2012年更名为果树分院葡萄与葡萄酒研究所。

（一）发展过程

21世纪初，在水果、蔬菜生产量日益增多而我国的贮藏保鲜技术却相对落后以及果蔬的变质、腐烂损失巨大的背景下，烟台市农科院果树所于2005年成立贮藏加工研究室，以气调保鲜技术作为研究重点，针对各种水果的贮藏特性开展果品贮藏方面的研究，建设气调贮藏库，进行果蔬贮藏研究。针对本院冷库的特点，开展了葡萄、甜樱桃、梨、桃、沾化冬枣、砂糖橘等水果的冷库出租业务，开发、研究和应用气调贮藏保鲜技术。

2009年烟台市农科院成功申请批准为现代农业产业技术体系建设依托单位，同时唐美玲被聘任为葡萄体系胶东综合试验站站长，由此开始，科室的研究重心变为葡萄栽培育种和葡萄酒酿造。烟台市农科院对于葡萄的研究最早可以追溯到20世纪90年代，1998年烟台市农科院与张裕公司签订合同，获得了烟台市科委和张裕公司总计160.0万元的项目经费，随后从甘肃农业大学引进了108个酿酒葡萄品种和30多个鲜食葡萄品种，成立了生物技术中心，年提供脱毒葡萄苗20万株。

（二）科研队伍

（1）贮藏加工研究室　主任张宗坤（2007.5—2008.5），副主任王敏（2008.5任职）、唐美玲（2009.6任职）；成员有张洪胜（2008.5调出）、刘万好、张超杰、王婷（2010.12加入）、崔万锁

（2010.1加入）。

（2）葡萄研究室　副主任唐美玲、王敏（2012.1调出），成员有刘万好、张超杰、王婷、郑秋玲（2011.10加入）、刘珅坤（2011.10加入）、肖慧琳（2012.9）、崔万锁。

（3）葡萄与葡萄酒研究所　所长唐美玲；副所长刘万好（2013.4至今）、卢建声（2016.3至今），成员有张超杰、王婷、郑秋玲、刘珅坤、肖慧琳、崔万锁（2013.3调出）。

（三）科研条件

目前，葡萄与葡萄酒研究所建有葡萄资源圃、选种圃、展示圃、繁育圃等试验基地，同时，在烟台各县、市建立了7个现代农业产业示范基地；拥有果品气调保鲜库、酿酒加工车间及科学实验基础设备；葡萄所保存有优良酿酒葡萄、鲜食葡萄品种和砧木品种200余份，组培苗木20余种；葡萄所建有家庭式小酒堡，每年可生产葡萄酒10t，灌装1.3万瓶。

二、研究领域

葡萄与葡萄酒研究所主要开展葡萄品种选育、配套栽培技术研究、葡萄脱毒与快繁及特色葡萄酒酿造技术的研发。葡萄所在优良品种选育、无毒嫁接苗繁育、节约化标准化省力化栽培技术和葡萄深加工等方面进行了系统全面的研究。

胶东综合试验站自成立以来，将在南方鲜食葡萄上广泛推广的"葡萄避雨栽培技术"引入烟台，同时在鲜食葡萄上进行避雨栽培试验，使用该技术后，降低了葡萄园农药的使用次数，提高了葡萄果实的品质，达到了葡萄生产节本增效的目的，受到葡萄种植户的欢迎。同时开展葡萄副梢简化修剪技术、生草（人工种草和自然生草）示范，无核化栽培技术、根域管理技术、树形改造技术的研究，将这些先进的栽培管理技术引入并进行示范推广，不仅提高了胶东地区的葡萄栽培技术水平，同时还创造了良好的经济效益和社会效益。2011年承建山东省酿酒葡萄良种工程实验室项目后，建立了葡萄种质创新与分子育种技术平台，形成了葡萄病毒快速检测和脱除技术及葡萄高效优质苗木繁育体系，开展了配套栽培技术及酿酒特性研究。

三、取得的成就

（一）申报和承担科研项目

2009年国家葡萄产业技术体系胶东综合试验站成立，年度经费30.0万元，2011年开始年度经费增加为50.0万元。承担山东省农业良种工程重点课题"烟台地区酿酒葡萄优系选育与开发"（2009—2011年），申请项目经费20.0万元。

2010年与樱桃所共同承担烟台市科学技术发展计划项目"葡萄、大樱桃避雨栽培模式研究与推广应用"（2010—2012年），申请市财政拨款10.0万元。

2011年承担的第三批省级工程实验室"山东省酿酒葡萄良种工程实验室"获批复实施，获得省补助资金支持60万元。

2012年"酿酒葡萄苗木繁育和栽培技术研究"项目申请到烟台市葡萄酒产业发展专项资金25万元。

2013年成功申报2013年度烟台市科学技术发展计划（2013HZ076）"中匈酿酒葡萄新品种选育与特色酒种开发合作研究"（2013.01—2015.12），该项目协作单位是University of Debrecen，获批项目经费10.0万元。

2014年经山东省发改委批复，山东省烟台市农业科学研究院申报的"山东省酿酒葡萄良种工程实验室创新能力专项项目"，列入山东省高新技术产业发展项目计划，获得省财政专项资金150万元。2014年山东省农业科学院院地科技合作引导计划"胶东半岛产区酿酒葡萄适宜品种（系）的选择"（2014.8—2016.8）项目获准，项目经费5.0万元。

2015年"烟台产区酿酒葡萄砧穗组合长期定位跟踪调查"项目成功申请得到市级葡萄产业发展专项资金40.0万元。

2016年与威海神山葡萄科技有限公司合作申报山东省重点研发计划项目（重大关键技术）"葡萄精准化生产模式集成示范与推广"，与先正达（中国）投资有限公司签订"烟台葡萄园绿色覆盖技术与病虫害规范化防控技术示范与推广"的技术服务协议。

（二）获奖成果

"烟台产区鲜食葡萄提质增效栽培技术研究与应用"项目2013年通过了烟台市科技局组织的专家鉴定，该项目研发的烟台产区"连栋避雨+促早栽培"新模式及配套技术有明显创新，总体研究达到国内领先水平，并于2014年获得烟台市科技进步三等奖。

（三）审定品种

2013年第六届山东省农作物品种审定委员会召开第四次常委会议，审定通过了葡萄新品种——烟葡一号（鲁农审2013056号）。该品种为芽变选种，2002年从8612葡萄中选出，自2002年开始将烟葡一号进行高位嫁接，发现早熟特性稳定。2003年将烟葡一号进行扦插大量繁殖后，在烟台的龙口、蓬莱以及沂源、平度地区建立烟葡一号新品种简易促早栽培的区域试验园，观察该品种在山东地区的栽培适应性。经多年对烟葡一号品种的植物学特征、生物学特性、果实经济性状、物候期、抗逆性和适应性等指标的观察研究，简易促早栽培的烟葡一号葡萄品质优良，早果性和果实耐贮性好，综合性状优良，可作为优良早熟葡萄品种在山东省进行推广应用。

（四）行业标准

2015年参与起草了农业部行业标准《酿酒葡萄生产技术规程》（中华人民共和国行业标准NY/T 2682—20158）。该标准适用于酿酒葡萄产区，规定了酿酒葡萄生产的园地选择与规划、苗木定植、土肥水管理、整形修剪、果穗管理、埋土防寒和出土上架、病虫害防治、采收与运输等技术要求。

2016年《烟台产区酿酒葡萄生产技术规程》经烟台市葡萄酒专业专家委员会审定通过。该规程规定了烟台产区优质酿酒葡萄的品种选择、建园技术、树形培养、土肥水管理、病虫害防治、采收运输等技术要求，适用于烟台产区优质酿酒葡萄生产基地。

四、科技合作与交流

葡萄与葡萄酒研究所自成立以来注重与高等院校和大中企业建立灵活有效长期的产学研合作关系，与烟台市葡萄与葡萄酒局、蓬莱市葡萄与葡萄酒局、张裕公司、中粮集团等酿酒企业，鲁东大学、烟台大学、滨州医学院等高等院校建立了灵活有效长期的政产学研合作关系，为开展葡萄育种、苗木繁育和酿造工艺研究提供了科研基础设施保障。

2011年烟台市农业科学研究院作为协作单位与威海神山葡萄科技有限公司签订科技合作协议，共同筹建山东省鲜食葡萄工程技术中心，为其提供技术支持。

2015年山东省酿酒葡萄良种工程实验室与葡萄与葡萄酒教育部工程研究中心、宁夏葡萄与葡萄酒工程技术研究中心，为实行科研协同创新合作，提升山东省葡萄产业水平，促进葡萄产业可持续发展，在平等协商的基础上建立科技合作关系，签订合作协议，开展主栽品种提纯复壮与优质苗木工厂化生产技术合作研究、葡萄生态园建设及配套的精准化栽培技术合作研究。

2016年10月与中粮长城葡萄酒（烟台）有限公司为推进产学研合作进程，充分发挥双方的优势，开展了人才培养合作、创新平台共建、科研合作交流、信息资源共享方面的合作。

第七节 梨研究所

一、概况

1. 发展历程

梨研究所历史起自于原烟台市果树科学研究所品种资源室，2001年烟台市果树科学研究所合并到烟台市农业科学研究院，改名为烟台市农业科学研究院果树科学研究所，2012年成立梨研究所。主要开展梨新品种选育、省力化栽培技术、梨新优品种脱毒等研究工作。

20世纪70年代引进日本的"三水"梨（丰水、菊水、幸水），90年代末又引进日本、韩国的新高、黄金、水晶等砂梨品种，并推广示范砂梨平棚架及"Y"字形拱棚架栽培技术，促进了日、韩砂梨在胶东地区的栽培发展。2009年加入国家梨产业技术体系，成立烟台综合试验站，以国家现代梨产业技术体系烟台综合试验站为依托，在烟台市农科院、龙口、莱西、莱阳、蓬莱、牟平和文登等示范县建立高标准技术示范园，示范与推广梨高效品种、省力化栽培、土肥水管理、重要病虫害防控等新品种和新技术，同时依托高标准示范园，在梨生长关键季节召开现场观摩和技术指导培训，推动了当地梨产业的发展。试验站历年考评均为优秀，"十二五"总考核优秀，位列试验站第5名。

2. 科研队伍

（1）人员组成　目前梨研究所专职人员有5人，于强（1993.7）、李庆余（2010.10加入）、王义菊（2010.12加入）、牟红梅（2013.8加入）、姜福东（2015.7加入）。

（2）历任领导　所长：李元军（2012.1—2016.4），于强（2016.4至今）；副所长：王敏（2012.1—2013.3），于强（2013.3—2016.4），李庆余（2016.4至今）。

二、研究领域

1. 西洋梨新品种选育及栽培技术研究

烟台市1871年引入西洋梨，是我国西洋梨引种最早、栽培面积最大的地区，优越的地理环境和良好的气候条件非常适合梨树栽培。根据农业部《梨重点产区发展规划（2009—2015）》，烟台地区被确定为西洋梨优势产区。本所主要开展西洋梨与砂梨等种间杂交，以期获得红色、脆肉、有香味等具有西洋梨和东方梨特性的优良品种，同时针对西洋梨的枝干特性，开展宽行密植和"Y"字形拱棚架栽培模式的试验示范，建立适合西洋梨的省力化栽植模式。

2. 日韩砂梨新品种引进及栽培技术研究

通过自20世纪90年代以来的广泛引种和大规模发展，目前日韩砂梨已成为胶东半岛乃至更大范围内的主栽品种。针对黄金、新高等栽培面积过大、效益下降、棚架整形修剪量过大，开展秋月、南水等高效品种以及大枝修剪与主枝先端抬高配合修剪等简化修剪技术，大大地改善了果实内在品质，加之疏花疏果和套袋技术的应用，果实外观好，商品性极优。

3. 地方传统优异种质资源利用及提质增效研究

莱阳茌梨、龙口长把梨、栖霞大香水等一系列烟台地方优势品种对烟台地区气候和土壤条件适应能力强，都曾经是我市果树主栽品种，为烟台果业发展做出重要的贡献。但近年来，随着一些国外优良品种的引入，加上这些烟台地方种质自身均存在某方面的不足，使得部分品种的栽培面积呈萎缩态势，为充分挖掘筛选烟台地区优良的地方特异种质资源，创造具有抗寒、抗旱、避晚霜等突出抗逆性状的梨果树新种质，针对这些问题，本所主要开展地方特异种质资源收集与评价、地方优势种质资源创新利用以及烟台地区地方传统优势品种提质增效技术的研究。

4. 梨新优品种脱毒及苗木繁育

梨病毒病普遍危害梨树，不仅削弱树势，导致产量和果实品质下降，甚至引起果树急剧衰退，提早枯死而致绝收，严重限制我国梨的生产。本所在华中农业大学王国平教授的指导下，开展了梨病毒病发生、鉴定、脱除技术的研究，并率先在国内建立梨脱毒原种保存圃、母本园、采穗圃和脱毒苗木生产基地1处，保存脱毒原种12份，年产无病毒接穗10万芽。

三、主持承担的项目

① 主持农业部"国家梨产业技术体系烟台综合试验站建设项目"（2009—2020年），从2009年开始，每年经费50万元。

② 主持烟台市科技发展计划项目"西洋梨优良品种选育及架式栽培模式研究与示范"项目（2011—2013年），经费共计20万元。筛选出适合胶东地区栽培的优良西洋梨早熟品种"三季梨"、红色品种"早红考密斯"。2013年12月28日通过烟台市科技局组织的专家验收。

③ 主持烟台市科技发展项目"果树地方优势品种发掘与种质创新利用研究"（2012—2014年），经费共计10万元。搜集保存地方优质梨种质资源61份，以地方优势品种，选育出3个梨优良新品系，"玉晶梨""新茌梨""04-20"，集成梨地方优势品种宽行密植建园综合管理技术和高光效栽培管理技术。2014年12月28日通过烟台市科技局组织的专家验收，该项目研究达到国际先进水平。

④ 与青岛农业大学合作山东省良种工程"梨优质矮化、多抗功能基因挖掘与种质创新利用"项目（2014—2017年），经费共计20万元。

⑤ 主持山东省重点研发项目"莱阳茌梨品质提升关键技术研究与示范"（2016—2017年），经费共计20万元。

四、获奖成果、选育品种及著作论文

（一）获得的研究成果

① "日本'丰水'梨引种试栽与开发"，2001年获得烟台市科学技术进步奖三等奖。

② "砂梨引种选育及传统梨大面积劣改技术开发"，2003年获得烟台市科学技术进步三等奖。

③ "砂梨优良品种引种选育"，2004年获得山东省科技进步三等奖。

④ "黄金梨栽培技术规程"，2006年获烟台市科技进步三等奖。

⑤ "西洋梨优良品种选育及栽培技术研究与推广应用"，2015年获得烟台市科技进步二等奖。

⑥ 示范园栽培的"红巴梨""秋月""好本号"等新品种在2014首届中华杯全国优质梨评比活动中获得二等奖2项；在第二届中华杯全国优质梨评比活动中，获得金奖、银奖、优秀奖各一项。

（二）引进选育的优良品种

1. 阿巴特梨

根据我国西洋梨发展现状和趋势，2000年设立"阿巴特梨引种及早期丰产栽培技术研究"课题，2006年通过烟台市科技局鉴定，引种的阿巴特梨适应性强，管理容易，丰产性好，抗病力强，果实内在品质优良，外形奇特美观，采收即可生食，经后熟风味更佳，是一个适合烟台地区推广种植的优良中熟梨品种，研究总结出了阿巴特梨建园后3年开始结果，6年丰产，亩产3 500kg以上的早期丰产栽培技术规程，为今后的开发利用提供技术保障。阿巴特梨于2007年通过山东省农作物品种审定委员会审定，证书编号：2007-053。

2. 库斯坦丁卡（Kyustendilska maslovka）

2006年引自保加利亚，亲本为Beure Hardenpont×Decana inverno。果实葫芦形，果个中大，平均单果重268.8g；在烟台地区果实9月下旬成熟，果皮绿色，蜡质厚，有光泽，果肉白色，硬脆，石细胞中等，果心大小中等。经后熟肉质细软，汁液多，易溶于口。风味甜、微酸，可溶性固形物含量为11.8%，品质上等，后熟期约15天。耐贮藏性强，0℃条件下可贮存8~10个月。该品种连续结果能力

强,极丰产,高抗黑星病,2011年通过烟台市农业局组织的现场测产验收。

3. 盘克汉姆梨（Packhams）

2001年引自澳大利亚,亲本为Uvedale'st. Germain×Williams'。果实粗颈葫芦形,平均单果重375g,在烟台地区果实9月中下旬成熟,果皮黄绿色,经后熟转为黄色,柚皮状,表面有不规则凸起,果点中多,果肉乳白色,质细,石细胞少,肉细,味甜,柔软多汁,香味浓郁,可溶性固形物含量13.1%~14.6%,品质极上,耐贮藏性强,在-0.5~0℃条件下可存放180~210天。盘克汉姆梨树势中庸,进入盛果期后骨干枝自然开张,连续结果能力强。适宜的授粉品种为巴梨、三季梨和茄梨。较抗梨火疫病、黑星病,2011年通过烟台市农业局组织的现场测产验收。

4. 玉晶梨

亲本为大果水晶×长把梨。果实近圆形,果形指数0.98,脱萼;果个大,平均单果重342.3g;果梗中长,平均4.58cm;果面黄绿色,光洁无锈,外形美观。果肉白色,肉质细脆,石细胞少,汁液多,可溶性固形物含量12.8%,风味酸甜,品质上等。在烟台地区9月上中旬成熟,冷藏条件下可贮藏9个月。树势健壮,树姿开张,成枝力中等,萌芽力强,以短果枝结果为主,早果丰产。高接后第三年,单株产量39.7kg,折合亩产2 224kg。综合性状优良。2014年通过烟台市科技局组织的验收。

5. 新茌梨

来自于"莱阳茌梨"的自然实生苗,经人工选育而成。果实倒卵形,果形指数1.1,萼片自然脱落;果个大,平均单果重385.6g;果梗中长,平均4.8cm;果皮黄绿色,果点较大。果肉白色,肉质细脆,石细胞中等,汁多味甜,可溶性固形物含量13.3%,品质上。在烟台地区9月下旬成熟。树势强健,树姿半开张,成枝力强,以短果枝结果为主。高接后第3年,单株产量37.02kg,折合亩产为2 073kg。综合性状优良。2014年通过烟台市科技局组织的验收。

（三）著作论文

主编《梨优质高效生产实用技术》,参与编写《绿色食品生产操作规程简易读本》等著作2本,在《山东农业科学》《西北园艺》《烟台果树》等期刊上发表有关梨方面的研究论文40余篇。

第八节　生物技术工程研究室、小浆果研究所

一、概况

烟台市农业科学研究院果树分院生物技术工程研究室、小浆果研究所前身是烟台农科院果树所新技术室,成立于2003年,成立之初共5人,苏佳明担任副主任,主持日常工作,主要研究方向为主要果树病毒脱除及组织培养技术研究,成员有刘万好、张超杰、宋连升、沙玉芬4人。2005年刘万好、张超杰调至储藏加工室,2006年宋连升辞职,2008年李公存、慈志娟毕业分至科室,开始从事蓝莓方面的研究,2013年开始草莓和猕猴桃方面研究。2014年苏佳明调任办公室主任,赵玲玲担任主任,2016年更名为生物技术工程研究室,同时承担新成立的小浆果研究所工作,赵玲玲担任主任、所长,李公存担任副主任、副所长,主要研究内容有果树主要病毒检测及脱除技术研究;蓝莓、草莓及猕猴桃等特色浆果研究和苹果矮化砧木病毒脱除及快速繁育技术研究。目前设主任1名,副主任1名,科员4人。其中高级农艺师3名,农艺师3人。

二、研究项目和取得的成就

先后承担山东省科技攻关计划课题"主要果树病毒ELISA和RT-PCR鉴定及脱毒技术研究"1项、山东省外国专家局引智项目"蓝莓优良品种引进试栽与示范推广"1项,烟台市科技发展计划项目"中俄第三代水果种质资源引进、驯化与利用研究""俄罗斯蓝莓特异优良品种引进及开发应用研究"

"西洋梨优良品种选育及架式栽培模式研究与示范"和"优良蓝莓品种选育及高效栽培技术集成与示范"4项。参加农业部行业科技专项和"农业部烟台苹果育种中心（一期）和（二期）"项目等部（省）、市级项目5项。2014年"主要果树病毒ELISA和RT-PCR鉴定及脱毒技术研究"课题获得烟台市科技进步二等奖，先后在《园艺学报》《果树学报》"PLOS ONE""Crop Protection"《中国果树》《山东农业科学》等国内核心期刊上发表论文51篇，出版《果树的脱毒与组织培养》《绿色食品生产操作规程简易读本（水果）》《现代大樱桃栽培》等著作3部，获得国家发明专利1项。

第九节　蔬菜研究所

一、概况

山东省烟台市农业科学研究院蔬菜研究所，是烟台市蔬菜学科唯一的公益性专业研究机构。自成立以来，始终把握国内外蔬菜学科发展动态，针对烟台市蔬菜产业发展特点，重点开展了蔬菜优良种质资源收集、保存、评价体系的建立；番茄、黄瓜、西葫芦、大白菜等蔬菜新品种选育；研发及引进先进的蔬菜栽培管理技术；蔬菜病虫害综合防治等方面的研究工作。

1. **科研团队**

目前蔬菜团队共有7人，分别为李涛、曹守军、夏秀波、尹国香、姚建刚、王虹云、张丽莉。其中研究员1名，高级农艺师2名，博士2名，硕士4名。研究方向涉及蔬菜种质资源搜集、引进、保存、发掘、评价与创新利用，蔬菜优良新品种的选育与示范推广，蔬菜优质、安全、高效的栽培技术研究等方面。

2. **历任领导**

所长（主任）：王庆旭（1990—1998年），孙世川（1998—2003年），王全华（2003—2013年），李涛（2013年至今）；

副所长（副主任）：邬振祥（1985—2003年，其中1985—1988年主持工作），孙益良（1988—1990年主持工作），王全华（1998—2003年），曹守军（2011年至今），夏秀波（2013年至今）。

二、成立与发展历程

山东省烟台市农科学研究院蔬菜研究所，前身为1985年成立的烟台市农科所蔬菜研究室，1998年更名为蔬菜研究所，先后承担国家和省市级各类课题30余项。

烟台市农科院蔬菜所在"八五""九五"和"十五"期间主要开展番茄、大白菜、辣椒和芸豆等蔬菜品种的选育及栽培研究。这一时期的主要蔬菜专家有卜宪玉、邬振祥、崔万锁、邹玉真、李素梅、刘连成、于希明、曲华、尹国香、宋文卿、王庆旭、李卫强、张鹏、王全华、孙世川等。先后承担了"七五""八五"省攻关项目，"火炬计划项目""八五""九五"国家科技攻关项目。与中国科学院等离子体研究所合作开展N^+离子束对番茄的辐照育种研究。主持"八五"和"九五"国家攻关重点科技项目子课题"离子束生物工程方法和应用研究"和"离子束遗传改良研究"。选育出了国内第一个离子束诱变番茄新品种——鲁番茄7号，并获得烟台市科技进步一等奖；开启了地方名产"福山包头"系列大白菜的系统选育工作，选育出了"福山大包头""福山二包头""福山小包头"系列大白菜品种，其中"福山二包头"通过山东省认定，并获得山东省科技进步奖三等奖；开展了辣椒选育工作，提纯复壮了烟台地方辣椒品种——三道筋，并选育出了烟椒1号辣椒品种。在栽培技术方面，研发出了无公害樱桃番茄、微型西瓜的有机生态型栽培技术和芽菜生产技术，以及冬暖棚无公害蔬菜生产栽培技术等，建立和完善了烟台名优特菜无公害蔬菜生产体系。

"十一五"和"十二五"期间，蔬菜所主要专家人员有孙世川、王全华、李素梅、尹国香、李涛、曹守军、夏秀波和姚建刚等。蔬菜所在进行传统番茄、辣椒、黄瓜和西葫芦等蔬菜杂交育种的同时，先后与中科院植物所、北京大学生命科学院合作进行蔬菜转基因抗病育种研究，选育出一批转 CMV-cp 基因的番茄新品系，经中国农科院蔬菜花卉研究所鉴定，新品系达到中抗水平。开展了广谱抗性基因——葡萄糖氧化酶（GO）基因的转化工作，经检测 GO 基因已整合到番茄基因组中；同时又开展了航天育种研究，1999 年、2001 年、2002 年经"神舟号"多次航天搭载的蔬菜种子，经多代筛选、纯化，选育出了早熟、高产、抗病的蔬菜新品系。先后承担了国家行业科技专项"黄淮海生态区蔬菜生产关键技术研究与集成示范""国家大宗蔬菜产业技术体系烟台综合试验站"、山东省良种工程重大项目"设施番茄新品种的选育"、山东省科技攻关项目"保护地蔬菜有毒有害物质治理及安全生产关键技术研究"和"设施蔬菜伴生栽培模式及土壤修复机理研究"等课题。先后选育出了适宜出口独联国家的番茄品种烟番 5 号、烟番 6 号、烟番 7 号、烟番 8 号和烟番 9 号番茄新品种，烟葫四号西葫芦品种，翡秀黄瓜品种；研发出了有毒有害物质治理技术，该新技术节约农药 30% 以上，亩产提高 10% 以上，商品果率提高 10% 以上且达到无公害绿色标准；在国内首次研发出了大葱伴生栽培技术，该技术防控番茄根结线虫防效可达 80% 以上，有效调节土壤微环境。蔬菜团队成功进入山东省和国家科研行列。先后与俄罗斯、白俄罗斯和埃及等国家，开展了相关的国际间合作，在俄罗斯注册番茄品种 2 个，并在莫斯科和顿河罗斯托夫设置示范基地进行品种展示，通过谢德克公司出口种子 200 万元。

目前，蔬菜所主要承担了国家大宗蔬菜产业技术体系烟台综合试验站、国家科技成果转化项目"优质、抗病番茄新品种'烟红 101'中试与示范"、国家重点研发计划"环渤海（烟威地区）设施蔬菜化肥农药减施技术模式建立与示范"、农业科技示范项目"烟台市市直 150 亩番茄大白菜新品种优质高产绿色生产技术示范推广项目"、山东省农业应用重大创新"'烟番系列'番茄安全高效生产关键技术研究与集成"等国家和省级重大课题，经费 500 余万元。建有 1 000 m^2 现代连栋温室，4 000 m^2 日光温室及 6 000 m^2 露地试验田，为蔬菜的科研工作提供了有力保障。在育种方面，主要开展番茄、大白菜、黄瓜和西葫芦等蔬菜的新品种选育工作。在栽培方面，主要开展伴生栽培技术理论研究；设施蔬菜减肥减药技术和设施蔬菜安全高效生产技术研究。先后在海阳、莱阳、龙口、莱州和文登等蔬菜主产区建立 10 多个示范基地，涵盖了设施蔬菜、露地蔬菜、出口蔬菜等。每年烟威地区有将近 5 000 人次的蔬菜种植户到各个示范基地进行参观学习。每年通过电视讲座、发放明白纸、现场指导、培训等途径，每年到基层进行技术服务 30 余次，培训基层农技人员和菜农达 10 000 多人次。

三、取得成果

1. 获得奖励

先后获省市级各项奖励 12 项，其中省级奖励 4 项，市厅级奖励 8 项。

"大白菜新品种福山二包头的选育和应用" 1998 年获山东省科技进步三等奖。

"地方蔬菜种质资源黄瓜、西葫芦种质资源创新利用研究" 2005 年获山东省科技进步三等奖。

"适于出口的番茄、西葫芦新品种选育" 2010 年获山东省科技进步三等奖。

"蔬菜种质资源引进及创新利用研究" 2014 年获山东省科技进步三等奖。

"番茄离子束诱变育种研究" 2001 年获烟台市科技进步一等奖。

"名优特菜无公害蔬菜生产体系研究" 2004 年获烟台市科技进步三等奖。

"南瓜种植资源引进评价及创新利用研究" 2011 年获烟台市科技进步二等奖。

"蔬菜种质资源引进及创新利用研究" 2012 年获烟台市科技进步二等奖。

"高产优质抗病番茄新品种选育及配套栽培技术研究与应用" 2016 年获烟台市科技进步三等奖。

"保护地茄果类蔬菜优质安全高效生产技术集成与推广应用" 2010 年获山东省农牧渔业丰收奖二等奖。

"高产优质设施番茄新品种选育及配套技术示范推广" 2015 年获得山东省农牧渔业丰收奖三等奖。

2. 审（鉴）定品种

蔬菜所先后选育出50多个蔬菜新品种，其中通过国家鉴定蔬菜品种2个，通过山东省审（认）定蔬菜品种6个。

"烟红101"番茄2012年通过国家农作物品种委员会鉴定。该品种是烟台市农科院第一个通过国家鉴定的红果番茄品种。

"烟粉207"番茄2015年通过国家农作物品种委员会鉴定。该品种是烟台市农科院第一个通过国家鉴定的粉果番茄品种。

"福山二包头"大白菜、"鲁番茄七号""烟番9号"番茄、"烟红103"番茄、"烟葫四号"西葫芦和"翡秀"黄瓜分别通过山东省农作物审定委员会审（认）定。

3. 论文与著作

先后在《中国农业科学》《农业科学与技术》《园艺学报》和《中国蔬菜》发表科技论文60余篇，其中3篇论文获得中国园艺学会和烟台市科协的奖励；参与出版著作3部。

第十节 园林花卉研究所

一、概况

20世纪90年代初，甘薯研究室的专家看好花卉产业，利用冬闲时间开展了球根花卉如郁金香、百合等的促成栽培及诱变育种工作，为我院花卉科研与农业发展打下了一定基础。1997年，我院引进观赏园艺专业人员1名，正式启动花卉学科的发展。花卉所依托老干部花园，通过不断引进、创新花卉新品种，研发配套的栽培技术，提升产品质量，拓宽营销市场等措施，逐步发展形成了集科研、生产、开发于一体的花卉产业体系，创出农科院花卉品牌。

园林花卉所是山东省蝴蝶兰产业技术创新战略联盟理事单位，山东绿化苗木花卉产业技术创新战略联盟理事单位，中国梅花选育及嫁接速成产业技术创新战略联盟成员单位。现任所长孙纪霞先后获得山东省三八红旗手、山东省女职工建功立业标兵、烟台市"五一"劳动奖章、烟台市先进工作者、烟台市十佳女职工建功立业标兵、第八届中国花卉博览会"先进个人"等荣誉称号。

1. 职工队伍

目前，园林花卉研究所科研人员有孙纪霞、刘述河、郭文姣、张丽娟、张京伟、张英杰、王建华。其中研究员1名，高级工程师1名，农艺师3名，硕士研究生3名。

曾在研究所工作的还有鲁守臣、丁朋松、姜蔚、卢建声、王志新、卢旭娟、田伟、窦墨华、姜华、王淑美、王忠香、徐艳、周爱云、张爱杰等14名人员。

2. 历任领导

所长：刘学庆（2002.1—2015.1）、孙纪霞（2015.1至今）；副所长：刘学庆（1998.12—2001.12）、孙纪霞（2002.5—2014.12）、刘述河（2005.1至今）、丁朋松（2005.1—2015.6）、郭文姣（2015.4至今）。

3. 基础设施

现有温室10 000m²，销售大厅600m²，组培实验室180m²。

二、发展历程

1993年3月甘薯研究室接管老干部花园，在甘薯研究室基础上成立甘薯花卉研究室。1998年撤所建院，甘薯花卉研究室更名甘薯花卉研究所，从事甘薯及花卉的科研与开发工作。

原老干部花园有简易半地下玻璃温室及塑料大棚各一栋，约200m²，生产经营西方茶花及南方绿植，由于缺乏特色产品和技术优势，随着市场竞争的加剧，难以为继和持续发展。甘薯花卉研究室接管后，以科研为依托，以市场为导向，加强技术攻关与自主创新；同时树立现代营销理念，加强市场建设，推行品牌战略，逐步走向了专业化、产业化特色的发展道路。

2000年本院第一座现代化连栋温室（B区）落成，其中花卉所拥有1 200m²，主要从事绿植、非洲菊、一品红等花卉的栽培研究，并于同年承担了花卉所成立以来第一个课题"国外名优盆栽花卉的引进、筛选与工厂化生产技术研究"。逐渐确立了科研为依托，以蝴蝶兰、红掌为主的高档花卉专业化、产业化发展之路。

2001年4月花卉研究所成立，主要从事中高档温室花卉蝴蝶兰、一品红、凤梨、红掌等新品种选育、工厂化生产及周年供花技术研究。随着花卉研究所成立及连栋温室的启用，花卉的科研与产业进入快速发展轨道，温室面积也由1 200m²逐渐扩大到10 000m²。

为了扩大业务范围，2005年12月花卉所更名为园林花卉研究所。

三、研究领域及项目

1. 研究领域

主要从事蝴蝶兰、兜兰、红掌、凤梨等温室花卉及忍冬、玉簪、月季等露地花卉新品种选育、栽培及组培快繁等研究工作。

2. 承担的项目

2000年首次承担了市科技局项目"国外名优盆栽花卉的引进、筛选与工厂化生产技术研究"。先后承担了"863"计划子项目、中国科学院知识创新工程重要方向项目、农业部"948"项目、科技部成果转化项目和省良种产业化项目及烟台市科技攻关等项目，并与日本合作了郁金香种球种植开发项目。

① 主持烟台市科技发展计划项目"国外名优盆栽花卉的引进、筛选与工厂化生产技术研究"（2000—2003年），项目筛选出适合我国北方尤其是烟台地区发展的优质高效的蝴蝶兰等花卉，并进行了配套工厂化生产技术研究，建立了栽培技术规程，在烟台率先实现了花卉的工厂化生产。

② 主持烟台市科技发展计划项目"利用QTLs标记技术定向选育粮油作物新品种产业化开发及一品红工厂化生产研究"（2002—2006年）。引进筛选出适合北方种植一品红品种，研究总结建立了生产技术规程及周年供花技术规程，为一品红周年供花提供了技术支持。

③ 主持烟台市科技发展计划项目"彩色马蹄莲品种引进与组培快繁技术研究"（2003—2005年）。引进了国内外优新的彩色马蹄莲品种，通过对外植体、消毒方法、培养基配方、培养条件的综合研究，建立了其组培快繁技术体系。

④ 主持烟台市科技发展计划项目"红掌名优品种的引进、筛选与产业化开发"（2005—2007年）。项目组从国外引进的名优红掌品种中筛选出综合性状优良的2个品种"火焰"（Dakota）、"阿拉巴马"（Alabama）；研究建立了生产操作技术规程；项目组实现年产优质种苗4万株，成品盆花2万余盆的规模，产品质量达到国内一流水平，起到了良好的推广、示范作用；指导了多家企业的红掌生产，为红掌的产业化发展提供了技术支持，经济效益、社会效益十分显著。

⑤ 主持烟台市科技发展计划项目"擎天属凤梨花期调控技术研究"（"烟台市高效经济作物新品种改良与产业化开发"的子项目，2007—2009年）。课题组收集了擎天属观赏凤梨品种49个，建立了品种资源圃；筛选出3个适合北方种植、综合性状优良的品种，从变异株系中自主选育出"金星"和"银星"2个叶艺新品种；编写了观赏凤梨盆花生产技术规程，缩短了营养生长期，成花率达到99%以上；累计繁育种苗20万株，生产成品花15万盆，实现规模化生产及推广应用，经济、社会效益显著。

⑥ 主持国家高新技术研究发展计划（863计划）子课题专题——"海岛极端生境蔬菜品种筛选与栽培研究"（2008—2010年）。课题组完成了筛选出的蔬菜品种在海岛的成功栽培与示范。

⑦ 主持中科院植物所横向委托的"藤本忍冬新品种繁殖生产及推广示范"项目（2010—2013年）。完成繁殖忍冬新品种种苗11万株，并在北方地区进行了大面积推广与示范。

⑧ 主持山东省良种工程花卉项目的子课题"扶芳藤、忍冬和蝴蝶兰种质资源的引进与创新利用"（2010—2014年），引进新优种质，选育出适宜我省气候条件的蝴蝶兰与忍冬品种各2个，其中3个通过山东省林木品种审定，并研究建立了配套的新品种栽培技术规程。

⑨ 参加农业部"948"项目"主要花卉节本增效精准化生产技术的引进与创新"（2011—2015年），协助进行芍药育种材料和良种繁育、精准化栽培技术引进和再创新工作。

⑩ 承担中科院植物所横向委托的"植物、害虫与天敌昆虫相关性调查与研究"（2012—2014年），完成了山东省植物、害虫与天敌的调查工作。

⑪ 主持烟台市科技局科技攻关项目"深红色大花型蝴蝶兰新品种选育及优质高效栽培技术研究"（2012—2014年）。项目建立了大花型蝴蝶兰种质资源圃，收集优良种质135份；选育出2个蝴蝶兰新品种"晓霞"（*Dtps.* "Xiao xia"）、"云霞"（*Dtps.* "Yun xia"），并通过省林木良种审定；创建了蝴蝶兰生长曲线模型，制定了深红色大花型蝴蝶兰优质高效栽培技术规程和花期调控技术规程；在《中国农业大学学报》《中国农学通报》等期刊发表论文6篇；"一种栽培大盆精品蝴蝶兰的方法"获国家专利1项。

⑫ 主持山东省良种工程花卉项目的子课题"玉簪和蝴蝶兰种质资源的引进与创新利用"（2014—2016年）。建立了蝴蝶兰及玉簪种质资源苗圃及玉簪展示园；编写玉簪种质资源评价标准；筛选适应性、抗逆性强，观赏特性良好，有推广前景的玉簪及蝴蝶兰新品种（系）各2个；构建了玉簪种质资源评价标准和高效栽培技术体系。

⑬ 主持烟台科技计划项目"名优兜兰新品种筛选和高效设施化生产技术研究"（2015—2017年）。收集、保存兜兰原种和品种（系）34个，建立500m^{2}的种质资源圃；建立兜兰种质资源评价标准1套；选育综合性状优良、生长周期短、有推广前景的大花型兜兰新品种（系）2个；建立大花型兜兰无菌播种技术规程及高效设施化生产技术规程各1套；申请发明专利2项；发表论文5篇。

⑭ 主持山东省农业重大应用技术创新项目"山东省主要设施花卉提质增效关键技术研究与示范"。

四、取得的成就

1. 获得的研究成果

先后获得省、市级科研成果7项，其中"名优花卉新品种选育、关键栽培技术集成与产业化研究"，2011年获得山东省科技进步二等奖；"优质蝴蝶兰工厂化生产与周年供花技术研究"和"蝴蝶兰新品种的选育与产业化技术研究"项目，分别于2004年和2009年获山东省科技进步三等奖；"优质一品红的工厂化生产与周年供花技术研究"，2006年获烟台市科技进步二等奖；"红掌名优品种的引进、筛选与产业化开发"，2010年获烟台市科技进步二等奖；"耐寒蝴蝶兰新品种选育及关键技术研究"，2012年获烟台市科技进步二等奖；"园林花卉新品种选育及栽培技术集成"，2015年获烟台市科技进步二等奖。"一种栽培大盆精品蝴蝶兰的方法"，2016年获国家专利1项。2003年主持制定了山东省蝴蝶兰品质标准。在《园艺学报》《中国农业大学学报》等刊物发表研究论文20余篇。

选育的蝴蝶兰、红掌、兜兰等获2014年青岛世界园艺博览会洋兰竞赛铜奖3项，获第七届、第九届中国花博会银、铜奖等10项，获山东省历届花卉博览会金奖和历届迎春精品花卉展销会等奖项近30项。

2. 选育和审定品种

先后有10个蝴蝶兰新品种和1个忍冬品种通过山东省林木良种审定。2007年选育的4个蝴蝶兰新品种"靓红"（*Dtps.* "Pretty Red"）、"靓紫"（*Doritaenopsis.* "Pretty Purple"）、"朝霞"（*Doritaenopsis.* "Sunglow"）和"超靓火鸟"（*Doritaenopsis.* "Super Pretty Firebird"）通过审定，是山东省蝴蝶兰品种的首次审定。2011年选育的4个蝴蝶兰新品种"彩云"（*Doritaenopsis.* "Color Clouds"）、"亮霞"（*Doritaenopsis.* "Shining Sunglow"）、"彩霞"（*Doritaenopsis.* "Cai Xia"）、"红霞"（*Doritaenopsis.* "Hong Xia"）通过审定，2013年选育的2个蝴蝶兰品种"晓霞"（*Dtps.* "Xiao xia"）、"云霞"（*Doritaenopsis.* "Yun xia"）和 1 个忍冬品种"金辉"（*Lonicera*×*Heckrottii Rehd.* "Jin-hui"）通过审定。

3. 花卉生产与销售

园林花卉所具有年产蝴蝶兰种苗 30 万株，成品花 15 万株，红掌、一品红、凤梨等花卉 15 万株的能力。优质蝴蝶兰、红掌等产品销往北京、上海、山东、广东、陕西、江苏、福建、浙江等地。2007 年蝴蝶兰分生大苗出口韩国，是我省自主研发技术生产的蝴蝶兰首次出口，《中国花卉报》及《中国花卉园艺》等报刊都给予了肯定与报道。2010 年春节，自主研发的精品大盆蝴蝶兰以优异的品质供应北京高端市场。新技术推广至山东、广东、陕西、江苏、福建、浙江等地，累计社会效益 15 亿元。

第十一节　植物保护研究所

一、概况

（一）工作职责

主要针对和围绕制约农业产品（果品）产量和影响品质的重要病虫害种类鉴定、生物学特性、发生规律及综合防治技术尤其是化学防治技术诸多方面进行深入、系统研究和推广工作。相继组建了农业昆虫、农业病理和综合防治 3 个研究团队，拥有农业害虫及杀虫、杀螨剂应用研究实验室和植物病害及杀菌剂应用研究实验室。

（二）研究团队

现有科技人员 12 名，分别是王英姿、王培松、刘保友、王洪涛、栾炳辉、王丽丽、李宝燕、于晓丽、陈敏、石洁、汪少丽、李凌云。其中研究员 2 人，高级农艺师 2 人，农艺师 4 人，博士 4 人，硕士 7 人。农业部田间药效登记总负责人 1 名，负责人 2 名。

曾在植保所工作的还有陈昌玉、张香荣、叶学昶、贾廷祥、吴桂本、张建安、卓耀南、臧逢春、张文准、宫本义、刘传德、倪寿山、尹国香、李绍敏、王继秋、张伟、任强、司树鼎、蒋恩顺、王鹏、刘洁。

科研团队中，吴桂本享受国务院政府特殊津贴，第八届全国人民代表大会、中国共产党山东省第六次党代会、烟台市第十届人民代表大会、烟台市福山区第十二次人民代表大会代表，山东省专业技术拔尖人才，烟台市终身专业技术拔尖人才；张香蓉为山东省第十一届政协委员；王英姿为烟台市有突出贡献的中青年专家、烟台市学科（技术）带头人。

2016 年烟台市团委授予植保所 2014—2015 年度青年文明号称号。

（三）历任领导

1. 植物保护研究室

主任：贾廷祥（1974—1983）、吴桂本（1983—1998）；副主任：张建安（1974—1983）、吴桂本（1983—1983）、臧逢春（1983—1998）、李绍敏（1991—1995）、王英姿（1996—1998）。

2. 植物保护研究所

所长：吴桂本（1998—2002）、王英姿（2002—2014）、王培松（2015 年至今）；副所长：王英姿（1998—2002）、刘传德（1999—2004）、王继秋（2005—2008）、王培松（2008—2015）、刘保友（2011 年至今）、王洪涛（2016 年至今）。

（四）现有基础设施

1. 办公场所

植保所有试验和办公面积 320m^2，设有药品室、无菌室、培养室、生测室、养虫室、农药储存库、办公室等功能室。

2. 仪器设备

智能人工气候箱、显微镜、T 视镜、喷雾塔、冰箱、电子天平、净化工作台、双人超净工作台、微量可调移液器、电热恒温鼓风干燥箱、电热恒温培养箱、立式整齐消毒器、电热恒温水浴锅、环境气象检测系统、活体叶面积测定仪、紫外可见分光光度计、数字显示湿度计、离心机、全自动高压灭菌锅等，总价值 80 余万元。

二、机构沿革

胶东地区历来农作物病虫灾害严重，据记载从 1848 年（道光二十八年）至 1902 年（光绪二十八年），54 年间飞蝗成灾 8 次，黏虫成灾 2 次。

1935 年（民国二十四年）山东省政府在莱阳设第四农事试验场，即有病虫害防治工作。

1943 年胶东行署设立胶东农业实验场，由于在战争环境下建立，实验研究工作开展甚少。

1946 年胶东农业实验场迁莱阳后成立病虫组，缺乏技术干部，只 1 名练习生坚持工作。1949 年病虫组已发展到 4 人，随着机构调整，植保干部陆续调出，至 1953 年莱阳专署农场内已无植保专职人员。

1958 年成立莱阳专署农业科学研究所设植保组。

1959 年建烟台专区农业科学研究所后设植保系，1962 年植保技术人员已发展到 5 人。

1972 年改名为植保研究室，主要工作为病害、虫害、农药的研究。至 1985 年全室已有植保专业干部 11 人。

1998 年更名为植物保护研究所至今。

三、研究领域

1. 小麦全蚀病病菌生物学和综合防治技术研究

1969—1983 年在贾廷祥主持下，有吴桂本、叶学昶、臧逢春、卓耀南、宫本义、王国杰等先后参加研究。从 1969 年起对此病进行研究。1974 年联系有关单位成立全国小麦全蚀病研究协作组。1975 年列为中央农业部的研究项目，委托山东省农科院和烟台农科所主持该项研究工作，以后又增加北京农业大学为主持单位。明确了冬小麦各生育期的全蚀病病症特点，其鉴定特征"主枝与侧枝呈锐角，在分枝交界处各生一隔"被编入全国高等农业院校试用教材《普通植物病理学》上册（南京农学院主编）；确定我国小麦全蚀病菌有两个变种，即全蚀病菌小麦变种和全蚀病菌禾谷变种；明确了病菌侵染、营养发育、抗温能力、植株与土壤中的分布等生物学特性；在病害发生规律研究方面，在国内首次肯定土粪传病严重和种子荚染病残体可传病，发生发展与栽培制度、灌溉条件、土壤含磷状态、品种布局等因子有密切关系；研究提出保护无病区、限制零星发病区、减轻重病区危害的综合防治措施；经小麦品种对全蚀病抗病性鉴定，所有冬春小麦均感染小麦全蚀病，品种间存在差异。主要研究成果编入 1979 年中国农业出版社出版的《中国农作物病虫害》。《植物检疫》由 1979 年上海科技出版社出版，《小麦全蚀病》由山东人民出版社 1973 年出版，1975 年修订版。

2. 粉锈宁防治小麦、苹果病害应用研究

1977 年由吴桂本主持，用南开大学元素所提供的粉锈宁样品对小麦全蚀病进行室内毒力测定，证明药液具有明显的抑菌作用。又先后在文登、荣成及本所接菌地进行试验后，确定小麦播种期或播种后 30~40 天浇灌或喷施粉锈宁药液，亩用量 15% 粉锈宁 150~200g，有明显的防病效果。粉锈宁同时对叶锈病、白粉病有良好防效。1983 年卓耀南、宫本义参加配合文登、荣成、福山、栖霞 4 县，进行应用粉锈宁防治小麦全蚀病、锈病、白粉病 2.7 万亩，平均亩增产小麦 68kg。1984—1985 年应用粉锈宁防控小麦锈病、白粉病、全蚀病 389.2 万亩。

1982—1985 年由吴桂本主持，卓耀南、宫本义参加，进行了粉锈宁防治苹果白粉病试验、示范和应用研究，提出 30~50mg/kg 粉锈宁，从苹果现蕾期开始第一次喷药，以后每隔 15 天喷药 1~2 次，防效 90% 以上。

3. 甘薯茎线虫病研究

1970—1980 年由张香蓉主持、宫本义参加下系统研究了甘薯茎线虫病。此病过去国内无系统研究。国外资料在病症、病源、传染途径等都与我国情况不符。本所在荣成县病区现场，历时 10 年，明确病原、病症、寄主、传播途径，找到了辛硫磷浸苗，二溴乙烷处理土壤和肥粪，以及春季消灭病薯，夏季除草留种地，秋季涝地早刨晒干，麦改栽夏薯等一套综合防治方法，现在荣成县旭口大队消灭了危害，后又推广到全市，从而大大压低了病情。

4. 麦田套种玉米小地老虎防治研究

1977 年小地老虎大发生，全区玉米受害 300 余万亩，1978—1983 年陈昌玉、王桂英进行研究。初步调查本区地老虎的种类有小地老虎、黄地老虎、大地老虎、萃地老虎、八字地老虎、三叉地老虎等 10 种。但田间造成危害的主要是小地老虎和黄地老虎 2 种。明确了小地老虎在我区一年发生 3~4 代，黄地老虎可在我区越冬，小地老虎在我区越冬可能性不大，从各地发蛾期看，先是由南方江苏、安徽等省进入我省菏泽、聊城、临沂等地，然后再迁入我区产卵危害。确定小地老虎防治时期为 5 月下旬至 6 月上旬，制定了麦田套种玉米小地老虎防治技术。

5. 1987 年前农药药效试验

1970 年以后设立专人，由张建安进行新农药药效试验，至 1987 年先后试验达数百个品种。杀虫涉及西维因、害扑威、乐果（氧化乐果）、亚胺硫磷、氟乙酰胺、久效磷、速灭虫净、除虫精等，杀菌剂涉及灭菌丹、福美胂、退菌特、代森铵、抗菌剂 401 及 402、氟硅酸、麦穗宁、嗪氨灵、甲基托布津、7313、多菌灵等，除草剂涉及西玛津、阿特拉津、2,4-滴丁酯、绿麦隆、胺草磷、西草净、敌草隆、草枯醚、朴草净、甲草胺等，生长调节剂涉及比久、石油助长剂、矮壮素等。

6. 玉米大小斑病的发病规律及品种抗病性鉴定

1976—1982 年张文准主持，对玉米大小斑病进行了系统研究。烟台是玉米大小斑病的混发区，不同年份间两种病害的发生互为轻重，决定玉米斑病发生种类是温度高低，决定发病轻重是降雨日数和降雨量多少，大斑病发病适温是 20~24℃，小斑病发病适温是 24~26℃，大斑病是否发生取决于 6 月份的降雨量，7 月份有适宜湿度。确定大斑病菌属生理小种 1 号，小斑病菌优势种为 O 小种。鉴定 327 个自交系，有 239 个自交系兼抗大小斑病。

7. 玉米丝黑穗病调查及防治研究

1977 年张文准在本所首次查到此病，至 1981 年，荣成、威海、文登、牟平、海阳、掖县、福山等县市均有发生。以春播或套种玉米发生重，严重地块病株率达 30%，并确定了该病的病症与病状。玉米丝黑穗病是系统侵染病害，种子及土壤均可带菌传病，以土壤带菌为主，属土传病害。防治玉米丝黑穗病，以选育抗病品种为主，结合合理轮作，拔除病株，药剂防治。

8. 玉米粗缩病调查

张文准调查，本病在我市山区发病重，在玉米出苗后感病。至 5~6 叶时才显症状，初期在幼叶中脉两侧的细脉间有透明的虚线小点，以后透明点逐渐增多，并在叶背叶脉上出现长短不等的蜡白条突起，病株叶片浓绿、节间短、植株矮化，轻的雄花发育不良，散粉少，雌穗稍短粒少。重的雄穗不能抽出或抽出全无花粉，雌穗畸形不实或籽粒极少。田间调查看出，5 月下旬麦田套种玉米发病重，播种晚的夏直播发病轻。

9. 地膜覆盖苹果防治桃小食心虫试验

1983 年臧逢春在栖霞县臧家庄公社东寨果园，在苹果树冠下覆盖低密度聚乙烯薄膜防治桃小食心虫试验，面积 5 亩，试验先在树干基部挖深 10cm、宽 10~15cm 的环形沟，沟内撒 666 粉地面喷除草剂，然后铺聚乙烯薄膜诱杀落果幼虫。结果表明，对照区百果卵量 49 个，处理区 2 个，防治 95.9%。幼虫一般在上午 8—11 时，下午 3—5 时脱果。脱果爬出的幼虫都向树干方向运动，落入诱虫沟触药死亡。幼虫在地膜上，常被鸟、蜥蜴等捕食。初步看出，果树下铺设地膜，对防治下一代桃小食心虫有明显作用。

第一篇　组织机构

10. 20%三唑锡的研制与应用研究

1986—1992年由吴桂本主持，于新永、李绍敏、宫本义、王英姿等参与下，系统研究和掌握了三唑锡对苹果、柑橘的实际防效，为大面积开发应用提供可靠依据。先后在全国布点140处，进行了1 942项次药效、药害、室内外试验示范。深入系统研究了果树主要害螨田间发生消长规律，提出了不同类型果园，防治不同害螨的施药适期、次数、剂量和可混用的药剂种类等合理技术规程，以确保指导大面积应用无误。在广东、广西、四川、浙江、江西、福建、上海及山东、北京、河北、辽宁等全国11个省、市、自治区柑橘、苹果集中产区大面积推广应用三唑锡防治苹果全爪螨、山楂叶螨、柑橘红叶螨、锈螨。

11. 呋喃丹种衣剂防治麦田套种玉米黏虫研究

1984—1985年臧逢春、张文准主持研究。麦田套种玉米每年麦收前后，小麦上的二代黏虫转移到玉米幼苗上危害，常因防治不及时，使玉米严重受害，甚至毁种。试验了两个厂家的呋喃丹，对防治玉米黏虫效果良好。

12. 果树害螨高效杀螨剂的筛选及应用技术研究

1985—1991年由吴桂本主持，于新永、李绍敏、宫本义、王英姿等参与下，主持承担了国内外杀螨剂防治果树害螨的药效和应用技术研究，至1991年先后引进4国家9公司新型高效、选择性杀螨剂（杀虫杀螨剂）11种，包括：尼索朗、克螨特、卡死克、灭扫利、阿波罗、天王星、螨克、倍乐霸、托尔克、NC-129、NK-239和国产三唑锡等药剂，并进行了室内外药效筛选试验，依据诸药剂的性能和各种害螨的发生消长规律，研究出了不同生态条件下，防治不同螨害适宜选用的药剂种类、有效剂量、施药时期、次数等配套技术规程，并据各地药源和各种药剂的实际防效，大面积推广应用了杀螨剂。

13. 芦笋茎枯病发生规律和防治研究

1988—1991年由贾廷祥主持，吴桂本、刘传德、王英姿、尹国香等参与下，明确了芦笋茎枯病菌以分生孢子器在病株残茬上越冬，成为翌年发病的主要初侵染源。分生孢子释放高峰为4月26日至7月9日。分生孢子释放、萌发、侵染必须在有水的条件下进行。孢子萌发需有芦笋组织液做营养激发，在清水中不萌发。病菌从侵入到形成新的分生孢子一个侵染周期在23~27℃为10~12天，17~22℃为15~20天。采笋田茎枯病发生发展经过扩展期（7月至8月上旬）、盛发期（8月中旬至9月）两个阶段。雨日雨量是决定茎枯病消长流行的主导因素，降雨后5~7天田间即出现一次新侵染高峰，大雨或连阴雨后尤为明显，秋季早上植株结露有利茎枯病菌后期侵染。在化学防治上，日本产别腐烂（Befran）和国产复方多菌灵胶悬剂是防治的有效药剂。

14. 花生线虫病药剂筛选及开发试验

由吴桂本主持，李绍敏、宫本义等参与下，经过1989—1991年3年研究，预定筛选出防效和增产作用均稳定在60%左右的新型高效杀线剂5种，包括：克线砜、铁灭克、米乐尔、万强、棉隆，用于重病地推广应用；防效为20%~30%，但使用方便的杀线剂2种，即大扶农包衣剂和颗粒剂，在病指较低地块推广；并结合农业防病措施研究结果，提出一整套药剂防治和栽培技术相结合的、科学的、可行的综合防治措施。

15. 小麦根腐病病害发生规律和防治技术研究

由吴桂本主持，贾廷祥、刘传德、李绍敏、王英姿、宫本义等参与下，1991—1995年完成了对4种小麦根腐性病害病原生物学、发生规律、产量损失、品种抗性和防治技术进行了深入系统研究，分离鉴定出12种小麦根病病原菌。在国内最先记述全蚀病菌的两个变种——禾谷变种和小麦变种。鉴定出陕229、鲁麦14、烟农15三个对根病有较好抗性的品种，簇毛麦对4种根病表现免疫。首次报道了我国冬小麦连作条件下全蚀病的自然衰退规律，以及种子夹杂病残组织成为全蚀病远距离传播的重要方式。制定了防治小麦根病的技术规程。在国内率先研究应用内吸杀菌剂粉锈宁（三唑酮）、羟锈宁（三唑醇）拌种防治是一项简便易行的防病增产措施，具有广阔的应用前景。

16. 苹果绵蚜和金纹细蛾生物学研究及国内外新农药防治技术大面积开发应用研究

1996—1998 年由吴桂本主持，王英姿、刘传德、王培松、梁新明、王继秋、宫本义、刘学卿等参与下，完成了对绵蚜的发生发展规律深入系统研究，明确了苹果绵蚜的越冬虫态、越冬部位；明确了绵蚜在全年呈不对称双高峰期，其中 4 月中旬至 5 月中下旬为全树蔓延阶段，提出了 6 月份之前为关键防治时期。即：主要抓住越冬出蛰期、5 月中旬和 5 月底二次迁移期。通过国内外 8 种农药的筛选试验，筛选出了乐斯本和硕丹两种最佳药品。

17. 名优苹果主要病害发生规律及防治技术研究

1997—1999 年由吴桂本主持，王英姿、刘传德、王培松、王继秋、宫本义、张广和、于乃敏等参与下，完成了针对新发展的红富士、新红星、北斗等名优苹果品种，在国内率先开展叶部及果实数种病害研究。其主要内容：在国内外首先分离发现了苹果斑点落叶病菌的两个致病菌系，并对其生物学特性、致病力、所占比例进行了深入系统的研究。发现并揭示了苹果斑点落叶病每年的初始菌源主要是一年生枝条上的叶芽及花芽，菌丝及孢子潜伏在内部牙原体及外部鳞片。在病原菌生物学特性研究的基础上，研究确定了名优苹果果园区配套化学防治技术，引进并筛选出多种适用的高效、低毒杀菌剂，制定了轮换施用的药类及有效的防护时期的化学防治技术规程。系统深入地研究了国内外 12 种高效、低毒杀菌剂的田间药效、有效剂量，重点研究了有机硫类、无机铜类及 3 种混合杀菌剂单用及与波尔多液交替使用技术，制定了科学合理的化学防治技术。

18. 防治果树、蔬菜病虫害烟雾技术的引进

2000—2003 由吴桂本主持，王英姿、王继秋、刘传德、王培松、宫本义等参加下，引进了美国 DYNA-FOG E 型烟雾机样机一台，经剖析、吸收、消化，自行设计研制出了 S.S.FOG 型试验样机。经国家植保机械质量监督检验中心测试认定，各项技术参数完备、合理，田间防效与进口烟雾机无显著差异，达到国内同类产品先进水平。引进德国耐驰公司生产的卧式砂磨机一台，利用其研制出 14 种烟雾剂，其固体颗粒细度可达 $0.5\mu m$ （500nm）。利用该设备研制生产系列两相悬浮烟雾剂的完备技术，达国内领先水平。此外，供试 14 种烟雾剂的有效成分构成、配比、加工剂型经查新证明，均属填补国内空白产品。本课题研究的配套烟雾技术用于防治苹果、柑橘、甘蔗、森林、橡胶、蔬菜病虫害，其应用范围、防治对象和室内外药效规范测定技术及推广应用效果、面积均属国内首次。

19. 红富士套袋苹果主要病害生物学及化学防治技术研究

2001—2004 年由王英姿主持，梁新明、吴桂本、王培松、王继秋、刘传德等参与下，在国内外首次研究明确了红富士套袋果主要病害为黑点型、褐斑及红晕褐斑型和红点型 3 种；鉴定明确了主要致病菌为：顶孢头孢霉（*Cephalosporium acremonium*）、粉红单端孢霉（*Trictothecum roseum*）、格链孢霉（*Alternaria mali*），对其培养性状、病原菌营养体和分生孢子形态进行了系统研究。特别是对引起套袋果实褐斑及红晕褐斑型病害的主要致病菌——顶孢头孢霉的鉴定报道在国内外尚属首次。采用无伤和刺伤接种后套袋及暴露感染的致病性测定和致病菌回分离，明确了套袋红富士苹果主要果实病害的发生消长动态及其集中侵染期，这为确定苹果谢花后套袋前幼果期（烟台地区为 5 月上旬至 6 月中旬）田间施药适期、次数提供了科学的理论数据，属国内率先研究和首次系统报道。主持策划了 50%新灵可湿性粉剂、53%丙森·多可湿性粉剂、25%润通悬乳剂 3 种填补国内外空白的高效、低毒新型复配杀菌剂，兼具保护与内吸作用。3 种杀菌剂已取得"三证"，并提前投放山东、陕西、山西、河北、安徽、辽宁、北京等 9 省市苹果产区，药效显著，价位合理，使用安全，深受果农欢迎。依据病害侵染规律和各种杀菌剂的作用特点，制定了科学合理的化防技术规程。

20. 防治苹果病虫害高毒、高残留农药取代品种的研配及应用技术研究开发

2004—2006 年由王英姿主持，王继秋、刘学卿、王培松、申莉莉、刘传德等参与下，针对我国苹果生产上普遍存在的长期低水平或不能科学合理用药的现状以及高毒、高残留农药滥用的问题进行立项研究。研制并批量生产出新型低毒复配剂——25%丙环多 SE、30%多戊 SC，经中国农科院等 4 家科研单位生物活性测定结果表明，其对苹果枝干病害防效显著，能够替代高残留农药——福美胂。研配出

50%新灵 WP、53%丙森多 WP 两种新型、低毒混合杀菌剂,兼治苹果主要果实病害和叶部病害,田间防效分别达 90%以上,并取得"三证",同步投放北方 9 省市苹果产区。研制出 20%虫螨特 WP、22%虫多杀 EC 等新型杀螨剂及杀虫杀螨剂。并成功引进了 13%速霸螨 EW、5%氟铃脲 EC、50%杀虫环 WP、24%美满 SC 及吡虫啉等多种低毒杀虫(螨)剂,对苹果主要害虫(螨)防效显著,并成功投放市场,有效缓解了国产高效、低毒、低残留农药新品种匮乏的局面。

21. 葡萄、大樱桃、桃重要病虫害生物学及安全控制技术研究与推广

2005—2007 年由王英姿主持,王培松、王继秋、刘保友、张伟等参与下,研究明确了葡萄白腐病菌、炭疽病菌、桃褐腐病菌菌丝生长、孢子形成和萌发与营养条件、温度、pH 值、光照的关系;摸清了 3 种果树主要病虫害田间消长动态和发生规律,为防治提供了依据。针对 3 种果树病虫害,从 60 余种农药中筛选出了可用于防治主要病虫害的高效、低毒、安全农药 24 种。研制开发复配杀菌剂 4 种、杀虫剂 2 种。提出了 3 种果树主要病虫害综合防治技术规程。

22. 烟台市主要作物重大病害成灾规律研究与控制技术集成

2008—2010 年由王英姿主持,王培松、刘保友、张伟、栾炳辉、王鹏等参与下,研究明确了小麦白粉病、苹果轮纹病、葡萄白腐病、炭疽病、大樱桃褐斑病等病害发生和流行的主导因素;研究了不同苹果轮纹病菌菌株的致病性及 5 种作物不同品种对 6 种病害的抗病性。对国内外新型杀菌剂品种 60 余种进行试验,筛选出 21 种绿色环保农药。研制和开发出新型杀菌复配剂 3 种。研究集成了针对小麦、苹果、葡萄、大樱桃和番茄 5 种作物上的 6 种主要病害的节本增效控制技术,示范防治区的药效均在 85%以上。

23. 果树病虫害安全防控药剂筛选及配套使用技术研究

2005—2012 年由王英姿主持,王培松、刘保友、张伟等参与下,室内生测明确了 21 种不同杀菌剂对苹果轮纹病菌、葡萄白腐病菌和炭疽病菌的毒力效果;开展了共计 81 个农药品种的田间药剂试验,筛选确定了适合果树病虫害安全防控的农药品种 50 个,并对 19 个新颖农药品种研究出了配套使用技术。研制开发了 6 种新型农药复配剂,其农药用量较果农常规桶混农药用量减少 45%以上,取得了优于或相当于果农常规桶混用药的药效,而且减少了对环境的污染。在明确上述农药使用范围和配套使用技术的基础上,根据果树病虫害发生规律和防治关键时期,优化组合不同农药品种,制定了翔实的、可操作性强的苹果、葡萄、大樱桃 3 种果树病虫害防控技术规程,用于防控果树主要病虫害取得了显著效果。较常规防治区危害率均降低 50%以上,减少农药用量 30%以上,防控技术规程得到了大面积推广应用。

24. 苹果轮纹病病原确证及节本增效防控技术集成

2007—2010 年由王英姿主持,王培松、刘保友、张伟等参与下,通过形态学研究、致病性测定和 ITS、β-tubulin 和 actin 序列测定分析,鉴定明确我国苹果轮纹病菌为 B. dothidea,而不是欧盟检疫控制的病原菌 B. berengeriana f. sp. piricola;证实果实轮纹烂果病、枝干轮纹病和干腐病是由同一病原 B. dothidea 引起的同一病害,而不是多种病害,当枝条正常生长发育时导致轮纹症状,当枝条受水分胁迫时形成干腐症状;创建了 PCR 快速定量检测方法,灵敏度高,结果可靠,为消除苹果出口、检疫和防治提供了科学依据、先进方法。明确了田间发生规律和流行因子,为预测预报与防控提供了科学依据。经山东、辽宁、陕西、河南等地 98 株轮纹病菌致病性分化测定,明确:① 不同区域病原菌致病性不同;② 果实与枝干病原菌致病性强弱不同,病果菌株致病性强于病枝致病性;③ 苹果主栽品种抗病性存在显著差异。通过室内毒力筛选和田间试验,优化配比,研配了克菌丹与三唑类、蛇床子素与多菌灵 2 种杀菌剂组合物,防治苹果轮纹病增效显著,效果好,且用量减少 30%以上,改变了传统桶混技术,并获得 2 项国家发明专利。筛选出 17 种高效、低毒、环境友好型农药,解决了防治急需用药难题。在研究的基础上,集成创新了苹果轮纹病节本增效防控技术,科学、先进、节本增效、可操作性实用性强,有效解决了既要用药控制苹果轮纹病为害与抗性发生发展,又要降低残留相矛盾的技术难题。

25. 山东苹果重要有害生物抗药性治理技术研究与推广

2008—2013年由王英姿主持，刘保友、王洪涛、张伟、栾炳辉、王培松、李宝燕等参与下，检测了山东省苹果主要病虫对常用农药的抗药性。明确了烟台、威海等17个地区苹果轮纹病菌、斑点落叶病菌对戊唑醇等6种杀菌剂，苹果黄蚜、金纹细蛾、苹果全爪螨对吡虫啉、阿维菌素等10种杀虫（螨）剂的抗药性水平及分布。室内测定了吡唑醚菌酯等26种农药对5种病虫的毒力，并经田间试验筛选出4种农药配方，增效显著，用药量减少30%以上。引进筛选出18种绿色环保、安全高效农药品种。在上述研究基础上，优化组合不同农药品种，针对不同地区提出抗药性综合治理对策，制定了科学用药方案，集成创新了科学、先进的苹果有害生物抗药性治理技术。

26. 常见农药对套袋红富士苹果的药害及其控制技术研究

2009—2013年由王英姿主持，王培松、刘保友、张伟、栾炳辉等参加下，明确现蕾期不宜喷施农药，研究明确了戊唑醇及杰效利、丝润、喜施3种有机硅助剂的安全性，安全系数分别为1.25、1.67、1.67和2.5，按标签浓度使用安全。怀农特使用浓度大于1mL/L对红富士苹果不安全。明确了6种不同剂型的苯醚甲环唑及其与4种常用杀虫剂的不同剂型混用、间隔不同时间套袋均表现安全。研究制定出套袋红富士苹果主要病虫害防治规程3套，建立示范园6个，实现大面积推广应用。

27. 果树绿盲蝽可持续治理技术示范与推广

2009—2014年由王英姿主持，王培松、王丽丽、栾炳辉、王鹏等参与下，率先明确了绿盲蝽在烟台地区的发生为害规律。绿盲蝽1年发生5代，主要以卵在苹果、葡萄、大樱桃等果树芽鳞内越冬。明确了绿盲蝽在果园内的发生为害高峰期、主要为害世代、转移规律，及其对葡萄、大樱桃不同品种危害程度的差异，为果园绿盲蝽的有效防治提供了理论依据。首次研究了葡萄园内不同颜色、不同位置、不同时间粘虫板对绿盲蝽的诱集作用，明确了青色、绿色粘虫板诱集效果最好。通过室内外试验，测定了吡虫啉、阿维菌素、印楝素等11种农药对绿盲蝽的毒力和防效，筛选出阿维菌素、印楝素、苦参碱等10种有效农药。研配出2种生物复配杀虫剂，其中1项获得国家发明专利。根据果园绿盲蝽的发生为害规律，提出了绿盲蝽可持续治理技术。

28. 套袋苹果黑点症致害因子及减灾技术体系研究

2009—2010年由王英姿主持，王培松、刘保友、张伟、栾炳辉等参与下，研究确定了套袋苹果黑点症的致害因子为病原菌，并鉴定出致病菌是粉红聚端孢霉（*Trichthothecium roseum*），为黑点症的防治提供了依据。研究明确了粉红聚端孢霉在PDA培养基上的生长性状、分生孢子和分生孢子梗的特征。通过采用无伤和刺伤两种人工接菌方法及田间调查，明确了粉红聚端孢霉侵染途径和侵染高峰期。引进、筛选出高效、低毒优良杀菌剂5种，研制了填补国内空白的复配杀菌剂新品种4种。制定了3种适宜不同区域的苹果主要病虫害防治技术规程，经多点示范取得显著防效。

29. 果园有害生物节本增效化学防治技术研究与推广

2011—2012年由王英姿主持，王培松、刘保友、张伟、栾炳辉、王鹏、王洪涛、王丽丽等参与下，研究明确了不同喷雾助剂、不同果园减少用药次数、套袋苹果减少用药种类、最优配比田间桶混农药等技术的节本增效作用，研究制定出3套果园有害生物化学防治节本增效技术规程，取得了显著防效和节本增效作用。示范区防治主要病虫害取得了优于或相当于常规区的防效，每亩节约农药投入成本33.00元以上，减少亩用水量和用药量11%~20%。

30. 果园生物杀菌剂的筛选与使用技术研究

2012—2014年由王英姿主持，王培松、刘保友、张伟、栾炳辉、王洪涛、李宝燕、王丽丽等参与下，室内毒力测定筛选出13种对苹果轮纹病菌、葡萄霜霉病菌、大樱桃褐斑病菌等果树致病菌具有抑制作用的生物杀菌剂或含有生物杀菌剂的桶混组合物，EC_{50}均小于100mg/L，抑菌效果显著。田间试验，明确了13种生物杀菌剂或含有生物杀菌剂的桶混组合物对苹果轮纹病、葡萄霜霉病、大樱桃褐斑病等果树病害防效良好，达到71.07%~96.97%。研究制定的含有生物杀菌剂的苹果、葡萄、大樱桃病害综合防治技术规程，防效优于常规防治，同时减少化学农药使用量17.24%~56.22%。

31. 葡萄霜霉病防控技术研究与推广

2012—2016年由王英姿主持，李宝燕、王培松、于晓丽等参与下，系统监测葡萄霜霉病田间流行动态，分析了温度、降雨、湿度等因子对霜霉病发生期、发生量的影响，制定了葡萄霜霉病的测报技术规程。研究明确了山东省葡萄霜霉病菌菌株、毒性、分布及亲缘关系，不同葡萄品种对霜霉病菌的抗性；筛选出7株有效防治霜霉病菌的内生菌，5种化学药剂、3种生物药剂及6种协同增效复配制剂，防效87%以上，药量减少30%以上；制定了葡萄霜霉病防治技术规程。在山东省烟台、青岛等7地市建立示范基地，实现大面积推广，经济、社会、生态效益显著。

32. 韭蛆绿色防控技术体系研究与应用

2013—2017年由王洪涛主持，栾炳辉、王丽丽等参与下，明确了胶东地区韭菜韭蛆（迟眼蕈蚊）的发生规律；探明了韭蛆在不同韭菜品种上危害存在明显差异；摸清了粘虫板对韭蛆成虫有明显的诱集作用，以黄色粘虫板贴地放置诱集效果为佳。从50多种农药中筛选出高效低毒化学农药3种、生物源农药3种；研配出复配制剂3种；研发出药剂减量技术3种，田间配套使用技术2种。研究集成了安全高效绿色韭菜韭蛆防控技术体系，减少化学农药用量30%以上，防效达95%以上，降低农药残留11.7倍，达到绿色A级和无公害标准。

33. 苹果病虫害节本增效防控技术研究

2014—2016年由王英姿主持，刘保友、王培松、王洪涛、于晓丽、李宝燕、栾炳辉等参与下，系统研究了苹果病虫害单项节本增效防控技术。① 筛选出具有节药、节水作用及配伍性、安全性良好的喷雾助剂5个；研发农药桶混组合物10个，减少农药用量32.3%；研制出高效滤液喷雾设备，省工50%以上，降低药液流失10%；明确了减少农药使用次数的具体适宜时期，减少用药种类2种。② 研究制定出套袋和不套袋苹果病虫害节本增效防控技术各1套，防效86.8%。示范区病虫害危害率较常规区的降低52.4%，减少农药29.3%，节水10%以上。在栖霞、蓬莱等地建立防治示范区7处，面积540亩，大面积推广应用，经济、社会、生态效益显著。

34. 葡萄对霜霉病抗性信号调控机制研究

2013—2015年由李宝燕主持，王英姿、王培松、于晓丽、刘保友等参与下，研究明确了不同品种对葡萄霜霉病的抗性，对5种生物药剂进行了防治葡萄霜霉病的室内抑菌活性测定和田间药效试验，为田间防治提供高效、低毒、低残留杀菌剂。同时通过两种不用生物杀菌剂的混配，减少制剂用量，控制病菌抗药性发生发展的目的。选取无核红宝石、无核克瑞森，通过叶盘法，喷施水杨酸、过氧化氢、茉莉酸24小时后接种霜霉病菌，7天后调查结果表明：水杨酸、过氧化氢有助于增强葡萄对霜霉病的抗性。测定了葡萄抵御霜霉病菌的防卫反应机理，确定了葡萄抗霜霉病的遗传与信号调控机制。

35. 粮油作物重要病害致病菌及控制技术研究

2014—2016年由王英姿主持，王培松、张伟、于晓丽、李宝燕等参与下，研究了烟台市小麦白粉病、纹枯病、花生褐斑病、黑斑病、网斑病等5种主要病害的流行规律，明确了小麦白粉病、纹枯病等病害致病菌的种群类型和组成，评价了小麦、花生不同品种对上述病害的抗病性。研究明确了小麦白粉病等5种病害对井冈霉素等5种药剂的抗药性水平，筛选与研配出吡唑醚菌酯·氟环唑等25种农药新品种，制定出农药配套使用及多靶标协调使用技术。研究制定出小麦白粉病、纹枯病、花生叶部病害防治技术规程各1套，得到大面积推广，防效达85%以上，经济、社会、生态效益显著。

四、取得的成就

（一）获奖成果

1. 省部级成果

"果树害螨高效杀螨剂的筛选及应用技术研究""小麦根腐性病害发生规律和防治技术研究""名优苹果主要病害发生规律及防治技术研究"获山东省科技进步二等奖；"苹果病虫害安全防控药剂的研配与推广"获全国农牧渔丰收二等奖；"综合防治地瓜茎线虫病"获山东省科学大会奖；"20%三唑锡研

制与应用研究"获化工部科技进步三等奖;"小麦全蚀病菌生物学及培养鉴定技术研究""蚜虫模式及其经济效益""苹果轮纹病病原确证及节本增效防控技术集成"获山东省科技进步三等奖。

2. 市厅级成果

"苹果绵蚜和金纹细蛾生物学研究及国内外新农药防治技术大面积开发""烟台市主要作物重大病害成灾规律研究与控制技术集成"获烟台市科技一等奖;"高效专性杀螨剂三唑锡应用开发""苹果病虫害安全防控药剂的研配与推广"获山东省农牧渔业丰收一等奖;"20%三唑锡的研制"获山东省经济委员会优秀新产品一等奖;"果树病虫害安全防控药剂筛选及配套使用技术研究"获烟台市技术发明二等奖;"推广应用粉锈宁防治苹果白粉病""芦笋茎枯病发生规律和防治研究""名优苹果主要病害生物学及综合防治技术研究""新型农药品种研制及南美斑潜蝇综合防治""红富士套袋苹果主要病害生物学及化学防治技术研究""山东省苹果重要有害生物抗药性检测及治理技术研究"获烟台市科技二等奖;"苹果轮纹病病原确证及节本增效防控技术研究与推广应用""山东苹果重要有害生物抗药性治理技术研究与推广""果园绿盲蝽可持续治理技术示范与推广""烟台市粮油作物主要病害防控技术研究与推广"获山东省农牧渔业二等奖;"防治花生线虫病高效药剂筛选及开发试验""防治苹果病虫害高毒、高残留农药取代品种的研配及应用技术研究""葡萄、大樱桃、桃重要病虫害生物学及安全控制技术研究与推广""迟眼蕈蚊发生规律及综合防治技术研究""粮油作物主要病害流行动态与绿色防控技术研究"获烟台市科技三等奖;"380万亩套袋红富士苹果主要病虫害防治技术推广应用""百万亩葡萄、大樱桃、桃主要病虫害安全控制技术示范与推广""韭蛆绿色防控技术体系研究与应用"获山东省农牧渔业丰收三等奖;"粉锈宁防治小麦全蚀病,叶、条锈病大面积应用研究"获山东省农业厅农牧业技术改进三等奖。

(二)发表论文与著作

1. 发表论文

"*Plant disease*" 2篇,"*Scanning*" 1篇,《中国农业科学》3篇,《植物病理学报》2篇,《植物保护学报》3篇,《果树学报》9篇,《昆虫学报》1篇,《中国生物防治学报》2篇,《花生学报》1篇,《山东农业大学学报 自然科学版》1篇,《菌物学报》2篇,《植物保护》14篇,《中国果树》18篇,《农药》5篇,《山东农业科学》8篇,《中国蔬菜》1篇,《江苏农业科学》5篇,《北方园艺》6篇,《安徽农业科学》9篇,《中国园艺文摘》1篇,《现代农药》1篇,《新疆农业科学》2篇,《华东农业科学通报》7篇,《农业科学通讯》4篇等。

2. 获奖论文

"苹果轮纹病菌对代森锰锌的敏感性"获烟台市自然科学优秀学术论文三等奖(刘保友、王英姿、张伟);"大樱桃褐斑病病原菌鉴定与田间流行动态研究"获烟台市自然科学优秀学术论文二等奖(刘保友、张伟、栾炳辉);"增效剂倍创与48%毒死蜱乳油混用对韭菜根蛆防治效果的评价"获烟台市自然科学优秀学术论文奖(王洪涛、王培松、栾炳辉)。

3. 出版专著

主编著作1部:《小麦全蚀病》(吴桂本,1975);参编著作4部:《中国农作物病虫害》(吴桂本,1979)、《植物检疫》(吴桂本,1979)、《新编农药手册》(吴桂本,1989)、《葡萄高效栽培专家答疑》(王英姿,副主编,2013)。

(三)获得专利

共获得发明专利18项,即含有克菌丹的具有协和作用的杀菌剂组合物(ZL200710013632.1)、阿维菌素·杀虫双杀虫剂组合物及其微乳剂制备方法(ZL200710013631.7)、含有吡唑醚菌酯和多抗霉素的杀菌组合物及其应用(ZL200810014753.2)、含有吡唑醚菌酯和福美双的杀菌组合物及其应用(ZL200810014754.7)、蛇床子素和多菌灵的复配组合物及其应用(ZL200810249876.4)、蛇床子素和苦参碱的复配杀虫剂及其应用(ZL200910016985.6)、一种含有小檗碱和多抗霉素的复配杀菌剂及其应用(ZL201210434239.0)、一种复配生物杀虫剂及其应用(ZL201310290870.2)、一种高效复配生物杀菌剂及其应用（ZL201310434820.7）、一种复配农用杀菌剂及其应用（ZL201310476404.3）、一种协同增效复配生物杀菌剂及其应用（ZL201310477047.2）、一种高效复配生物杀菌剂及其应用（ZL201310476873.5）、丁子香酚和蛇床子素的复配组合物及其应用（ZL201410145944.8）、蛇床子素和抑霉唑的复配组合物及其应用（ZL201410145602.6）、一种防治苹果病害的杀菌组合物及其应用（ZL201410145584.1）、防治苹果病害的杀菌组合物及其应用（ZL201410145339.0）、一种复配杀虫剂及其应用（ZL201510047625.8）、蛇床子素和噻呋酰胺的复配组合物及其应用（ZL201510464215.3）。

（四）制定的标准

共制定山东省地方标准5项，即葡萄园绿盲蝽综合防治技术规程（DB37/T 2240—2012）、樱桃园绿盲蝽综合防治技术规程（DB37/T 2241—2012）、苹果轮纹病综合防治技术规程（DB37/T 2243—2012）、水果有害生物综合防治技术规程 第1部分：葡萄（DB37/T 318—2016）、苹果有害生物安全控制技术规程（DB37/T 321—2017）。

五、农药登记田间药效试验

1982年，首批被农业部农药检定所认证为主持承担国内外农药登记田间药效试验单位。

1985、1988、1991、1994、1997、2000、2003、2006、2010、2014年续展为主持承担国内外农药登记田间药效试验单位。

2000年，被农业部农药检定所评为1999—2000年药效试验先进单位。

30余年来与近20个国家、30余个国内外大型农药研制生产厂（公司）进行了新型农药应用技术合作研究和大面积推广，并针对国情，联合有关农药生产企业先后引进、筛选和复配出了防治苹果、梨、葡萄、柑橘、香蕉等南北方主要果树病虫害高效、低毒、低残留新型农药品种35个。

六、拜耳技术开发与推广中心（山东）

2008年，开始探讨建立"拜耳山东试验农场"，开展农药新化合物探索试验、新产品示范等工作，且共同开展了除草剂等方面的试验。

2009年，公司派1名技术人员到本院开始"拜耳山东试验农场"的合作建设前期工作，院拨付用地12亩。

2010年，经双方友好协商，双方达成第一个为期五年（2010—2014年）的合作协议，共同建设"拜耳山东试验农场"，合作实施"山东地区农作物主要病虫草害化学防治技术研究"。每年试验项目30~40个，经费40万元左右。

2013年，"拜耳山东试验农场"更名为"拜耳技术开发与推广中心（山东）"。

2015年6月，双方签署了第二个五年合作协议，继续开展农药新化合物探索试验等工作，并进一步探索新的合作方向。

第十二节 土壤肥料研究所

一、概况与发展历程

土壤肥料研究所是烟台农科院下辖从事土壤肥料方面研究的科室。土壤肥料研究工作起源于1949年胶东农业实验场的积干肥、沤绿肥工作。1954年山东省莱阳农业试验站对化肥氮、磷、钾在烟台地区主要农作物的肥效进行了研究，并逐步形成土肥科研团队。1958年成立了莱阳专署农业科学研究所，后扩大为烟台专区科学研究所，组建土肥组。1959年建土肥系，1972年成立土肥研究室。1983年春将化验人员、仪器设备等调出，建立化验室，独立承担化验任务。1996年1月土肥室与化验室合并成立土肥化验室，1998年烟台农科所撤所建院，成立土肥化验研究所，即土壤肥料研究所。

1. 研发团队

土壤肥料研究所目前专职人员有姜学玲、张瑞清、杨剑超、孙晓、张占田、张广和6名。其中研究员2名、高级农艺师1名、农艺师2名，拥有博士学位的3名、硕士学位的1名。曾在土肥所工作的还有李存英、侯庆福、高洪芝、于令康、杨月桓、祝洪林、段大海、宋文卿、于波、徐维华等。

历任领导　所长：王士友（1985.5—1991.1）、于良忠（1991.2—1998.11）、王克诰（化验室）（1983.5—1998.8）、于忠范（1998.12—2003.5）、汤国民（2014.12—2017.12）；副所长：姜学玲（2014.12至今）、张瑞清（2014.12至今）、张广和（2017.12至今）。

2. 基础设施

（1）办公场所　有总面积500m^{2}的实验室和办公场所。设有土壤晾晒室、前处理室、无菌室、天平室、电热室、大型仪器室、小型仪器室、办公室等多个功能室。

（2）仪器设备　配备检测所需的各种设备和设施50余台（套），包括原子吸收仪、有机元素测定仪、火焰光度仪、高速离心机、微波消解仪、全自动凯氏定氮仪、超纯水机、人工气候培养箱、干燥箱、电子天平等，总价值300余万元。

二、研究项目与成果

1. 早期项目成果（1959—1990年）

土壤肥料研究所顺应当时烟台地区的农业生产要求，建所以来承接了多项课题任务。包括山东丘陵建设高产稳产田经验、不同土壤类型整地改土方法、脱氟磷肥增产效果研究、氨水施用技术研究、增施磷肥效果研究、治理姜山洼技术措施、有机肥改进积存方法、保留熟土层厚度研究、钾肥研究、亚硝酸钴钠废液中钴的回收利用等，对当时的农业用地规划和农业生产做出了积极贡献。

1954—1958年对肥料三要素、复合肥、小麦穗肥、绿肥、玉米氮肥等进行了详尽的试验研究，其中，"毛叶苕子绿肥在烟台地区的肥效试验报告"发表于1966年《土壤通报》第6期，并编印《发展绿肥增养地力》一书；1977—1978年对"黄土搬家"的利害关系进行研究，首次从理论上讲清"黄土搬家"利害关系，根据土壤养分确定积肥数量和质量要求，对克服当时社会上的"黄土搬家"倾向起了重大作用。此研究报告印发全区各县市，论文发表于1978年《土壤肥料》第6期；提出提高钾肥肥效的有效措施，著有"烟台地区钾肥肥效的研究"和"胶东丘陵棕壤区甘薯钾的研究"。文章发表于烟台市农学会"农业论文选"1980年第1期和山东省土壤肥料学会的论文集1986年11月；研究撰写"复合肥料增产效果及效益"一文，发表于烟台市农学会"农业论文选"1985年第7期和1985年山东省土壤肥料学会论文集；1979年撰写"冬小麦穗粒肥研究初报"发表于《土壤肥料》第2期，1981年获烟台地区科技成果一等奖。

1961—1962年李存英、侯庆福、高洪芝等开展了山塘地压"绿线泥"研究。1960年在文登县桃花大队用绿线泥压900亩，获得亩产花生175kg的大丰收。

1964年王士友、王松撰写"莱西、即墨洼区利用改良调查报告"，由行署转发各县推行。1964年起在莱西辛庄洼区旱地改试点，即墨王家屋滞洪区稻改试点，均获得成功，1965年"三田"及农业防涝措施在莱西、即墨全面推广，至1972年，累计推广735万亩，增产粮食2.575亿kg。

1965年参与了含氮井水资源调查任务，该项目1972年参加全国农业科技成果展览。1970—1971年开展了氨水冬季贮藏方法与效果研究。对指导当时胶东地区农业起到了关键性作用。

1972—1975年通过丘陵山地整地改土建设高产稳产田的调查研究，总结了烟台地区整地改土经验。此总结于1973年以"烟台农业科技"印发推广，对提高本区整地改土科学技术水平，纠正不科学做法，确保高稳田建成起了重大的作用，论文分别发表于《土壤肥料》杂志1975年第6期和1977年第3期。

1973—1978年进行了"丘陵山地高产稳产土体厚度研究"。将丘陵山地按土体厚度分级，改变山农作物产量低且不稳产的状况。对不足高稳产厚度的丘陵山地，在整地中应十分珍惜土壤并逐年增加土层、改良土壤。该研究于1981年获得山东省农业厅科技成果三等奖。论文发表于《土壤通报》1979年第4期。

1974—1975年经调研后拟定了石碴土的合理灌溉意见，于1975年4月24日由烟台市农业局、水利局联合转发全市各县市。

1974—1978年进行了整地保留不同表土厚度对作物产量影响的研究，通过研究弄清了土壤剖面养分分布规律性，明确了保留表土厚度的科学依据和指标，以保留表土8寸，不乱土层，作物产量最佳，比对照（乱土层）增产15.5%~16.4%，且持效6年以上，论文发表于《土壤肥料》1977年第4期。

1974—1980年对土壤类型与深翻育肥效果进行研究，指出深翻效果视土壤类型而定。整地后6年10季作物调查，平均季增产小麦10.3%~17.4%，玉米8.1%~10.9%。论文发表于1982年《土壤通报》第6期。

1981—1984年王士友主持了土壤养分状况与花生施氮效果关系的研究，拟定了花生土壤氮素丰缺指标比例协调程度指标和氮肥的最佳用量，推广面积达300万亩，1987年获省科技进步三等奖，相关文章也被多家刊物转载。

1984年起，开展旱薄地项目，针对烟台地区的旱地、贫瘠土壤展开调查，并制定了对应的改良措施。1974—1983年参与全国全省化肥协作网试验，1975—1984年承担了吨粮田肥水试验设计及相应技术设计，研究出创高产的一条新途径。

2. 中期研究项目及成果（1990—2000年）

随着改革开放和科研人才的进入，土壤肥料研究所的研究也逐步由单一的地市任务向省市级科研任务系统研究转型。

1991年承担烟台市农业局吨粮田开发项目，形成烟台地区农田稳产高产的土肥水配套体系。

1992年承担烟台市农业局大棚蔬菜施肥研究，提出一套大棚水肥科学管理技术方案，并进行了示范与推广。

1993年承担烟台市科技项目苹果叶片营养诊断技术模型研究，首次在烟台市根据产量分成高、中、低3种类型，经过科学统计分析得出叶片营养诊断指标与施肥调节方案，并制作成计算机模型。分别在栖霞、蓬莱、牟平、海阳等地进行试验、示范，并不断进行修正、改进、总结、推广。1998年获得烟台市科技进步二等奖。

1995年承担烟台市科技项目富士苹果锰毒害防治技术研究，发现富士苹果锰毒害的主要原因是土壤酸化和土壤滞水造成土壤有效锰含量过高。防治方法为合理使用钙镁磷、硅钙镁等偏碱性土壤调理剂，补充钙镁离子，同时要搞好果园排灌系统，防止果园滞水。用盆栽试验研究证实了田间的粗皮症状确实是土壤锰过多所致，对锰毒害的症状、产生毒害的浓度、防治的技术措施进行了详细描述与示范、推广。2000年获得烟台市科技进步二等奖。后与山东农业大学、中国农业大学合作研究，并通过讲课、论文、电视科教节目、成果推广等多种形式在全国推广。

3. 近期科研项目及成果（2000年至今）

2005年深入调查研究苹果生产配套技术，首先在烟台市选择产量在4 000kg/亩以上，一级果率在80%以上，品种为富士、嘎啦的丰产、优质苹果园。调查株行距、冠径、干高、株高、枝量等生物指标；调查土肥水管理和病虫害防治情况；分别取叶片、土壤样品，化验氮、磷、钾、钙、镁、锌、铁、铜等养分指标。在广泛调查的基础上，制定出精品苹果生产配套技术，分别在栖霞、蓬莱、牟平、海阳等地进行试验、示范，并不断进行修正、改进、总结、推广。2005年获得烟台市科技进步二等奖。

2007年承担烟台市科技发展计划项目"城镇生活垃圾处置关键技术研究及生物有机肥开发"，对烟台市生活垃圾综合处理厂的"筛下土"进行了取样，对成分进行动态监测，为综合利用提供可靠依据。围绕提高"筛下土"有效利用，进行了多个配方的研究，并筛选出不同温度范围的纤维素分解菌复合群，显著提高了"筛下土"发酵产物的有机质含量。针对多种土传病害的病原菌，分离筛选14株拮抗菌，与"筛下土"发酵产物复配，对黄瓜立枯病和黄瓜枯萎病的防效分别达到52.9%和54.1%。"筛下土"发酵产物在多种蔬菜作物上当季增产可达25%以上，对下季蔬菜作物仍有15%以上的增产潜力。发表论文4篇。研究成果在烟台地区具有领先性。

2009年在农业部"樱桃产业主要障碍因素公关研究"项目中，探明了大樱桃流胶、根颈腐烂、根瘤、裂口四大难题与土壤及施肥的关系，提出了大樱桃适宜的土壤、叶片养分指标，建立了大樱桃平衡施肥与节水灌溉的肥水一体化管理模式，总结出大樱桃土肥水管理技术规程。初步建立起大樱桃土肥水管理的技术体系。

2013年承担山东省农业重大应用技术创新项目"农林废弃生物质炭开发及苹果品质提升关键技术研究"，研发了高效果树枝条炭化炉和作物秸秆炭化炉，并对炭化过程中产生的可燃气体、焦油和木醋液等副产品收集和综合利用；研究了农林废弃生物质炭的基本性质、对酸化土壤的改良作用；不同种类生物质炭配施化肥对土壤氮素淋失和固持的影响及对土壤磷素的吸附特性；研制了3种生物炭剂型：片型、球型、柱型，同时根据果树养分需求特性对不同剂型进行了养分配比，开发出系列苹果树专用生物质炭基肥。研究了生物炭基肥对富士苹果生长和果实品质的影响。生物炭基肥可显著促进富士苹果树的生长；苹果单果重提高7.4%～17.6%，优果率提高22.2%～38.9%，可溶性固形物提高1.34%～4.03%；施用稻壳炭富士果实香气总量可增加33.6%～108.6%。制定了果木炭基肥加工生产等3项技术规程；建立果园酸化土壤修复等5个技术体系；申请发明专利3项，其中1项已授权；发表论文9篇。通过举办培训班、现场技术指导、电视和网络宣传、发放技术资料等方式培训技术骨干1 700人次、果农11 500人次。建立示范园15处，示范园面积1.5万亩，技术成果在烟台、威海、青岛等地累计推广应用53.5万亩，已获经济效益6.5亿元，经济、社会、生态效益显著。2016年围绕该项课题由中国农业出版社出版《烟台苹果药肥减施与生物炭肥》专著1部。2017年获得山东省农牧渔丰收三等奖。

2015年起，响应产学研结合的号召，积极参与部分横向课题的研发，2015年与烟台制革厂签订协议，研发出一种基于动物蛋白的液体肥料，该种肥料富含氨基酸、微量元素，作用效果明显，同时解决了制革厂多年的环境污染问题，变废为宝，环境效益和经济效益突出。2015年与栖霞市旭瑞生物科技有限公司联合研发苹果废弃枝条发酵技术，将苹果废弃枝条制备成有机肥料，实现了果园废弃生物质的规模化还田，该技术于2016年获烟台市科技进步三等奖。2015—2017年分别承担了"五洲丰""龙大朝日""武汉辉瑞""山西天脊"等肥料企业的肥料委托试验任务。

2015年起为适应学科发展需要，将智慧农业物联网研发和农业生态园区规划作为部分重点工作内容。与烟台气象局合作承担2015年烟台市科技发展项目"智慧气象系统在设施甜樱桃管理中的应用技术研究与开发"，与供销社茶叶公司合作承担2016年烟台市科技发展项目"北方茶园智能化精准管理生产技术体系研究"、2017年山东省农业重大应用技术创新项目"设施茶园精准管理智慧系统关键技术研发与示范"。2017年承担烟台市财政局、农业局"烟台市2017年水肥一体化技术示范项目"中的"乔化栽培苹果、葡萄标准制定及推广普及技术模型""烟台市水肥一体化智能化管理示范点建设"及"水肥一体化智能化管理技术平台建设"等研究建设内容。

2015年开始利用先进的卫星定位、传感器测量、专家模型模拟等技术，结合多年的营养管理和生态区域规划经验，先后对文登峰山合作社2 000亩果园、荣成华峰合作社2 000亩果园、栖霞通达合作社1 200亩果园、龙口大脉村综合性复垦农场2 000亩、蓬莱和圣农业生态农场2万亩、开发区大季家生态农场2 000亩进行生态区域规划，制定栽培营养管理方案，取得良好的效果，收到各大合作社的认可与信赖。同时与中国农业大学资环学院、法国ECOCERT国际认证机构联合开展有机果园生产技术研究，为胶东地区农业向生态化、有机化发展提供系统性解决方案。

2016年起加强与山东省农业科学院合作，参与国家重点研发计划子课题"葱蒜类蔬菜养分推荐方法与限量标准"，参与山东省农业科学院农业科技创新团队中的"大白菜资源环境长期定位监测""果园资源环境长期定位监测""烟台苹果提质增效标准化生产技术集成示范"等项目。

2017年承担农业基础性长期性科技工作国家土壤质量数据中心观测监测任务中烟台地区苹果、鲜食葡萄、酿酒葡萄长期监测任务3项。

2017年系统开展果园反光膜相关研究,针对反光膜使用不得当、污染严重问题给出了解决方案,承担山东省"果园反光膜使用技术规范"地方标准的起草工作2项。

第十三节 生物组培脱毒中心

一、概况

生物组培脱毒中心的前身是1996年1月成立的新技术特产研究室。1998年山东省烟台市农业科学研究所更名为山东省烟台市农业科学研究院,由原新技术特产研究室科技人员及后勤调整下来的安置工人组建而成。

历任生物组培脱毒中心主任有:王作全、丁朋松;副主任:王常芸、周德强。

先后在生物组培脱毒中心的工作人员有:王作全、王常芸、周德强、王志新、卢建声、吕学勤、徐艳、周爱云、张爱杰等。

生物组培脱毒中心的主要研究领域包括草莓、马铃薯、葡萄等作物的脱毒快繁技术研究与开发,草莓栽培技术研究。

二、发展历程

生物组培脱毒中心成立后,主要承接了原新技术特产研究室的全部科研及开发工作,主要开展草莓、葡萄、马铃薯的脱毒、快繁以及销售工作,西洋参的栽培、加工等。草莓脱毒及配套技术研究,为保护地草莓栽培提供大量优质的草莓脱毒苗,对提高草莓产量、增加农民经济收入、促进草莓种植产业发展起到了积极的推动作用,同时通过脱毒苗木的销售,本院也获得了可观的经济效益;开展的葡萄、马铃薯等的脱毒快繁工作,都获得了良好经济及社会效益。2001年部分工作人员调走,由王作全主任带领1名技术人员及2名工人继续开展组培脱毒工作,至2003年1月其他工作人员全部调走,只有王作全在坚持草莓、马铃薯、葡萄的脱毒及栽培研究,科研工作处于维持状态。

生物组培脱毒中心在做好经济创收的同时,积极承担省、市科研课题及项目的研究工作,并获得烟台市科技进步二等奖1项。

三、主要工作成绩

1. 承担课题项目

先后承担了烟台市科委"马铃薯脱毒及快繁技术试验",烟台市科委与张裕葡萄酒公司委托的"葡萄脱毒苗木快繁技术研究与开发",山东省科委"脱毒草莓优质高产综合栽培技术研究""名、优、稀、特果树新品种的选育与示范",与山东省果茶站合作的省科委"果树保护地优质高效栽培技术研究"、烟台市科委"草莓超早熟栽培技术研究""烟台市高效经济作物新品种创新改良与产业化开发(草莓部分)"等课题项目的研究工作,按照课题计划要求,圆满完成各项技术指标,顺利通过课题项目的验收工作。

2. 获得成果

"丰香草莓的引进及推广"系自选项目,是针对烟台草莓当时发展及生产中存在的所利用品种宝交早生在提早成熟时出现植株矮化、果个变小、口味变差、产量降低等问题,自1990年开始从上海市农科院等单位引进几十个草莓品种,经试验、示范筛选,确定丰香草莓适合烟台、山东及周边地区大面积推广。丰香草莓具有果个大、大果比例高、成熟早、早期产量比率高、香味浓、品质优、肉质硬韧、贮运性好等优点。该品种的推广应用,创造了巨大经济效益和社会效益,同时栽培水平获得了巨大的提高，使烟台草莓栽培能够稳居全国领先水平。该项目2000年获烟台市科技进步二等奖。

3. 发表论文

先后在《山东农业科学》《中国农学通报》《生物技术通报》等期刊上，发表了"草莓花药培养及脱毒苗产业化生产技术研究""山东省草莓生产概况及发展建议""我国草莓脱毒研究及应用"等研究论文10余篇。

附：现已撤销的单位

一、畜牧研究所（室）

畜牧研究室发展概况：1958年成立烟台专区科学研究所时，也一起建了猪圈，办起了养猪场，实行自繁自养，积攒土肥喂地养地。后来又喂养了十几匹马，组建了马车队，向地里拉土拉肥，拉运庄稼。

1965年5月13日，山东省编制委员会、农业厅（65）编事字第20号、（65）农政干字第6号文下达了全省农业事业企业单位精减编制方案，对农业事、企业单位分别采取撤、并、交、改、放、建、减七个字的措施加以整顿，其中将乳山垛山猪育种辅导站划归烟台专区农科所领导。

1971年，垛山猪育种辅导站，按照上级部门的要求，从乳山县崖子镇迁到烟台地区农科所，饲养的垛山猪也全部搬迁到农科所养猪场饲养，辅导站的科研技术人员刘恩庆、宫孝范、宋某某等三位同志也一并调入地区农科所工作，继续开展垛山猪的育种研究、饲养繁育肥猪等工作。同年，地区农科所成立了畜牧研究室。

1973年底1974年初，垛山猪育种工作组，又根据地区农业局的工作安排，迁到了地区良种场，畜牧研究室的科研技术人员也进行了调整，刘恩庆同志调入地区良种场继续从事垛山猪的研究工作，宫孝范、宋某某调回乳山县兽医站工作。至此，畜牧研究室没有了科研技术人员，也就不了了之了，农科所养猪场继续饲养繁育肥猪，实行自繁自养的养殖模式。

1974年，烟台地区外贸局，开展本地黄牛的改良工作，从国外引进西门塔尔和海福特两个肉牛品种，放到农科所饲养。当时农科所无畜牧兽医专业技术人员，地区农业局根据工作需要，又从地区良种场把刘恩庆同志调回到农科所，重新组建了畜牧研究室，刘恩庆同志任主任，随后又陆续从潍坊地区调入了张树恩，从黄县兽医站调入了吕惠序二位同志到畜牧研究室从事技术工作。后来又从山东农学院、莱阳农学院等农业院校分配来了姜爱莲、李进瑞、马玉亭等毕业学生。至此，畜牧研究室科研技术人员达到了6人，对开展畜牧技术的研究有了人员的保障。

1976年，畜牧研究室和地区外贸局合作，开始研究制作肉牛冷冻精夜颗粒，进行黄牛改良工作。当时，畜牧研究室的技术人员，没有人懂得牛冷冻精液颗粒制作相关技术，地区农业局又从良种场把从事大家畜配种工作多年的张崇生同志，调入到农科所畜牧研究室，主要负责肉牛冷冻精液颗粒的制作和推广应用工作。聘请莱阳农学院畜牧系主任胡松亭教授做技术指导。当年春天，还在农科所内，举办了3期全省范围内的黄牛改良冷冻精液颗粒推广训练班，每班100余人，每期10天。训练班的举办对全省的黄牛改良工作起到了极大的推动作用。

1978年，畜牧研究室申报的"利用肉牛改良当地牛的研究"获烟台地区科学大会奖（奖状）。

1980年3月，地区农业局成立了烟台地区家畜改良站，农科所畜牧研究室承担的黄牛改良工作划归家畜改良站，时任农科所副所长孙忠远调任改良站站长，畜牧研究室主任刘恩庆调任改良站副站长，张崇生、马玉亭、李进瑞3人一并调入改良站，张树恩、吕惠序、姜爱莲3人继续留在畜牧研究室工作。黄牛改良站与农科所分家时，母牛归农科所，公牛归改良站，饲养员隋汉钦、吕其清、侯永贵3位工人也一并调入改良站继续从事饲养工作。后来，张树恩调到烟台农校工作，吕惠序调到烟台地区农业局畜牧科工作。1983年4月，刘洪森由莱西五四农场调入试验农场工作。

畜牧研究室复建阶段。1986年初，饲养队从试验农场分离出来，成立农科所畜牧研究室。成立之初，畜牧研究室有畜牧兽医技术人员3人，分别是刘洪森（1983.3）、姜爱莲、宋世志（1985.7）。当时畜牧研究室没设主任，只设副主任，第一副主任由原农场副场长刘洪森担任，主持畜牧研究室全面工作。1986年4月李慎生、叶明君（女）由吉林省农科院调入烟台市农科所畜牧研究室工作。1986年7月汤江海由山东农业大学分配到农科所畜牧研究室工作；至此，畜牧兽医技术人员增加到6人。20世纪90年代初，汤江海、姜爱莲2人先后调离了农科所。后期，柳尧训（1993.7）从福山区农业局调入，梁明志（1994.7）、邵长军、王增光（1997.7）先后分配到畜牧试验场工作。

当时，畜牧研究室下设畜牧试验场，试验场内又细分为养猪场、养兔场、养鸡场及饲料加工车间等4个部门。技术人员围绕生产实用技术及部分自选课题开展研究工作。养猪场饲养的猪品种有莱州黑、大约克夏、杜洛克、长白等品种，实行自繁自育自养。养兔场主要饲养德系长毛兔，以生产仔兔和兔毛为主。并开展一些有关养兔技术自选课题的研究。养鸡场原来只是地面散养部分京白蛋鸡，每年春天生产一部分种蛋，以自有的两台老式孵化机孵化雏鸡，卖向社会饲养户。从1986年开始，逐步增加鸡舍面积，扩大饲养规模，新盖一栋网上平养鸡舍，配备自动饮水槽，自动饮水，链条式送料机械，自动投送饲料，饲养京白蛋鸡，生产白壳种蛋及商品蛋。后来随着肉食鸡饲养市场的兴起，又引进饲养了肉食种鸡，将原来的养牛舍改造成符合垫料式地面散养的肉种鸡产蛋鸡舍，先后从莱州种畜场引进星布罗父母代肉种鸡雏鸡，从平度外贸种鸡场引进AA肉种鸡雏鸡，进行饲养培育，生产种蛋，孵化雏鸡，卖向市场。

1987年初，李慎生任畜牧研究室第一副主任，主持畜牧研究室全面工作。

1988年初，时任农科所财务科副科长的孙君强调入畜牧研究室，任第一副主任，主持畜牧研究室全面工作。

二、试验畜牧场

1989年初，成立试验畜牧场，定为正科级单位。时任农场场长的于洪春调任试验畜牧场场长，主持全面工作；时任总务科副科长的刘学智调任试验畜牧场副场长，负责采购和销售工作；刘洪森任试验畜牧场副场长，负责试验畜牧场全面技术工作。李慎生任畜牧研究室主任（副科级），主要负责种猪的饲养管理及商品猪的饲养繁育等工作；姜爱莲任畜牧研究室副主任（正股级），主要负责长毛兔的饲养、繁育、管理等工作。试验畜牧场成立初期，主要的工作还是以饲养商品猪和商品蛋鸡为主。期间，与烟台市房屋开发公司合作，利用其提供的资金建设了两栋场房，一栋场房购置了现代化养猪设备饲养种猪，繁育仔猪，生产商品猪。一栋场房购置了三层立体养鸡笼具，饲养商品蛋鸡，增加商品猪和商品蛋鸡的饲养量。

1992年，随着养鸡市场的变化，畜牧场开始引进饲养褐壳父母代蛋种鸡。年初，从淄博巴山父母代种鸡场引进罗曼父母代蛋雏鸡3 000套进行饲养、培育、生产种蛋。11月从机电部第41研究所引进智能孵化机两台。年底开始孵化雏鸡，向社会养鸡户提供褐壳蛋雏鸡。

1993年开始逐年增加褐壳种鸡存养量，从1992年的3 000套发展到1998年的年存养1.8万套的规模。智能孵化机也由最初的两台逐年增加到16台。蛋雏鸡的孵化量，也由起初的年不足20万只发展到年生产雏鸡140余万只的规模。

1995年12月，农科所出台中层干部管理办法，规定年龄超过55周岁的中层干部不再担任领导职务。试验畜牧场场长于洪春、副场长刘洪森年龄已超过55周岁卸任领导职务，试验畜牧场领导班子调整。调整后的试验畜牧场领导班子为：刘学智任试验畜牧场场长，负责全面工作；柳尧训任副场长，负责雏鸡的销售推广服务工作；宋世志任副场长，负责全场技术工作，并主管雏鸡的孵化生产工作。这期间，畜牧场的主要工作任务是生产、经营和创收。主要是饲养褐壳父母代蛋种鸡，生产种蛋，孵化蛋雏鸡，向社会养殖户、养殖场推广销售。当时由于孵化的雏鸡品种纯、质量好、成活率高、成年鸡产蛋率高，服务技术过硬，雏鸡销售市场涵盖11个市县区，深受广大养殖户的欢迎。到1998年底，蛋种鸡存养量1.8万套，年生产蛋雏鸡140万只。

2003年底，院里又开始实行中层干部55周岁退居二线政策，是年，刘学智年龄已超过55周岁，退居二线。院里调农场场长鞠法远任试验畜牧场场长，主持全面工作。由于2000年以后，蛋鸡养殖业开始不景气，市场逐渐下滑，禽流感疫病时有发生，蛋雏鸡需求市场严重萎缩，此时，以饲养蛋种鸡生产、孵化、销售蛋雏鸡为主业的试验畜牧场，受外部大环境的影响，生产经营受到了很大冲击，正常的生产运转遇到了困难，在这种情况下，坚持到2004年7月初，院里决定停产歇业，处理存养的种鸡和孵化设备。全场干部职工除了场长鞠法远留守处理后续工作外，其他干部职工全部下岗待业自谋职业。

2016年，院里申请撤销了畜牧研究所、试验畜牧场编制。

三、化验室

1983年2月19日，烟地农科党字〔1983〕第3号，化验室同土肥室分置，列为科级单位，配备5名工作人员，王克诰任主任，先后有10余人参加化验室工作。1986年8月前有王克诰、孙世川、王熙琼、王秀美；8月后有王克诰、姜金玲、吕建华、于波、刘学卿。主要工作任务是承担所内外土壤、肥料、植物和农副产品的成分分析；农化分析技术指导和技术培训，以及土壤、肥料试验研究工作。60年代初，由于设备简陋，缺乏必要的水、电等设施，仅开展土壤、肥料的水分、N、P、K、有机质、pH值等常规项目分析。70年代化验条件有所改善，增加了植物营养元素、农副产品的粗蛋白、淀粉、糖、有机酸、维生素C（Vc）等成分分析，以及水质硬度、阴阳离子、赤霉素含量分析。进入80年代，在原有仪器设备的基础上，又增加了原子吸收、光焰光度计、电导仪、光电天平、紫外分光光谱仪等主要设施。测试手段进一步加强，又增开微量元素、土壤交换性离子、土壤机械组成、饲料养分分析等项目分析。在主要分析方法上，除沿用常规分析法外并按全国第二次土壤普查规程规定执行。根据工作需要，1993年8月15日烟农科政字〔1993〕30号，将化验室改建成实验测试中心。1996年1月化验室与土肥室合并，设置土肥化验室。1998年撤所建院成立土肥化验研究所，于忠范任所长。1999年7月徐维华分配到土肥化验研究所；2004年于波、徐维华转入农业部果品及苗木质量检验检测中心。

四、植物组织培养研究室

由原来的"系统工程研究室"（当时单位内定名称）演变而来。1984年根据当时快速发展的形势及作物栽培研究面临的问题，常鸿提出组建系统工程研究室的建议，并着手工作。1985年6月其中一部分科技人员组建"植物组织培养研究室"，10月获得市编办同意。组建时有常鸿、王福斌、谢永福3名科技人员，聘任常鸿为研究室主任。该研究室的组建，旨在利用作物体细胞变异，进行离体培养育种研究，同年底已初具规模，开展了以菊花为材料的快速繁殖技术研究，初步熟悉和掌握了该项技术的整套操作规程。1985年承担了烟台市科委下达的"玉米程序栽培规范化研究"课题，利用计算机数学模型，通过优化玉米种植密度、施肥水平、浇水量、播种期等因素以期获得最大的产出效益。后由于形势的变化，研究方向有所调整，即组培与育种结合。承担的烟台市科委下达的"小麦幼胚离体培养育种技术研究"课题，1991年以后由新技术研究室王作全完成。研究结果表明，供试的30个材料中，幼胚的出愈率不受基因型的影响，只要操作得当，出愈率均可达100%；基因型与分化率关系密切，与产苗率也有很大关系，因而在应用幼胚离体培养进行育种时，利用高分化率及产苗率的基因型是获得更多无性系后代的重要一环。

1987年6月5日烟编〔1987〕41号，烟台市编委同意本所内部机构设置不再设立植物组织培养研究室。

五、新技术应用研究室

由原来的"系统工程研究室"（当时单位内定名称）演变而来。1985年6月由"系统工程研究室"一部分科技人员组建，10月获得市编办同意。组建时有张善勇、王作全2名科技人员，聘任张善勇为研究室副主任。配备PC-88、APPLE II两台电子计算机。该室的主要任务是通过微机所具有的特殊功能，消化、吸收国内外各种新技术，发挥其在农业上的应用，为农业科学现代化探索道路。同年开设了"栖霞县农牧业结构模型的研究与实践""电子计算机在玉米程序栽培中的应用"两个课题。1988年开始从事佛手瓜的研究工作，编著《佛手瓜栽培技术》，1989年由青岛出版社出版，在《北方园艺》1989年第10期发表了"佛手瓜高产栽培技术"、在《农业科技通讯》1990年第2期上发表了"佛手瓜裸培育苗技术"等研究论文。1991年1月27日烟农科政字〔1991〕3号，邹振祥任新技术研究室副主任。1993年，所里改革，中层单位撤销，由王作全挑头成立新技术课题组，科技人员有王作全、王常芸、谢永福，开始主要进行草莓的组培脱毒及栽培研究工作，承担了市科委下达的"草莓脱毒及配套技术研究"课题，该项目获得烟台市科技进步二等奖。同时承担省科委"脱毒草莓优质高产综合栽培技术研究"课题。1996年1月所里恢复研究室，由新技术应用研究室与特产研究室合并，成立新技术特产研究室。聘任王作全为主持工作的副主任。

六、特产研究室

1989年2月15日烟农科政字〔1989〕2号，设立特产研究室，具体承办西洋参、人参技术研究、开发、加工等业务，聘任李连为特产研究室主任，先后参加特产室工作的科技人员有徐源连、孙树礼、周德强、于忠范、尹国香等。主持完成的"原皮西洋参加工技术研究"项目，1993年获山东省科技进步三等奖。撰写的"西洋参种子不同成熟期与裂口发芽率的关系""胶东地区农田栽参土壤地块的选择""西洋参种子催芽中倒种与裂口的关系"研究论文分别发表于《特产研究》1989年第4期、1992年第1期和1992年第2期。

1996年1月30日烟农科政字〔1996〕6号，特产研究室与新技术应用研究室合并，成立新技术特产研究室，王作全任研究室副主任（主持工作），有王作全、谢永福、徐源连、周德强、王常芸5名工作人员，主要从事草莓脱毒、栽培及西洋参栽培技术研究工作。1998年山东省烟台市农业科学研究所更名为山东省烟台市农业科学研究院，新技术特产研究室更名为生物组培脱毒中心。

第四章 科研服务机构

第一节 农业农村部果品及苗木质量监督检验测试中心（烟台）

一、概况

农业农村部果品及苗木质量监督检验测试中心（烟台）是由烟台市农科院承建的第四批部级质检中心，2005年首次通过国家计量质证和农业部机构审查认可，并于2009年、2011年、2012年、2015年和2016年先后5次通过了国家资质认定复审（扩项）、农业部机构审查认可和农业部农产品质量安全检测机构考核。本中心也是农业农村部果品质量安全风险评估实验室（烟台）、烟台市农产品综合质检中心、烟台市农科院农产品质量标准与检测技术研究所，是农业部无公害农产品定点检测机构、中国绿色食品产品质量定点监测机构和农业部农药登记残留试验承担单位。主要从事蔬菜、果品、粮谷、苗木、肥料、产地环境的分析与检验。2018年4月17日，根据中华人民共和国农业农村部公告（第9号），"中心"更名为"农业农村部果品及苗木质量监督检验测试中心（烟台）"。

自通过认证以来，"中心"积极对外开展工作，先后承担各类科研课题及横向委托项目多项，制定农业地方标准8项、国家农药残留标准3项；自2006年起连续承担山东省、烟台市蔬菜、水果风险监测和监督抽查任务103次；承担农业部农药登记残留试验25项、主持和承担农业部果品质量安全风险评估项目专项10项。承担无公害农产品和绿色食品认证检测近300批次。每年接收质监局、工商局、农业部门、企业、农民合作社和农户的各类委托检验等200余批次。2012年承担了国家发展改革委"烟台市农产品质量综合检验检测中心"建设项目，总投资1 000万元。

"中心"先后获得山东省农业厅农业质量市场信息工作先进集体等多项荣誉。

（一）研发团队

"中心"目前现有人员16名，分别是朱波、周先学、李晓亮、刘传德、王志新、段小娜、鹿泽启、徐维华、姚杰、姜蔚、臧宏伟、柳璇、兰丰、王春晓、张伟、徐静静。其中研究员2名、高级农艺师5名、硕士研究生10名。有内审员9名，质量监督员5名；山东省检验检测机构资质认定评审员3名，农业部农产品质量安全检测机构考核评审员4名。曾在中心工作的还有韩启秀、袁堂玉、邱化蛟、于波、王新语。

"中心"历任领导，主任：梁新明（2005.7—2008.9），董锐（2009.5—2013.11），朱波（2013.11至今）；副主任：周先学（常务，2005.7至今），李晓亮（2005.7至今），刘传德（2009.7至今）。

（二）基础设施

1. 办公场所

"中心"有检测和办公面积1 500m^2，其中控温面积800m^2。设有感官室、土壤晾晒室、有机前处理室、无机前处理室、风险评估分析室、天平室、电热室、标准溶液室、档案室、样品室、大型仪器室、小型仪器室等20多个功能室。

2. 仪器设备

配备检测所需的各种设备和设施60余台（套），包括气-质联用仪、气相色谱串联质谱仪、液相色谱串联质谱仪、电感耦合等离子体质谱仪、气相色谱仪、高效液相色谱仪、紫外/可见分光光度计、原子荧光光度计、原子吸收分光光度计、自动定氮仪、全自动固相萃取仪、微波消解仪、超纯水机、玛瑙球磨机、电热恒温培养箱、真空干燥箱、旋转蒸发仪、匀浆机、电子天平等，总价值1 300余万元。

二、成立与发展历程

2003年4月，农业部下发了《关于下达农业部第四批部级质检中心筹建计划的通知》（农市发〔2003〕5号文件），决定由烟台市农科院筹建"农业部果品及苗木质量监督检验测试中心（烟台）"。12月，烟台市机构编制委员会发文决定在烟台市农科院设立"烟台市农产品质量检验检测中心"（烟编〔2003〕21号文件），与"农业部果品及苗木质量监督检验测试中心（烟台）"一个机构两块牌子。烟台市农科院下发了《关于筹建"农业部果品及苗木质量监督检验测试中心（烟台）"的决定》（烟农科政字〔2003〕25号文件），"中心"正式成立，并展开各项筹建工作。

2005年6月，"中心"完成了实验室的装修改造工程、仪器设备的调研、采购及安装调试、内部质量体系的建立和试运行、检测项目的确定及练兵等工作，向农业部和国家认监委提交了验收申请。

2005年11月16—19日国家认监委、农业部委派专家组对"农业部果品及苗木质量监督检验测试中心（烟台）"进行了计量认证和机构审查认可现场评审。通过评审，"中心"取得了国家计量认证和农业部机构审查认可资质，检测范围包括果品、苗木、蔬菜、土壤、肥料等的26类产品83个参数，涉及农药残留、元素、营养成分等指标。自2006年开始承担山东省蔬菜水果风险监测和监督抽查任务。

2006年10月20—21日，省技术监督局组织有关专家对"烟台市农产品质量检验检测中心"进行了计量认证验收评审。"中心"顺利通过评审，取得了山东省质量技术监督局颁发的计量认证资质证书。自2008年开始承担烟台市农产品风险监测和监督抽查任务。

2008年12月，"中心"取得了农业部质量安全中心的"无公害农产品定点检测机构"资格。承担烟台及周边地区无公害农产品认证检测工作。

2009年10月，通过了国家和山东省的资质认定复评审、农业部审查认可和机构考核。

2010年6月通过了农业部药检所资质考核，11月获准成为"农业部农药登记残留试验承担单位"；9月通过了中国绿色食品发展中心的资质考核，12月获准成为"中国绿色食品产品质量定点监测机构"。

2011年7月，通过了农业部组织的扩项评审。新增2类产品48项检测参数。10月，"中心"申报的国家发展改革委质检体系建设项目"烟台市农产品质量安全综合检验检测中心"项目得到国家发展改革委的批准。项目总投资1 000万元。

2013年4月，被农业部批准为"农业部果品质量安全风险评估实验室（烟台）"。8月通过了农业部质量安全中心的"无公害农产品定点检测机构"的续展考评。12月"中心"顺利通过了农业部农药检定所组织的"农药登记残留试验单位"资质复审。12月被烟台市机构编制委员会批准为烟台市农业科学研究院农产品质量标准与检测技术研究所，与"农业部果品质量安全风险评估实验室（烟台）"为同一机构。

2014年7月，根据国家质检体系地市级建设的要求，"中心"由烟台市农科院果树实验楼搬迁至现在的行政试验楼，规模由原来的1 000m²增至现在的1 500m²。

2015年12月，"中心"顺利通过了"2+1"复评审考核（农产品质量安全检测机构考核暨农业部产品质量监督检验测试机构审查认可和国家实验室资质认定评审）。

2015年12月，"中心"向山东省质量技术监督局认证处递交了"关于烟台市农产品质量检验检测中心暂停资质认定的说明"。"烟台市农产品质量检验检测中心"自2016年1月11日起，不再开展业务。

2016年11月，"中心"顺利通过国家认监委和农业部组织的资质认定扩项评审，新增粮食、茶叶等农药残留、元素等检测参数83项，检测范围进一步扩大。

2016年12月，烟台市机构编制委员会批准改设"烟台市农产品综合质检中心"。

2017年1月，中心承建的"烟台市农产品质量安全综合检验检测中心"项目通过了山东省农业厅组织的验收。

三、研究领域与成就

本中心主要从事农产品质量安全和风险评估研究，着重水果、蔬菜及产地环境中农残、有毒有害物质监测和调控治理技术的研究，以及农药登记残留试验、农业标准制定、"三品"认证及监督监测等工作。

（一）科研项目

1. 烟台市科技计划项目"烟台主要蔬菜水果有害物质监测及调控治理技术的研究"（编号：2008129），于2011年12月通过验收鉴定，于2012年11月获得烟台市科技进步二等奖

该项目建立了重金属快速联合检测方法，样品消解测定效率比国标方法提高10倍以上，并研制出吡唑醚菌酯等农药残留高效测定技术7项，功效比现有技术提高1倍以上。同时，系统地对烟台市主要蔬菜水果产区土壤、蔬菜和水果中有害物质进行监测，明确产区中主要污染物质的种类，为有害物质调控治理技术的研究提供科学依据。项目中首次提出吡唑醚菌酯、苯氧威和叶枯唑分别在苹果、甘蓝和桃中的降解规律；发现黄瓜对土壤中的三氯杀螨砜有降解作用，筛选出高效农残降解剂——降解灵。该项目制定有毒有害物质调控治理技术规程3项，并于生产中大面积推广应用1 843万亩，产生经济效益176 052.2万元。

2. 烟台市科技计划项目"出口大樱桃质量安全及良好农业操作规范研究与应用"（编号：2011015），于2015年5月通过市科技局验收

该项目基于国际主流的HACCP风险分析方法，创新性地对大樱桃生产全过程进行全面的危害性分析，并应用判断树明确了大樱桃生产过程的关键控制点，为国内首例。建立了大樱桃上541种农药的国际限量标准比较分析汇总表，对中国大樱桃生产常用的28种农药及国标中涉及大樱桃的80种农药的国际限量标准进行比较分析。开展了大樱桃良好农业规范技术、有害生物综合防治技术及出口大樱桃冷链保鲜技术等各项成熟技术的集成。国内首次研制出"大樱桃良好农业操作规范（GAP）"技术操作规程，共计30项内容。尤其是基地选择风险评估程序、有害生物综合防治（IPM）、大樱桃生产管理技术、大樱桃冷链保鲜技术规程等4项操作规程，在出口大樱桃生产上具有较高的可操作性。樱桃良好农业操作规范（GAP）填补了国内出口大樱桃GAP的空白，国内大樱桃将实现按照国际标准的要求组织生产，产品质量安全水平完全能够达到国际标准的要求。

3. 烟台市科技计划项目"苹果质量安全关键危害因子研究及风险评估"（编号：2014NC111），于2017年3月结题验收

该项目首次提出产地环境、生产过程和产品质量安全"三位一体"的风险评估模式，突破了以往只评估产品质量本身安全性，而忽略产地环境和生产过程的风险评估模式。首次基于定量化风险评估方法对烟台苹果质量安全开展风险评估，可以更高效直观地预测并化解质量安全风险。项目填补了套袋苹果的质量安全风险评估领域的空白。

4. "烟台市出口苹果生产土壤环境监测及调控技术研究与示范"项目

该项目是由烟台市科技局下达的科技攻关项目，其项目编号为2007320，完成时间是2007—2010年。研究内容主要为对于出口苹果产地环境的监测和评价，在国内首次将土壤营养指标和污染物指标相结合来制定质量安全综合评价标准和分级标准。通过动态监控、预警及修复，以达到烟台市出口苹果持续、稳定和安全的生产。该研究项目2010年通过烟台市科技局组织的验收，达到同行业国内先进水平。

（二）建设项目

国家发展改革委"烟台市农产品质量安全综合检验检测中心"建设项目

本项目是国家农产品质检体系地市级质检中心建设项目（2012—2016），总经费1 000万元，其中国家投资500万元，烟台市财政投资300万元，烟台市农科院自筹资金200万元。项目内容包括：改扩建实验室 1 500m², 其中控温控湿面积为 800m², 购置仪器设备包括液相色谱串联质谱仪、气相色谱串联质谱仪、电感耦合等离子体质谱仪、超高效液相色谱仪、气相色谱仪、高效液相色谱仪、原子吸收分光光度计、试验台、实验室用气管路等检测及辅助设备 31 台套。通过项目实施，实验室规模扩大 50%，中心的检测能力和检测水平大大提高，对全市农产品质量安全监管起到巨大的推动作用。

(三) 检测项目

1. 山东省蔬菜、水果农药残留风险监测及监督抽查

自 2006 年开始承担山东省蔬菜、水果农药残留风险监测及监督抽查。按照山东省农产品质量安全监测的总体方案，中心每年承担全省风险监测和监督抽查 5~10 次，对 4~6 个地市的蔬菜水果进行抽样监测，年监测样品在 300~600 个，检测分析项目为 8~58 种农药及有毒代谢物残留。检测结果依据我国和 CAC 限量标准，并按照监测地点、检测项目以及抽检产品种类进行汇总统计和分析比较，找出存在的问题并分析原因，提出改进的建议。监测结果和分析报告上报农业厅，农业厅根据检测结果对全省蔬菜水果生产的质量安全情况进行监控和管理。

2. 烟台市农产品质量安全风险监测和监督抽查

自 2008 年开始承担烟台市农产品质量安全风险监测和监督抽查工作。根据烟台市农产品质量安全监测总体要求，每年对芝罘区、福山区、莱山区、开发区、牟平区、高新区、昆嵛山保护区、莱州市、龙口市、招远市、蓬莱市、栖霞市、莱阳市、海阳市和长岛县 15 个县市区生产基地的蔬菜、水果进行抽检，根据不同季节各县市区的农产品种类的不同，确定各县市区抽检种类和数量，按蔬菜、水果等的种类和生产上的实际情况，进行不同农药的检测，在重大事件及节假日实施专项抽查和监督抽查，每年实施检测 5~10 次，年抽样监测的数量为 300~600 个样品，分析检测项目 10~40 种农药。根据监测结果进行全市蔬菜水果生产质量安全情况分析，从而达到对全市果蔬生产的有效监控。

3. 全国农产品产地重金属污染防治检测

2012—2014 年承担全国农产品产地重金属污染防治重金属检测项目，分别对烟台市的芝罘区、福山区、莱山区、牟平区、海阳市、莱阳市、栖霞市、蓬莱市 8 个市区的农产品产地的 2 174 个土壤样品进行 5 项重金属和 pH 值的检测，为国家农产品产地环境污染状况的普查及综合治理提供了可靠依据。

(四) 其他项目

1. 国家果品质量安全风险评估

自 2012 年开始承担国家果品质量安全风险评估项目，按照国家果品质量安全风险评估项目实施方案，先后开展了对山东省的苹果、梨、葡萄、桃子、枣、大樱桃、石榴 7 种水果中农残和重金属的调研、取样和验证、追踪性的风险评估研究。

2012—2016 年对山东主产区苹果、梨、葡萄、桃、樱桃、枣 6 种果品开展质量安全风险评估。参与承担 10 个专项风险评估（详见下表）。2016 年主持不同生产模式、不同生育期和不同消费方式果品农药残留消解代谢变化评估。

表　2012—2016 年承担的风险评估专项

年份	专项名称
2012	苹果应急监测和风险评估
2013	苹果、梨、葡萄、桃、大樱桃、枣 6 种果品质量安全风险评估
2014	果品农药、主要植物生长调节剂风险评估；果品重金属污染风险评估；"富硒"果品食用安全性风险评估
2015	果品禁限用农药使用调查与农药多残留安全性评估；小品种果品未登记用药使用调查与产品安全性评估；果品植物生长调节剂使用调查及产品安全性评估
2016	不同生产模式、不同生育期和不同消费方式果品农药残留消解代谢变化评估；农药残留限量科学性验证评估

2. 农业部农药登记残留试验

自 2007 年开始与山东省农科院植保所协作，开展农药残留田间试验，于 2010 年取得农业部农药登记残留试验认证资质以来，承担了农业部药检所下达的、国内外农药生产厂家和公司委托的农药登记残留试验。按照《农药登记残留试验准则》开展了戊唑醇、吡虫啉、吡唑醚菌酯等 10 余种农药在苹果、梨、葡萄、桃子、小麦、玉米、甘蓝、黄瓜等 10 余种作物上的 25 项农药登记残留试验，同时每年承担其他的残留登记认证单位委托的田间区域性协作残留试验 20 余项，为国内外农药登记和使用提供了科学依据。

3. 标准制修订

自 2009 年开始承担山东省地方标准的研制工作，到目前为止已制定 8 项。分别是：

(1) 土壤中重金属微波消解快速测定方法 DB37/T 1305—2009；
(2) 土壤和肥料钾元素含量的快速筛选检验方法 DB37/T 1302—2009；
(3) 土壤中吡唑醚菌酯残留量的测定 DB37/T 1898—2011；
(4) 土壤中三氯杀螨砜残留量的测定 DB37/T 1899—2011；
(5) 土壤中叶枯唑残留量的测定 DB37/T 1900—2011；
(6) 土壤中乙嘧酚残留量的测定 DB37/T 2914—2017；
(7) 土壤中吡虫啉残留量的测定 DB37/T 2915—2017；
(8) 土壤中苯氧威残留量的测定 DB37/T 2916—2017。

2016 年承担完成了农业部农业行业标准制修订项目 3 项。分别是：

(1) 制定阿维菌素在芜菁中的残留限量；开展阿维菌素在芜菁上的残留试验；
(2) 制定阿维菌素在芥蓝中的残留限量；开展阿维菌素在芥蓝上的残留试验；
(3) 制定阿维菌素在叶芥菜中的残留限量；开展阿维菌素在叶芥菜上的残留试验。

第二节 科技成果开发中心

一、概况

科技成果开发中心主要负责全院品种审（认、鉴）定的管理工作，做好品种审（认、鉴）定的申报，参加省级以上的区（预）试、生产试验、跟踪、调查工作；负责全院技术专利及品种权的申报和转让工作；负责全院的院企合作及院外试验、示范基地的检查、验收工作，做好粮油、蔬菜、作物品种区域试验、示范安排落实工作；以及院领导交办的其它工作。

目前，科技成果开发中心有专职人员 6 名，黄代峰、董超、张建明、陈广宽、王彦波、郑建鹏。其中高级农艺师 2 名，硕士研究生 3 名。曾在中心工作的人员有：张善勇、辛举文、刘正金、李晓亮、于令康、于忠范、陈明杰、吴德谦、盛玉兰、宋波、葛晨辉、成秀萍、刘惠芹、姜红、巴信斌、王忠香、王琴。

科技成果开发中心历任领导，分管领导：郑洪良（1989.10—1992.4），张善勇（1992.5—2016.9），郭绪良（2016.10 至今）；主任：张善勇（1989.10—1992），辛举文（1992.8—2009.8），黄代峰（2007.9 至今）。

二、成立与发展历程

烟台市农科所科技成果开发中心于 1989 年 10 月成立，其目的是加速本所的科技成果转化，使本所的科技成果能更好地服务社会。

中心自成立以来分为蔬菜部和粮作部。蔬菜部由于忠范负责，粮作部由于令康负责。自1989年至1998年中心的粮作部主要对鲁麦14、鲁麦21、烟中144、烟农18、烟单17、烟单5、烟糯6号进行推广，蔬菜部主要负责推广大白菜、辣椒、黄瓜、番茄等品种。

1999年1月烟台市农科院在开发中心的基础上成立烟星种业有限责任公司。烟星种业有限责任公司是股份制企业，烟台市农科院控股51%，职工参股49%。梁新明任董事长，张善勇任总经理，辛举文、黄代峰、李晓亮任副总经理，主要成员：陈明杰、刘正金、刘惠芹、成秀萍、王琴、陈广宽、巴信斌、盛玉兰、张建明、董超、宋波、葛晨辉。2000年姜红调入公司，2007年王忠香调入烟星种业有限责任公司。公司下设门市部。

2013年由于国家政策变化，烟星种业有限责任公司被注销，科技成果开发中心全体职工根据国家政策，及时调整工作思路和工作方向，将工作重点由过去的单一搞经营创收适时转移到品种管理和成果开发并举上来。

三、成就

(一) 品种推广

1989—1998年，鲁麦14经推广后，5年累计推广面积达到6 600万亩，取得了巨大的经济和社会效益，于1996年荣获国家科技进步二等奖；鲁麦21的推广面积达到6 000万亩。这10年使本所的小麦和蔬菜品种由胶东半岛推广到江苏、安徽以及山西等地，受到当地群众的一致好评，为以后的发展奠定了基础。

1999—2013年，公司与山东、江苏、安徽、河南、河北、山西省等种子公司以品种权转让的形式合作，主要对烟农19、烟农21、烟农5158、烟农0428、烟农2415、烟农836等品种进行重点推广。

1. 烟农19的推广

据农业部农技推广总站统计，烟农19在2003—2004年连续2年推广面积超过1 000万亩，位居全国第3位，2005年上升到第2位，2006年跃居全国第1位。2001—2006年累计推广面积9 146.83万亩，增加经济和社会效益37亿元。"优质高产广适性小麦新品种烟农19的选育和推广应用"于2007年获国家科技进步二等奖，是申报的53个农业项目中唯一一个获奖的小麦品种。该小麦品种审定省份多、应用范围广、推广面积大、社会效益显著。烟农19的育成，推动了我国小麦生产的发展，为我国的小麦育种提供了许多可以借鉴的新方法。

2. 烟农21的推广

烟农21在成果转化实施过程中，围绕示范推广进行10次高产攻关，3次由专家实打验收，其中2008年经省专家组在海阳市实打，旱地亩产702.1kg，创我国北方冬小麦旱地单产最高纪录。在高产攻关和试验示范的带动下，烟农21小麦播种面积大幅度提高，到项目完成时烟农21在山东、山西、江苏、安徽等省的播种面积达到1 412万亩，增产小麦7.38亿kg，增加经济效益18亿元。抗旱节水、高产、优质强筋、广适性小麦新品种烟农21于2012—2014年连续3年被农业部推介为小麦主导品种；自2006年烟农21号连续被推介为山东省小麦主导品种；目前被累计推广1.16亿亩，增收优质麦18.6亿kg，新增社会经济效益94.2亿元。2004—2016年完成山东、江苏、安徽、河南、河北和山西品种权转让费收入1 000余万元。"抗旱、节水、高产优质小麦新品种烟农21号的选育与应用"于2012年获山东省科技进步二等奖。

3. 烟农5158的推广

通过与安徽新世纪农业有限公司的合作，烟农5158先后通过了山东、安徽和江苏省的审（认）定，在黄淮海麦区的市场影响力不断增大，在安徽省的小麦统一供种工作中，2011年烟农5158的种植面积位居第9位，2012年上升到第3位，2013年达到第1位。良好的抗性、优良的品质、高稳的产量得到了广大种子经销商和粮农的一致好评。"高产广适优质高白小麦新品种烟农5158的选育与推广应用"于2015年、2016年先后获得烟台市科技进步一等奖和山东省科技进步一等奖。

烟星种业和科技成果开发中心为农科院品种的推广做出了较大贡献，特别是小麦品种，使烟农系列小麦品种成为江苏、安徽等地的知名品种。

（二）合作育种

2013年科技成果开发中心根据《国务院办公厅关于深化种业体制改革提高创新能力的意见》（国办发〔2013〕109号）中支持科研院所和高等院校与企业开展合作研究这一措施，通过"走出去"请进来等方式方法，有针对性地与相关种子企业沟通交流，先后与江苏的大华种业集团有限公司、安徽的新世纪农业有限公司和山东黎明种业有限公司等8家种子企业正式签订了合作育种协议。在保证本院拥有育成权、品种权的前提下，由各合作企业每年向本院提供一定的科研经费以取得育成品种的挂名权和优先开发权，合同期10年。

（三）院地合作

根据当前农业产业发展的新形势和农民的新需求，为进一步强化农业科技创新推广，加快科技成果转化，提升为农服务的综合能力，促进我市的农业供给侧结构性改革，本院先后与市供销社、福山区、昆嵛区等签署了战略合作协议。协议签署后，双方将充分发挥各自优势，整合优化为农服务资源，在新品种、新技术、技能培训、信息服务等农业科技服务领域开展全方位的合作。最终实现农业产业的转型升级，实现农产品增效、农民增收，推进烟台市农业现代化。

第三节 烟台农博园

一、概况

烟台农博园是烟台市农科院根据自身优势和特点，充分借助良好的科研资源和创新平台优势，创建的一处国家AAA级农业观光旅游景区。2002年5月1日正式对社会开放。

（一）主要绿色景点

农博园始终坚持以"农业科技旅游"为主线，以瓜果花菜为载体，充分展示现代高科技农业的风采与魅力，将知识、科学、教育、生产、示范、推广集于一体，寓科于游，寓教于游，寓乐于游，是全国率先推出农业科技生态旅游的国家AAA级旅游景区。现已发展成为烟台市乃至全国都已知名的旅游景点，是学生长知识，农民学技术，市民增见识，国外友人了解烟台农业发展的窗口。农博园占地面积300亩，已投资3 000多万元。

1. **珍奇果蔬园**

占地面积4 000m^2，采用独特的有机栽培方式，精选国内外奇异南瓜100多个品种，大大小小，奇形怪状，五颜六色，有重达150kg的太空育种特大南瓜，有营养丰富的食用南瓜，也有小巧新颖的玩景南瓜。走进南瓜园，犹如到了"南瓜王国"。

2. **家庭园艺园**

栽种各种适宜家庭养殖的花草几百种，按家庭居住功能分区，科学养殖，使植物的生态功能与环境艺术美感有机融合，有效地利用空间，搭配精妙，造型新颖，为家庭植物合理布局和景观设计提供有益的借鉴。

3. **蔬菜大观园**

展示立体无土栽培技术和运用现代高科技手段培育的各种特色无公害蔬菜。神奇的"番茄树"，单株结果达几万个；常年生长在空中的"地瓜树"，单株产量高达500kg以上，还有辣椒树、茄子树……。

4. **花卉中心**

面积3 040m^2，是功能齐全、设备先进的多功能花卉展销大厅，集展示和销售于一体，有花卉品种200多个。有当今流行的蝴蝶兰、大花蕙兰、红掌、凤梨等高档礼品花卉；有一年四季开花的迷你袖珍花卉；还有红宝石、天鹅绒等热带观叶植物。

5. 蝴蝶兰观赏园

占地 7 130 m²，位于现代化智能型连栋温室中。主要展示蝴蝶兰、红掌等系列高档礼品花卉，从小苗、大苗直到开花整个养殖和生长过程，科学管理、工厂化生产、高科技控制花期，一年四季开花，周年供应市场，是目前胶东地区最大的花卉生产批发基地。

6. 世界国花园

占地 8 000 m²，汇集了世界很多国家的国花和城市市花，游客足不出园便能领略各国国花的风采。

7. 热带水果园

面积为 3 000 m²，是我国北方唯一一座集科研、科普、观光和采摘于一体的热带水果（植物）温室。栽植香蕉、凤梨、莲雾、芒果、神秘果、柠檬、面包果等热带、亚热带水果 30 余种。

8. 蜜您花园

包括活动自助区、多肉植物区、锦鲤池、园艺超市、科普菜园等。

(二) 景点特色

农博园建设主题是突出自然、绿色、农业、科技和景点的新、奇、特。景点之间以幽径、花廊、绿篱等生态趣景相连接。依托园区特色，常年向广大游客朋友推出春之旅、浪漫樱花节、"花季、花海、花香"科技慢游、"五一"牡丹盛会、暑期学生科普夏令营、园艺 DIY 活动、南瓜观赏节、无公害蔬菜采摘、春节"梦幻蝴蝶兰、美丽全家福"等丰富多彩的节庆活动。游览农博园，不仅可以呼吸新鲜空气，欣赏奇花异果，参观现代化科研设施，还可以采摘品尝无公害食品，购买先进种苗，真正达到回归自然、陶冶情操、增长知识、健康体魄的目的。

(三) 职工队伍

1. 历任领导

主任：薛增敏（2002—2007）、王常芸（2007—2017）；副主任：王常芸（2002—2007）、王建玲（2003 至今）、尹国香（2003—2013）、张焕春（2007—2016）、李卫强（2015 至今）、王增光（2017.12 至今）。

2. 职工队伍

现有职工 6 名，配有专门的旅游管理、科研技术人员，其中高级农艺师 3 名，农艺师 1 名。主要有王增光、王建玲、李卫强、王冬梅、曲美娜、赵明光等。曾在农博园工作的职工还有王常芸、尹国香、张焕春、迟爱花、袁堂玉、唐美玲、王作全、张广和、崔万锁、赵明、卫杰、高仁宝、李淑海、姜华、王振霞、于瑞敏、窦墨华、王月华、孙翔琴、杨义文等。

二、成立与发展

2001 年年底，经烟台市旅游局烟旅【2002】24 号文正式批准，烟台市农科院农业科技旅游项目烟台农博园正式成立。

于 2001 年 12 月开始动工兴建，4 个月的时间内完成农博园一期工程，并于 2002 年 4 月 28 日试营业，5 月 1 日正式对游客开放。

2003 年增建了世界国花园、热带水果园、珍奇果蔬园、娱乐园、观光果园、百果园等二期工程。2011 年改建了立体无土栽培园、改建沙漠绿洲园为家庭园艺园；2015 年末又改建了立体无土栽培园。

在加快项目建设的同时，还逐步加大宣传力度，搞好旅游市场开发。2003 年始先后到青岛、济南、威海、潍坊、东营、滨州、淄博等地召开旅游市场推介会 50 多场次，还不断邀请各地的旅行社来农博园现场考察，全国来考察的团队络绎不绝。威海、青岛、济南、潍坊、东营、连云港等地旅行社协会先后多次组织旅行社经理到农博园进行现场踩点和线路考察，反响非常好，并长期组团参观。目前与 500 多家旅行社签订合作协议，与 200 多家旅行社建立了长期合作关系。

中央电视台、中国旅游卫视、东方卫视、山东卫视、南京电视台、上海电视台、江苏电视台、浙江电视台、安徽电视台、山西电视台、辽宁电视台、烟台电视台等几十家媒体，都相继做过专题报道和新闻宣传，最长的专题报道达40多分钟。还在《烟台日报》《晚报》《晨报》《生活周报》《大众日报》《齐鲁晚报》等报纸，发表新闻、专题报道、照片等200多篇。

2004年起建立农博园网站，定期更换内容和宣传点；常年在烟台旅游政务网、胶东在线网、水母网、同程网、山东政务网、微信、微博等媒体进行广泛宣传。

另外，不断加强景区管理，规范景区内各种标志，设置了符合规范标准的公共信息图形符号、指向牌、景点简介、品种介绍、景区导游图等标志、标识等。于2004年新设置安装了电子语音导游系统，随时为游客提供讲解服务。

三、荣誉与成就

先后被授予"国家AAA级旅游景点、全国首批农业旅游示范点、全国农村科普示范基地、全国首批休闲农业与乡村旅游示范点、全国青少年农业科普示范基地、山东省十佳工农业旅游示范点、山东省公众最喜爱的十佳乡村游景区、山东省文明旅游先进单位、山东省诚信旅游示范单位、烟台市青少年科普教育基地、烟台十佳旅游区（点）、烟台市旅游下乡工程旅游采摘示范园、市民推荐的99个亮点之一、烟台市研学旅游基地、烟台市首家休闲农业与乡村旅游五星级园区、烟台市中小学综合实践教育基地、烟台市女职工建功立业标兵岗、烟台市旅游工作先进集体、旅游质量信得过单位"等20多项国家、省、市级荣誉称号。

第四节　基地管理服务办公室

烟台市农科院试验基地管理服务办公室成立于2015年8月，是以试验农场为基础设置的科研辅助单位。试验农场成立于1958年，当时的主要任务是为研究室提供和管理试验地及繁育主要农作物和鸡、兔良种。初建占有耕地面积667.9亩。土地来源于1958年山东莱阳农业试验站迁址福山芝阳山下购置芝阳、北关、东关、山后、房家疃、卫家疃等附近7个村庄的土地，几年后，又退还土地约60亩。设管理人员3名，工人96名，场长刘显奎。主要种植作物为小麦。

建场初期，全体干部职工艰苦奋斗，平整土地、建设房屋、仓库、晾晒场、猪舍、水塔等工作同时进行。多数工人临时居住在周围村民家中。工人采用"人拉耧镢刨地"的方式进行农田作业。农闲季节上山打石头，修筑梯田，自建房舍。农忙季节全体干部职工参加生产劳动。1960年以后，工人数量稳定在50名左右。试验地仍然以小麦为主，玉米、甘薯、园艺作物试验面积逐步扩大。继续发扬"先治坡后治窝"的精神，勤奋工作。工人陆续搬回到单位自建的猪舍、牛棚、房屋中居住。随后又添置骡、马、牛等大牲畜，1967年购置一台玉米扒皮机，大幅度提高了劳动效率。1975年以后大量饲养猪、兔、鸡等禽畜。

历年猪、鸡年末存养及提供良种数（1975—1985年）　　　　单位：头、只

年度	猪		鸡	
	年末存养	提供良种	年末存养	提供良种
1975	60	636		
1976	60	600	850	21 000
1977	60	600	1 000	27 000
1978	60	600	1 000	27 000
1979	50	510		

(续表)

年度	猪		鸡	
	年末存养	提供良种	年末存养	提供良种
1980	60	600	700	18 000
1981	50	510	1 000	27 000
1982	40	400	1 000	27 000
1983	250		1 350	21 000
1984	200		2 550	22 600
1985	220		7 000	30 350

随着机械化程度提高，畜牧有所改变，至1985年尚有骡2头、役牛1头、奶牛4头。

试验农场是烟台农科所的下属单位，主要由事业经费开支。建场初期分为大田队和技术队两组人员。随着农科所的发展又增设了菜园队、果园队、机务队。1975年又增设畜牧队。1976年改农场为生产组。1983年改生产组为试验农场。1987年菜园队、畜牧队从试验农场分离出去，试验农场形成农业队和果园队两部分。农业队由队长直接带领工人具体管理试验田和大田繁育良种。种植作物以小麦、玉米、甘薯为主，兼有大豆。1985年前，主要作物的高产纪录为：小麦1973年76亩白蚰包平均亩产508.95kg；玉米1981年烟单15号夏直播15亩，单产724.3kg；甘薯1982年山上1.28亩丰产田品种76-638，单产5247.5kg。大豆1980年1.066亩烟黄1号纯作丰产田，亩产201.35kg。果园队有山地35.7亩。1959年开始种植苹果、桃、葡萄，并有少量的梨、柿、杏树。1963—1966年种植绿肥。因病害和"文革"影响，果品损失，1980年砍伐果树种花生、甘薯。1983年重新栽植苹果492株，品种有小国光312株、金帅157株、红香蕉23株，1984年又栽植红富士苹果545株，1985年又栽植山楂树386株。幼树期间间种花生、甘薯，山根地种有少量的瓜、菜等。机务队主要是为本单位提供种、管、收服务，"三夏"及秋收秋种大忙季节，亦为附近生产队代耕、代收。1983年实行承包，还对外单位开展运输、维修等项目。至1985年农田机械动力达到379马力（不包括畜牧等兽力）。

各种农牧机械型号及数量（1985年）

机械名称	规格型号	数量（台）	机械名称	规格型号	数量（台）
拖拉机	东方红-75	1	玉米脱粒机		1
拖拉机	东方红推土机	1	扬场机	4.5	2
拖拉机	上海-50	1	喷灌机		2
拖拉机	太山-50	1	装载机	自制	1
拖拉机	丰收-27	1	铲机	（报废）	1
拖拉机	12马力	3	铡草机	西安	1
联合收割机	东风-5	1	大粉碎机	即墨	1
收割机	牟平-140	1	粉碎机	F-45	2
四铧犁		1	孵化器		2
七铧犁		1	搅拌机		1
单铧犁	深耕	1	打飘机		1
三用犁		1	机动喷雾器		2
悬挂犁	二铧LXO-2-30	1	畜牧用鼓风机		2
缺口重耙	PZQ-2.2	1	排气风扇	400mm	2
轻耙	41片 双列	1	排气风扇	700mm	2
播种机	28行	1	引风机		1
镇压器	V型（三组）	1	泥浆泵		1
脱谷机	F-700	1	播种中耕通用机	石家庄	1
脱谷机	大（报废）	1			

1987年开始，专注种植业试验、示范和推广，逐步制定、修改和完善《试验农场管理制度》，实行小段包工，多劳多得，奖罚分明，起到了很好的促进作用。之后开始种植经济作物创收，1991年开始繁育果树苗木，2000年果园队、苗圃从试验农场分离。2014年8月在牟平区高陵镇流转土地223.8亩，建立农科院首个院外实验基地。2015年，撤销试验农场，成立基地管理服务办公室。

　　基地管理服务办公室现有科技人员4人，技术工人18人，其中具有研究员职称的1人，副高职称的1人，中级职称的2人。承担小麦、玉米、花生、甘薯、苹果、樱桃、葡萄等作物的育种、栽培以及植保、土肥等重大研究课题的田间试验和成果中试，及科研新技术、新成果、新品种示范推广。

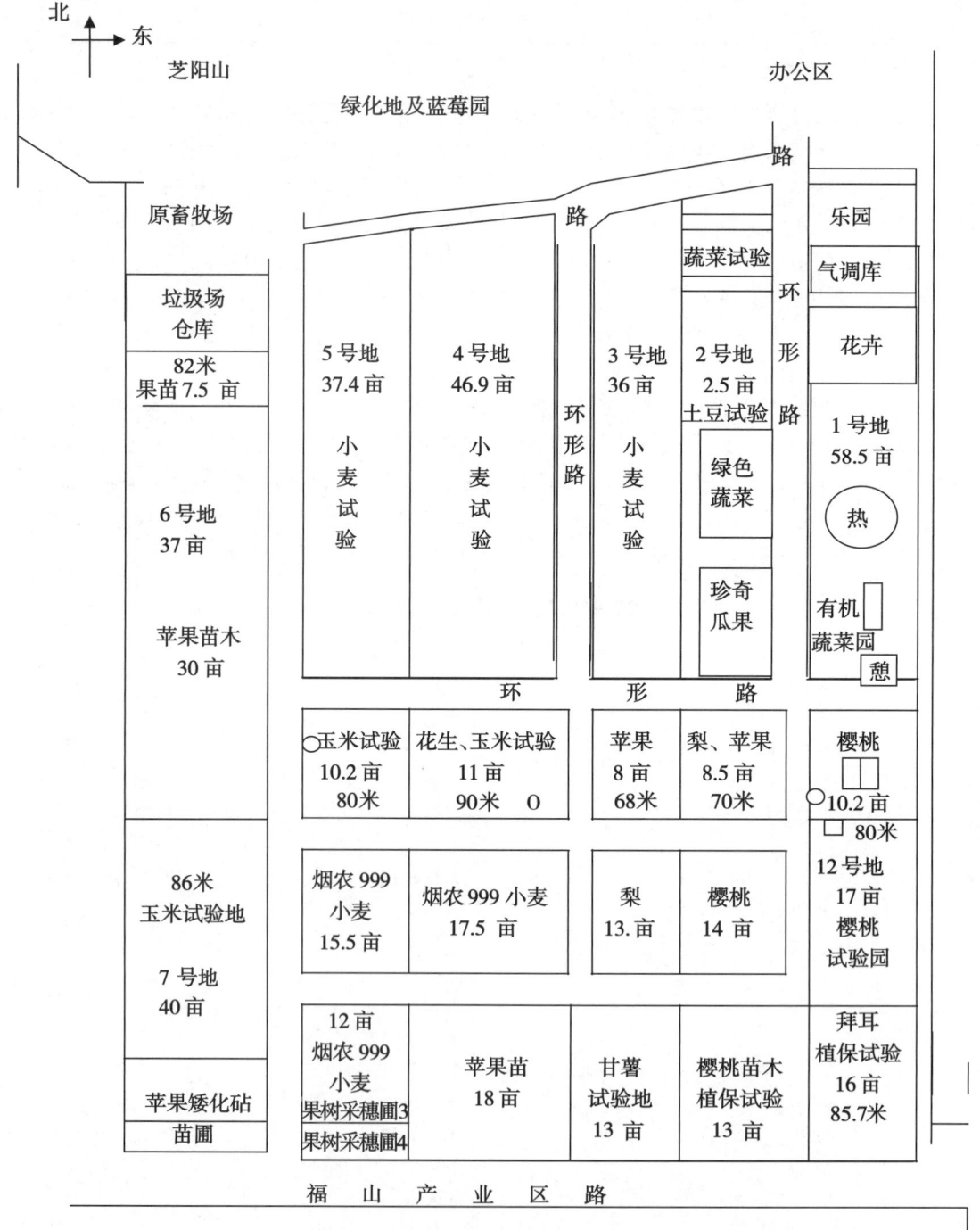

烟台市农科院试验农场院部地宗

历任领导

试验农场　场长：刘显奎（1958—1960）、曲福勤（1961—1977）、于洪春（1978—1988）、于作庆（1989—1995）、鞠法远（1996—2003）、张广和（2004.1—2015.6）；副场长：姜广和（1958—1961）、于庆显（1975、1977—1982）、孙吉南（1976）、刘学智（1983—1986）、刘洪森（1983—1986）、于作庆（1987—1988）、鞠法远（1989—1995）、于庆显（1989—1997）、张广和（1996.1—1999.12）、王增光（2015.1—2015.6）。

基地办　主任丁朋松（2015.6至今）；副主任：王增光（2015.6—2017.12）、张广和（2015.6—2017.12）、刘少青（2016.6至今）。

第五节　《烟台果树》编辑部

一、概况

（一）简述

《烟台果树》是由烟台市农业局主管、烟台市农业科学研究院主办的果树专业技术性期刊。刊号为CN37-1244/S，ISSN1005-9938。季刊，16开本，每期正文共计56页。常驻地址设在烟台市芝罘区环山路145号。官方网站为www.fruitworld.com。《烟台果树》立足北方水果的主产区山东省烟台市，面向全国。经过30多年的发展，已成为我国广大果树业者新观点、新品种、新技术的交流平台，也是苗木、农药、肥料及各种生产机具等信息发布的平台。期刊发行量大、覆盖面广，深受广大读者的欢迎。据统计，目前发行已覆盖全国，数字期刊的机构用户还覆盖了北美、西欧、澳洲以及日本、韩国。发行面和影响力稳步扩大。

目前，《烟台果树》主要栏目包括专题论坛、试验研究、种质资源、技术交流、政策咨询和果农园地。在继续刊登常规栽培技术文章的基础上，进一步增加和调整文章内容。主要包括：果树精致管理方面的新知识、新方法和新成果；各地不同果品当年产量和当年产量预测有关的信息；不同果品在当地市场的销售价格和销售形势预测；产后处理技术研究成果及开发应用的新进展；不同果品包装方式、包装物料研发新进展等，文章安排更合理，更贴近果业发展的需求。

（二）编务人员

历任主编有：于绍夫（1980.1—1990.4）、刘志坚（1991.1—1997.4）、刘宝革（1998.1—2002.1）、牟春生（2002.2—2008.3）、姜中武（2008.4至今）。

名誉主编：梁新明（2003.1—2008.4）、赵培策（2003.2—2014.4）、董锐（2009.1—2013.4）、朱波（2014.1至今）。

历任副主编：王树大（1993.1—1996.4）、孙广隽（1996.1—2001.4）、张宗坤（1998.1—2000.3）、张凤敏（常务2000.2—2008.3）、张洪胜（常务2008.4至今）。

历任编委：于坤令、张宗坤、姜中武、梁玉本、张福兴、李元军。

现任顾问：束怀瑞、戴洪义、孔庆信、绍达元、吴桂本、刘志坚、于绍夫、王作琳。

现任特约编委：马德功、王连起、迟金强、连福惠、张明勇、张大礼、杨聚德、周德、姜召涛、徐月华、韩文璞、韩义洲、焦世德、赖家波、翟臣民。

历任编辑：梁玉本、梁志清、张振英、慈志娟。

（三）取得的成绩和荣誉

《烟台果树》2002年9月被评为第三届华东地区优秀期刊，2004年9月被评为山东省优秀科技期刊。目前，已被中国核心期刊（遴选）数据库、中文科技期刊数据库、重庆维普数据库、超星数据库和中教数据库收录。

二、发展历程

《烟台果树》创刊于1980年，创刊号日期为1980年1月10日，1994年前系内部技术资料，主要供当地果业技术人员和果农参考。主办单位为烟台地区果树实验站，季刊，开设的栏目有专题报告、研究简报、生产经验、果农杂谈等。1984年后，增加果树专业户栏目。当时的《烟台果树》刊登的文稿有果树专项科研报告、专题论述、新产品（含新品种、新肥料、新农药、新工具、新材料等）试用效果报告。烟台果业生产经验总结与推广是《烟台果树》的主刊内容，这对当时的果业技术普及有很大的推动作用。

《烟台果树》初刊时，请当地书法家史征夫题写刊名，并于1997年9月在国家商标局进行了商标注册，沿用至今。

1984年起，主办单位更名为烟台市果树科学研究所。初创期编辑部地址在烟台市黄务镇上车门（烟台地区果树实验站地址）。1994年1月，编辑部地址迁至烟台市芝罘区环山路149号。2001年5月，又迁至烟台市芝罘区环山路145号至今。创刊期，编辑单位自办发行，主要靠当地各县、乡镇的果业站协助发行。外地订户则通过邮局邮寄。

《烟台果树》初创期是一份立足于基层、服务于生产第一线的科普资料（内部交流资料，没有正式刊号）。这份资料是为了适应当时的生产需要创办的，旨在帮助读者解决果树生产过程中的实际问题，解答果农的疑问，报道新知识，讨论新话题，以实用、新颖、活跃为办刊特色。该刊体现了烟台果业主产区的地方特色，是我国少有的体现地方特色的果业科技期刊，多年来一直受读者喜爱。该刊稿源较广，很多读者同时也是作者。一些农民作者文化水平不高，来稿需要修改加工，为此审稿人员要付出很多的劳动。这与其他高级刊物有很大不同。

初创期《烟台果树》没有经费和专门编辑人员，不刊登广告，自收自支，没有利润，是一份纯粹的科普资料。

《烟台果树》的创办和发展得益于其大众化、普及性和实用性定位。该刊着眼基层，坚持让农民看得懂、用得上，努力使其成为老百姓的果业技术杂志，成为他们的生产帮手和参谋。

1994年，《烟台果树》经国家新闻出版署批准，获得正式刊号，国内公开发行，仍为季刊，16开，页码56页。

2001年，烟台市果树科学研究所并归烟台市农科院，该刊主办单位则更改为烟台市农科院果树科学研究所。后应烟台市苹果协会要求，烟台市苹果协会以协办单位出现在杂志扉页。每期杂志准时在每季度首月15日发行，让读者及时阅读。公开发行后，编辑人员4名，具有高级技术职称2人，中级职称1人。并且编辑人员定期参加国家期刊编辑标准专业学习，都通过了相关资格考试。2001年，编辑部增添了电脑、打印机等设备。2006年，编辑部又专门配置了东芝彩色打印机，保证了彩版广告的印刷效果。2014年第3期开始，该刊主办单位更名为烟台市农业科学研究院。

公开发行的《烟台果树》仍然坚持既往的办刊宗旨：为果业生产服务，为基层果树科技工作者和广大果农服务。读者对象为果农、果业技术人员、农业院校的大中专学生和教师以及农资生产经营人员等。发行范围遍及全国所有省、市、自治区。发行量大、信息量大、时效性强、实用性强、低价位吸引了大批长期读者，同时也为大批广告客户提供了一个推介新产品的平台。目前，实用性技术稿件占所刊登文章总数的90%以上。在内容安排上突出时效性，力求与果树生长发育季节相吻合，突出每期的特点。

三、期刊编辑业务

（一）期刊定位与栏目设置

期刊定位为技术普及性刊物，主要面向果树生产基层，以推广介绍新成果、新技术、果树新品种、新生产资料、新生产经验为主，致力于推广普及果业科技，促进生产发展。读者主要是：基层的果业技术人员、果农、农业院校的大中专学生和教师等。一些专业研究人员也是该刊的读者和撰稿人。

20世纪90年代，栏目主要包括：综述、研究报告、专题论坛、试验与推广、生产经验、果树专业户、广角镜、新产品巡礼、果品市场动态、国外科技借鉴。

2000年前后，栏目主要包括：综述、研究报告、专题论坛、试验与推广、生产经验、国外科技借鉴、果树专业户、广角镜。

自2008年至今，栏目主要包括：专题论坛、试验研究、种质资源、技术交流、行业资讯、国外科技进展和果农园地。

（二）编辑出版

编辑部严格按照三审三校制度进行审稿，针对作者来稿，编辑部责任编辑进行初次审，将初选稿送相关专家进行复审，总编（副总编）终审。其目的是提供符合"齐、清、定"要求的书稿。书稿发排出样时，先由照排人员毛校，然后出初样，编辑部校对人员进行校对，校对人员对初样一般是一校、二校连校。初样经两校后，经照排人员改样后出样，再进行第三次校对。责任校对监督检查各校次的质量，并负责付印前的通读工作。终校样交由烟台报捷新闻印刷有限责任公司进行印刷，严格保证在1月15日、4月15日、7月15日和10月15日当日发行。

（三）装帧设计

1999年请李旭光设计了《烟台果树》杂志标志，并在国家工商局进行了注册。按刊物性质和栏目要求，版式设计简练，突出重点，整体编排醒目和谐。栏目间通过字体、字号、字句、栏式、行距、直线、花线、水线等形式作细微的变化，以示区别。彩封及彩插有地方和行业特色。特别是彩封，一年四期不重样，保持版面的新鲜和突出。黑白文字印刷用55克白书写纸。彩色印刷委托专业厂家，封面至封底用200克铜版纸，内插彩页用100克铜版纸。装订采用无钉胶封，美观、牢固、平整、规范。

（四）广告经营

《烟台果树》杂志最突出的特点是广告信息量大，设计精致独到，宣传效果好，深受广告客户和读者的信任。本刊主要发布与果业生产有关的种苗、农药、肥料、农机具等广告信息。本刊严格按照广告法的要求进行广告的审查工作。发布种苗广告，要求广告商提供：① 营业执照副本。自产自销的专业户提供乡镇以上人民政府出具的准予刊登发布证明。② 农林主管部门核发的"林木、种子生产许可证"。③ 产地植物检疫机关签发的"检疫证明"。发布农药广告，要求客户提供：① 营业执照副本；② 产品质量合格证；③ 生产许可证。同时要求广告内容必须真实，广告客户要对广告内容和承诺承担法律责任。

第六节　农业情报信息研究所

农业情报信息研究所是在原资料室的基础上筹建，烟台专区农业科学研究所资料室成立于1962年，当时属办公室领导。1978年资料室独立成为所属基层单位，图书资料、阅览室书架、资料柜等均进一步扩大增加，工作人员增加至4人。1982年根据地区档案局关于地市县级企事业单位成立档案室的要求，将资料室更名为技术档案资料室，分别以资料室、技术档案资料室两个名称对外联系业务。1996年1月30日，党政合一，合署办公，资料室隶属办公室，2009年6月11日取消合署办公，资料室合并入科研处。2015年开始筹备成立烟台市农业科学研究院农业情报信息研究所，2016年4月正式成立。现有在职员工4名。所长张焕春，副所长李淑平，员工有王新语、李晶。

农业情报信息研究所以传播现代农业科学技术、打造烟台农业科技信息服务平台为目标，以农村信息化和农业信息技术应用为重点研究领域，围绕平台建设和资源创新，开展农村信息服务、农民技术培训和相关技术研究。

目前，依靠烟台市农科院的科研实力和烟台产业优势，农业情报信息研究所初步完成现代农业信息服务体系建设，形成了包括《烟台果树》杂志、《土生金周刊》、"烟台农业科技网"、电视专栏《农科苑》、"微农"手机APP、微信公众号在内的杂志、报纸、手机、网络、电视"六位一体"的农业信息服务体系。

1. 《烟台果树》杂志

是由烟台市农业局主管、烟台市农业科学研究院主办的果树专业技术性期刊。为季刊，16开本，每期正文56页。该杂志立足北方水果的主产区山东省烟台市，面向全国。经过30多年的发展，已成为我国广大果树业者新观点、新品种、新技术的交流平台，也是苗木、农药、肥料及各种生产机具等信息发布的平台。期刊发行量大、覆盖面广，深受广大读者的欢迎。

2. 《土生金周刊》

是本院与烟台日报社合办的烟台市第一张专门为农村、农民、农业服务的报纸。2015年5月开始试刊，2015年11月19日，创刊。每周四出版。刊登当周最为重要的农业指导意见，向广大农民提供及时的种植、养殖、加工技术服务，宣传惠农政策，传递农业信息和市场咨询。

3. "烟台农业科技网"

是烟台市农科院的官方网站，和手机APP"微农"相关联，栏目设置包括新闻资讯、科技动态、农业百科、在推技术、农业品种等栏目，还设有专家和农民可以实时沟通的"点击咨询"栏目，方便专家对农民进行精准技术指导。

4. 电视专栏《农科苑》

是本院与山东广电网络烟台分公司联手打造的一档公益性农业专题电视栏目，也是本院以主要制作方推出的第一档农业电视栏目，专家成员全部由本院科技人员组成，保证内容的权威性、客观性。

5. "烟台农科院"微信公众号

每周推出一期，3~4篇文章，其中：技术原创2篇，主要介绍贴合当地农户时令性的农业技术和国内外优良品种；介绍本院科研、文化活动等；转载新出台农业政策、最新农业种植技术、国学、党政时事等。

6. "微农"手机APP

是烟台农业科技网的手机版，是由烟台市农科院2014年推出的，全国首个面向农民，免费指导农民生产，提供农业技术信息，解答农民咨询的手机软件。有苹果（ISO）系统和安卓（Android）系统两个版本，下载安装后，可在手机上查看烟台苹果、烟台大樱桃、葡萄与葡萄酒、蔬菜种植、粮油作物及园林花卉等的相关实用技术信息，还可以通过文字或上传图片进行在线咨询。

除打造以上科技服务平台，积极宣传本院的技术成果外，信息所同时开展一些信息相关的科研工作，如农业物联网技术研究，精准农业关键技术研究及农业灾害遥感监测等研究。加强与省院合作，加入省农科院农业科技创新工程"农业科技信息与知识服务平台"。

附：资料室

一、概况

1962年烟台专区农业科学研究所成立资料室，属办公室领导。当时图书资料尚少，阅览藏书面积仅20多平方米，工作人员3人，其中资料员2人，气象员1人。随着科研工作的发展，图书资料不断增多，对外资料交换频繁，新技术、新信息的获得，越来越成为科技事业发展的重要部分，1978年资料室独立成为所属基层单位，图书资料、阅览室书架、资料柜等均进一步扩大增加，工作人员增加至4人。1982年根据地区档案局关于地市县级企事业单位成立档案室的要求，将资料室更名为技术档案资料室，分别以资料室、技术档案资料室两个名称对外联系业务。1982年9月获科技档案工作先进单位。1996年1月30日，党政合一，合署办公，资料室隶属办公室，2009年6月11日取消合署办公，资料室合并入科研处，现有1名工作人员。

1. 人员组成

资料室合并入科研处，目前负责资料与气象工作人员1名，孙亮。曾经在资料室工作的人员有：周先学、蒋敦仪、王彩珍、叶明君、赵鸿荃、孙树礼、王荣、宋秀英、陈世勇、张军。

2. 历任领导

主任：蒋敦仪（1985.6—1992.1）；副主任孙树礼（1991.2—1998.10）。

二、职责范围与成就

（一）职责范围

1. 图书管理

根据院各研究领域需要、发展前景与方向定期采购相关书籍，负责根据中图分类法对图书进行登记、分类、编目、管理与排架。制订并严格执行图书的借阅、赔偿制度与手续。负责对藏书的管理及修补工作。编制图书目录，分送至各研究室。负责图书室的整洁、通风、卫生，做好防蛀、防尘、防潮、防火、防盗等安全工作。负责每年末做一次图书清点与统计工作。列出图书的注销、剔旧及新增书目。

2. 科技情报管理

负责报纸、中英文期刊的选择、征订和补缺工作，不断提高资料室收藏质量。加强与兄弟院所及各大院校的联系，以多种形式征集报刊，扩充品种，丰富资料内容，做好文献资源的共建共享工作。负责编制报纸、中外文期刊的收藏目录，不断完善中外文收藏期刊目录数据库，积极开展报刊宣传以及编制预订目录、专题目录、索引等文献资源的开发利用工作。负责不定期汇编《农业试验资料选编》，用于各兄弟院所进行信息交流。

3. 科技档案管理

负责院内科技档案及技术档案管理。建立档案归档制度，凡形成的具有保存价值的科技与技术档案均进行整理、立卷并归档。定期对已超过保管期的档案进行鉴定，鉴定工作结束后提出工作报告，对确无保存价值的档案进行登记造册，经领导批准后销毁。对档案室、文件橱的管理采取防盗、防火、防虫、防潮、防尘、防高温等措施，及时修补破损或变质的档案。

4. 气象服务

1958年烟台专区农科所建所时，烟台气象局在本所建立了烟台专区农科所气象哨。配有百叶箱、干湿球温度表、最高最低温度表、风向风速仪、日照时数观测仪、地中5~20cm温度计、雨量筒、蒸发皿等仪器设备。负责所内气象站观测，主要测量空气温度，最高、最低温度；风向、风速、日照时数、地中5~20cm温度，地面最高、最低温度，降雨、降雪、蒸发量等气象数据。由烟台地区气象局派专人维护并进行数据采集。至20世纪70年代末，烟台地区气象局人员撤走，我单位安排专人接管气象哨的相关工作。

2014年本院与烟台市气象局签署合作协议，在设备安装、信息共享、人才交流等方面开展合作。市气象局又配备一部六要素自动气象观测仪，能够实时监测风向、风速、气温、湿度、降雨、地温、土壤含水量等气象要素。

2016年，山东省气象局在烟台筹备成立烟台果品气象服务中心，本院气象观测站作为观测点之一，省气象局配备了一套地面温度监测设备，能够实时监测地下5、10、15、20cm温度变化数据。

目前，降雪、日照时数等数据仍采用人工观测结果。

（二）取得成就

1985年，资料室已收集有中文图书8 646册、外文图书785册、期刊842种、报纸28种、资料近15 000份，技术档案470卷。科技档案资料室的同志们为了向各研究室提供优质服务，动脑筋，想办法，努力改善工作方法，完善服务手段，及时提供科研信息资料，翻译复写资料，翻译外文资料，并刻印了《科技信息》小报印发给各研究室。为了增加资料来源，扩大信息量，资料室改进采购工作。打破在本地采购的局限，到青岛、北京等地订购图书、资料。随着时代的发展，电子图书和刊物逐渐进入到工作中，为了方便科技人员进行文献查询，本院于"十一五"期间建立电子阅览室，配置电脑1台，使用山东省全文数据库检索服务系统数据库（烟台市科技局主管），之后又引进了山东省科技文献共享服务平台（山东省农业科学院共享数据库），由于查阅文献范围狭窄，不利于科研工作，由信息所牵头于2016年与中国知网签约，当前使用中国知网数据库。目前，藏书中文13 671册、外文图书1 085册、期刊68种、报纸12种、资料近16 000份。

第五章　党群社团组织

第一节　党组织

一、党组织沿革

1959年成立烟台专区科学研究所党委；1967年成立革命委员会；1972年党委更改为党支部；1973年党支部更改为党总支；1975年3月，烟台地委同意建立中共烟台地区农业科学研究所总支委员会；1978年8月，成立中共烟台地区农业科学研究所基层委员会；1990年2月23日成立农科所党校；1996年，根据中层行政科室调整，重新设置了11个党支部；1998年7月，中共烟台市农业科学研究所委员会更名为中共烟台市农业科学研究院委员会；1999年2月，成立了烟台市农科院首届12个党支部；2007年8月，经烟台市农业局党委批准，烟台市农科院党委换届选举产生11名院党委会委员。2016年11月，中国共产党烟台市农科院委员会换届，选举产生新一届院党委委员9名。

二、党组织历任领导

1958.8—1959.8，李树才同志任烟台专区农业科学研究所党委书记，董传周同志任副书记。

1959.9—1969.1，董传周同志任烟台地区农业科学研究所党委书记。

1969.1—1970，刘耕夫同志任烟台地区农业科学研究所党支部书记，王登国同志任副书记。

1970—1973.9，王登国同志任烟台地区农业科学研究所党支部书记；1972.1—1973，孙忠远、王忠善同志任副书记。

1973.9—1975.3，王忠善同志任烟台地区农业科学研究所党支部书记，孙忠远同志任副书记。

1975.3—1978.8，王忠善任中共烟台地区农业科学研究所总支委员会书记；1975.6—1978.8，李保欣同志任副书记；1975.3—1978.8，孙忠远同志任副书记。

1978.8—1982.6，王忠善同志任烟台地区农业科学研究所基层委员会书记；孙忠远（1978.8—1979.3）、李保欣同志任副书记；1978.12—1982.6，王凤福同志任副书记。

1982.6—1985.5，左言华同志任烟台地区（市）农业科学研究所基层委员会书记；1982.6—1985.4，李保欣同志任副书记；1982.6—1988.7，王凤福同志任副书记。

1985.5—1988.3，左言华同志任烟台市农业科学研究所党委书记；1985.5—1989，王熙玉、于乃敏同志任副书记。

1989.12—1995.9，初展葵同志任烟台市农业科学研究所党委书记；王熙玉、于乃敏同志任副书记。

1995.9—1996.2，王培旭同志任中共烟台市农业科学研究所委员会书记；隋安臣、于乃敏同志任副书记。

1996.02—1997.12，隋安臣任烟台市农科所党委书记。

1997.12—1998.7，梁新明同志任中共烟台市农业科学研究所委员会书记；于乃敏同志任副书记。

1998.8—2008.9，梁新明同志任中共烟台市农业科学研究院委员会书记；1998.8—2001.5，于乃敏同志任副书记。

2008.12—2016.9，张善勇同志任中共烟台市农业科学研究院委员会书记；2008.12—2013.9，董锐同志任副书记；2013.9—2016.9，朱波同志任副书记。

2016.9至今，朱波同志任中共烟台市农业科学研究院委员会书记。

三、党组织建设

1974年8月，本所党总支划归烟台地革委机关党委管理，分设科研、生产、行政3个支部。

1975年6月，本所党总支下设科研支部、生产支部、总务支部3个党支部。

1985年5月，党委设立科研一支部、科研二支部、科研三支部、总务支部、农场支部、离退休老干部支部、家属支部7个党支部。

1987年4月，党委下设办公室、资料室党支部，政工科、科管科党支部，总务科党支部，财务科、物资服务党支部，大豆室、玉米室党支部，蔬菜室党支部，开发室党支部，小麦室党支部，土肥室、化验室党支部，新技术室、组织培养室党支部，植保室党支部，甘薯室党支部，畜牧室党支部，农场（含机务）党支部，家属委员会党支部，老干部党支部16个党支部。

1990年3月，党委改选下设办公室、资料室党支部，政工科、科管科党支部，总务科党支部，财务科、家属委员会党支部，大豆室、玉米室党支部，特产室、蔬菜室党支部，开发、小麦室党支部，化验室、土肥室、新技术室党支部，植保室党支部，甘薯室党支部，畜牧、农场党支部，老干部党支部11个党支部。

1992年1月，下设办公室、资料室党支部，政工科、科管科党支部，总务科党支部，财务科党支部，大豆室、玉米室党支部，特产、蔬菜室党支部，开发服务中心党支部，小麦室党支部，化验室、土肥室、新技术室党支部，植保室党支部，甘薯室党支部，畜牧农场党支部，老干部党支部13个党支部。

1993年1月，下设科研一党支部、科研二党支部、科技开发党支部、植保中心党支部、畜牧科技开发中心党支部、农场党支部、企业党支部、政工财务党支部、办公室党支部、老干部党支部10个党支部。

1999年2月，烟台市农科院设立首届12个党支部：生物脱毒中心党支部，科技成果开发中心党支部，植保研究所党支部，蔬菜、土化研究所党支部，甘薯花卉、小麦研究所党支部，玉米油料研究所党支部，试验畜牧场党支部，试验农场党支部，办公室党支部，财务处党支部，总务处党支部，老干部党支部。

2002年12月，下设甘薯研究所、生物组培脱毒中心党支部，办公室党支部，财务处、农博园党支部，后勤服务中心党支部，小麦研究所党支部，玉米油料研究所党支部，花卉研究所党支部，蔬菜研究所、农场党支部，植保、土肥化验研究所党支部，烟星种业公司党支部，畜牧场党支部，离退休职工党支部12个党支部。

2005年1月，下设烟星种业党支部、花卉所甘薯所党支部、农博园党支部、检测中心党支部、办公室党支部、财务处总务处党支部、果树所党总支一支部、果树所党总支二支部、果树所党总支三支部、植保所党支部、离退休党支部11个党支部。

2009年12月，下设农博园党支部、检测中心党支部、小麦所党支部、植保生态研究所党支部、甘薯花卉研究所党支部、烟星公司党支部、办公室科研处党支部、财务处党支部、总务处党支部、果树所一支部、果树所二支部、果树所三支部、离退休党支部13个党支部。

2014年3月，下设办公室科研处党支部、财务开发玉米所党支部、总务处农场党支部、小麦所党支部、花卉所党支部、甘薯所农博园党支部、植保蔬菜所党支部、农产品综合质检中心党支部、果树分院一支部、果树分院二支部、果树分院三支部、离退休党支部12个党支部。

2016年5月，下设办公室科研处党支部、财务处开发中心党支部、总务保卫基地办党支部、小麦所党支部、花卉所党支部、甘薯所农博园党支部、植保蔬菜所党支部、农产品综合质检中心党支部、土肥玉米信息所党支部、果树分院一支部、果树分院二支部、果树分院三支部、离退休党支部13个党支部。

四、党组织荣誉

1991年6月，获"烟台市先进基层党组织"；1996—1998年，被烟台市农业局党委授予"先进基层党组织"；1999年6月，被烟台市委授予"烟台市先进基层党组织"；2000年8月，被烟台市委、市政府授予"烟台市思想政治工作先进单位"称号；2003年6月，中共烟台市委授予院党委"烟台市先进基层党组织"称号；2011年6月，被烟台市委授予"烟台市先进基层党组织"荣誉称号；2016年6月，被山东省委授予"山东省先进基层党组织"荣誉称号。

第二节 群团组织

一、工会及妇女工作

（一）概况

1990年4月经所党委批准同意成立烟台市农科所工会，经民主选举产生第一届委员会，郑洪良同志任主席，王克浩、鞠法远同志任副主席。1998年12月增补了徐文芳同志为副主席。1999年12月成立经费审查委员会、女职工委员会，鞠法远、徐文芳同志任主任。

2002年10月选举产生第二届委员会，周先学同志任工会主席。2007年7月增补翟广印同志任副主席。2012年1月王英姿同志任工会主席，2013年4月增补迟爱花同志、王丽同志任副主席。2013年9月至今李元军同志任工会主席。

1999年根据工作实际需要，经工会委员会研究决定重新划分13个工会小组，工会小组设组长一人，对会员人数较多、会员岗位较分散的小组，可增选一名副组长。共产生13名组长，3名副组长。共发展会员226名。

（二）工作成绩

1. 积极开展健康向上的文娱活动，活跃职工的文化生活

一是建立了职工活动室，购置了棋、牌、羽毛球场、乒乓球台、篮球、大绳等活动用品；二是建立职工图书室，订购大量科技专业书刊，《工人日报》《山东工人报》《中国工运》《职工天地》《工会信息》等报纸杂志，丰富职工业余文化生活。安排专门管理人员坚持每天对职工开放。

2. 积极开展各种形式的体育活动，增强职工的身体素质

每年年初制订全院干部职工文体活动计划，主要有以下活动：春季中长跑、拔河、跳大绳、踢毽子、60秒单摇绳、计总数单跳绳、定点投篮、讲演、朗诵、象棋、摄影、乒乓球、羽毛球、篮球、二人三足、运球障碍接力赛、趣味接力赛、夹球投篮比赛等项目，既有科室集体项目，也有个人项目，还有与其他单位组织联谊团体比赛项目。

3. 积极开展上级部门组织的文体活动，增强职工的凝聚力

1991年参加市直农业系统建党70周年歌咏比赛中获得第一名。在2009年参加市农业局组织唱红歌比赛、2010年市直农业系统建党89周年唱红歌歌咏比赛、2010年市直农业系统建党90周年文艺会演比赛中，农科院参加的大合唱取得了连续三年获第一名的好成绩。朗诵、舞蹈等类节目也获得优秀节目奖。2011年参加烟台市工会组织的拔河比赛项目，在十二支参赛队伍中获第二名，同时获优秀组织奖。

4. 成功举办了两年农科院职工元旦联欢会，展示出职工的才能

2016年成功举办农科院首届职工元旦联欢会，有舞蹈、三句半、小人舞、健身操、歌武表演、男女声独唱、黄梅戏、京剧、手语舞、拉丁舞、诗朗诵、大合唱，节目丰富，形式多样化，掌声欢声不断。2017年院领导高度重视，把我们的舞台搬到烟台京剧院，从灯光、音响、LED大屏等舞台效果都上档次，而且节目更丰富，自创自演，既有大型开场舞、西班牙斗牛舞、长扇舞、双人舞、幽默舞蹈、歌伴舞、相声、动画配音、魔术表演、京剧选段、红歌联唱，又有科室之间组织的男女对唱、串烧，还有退休职工器乐合奏等等，副院长创作诗歌、独唱、重唱，全院科室人员齐上阵。

5. 其他方面的工作

定期为育龄妇女查体，建立生殖健康档案，保证了妇女的身心健康；"三八"妇女节，组织全院女职工到烟台周边参观学习，陶冶情操。

（三）获得的荣誉

1. 集体获得的荣誉

本院工会2016年获"山东省富民兴鲁劳动奖状"；2013年获"山东省模范职工之家"；2003年获"烟台市五一劳动奖状"；1999年获"烟台市先进职工小家"；2006年获"烟台市信得过基层工会"；2011年获"烟台市模范职工之家"；2012年获"烟台市职业道德建设标兵先进单位"；财务处（2013年）、农博园（2015年）获"烟台市女职工建功立业标兵岗"；花卉所2015年获"烟台市职工（劳模）创新工作室"和"工人先锋号"、2016年获"烟台市模范职工小家"。另外，2004年在烟台市"康泰杯"工会法律知识竞赛中，获"优秀组织奖"；2011年在全市企事业职工第二届系列体育比赛中，获"拔河第二名"和"优秀组织奖"。

2. 个人获得的荣誉

本院（所）职工先后有4人获得"全国先进工作者"；4人获得"全国五一劳动奖章"；1人获得"全国五一巾帼标兵"。2人获得山东省"劳动模范"；3人获得山东省"先进工作者"；5人获得"山东省富民兴鲁劳动奖章"；3人获得"山东省女职工建功立业标兵"。2人获得"烟台市劳动模范"；7人获得"烟台市先进工作者"；10人获得"烟台市五一劳动奖章"；2人获得"烟台市女职工建功立业标兵""烟台市十佳建功立业标兵"；2人获得"烟台市女职工建功立业标兵"；1人获得"烟台市职业道德建设标兵"；1人获得"烟台市优秀工会积极分子"；1人获得"烟台市工会经费征收工作先进个人"；2人获得"烟台市优秀工会工作者"；1人获得"烟台市优秀工会之友"。

二、共青团

（一）概况

烟台地区农科所团总支委员会于1983年3月25日正式成立，1983年改称烟台市农科所团委，1998年至今改称烟台市农科院团委。

目前有35周岁以下团员青年56人，设团委书记1名，团委副书记1名，团委委员3名。

1. 历任领导

书记：徐文芳（1985.6—1990.3）、张善勇（1990.3—1993.2）、王福斌（1993.2—1993.6）、郭绪良（1999.5—2013.4）、李涛（2013.4至今）。

副书记：于云增（1983.3—1985.6）、王福斌（1990.3—1993.2）、刘维正（1990.3—1999.5）、刘克宁（2009.1—2011.9）、丁朋松（2013.4至今）。

2. 获得荣誉

烟台市农科所团总支委员会（烟台市农科院团委）先后获得共青团烟台市委授予的"烟台市青春立功活动先进集体""烟台市青年科技活动先进单位""烟台青年科技创新行动风韵犹存示范基地"等荣誉称号；并获2008—2010年度和2012—2013年度"烟台市五四红旗团（总）支部"，获"2016年度烟台市五四红旗团委"。2016年植物保护研究所获"烟台市青年文明号"，2017年葡萄与葡萄酒研究所获"烟台市青年突击队"。

本院（所）同时也涌现出了大批优秀青年团员，目前获"山东省优秀团员"1人，"山东省新长征突击手"1人，"山东省青春立功活动二等功"2人，"山东省青春立功活动三等功"1人；"烟台市青少年学雷锋送温暖活动先进个人"1人,"烟台市新长征突击手"2人,"烟台市新长征突击手标兵"1人,"烟台市青年科技标兵"1人,"烟台青年五四奖章"1人,"烟台青年榜样"1人,"烟台市优秀青年岗位能手"1人,"烟台市优秀共青团干部"4人次,"烟台市优秀共青团员"6人;"烟台市农业局模范团员"1人,"烟台市农科所优秀团员"11人次,"烟台市农科所优秀青年"4人。

(二)职责范围和取得的工作成就

烟台市农科院团委的主要工作职责是在党委的领导下,团结带领全院青年职工做好科学研究、技术推广、社会服务、文体活动等工作。

烟台市农科院团委成立了"烟台市农科院志愿服务队",先后组织了义务植树、义务献血、海边捡拾垃圾、为困难儿童捐赠善款等活动10余次,义务献血4 300mL,为困难儿童捐赠善款2万元,通过穿着统一的志愿者服装,向全市人民全方位展示了本院青年志愿者的风采。近几年每年组织拔河、长跑、跳大绳、羽毛球、乒乓球、演讲比赛等文体活动10余次,参与人数累计超千人次,展现了农科院职工的精神面貌,提高了凝聚力。先后与山东省农科院蚕业研究所、烟台市特种设备研究院、清洋街道福莱办事处等单位举办了篮球、羽毛球等友谊赛,通过比赛增进了双方的了解,加强了双方单位的进一步交流与合作。

第三节 社会团体

一、烟台市苹果协会

(一)协会概况

1. 成立与性质

烟台市苹果协会成立于2002年2月1日,是由全市从事苹果生产、加工、储藏、流通的企业、专业村、专业合作社、专业协会以及科研、技术推广等单位和个人,自愿组成的非营利性、行业性、全市性的社团组织,具有社团法人资格。协会业务主管部门、社团登记管理机关为烟台市民政局。

2. 业务范围

协会现有会员单位138个,其中有进出口权的会员企业28个。会员的组成呈多主体、多行业、多领域,既有龙头企业,又有种植大户;既有批发、零售企业,又有个体运销户;既有国家投资兴办的批发市场,又有村镇兴办的集散地;既有专家教授,又有企业家、个体户。多元化的会员成分,使协会更具代表性、普遍性和社会性,充分体现了协会是一个跨部门、跨行业、跨所有制的行业性组织。协会以服务为纽带,把产、供、销、贸、工、农等环节紧密地联结起来,形成产加销一条龙、贸工农一体化的格局,共同促进烟台苹果的振兴和发展。协会依据市场规则,充分发挥服务、协调和监督的作用,组织制定行规行约,严格规范与烟台苹果相关的市场秩序,建立行业自律运行机制,协调政府、企业、农户之间的关系,维护会员的合法权益,宣传、保护烟台苹果品牌,推介、促销烟台苹果及深加工产品。

3. 人员组成及变更

第二届会员代表大会于2007年9月18日召开,由赵培策继任会长,林建财、马德功、张世欣、王洪华、王希桂、王玫生、戚大广、邓博毅、杨杰、卓宝杰、林迎广、牟春生、姜建彩、黄新建、邹胜利任副会长,姜中武任秘书长。协会会员增加了108个,共计246个。第三届会员代表大会于2012年3月1日召开,由赵培策继任会长,于笃平、王洪华、王朋山、李恩、李文武、张世欣、邹胜利、卓宝杰、林迎广、赵庆伟、黄新建、戚大广任副会长,姜中武任秘书长。协会会员减少60个,共计186个。

社团法人变更。赵培策同志根据省、市委文件"公务员不能兼任行业协会领导职务"的规定以及身体原因,辞去烟台市苹果协会会长职务,并进行了离任审计。由烟台市农科院副院长、果树分院院长、苹果协会秘书长姜中武同志继任烟台市苹果协会会长,烟台市果品公司总经理、苹果协会副会长邹胜利同志任烟台市苹果协会秘书长，其他班子成员不变。2014年10月7日烟台市苹果协会三届三次常务理事会通过。

（二）协会主要工作业绩

1. 成功申报烟台苹果地理标志证明商标

"烟台苹果"吃了上百年，叫了上百年，可叫的是"乳名"，没有身份证。随着烟台苹果品牌影响力逐年增大，市场上冒用、乱用、滥用烟台苹果品牌的现象越来越多，损害了烟台苹果的声誉，误导了消费者。只有注册"烟台苹果"地理证明商标，打造区域公用品牌，才能有效地保护"烟台苹果"这一品牌，保障消费者权益。因此，如何保护烟台苹果这块"金字招牌"成为烟台广大果农的期盼、涉果企业的夙愿、政府关注的焦点。

为此，2005年以来，烟台市苹果协会就认真准备上报材料。围绕烟台苹果的历史积淀、品质特征、地理环境、科技因素、市场情况、管理措施等方面撰写烟台苹果申报证明商标材料。申报之初，烟台苹果协会将烟台苹果作为整体商标申报，国家商标局认为"烟台苹果"这四个字包括范围太广、涉及的区域太多，涵盖了威海和青岛部分地域，建议以"烟台红富士"或"烟台小国光"来申报地理证明商标。2006年8月，束怀瑞院士召集中国农业大学、中国果树研究所、西北农林科技大学等单位的7名苹果专家对烟台苹果的品质进行论证，专家组一致认为仅以"品种"名称为地理标志不能充分体现烟台苹果的地域特征，建议以"烟台苹果"申报地理标志证明商标。2008年6月成功注册"烟台苹果"地理标志证明商标。从此，"烟台苹果"获得依法保护，有了属于自己的合法"身份证"。

2009年，苹果协会在地理标志证明商标的基础上，申报中国驰名商标。2011年11月，烟台苹果被国家工商总局商标局认定为中国驰名商标。协会根据《商标法》等法律法规，制定了《"烟台苹果"证明商标使用管理规则》《"烟台苹果"地理标志证明商标使用管理办法》《"烟台苹果"地理标志证明商标的认证程序与认证标准》，建立了"烟台苹果"质量安全查询追溯系统，推出质量认证、产品追溯、信息监督和市场监管等四大制度，保证"生产有标准、产品有标识、质量有检测、认证有程序、品牌有保护"。明确使用证明商标所需条件、权利义务、检验监督和责任追究。

2. 开展烟台苹果文化建设

烟台苹果具有自然优势、规模优势和品牌优势，特别是实施原产地域产品保护后，它不仅是一种商品概念，而且是一种文化概念，是中华民族的文化遗产，也是一笔宝贵的无形资产。前些年，因为缺少综合统筹的机构，致使苹果行业各行其是，各自为战，各打各的品牌，各吹各的号，各唱各的调，一度影响了烟台苹果的整体形象、整体品质和整体效益。近年来，协会着手清理整顿在品牌宣传中的混乱现象，强化思想意识，整合品牌资源，树立整体形象。

2003年经过精心组织和策划，投入300万元，在中央电视台四套节目的黄金时段对烟台苹果进行了广告宣传。其内容是："大自然的造化，烟台人的奉献；烟台苹果，健康生活；中国烟台；落款是烟台市苹果协会。"广告的主题鲜明、寓意深刻，以烟台市苹果协会的名义，统一对外宣传，使烟台苹果的品牌资源得到优化，市场价位得到提升，广大会员得到实惠。

为强化品牌影响力，烟台市苹果协会配合市农业局于2010年11月在全球范围内征集《"烟台苹果"广告语》，3个月内共计征集广告语200余条。经21位专家3轮评审，最终"烟台苹果，香甜你我""烟台苹果，香飘世界"等30条广告语被确定优秀广告语；浙江省余姚市市民王荣荣提出的"烟台苹果，果真出色"，被评选为最佳广告语，该广告语也成为烟台苹果历史上的第一个广告语，在各大媒体进行统一的广泛宣传，有效地提升了烟台苹果的品牌价值。

但在广告语及图的使用过程中，部分企业及果农认为烟台苹果的标识"果型扁圆、果柄弯曲"不能体现烟台苹果的现实特征，"烟台苹果，果真出色"广告语也没有充分体现烟台苹果的历史渊源。烟台市苹果协会根据果农及相关企业的反映，及时向上级主管部门汇报，得到了主管部门的高度重视，决定重新征集烟台苹果广告语及品牌标识。

2015年，委托浙江大学品牌研究中心，对烟台苹果的广告语与品牌标识重新凝练，充分挖掘品牌历史文化内涵,重新提出"中国第一个苹果:烟台苹果"新的品牌口号,卡通形象"拇指哥"为烟台苹果代言人,"大拇指苹果"为对外统一使用的 Logo 商标。凝练出烟台苹果品牌 5 个核心价值支撑链"中国历史第一个、品牌价值第一高、自然条件世界级、种植水平优先级、口感酸甜黄金比"。同时,对包装宣传等物料上区域品牌和企业品牌的有机结合进行了精心的设计,还对企业的宣传应用、终端应用、办公应用等都进行了精美的设计,得到了各界的认可。目前,协会企业已经自觉地在产品包装、厂区宣传、销地档口设计上应用新的品牌口号和标识系统,使区域品牌和企业品牌形成了紧密一体、共生共赢。

3. 积极参与烟台苹果品牌推介

烟台市苹果协会自成立以来,积极参与,密切配合市政府、市农业局组织的苹果促销活动,以市场开拓多元化、促销形式多样化、产品宣传整体化、质量要求标准化为原则,全力拓展国际、国内两个市场。协会在上海、哈尔滨南北两大城市设立了办事处。同时协会还在全国 30 个大中城市设立 50 多个"烟台苹果"专卖店和经销点,并筛选出 10 处经营效益突出的网点,由协会统一监制"中国烟台苹果专卖"的牌子。建设形成一个体系较为完善的、能够覆盖全国大中城市的烟台苹果销售网络。先后组织果品加工、经销企业等会员单位到国内大中城市和东南亚、西欧等地举办了烟台苹果推介洽谈活动。每次活动,都统一打造烟台苹果的品牌,加强对烟台苹果的整体宣传。统一印制宣传画、宣传册、礼品盒、资料袋,并印制"烟台市苹果协会"等字样。每到一地,都向当地客商和消费者推介宣传烟台苹果的突出特征,展示、展览、展销烟台苹果的品质、品牌和品位,让更多的消费者、经销商认知烟台苹果的优良品质和知名品牌,积极地与我们开展果品贸易、技术合作与交流洽谈等活动。

2015 年 10 月 22 日,由中国苹果产业协会、烟台市农业局主办的"第二届中国苹果产业论坛暨烟台苹果产销对接会"在烟台召开。烟台市苹果协会与京东、1 号店等业内有实力的销售平台代表签订战略合作框架,缔结了"烟台苹果品牌营销推广战略伙伴关系",形成"烟台苹果品牌营销推广联盟"。2015 年 11 月 9 日,烟台海阳津成泰农产品发展有限公司的 21t 烟台苹果,正式起航出口美国,这是烟台红富士苹果首次出口美国,也是山东苹果首次进入美国市场。

2015 年烟台市苹果产量较往年增产 20%左右。针对这一情况,协会引导会员企业改变以往的"皇帝女儿不愁嫁""酒香不怕巷子深"的观念,先后在北京、广西、广东、上海、重庆等地举办烟台苹果推介会 30 余场次,让更多的人认知烟台苹果。烟台市苹果协会旗下的十大品牌企业及部分会员企业,严格按照烟台苹果标准选级、入库,利用烟台苹果子母品牌优势、稳定的销售渠道与畅通的市场信息,苹果的销售价格、销售量依然相对稳定,一级果的销售价格在 10 元/kg 左右。烟台市苹果协会协助召开全市果业电商大会,邀请了京东、天猫、淘宝等技术总监对全市的电商、微商从业人员进行培训,利用搭建的网络信息平台,微商电商对烟台苹果实现了有针对性的促销,2015 年电商销售量达 30 万 t;2015 年圣诞节期间,烟台市苹果协会携"泉源""联蕾"两个品牌企业赴重庆、厦门进行苹果促销与推介,销售鲜果 7 万 t,扩大了烟台苹果在两地的影响力,提高了市场占有率。

2016 年受邀参加了山东省人民政府举办的山东品牌建设大会,并做了"烟台苹果 百年品牌"的专题报告。2017 年 1 月 6 日和 8 日,苹果协会参加了烟台市政府组织的"烟台苹果京杭合欢迎新春"专题推介会,推介会分别在杭州、北京两地举办,吸引上百家果品经销商以及 40 多家海内外媒体参加。在推介会上详细介绍了烟台苹果的特点及鉴别方式。不仅现场放大了"烟台苹果"和烟台城市声音,收获了 3.8 万 t 的苹果购销订单,而且经参会人员的传播、新闻媒体的报道,更多批发市场、龙头企业和电商平台慕名找来,赢得短期成效和长远效益,实现正面促进烟台苹果品牌建设、市场销售、区域合作,侧面推介烟台整体产业、产品、品牌、形象的双重目的。

4. 强化果业信息服务工作

随着市场竞争的不断加剧,烟台苹果在生产、加工、储藏、保鲜、销售等方面的信息服务越来越凸显,为会员以及广大果农提供相关信息服务已成为协会工作中的第一要务,但是,因为资金短缺,协会心有余而力不足。在这种情况下,协会按照"开拓创新,统筹发展,整合资源,科学运作"的原则,借船出海，独辟蹊径，2005年与烟台市农业信息中心联手组建烟台市苹果协会信息网络服务部，开通烟台苹果信息网站，负责烟台苹果信息的采集、整理与发布，确保信息的真实性、时效性和权威性。网站每天都有几万字的信息量，为广大会员及果农提供生产、加工、储藏、保鲜、销售等信息服务。各会员单位可自由登陆"烟台苹果"网站，既可接收信息，又可发布信息。服务部还积极为企业组织培训信息员，让他们利用市场信息，抢抓商业机遇，为企业获得更大的经济效益。

2015年8月31日，"烟台苹果网"正式上线启动。该网站是由烟台市农业局牵头，烟台市苹果协会、烟台市农业信息中心与烟台市果品总公司共同参与打造的，以烟台苹果为主、涵盖其他特色农产品的电子商务交易与服务平台，是山东省第一个农产品垂直电商平台。

5. 施行烟台苹果防伪标识和质量追溯系统

2006年，为进一步规范整合烟台苹果的品牌资源，维护烟台苹果的对外形象，有效地保障生产者、经营者、消费者的合法权益，苹果协会联合中国电信168315企业客户服务中心，开通"烟台苹果"全国防伪查询智能语音服务系统。该系统是国家质检总局鉴定通过的防伪技术，依托中国电信的强大资源，将数码防伪与材质防伪相结合，在同一个标贴上同时集成六重防伪技术，每枚防伪标贴上都设有密码，贴到苹果箱或苹果上便成为"密码苹果"，为广大生产者、经营者、消费者提供方便、灵活的防伪监控手段。苹果协会已设立电话投诉中心，客户可从全国各地拨打电话或通过网站查询，本系统将自动核实密码，从而形成等级标准防伪化，品牌包装标识化。

近年来，协会依托烟台市科研部门建立健全质量安全查询追溯制度。对合作社、企业商标、土壤、大气、水环境、主要品种、测土配方施肥、病虫害防治、物候期、套袋以及采摘、包装、贮藏、运输、销售等科目，按照所属行政区域进行编码，构建数据库，建立产品电子档案，引导50余个龙头企业建立了产品质量可追溯系统。协会按照"宁可免费也不免检"的"地标"使用原则，对商标进行严格监管。同时，协会会同工商、海关、公安、质检等部门，依据《商标法》制定出台有关办法，规范整顿市场秩序。开通烟台苹果打假热线，对蓄意假冒商标的单位和个人，提交执法部门依法查处，并在"烟台苹果网"及有关媒体上通报或曝光。使烟台苹果形成生产有标准、产品有标识、质量有检测、认证有程序、市场有监管的规范化体系。

6. 提升烟台苹果品牌价值

为推动区域品牌的影响力，协会提出了母子品牌协同发展模式，"烟台苹果"区域商标为母品牌，企业商标为子品牌。子品牌汲取母品牌的影响力和知名度，拓展销路、提高身价；母品牌则通过子品牌落地，相互借力，协同发展。"烟台苹果"商标注册后，产生出巨大的经济效益和社会效应。2010年上海世博会，山东馆对拥有中国地理标志品牌的"烟台苹果""莱阳梨"向全中国、全世界进行展示和推介。2013年2月18日，烟台苹果在天津渤海商品交易所烟台苹果竞买平台挂牌交易，一天交易额即突破了2亿元。随着品牌效应的不断放大，社会影响力、感召力、吸引力不断增强。

从2014年开始，协会和市农业局每两年开展一次"烟台苹果十大品牌""烟台苹果十大经销商"评选活动，将十大品牌和一批优秀经销商作为烟台苹果母品牌的子品牌，母品牌和子品牌共同组建起了烟台苹果品牌"航空母舰"。2014年，烟台市政府出台《关于加快推进苹果产业提质升级的意见》，提出在苹果生产管理、采后处理和市场营销等方面引领国内发展、达到国际先进水平，把"烟台苹果"培育成世界品牌，这给"烟台苹果"产业的跨越发展，增添了动力。为加强烟台市苹果产业品牌建设，整合品牌资源，做大做强"烟台苹果"品牌群体，苹果协会配合市农业局开展了"烟台苹果十大品牌"评选、中国第一枚《苹果》邮票在烟台市首发、"烟台苹果"产销对接会等活动，为"烟台苹果"这块金字品牌，增添了分量和含金量。2015年8月14日，由烟台市物价局负责编制的烟台苹果价格指数正式启动上线运行。编制发布"烟台苹果价格指数"，有利于将烟台苹果的产业优势和核心竞争力转化为价格话语权优势，提升烟台苹果产业在市场价格形成中的参与权、表达权、主动权和主导权。

在中国农产品区域公用品牌价值评估中，2009年"烟台苹果"品牌价值被评估为80.97亿元，2010年被评估为91.37亿元，2011年评估为93亿元，2012年，被评估为91.47亿元，2013年，被评估为94.05亿元。2017年，被评估为131亿元，连续9年蝉联中国农产品区域公用品牌果业第一品牌。2012年，在国家联合协会评选出的100个区域公用品牌中，烟台苹果和烟台大樱桃分列苹果类和特色果品类第一名。被称为最具影响力的中国农产品区域公用品牌。2015年6月23日，在中国果品流通协会主办的全国"首届中国果业品牌大会"上，"烟台苹果"荣获2015中国果品区域公用品牌建设杰出贡献奖，并获2015中国果品区域公用品牌50强荣誉称号。

今后，烟台市苹果协会将联合全市农业科研推广机构和相关企业，围绕"品种、品质、品牌"开展工作，以品种为前提，品质为基础，品牌为保障，开展品牌建设和宣传工作，推动烟台苹果产业提质升级，引领全国苹果产业可持续发展。

二、烟台市大樱桃协会

（一）概况

1. 成立与性质

烟台市大樱桃协会成立于2005年11月25日，由烟台市农技推广中心原主任乔安福发起成立。主要是从事大樱桃生产、科研、经营、加工、贮藏，会员单位自愿组成的地方性非营利性专业化社会组织，协会业务主管单位、社团登记管理机关为烟台市民政局。

2. 业务范围

协会主要进行调查研究国内外大樱桃的发展趋势，研究探讨我市大樱桃的生产发展方向和布局，协助政府和业务主管部门制定行业发展规划，提出烟台市大樱桃业发展和资源保护措施及建议；开展大樱桃产业信息、技术、基地规划、工程设计等综合服务；开展技术、经验交流、组织参观考察学习、举办各类大樱桃展览，展销会议；编辑出版大樱桃刊物或技术资料，开展大樱桃科普宣传和技术培训；组织大樱桃新品种、新技术的引进、试验、示范和推广。

3. 人员组成

烟台市大樱桃协会第一届理事会由乔安福任会长，林成欣、初福政、郑宗文、王和平、姜中武任副会长，丁菊凤任秘书长，协会会员主要来自烟台市福山区、芝罘区、牟平区、蓬莱市、莱阳市等地18个会员单位共计30余人。

第二届理事会张福兴任会长，韩明建、王建、刘淼、孙少国、王子龙、袁淑君、邢建任副会长，孙庆田任秘书长，协会会员增加到52个会员单位共计86人。

（二）协会的工作业绩

烟台市大樱桃协会成立以来，在烟台市农业局的正确领导和社团登记机关的监督指导下，在做好大樱桃新品种、新技术推广应用及"烟台大樱桃"品牌宣传工作，发挥协会桥梁和纽带作用，为政府决策当好参谋助手，为会员单位、大樱桃种植户指导服务等方面作出了一定的成效。

1. 充分发挥协会职能，通过多种形式，加快新品种、新技术推广应用

针对我市大樱桃生产中存在的早春霜冻害、遇雨裂果、树形紊乱等生产问题，烟台市大樱桃协会组织50余名协会会员到烟台市农科院、蓬莱南王大樱桃示范基地举行现场观摩会。首先，组织到会会员到烟台市农科院试验基地现场观摩烟台市农科院研制的新型塑料篷布式防雨防霜棚、细长纺锤形密植栽培模式，然后到蓬莱南王大樱桃示范基地参观学习了自由纺锤形、四线拉帘式防雨棚。

2013年7—8月持续的大雨、暴雨后，烟台市及胶东地区低洼果园出现淹水或长时间浸泡，造成了部分地区樱桃等果树减产、树势衰弱以及根系腐烂、死树等突出问题，针对上述问题，2013年8月20日，烟台市大樱桃协会、烟台市农科院、农业部樱桃行业科技项目办公室组织协会会员及相关从业人员80余人，召开了胶东涝害果园管理技术研讨会，研讨大樱桃果园涝害发生原因、预防以及涝害补救技术措施。

积极配合市农科院成功举办北方（烟台）果树苗木生产资料交易会，组织会员单位参展、参会，展示取得的新品种、新产品，同时邀请了国家外专特聘教授布拉高夫等专家举办了6场专题技术讲座，

组织协会会员到蓬莱南王参观大樱桃示范基地

协会会员单位在苗木交易会参展宣传

就大樱桃提质增效关键技术、果树涝害的防治等热点问题进行讲解。

2015年5月18—21日，组织协会会员参加"2015年中国樱桃年会暨全国现代大樱桃产业提质增效研讨会"。本次会议由中国园艺学会樱桃分会主办，山东省现代农业产业技术体系水果创新团队聊城试验站承办。此次会议深入研讨交流樱桃科研、生产等方面的内容，包括樱桃产业区域现状、发展模式、品种选育、生物技术、基础研究、栽培管理、灾害防控、提质增效、采收包装、贮藏加工、病虫害防治、市场营销等内容。会议后协会会员实地参观聊城市大樱桃现代生产示范园。通过此次会议，会员们开阔了眼界，了解了国内大樱桃发展趋势，学习了国内外先进的栽培管理技术。

组织协会会员参观大樱桃优质丰产栽培技术培训

2. 加强会员单位管理，增强协会凝聚力

按照协会年检要求，认真完成上一年度协会年检工作，协会各项工作取得了良好成效，受到上级管理部门的好评；协会秘书长孙庆田同志获烟台市"民间模范"荣誉称号。

积极探索新形势下的技术推广新模式和新机制，充分发挥大樱桃协会在大樱桃产业科技推广中的作用，通过开展培训会、交流会及观摩会，利用烟台市农科院网站、《烟台果树》杂志向社会推介、宣传协会及会员单位企业，促进协会会员相互沟通、交流，增强协会凝聚力，使科研成果和技术及时转化为生产力。

3. 借助产区优势，搞好品牌宣传

协会通过大樱桃专业网站、举办推介洽谈会和采摘旅游活动等形式，充分发挥这一特产资源优势，做好大樱桃产业与旅游产业结合的文章；同时，加大宣传推广力度，培育辐射全国的大樱桃批发市场，注重"烟台大樱桃"品牌建设，多措并举提高农民收益。

2015年6月9日，为促进烟台市大樱桃产业品牌建设，整合品牌资源，做大做强"烟台大樱桃"品牌群体，由烟台市大樱桃协会、烟台市农业局主办的"烟台大樱桃十大品牌"评选正式启动。随即在社会上引起了强烈的反响。

经企业或合作社自愿申报、县市区推荐、市级审核、专家初审，评出候选品牌在大众网等媒体以"品牌+企业（合作社）简介"的形式进行宣传展示后，进行公众投票。同时，委托专业中介机构对各个品牌的品牌知名度和美誉度进行测评，并出具权威报告。8月13日，烟台市农科院、鲁东大学等科研、高校和媒体单位的7名专家组成评审组，对各个候选品牌从品牌质量评价、生产销售评价、规模效益评价、产品认可评价、品牌传播力评价五个指标体系进行量化打分。然后按公众网络投票、专业中介机构测评、专家评审分别占20%、30%和50%的比例，综合计算最后得分，成功评选出烟台宝林农业发展有限责任公司的"宝林"牌、蓬莱和圣农业技术开发有限公司的"和圣"牌、海阳市蓝波湾果品园艺场"蓝波湾"牌、烟台市老桂大樱桃专业合作社的"阿桂"牌、烟台市恒瑞贸易有限责任公司的"女王山"牌、莱阳日信泰宝果蔬专业合作社"日宝"牌、烟台市福山区张格庄大樱桃合作社的"张格庄"牌、烟台葛悠农业科技有限公司的"吉春"牌、烟台市福山区义明大樱桃专业合作社的"早丰王"牌、栖霞市庙后镇柏军果品专业合作社的"霞谷献珍"牌为"烟台大樱桃十大品牌"，并通过新闻媒体、网站、室内外宣传牌推广宣传，实现了烟台大樱桃母子品牌协同发展。

2017年5月，烟台市大樱桃协会在烟台市农业局的指导下，组织了第二届"烟台大樱桃十大品牌"评选活动，评选出女王山农业发展有限公司的"女王山"牌、烟台市老桂大樱桃专业合作社的"阿桂"牌、福山区张格庄大樱桃合作社的"张格庄"牌、烟台程果农业发展有限公司的"程果"牌、栖霞市庙后镇柏军果品专业合作社的"霞谷献珍"牌、烟台朝阳果蔬有限公司的"赤玉源"牌、烟台葛悠农业科技有限公司的"吉春"牌、福山区仙品果蔬专业合作社的"山樱"牌、海阳市雪国大樱桃种植专业合作社的"仙人盆"牌、烟台惠科生物技术有限公司"向东"牌为第二届烟台大樱桃十大入选品牌。

2015年，召开"烟台大樱桃十大品牌"专家评审会

召开"烟台大樱桃十大品牌"发布会

2015年9月19—20日，国际农商品牌发展（北京）论坛在北京举行，来自15个国家、地区以及国际组织的代表，农业部、国家质检总局等相关部门负责人等共300多人参加论坛。论坛的一项重要内容是"2015最受消费者喜爱的中国农产品区域公用品牌"颁奖仪式，"烟台大樱桃"获此项殊荣，烟台市大樱桃协会秘书长孙庆田研究员应邀参加了论坛和授牌仪式。据悉，"全国最受消费者喜爱的中国农产品区域公用品牌"每3年评比一次，由中国优质农产品开发服务协会组织，中国品牌农业网具体承办网上评选系列活动，活动经过组织征集、专家评审、网络调查、公证公布的程序，最终调查产生了100个"2015最受消费者喜爱的中国农产品区域公用品牌"，"烟台大樱桃"从全国300多个优质农产品牌区域公用品牌中成功晋级百强品牌，也是唯一的大樱桃获奖品牌。在2014年农产品公用品牌价值评估中，"烟台大樱桃"品牌价值32.14亿元，居第33位。在2015年中国农产品区域公用品牌价值评

烟台大樱桃被评为"2015最受
消费者喜爱的中国农产品区域公用品牌"

估中,"烟台大樱桃"品牌价值37.11亿元,列中国农产品区域公用品牌第31位。在2016年中国果品区域公用品牌价值评估中,烟台大樱桃品牌价值达44.7亿元,列中国果品区域公用品牌价值榜第8位。烟台大樱桃在国家质量监督检验检疫总局开展的2016年区域品牌价值评价工作中,品牌价值评估为120.4亿元人民币。

(三)近几年获得的荣誉

2015年最受消费者喜爱的中国农产品区域公用品牌;2015年中国果品区域公用品牌价值50强。
2016年中国农产品区域公用品牌网络声音50强;2016年中国果品区域公用品牌价值50强。
2017年最受消费者喜爱的中国农产品区域公用品牌;2017年中国果品区域公用品牌价值30强。
山东省第二批知名农产品区域公用品牌(2017)。

三、烟台市果树苗木协会

(一)概况

1. 成立与性质

烟台市果树苗木协会成立于2005年10月30日,是会员单位自愿组成的地方性非营利性专业化社会组织,协会业务主管单位、社团登记管理机关为烟台市民政局。

2. 业务范围

苗木协会主要为广大果农、苗木企业、生产资料企业提供交流交易平台;定期组织会员单位进行技术、信息交流,现场观摩,及时总结推广苗木生产管理先进经验;邀请国内外知名专家举办知识讲座、进行现场指导;引进推介果树优良新品种、现代果树先进栽培模式及其配套苗木生产种类等多种形式的活动,提高育苗企业素质,制定我市果树苗木行业生产销售行为规范,改变了过去苗木生产过程科技含量低,育苗技术传统落后,品种资源混乱,以假乱真,以次充好,育苗个体化,群龙无首,各自为政,市场杂乱无章的局面。苗木品种、苗木质量逐步与现代化果树生产发展接轨,较大程度上推进了烟台乃至全国的果树产业发展。

3. 人员组成

烟台市果树苗木协会第一届由梁新明任会长,牟春生、孙承校、郑宗文任副会长,张宗坤任秘书长;第二届理事会由牟春生任会长,姜中武、孙承校、郑宗文任副会长,李元军任秘书长,协会会员主要来自烟台市福山区、芝罘区、牟平区、蓬莱市、龙口市、莱阳市等地30个会员单位共计40余人。

(二)协会的工作业绩

烟台市果树苗木协会在烟台市社团登记管理机关、烟台市农业局等上级主管部门的指导和监督管理下，在烟台市农科院大量人力、物力和科技方面的支撑下，在协会领导集体的辛勤工作和全体会员大力配合、支持下，紧紧围绕"遵守宪法、法律、法规和国家政策，遵守社会道德风尚，在国家政策和地方法律法规允许的范围内，为烟台果树行业及烟台市果农进行科技咨询和服务"的宗旨开展了卓有成效的工作。

1. 协同承办13届中国北方（烟台）果树苗木及生产资料交易会

中国北方（烟台）果树苗木及生产资料交易会是由烟台市人民政府、中国园艺学会果树专业委员会、山东省农业厅、山东省林业局主办，烟台市农业局、烟台市林业局协办，烟台市农科院、烟台市果树苗木协会共同承办的大型果树苗木、生产资料交易会和果树实用技术交流盛会。2012年共有来自国内外的180余家展销商参展，参会果农达15万余人，展出了苹果、大樱桃、葡萄、石榴、蓝莓、核桃、枣等不同果树新品种180余种，果树生产资料、生产工具160余种，现场共成交各类果树苗木280余万株，果树方面的专家共举办了10场专题实用技术讲座。中国北方（烟台）果树苗木交易会已被政府、社会、农民所认可，为推动烟台果树产业的发展做出了较大贡献。烟台市果树苗木协会全体会员单位作为参展主体，积极参加展销，并协助招商招展，各单位在交易会上全面认真宣传企业特点，介绍企业经营内容及服务形式，充分张扬企业个性，向果农介绍自己的新品种、新技术、新成果，数万农民开阔了视野，受到了教育。

2011年10月18日在莱西召开果树苗木协会年会

2. 组织会员单位开展多种形式的示范现场会、技术交流会

2008年6月8日组织会员单位召开蓝莓引种试验现场会。蓝莓属小浆果，是所谓"第三代"果树的代表树种，被美国农业专家预测为21世纪前叶最具有发展潜力的果树树种，由于蓝莓栽培在烟台地区属于首创，绝大多数的果树生产者还很陌生，为了让全体会员认识和了解蓝莓引种试栽的实际情况，于2008年6月8日在牟平召开现场会，会员们参观了栽培园，亲自品尝了蓝莓果实。通过此次现场会，会员单位对蓝莓有了新的认识，拓宽了我市苗木生产领域。

2009年4月22日，组织全体会员单位在烟台市农科院果树所召开了苹果、梨、葡萄、大樱桃苗木生产及现代化果园管理研讨会，会上邀请了国家现代农业技术体系苹果烟台综合试验站站长姜忠武博士、葡萄岗位专家山东农业大学翟衡教授、葡萄烟台综合试验站站长唐美玲博士、梨烟台综合试验站站长李元军研究员、大樱桃专家张福兴研究员分别就苹果、梨、葡萄、大樱桃国内外产业发展现状、苗木需求种类、产业发展方向和苗木新种类研发技术进行讲座，给参会苗木企业培育适销对路的优质苗木提供了资源、技术上的支撑。会上，会员单位蓬莱市湾子口园艺场代表孙绍强介绍了该场近几年在烟富

1~6号新品种苗木推广和市场开发方面的经验；张宗坤代表烟台市宝林大樱桃研究所介绍了生物菌肥克服大樱桃根癌病试验结果。协会秘书处分发了苹果、梨、葡萄、大樱桃产销情况统计表，对我市2008年苗木生产的数量、种类和质量情况进行了统计汇总，并就2019年的苗木销售市场情况进行了研讨与交流。

2009年9月12日，协会组织30个会员单位参观考察了青岛农业大学在莱西市良种繁育场建设的定植3年大苗、宽行密植、垂柳式整枝实现早期丰产、长期稳产、高产的苹果现代化种植模式示范基地。考察期间邀请青岛农业大学刘成连教授作苹果现代种植模式的技术讲座，介绍了以意大利为代表的欧洲宽行密植、省力化、制约化栽培经验，参会企业深受启发，受益匪浅。同日，组织考察了莱阳市大樱桃砧木研究所高树才引进选育的大樱桃矮化砧木新资源与苗木生产相关情况，开阔了苗木生产单位视野。

3. 宣传协会，向社会推介会员单位，积极发展新会员

协会利用农科院网络及《烟台果树》杂志向社会推介会员单位，在《烟台果树》杂志上宣传各会员单位企业特点、企业产品优势，让社会更大程度地认识和了解协会，了解会员单位，以利于企业与协会及会员单位的沟通和交流。

苗木协会成立以来，协会工作在苗木行业得到认可，不少企业要求加入苗木协会。理事会根据协会章程，召开了理事会及全体会员大会，2013年遴选、吸收了3个新的会员单位，使协会增加新的活力。

4. 加强国内外交流，探索协会运行新机制

2009年6月15—30日，协会副会长牟春生应邀考察了保加利亚国家果树研究所、丘斯坦帝尔地区果树苗木企业和苗木协会，引进了苹果、梨、葡萄、大樱桃等果树新资源80余份，实地参观考察了保加利亚果树苗木生产状况和育苗技术与丘斯坦帝尔地区果树苗木企业和苗木协会就果树苗木产、供、销方式、协会职责、运行机制进行了广泛交流，在制定规范化、标准化果树苗木繁育技术规程，统一果树苗木规格、等级和质量、健全完整的果树苗木繁育技术体系、完善果树苗木市场运行机制，建立会员单位苗木质量准入制度等方面汲取了许多宝贵经验。

5. 拓宽经费来源渠道，积极申报农业财政资金项目

为进一步促进本协会的快速发展，壮大规模，提高对会员单位的服务能力和产业带动能力，拓展产销服务领域，本协会于2009年8月19日组织申报了山东省农业财政资金项目——主要果树优质苗木繁育与市场开发，申请省财政补助15万元。该项目建设内容：一是引进优良果树新品种，开展无病毒果树苗木繁育，选配最佳果树苗木砧穗组合；制定苗木繁育技术规程，建立标准化果树苗木繁育技术体系。二是制定科学的苗木等级标准和评价标准，建立规范的果树苗木质量体系。三是邀请专家讲课，组织外出参观考察，培训会员提高自身素质。四是完善果树苗木市场运行机制，继续办好"北方果树苗木生产资料交易会"，探讨市场开发平台。五是申报烟台果树苗木品牌。六是建立完整的、规范的宣传交流渠道，通过专业苗木网站和相关期刊进行宣传。在运行机制上实行"开放、共享、联合"的原则。建立全新的、适应市场经济发展要求的管理机制，实行果树苗木协会大会领导下的会长负责制。

第二篇 科 研

第一章 科研条件

第一节 自然条件

烟台市濒临黄海、渤海，与辽东半岛及日本、韩国、朝鲜隔海相望，属于暖温带大陆性季风气候，四季分明，雨水适中，空气湿润，气候温和。烟台地形为低山丘陵区，山丘起伏和缓，沟壑纵横交错，适宜多种农作物及果树的生长，是中国北方著名的水果产地，盛产苹果、大樱桃、葡萄、草莓等。

一、地理位置

烟台市位于山东半岛东部，东经119°34′~121°57′，北纬36°16′~38°23′。最大横距214千米，最大纵距130千米，全市土地面积13 745.95平方千米，其中山地占总面积的36.62%，丘陵占39.7%，平原占20.78%，洼地占2.90%。

烟台市农科院位于福山区港城西大街26号，坐落于芝阳山脚下，内外夹河两畔，内外夹河冲积而成的平原地貌，土层较厚且肥沃。东与大沙埠、房家疃村、山后村相邻，西与芝阳村相邻，南与房家疃村相邻，北邻山后村，占地917.2亩；烟台市农科院高陵试验基地，位于高陵镇曲家疃、后沟、南辛峪村，占地面积379.8亩。烟台市农科院东区位于黄务镇上车门村东，占地面积848亩。

二、土壤环境

1. 土壤类型

全市土壤分7种类型。分别是棕壤、潮土、褐土、砂姜黑土、水稻土、风沙土和盐土。其中棕壤是烟台的主要土壤类型，面积33万多公顷，占土壤总面积的80%。

2. 土壤性质

烟台市农科院土壤以棕壤为主，总体速效氮、速效钾含量偏低，而有效磷含量普遍偏高，有机质含量适中，pH值合理。

三、气候环境

1. 气候类型

烟台市地处中纬度，位于山东半岛中部，濒临黄海与渤海之间，气候属暖温带大陆性季风型气候，四季变化和季风进退都比较明显。与同纬度内陆地区相比具有雨水适中、空气湿润、气候温和的特点，可谓冬无严寒、夏无酷暑，四季分明，各季气候独具特色。

2. 气象要素

（1）日照　全市年平均日照时数为2 656.2小时。按时间分布，5月份日照最多，全市平均为277.6小时；12月最少，只有169.2小时。年日照百分率平均为59%。

（2）地温　年平均地面温度为15.0℃。其中1月份平均地面温度最低，为-1.8℃，7月份最高，为29.5℃，年平均5cm地温为17.0℃，最低为1月份的-0.8℃，最高为7月份的28.1℃，年平均10cm地温为16.8℃，最低为1月份的-0.3℃，最高为7月份的27.5℃。各类地温通过5℃的月份均在

2~3月。

（3）霜冻　全年无霜期平均为210天。初霜日平均为11月10日，终霜日平均为4月1日。地面结冰年平均始于11月25日，终于3月14日。冻土最大深度为15cm。

（4）降水　全市年平均降水量为627.6mm。时空分布极不均匀，海阳年平均降水量最多达694.5mm；长岛年平均降水量最少为541.1mm；其他县市区为581.2~684.9mm。降水量年际变化较大，1964年全市年均降水量最多为1 173.7mm，1999年均降水量最少，仅398.8mm。全市年降水量平均变率为19%。

（5）风　春季和夏季盛行西南风，秋季盛行偏西风，冬季盛行西北风。年平均风速3.3m/s，年均大风（6级以上）日数59.6天。

3. 地形、地貌

烟台市农科院坐落于芝阳山脚下，内外夹河冲积而成的平原地貌。

第二节　人才资源

一、高层次科技人才

1. 高层次科技人才培养

自建院以来，本院共培养了山东省有突出贡献的中青年专家、烟台市有突出贡献的中青年专家、享受国务院特殊津贴专家、山东省拔尖人才、烟台市拔尖人才、烟台市拔尖终身补助人才、烟台市学科带头人、烟台市农科院科技领军人才等高层次人才百人次。其中山东省有突出贡献的中青年专家3名，烟台市有突出贡献的中青年专家7人次，1人于2008年去世。国务院特贴专家15名，目前退休10名，在职2名，另有3人去世。有省级拔尖人才4名；市级拔尖人才22人次；市拔尖人才终身补助2人次；烟台市学科带头人22名，2名因工作调动离开农科院；烟台市农科院科技领军人才20名。1人获得烟台市最高科技奖。

通过出国培训项目、考察学习等，共有专业技术人才30多人次出访学习，开拓了本院的专业技术人才国际视野。2016年又出台了《关于创新人才管理机制，加快团队建设和中青年人才培养步伐的意见》，重点是采取3项措施，实施5个工程，实现2个目标，利用5~10年时间，使现有100名左右的45周岁以下中青年科研人员成为各学科团队的主导力量；同时培养学科团队带头人15名以上，全院学科带头人达到30名以上。

2. 高层次科技人才的引进

自建院以来，本院通过引智项目、高层次人才招聘等，引进国内外高层次人才百人次。其中依托院士工作站、博士后工作站和烟台国际苹果育种中心3个平台，以及每年的高层次人才招聘，引进合作中国工程院院士4名，其中3位不同研究方向的院士联合在本院建站在我国尚属首创；引进博士后3名；引进了博士18名，硕士60名，另外通过职工在职进修，培养博士5名，在职硕士15名。

依托引智项目、烟台国际苹果育种中心等，与国外有关国家科研院所、大学建立良好合作关系，先后邀请美国、韩国、英国、保加利亚、匈牙利、俄罗斯等国家的果树、蔬菜、花卉、农产品加工等方面的专家，来院进行种质资源、人员技术培训、国际合作项目等交流，共引进外国专家60余人次。其中，聘请的保加利亚布拉高夫教授，作为40名非华裔外国专家中的唯一果树专家，2012年入选中共中央组织部、国家外国专家局实施的首批"外专千人计划"，并于2012年12月5日参加了习近平总书记主持召开的外国专家代表座谈会，作为专家代表进行了发言；2012年12月10日，被中共中央组织部、人力资源和社会保障部授予"国家特聘专家"称号。布拉高夫教授和烟台市农科院共同申报了中保政府间科技合作、引进外国专家智力等7个项目，组织和邀请双方的科技人员进行了21人次互访；协助烟台市农科院开展了苹果、樱桃等果树的杂交育种工作，培育了大量具有推广潜力的新种质。

二、专业技术职务晋升

截至目前，本院先后组织申报34名正高、82名副高、72名中级、33名初级，总计为221人次办理了职称晋升手续。2005—2017年，为全院引进的76名博士、硕士办理了定职手续。

从2011年开始，专业技术人员由身份管理向岗位管理，由固定用人向合同用人转变，开始组织分级聘任。截至目前，已组织了3次换聘，其中，组织了2次补聘。分级聘任以来，组织二级、三级研究员岗位申报，累计申报和聘任14人次。

三、烟台大学农学院硕士生培养

2013年5月，烟台市农科院与烟台大学共同签署合作协议书，联合创办烟台大学农学院，同年开始招收园艺、作物、植物保护3个领域的全日制农业推广硕士。2013年10月，分别在烟台市农科院、烟台大学举行了挂牌仪式。

烟台大学农学院硕士生的培养采取课程学习与科学研究相结合的方式，强调对学生基础理论的学习和综合素质的培养。学生学习时间为3年，其中课程学习时间为1年。本专业培养的硕士生适合从事农业技术推广和管理方面的工作。现有导师25人，其中烟台市农科院专职导师15人，山东省农业科学院兼职导师10人。二级研究员6人，三级研究员5人，四级研究员13人。享受国务院特殊津贴专家2人，省突贡专家2人，全国先进工作者2人，获得烟台市科学技术最高奖1人，烟台学科带头人12人，赴国外学习归国人员7人。截至2017年4月，共招收研究生81名，包括55名全日制硕士研究生和26名在职研究生，已毕业17名，其中4名考取博士继续深造，7名考取公务员和事业单位，5名进入专业对口公司工作，就业率达到100%。

第三节　科研经费

自1958年以来，本院共承担各级各类项目653项，其中国家级150项，省级163项，地市级项215项，横向委托项目41项，自选项目84项，共涉及经费17 370.27万元。

国家对农业科研的投入呈上升趋势，烟台市农科院争取到的课题经费也呈上升趋势。1962年开始承担各级各类项目，自始有记录的1993年科技经费4.2万元，至1995年增加到114.9万元。2002年的956万元，2009年经费顶峰达到3 890万元，2010年至今每年稳定保持在1 000万元左右。期间先后承担了国家公益性行业科研专项——樱桃产业主要障碍因素攻关研究、国家现代农业产业技术体系综合试验站建设、农业部山东（烟台）苹果育种中心、烟台市农产品质量安全综合检验检测中心、国家外专千人计划、国家主要农作物区域试验站等千万元级别的项目。

第四节　科研设施

仪器设备：建所以来，主要设备逐年增加，截至1985年，有机井4眼，大小汽车5辆，农机修配用的各种机床6台，收获、机耕、各种拖拉机、收割机共9台，主要仪器设备，单价在500元以上的有83件，其中包括蛋白质测定仪、显微镜、离心机、超净工作台等必备试验仪器，仪器数量少，无重大仪器。

随着学科不断的发展壮大，承担项目逐年增多，仪器设备投入逐年上升。本院正式承建了农业部果品及苗木质量监督检验测试中心，自2004年以来，通过招标等方式分两批采购了仪器设备80余台套，总价值1 300万元，大幅度提升了科研装备水平，为快速提升科研能力提供了必备的硬件基础，扩大了本院研究领域，促使本院的农业研究不仅停留在应用研究层面，而是向更深层次的理论、机理研究进发。其中配备的液相色谱串联质谱仪、超高效液相色谱、气相色谱仪、液相色谱仪、光谱分析仪、原子吸收光谱仪、原子荧光光度计、原子吸收分光光度计、原子吸收光谱仪、全自动固相萃取仪、电感耦合等离子体质谱仪等，可以进行基本理化指标的测定。大量大型仪器的购置，增强了本院检测分析平台的建设，可以完成多种物质成分及含量的定性定量检测。光学作用测量仪、荧光叶室、流式细胞仪、液相氧电极系统、光谱分析仪、微波消解仪、露点水势仪、水果无损伤检测设备、高通量组织研磨器等设备的配置为本院提升基础研究水平提供硬件基础。染色体核型自动分析系统、显微操作系统、冰冻切片机等仪器设备，结合凝胶成像系统、梯度PCR仪、高度冷冻离心机等仪器设备，开展本院分子育种关键技术研发，为培育具有自主知识产权的良种苗木，缩短育种周期，提高育种效率奠定基础。

设施：20世纪建设了甘薯储藏窖、甘薯廻龙火炕育苗床、双小玻璃温室、甘薯温室和玻璃温室、网室等。2000年起陆续建立蔬菜大棚5栋，共计2 320m²；农场1号地北端建设了16跨7 150m²的连栋温室，用于花卉科研和生产及农博园无土栽培观光旅游；建设了1 100m²的用于储藏植物种子的气调库，优化了各研究所植物种子的储藏条件，提高了种子利用率；建设了7 700m²的世界国花园、2 700m²的热带水果园、7跨连栋温室作农博园珍奇果蔬园旅游园区用于农博园旅游；2010年后陆续建立了温室大棚共计2 960m²，用于苹果育种研究、花卉研究及农博园无公害果蔬采摘体验园旅游项目。

2000年在农场建设了200亩地的自动喷灌设备，并建设了210m²的二层管理房，建成后主要做果树示范园灌溉设备机房及管理场所。同时铺设了示范园区环形混凝土道路，共计8 100m²。2005年在餐饮中心南面建成550m²的人工气候室，用于苹果、樱桃、花卉等的脱毒苗木培育，全院各研究所调配使用。在农场6号地北端建设了616m²的小麦种子库、120m²的车库、2 280m²的晒场。

2014年本院在烟台市牟平区高陵镇成立了烟台市农科院牟平高陵试验基地，完成了564m²的办公、生活用房建设及东大门、门卫传达室和小型水利工程建设。

第五节　科技文献

科技文献自建所以来归资料室管理，因科研工作的发展，期刊、报纸、资料不断增多，1985年已收集期刊842种，报纸28种，资料近15 000份，技术档案470份。2000年以来因网络发展，纸质期刊、报纸逐渐被电子期刊、报纸取代，本院订阅的纸质期刊逐渐减少；到2004年，订阅纸质期刊68种、500余册；2017年订阅纸质期刊30余种、300余册，报纸8种。

电子阅览室"十一五"期间建立，拥有电脑1台，使用山东省全文数据库检索服务系统数据库（烟台市科技局主管），之后又引进了山东省科技文献共享服务平台（山东省农业科学院共享数据库），并于2016年与中国知网签约，目前使用中国知网数据库。

第二章 科研成就

第一节 获奖成果

一、国家级成果

1978 年以来获得的国家成果奖共计 16 项,其中主持完成的项目为 10 项,协作参加完成的项目为 6 项(详见表 2-1)。

表 2-1 获国家级成果奖项目统计表

序号	成果名称	获奖年度	获奖名称及等级	授奖单位	主持	本院完成人员
1	蚰包麦冬小麦良种	1978	奖状	全国科学大会	主持	农科所小麦室
2	甘薯高淀粉、抗病、高产新品种选育	1986	国家"六五"攻关重大科技成果奖	国家计委、经委、科委、财政部	主持	杨中萃、崔广琴、林淑娟、王庆旭、林祖军
3	全国大区级小麦良种区域试验"六五"成果及其应用	1987	国家科技进步二等奖	国家科委	参加	李兴桥、牟春生
4	烟单 14 号玉米单交种	1987	国家科技进步二等奖	国家科委	主持	于 伊、孙始良、王志范、宋文华、龙丽萍
5	板栗良种选育(6 个品种)	1988	国家科技进步二等奖	国家科委	协作	赵万图(第 2 位)
6	快中子诱发甘薯下胚轴不定芽突变育种方法	1989	国家发明三等奖	国家科委	主持	崔广琴、杨中萃、林淑娟、王庆旭、林祖军、贾廷祥
7	红富士苹果引种试验	1990	国家科技进步二等奖	国家科委	协作	于绍夫(4)、周培庆(8)
8	甘薯新品种——鲁薯 3 号	1991	国家"七五"攻关重大科技成果奖	国家计委、科委、财政部	主持	崔广琴、杨中萃、林祖军、王庆旭、王淑贞
9	冬小麦晚播独杆栽培方法	1991	国家发明三等奖	国家科委	参加	卜宪玉(第 6 位)
10	苹果斑点落叶病发生规律与防治对策研究	1994	国家科技进步奖	国家科委	参加	吴桂本(第 2 位)、王英姿(第 4 位)
11	高产广适小麦良种鲁麦 14 号的选育和应用	1996	国家科技进步二等奖	国家科委	主持	王玉心、方 正、牟春生、王江春、于经川
12	高产多抗优质小麦新品种选育	1996	"八五"重大科技成果奖(集体)	国家计委、科委、财政部	主持	王玉心、徐沛然、牟春生、李兴桥、于经川、王江春
13	甘薯新品种——鲁薯 6 号	1996	国家"八五"攻关重大科技成果奖	科技部	主持	崔广琴、杨中萃、林祖军、刘学庆、王淑贞

(续表)

序号	成果名称	获奖年度	获奖名称及等级	授奖单位	主持	本院完成人员
14	苹果病毒脱除、检测与无毒矮化丰产技术研究	1999	国家科技进步三等奖	国家科委	协作	姜中武（第5位）
15	甘薯抗多种病害新品种——鲁薯3号	2001	"九五"国家重点科技攻关计划重大科技成果奖	科技部	主持	崔广琴、杨中萃、林祖军、辛国胜、孙纪霞
16	优质高产广适性小麦新品种烟农19的选育和推广应用	2007	国家科技进步二等奖	中华人民共和国国务院	主持	姜鸿明、梁新明、赵倩、张善勇、丁晓义、刘兆晔、吕建华、于经川、刘维正、陈永娜

二、省部级成果

烟台市农科所（院）1978年以来获得的省部级成果奖共计88项，其中主持完成的项目为62项，占获奖项目的70.5%；协作参加完成的项目为26项，占获奖项目的29.5%（详见表2-2）。

表2-2 获省部级成果奖项目统计表

序号	成果名称	获奖年度	获奖名称及等级	授奖单位	主持	本院完成人员
1	蚰包麦冬小麦良种	1978	奖状	山东省科学大会	主持	农科所小麦室
2	小麦全蚀病研究	1978	奖状	山东省科学大会	主持	农科所植保室
3	甘薯新品种——烟薯1号	1978	奖状	山东省科学大会	主持	杨中萃、薛永和、崔广琴、沈稼青
4	烟农78冬小麦良种	1978	奖状	山东省科学大会	主持	徐沛然、冯长祥、方正、于永平、曹继森、刘笃信
5	烟薯6号甘薯良种	1978	奖状	山东省科学大会	主持	崔广琴、杨中萃
6	烟农685冬小麦良种	1978	奖状	山东省科学大会	主持	徐沛然、方正、王玉心、曹继森、于永平
7	烟三6号玉米	1978	奖状	山东省科学大会	主持	郑洪良、杨安钧、于伊、王秀清、王志范、宋文华
8	烟三10号玉米	1978	奖状	山东省科学大会	主持	郑洪良、杨安钧、于伊、王秀清、王志范、宋文华
9	群育32玉米	1978	奖状	山东省科学大会	主持	于伊、张积祥、朱文华
10	2411玉米自交系	1978	奖状	山东省科学大会	主持	于伊、张积祥、朱文华
11	综合防治地瓜茎线虫病	1978	奖状	山东省科学大会	主持	张香蓉、宫本义
12	苹果高额丰产栽培技术研究	1978	奖状	山东省科学大会	协作	于绍夫、李治
13	苹果灰斑病防治研究	1981	省科技成果三等奖	山东省科委	主持	章宗江、于英琛

(续表)

序号	成果名称	获奖年度	获奖名称及等级	授奖单位	主持	本院完成人员
14	优良短枝型新品种玫瑰红、烟红、锦丽	1981	省科技成果三等奖	山东省科委	协作	胡孟兴（第2位）
15	烟农15小麦	1981	省科技成果三等奖	山东省科委	主持	徐沛然、王玉心、方 正、牟春生
16	小麦全蚀病菌生物学及培养鉴定技术研究	1981	省科技成果三等奖	山东省科委	主持	贾廷祥、吴桂本、叶学昶、臧逢春、卓耀南、宫本义
17	春地瓜高产栽培研究	1981	省科技成果二等奖	山东省科委	主持	王树钿、于作庆
18	夏玉米大面积高产攻关试验	1983	农牧渔业部技术改进二等奖	农牧渔业部	主持	于 伊、李 连
19	着色系富士苹果引种试栽	1985	省科技成果三等奖	山东省科委	主持	周培庆、温承日、王树大、张宗坤、胡孟兴
20	大面积亩产吨粮试验	1985	省科技成果三等奖	山东省科委	参加	于令康（第2位）
21	烟单14号玉米单交种	1985	农牧渔业部科技进步二等奖	农牧渔业部	主持	于 伊、孙始良、王志范、宋文华、龙丽萍
22	蚜虫模式及其经济效益	1985	省科技成果三等奖	山东省科委	主持	张香蓉、欧永生、王英姿
23	小麦叶锈病发生规律与防治	1985	省科技进步三等奖	山东省科委	协作	吴桂本（第2位）
24	苹果氮钙营养调运及苦痘病发生防治研究	1986	省科技进步三等奖	山东省科委	主持	于绍夫、曲复宁
25	板栗良种选育（6个品种）	1986	省科技进步三等奖	山东省科委	协作	赵万图（第2位）
26	双穗高产糯质玉米杂交种烟单5号的选育	1986	省科技进步三等奖	山东省科委	主持	郑洪良、龙丽萍
27	全国大区级小麦良种区域试验"六五"成果及其应用	1986	农牧渔业部科技进步二等奖	农牧渔业部	参加	李兴桥、牟春生
28	旱地粮食作物增产技术开发研究	1986	省科技进步三等奖（协作单位）	山东省科委	参加	于良忠（第5位）
29	旱地粮食作物吨亩产技术开发研究	1987	省科技进步三等奖	山东省科委	参加	于良忠、于令康
30	红富士苹果引种试验	1988	农业部科技进步二等奖	农业部	协作	于绍夫（第5位）、周培庆（第8位）
31	土壤养分状况与花生施氮肥效果关系的研究	1989	省科技进步三等奖	山东省科委	主持	王士友、杨月恒、祝洪林、于良忠、李廷阳
32	利用芋头儿芽平垄双行不培土栽培新方法	1989	省科技进步三等奖	山东省科委	主持	王树钿、于作庆、张 伟
33	土壤普查及推广应用	1990	省科技进步三等奖	山东省科委	参加	王克诰（第4位）
34	冬小麦—鲁麦7号	1990	省科技进步二等奖	山东省科委	主持	徐沛然、王玉心、牟春生、李瑞庆
35	冬小麦晚播独杆栽培方法	1990	省科技进步二等奖	山东省科委	参加	卜宪玉（第6位）

(续表)

序号	成果名称	获奖年度	获奖名称及等级	授奖单位	主持	本院完成人员
36	20%三唑锡研制与应用研究	1992	化工部科技进步三等奖	化工部	主持	吴桂本、于新永、李绍敏、宫本义、王英姿
37	果树害螨高效杀螨剂的筛选及应用技术研究	1992	省科技进步二等奖	山东省科委	主持	吴桂本、于新永、李绍敏、宫本义、王英姿
38	高产广适小麦良种鲁麦14号的选育和应用	1993	省科技进步一等奖	山东省科委	主持	王玉心、方正、牟春生、王江春、于经川
39	山东省小麦生态区划的研究	1993	省科技进步二等奖	山东省科委	参加	孟惠英（第9位）
40	优质高产啤酒大麦新品种选育及栽培技术研究	1993	省科技进步三等奖（二级证书集体）	山东省科委	参加	方正、姜鸿明、刘维正、刘兆晔、陈永娜（参加人员）
41	生物技术在花生种质创新中的应用研究	1993	省科技进步二等奖	山东省科委	参加	吕祝章（第4位）
42	原皮西洋参加工技术研究	1993	省科技进步三等奖	山东省科委	主持	李连、周德强、于忠范
43	紧凑性玉米杂交种烟单17号的选育和应用	1994	农业部科技进步三等奖	农业部	主持	龙丽萍、郑洪良、张善勇、王志范、汤国民
44	地市级农科所科技体制改革研究	1994	省科技进步三等奖	山东省科委	主持	王熙玉、初展葵、盛志政、王福斌、刘勤博
45	甘薯抗多种病害新品种——鲁薯3号	1995	省科技进步三等奖	山东省科技厅	主持	崔广琴、杨中萃、林祖军
46	小麦根腐性病害发生规律和防治技术研究	1996	省科技进步二等奖	山东省科技厅	主持	吴桂本、贾廷祥、刘传德、李绍敏、王英姿、宫本义
47	中国小麦温光特性的研究	1996	国家自然科学三等奖（集体）	中国农业科学院	参加	孟惠英（主要完成者之一）
48	高产优质高效农业模式研究开发	1997	省科技进步三等奖	山东省科技厅	主持	刘宝革（第1位）、姜鸿明（第4位）
49	我国小麦白粉病菌毒性研究及抗源有效性评价利用	1997	农业部科技进步三等奖	农业部	参加	刘维正（第9位）、方正（第13位）
50	骨干亲本筛选和创新利用研究	1998	农业部科技进步一等奖	农业部	参加	崔广琴（第12位）
51	大白菜新品种——福山二包头的选育和应用	1998	省科技进步三等奖	山东省科技厅	主持	卜宪玉、宋文卿、李素梅、崔万锁、李卫强
52	旱地周年覆盖栽培技术研究与开发	1998	省科技进步二等奖	山东省科技厅	主持	孙苡瑶、孟惠英、王熙玉
53	极早熟大豆——鲁豆五号的选育	1990	省科技进步三等奖	山东省科技厅	主持	刘明春、辛举文、于开亮、王秀清、韩启秀

(续表)

序号	成果名称	获奖年度	获奖名称及等级	授奖单位	主持	本院完成人员
54	抗旱、高产、广适冬小麦新品种鲁麦21号（烟886059）的选育与应用	2000	省科技进步二等奖	山东省科技厅	主持	方 正、刘维正、陈永娜、刘兆晔、姜鸿明、于经川、王江春、赵 倩、丁晓义
55	名优苹果主要病害发生规律及防治技术研究	2000	省科技进步二等奖	山东省科技厅	主持	吴桂本、王英姿、刘传德、王培松、王继秋、宫本义、张广和、于乃敏
56	早熟桃高效设施栽培技术研究	2001	省科技进步三等奖	山东省科技厅	主持	张凤敏、张福兴、孙庆田、刘美英等
57	中国农作物种质资源收集保存评价与利用	2004	国家科技进步一等奖（集体、二级证书）	中国农科院	参加	韩启秀、吕祝章、汤国民、刘兆晔
58	砂梨优良品种引种选育	2004	省科技进步三等奖	山东省科技厅	主持	张凤敏、姜中武、刘宝革等
59	优质蝴蝶兰的工厂化生产与周年供花技术研究	2004	省科技进步三等奖	山东省科技厅	主持	刘学庆、孙纪霞、鲁守臣、李美玲、卢建声、王志新、丁朋松、姜蔚、葛晨辉
60	优质、高产、广适性强筋小麦新品种烟农19（烟优361）的选育推广和产业化开发	2004	省科技进步一等奖	山东省科技厅	主持	姜鸿明、梁新明、赵 倩、张善勇、丁晓义、辛举文、刘兆晔、于经川、刘维正、陈永娜、王江春、邱化蛟
61	地方蔬菜种质资源黄瓜、西葫芦创新利用研究	2005	省科技进步三等奖	山东省科技厅	主持	王全华、尹国香、孙世川、葛晨辉、张焕春、李素梅
62	大樱桃优良新品种引种推广研究	2005	省科技进步三等奖	山东省科技厅	主持	张凤敏、张福兴、孙庆田、姜学玲、姜中武
63	微生物农药发酵新技术、新工艺及重要产品规模应用	2007	国家科技进步二等奖（二级证书）	中国农科院	参加	于 青
64	甘薯高胡萝卜素食用、加工用新品种——烟薯18	2007	中华农业科技三等奖	农业部	主持	林祖军、辛国胜、王建玲、韩俊杰、刘志坚、马建华、刘维正、王常芸、尹国香等
65	烟台苹果优质高效综合技术研究与产业化开发	2008	省科技进步三等奖	山东省科技厅	协作	李元军（第3位）、张凤敏（第3位）、姜中武（第5位）
66	优质蝴蝶兰新品种引进、选育及产业化技术研究	2009	省科技进步三等奖	山东省科技厅	主持	刘学庆、孙纪霞、丁朋松、郭文姣、姜 蔚、刘述河、林祖军
67	国内外大樱桃鲜食优良品种选育及配套栽培技术研究	2009	省科技进步三等奖	山东省科技厅	主持	张福兴、孙庆田、姜学玲、李淑平、刘美英、于 青
68	适于出口的番茄、西葫芦新品种选育	2010	省科技进步三等奖	山东省科技厅	主持	王全华、葛晨辉、李素梅、尹国香、曹守军、张焕春
69	小麦超高产综合配套技术示范与推广	2010	农业技术推广合作奖	中华人民共和国农业部	参加	孙晓辉

(续表)

序号	成果名称	获奖年度	获奖名称及等级	授奖单位	主持	本院完成人员
70	果树最佳养分管理技术研究与应用	2011	省科技进步二等奖	山东省科技厅	参加	张 序（第7位）
71	自花结实甜樱桃优良品种筛选及栽培技术集成示范	2011	省科技进步二等奖	山东省科技厅	主持	张福兴、孙庆田、张 序、李淑平、张广和、姜学玲、李延菊、张洪胜、刘克宁
72	高淀粉甘薯新品种烟薯22选育及高产栽培模式研究与应用	2011	省科技进步三等奖	山东省科技厅	主持	林祖军、辛国胜、韩俊杰、刘志坚、商丽丽、邱鹏飞
73	名优花卉新品种选育、关键栽培技术集成与产业化	2011	省科技进步二等奖	山东省科技厅	主持	刘学庆、孙纪霞、丁朋松、刘述河、郭文姣、刘学卿、唐美玲、李 涛
74	早熟、高产小麦烟农22号的选育和推广应用	2011	省科技进步三等奖	山东省科技厅	主持	姜鸿明、赵 倩、丁晓义、王永奇、孙晓辉、刘克宁
75	高产稳产小麦新品种烟农24号（原代号烟475）的选育与应用	2011	省科技进步二等奖	山东省科技厅	主持	刘兆晔、姜鸿明、于经川、姜善涛、丁晓义、周先学、黄代峰、董 超、李林志
76	黄淮东部小麦玉米两熟丰产高效技术集成研究与应用	2011	省科技进步一等奖	山东省科技厅	参加	姜鸿明（第9位）
77	抗旱、节水、高产、优质小麦新品种烟农21号的选育与应用	2012	省科技进步二等奖	山东省科技厅	主持	姜鸿明、张善勇、赵 倩、丁晓义、李林志、孙晓辉、董 超、黄代峰、严美玲
78	苹果轮纹病病原确证及节本增效防控技术集成	2013	省科技进步三等奖	山东省科技厅	主持	王英姿、王培松、刘保友、张 伟
79	苹果病虫害安全防控药剂的研配与推广	2013	全国农牧渔丰收二等奖	中华人民共和国农业部	主持	王英姿、王培松、张广和、刘保友、张 伟、姜学玲、王洪涛
80	国外科技人才引进合作研究项目	2014	省国际科学技术合作奖	山东省人民政府	主持	布拉高夫
81	新型调钙产品研发及苦痘病防治的研究与应用	2014	省技术发明三等奖	山东省科技厅	协作	刘传德（第3位）、周先学（第6位）
82	苹果良砧良种选育及脱毒技术研究与应用	2014	省科技进步二等奖	山东省科技厅	主持	姜中武、于 青、张振英、宋来庆、赵玲玲、李元军、刘美英、张洪胜
83	蔬菜种质资源引进及创新利用研究	2014	省科技进步三等奖	山东省科技厅	主持	王全华、张善勇、葛晨辉、曹守军、夏秀波、张焕春
84	植物疫病菌生长发育与致病机理的研究	2015	自然科学一等奖	教育部	参加	于晓丽（第8位）
85	甘薯高花青素特异种质创制与新品种选育应用	2015	中华农业科技奖三等奖	农业部	主持	辛国胜、刘庆昌、林祖军、韩俊杰、商丽丽、邱鹏飞、柳 璇、杜清福

(续表)

序号	成果名称	获奖年度	获奖名称及等级	授奖单位	主持	本院完成人员
86	高产广适高白强筋小麦新品种烟农5158的选育与推广应用	2016	省科技进步一等奖	山东省科技厅	主持	王江春、张善勇、刘学卿、辛庆国、殷岩、黄代峰、陈康、刘维正、孙妮娜、丁晓义、丁凯、严美玲
87	苹果脱毒良种良砧苗木培育及大面积开发应用	2016	全国农牧渔丰收三等奖	农业部	主持	姜中武、赵玲玲、宋来庆、唐岩、刘美英、沙玉芬、孙燕霞
88	小麦亩产800kg关键技术示范与推广	2016	全国农牧渔丰收合作奖	农业部	参加	王江春（第6名）

三、市厅级成果

烟台市农科所（院）1978年以来获得的市厅级成果奖共计171项，其中主持完成的项目为154项，占获奖项目的90.1%；协作参加完成的项目为17项，占获奖项目的9.9%（详见表2-3）。

表2-3 获市厅级成果奖项目统计表

序号	成果名称	获奖年度	获奖名称及等级	授奖单位	主持	本院完成人员
1	蚰包麦冬小麦良种	1978	奖状	烟台地区科学大会	主持	农科所小麦室
2	烟农78冬小麦良种	1978	奖状	烟台地区科学大会	主持	徐沛然、冯长祥、方正、于永平、曹继森、刘笃信
3	烟农685冬小麦良种	1978	奖状	烟台地区科学大会	主持	徐沛然、方正、王玉心、曹继森、于永平
4	烟三6号玉米	1978	奖状	烟台地区科学大会	主持	郑洪良、杨安钧、于伊、王秀清、王志范、宋文华
5	烟三10号玉米	1978	奖状	烟台地区科学大会	主持	郑洪良、杨安钧、于伊、王秀清、王志范、宋文华
6	群育32玉米	1978	奖状	烟台地区科学大会	主持	于伊、张积祥、朱文华
7	2411玉米自交系	1978	奖状	烟台地区科学大会	主持	于伊、张积祥、朱文华
8	烟薯1号	1978	奖状	烟台地区科学大会	主持	杨中萃、薛永和、崔广琴、沈稼青
9	烟薯6号	1978	奖状	烟台地区科学大会	主持	崔广琴、杨中萃
10	地瓜亩产突破万斤	1978	奖状	烟台地区科学大会	主持	王树钿、于作庆
11	利用肉食牛改良当地牛的研究	1978	奖状	烟台地区科学大会	主持	刘恩庆、张崇生、马玉亭、李进瑞、王忠法、姜爱莲、吕惠序
12	小麦施粒肥研究	1981	地区科技成果一等奖	烟台地区科委	主持	于令康
13	烟黄1号选育	1981	地区科技成果二等奖	烟台地区科委	主持	刘明春、王秀清、辛举文

(续表)

序号	成果名称	获奖年度	获奖名称及等级	授奖单位	主持	本院完成人员
14	山区建设高产稳产田适宜土体厚度的研究	1981	省农牧业科技成果三等奖	山东省农业厅	主持	王士友、丛明日、李廷阳
15	烟单14玉米	1981	地区科技成果二等奖	烟台地区科委	主持	于伊、孙始良
16	山楂新品种的选育	1981	地区科技成果二等奖	烟台地区科委	主持	赵万图
17	矮化砧木与苹果品种组合研究	1981	地区科技成果二等奖	烟台地区科委	主持	邹云贵、孔庆雷、胡孟兴、王清美
18	桃小食心虫综合防治	1981	地区科技成果三等奖	烟台地区科委	主持	章宗江、于英琛
19	板栗六个品种选育	1981	省厅科技成果三等奖	山东省林业厅	主持	赵万图
20	苹果丰产树体结构和丰产群体结构	1981	省厅科技成果三等奖	山东省农业厅	主持	于绍夫
21	地瓜新品种——烟薯8号	1983	省农牧业技术改进三等奖	山东省农业厅	主持	崔广琴、杨中萃、邹玉真、沈稼青、于作庆、王庆旭
22	短枝型苹果丰产栽培技术研究	1983	省厅技术改进三等奖	山东省农业厅	主持	秦洪志、聂惠清
23	夏玉米大面积高产攻关试验	1983	省农牧业技术改进二等奖	山东省农业厅	主持	于伊、李连
24	乙烯利对山楂幼树成花增产效果研究	1984	市科技成果三等奖	烟台市科委	主持	赵万图、郭尊东、陈凤霞
25	粉锈宁防治小麦全蚀病，叶、条锈病大面积应用研究	1984	省农牧渔业技术改进三等奖	山东省农业厅	主持	吴桂本、卓耀南、宫本义
26	溴氰菊酯防治麦田套种玉米小地老虎研究	1984	省厅科技成果三等奖	山东省农业厅	主持	陈昌玉、王桂英
27	烟单15号玉米	1984	市科技成果一等奖	烟台市科委	主持	王志范、宋文华
28	大面积推广粉锈宁防治小麦的白粉病	1984	市科技成果三等奖	烟台市科委	主持	吴桂本、宫本义、卓耀南
29	推广应用粉锈宁防治苹果白粉病	1985	市科技成果二等奖	烟台市科委	主持	吴桂本、卓耀南、宫本义
30	中低产玉米大面积开发研究	1986	市科技进步三等奖	烟台市科委	主持	李连、常鸿、徐源连、谢永福
31	赤眼蜂繁殖利用研究	1986	省厅科技成果三等奖	山东省林业厅	协作	李治（第4位）
32	苹果红腐病发病规律研究	1986	市科技进步三等奖	烟台市科委	主持	曲俊远、陈凤霞
33	鲁麦7号的选育	1987	市科技进步一等奖	烟台市科委	主持	徐沛然、王玉心、牟春生、李瑞庆
34	烟黄二号（鲁豆5）	1987	市科技进步二等奖	烟台市科委	主持	刘明春、辛举文、韩启秀
35	红富士苹果试验、示范、推广	1988	省厅技术改进三等奖	山东省农业厅	主持	周培庆、于绍夫
36	苹果缺铁黄叶病防治开发研究	1988	省厅技术改进三等奖	山东省农业厅	主持	于绍夫、曲复宁

(续表)

序号	成果名称	获奖年度	获奖名称及等级	授奖单位	主持	本院完成人员
37	快中子诱发甘薯下胚轴表皮细胞不定芽突变育种的研究	1988	省农牧渔业技术改进一等奖	山东省农业厅	主持	崔广琴、杨中萃、林淑娟、王庆旭、林祖军、贾廷祥
38	草莓保护地栽培及引种试验	1989	市科技进步三等奖	烟台市科技局	主持	吕锡贞、刘美英、姜中武、丁秀娥、姜淑庆
39	硅橡胶扩散窗保鲜袋贮藏苹果的应用	1989	市科技进步三等奖	烟台市科技局	主持	于绍夫、王清美
40	应用靳式线虫及性信息素防治桃小食心虫研究	1989	市科技进步三等奖	烟台市科技局	主持	章宗江、于英琛、董向丽
41	红富士早期丰产开发研究	1989	市科技进步二等奖	烟台市科技局	主持	刘志坚、周培庆、李全义
42	呋喃丹种衣剂防治玉米主要害虫研究	1989	市科技进步三等奖	烟台市科技局	主持	臧逢春、张文准、衣先家、尹国香
43	苹果斑点落叶病发生规律及应用宝丽安防治技术研究	1990	市科技进步二等奖	烟台市科技局	主持	吴桂本、王英姿、宫本义、卓跃南
44	落叶果树花粉开发利用研究	1991	省厅科技进步二等奖	山东省农业厅	主持	于绍夫、姜中武、刘一飞
45	苹果无病毒苗木引进繁育研究	1991	市科技进步二等奖	烟台市科技局	主持	于绍夫、徐杰、房道亮、孙庆田、李元军
46	山楂幼树丰产栽培生物学研究	1991	市科技进步三等奖	烟台市科技局	主持	王树大、张京双、梁玉本
47	冬小麦抗旱高产良种鲁麦13号	1991	市科技进步二等奖	烟台市科技局	主持	方正、叶连桂、李兴桥、姜鸿明、刘兆晔
48	20%三唑锡悬浮剂研制与应用	1991	优秀新产品一等奖	山东省经济委员会	主持	吴桂本
49	芦笋茎枯病发生规律和防治研究	1992	市科技进步二等奖	烟台市科技局	主持	贾廷祥、吴桂本、刘传德、王英姿、尹国香
50	甘薯食用加工用新品种——鲁薯2号	1992	市科技进步三等奖	烟台市科技局	主持	杨中萃、崔广琴、林祖军、王庆旭、王荣
51	山楂幼树丰产栽培生物学研究	1992	省农牧业科技进步三等奖	山东省农业厅	主持	王树大、张京双、梁玉本
52	小麦抗旱节水技术体系研究	1993	市科技进步三等奖	烟台市科技局	主持	王士友
53	防治花生线虫病高效药剂筛选及开发试验	1993	市科技进步三等奖	烟台市科技局	主持	吴桂本、李绍敏、宫本义
54	高效专性杀螨剂三唑锡应用开发	1994	省农牧渔业丰收一等奖	山东省农业厅	主持	吴桂本、李绍敏、王英姿、宫本义、刘传德、张广和
55	苹果新品种（系）丰产栽培扩大试验	1994	市科技进步二等奖	烟台市科技局	主持	邹云贵、王树大、张树华
56	利用膨润土试制蛋用种鸡复合饲料添加剂的研究	1994	省厅科技进步二等奖	山东省农业厅	参加	刘洪森

(续表)

序号	成果名称	获奖年度	获奖名称及等级	授奖单位	主持	本院完成人员
57	开拓我省果品国际市场的对策研究	1994	省农牧业科技进步一等奖	山东省农业厅	主持	王树大、梁玉本
58	玉米自交系文黄31413的选育	1994	市科技进步一等奖	烟台市科技局	主持	郑洪良、龙丽平、张善勇、王志范、汤国民、宋文华
59	旱地主要作物周年覆盖栽培技术研究	1995	省厅科技进步二等奖	山东省农业厅	主持	孙莅瑶、孟惠英、王熙玉、候庆福、张建安
60	北斗苹果新心中扩大试验	1995	市科技进步三等奖	烟台市科技局	主持	周培庆、温承日、张树华
61	短枝红星低产变高产优质开发研究	1995	市科技进步三等奖	烟台市科技局	主持	张福兴、刘美英、房道亮
62	桃小灵防治桃小食心虫应用技术研究与大面积推广应用	1996	市科技进步二等奖	烟台市科技局	主持	臧逢春、张文准
63	甘薯新品种选育——鲁薯6号	1996	市科技进步二等奖	烟台市科技局	主持	杨中萃、崔广琴、林祖军、王庆旭、刘学庆
64	广适性玉米新品种烟单16号选育	1996	市科技进步二等奖	烟台市科技局	主持	郑洪良、王志范、龙丽平、汤国民、宋文华
65	山丘旱地高产高效综合技术研究	1996	市科技进步三等奖	烟台市科技局	主持	王树钿、张善勇
66	极早熟大豆新品种——烟豆4号	1997	市科技进步二等奖	烟台市科技局	主持	刘明春、辛举文、韩启秀、吕祝章、鞠法远
67	草莓脱毒及配套栽培技术研究	1997	市科技进步二等奖	烟台市科技局	主持	王作全、王常芸
68	组培脱毒快繁技术在农业上的开发应用	1997	省农牧渔业丰收二等奖	山东省农业厅	参加	王作全（第2位）、王常芸（第4位）
69	菜用大青豆新品种——鲁青豆1号选育	1998	市科技进步二等奖	烟台市科技局	主持	韩启秀、辛举文、刘明春、吕祝章、李晓亮
70	苹果叶片营养诊断与高产优质施肥模型研究	1998	市科技进步二等奖	烟台市科技局	主持	姜学玲、于忠范、张广和
71	大樱桃保护地栽培技术研究	1998	市科技进步三等奖	烟台市科技局	主持	张宗坤、房道亮、姜丽芝、王永奇
72	玉米新杂交种烟单16号推广应用	1998	市科技进步二等奖	烟台市科技局	主持	龙丽平、汤国民、王志范、夏德君、陈明杰
73	早生富士苹果优质丰产栽培技术研究	1998	市科技进步二等奖	烟台市科技局	主持	姜中武、刘志坚
74	苹果绵蚜和金纹细蛾生物学研究及国内外新农药防治技术大面积开发应用研究	1999	市科技进步一等奖	烟台市科技局	主持	吴桂本、王英姿、刘传德、王培松、梁新明、王继秋、宫本义、刘学卿
75	仁用杏引种试验	1999	市科技进步三等奖	烟台市科技局	主持	李全义、于　青、傅桂荣
76	烟台市精细农业技术示范区建设研究	1999	省农牧渔业科技进步二等奖	山东省农业厅	协作	周先学（第6位）

(续表)

序号	成果名称	获奖年度	获奖名称及等级	授奖单位	主持	本院完成人员
77	苹果枝干轮纹病防治技术研究与开发	2000	市科技进步三等奖	烟台市科技局	参加	张凤敏（第2位）
78	富士苹果锰毒害防治技术研究	2000	市科技进步二等奖	烟台市科技局	主持	于忠范、于 波、姜学玲、张广和、徐维华
79	丰香草莓品种的引进与推广应用	2000	市科技进步二等奖	烟台市科技局	主持	王作全、王常芸、王志新
80	创汇作物50种	2000	市科技进步三等奖	烟台市科技局	主持	牟春生、汤国民、周先学、崔万锁、孙世川
81	山东省果树设施栽培现状及发展策略研究	2001	市科技进步三等奖	烟台市科技局	主持	刘宝革、张凤敏、姜中武、夏曰明、于 强
82	甘薯优质、高产新品种——鲁薯5号	2001	市科技进步二等奖	烟台市科技局	主持	刘学庆、崔广琴、杨中萃、王建玲、辛国胜、孙纪霞
83	番茄离子束诱变育种研究	2001	市科技进步一等奖	烟台市科技局	主持	邹振祥、李素梅、尹国香、孙世川、王全华、刘学卿、王作全
84	早熟桃高效设施栽培技术研究	2001	市科技进步三等奖	烟台市科技局	主持	张凤敏、张福兴、孙庆田、刘美英等
85	日本"丰水"梨引种试栽与开发	2001	市科技进步三等奖	烟台市科技局	主持	姜中武、于 强、朱相川、张凤敏
86	高产、优质、抗病甘薯新品种——烟薯16	2002	市科技进步一等奖	烟台市科技局	主持	林祖军、崔广琴、杨中萃、刘学庆、王建玲、辛国胜
87	名优苹果主要病害生物学及综合防治技术研究	2002	市科技进步二等奖	烟台市科技局	主持	王英姿、宫本义、刘传德、王培松、王继秋、周先学等
88	烟台玉米地方品种资源及亲本材料创新利用研究	2002	市科技进步三等奖	烟台市科技局	主持	汤国民、龙丽萍、郑洪良、夏德君、袁堂玉、王志范
89	新型农药品种研制和应用开发	2003	市科技进步二等奖	烟台市科技局	主持	吴桂本、王英姿、王培松、王继秋、刘传德、宫本义
90	苹果钙素营养与品质关系研究	2003	市科技进步二等奖	烟台市科技局	主持	姜学玲
91	砂梨优良品种引种选育	2003	市科技进步三等奖	烟台市科技局	主持	张凤敏、姜中武、刘宝革、都韶英、张振英
92	名优特菜无公害蔬菜生产体系研究	2004	市科技进步三等奖	烟台市科技局	主持	孙世川、王全华、李卫强、崔万锁、尹国香、李素梅
93	系列晚熟桃品种引选及栽培技术研究	2004	市科技进步二等奖	烟台市科技局	参加	张凤敏（第2位）、张福兴（第3位）
94	烟农21号小麦新品种	2004	市农业新品种三等奖	烟台市农业新品种奖励品审小组	主持	姜鸿明、赵 倩、丁晓义
95	烟农22号小麦新品种	2004	市农业新品种三等奖	烟台市农业新品种奖励品审小组	主持	姜鸿明、赵 倩、丁晓义

（续表）

序号	成果名称	获奖年度	获奖名称及等级	授奖单位	主持	本院完成人员
96	烟糯6号选育及加工利用	2004	市科技进步二等奖	烟台市科技局	主持	龙丽萍、汤国民、夏德君、袁堂玉、孙始良
97	玉米新品种研究与推广	2004	市科技进步三等奖	烟台市科技局	参加	汤国民（第4位）
98	精品苹果生产配套技术研究	2005	市科技进步二等奖	烟台市科技局	参加	于忠范（3）、姜学玲（4）
99	380万亩套袋红富士苹果主要病虫害防治技术推广应用	2005	省农牧渔业丰收三等奖	山东省农业厅	主持	王英姿、王培松、王继秋、韩启秀、刘学卿、刘传德
100	红富士套袋苹果主要病害生物学及化学防治技术研究	2005	市科技进步二等奖	烟台市科技局	主持	王英姿、梁新明、吴桂本、王培松、王继秋、刘传德
101	拉宾斯大樱桃新品种	2006	市农业新品种三等奖	烟台市农业新品种奖励评审小组	主持	张凤敏、张福兴、孙庆田等
102	烟农24号小麦新品种	2006	市农业新品种二等奖	烟台市农业新品种奖励评审小组	主持	刘兆晔、于经川
103	黄金梨栽培技术规程研究开发	2006	市科技进步三等奖	烟台市科技局	主持	张凤敏、姜中武、张福兴、隋秀奇、李元军
104	甘薯、芋头新品种研究开发及脱毒繁育推广	2006	市科技进步三等奖	烟台市科技局	主持	崔广琴等
105	优质一品红的工厂化生产与周年供花技术研究	2006	市科技进步二等奖	烟台市科技局	主持	孙纪霞、刘学庆、王志新、刘学卿、丁朋松、姜蔚、刘述河等
106	高产优质节水小麦新品种烟农18的选育及产业化开发	2007	市科技进步一等奖	烟台市科技局	主持	陈永娜、姜鸿明、牟春生、张善勇、李晓亮、姜红、刘兆晔、丁晓义、周先学
107	甘薯高胡萝卜素食用、加工用新品种——烟薯18	2007	市科技进步二等奖	烟台市科技局	主持	辛国胜、王建玲、韩俊杰、刘志坚、王常芸、于波
108	防治苹果病虫害高毒、高残留农药取代品种的研配及应用技术研究开发	2007	市科技进步三等奖	烟台市科技局	主持	王英姿、王继秋、刘学卿、王培松、申莉莉、刘传德
109	早熟优质糯玉米新品种烟糯7号选育及加工利用	2008	市科技进步三等奖	烟台市科技局	主持	汤国民、夏德君、张善勇、袁堂玉、于波
110	红露苹果新品种引种选育及试栽利用研究	2008	市科技进步二等奖	烟台市科技局	主持	姜中武、李元军、于青、刘美英、宋来庆、张振英
111	创汇胡萝卜标准化生产技术研究与产业化开发	2008	省农牧渔业丰收一等奖	山东省农业厅	参加	黄代峰（第6位）
112	国内外大樱桃鲜食优良品种引种选育	2008	市科技进步三等奖	烟台市科技局	主持	张福兴、孙庆田、姜学玲、李淑平、刘美英、于青

(续表)

序号	成果名称	获奖年度	获奖名称及等级	授奖单位	主持	本院完成人员
113	百万亩葡萄、大樱桃、桃主要病虫害安全控制技术示范与推广	2008	省农牧渔业丰收二等奖	山东省农业厅	主持	王英姿、王培松、张宗坤、张广和等
114	烟台市科学技术最高奖	2009	市科学技术最高奖	烟台市人民市政府	主持	姜鸿明
115	农业科研和旅游有机结合模式与开发	2009	科研开发成果二等奖	山东省农业科学院	主持	薛增敏、王常芸、王建玲、尹国香、李卫强、张焕春等
116	葡萄、大樱桃、桃重要病虫害生物学及安全控制技术研究与推广	2009	市科技进步三等奖	烟台市科技局	主持	王英姿、王培松、王继秋、刘保友、张伟
117	莱芜黑耳长毛兔品种选育及配套技术开发	2009	市科技进步三等奖	莱芜市科技局	参加	王增光（第2位）
118	自花结实甜樱桃优良品种筛选及栽培技术集成示范	2010	市科技进步二等奖	烟台市科技局	主持	张福兴、孙庆田、张序、李淑平、张广和、姜学玲
119	超早熟糯质玉米杂交种烟早糯2号的选育及开发研究	2010	市科技进步三等奖	烟台市科技局	主持	于维忠、张善勇、周先学、黄代峰、汤国民、夏德君
120	高产高淀粉甘薯新品种——烟薯22选育及配套高产栽培技术	2010	市科技进步二等奖	烟台市科技局	主持	辛国胜、林祖军、韩俊杰、刘志坚、商丽丽、李卫强、张广和
121	红掌名优品种的引进、筛选与产业化开发	2010	市科技进步二等奖	烟台市科技局	主持	孙纪霞、刘学庆、刘述河、王常芸、刘克宁、李美玲、刘万好
122	保护地茄果类蔬菜优质安全高效生产技术集成与推广应用	2010	省农牧渔业丰收二等奖	山东省农业厅	主持	王全华、尹国香、葛晨辉、夏秀波、李素梅
123	大樱桃优质新品种引选及配套栽培技术研究	2011	市科技进步三等奖	烟台市科技局	主持	张福兴、孙庆田、刘美英、于青、姜学玲、张序
124	高抗苹果轮纹病砧木烟砧一号选育与开发	2011	市科技进步二等奖	烟台市科技局	主持	姜中武、李元军、宋来庆、赵玲玲、于青、刘美英、张振英
125	主要果树病毒ELISA和RT-PCR鉴定及脱毒技术	2011	市科技进步二等奖	烟台市科技局	主持	苏佳明、张洪胜、段小娜、于强、沙玉芬、张振英等
126	南瓜种质资源引进评价及创新利用研究	2011	市科技进步二等奖	烟台市科技局	主持	尹国香、王全华、张焕春、曹守军、夏秀波、李卫强
127	烟台市主要作物重大病害成灾规律研究与控制技术集成	2011	市科技进步一等奖	烟台市科技局	主持	王英姿、王培松、刘保友、张伟、栾炳辉、王鹏、盖中帅
128	烟农系列小麦品种示范与推广	2011	省农牧渔业丰收奖农业技术推广合作奖	省农牧渔业丰收奖奖励委员会	主持	黄代峰、董超、辛庆国、葛晨辉、周先学、李林志、孙晓辉、矫岩林、陈永娜等

(续表)

序号	成果名称	获奖年度	获奖名称及等级	授奖单位	主持	本院完成人员
129	鲁莱黑猪专门化品系的培育	2011	市科技进步一等奖	莱芜市科技局	参加	王增光（第5位）
130	烟台市农科院创建的科技联动创新体系	2012	市科学技术创新奖	烟台市科技局	主持	烟台市农科院
131	苹果、甜樱桃品种资源搜集研究与创新利用	2012	市科技进步二等奖	烟台市科技局	主持	姜中武、于青、张福兴、宋来庆、李元军、刘美英等
132	耐寒蝴蝶兰新品种选育及关键技术研究	2012	市科技进步二等奖	烟台市科技局	主持	刘学庆、孙纪霞、周先学、郭文姣、丁朋松、张京伟等
133	烟台主要蔬菜水果有害物质监测及调控治理技术的研究	2012	市科技进步二等奖	烟台市科技局	主持	刘传德、周先学、王志新、李晓亮、于波、徐维华等
134	苹果病虫害安全防控药剂的研配与推广	2012	省农牧渔业丰收一等奖	省农牧渔业丰收奖奖励委员会	主持	王英姿、王培松、栾炳辉、刘保友、张伟、王永奇等
135	蔬菜种质资源引进及创新利用研究	2012	市科技进步二等奖	烟台市科技局	主持	王全华、张善勇、葛晨辉、曹守军、夏秀波、张焕春等
136	肉兔规模化养殖配套饲养技术集成研究开发与推广	2012	市科技进步三等奖	莱芜市科技局	参加	王增光（第3位）
137	莱芜猪选育及产业化开发	2012	省农牧渔业丰收二等奖	山东农牧渔业丰收奖评审委员会	参加	王增光（第9位）
138	莱芜吉山黑鸡配套系的培育	2012	市科技进步二等奖	莱芜市科技局	参加	王增光（第4位）
139	果树病虫害安全防控药剂筛选及配套使用技术研究	2013	市技术发明二等奖	烟台市科技局	主持	王英姿、王培松、刘保友、张伟
140	苹果轮纹病病原确证及节本增效防控技术研究与推广应用	2013	省农牧渔业丰收二等奖	山东省农业厅	主持	王英姿、刘保友、张伟、王冬梅
141	新型调钙产品研发及苦痘病防治的研究	2013	市技术发明三等奖	烟台市科技局	协作	刘传德（第4位）、周先学（第6位）
142	大樱桃栽培关键技术研究与应用	2013	市科技进步二等奖	烟台市科技局	主持	张福兴、刘美英、孙庆田、李淑平、李延菊、田长平、姜学玲
143	高产高淀粉甘薯新品种——烟薯23选育及配套栽培技术研究与应用	2013	市科技进步二等奖	烟台市科技局	主持	辛国胜、韩俊杰、商丽丽、邱鹏飞、王冬梅
144	高产稳产小麦新品种烟农23号的选育与应用	2013	市科技进步一等奖	烟台市科技局	主持	于经川、姜鸿明、刘兆晔、闫振芹、孙妮娜、袁堂玉、辛庆国、孙晓辉、赵明

(续表)

序号	成果名称	获奖年度	获奖名称及等级	授奖单位	主持	本院完成人员
145	高产广适高白强筋小麦新品种烟农5158的选育与推广应用	2014	市科技进步一等奖	烟台市科技局	主持	王江春、张善勇、刘学卿、辛庆国、殷岩、黄代峰、陈康、周洪军、孙妮娜
146	高花青素甘薯新品种烟紫薯1号、烟紫薯2号选育及应用	2014	市科技进步二等奖	烟台市科技局	主持	辛国胜、林祖军、邱鹏飞、柳璇、王鹏、杜清福
147	苹果脱毒良种良砧苗木培育及大面积开发应用	2014	省农牧渔业丰收二等奖	山东省农业厅	主持	姜中武、李元军、赵玲玲、刘美英、沙玉芬、王永奇
148	山东苹果重要有害生物抗药性治理技术研究与推广	2014	省农牧渔业丰收二等奖	山东省农业厅	主持	王英姿、刘保友、王培松、张伟、袁堂玉、刘翠玲等
149	园林花卉新品种选育及栽培技术集成	2015	市科技进步二等奖	烟台市科技局	主持	刘学庆、孙纪霞、郭文姣、刘述河、丁朋松、张京伟等
150	大樱桃避雨防霜设施研究与示范推广	2015	市科技进步三等奖	烟台市科技局	主持	张福兴、李延菊、刘美英、孙庆田、李淑平、田长平
151	优良抗病耐贮早中熟苹果新品种选育与推广应用	2015	省农牧渔业丰收二等奖	山东省农业厅	主持	姜中武、刘美英、赵玲玲、唐岩、孙燕霞、李元军等
152	西洋梨优良品种选育及栽培技术研究与推广应用	2015	市科技进步二等奖	烟台市科技局	主持	李元军、苏佳明、于强、李庆余、王义菊、牟红梅等
153	烟台苹果品质提升关键技术研究与推广应用	2015	市科技进步二等奖	烟台市科技局	主持	姜中武、赵玲玲、刘美英、唐岩、孙燕霞、李元军等
154	苹果优良早中熟耐贮新品种选育与脱毒利用	2015	市科技进步二等奖	烟台市科技局	主持	姜中武、宋来庆、孙燕霞、唐岩、赵玲玲、刘美英等
155	烟台产区鲜食葡萄提质增效栽培技术研究与应用	2015	市科技进步三等奖	烟台市科技局	主持	唐美玲、张超杰、刘万好、王婷、徐维华、郑秋玲等
156	高产优质设施番茄新品种选育及配套技术示范推广	2015	省农牧渔业丰收三等奖	山东省农业厅	主持	李涛、王全华、夏秀波、曹守军、姚建刚、张丽莉、王虹云
157	果园绿盲蝽可持续治理技术示范与推广	2015	省农牧渔业丰收二等奖	山东省农业厅	主持	王培松、王丽丽、刘万好、马起林、栾炳辉、王鹏等
158	山东省苹果重要有害生物抗药性检测及治理技术研究	2015	市科技进步二等奖	烟台市科技局	主持	王英姿、刘保友、王洪涛、张伟、栾炳辉、王培松等
159	小麦亩产800kg关键技术示范与推广	2015	省农牧渔业丰收合作奖	山东省农业厅	参加	王江春（第6位）
160	韭蛆绿色防控技术体系研究与应用	2016	省农牧渔业丰收三等奖	山东省农业厅	主持	王洪涛、栾炳辉、王丽丽、王鹏、李美玲、孙亮等

(续表)

序号	成果名称	获奖年度	获奖名称及等级	授奖单位	主持	本院完成人员
161	优质高产食用型甘薯品种烟薯25选育及轻简化栽培技术研究与应用	2016	市科技进步一等奖	烟台市科技局	主持	辛国胜、韩俊杰、邱鹏飞、杜清福、柳璇、刘翠玲、商丽丽、张磊、林祖军
162	一种虾蟹壳综合利用生产功能性肥料的方法	2016	市技术发明三等奖	烟台市科技局	参加	王志新（第4位）
163	高产优质抗病番茄新品种选育及配套栽培技术研究与应用	2016	市科技进步三等奖	烟台市科技局	主持	李涛、王全华、夏秀波、姚建刚、曹守军、王虹云等
164	果木生物质规模化还田利用新技术	2016	市科技进步三等奖	烟台市科技局	主持	张瑞清、姜中武、杨剑超、孙晓、孙燕霞、姜学玲
165	高产稳产小麦新品种烟2415的选育与应用	2016	市科技进步三等奖	烟台市科技局	主持	于经川、刘兆晔、姜鸿明、姜蔚、姜守林、严美玲
166	迟眼蕈蚊发生规律及综合法防治技术研究	2016	市科技进步三等奖	烟台市科技局	主持	王洪涛、栾炳辉、王丽丽、王鹏、李宝燕
167	烟台市粮油作物主要病害防控技术研究与推广	2017	省农牧渔业丰收二等奖	山东省农业厅	主持	王培松、张伟、于晓丽、栾炳辉、王洪涛、刘保友
168	农林废弃生物质炭化开发与推广应用	2017	省农牧渔业丰收三等奖	山东省农业厅	主持	姜中武、张瑞清、孙晓、杨剑超、孙亮
169	"抗旱节水型小麦烟农0428的选育与应用"	2018	市科技进步二等奖	烟台市科技局	主持	姜鸿明、孙晓辉、李林志、矫岩林、董超、赵倩、黄代峰
170	粮油作物主要病害流行动态与绿色防控技术研究	2018	市科技进步三等奖	烟台市科技局	主持	王培松、于晓丽、栾炳辉、张伟、汪少丽、石洁
171	富士苹果红色芽变新品种选育与开发利用	2018	市科技进步三等奖	烟台市科技局	主持	姜中武、赵玲玲、宋世志、慈志娟、宋来庆、张学勇

第二节　著作、论文及获奖论文

一、出版著作

共编辑出版著作99部，其中主编52部，副主编8部，参编39部（详见表2-4）。

表2-4　编著出版著作统计表

序号	著作名称	出版社	出版时间	本院著作者	主、参编
1	烟台苹果	山东人民出版社	1972	于绍夫	参编
2	小麦全蚀病	山东人民出版社	1975	吴桂本	主编
3	小麦育种学	科学出版社	1976.7	方正	参编
4	烟台大樱桃栽培	山东科技出版社	1979.6	于绍夫	主编
5	中国农作物病虫害	农业出版社	1979.10	吴桂本	参编
6	植物检疫	上海科技出版社	1979.10	吴桂本	参编

(续表)

序号	著作名称	出版社	出版时间	本院著作者	主、参编
7	烟台苹果栽培	山东科技出版社	1981.5	于绍夫、秦洪志、赵万图、章宗江	主编
8	果树害虫天敌	山东科技出版社	1981.9	章宗江	主编
9	水浇地玉米	农业出版社	1982.2	郑洪良	译
10	中国小麦品种及其系谱	农业出版社	1983.5	方 正	参编
11	短枝型苹果栽培	山东科技出版社	1988.12	秦洪志	著
12	山楂栽培	山东科技出版社	1983.10	赵万图	主编
13	甘薯	科学出版社	1984	张建安	参编
14	苹果栽培200题	农业出版社	1984.7	于绍夫	主编
15	果品与健康	山东科技出版社	1984.8	于绍夫	主编
16	苹果的铁素营养	山东科技出版社	1985.11	于绍夫、曲复宁	主编
17	中国小麦品种志	农业出版社	1986.2	方 正	参编
18	果树整形修剪问答	山东科技出版社	1986.12	于绍夫	主编
19	苹果优质果品生产新技术	山东科技出版社	1986.12	于绍夫	主编
20	芋头新法栽培	气象出版社	1987	王树钿、林祖军、孙吉南等	主编
21	果树病虫害防治问题	山东科技出版社	1987.9	于绍夫	主编
22	苹果丰产长寿修剪法	中国展望出版社	1987.11	吕锡祯	编著
23	全国玉米种质资源目录	农业出版社	1988.6	王志范	参编
24	红富士苹果栽培	青岛出版社	1989.2	于绍夫	主编
25	新编农药手册	农业出版社	1989.10	吴桂本	参编
26	佛手瓜栽培技术	青岛出版社	1989	张善勇、王作全	主编
27	家禽饲养管理及良种繁育技术	山东科技出版社	1990.10	李慎生	主编
28	苹果新品种	山东省新闻出版局	1991	周培庆	主编
29	甘薯高产栽培与加工利用	中国气象出版社	1991.10	王树钿、林祖军等	主编
30	小麦生态理论与应用	农业出版社	1991.12	孟惠英	参编
31	乡镇干部农业技术手册	山东科技出版社	1992.2	孙莅瑶、王克浩	主编
32	乡镇干部农事工作手册	山东科技出版社	1992.3	孙莅瑶、张善勇	主编
33	姜新法高产栽培	中国气象出版社	1993.2	王树钿、王熙玉、牟春生、张善勇、林祖军、王作全、刘学庆、孙吉南等	主编
34	紧凑型玉米育种	气象出版社	1993.4	于 伊、于维忠、王志范、龙丽萍、孙始良、宋文华、汤国民、邹德庆	主编
35	高效庭院致富模式与技术	济南出版社	1993.7	初展葵、孙莅瑶、李慎生、王彩珍、吴桂本、王树钿、叶明君、王熙玉、牟春生、张善勇等	主编

(续表)

序号	著作名称	出版社	出版时间	本院著作者	主、参编
36	落叶果树的主要病毒病害	农业出版社	1993.9	于绍夫、姜中武	主编
37	几种经济作物高产高效实用新技术	中国农业出版社	1994.11	王树钿、于乃敏、王克诰、孙世川、孙吉南、周德强、杨中萃、邹振祥、林祖军等	主编
38	果树育苗建园	河北科技出版社	1995	刘志坚	主编
39	果树育苗与建园问答	河北科技出版社	1995.5	房道亮	主编
40	创汇作物50种	中国农业出版社	1996.6	牟春生、汤国民、周先学、崔万锁、林祖军	主编
41	农业实用技术百科全书	中国致公出版社	1996.9	孙苣瑶	参编
42	中国当代农业科技成果选编	中国农业科技出版社	1997.1	孙苣瑶	参编
43	中国小麦品种志	农业出版社	1997.3	方 正	参编
44	山东农业十大技术	山东人民出版社	1997.3	孙苣瑶	参编
45	山东省粮食生产持续发展研究	山东科技出版社	1997.4	孙苣瑶	参编
46	大樱桃栽培新技术	山东科技出版社	1997.4	于绍夫、房道亮	主编
47	小麦全生育期地膜覆盖栽培技术	中国农业出版社	1997.8	孙苣瑶	参编
48	中国现代农业文集（上）	中国书籍出版社	1997.9	孙苣瑶	参编
49	冬小麦种质创新与评价利用	山东科技出版社	1998	姜鸿明	参编
50	果树病虫害防治	中国农业出版社	1998.10	田世恩	参编
51	果树营养与平衡施肥技术问答	山东科技出版社	1999.4	于忠范、姜学玲、张广和	主编
52	夏玉米新品种高产开发理论与实践	中国农业科技出版社	2000.9	汤国民	副主编
53	亩产600kg小麦需肥规律探讨	中国农业科技出版社	2001.1	于 波	参编
54	核果类果树设施栽培实用技术	石油大学出版社	2001.3	张凤敏	主编
55	果树栽培学各论（全国中等农业学校教材）北方本	中国农业出版社	2001.3	张凤敏（第2位）	参编
56	果园新农药使用技术问答	山东科技出版社	2001.7	房道亮、姜丽芝、田世恩	主编
57	小麦地膜覆盖栽培技术问答	金盾出版社	2001.8	孙苣瑶	参编
58	苹果全套袋栽培	中国农业出版社	2002.5	刘志坚	主编
59	烟台导游词·农博园部分	中国旅游出版社	2003.9	梁新明、王常芸、薛增敏	主编
60	品种·环境·措施与小麦品质	气象出版社	2004.12	姜鸿明	参编
61	桃新优品种与现代栽培	河南科技出版社	2005.1	张凤敏（第2位）、张福兴（第3位）	参编

(续表)

序号	著作名称	出版社	出版时间	本院著作者	主、参编
62	甜樱桃生产技术百问百答	中国农业出版社	2005.7	张福兴	主编
63	果树的脱毒与组织培养	化学工业出版社	2005.8	苏佳明	参编
64	小麦增效栽培	安徽科技出版社	2005.10	孙苤瑶	参编
65	花生增效栽培	安徽科技出版社	2005.10	孙苤瑶	参编
66	最新甜樱桃栽培实用技术	山东农业大学电子音像出版社	2006.2	张福兴、刘美英、隋秀奇	副主编
67	中国作物及其野生近缘植物果树卷	中国农业出版社	2006	张宗坤	参编
68	山东小麦遗传改良	中国农业出版社	2007.3	徐沛然、姜鸿明、于经川	参编
69	落叶果树花粉形态解剖学与成分化学	山东科技出版社	2007.5	于绍夫、姜中武	主编
70	苹果优质高效安全生产技术	山东科技出版社	2008.6	于 青	主编
71	设施果树栽培技术	中国农业大学出版社	2008.7	李公存	参编
72	甜樱桃标准化生产	中国农业出版社	2008.9	张福兴、刘美英、孙庆田	副主编
73	甜樱桃栽培百问百答	中国农业出版社	2009.4	张福兴、孙庆田	主编
74	中国葡萄病虫害与综合防控技术	中国农业出版社	2009.11	房道亮	主编
75	甜樱桃标准化栽培技术	湖北科技出版社	2009	张洪胜	主编
76	冬小麦新品种选育研究	中国农业科技出版社	2010.5	方 正	主编
77	烟台导游词·农博园部分	黄海数字出版社	2011.9	王常芸、王建玲	主编
78	苹果综合管理技术问答精编	农业科技出版社	2011.10	田世恩	主编
79	甜樱桃安全生产技术指南	中国农业出版社	2012.3	张福兴、李芳东	副主编
80	现代大樱桃栽培	中国农业出版社	2012.9	张洪胜、姜中武、苏佳明、张振英、段小娜、慈志娟、于 强、李延菊	主编
81	蔬菜测土配方施肥新技术	科学普及出版社	2013.2	李 涛	参编
82	农作物测土配方施肥实用技术	科学普及出版社	2013.2	刘维正	副主编
83	葡萄高效栽培专家答疑	山东科技出版社	2013.8	唐美玲、王英姿、姜中武、姜学玲等	主编
84	花生遗传改良	上海科技出版社	2013.9	矫岩林	参编
85	当代苹果	中原农民出版社	2013.11	隋秀奇	参编
86	樱桃产业主要障碍因素攻关研究论文汇编	中国农业出版社	2013.12	张福兴、孙庆田、姜中武等	主编
87	花生蛴螬生物防治	中国农业出版社	2014.3	矫岩林	参编
88	大樱桃品种、砧木与生产关键技术	中国农业出版社	2014.5	张福兴、孙庆田、姜中武等	主编

(续表)

序号	著作名称	出版社	出版时间	本院著作者	主、参编
89	精品苹果是怎么生产出来的	金盾出版社	2014.12	隋秀奇	副主编
90	苹果标准化生产技术原理与参数	山东科技出版社	2015.2	姜中武、赵玲玲、张洪胜	副主编
91	甜瓜高效栽培与病虫害识别图谱	中国农业科技出版社	2015.5	夏秀波	参编
92	全国小麦高产高效栽培技术规程	山东科技出版社	2015.5	姜鸿明	参编
93	烟台苹果品质提升与调控	中国农业出版社	2015.8	姜中武、赵玲玲、宋来庆、李元军、刘美英、郭善利、于青等	主编
94	中国小麦产业技术发展报告	中国农业出版社	2015.10	姜鸿明	参编
95	樱桃栽培技术问答（第2版）	中国农业大学出版社	2016.1	孙庆田、刘学卿	主编
96	棚室西瓜栽培新技术	中国农业科技出版社	2016.3	夏秀波	参编
97	图说桃高效栽培关键技术	机械工业出版社	2016.9	隋秀奇	参编
98	中外果树形体展示及塑造	中原农民出版社	2016.11	隋秀奇	主编
99	烟台苹果药肥减施与生物炭肥	中国农业出版社	2016.12	姜中武、张瑞清、孙晓、袁堂玉、杨剑超、赵玲玲、宋来庆等	主编

二、发表论文

建所以来，在各种科技刊物发表研究论文1 538篇，其中苹果258篇，占论文总数的16.8%；大樱桃123篇，占8.0%；葡萄44篇，占2.9%；梨45篇，占2.9%；其他果树63篇，占4.1%；小麦125篇，占8.1%；玉米油料67篇，占4.4%；甘薯76篇，占4.9%；蔬菜97篇，占6.3%；花卉39篇，占2.5%；植保382篇，占24.8%；土肥88篇，占5.7%；检测评估28篇，占1.8%；畜牧兽医10篇，占0.7%；综合54篇，占3.5%；其他39篇，占2.5%（详见表2-5）。

表2-5 发表论文题录

苹果（257篇）

序号	论文题目	发表期刊、期号	本院作者
1	贮藏苹果花粉生活力及其授粉试验初报	《中国果树》1979.1	赵万图
2	苹果品种的现状及发展方向	《烟台果树》1980.1	胡孟兴
3	苹果的丰产树体结构与群体结构	《山西果树》1980.1	于绍夫
4	苹果的丰产生物学结构与壮树、高产、优质	《烟台果树》1980.1	于绍夫、邵达元
5	日本青森县苹果生产的某些趋向（一）	《烟台果树》1981.1	于绍夫
6	日本青森县苹果生产的某些趋向（二）	《烟台果树》1981.2	于绍夫
7	日本青森县苹果生产的某些趋向（三）	《烟台果树》1981.3	于绍夫
8	烟青苹果早实丰产性研究初报	《烟台果树》1981.2	秦洪志、聂惠清、周培庆
9	几种矮化中间砧对小国光幼树生长发育的影响	《山东果树》1981.4	邹云贵、王清美、毕庶华
10	烟青苹果的整形修剪技术特点	《烟台果树》1982.1	秦洪志、聂惠清、郝喜旺

(续表)

序号	论文题目	发表期刊、期号	本院作者
11	苹果果实发育动态的初步研究	《烟台果树》1982.1	于绍夫、王清美
12	烟台地区试栽富士的调查报告	《烟台果树》1982.1	胡孟兴、李秀莲
13	六年生苹果幼树亩产万斤的整形修剪技术分析	《山西果树》1982.1	秦洪志、聂惠清、郝喜旺
14	苹果矮砧、品种组合研究初报	《烟台果树》1982.2	邹云贵
15	苹果树改接换种的几种方法	《山西果树》1982.2	周培庆、张树华
16	长富2着色系高接效应初步观察	《烟台果树》1982.2	周培庆
17	苹果产地贮藏技术的初步研究	《烟台果树》1982.3	于绍夫、王清美、唐翘平
18	苹果品种花芽分化特性的初步研究	《山西果树》1982.3	于绍夫、王清美、曲复宁
19	用不同品种苹果花粉授粉需花量试验	《山东农业科学》1982.3	于绍夫、曲复宁
20	苹果花期冻害调查报告	《烟台果树》1982.4	秦洪志、聂惠清
21	苹果品种从授粉到受精所需时间的初步观察	《山西果树》1982.4	于绍夫、曲复宁
22	加强科学管理实现高产稳产——山东省烟台地区苹果丰产经验简介	《中国果树》1983.2	于绍夫
23	苹果叶片含铁量与叶绿素含量、种类相关性的初步研究	《烟台果树》1983.2	于绍夫、曲复宁
24	着色系富士引种栽培研究初报	《烟台果树》1983.2	周培庆、王树大
25	矮壮素能促使苹果幼树成花、增产	《烟台果树》1983.4	于绍夫
26	朝鲜苹果的矮化密植栽培	《烟台果树》1983.4	于绍夫
27	栽培品种改接长富-2四年获丰收	《山西果树》1984.1	周培庆、张宗坤
28	朝鲜苹果园的施肥	《烟台果树》1984.1	于绍夫
29	苹果品种花序初生叶发育与坐果关系的初步研究	《烟台果树》1984.1	于绍夫、曲复宁
30	朝鲜苹果的品种及品种改良	《烟台果树》1984.2	于绍夫
31	长富2高接换种效应观察	《中国果树》1984.2	周培庆、张宗坤
32	长富2果实着色与其影响因素的相关分析	《烟台果树》1984.2	周培庆、张宗坤
33	苹果产地贮藏保鲜技术研究总结	《烟台果树》1984.3	于绍夫、王清美
34	秋季喷布赤霉酸和尿素可延迟苹果叶片衰老	《烟台果树》1984.3	周培庆、张宗坤
35	延迟苹果叶片衰老期的初步探讨	《山西果树》1984.3	周培庆、张宗坤
36	烟台市果科所九年生烟青苹果累计亩产达56 626.5斤	《中国果树》1985.1	秦洪志、聂惠清
37	硅橡胶扩散窗保鲜袋（帐）贮藏苹果的应用研究	《烟台果树》1985.2	于绍夫、王清美
38	富士及其着色系发展栽培中的几个问题	《山西果树》1985.2	于绍夫
39	着色系富士枝条再生特性	《烟台果树》1985.2	张宗坤
40	着色系富士苹果	《中国果品研究》1985.3	张宗坤
41	延缓苹果叶片衰老试验报告	《果树科学》1985.4	张宗坤

（续表）

序号	论文题目	发表期刊、期号	本院作者
42	苹果单果重与氮、钙含量及果实品质相关性的初步研究	《烟台果树》1986.1	于绍夫、曲复宁
43	苹果果实品质的形成与提高果品质量的技术途径	《烟台果树》1986.1	于绍夫
44	苹果果实品质的形成及提高果品质量的技术途径（续一）	《烟台果树》1986.2	于绍夫
45	苹果果实品质的形成及提高果品质量的技术途径（续二）Ⅱ提高果实质量的主要技术途径	《烟台果树》1986.3	于绍夫
46	应用硅橡胶扩散窗保鲜袋贮藏苹果、梨的技术总结	《烟台果树》1986.3	于绍夫、王清美、刘宗蕙
47	苹果果实品质的形成及提高果品质量的技术途径（续三）	《烟台果树》1986.4	于绍夫
48	苹果产量负荷与适宜矿质营养水平的初步研究	《烟台果树》1986.4	于绍夫、曲复宁
49	改善长富2果形偏斜的研究	《果树科学》1986.4	张宗坤
50	苹果果实品质的形成及提高果品质量的技术途径（续四）	《烟台果树》1987.1	于绍夫
51	苹果的氮、钙营养与苦痘病相关性的研究	《烟台果树》1987.1	于绍夫、曲复宁
52	苹果果实品质的形成及提高果品质量的技术途径（续五）	《烟台果树》1987.2	于绍夫
53	烟青苹果丰产树体结构及其特点	《北方果树》1987.2	张福兴
54	苹果果实品质的形成及提高果品质量的技术途径（续六）	《烟台果树》1987.3	于绍夫
55	短枝型苹果的丰产树形及修剪特点	《烟台果树》1987.3	秦洪志
56	苹果果实品质的形成及提高果品质量的技术途径（续七）	《烟台果树》1987.4	于绍夫
57	苹果无病毒苗木繁育研究总结	《烟台果树》1988.1	于绍夫、徐 杰、房道亮
58	苹果果实品质的形成及提高果品质量的技术途径（续八）	《烟台果树》1988.1	于绍夫
59	苹果果实品质的形成及提高果品质量的技术途径（续九）	《烟台果树》1988.2	于绍夫
60	短枝型绿光苹果的生长结果习性	《落叶果树》1988.3	张福兴
61	苹果无病毒幼树早果生物学特性的初步观察（摘要）	《落叶果树》1989.1	于绍夫、孙庆田、张洪胜
62	着色系富士苹果夏季修剪技术	《落叶果树》1989.1	张宗坤、林 涛
63	荷兰苹果无病毒菌木繁育及密植栽培考察	《中国果树》1989.2	于绍夫
64	红富士苹果整形修剪中的几点体会	《山西果树》1989.3	周培庆
65	烟青苹果早实、丰产、稳产栽培技术十年研究总结	《山西果树》1989.4	秦洪志、张福兴
66	新红星苹果适宜授粉树的探索	《北方果树》1989.4	张福兴、刘美英、彭天宏等

(续表)

序号	论文题目	发表期刊、期号	本院作者
67	短截在一些苹果新品种上的应用效果	《北方果树》1991.4	张福兴、刘美英、彭天宏等
68	苹果无病毒新品种——葛劳斯特	《山西果树》1991.4	孙庆田、田世恩
69	短枝型苹果新树形——改良小冠形	《烟台果树》1992.1	张福兴、刘美英
70	北斗诸品种苹果授粉组合试验初报	《烟台果树》1992.1	周培庆、张树华、孙庆田
71	富士苹果红色发育与其受因素之相关分析（Ⅱ）	《烟台果树》1992.1	张宗坤、房道亮、范国玺
72	苹果无病毒幼树密植丰产栽培研究小结	《落叶果树》1992.2	于绍夫、王春潮、贾春湖
73	红富士苹果整形修剪中的问题及克服途径	《烟台果树》1992.2	刘志坚
74	密植苹果园存在的问题及解决途径	《烟台果树》1992.2	张福兴、刘美英
75	富士苹果着色与施肥技术间相关研究	《烟台果树》1992.02	张宗坤，房道亮
76	"桥插中间砧"的尝试	《烟台果树》1992.3	汪克诚、于 青
77	富士苹果适宜采收期的研究	《落叶果树》1992.3	张宗坤、房道亮
78	短枝红星低产变高产优质开发研究技术总结报告	《国外农学-果树》1992.4	房道亮
79	提高红富士苹果质量的技术要点	《山东农业科学》1992.6	刘志坚
80	矮砧密植苹果园如何促进中干生长优势的商榷	《落叶果树》1993.1	张福兴、刘美英
81	红富士苹果早期丰产栽培技术总结	《中国果树》1993.2	周培庆、张树华、孙庆田
82	新品种北斗苹果扩大试栽技术报告	《烟台果树》1994.1	周培庆、张树华、温承日
83	北斗苹果落果原因及防止措施	《落叶果树》1994.3	周培庆、张树华、孙庆田
84	新世界苹果品种的生长结果特性	《烟台果树》1994.4	李元军
85	高接换种苹果树的管理	《农业知识》1994.5	周培庆
86	元帅系短枝型苹果速生丰产修剪技术探索	《烟台果树》1995.1	张福兴、刘美英、房道亮等
87	小国光改接早生富士调查初报	《山西果树》1995.3	姜中武、张振英、刘纯章
88	1994年烟台市创优苹果园综合生产因素分析（续）	《烟台果树》1995.3	刘志坚、于坤令、田世恩
89	引种推广苹果良种北海道9号的调查与思考	《山西果树》1995.3	刘志坚
90	对发展乔纳金苹果的几点看法	《北方果树》1995.3	刘志坚
91	乔纳金苹果栽培中应注意的问题	《西北园艺》1995.4	刘志坚
92	改革苹果传统整形修剪技术的十条原则	《烟台果树》1995.4	刘志坚
93	苹果良种北海道9号的引种推广调查与评价	《河北果树》1995.4	刘志坚
94	改革苹果传统整形修剪技术的十条原则	《山西果树》1995.4	刘志坚
95	乔纳金苹果栽培中应注意的几个问题	《北方园艺》1995.6	刘志坚
96	应当偏爱苹果三倍体良种"北海道9号"	《北京农业》1995.8	刘志坚
97	对乔纳金苹果的几点看法	《农家参谋》1995.12	刘志坚
98	改革苹果传统整形修剪技术的几点思考	《河北林学院学报》1996.1	刘志坚

(续表)

序号	论文题目	发表期刊、期号	本院作者
99	苹果膨大着色药肥对苹果生长及果实品质的影响	《烟台果树》1996.02	张宗坤,房道亮
100	乔化早生富士早期丰产生物学特点	《烟台果树》1996.3	姜中武、刘志坚、张振英
101	提高红富士苹果商品性的秋季管理	《烟台果树》1996.3	房道亮、姜丽芝
102	早熟富士优质丰产栽培技术总结	《烟台果树》1996.4	姜中武、刘志坚、张振英
103	改革苹果整形修剪技术的几点思考	《山东农业科学》1996.4	刘志坚
104	乔化早生富士早期丰产栽培技术总结	《西北园艺》1996.4	姜中武、张振英
105	改革苹果传统整形修剪10原则	《农村科技开发》1996.5	刘志坚
106	红富士苹果树的整形修剪	《农业科技与信息》1996.10	刘志坚
107	走出苹果环状剥皮的误区	《河北林果研究》1997.1	刘志坚、杨聚德
108	果园角额壁蜂授粉技术研究	《西北园艺》1997.1	李全义、于 青、付桂荣
109	从日本苹果品种变革情况看烟台苹果品种发展趋向(一)	《烟台果树》1997.2	刘志坚
110	可以试栽和推广的苹果新品种述评	《烟台果树》1997.3	刘志坚
111	苹果新优品种评述	《山西果树》1997.3	刘志坚
112	苹果大面积套塑膜袋情况考察报告	《烟台果树》1997.4	刘志坚、刘孔钧、邢启明
113	从日本苹果品种变革情况看烟台苹果发展趋向(二)	《北京农业》1997.7	刘志坚
114	从日本苹果品种变革情况看烟台苹果发展趋向(三)	《北京农业》1997.9	刘志坚
115	可以试栽和推广的苹果新品种述评(上)	《农村科技开发》1997.10	刘志坚
116	可以试栽和推广的苹果新品种述评(下)	《农村科技开发》1997.11	刘志坚
117	苹果珠帘式树形模式	《山西农业》1998.1	刘志坚
118	对苹果套塑膜袋若干问题的八点看法	《烟台果树》1998.2	刘志坚
119	浅谈苹果缺素症与平衡施肥问题	《烟台果树》1998.2	于坤令、姜中武
120	苹果大面积套塑料薄膜袋技术及应用效果	《河北林果研究》1998.2	刘志坚、刘孔钧、邢启明
121	红富士苹果不同纸袋套袋比较试验	《烟台果树》1998.2	周培庆、霍秀海、温承日
122	促进元帅系苹果着色技术	《山西果树》1998.2	周培庆
123	就苹果套塑膜袋的若干问题答读者问	《农村科技开发》1998.4	刘志坚
124	改革苹果树形模式的理论依据	《烟台果树》1998.4	刘志坚、杨聚德
125	苹果珠帘式树形结构及整形修剪技术	《河北果树》1998.4	刘志坚、杨聚德
126	苹果"珠帘式"树形	《北方果树》1998.6	刘志坚、杨聚德
127	苹果"珠帘式"树形模式(一)	《农村科技开发》1998.9	刘志坚、杨聚德
128	苹果"珠帘式"树形模式(二)	《农村科技开发》1998.10	刘志坚、杨聚德
129	老龄苹果树的多头高接技术	《北方果树》1999.1	张凤敏
130	苹果"珠帘式"树形模式概论	《河北林果研究》1999.1	刘志坚、杨聚德

(续表)

序号	论文题目	发表期刊、期号	本院作者
131	1998年十省市苹果套塑膜袋经验总结	《烟台果树》1999.2	刘志坚
132	一九九八年十省市苹果套塑膜袋调查报告	《北方果树》1999.4	刘志坚
133	苹果套袋的若干问题	《农家参谋》1999.5	刘志坚、于江涛
134	苹果套塑膜袋的若干问题	《现代农业》1999.8	刘志坚
135	苹果全套袋的五个问题	《农村科技开发》1999.8	刘志坚
136	苹果套袋配套技术	《新农业》1999.11	刘志坚
137	苹果全套袋栽培（上）	《农业知识》2000.1	刘志坚
138	苹果全套袋栽培概论	《山西果树》2000.1	刘志坚
139	1999年苹果全套袋栽培经验述评	《烟台果树》2000.2	刘志坚、刘圣聚、杨良杰
140	苹果全套袋栽培（下）	《农业知识》2000.3	刘志坚
141	苹果套袋的技术要求	《农家参谋》2000.5	刘志坚
142	慎重选择"塑膜袋"	《山西农业》2000.5	刘志坚
143	苹果新品种热处理脱毒技术研究	《烟台果树》2001.1	姜中武、张振英、于 强
144	苹果套袋经验专论	《西北园艺》2001.2	刘志坚
145	苹果套袋经验专论（续）	《果农之友》2001.2	刘志坚
146	密植园苹果树枝组的理想分布及修剪技术	《烟台果树》2001.2	张广和
147	红富士苹果套袋栽培技术	《烟台果树》2001.2	张宗坤
148	苹果套袋、脱袋何时为好	《农家参谋》2001.5	刘志坚
149	影响套袋苹果质量的原因与对策	《山西果树》2002.2	张凤敏
150	套袋苹果易发生的问题及克服途径	《烟台果树》2002.2	刘志坚
151	苹果全套袋栽培技术要点	《烟台果树》2002.2	刘志坚
152	试论苹果套袋的几个问题	《烟台果树》2002.2	刘志坚
153	再谈苹果套袋、脱袋时间	《北方果树》2002.3	刘志坚
154	苹果套袋栽培的几个问题	《果农之友》2002.3	刘志坚
155	套袋苹果何时脱袋好	《农业知识》2002.4	刘志坚
156	精品苹果及艺术果生产技术	《果农之友》2002.5	刘志坚
157	怎样使套袋苹果成为精品果	《农业知识》2002.6	刘志坚
158	套袋苹果易发生的问题及克服途径	《农村科技开发》2002.10	刘志坚
159	关于改革苹果整形修剪技术的探讨	《果农之友》2003.1	刘志坚
160	东西苹果产区的套袋倾向	《北方果树》2003.2	刘志坚
161	苹果套袋技术要点	《中国果树》2003.3	张凤敏
162	皮诺娃苹果结果特性观察	《烟台果树》2003.4	姜中武、刘美英、李元军
163	论苹果套袋及脱袋的适宜时间	《农村科技开发》2003.6	刘志坚
164	苹果"富士85-1"新品系的选育研究	《果树学报》2003.6	苏佳明（3）
165	红露苹果在我地结果表现初报	《山西果树》2003.6	李元军、姜中武、于 青

(续表)

序号	论文题目	发表期刊、期号	本院作者
166	专家谈苹果套袋焦点问题——刘志坚研究员答果树报刊记者问	《农村科技开发》2003.8	刘志坚
167	试论苹果套袋的几个倾向性问题	《果农之友》2003.8	刘志坚
168	早熟富士王（暂定名）选育研究报告	《山西果树》2004.1	李元军、张振英
169	乔砧红富士苹果密植园树体改造技术	《河北果树》2004.2	张广和、于忠范、孙　亮
170	甘红苹果引种结果初报	《烟台果树》2004.4	李元军、姜中武、于　青
171	红露苹果新品种通过验收	《烟台果树》2004.4	李元军
172	甘红苹果生长结果特性观察	《河北果树》2004.5	李元军、于　青
173	"富士"花药培养选育出苹果新品种"华富"	《园艺学报》2005.1	苏佳明（3）
174	红富士苹果花芽分化差的原因与对策	《烟台果树》2005.3	孙庆田、张福兴、刘美英等
175	苹果品种与砧木组合在高密度果园的生产力	《烟台果树》2005.4	姜学玲
176	苹果虎皮病的发病机制与防治	《烟台果树》2005.4	张超杰、刘万好、张宗坤
177	胶东地区2005年红富士苹果减产原因浅析	《北方果树》2006.4	张凤敏
178	世界苹果产业及主产国家的生产成本	《落叶果树》2006.5	李淑平
179	中间砧对红露苹果品质的影响	《烟台果树》2007.3	姜中武、李元军、于　青
180	低温胁迫下4种苹果砧木叶片多胺的变化	《果树学报》2008.2	赵玲玲
181	"荣芽"延迟果树萌芽的田间试验	《烟台果树》2008.4	沙玉芬
182	谈苹果密植园的树体改造	《烟台果树》2008.4	刘美英、张福兴、孙行杰
183	套袋苹果果锈、果灰、裂纹、表光差产生原因分析	《果农之友》2008.5	隋秀奇
184	红将军苹果离体叶片高频再生体系研究	《果树学报》2008.25	姜中武、苏佳明、段小娜
185	苹果不同品种高位嫁接"红露"对果实品质的影响	《园艺学报》2009.1	姜中武、束怀瑞、陈学森
186	太平洋玫瑰苹果引种试栽观察	《烟台果树》2009.3	姜中武、刘美英、于　青、李元军等
187	富士苹果AFLP体系的优化及其在鉴定早熟芽变中的应用	《园艺学报》2009.3	李元军、唐美玲、于　青
188	华美、Gs48、意大利早红苹果在烟台的表现	《烟台果树》2009.4	姜中武、李元军、于　青、刘美英
189	苹果园周年综合管理技术	《烟台果树》2009.4	张凤敏
190	2009年胶东苹果园存在的突出问题与解决措施	《烟台果树》2009.4	孙庆田、张福兴、刘美英、刘学卿
191	抗轮纹病苹果砧木"烟砧一号"抗病机理初探	《园艺学报》2010.2	赵玲玲，宋来庆，李元军
192	高抗苹果轮纹病苗木繁育技术	《烟台果树》2010.2	宋来庆、赵玲玲、于　青、刘美英等
193	成龄苹果园优质高效标准土肥水综合管理技术	《烟台果树》2010.3	姜中武、于　青、宋来庆

(续表)

序号	论文题目	发表期刊、期号	本院作者
194	苹果新品种华美在烟台地区的引种表现	《烟台果树》2010.3	姜中武、于 青、刘美英、宋来庆等
195	优良早熟苹果新品种———信浓红	《烟台果树》2010.4	唐 岩、姜中武、宋来庆、于 青等
196	Functional characterization of the apple Md-SAMDC2 gene by ectopic promoter analysis and over-expression in tobacco	"Biologia Plantarum" 2010.4	赵玲玲、宋来庆
197	烟台地区主要苹果种质资源抗锈病能力鉴定初报	《山东农业科学》2010.5	宋来庆、赵玲玲、于 青
198	苹果品种甘红在山东烟台引种试验	《中国果树》2010.6	于 青、刘美英、宋来庆
199	苹果新品种"早红"在鲁东地区的引种表现及栽培技术要点	《山东农业科学》2010.11	宋来庆、赵玲玲、于 青
200	果园壁蜂与授粉技术	《烟台果树》2011.2	张凤敏
201	苹果抗轮纹病新砧木——烟砧一号的选育	《果树学报》2011.2	姜中武、李元军、于 青
202	华富苹果离体叶片再生的主要影响因素研究	《河北林果研究》2011.4	苏佳明、于 强、段小娜
203	苹果抗重茬砧木的扦插筛选试验	《烟台果树》2011.4	姜中武、于 青、刘美英
204	鲜食加工兼用苹果优良品种"陆奥"及其栽培技术要点	《烟台果树》2012.2	刘美英、于 青、宋来庆
205	苹果新品种太平洋玫瑰在山东烟台的引种试验	《中国果树》2012.3	宋来庆、赵玲玲、于 青
206	胶东地区苹果幼树冻害原因调查与补救预防	《烟台果树》2012.3	于 青、张振芳
207	鲜食加工兼用苹果品种皮诺娃	《烟台果树》2012.3	刘美英、于 青、宋来庆
208	华帅苹果在烟台地区的引种表现及栽培技术要点	《山东农业科学》2012.5	孙燕霞、于 青、刘美英
209	烟台地区不同嘎啦品种果实经济性状分析	《山东农业科学》2012.5	刘美英、宋来庆、于 青
210	Effects of different rootstocks on Fruit Quality and Aroma components of "Red General" Apple Variety	"Journal of mountain agriculture on the Balkans" 2012.6	赵玲玲、宋来庆、于 青
211	Cold-induced basic helix-loop-helix transcriptional factor gene, MdCIbHLH1, encodes an ICE-like protein in apple	"BMC Plant Biology" 2012.12	冯晓明、赵 强、赵玲玲
212	苹果套袋的回顾反思和展望	《北京农业》2012.33	刘志坚、杨聚德
213	栽培管理措施对苹果轮纹病的防控作用	《烟台果树》2013.2	刘美英、于 青、刘学卿
214	脱毒"烟富3号"苹果品种的主要特点和栽培管理要点	《烟台果树》2013.3	宋来庆、李元军、赵玲玲
215	胶东苹果园涝害调查与秋冬管理措施	《烟台果树》2013.4	姜中武、宋来庆、赵玲玲
216	苹果优良品种"瑞维纳"在烟台地区的引种结果表现	《烟台果树》2013.4	刘美英、宋来庆、Atanas Blagov
217	鲜食加工兼用型苹果品种在烟台地区的表现	《山东农业科学》2013.6	刘美英、于 青、宋来庆
218	烟台地区脱毒苹果园植株长势和产量效益分析	《山东农业科学》2013.9	王永奇

(续表)

序号	论文题目	发表期刊、期号	本院作者
219	有机栽培富士苹果果实品质和香气成分分析	《山东农业科学》2013.10	孙燕霞、宋来庆、刘美英
220	烟台地区苹果园花期霜冻害发生规律研究	《山东农业科学》2013.10	张振英、孙艳霞、宋来庆等
221	适合不套袋栽培的优良苹果品种筛选研究	《中国园艺文摘》2013.11	刘美英、宋来庆、赵玲玲
222	优良早熟苹果品种瑞提娜在烟台地区的引种表现	《山东农业科学》2013.11	宋来庆、刘美英、Atanas Blagov
223	烟富3号苹果不同采收期果实品质和香气物质含量分析	《山东农业科学》2013.11	宋来庆、赵玲玲、唐 岩
224	苹果病毒病与无病毒苗木建园	《烟台果树》2014.1	姜中武、宋来庆、刘 娟
225	苹果新品种神富一号（烟富8）的选育	《烟台果树》2014.1	隋秀奇、苏佳明
226	优良苹果品种"短枝华冠"在烟台的生长结果表现	《烟台果树》2014.1	唐 岩、于 青、刘美英
227	谈苹果无袋化栽培	《烟台果树》2014.1	刘美英、孙淑英、宋来庆
228	生草覆盖苹果园不同衰老时期叶片光合生理特性的比较	《经济林研究》2014.1	李芳东
229	烟富3号苹果优质脱毒苗木的繁育	《果树实用技术与信息》2014.1	于 青、张振英、孙 亮
230	不同砧木对红将军苹果果实品质和香气物质的影响	《华北农学报》2014.2	赵玲玲
231	5个早中熟苹果品种在山东烟台的引种试验	《中国果树》2014.2	孙燕霞、宋来庆、刘美英
232	对红富士苹果早采现象的思考	《烟台果树》2014.2	刘志坚
233	优良鲜食加工兼用抗病苹果新品种——乔瑞娜	《烟台果树》2014.2	唐 岩、Atanas Blagov、宋来庆
234	脱毒苹果苗木应用效果研究	《烟台果树》2014.3	姜中武、宋来庆、赵玲玲
235	生草覆盖对苹果展叶过程中光合特性的影响	《草业科学》2014.3	李芳东
236	中早熟苹果品种华玉在烟台的结果表现	《烟台果树》2014.4	刘美英、宋来庆、赵玲玲
237	早熟苹果新品种"华硕"在烟台的引种表现	《中国南方果树》2014.4	周先学、宋来庆、赵玲玲等
238	红富士苹果早采误区	《北京农业》2014.6	刘志坚
239	脱毒烟富3在重茬果园建园应用效果研究	《烟台果树》2015.1	于 强、李庆余、王义菊等
240	不同营养系苹果砧木的抗寒性评价	《烟台果树》2015.2	赵玲玲
241	脱毒烟富3苹果苗木生长动态观察	《烟台果树》2015.3	于 青、张振英、李元军
242	八棱海棠实生砧木硬枝扦插试验	《烟台果树》2015.3	赵玲玲
243	红富士苹果芽变选种及育成新品种	《烟台果树》2015.4	宋来庆、赵玲玲、刘美英
244	不同容器和配方基质对苹果苗生长的影响	《山东科学》2015.5	张瑞清、杨剑超、孙 晓等
245	"华硕"苹果新品种高接换头早果丰产技术	《果农之友》2015.9	刘美英、宋来庆、赵玲玲
246	二倍体与四倍体苹果的三倍性杂交后代ISSR遗传分析	《山东农业科学》2015.9	王玉霞
247	脱毒苹果优质壮苗繁育技术	《农业知识》2015.11	孙庆田

(续表)

序号	论文题目	发表期刊、期号	本院作者
248	60Co-γ 辐射对嘎拉苹果枝条诱变效应的研究	《山东农业科学》2016.2	王玉霞
249	特异资源在苹果矮化砧木育种中的利用研究	《中国国菜》2016.2	赵玲玲
250	山东烟台早熟苹果品种（系）筛选试验	《中国果树》2016.2	刘美英、宋来庆、唐 岩
251	富士苹果浓红条纹芽变新品系"美丽"的选育	《烟台果树》2016.2	姜中武、赵玲玲、宋来庆
252	六个具有良好发展前景的黄绿色苹果新品种	《烟台果树》2016.2	刘美英、宋来庆、唐 岩
253	脱毒"烟富3号"苹果优质苗木繁育技术规程	《烟台果树》2016.2	于 青、张振英、李元军
254	富士苹果芽变选种特点及影响因素分析	《中国果菜》2016.2	宋来庆、赵玲玲、刘美英
255	富士苹果浓红色芽变品种果实品质和香气成分差异分析	《山东农业科学》2016.3	宋来庆、赵玲玲、刘美英
256	早熟富士系苹果品种"凉香"在烟台地区的引种评价	《中国果菜》2016.4	宋来庆、赵玲玲、刘美英
257	苹果改良主干疏层形整形修剪技术	《果树实用技术与信息》2016.4	于 强、李庆余

大樱桃（123篇）

序号	论文题目	发表期刊、期号	本院作者
1	甜樱桃的优良砧木——草樱桃	《中国果树》1979.1	于绍夫
2	樱桃种类论	《烟台果树》1987.2	于绍夫
3	樱桃种类论（续）	《烟台果树》1987.3	于绍夫
4	日本大樱桃矮化栽培技术简介	《烟台果树》1992.2	房道亮、张宗坤
5	大樱桃花粉冷藏试验简报	《烟台果树》1995.1	房道亮、姜丽芝等
6	保护地大樱桃生长发育与环境条件相互关系	《烟台果树》1996.3	张宗坤、房道亮、姜丽芝
7	大樱桃保护地栽培技术研究	《烟台果树》1996.4	张宗坤、房道亮、姜丽芝
8	大樱桃保护地栽培技术研究（续）	《烟台果树》1997.1	张宗坤、房道亮、姜丽芝
9	甜樱桃保护地栽培中的几个技术环节	《烟台果树》1998.1	张宗坤、房道亮
10	早熟甜樱桃——意大利早红	《烟台果树》1998.3	张宗坤、李元军
11	发展大樱桃的成败观	《西北园艺》2000.4	刘志坚
12	大樱桃高产优质栽培关键技术	《北方园艺》2000.5	张广和
13	当前发展大樱桃的几个突出问题	《北京农业》2001.1	刘志坚
14	欧洲樱桃矮化砧木育种和樱桃生产现状考察报告	《烟台果树》2001.3	刘宝革
15	甜樱桃纺锤形整形修剪技术要点	《烟台果树》2001.4	张宗坤，李元军
16	发展大樱桃应注意几个突出问题	《河北果树》2001.4	刘志坚
17	大樱桃丰产高效栽培技术总结	《山西果树》2001.4	张福兴、刘美英、孙庆田等
18	保护地栽培大樱桃落花落果的原因及对策	《烟台果树》2001.4	张凤敏、都韶英
19	试论发展大樱桃面临的六个新问题（上）	《西北园艺》2001.5	刘志坚
20	试论发展大樱桃面临的几个新问题	《果农之友》2001.5	刘志坚

(续表)

序号	论文题目	发表期刊、期号	本院作者
21	试论发展大樱桃面临的六个新问题（下）	《西北园艺》2001.6	刘志坚
22	大樱桃发展的形势、问题及建议	《北方果树》2002.1	刘志坚
23	发展大樱桃应注意的几个问题	《山西果树》2002.1	刘志坚
24	大樱桃优质丰产栽培技术要点	《农业知识》2002.3	孙庆田、张福兴、刘美英
25	发展大樱桃应注意几个突出问题	《农村科技开发》2002.11	刘志坚
26	甜樱桃外销优势及首选品种	《农业知识》2002.20	孙庆田、张福兴、刘美英等
27	搞好优新品种推广 促进烟台大樱桃发展	《烟台果树》2003.4	张福兴、孙庆田、杨洪芳等
28	大樱桃台面式小冠疏层形整形修剪技术	《北方果树》2003.6	李元军、姜中武、于 青
29	斯塔克脆红樱桃品种在烟台的表现	《落叶果树》2003.6	姜中武、于 青、刘美英
30	七个美国甜樱桃优良品种	《北方园艺》2003.12	姜中武、唐美玲、张振英
31	谈烟台种植大樱桃的区位优势	《烟台果树》2004.1	孙庆田、张福兴、刘美英等
32	GM、GC矮化樱桃砧木组培快繁技术	《烟台果树》2004.2	姜中武、沙玉芬
33	5个欧洲甜樱桃引种初报	《中国果树》2004.2	张广和、许秀美
34	大樱桃苗木繁育技术规程	《烟台果树》2004.3	张凤敏、张福兴、姜中武
35	大樱桃整形修剪中的若干问题	《北方果树》2004.4	刘志坚
36	日本甜樱桃新品种——红手球	《烟台果树》2004.4	张福兴
37	烟台市甜樱桃产业现状与发展建议	《落叶果树》2004.4	孙庆田、张福兴、刘美英等
38	放眼国内外再谈大樱桃	《西北园艺》2004.6	刘志坚
39	谈谈大樱桃整形修剪中的几个问题	《北京农业》2004.6	刘志坚
40	甜樱桃栽培技术规程	《落叶果树》2004.6	张凤敏、张福兴、姜中武
41	引进大樱桃新品种应注意的三个问题	《西北园艺》2004.8	刘志坚、张发亭
42	大樱桃品种市场走势	《农业知识》2004.14	刘志坚
43	大樱桃冻害的发生与防御	《烟台果树》2005.1	于 强、秦海林
44	甜樱桃品种斯塔克艳红在山东烟台的表现	《中国果树》2005.1	张广和、许秀美
45	甜樱桃产量构成研究初报（一）	《烟台果树》2005.1	张凤敏、张福兴、孙庆田、姜学玲
46	适宜推广的大樱桃品种	《西北园艺》2005.1	刘志坚
47	甜樱桃产量构成研究初报（二）	《烟台果树》2005.2	张凤敏、张福兴、孙庆田、姜学玲
48	美国和加拿大选育的甜樱桃自花结实品种简介	《中国果树》2005.2	张福兴、刘美英、孙庆田等
49	谈大樱桃发展中的品种问题	《北方果树》2005.3	张福兴
50	大樱桃丰产、优质、高效栽培技术	《北方果树》2005.6	张福兴、张凤敏、刘美英等
51	樱桃砧木吉塞拉5号茎尖培养快繁技术	《中国果树》2005.6	苏佳明、沙玉芬、宋连升、刘万好、张超杰
52	浅述大樱桃贮藏保鲜技术	《烟台果树》2006.1	张宗坤、张超杰、刘万好
53	甜樱桃采后管理技术	《烟台果树》2006.3	孙庆田、张福兴、刘美英等

(续表)

序号	论文题目	发表期刊、期号	本院作者
54	甜樱桃生长的营养需求及施肥技术	《河北果树》2006.4	隋秀奇
55	合理修剪，大樱桃优质又高产	《北方园艺》2006.5	张广和、刘克宁
56	甜樱桃的砧木资源研究利用概况	《山西果树》2006.6	张振英、姜中武
57	甜樱桃优良品种早生凡的选育	《落叶果树》2006.6	张福兴、孙庆田、姜学玲等
58	甜樱桃栽植新技术	《农业知识》2006.32	孙庆田、张福兴、刘美英等
59	甜樱桃优良品种"萨米脱"	《北方果树》2007.1	张福兴、孙庆田、姜学玲等
60	甜樱桃当年生苗木繁育技术总结	《西北园艺》2007.2	张福兴、刘美英、李淑平等
61	甜樱桃优良新品种黑珍珠的选育	《中国果树》2007.3	张福兴、孙庆田、姜学玲等
62	甜樱桃自交不亲和研究进展	《烟台果树》2007.4	李淑平、张福兴
63	红灯甜樱桃对秋季叶施[15]N-尿素的吸收、分配及利用特性	《植物营养与肥料学报》2007.4	张 序、李延菊
64	大樱桃花芽形态分化期的观察	《北方果树》2007.5	张凤敏、孙庆田、姜学玲、张福兴
65	"红灯"甜樱桃果实发育进程中香气成分的组成及其变化	《中国农业科学》2007.6	张 序、李延菊
66	乌克兰甜樱桃品种在烟台地区的表现	《落叶果树》2007.6	刘志坚、张发亭
67	烟台大樱桃适宜授粉组合的研究	《北方园艺》2007.8	张广和、姜学玲、刘万好等
68	大樱桃优良品种"红手球"的试栽表现	《北方果树》2008.1	孙庆田、张福兴、刘美英等
69	晚熟甜樱桃 8-102 引种表现及栽培要点	《烟台果树》2008.2	张 序、张福兴、孙庆田等
70	大樱桃裂果问题的研究进展	《烟台果树》2008.3	张洪胜、张宗坤
71	甜樱桃新品种美早引种示范报告	《烟台果树》2008.3	张福兴、孙庆田、姜学玲等
72	大樱桃产业链中果实质量性状的评价	《保鲜与加工》2008.5	张洪胜、张宗坤等
73	甜樱桃新品种砂蜜豆的选育	《中国果树》2008.5	张福兴、孙庆田、刘美英等
74	甜樱桃优质丰产栽培技术总结	《落叶果树》2008.6	张 序、张福兴、孙庆田等
75	甜樱桃新品种美早选育报告	《北方园艺》2008.10	张福兴、孙庆田、姜学玲等
76	甜樱桃品种早生凡与先锋比较试验	《中国果树》2009.1	张广和、唐美玲、姜学玲等
77	当前烟台大樱桃栽培中的误区及建议	《烟台果树》2009.2	张宗坤、秦海林、王安峰
78	扦插繁殖的大樱桃砧木——樱砧王	《烟台果树》2009.3	张宗坤
79	今年大樱桃大幅减产给我们的启示	《烟台果树》2009.3	张洪胜
80	甜樱桃先锋及其芽变品种的 SSR 分析	《北方园艺》2009.7	张广和、唐美玲、赵 明
81	自花结实甜樱桃品种桑提娜在山东烟台的表现	《中国果树》2010.1	张福兴、孙庆田、姜学玲等
82	甜樱桃 AFLP 反应体系优化及多态性引物的筛选	《华北农学报》2010.2	张超杰、徐维华、刘万好等
83	欧洲矮化樱桃砧木引种试栽总结	《烟台果树》2010.3	于 青、姜中武、刘美英
84	甜樱桃的疏花芽技术	《农业知识》2010.3	孙庆田
85	胶东大樱桃产量连年低而不稳的原因及对策	《烟台果树》2010.4	于忠范、张广和、姜学玲

(续表)

序号	论文题目	发表期刊、期号	本院作者
86	大樱桃主要病虫害防治技术	《农业知识》2010.20	孙庆田
87	大樱桃采后现代处理技术	《中国果树》2011.1	张洪胜
88	青海省甜樱桃生产调研报告	《烟台果树》2011.1	张福兴、孙庆田、唐 岩等
89	甜樱桃裂果及预防措施	《烟台果树》2012.3	李延菊
90	保加利亚樱桃生产考察报告	《烟台果树》2011.4	宋来庆、孙庆田、翟广印
91	甜樱桃新品种"福星"选育报告	《烟台果树》2012.4	张福兴、刘美英、李淑平等
92	上海和烟台地区甜樱桃生物学特性及花芽分化进程研究	《果树学报》2012.5	李 勃、李淑平
93	世界大樱桃产业生产与贸易态势分析	《北方园艺》2012.8	张洪胜
94	甜樱桃细长纺锤形标准化树体结构与修剪技术	《中国果树》2013.2	刘美英、张福兴、孙庆田
95	普洛马林和刻芽处理对2年生樱桃幼树分枝特性的影响	《山东农业科学》2013.2	田长平、张福兴、孙庆田等
96	自由纺锤形树的甜樱桃标准树体结构及整形修剪技术	《落叶果树》2013.2	张福兴、刘美英、孙庆田等
97	极早熟、大果型甜樱桃"福晨"选育	《烟台果树》2013.2	张福兴、刘美英、李淑平、田长平等
98	泰宝对大樱桃叶片生长和果实品质的影响	《烟台果树》2013.2	李延菊、孙庆田、张 序、李淑平等
99	甜樱桃的秋季管理	《落叶果树》2013.3	张 序、颜廷永、魏传禄
100	四川省大樱桃生产调研与区划意见	《烟台果树》2013.3	孙庆田、李延菊、姜学玲、张 序等
101	樱桃KGB树形整形修剪技术	《烟台果树》2013.4	李淑平、孙庆田、姜学玲、张福兴
102	论甜樱桃优质果品生产	《烟台果树》2013.4	张福兴、孙庆田、姜学玲、李延菊
103	今年大樱桃涝害的成因与预防措施	《烟台果树》2013.4	孙庆田、张福兴、李淑平、李延菊等
104	新型大樱桃避雨防霜设施	《烟台果树》2013.4	李延菊、孙庆田、张 序、姜学玲等
105	喷施叶面肥对甜樱桃坐果率及果实品质的影响	《中国果树》2013.5	李延菊、张 序、卢建声等
106	甜樱桃畸形果的成因及防治措施	《中国果菜》2013.9	张 序、张福兴、孙庆田等
107	樱桃砧木吉塞拉6号组培快繁技术研究	《山东农业科学》2014.1	沙玉芬
108	贵州省甜樱桃生产调研报告	《烟台果树》2014.1	孙庆田、田长平、张 序等
109	外源甜菜碱预防大樱桃裂果试验初报	《烟台果树》2014.1	张 序、张福兴、孙庆田等
110	甜樱桃防霜避雨设施栽培技术	《落叶果树》2014.1	李延菊、孙庆田、张 序
111	甜樱桃优良砧木"优系大青叶"的选育	《山东农业科学》2014.3	张 序、张福兴、孙庆田等
112	避雨设施栽培对大樱桃生态环境及生理特性的影响	《山东农业科学》2014.4	李延菊、张 序、孙庆田

(续表)

序号	论文题目	发表期刊、期号	本院作者
113	樱桃砧木嫩枝扦插生根与成苗特性初探	《山东农业科学》2014.6	田长平、张福兴、张 序等
114	樱桃荧光AFLP反应体系优化及应用	《北方园艺》2014.14	田长平、张福兴、张 序等
115	大果中熟甜樱桃新品种"福星"的选育	《果树学报》2014.S1	张福兴、刘美英、孙庆田等
116	不同品种甜樱桃果实芳香成分的GC-MS分析	《果树学报》2014.S1	张 序、李延菊、张福兴等
117	避雨栽培对大樱桃园生态因子及生理特性的影响	《果树学报》2014.S1	李延菊、孙庆田、张 序
118	甜樱桃20个品种花粉粒形态扫描电镜观察	《果树学报》2014.S1	李芳东
119	"美早"甜樱桃优质高效树体结构研究	《山东农业科学》2015.11	李芳东、张 序、田长平等
120	能百旺在甜樱桃上使用对坐果和产量的影响	《烟台果树》2016.1	田世恩
121	我国甜樱桃种植区划研究	《烟台果树》2016.1	张福兴、孙庆田
122	甜樱桃乔砧密植栽培的理论与技术	《烟台果树》2016.2	张福兴、宋世志、李美玲等
123	国内外甜樱桃生产、贸易与育种研究概况	《山东农业科学》2016.7	李芳东、王玉霞、张 序等

葡萄（44篇）

序号	论文题目	发表期刊、期号	本院作者
1	4个葡萄品种花粉中氨基酸及矿质元素含量的比较	《烟台果树》1987.4	于绍夫
2	四个葡萄品种花粉中氨基酸及矿质元素的含量	《中国果树》1988.2	于绍夫、姜中武
3	巨峰葡萄塑料大棚栽培技术研究报告	《烟台果树》1992.4	李元军
4	葡萄塑料大棚促成栽培技术小结	《山西果树》1993.4	汪克诚、李元军、温承日
5	烟台市葡萄栽培生产现状及发展建议	《中外葡萄与葡萄酒》2006.5	宋来庆、李元军、于 青
6	钠离子在葡萄和苹果植株体内的分布特征	《中外葡萄与葡萄酒》2007.1	李延菊
7	保加利亚葡萄生产及品种介绍	《烟台果树》2007.1	宋来庆、Simeon Krumov、张凤敏
8	葡萄酸腐病发病原因及防治对策分析	《烟台果树》2008.3	宋来庆、赵玲玲
9	烟台地区主要酿酒葡萄品种叶形结构参数分析及标准化描述	《中外葡萄与葡萄酒》2008.4	宋来庆、赵玲玲、李元军
10	山葡萄性别相关AFLP标记筛选及SCAR标记转化	《园艺学报》2008.5	唐美玲
11	山葡萄cDNA-AFLP体系的建立及引种的筛选	《华北农学报》2009.2	唐美玲、徐维华
12	华美、GS48、意大利早红苹果在烟台的表现	《烟台果树》2009.4	姜中武、李元军、于 青
13	烟台地区红宝石无核葡萄设施种植表现及栽培技术	《现代农业科技》2010.24	张超杰、刘万好、慈志娟等
14	烟台葡萄避雨栽培模式研究	《烟台果树》2011.1	刘万好、张振英等
15	克瑞森无核葡萄在烟台地区的表现及优质丰产栽培技术	《山东农业科学》2011.1	徐维华、张超杰、唐美玲等

(续表)

序号	论文题目	发表期刊、期号	本院作者
16	烟台葡萄萌芽期至花期病虫害化学防治技术	《烟台果树》2012.2	张超杰、张振英、刘万好等
17	贵妃玫瑰在烟台地区的引种表现及栽培要点	《烟台果树》2012.3	郑秋玲、张超杰、刘万好等
18	早熟鲜食葡萄新品种烟葡1号的选育	《山东农业科学》2013.1	唐美玲、刘万好、张超杰等
19	烟台地区巨峰系葡萄栽培存在的主要问题与对策	《烟台果树》2013.2	张超杰、赵 明、刘万好等
20	保加利亚育成的部分红色酿酒葡萄品种评价	《烟台果树》2013.3	刘珅坤、唐美玲、张超杰等
21	烟台地区葡萄园的土壤营养状况分析	《北方园艺》2013.24	唐美玲、郑秋玲、张超杰等
22	2013年烟台市鲜食葡萄产业发展现状	《烟台果树》2014.3	张超杰、王 婷、郑秋玲等
23	无核化处理对"玫瑰香"葡萄果实香气的影响	《经济林研究》2014.3	刘万好、郑秋玲、张超杰等
24	巨玫瑰等3个葡萄品种在烟台的引种表现	《中国南方果树》2014.4	王 婷、唐美玲、肖慧琳等
25	不同砧木对"赤霞珠"葡萄生长及贮藏营养的影响	《中国南方果树》2014.6	郑秋玲、张超杰、刘万好等
26	氨基酸叶面肥对巨峰葡萄光合性能及贮藏营养的影响	《山东农业科学》2014.11	刘珅坤、郑秋玲、张超杰等
27	氨基酸及富硒叶面肥对"巨峰"葡萄果实品质的影响	《北方园艺》2014.15	张超杰、刘珅坤、徐维华等
28	T/TFLl类基因在山葡萄雌雄花中的表达分析	《华北农学报》2014.29（增刊）	徐维华、郑秋玲、刘万好等
29	烟台地区巨峰葡萄连栋避雨栽培模式	《烟台果树》2015.1	唐美玲、刘万好、王 婷等
30	烟台地区几个鲜食葡萄品种的花果配套管理技术	《烟台果树》2015.2	郑秋玲、张超杰、刘万好等
31	匈牙利葡萄酒概况	《烟台果树》2015.3	唐美玲、张超杰、刘万好等
32	6个酿酒葡萄品种引种表现	《烟台果树》2015.3	唐美玲、张超杰、刘万好等
33	红地球花序拉长与无核化试验研究	《烟台果树》2015.4	王 婷、张超杰、刘万好等
34	8个鲜食葡萄品种在烟台地区的引种表现	《烟台果树》2015.4	唐美玲、张超杰、刘万好等
35	"沈农金皇后"规范化栽培技术规程	《果农之友》2015.5	刘万好、张超杰、王 婷等
36	"沪培2号"葡萄在烟台产区的栽培技术	《果农之友》2015.6	刘万好、张超杰、慈志娟等
37	山东省鲜食葡萄生产状况调研与解析	《中外葡萄与葡萄酒》2015.6	唐美玲
38	山东烟台金手指葡萄改良篱架配套栽培技术	《果树实用技术与信息》2015.10	张超杰、唐美玲、刘万好等
39	摘叶对赤霞珠葡萄果实和葡萄酒品质的影响	《山东农业科学》2015.11	肖慧琳、张超杰、刘万好等
40	瑞都香玉葡萄在烟台地区的表现及栽培要点	《烟台果树》2016.1	唐美玲、慈志娟、张振英等
41	烟台地区鲜食葡萄管理要点	《烟台果树》2016.2	张超杰、王 婷、郑秋玲等
42	不同砧木对夏黑果实及树体贮藏营养的影响	《中国南方果树》2016.3	刘万好、张超杰、唐美玲等
43	副梢处理方式对赤霞珠葡萄光合作用及果实品质的影响	《山东农业科学》2016.9	刘万好、唐美玲、郑秋玲等

(续表)

序号	论文题目	发表期刊、期号	本院作者
44	两个鲜食葡萄新品种在烟台地区的表现及配套栽培技术	《烟台果树》2017.01	刘珅坤、唐美玲、卢建声等

梨（45篇）

序号	论文题目	发表期刊、期号	本院作者
1	晚三吉梨丰产生物学特性和密植丰产技术研究初报	《山东农业科学》1980.2	于绍夫、徐世芳、姜培祥
2	硅窗保鲜袋贮藏黄县长把梨能够显著减轻红心病的发生	《烟台果树》1984.3	于绍夫、王清美
3	梨树种类论	《烟台果树》1985.3	于绍夫
4	梨树种类论（续）	《烟台果树》1985.4	于绍夫
5	丰水梨引种试栽技术总结	《烟台果树》2000.1	姜中武、于 强、朱相川
6	日本梨（砂梨系）新品种简介	《烟台果树》2000.3	张宗坤、李元军、林成欣
7	黄金梨幼树优质丰产栽培技术要点	《烟台果树》2000.4	张宗坤
8	几个韩国选育的砂梨品种	《河北果树》2000.4	李元军
9	优质砂梨新品种简介	《山西果树》2000.4	李元军
10	黄金梨生物学特性及栽培技术要点	《河北果树》2001.3	刘志坚
11	黄金梨的生物学特性	《西北园艺》2001.3	刘志坚
12	黄金梨生物学特性及栽培技术要点	《福建果树》2001.3	刘志坚、吕平年、许维远
13	具有市场竞争力的几个砂梨新品种	《烟台果树》2001.4	张凤敏、姜中武、刘宝革
14	黄金梨生物学特性及山东省引种栽培技术要点	《果农之友》2001.6	刘志坚、吕平年、许维远
15	黄金梨及栽培技术	《果树实用技术与信息》2001.7	刘志坚、张发亭
16	黄金梨生物学特性及栽培技术要点	《农村科技开发》2001.11	刘志坚、吕平年、许维远
17	专家共议日韩梨	《西北园艺》2002.4	刘志坚
18	系统砂梨的几个新品种及其栽培技术	《河北果树》2002.5	张凤敏、姜中武、刘宝革
19	韩国近年培育的主要果树优良新品种介绍	《烟台果树》2002.4	李元军、于 青、毕庶华
20	系统砂梨新品种花粉发芽和授粉组合试验	《河北果树》2002.6	张凤敏、姜中武、张振英
21	黄金梨引种发展中的几个问题	《第三届果蔬国际研讨会论文集》（2002）	张凤敏
22	日、韩梨咋个样专家们说短长	《农家参谋》2002.9	刘志坚
23	黄金梨果实套袋技术	《烟台果树》2003.1	张凤敏
24	梨与苹果树不同的特性及栽培技术	《山西果树》2004.6	张凤敏
25	黄金梨优质丰产栽培技术	《西北园艺》2005.2	张凤敏、姜中武、张福兴、李元军
26	胶东黄金梨优质高效栽培关键技术	《山西果树》2005.2	刘志坚、杨增生、宋曙光
27	砂梨优良品种引种选育及栽培技术研究	《梨科研与生产进展》论文集（三）中国农业出版社（2006）	张凤敏、姜中武、张振英

(续表)

序号	论文题目	发表期刊、期号	本院作者
28	阿巴特梨引种及丰产栽培技术	《果农之友》2006.8	李元军、姜中武、于 青
29	PBO对黄金梨脱萼效果的试验总结	《烟台果树》2007.2	张凤敏
30	阿巴特梨早期丰产栽植模式试验	《落叶果树》2007.2	李元军、张振英、于 青
31	PBO对黄金梨果实生长发育的影响	《梨科研与生产进展》论文集（四）中国农业出版社出版（2008）	张凤敏
32	七年生黄金梨连年高产高效经验	《西北园艺》2008.1	刘志坚、杨增生、许 涛
33	7年生"黄金梨"连年高产高效益的经验体会	《北方果树》2008.2	刘志坚、杨增生、许 涛
34	西洋梨主要优良品种简介	《烟台果树》2010.1	于 强、苏佳明、沙玉芬
35	2010年西洋梨轮纹病大发生原因浅析	《烟台果树》2011.1	苏佳明、于 强、李公存
36	胶东地区西洋梨栽培现状与思考	《山西果树》2011.3	于 强、李公存
37	巴梨栽培管理技术要点	《烟台果树》2012.4	苏佳明、于 强、李公存
38	莱阳茌梨园冬季管理技术要点	《烟台果树》2013.1	王义菊、于 强、苏佳明
39	木美土里微生物有机肥在西洋梨上的应用试验	《烟台果树》2013.2	李庆余、王义菊、赵玲玲
40	黄金梨铁头病成因研究初报	《中国果树》2013.4	张凤敏
41	2013年我国梨产销和收贮情况调查分析	《中国果树》2014.2	李元军
42	中晚熟梨优良品种玉晶	《西北园艺》果树2014.6	王义菊、李庆余、于 强等
43	西洋梨架式栽培架体搭建及整形修剪技术	《烟台果树》2015.3	李庆余、于 强、王义菊等
44	4个梨新优系特性调查	《烟台果树》2017.1	王义菊、于 强、李庆余等
45	大巴梨选育初报	《落叶果树》2017.9	王义菊、于 强、李庆余等

桃、杏、李、山楂、板栗（46篇）

序号	论文题目	发表期刊、期号	本院作者
1	山楂花粉萌发力及授粉试验初报	《山东果树》1979.2	赵万图、马长贤、赵文度
2	山东的几个主要山楂品种	《中国果树》1979.2	赵万图
3	山楂的丰产生物学特性和丰产栽培技术	《烟台果树》1980.1	赵万图
4	山楂的适期采收	《中国果树》1980.4	赵万图、陆秀华
5	对我区发展山楂生产的几点建议	《烟台果树》1981.1	赵万图
6	山楂"单性结实"现象的初步探讨	《烟台果树》1982.2	赵万图
7	乙烯利对山楂幼树抑冠诱花试验报告	《烟台果树》1983.1	赵万图
8	杏花雌能败育及其防止措施的初步研究	《烟台果树》1983.1	于绍夫、王清美、曲复宁
9	诱导山楂种子提早一年萌发的初步探讨	《烟台果树》1983.3	赵万图、陈凤霞、毕庶华
10	山楂实生繁殖技术的初步探讨	《山东果树》1984.1	赵万图、陈凤霞、毕庶华
11	山楂树应用赤霉素的效果	《烟台果树》1984.1	赵万图、郭尊东
12	山楂大树丰产栽培技术试验总结	《烟台果树》1984.2	赵万图、郭尊东、郭宗京
13	化学处理延迟桃树花期	《烟台果树》1987.1	张宗坤译

(续表)

序号	论文题目	发表期刊、期号	本院作者
14	7个板栗品种花粉中氨基酸及矿质元素含量的比较	《烟台果树》1988.1	于绍夫、姜中武
15	盆栽桃、李、杏的砧木比较试验	《烟台果树》1992.2	汪克诚
16	毛樱桃砧对桃树生产结果的影响	《河北果树》1999.3	张凤敏
17	关于改革桃树栽培管理制度的几点看法	《北方果树》1993.4	张福兴、刘美英
18	赴河北考察仁用杏纪要	《烟台果树》1993.4	李全义
19	仁用杏发展前景	《烟台果树》1994.3	李全义
20	杏优良品种选育及开发利用研究	《烟台果树》1995.4	李全义、刘志坚、姜中武
21	仁用杏的营养价值和市场销售动态	《中国果品研究》1996.3	李全义、付桂荣、于 青
22	仁用杏早期丰产栽培技术	《山东林业科技》1996.4	李全义、付桂荣、刘美英
23	仁用杏主要品种（系）介绍	《山东林业科技》1996.5	李全义、于 青、付桂荣
24	仁用杏引种试验通过专家鉴定	《烟台果树》1997.3	李全义
25	仁用杏引种试验研究报告	《烟台果树》1998.4	李全义、傅桂荣、于 青
26	极晚熟大果桃王——巨桃	《山东农业》1998.5	李全义、于 青、付桂荣
27	浅谈当前桃、杏、李小果品的发展	《烟台果树》2000.4	李元军
28	中华寿桃能长寿吗	《西北园艺》2000.6	刘志坚
29	巨桃引种观察初报	《烟台果树》2001.2	于 青、毕庶华、付桂荣
30	杏速生苗培育技术	《落叶果树》2001.4	于 青、李美娥、毕庶华
31	谈谈桃、杏、李的发展	《山西农业》2001.12	李元军
32	砧木和栽培方式对桃树花芽分化期的影响	《中国果树》2002.6	张凤敏
33	桃树设施栽培落花落果的原因与对策	《烟台果树》2003.3	张凤敏
34	北京18桃引种及栽培技术研究	《山西果树》2004.1	张凤敏
35	根据桃树特性合理进行修剪	《烟台果树》2004.3	张凤敏
36	观赏桃树的盆栽技术	《山西果树》2004.4	张凤敏
37	我国桃生产中存在的问题与对策	《河北果树》2006.6	张凤敏
38	3个扁桃品种的光合特性	《林业科学》2006.11	李延菊、张 序
39	莱山蜜桃贮藏保鲜技术	《烟台果树》2007.4	刘万好、张超杰、张宗坤等
40	设施栽培油桃对叶面施^{15}N的吸收、分配特性研究	《植物营养与肥料学报》2007.4	李延菊、张 序
41	山东省桃生产现状与发展策略	《山西果树》2007.6	张凤敏
42	设施油桃膨大期摘心和疏果对根外追^{15}N的运转与分配的影响	《中国生态农业学报》2008.1	李延菊、张 序
43	不同形态钙肥对桃果实品质及耐贮性的影响	《烟台果树》2011.2	田世恩
44	介绍几个晚熟毛桃品种	《烟台果树》2016.3	慈志娟、张振英、张洪胜
45	极晚熟油桃新品种"福秀"	《园艺学报》2017.3	刘美英、张福兴、李延菊等
46	晚熟油桃新品种"福美"的选育	《果树学报》2017.5	李延菊、张福兴、刘美英等

(续表)

序号	论文题目	发表期刊、期号	本院作者
草莓（17篇）			
1	草莓快速系列技术研究	《北方园艺》1994.4	刘学卿、于波
2	草莓花药培养及脱毒苗产业化生产技术研究	《山东农业科学》1996.4	王常芸、王作全、谢永福等
3	山东省草莓生产概况及发展建议	《中国农学通报》1998.3	李晓亮、辛举文、王常芸
4	我国草莓脱毒研究及应用	《生物技术通报》1998.3	王常芸、李晓亮、王作全
5	草莓脱毒苗的生产与应用	《中国农学通报》2000.6	王常芸、李晓亮、王作全
6	草莓无病毒化栽培的生产优势与现状	《果农之友》2004.2	苏佳明
7	疏花疏果对丰香草莓生长发育的影响	《烟台果树》2000.4	王作全、王常芸、王志新等
8	普通大棚草莓促成栽培技术	《山东农业科学》2006.1	王常芸、李晓亮、王建玲
9	促成栽培草莓品种引种选优试验初报	《烟台果树》2006.2	王志新、王作全
10	脱毒草莓设施栽培增产试验	《北方园艺》2007.2	王常芸、李晓亮、王建玲
11	草莓脱毒技术与开发应用	《山东农业科学》2007.4	王常芸、李晓亮、王建玲
12	水杨酸和铁在调节草莓组培苗生长中的关系	《中国农业科学》2010.13	李淑平
13	当前烟台草莓产业的问题与对策	《烟台果树》2013.4	卢建声、王作全
14	烟台草莓发展瓶颈及对策	《烟台果树》2013.4	王作全
15	草莓优质高产栽培技术	《烟台果树》2014.4	王作全
16	草莓单主茎无断档期优质高产栽培技术（一）	《烟台果树》2016.3	王作全
17	草莓单主茎无断档期优质高产栽培技术（二）	《烟台果树》2016.4	王作全
小麦（125篇）			
1	从蚰包小麦的推广看良种良法的重要性	《遗传与育种》1976.2	方正
2	选育小麦穗多型品种的设想	《遗传与育种》1976.5	方正
3	冬小麦杂交育种的几个问题	《山东农业科学》1978.4	徐沛然
4	冬小麦高产抗锈育种的探讨	《山东农业科学》1980.6	徐沛然
5	冬小麦杂交育种若干问题的探讨	《山东农业科学》1986.5	方正
6	Breeding of Two-rowed Malting Barley with High Yield Potential	"Barley Genetics V" 1987	Zheng Fang
7	鲁麦14号的生育特点与高产栽培	《山东农业科学》1992.6	王玉心、牟春生
8	小麦灌浆构成因素与千粒重的分析	《莱阳农学院学报》1993.2	于经川、刘兆晔、姜鸿明等
9	小麦不同熟相类型花后物质运转与灌浆特性的研究	《莱阳农学院学报》1993.3	姜鸿明、刘守贞、于经川等
10	冬、春啤酒大麦杂种优势及亲子相关的初步研究	《大麦科学》1993.4	刘维正
11	高产小麦品种熟相类型的比较研究	《山东农业大学学报》1993.4	姜鸿明、李晴祺等
12	冬小麦新品系——烟886059	《农业科技与信息》1994.1	刘维正

(续表)

序号	论文题目	发表期刊、期号	本院作者
13	广适优质高产小麦新品系——烟886059	《作物品种资源》1994.2	刘维正
14	冬小麦抗旱高产品种鲁麦13号的选育	《华北农学报》1994.3	方　正
15	山东旱地周年覆盖栽培技术研究	《山东农业科学》1994.4	孙苡瑶、孟惠英、王熙玉
16	鲁麦14广适性及增产潜力分析	《莱阳农学院学报》1995.1	王玉心、姜鸿明、牟春生等
17	水分胁迫对高产小麦品种的生理效应	《莱阳农学院学报》1995.3	姜鸿明、牟春生、姜　红等
18	小麦不同基因型幼胚离体培养的研究	《莱阳农学院学报》1996.2	王常芸、王作全、谢永福等
19	高产广适冬小麦新品种鲁麦21号的选育及栽培要点	《山东农业科学》1996.4	方　正、刘维正
20	周年覆盖栽培技术对旱地农业增产的作用	《河北农业生态》1996.6	孙苡瑶
21	旱地两熟周年覆盖栽培技术	《甘肃农业科技》1997.2	孙苡瑶
22	旱地一年两熟春膜秋盖综合增产新技术	《农业科技要闻》1997.2	孙苡瑶
23	鲁麦14号小麦种子的高空诱导效应初探	《莱阳农学院学报》1997.2	王江春、牟春生、刘学卿等
24	小麦熟相与产量及产量构成因素的关系	《莱阳农学院学报》1997.4	赵　倩、姜鸿明、牟春生等
25	从小麦的超高产实践谈良种选育的问题	《作物杂志》1999.1	方　正、邵锡珍、李云海
26	小麦幼胚离体培养育种技术研究	《麦类作物》1999.1	王常芸、王作全、李晓亮
27	小麦矮化对产量及抗倒性的影响	《莱阳农学院学报》1999.3	赵　倩、梁新明、姜鸿明等
28	小麦粒叶比与产量及产量性状的遗传相关研究	《莱阳农学院学报》1999.3	于经川、刘兆晔、赵　倩等
29	小麦叶片性状和粒数叶比研究	《莱阳农学院学报》2000.2	牟春生、于经川、刘兆晔等
30	小麦株高构成指数的研究	《莱阳农学院学报》2000.2	刘兆晔、于经川、牟春生等
31	冬小麦旱地周年覆盖栽培技术	《安徽农业科学》2000.3	丁晓义、姜鸿明、赵　倩等
32	小麦上三叶配置比例对产量性状的影响	《莱阳农学院学报》2000.3	刘兆晔、于经川、牟春生等
33	小麦超高产育种探讨	《莱阳农学院学报》2000.4	姜鸿明、赵　倩、丁晓义等
34	高空诱导对小麦诱变作用的研究	《莱阳农学院学报》2000.4	王江春、刘学卿、王玉心等
35	黄淮旱地小麦新品种高产稳产性分析	《莱阳农学院学报》2000.4	陈永娜、李晓亮、牟春生等
36	小麦株高、穗幅宽和植株展开度的研究	《莱阳农学院学报》2001.1	于经川、刘兆晔、姜鸿明等
37	CIMMYT小麦材料的白粉病抗性鉴定与抗源筛选	《麦类作物学报》2001.2	丁晓义、姜鸿明、赵　倩等
38	小麦叶倾角遗传的初步研究	《莱阳农学院学报》2001.2	刘兆晔、于经川、姜鸿明等
39	优质高产面包小麦烟2801的特征特性及栽培技术	《安徽农业科学》2001.4	刘兆晔、郭宗祥、于经川等
40	冬小麦抗旱高产育种的回顾与展望	《21世纪小麦遗传育种展望：小麦遗传育种国际学术讨论会文集、中国农业科学出版社》2001.5	方　正
41	水旱广适型小麦品种主要农艺性状选育指标的研究	《莱阳农学院学报》2002.1	赵　倩、姜鸿明、丁晓义等
42	早熟、高产小麦品种光合生理特性研究	《莱阳农学院学报》2002.1	姜鸿明、赵　倩、丁晓义等

(续表)

序号	论文题目	发表期刊、期号	本院作者
43	小麦株高整齐度的初步研究	《莱阳农学院学报》2002.1	于经川、刘兆晔、姜鸿明等
44	小麦单茎库源比值与产量关系的初步研究	《华北农学报》2002.4	于经川、刘兆晔、牟春生等
45	冬小麦育种实践50年回顾	《山东农业科学》2002.6	方 正
46	小麦茎质系数的基因型差异及与产量性状关系的初步研究	《华北农学报》2002.S1	于经川、刘兆晔、姜鸿明等
47	多穗型冬小麦高产群体叶面积质量与产量结构的关系	《安徽农业科学》2003.2	丁晓义、姜鸿明、赵 倩等
48	小麦谷蛋白聚合作用对增施氮肥的反应	《麦类作物学报》2003.2	姜鸿明、余松烈、于振文等
49	小麦新品种稳定性测定及其与产量性状的通径分析	《莱阳农学院学报》2003.3	刘兆晔、于经川、姜鸿明等
50	我国冬小麦品种谷蛋白聚合体的分布及其与和面仪参数的关系	《作物学报》2003.6	姜鸿明、余松烈、于振文等
51	烟农23小麦新品种的选育及其特性研究	《莱阳农学院学报》2004.1	张善勇、于经川、刘兆烨等
52	植株展开度、穗幅宽与小麦产量关系的研究	《扬州大学学报（农业与生命科学版）》2004.1	于经川、张善勇、刘兆晔等
53	不同基因型小麦磷素代谢差异研究	《山东农业大学学报》2004.2	邱化蛟、许秀美、冷寿慈等
54	超级小麦育种的探讨	《山东农业科学》2004.3	方 正、刘维正、于雪芳
55	小麦克草粒数的基因型差异及与产量性状关系的研究	《莱阳农学院学报》2004.3	刘兆晔、于经川、马淑丽等
56	不同基因型冬小麦叶片酸性磷酸酯酶活性的差异	《作物学报》2004.8	邱化蛟、贺明荣、常 欣等
57	优质高产、抗病节水小麦新品种烟农21号的选育	《山东农业科学》2005.2	赵 倩、姜鸿明
58	运用灰色关联度对山东小麦新品种（系）综合表现的评价	《中国农学通报》2005.2	韩启秀
59	优质高产小麦烟农19的选育及其特性研究	《莱阳农学院学报》2005.3	赵 倩、姜鸿明、于经川
60	从鲁麦14号的育成论小麦种质资源改良策略	《麦类作物学报》2005.6	方 正、刘维正
61	小麦上三叶与穗粒重关系的研究	《莱阳农学院学报（自然科学版）》2006.1	于经川、刘兆晔、马淑丽等
62	小麦生物产量、收获指数与产量关系的研究	《中国农学通报》2006.2	刘兆晔、于经川、杨久凯等
63	建国以来山东省小麦品种及其亲本的亲缘系数分析	《中国农业科学》2006.4	王江春、胡延吉、余松烈等
64	不同灌溉处理对小麦蛋白组分和面团流变学特性的影响	《作物学报》2007.2	严美玲、蔡瑞国、贾秀领等
65	蚰包麦的选育及其在育种上的应用	《中国农学通报》2007.2	于经川、刘兆晔、姜鸿明等
66	山东省小麦品种演变及产量性状的遗传分析	《山东农业科学》2007.2	王江春、于 波、王 荣等
67	烟2415小麦新品种的选育及其特性研究	《青岛农业大学学报（自然科学版）》2007.2	韩启秀、于经川

(续表)

序号	论文题目	发表期刊、期号	本院作者
68	胶东半岛冬小麦 9 750kg/hm² 超高产品种类型筛选及群体质量指标研究	《山东农业科学》2007.4	丁晓义、姜鸿明、严美玲等
69	鲁麦 14 空间诱变后代的籽粒淀粉积聚及相关酶活性的变化	《麦类作物学报》2007.6	王江春、严美玲、刘学卿等
70	小麦新品种（系）的灰色关联度分析	《中国农学通报》2007.9	赵　倩、刘兆晔、刘春蕾等
71	鲁麦 14 空间诱变后代籽粒蛋白质及相关酶活性研究	《安徽农业科学》2007.18	王江春、韩启秀、于经川等
72	冬小麦品种选育若干问题探讨	《中国农学通报》2008.1	于经川、姜鸿明、刘兆晔等
73	灌溉处理对冬小麦氮的吸收转移特性的影响	《中国农学通报》2008.2	严美玲、姜鸿明、丁晓义等
74	烟农 5286 小麦新品种的选育及其特性研究	《山东农业科学》2008.3	刘兆晔、刘维正、于经川等
75	山东省小麦区试参试品系产量与品质性状分析	《山东农业科学》2008.3	韩启秀、于经川、张善勇等
76	保障我国粮食安全的小麦育种目标探讨	《山东农业科学》2008.3	丁晓义、姜鸿明、陈永娜等
77	早熟高产小麦品种烟农 22 的选育及育种策略探讨	《山东农业科学》2008.5	赵　倩、姜鸿明、刘春蕾
78	建国以来山东省小麦品种及其亲本 Glu-1 位点的亚基组成和多样性分析	《中国农学通报》2008.5	王江春、李云鹏、王旭方等
79	氮肥用量对小麦籽粒粒重及淀粉含量的影响	《麦类作物学报》2008.6	严美玲、殷　岩、姜鸿明等
80	小麦单位面积粒数与产量性状的遗传相关和选择效果研究	《山东农业科学》2009.2	刘兆晔、于经川、姜鸿明等
81	高白度小麦遗传育种研究进展	《山东农业科学》2009.2	辛庆国、王江春、殷　岩等
82	山东省小麦区试品系品质性状分析	《山东农业科学》2009.4	赵　倩、刘兆晔、姜鸿明等
83	山东省小麦产业技术体系现状及发展建议	《山东农业科学》2009.6	李林志、姜鸿明、陈永娜等
84	烟农 5158 小麦新品种的选育及其特性研究	《山东农业科学》2009.8	王江春、张善勇、刘维正等
85	氮肥对小麦品质的影响研究进展	《河北农业科学》2009.10	严美玲、殷　岩、李林志等
86	不同灌水处理对冬小麦产量品质的影响	《青岛农业大学学报（自然科学版）》2010.2	殷　岩、严美玲、李林志等
87	不同基因型小麦抗旱性比较鉴定	《青岛农业大学学报》2010.4	严美玲、李林志、辛庆国等
88	小麦理想株型的探讨	《中国农学通报》2010.8	刘兆晔、于经川、姜鸿明等
89	粒叶比在小麦育种上的应用	《中国农学通报》2010.9	刘兆晔、于经川、姜鸿明等
90	鲁东丘陵区玉米—小麦一年两熟一体化耕作技术体系研究	《山东农业科学》2010.11	丁晓义、姜鸿明、董　超等
91	水分胁迫对烟农 21 根系抗旱特性的影响	《中国农学通报》2010.20	严美玲、李　忠、丛振红等
92	山东省区试小麦产量与产量构成因素的相关和通径分析	《中国农学通报》2011.7	赵　倩、姜鸿明、孙美芝等
93	小麦超高产创建影响因素探讨	《山东农业科学》2011.8	辛庆国、殷　岩、王江春等
94	冬小麦杂交育种五十年的"是"与"非"	《中国种业》2011.12	方　正
95	烟农 24 号小麦品种选育及育种技术探讨	《山东农业科学》2012.1	刘兆晔、于经川、姜鸿明等

(续表)

序号	论文题目	发表期刊、期号	本院作者
96	7个小麦品种（系）高产稳产性分析	《山东农业科学》2012.4	刘兆晔、于经川、孙晓辉等
97	烟农21号小麦品种主要优异性状及其遗传特性分析	《山东农业科学》2012.8	赵 倩、姜鸿明、赵 明等
98	浅谈小麦良种补贴政策在我国发挥的作用	《农业科技通讯》2012.9	董 超、夏秀波
99	小麦品种烟农23号的选育与育种思路、策略分析	《山东农业科学》2012.11	张善勇、于经川、刘兆晔等
100	不同灌溉模式对小麦产量的影响研究	《安徽农学通报》2012.13	董 超、严美玲
101	一个值得深入研究的小麦种质资源——农林10号	《植物遗传资源学报》2013.2	方 正、翟冬峰、刘为更
102	冬小麦杂交育种实践60年回顾	《山东农业科学》2013.3	方 正、翟冬峰
103	同异分析法在山东小麦新品种（系）综合评价中的应用	《山东农业科学》2013.4	于经川、刘兆晔、辛庆国等
104	高产抗旱小麦新品种烟农836的选育及栽培技术	《农业科技通讯》2013.7	辛庆国、王江春、殷 岩等
105	小麦品种烟农0428的选育及其配套栽培技术	《农业科技通讯》2013.9	董 超、李林志、孙晓辉等
106	利用DTOPSIS法对小麦灌溉模式进行综合评价	《山东农业科学》2013.9	董 超、孙晓辉、王永琦等
107	追施氮肥对小麦烟农5158产量和品质的影响	《山东农业科学》2013.10	辛庆国、赵福源、殷 岩等
108	2006—2012年山东省审定高产小麦品种产量构成因素相关和通径分析	《山东农业科学》2013.11	赵 倩、李美玲、李林志等
109	Genome-wide analysis and identification of cytokinin oxidase/dehydrogenase (CKX) gene family in foxtail millet (Setaria italica)	"The Crop Journal" 2014.2	Yuange Wang、Huaihua Liu、QingguoXin（通讯作者）
110	小麦株高问题的探讨	《山东农业科学》2014.3	刘兆晔、于经川、辛庆国
111	小麦新品种"烟农5158"生物学特点及灌浆期生理特性研究	《中国农学通报》2014.6	王江春、刘学卿、辛庆国等
112	从2012—2013年度区试中的苗头品系看山东省小麦育种现状	《山东农业科学》2014.9	赵 倩、卢建声、李林志等
113	Improved zinc tolerance of tobacco by transgenic expression of an allene oxide synthase gene from hexaploid wheat	"Acta Physiol Plant" 2014.9	Huai-HuaLiu、Yuan-GeWang、Shu-Ping Wang、Hong-Jie Li、Qing-Guo Xin（通讯作者）
114	烟2415育种思路与后代选择技术探讨	《山东农业科学》2014.12	刘兆晔、孙妮娜、赵 倩等
115	骨干亲本鲁麦13、鲁麦14在山东小麦育种中的应用	《农业科技通讯》2015.1	刘兆晔、于经川、孙妮娜等
116	小麦新品种烟农5158及其亲本旗叶生理特性研究	《麦类作物学报》2015.4	耿林林、王江春、辛庆国等
117	Improvement of copper tolerance of Arabidopsis by transgenic expression of an allene oxide cyclase gene, GhAOC1, in upland cotton (Gossypium hirsutum L.)	"The Crop Journal" 2015.3	Yuange Wang、Huaihua Liu、Qingguo Xin.

(续表)

序号	论文题目	发表期刊、期号	本院作者
118	不同水分处理对烟农0428产量及水分利用效率的影响	《山东农业科学》2015.6	李林志、严美玲、孙晓辉等
119	近6年山东省小麦区试苗头品系品质性状分析	《山东农业科学》2015.7	赵　倩、孙茂浩、姜守林等
120	小麦杂交组合选配策略探讨	《山东农业科学》2015.8	刘兆晔、孙妮娜、巴信斌等
121	2种穗型小麦品种若干性状差异的比较	《中国农学通报》2015.12	刘兆晔、孙妮娜、辛庆国等
122	试论种质资源创新是小麦育种的前期工程	《小麦研究》2016.2	方　正、翟冬峰、刘维正
123	优良种质蚰包对山东小麦育种的贡献	《农业科技通讯》2016.11	刘兆晔、李林志、辛庆国等
124	不同灌溉模式对小麦"烟农5158"光合特性及产量的影响	《中国农学通报》2016.36	严美玲、孙妮娜、辛庆国等
125	小麦育种中亲本创新的典型事例及难点分析	《麦类作物学报》2017.5	方　正、刘维正
玉米油料（67篇）			
1	根外追肥兼治高粱虫螟	《农业科学通讯》1959.8	郑洪良
2	玉米雄花不育系及恢复性在双交玉米组合中的利用	《山东农业科学》1963.3	郑洪良
3	玉米双交组合利用雄性不育系的研究	《山东农业科学》1964.2	于　伊
4	文登地区春玉米不稳产原因的初步分析	《山东农业科学》1964.2	常　鸿
5	选育玉米三交种的体会	《农业科学通讯》1972.12	郑洪良
6	夏玉米追肥技术的探讨	《山东农业科学》1975.1	常　鸿
7	夏玉米丰产栽培技术及其分析	《中国农业科学》1977.3	常　鸿
8	从光、热资源试论夏玉米栽培制度的发展方向	《山东农业科学》1980.6	常　鸿
9	玉米紧凑型品种选育	《山东农业科学》1981.2	于　伊
10	玉米双穗性的选育和利用	《山东农业科学》1981.2	郑洪良
11	玉米耐肥性与氮肥使用量的研究	《农牧情报研究》1981.2	常　鸿
12	玉米紧凑型杂交种烟单15号高产栽培的初步研究	《山东农业科学》1983.5	李　连
13	烟单14、烟单15号玉米的生育特点与高产栽培	《山东农业科学》1984.4	常　鸿
14	烟台地区夏玉米大面积过千斤高产栽培技术	《农业科技通讯》1984.5	李　连
15	玉米田间整齐度与产量关系	《山东农业科学》1985.4	常　鸿
16	中低产玉米大面积开发增产技术	《山东农业科学》1985.5	李　连、徐源连
17	双穗高产糯质玉米烟单5号的选育和利用	《山东农业科学》1986.3	郑洪良、龙丽萍
18	烟台市玉米品种资源的研究与利用	《山东农业科学》1988.6	汤国民、孙始良
19	大豆主要数量性状遗传距离的测定	《莱阳农学院学报》1989.1	韩启秀、刘明春、辛举文
20	土壤通透性与夏玉米高产关系的研究	《玉米科学》1993.4	李　连、徐源连
21	紧凑型玉米杂交种烟单16号	《山东农业科学》1993.6	汤国民、龙丽萍
22	玉米笋良种——鲁笋玉1号	《中国蔬菜》1993.12	于维忠、孙始良、邹德庆

(续表)

序号	论文题目	发表期刊、期号	本院作者
23	鲜食极早熟玉米杂交种——烟鲜玉1号	《山东农业科学》1996.1	于维忠、孙始良
24	我国特用型玉米育种的进展及综合利用	《安徽农学通报》1998.1	李晓亮、王常芸、王 荣
25	爆裂玉米的生育特点与高产栽培技术	《玉米科学》1998.12	于维忠、于 波
26	专用糯质玉米杂交种烟糯6号生育特点及高产栽培技术	《莱阳农学院学报》2000.1	袁堂玉、汤国民、龙丽萍等
27	经济性状相关与多粒型高产玉米品种选育	《莱阳农学院学报》2000.1	汤国民、龙丽萍、夏德君等
28	玉米杂交种主要农艺性状对产量稳定性影响的分析	《莱阳农学院学报》2000.3	汤国民、龙丽萍、夏德君
29	鲁笋玉1号专用型笋用玉米特征及高产栽培技术	《中国农学通报》2000.4	于维忠
30	优良糯质玉米自交系衡白522的特点及应用	《山东农业科学》2000.6	龙丽平、汤国民、夏德君
31	糯玉米的生育特点及实践应用	《玉米科学》2000.12	于维忠
32	华北地区90年代玉米杂交种主要农艺性状及增产潜力线性约束分析	《莱阳农学院学报》2001.1	汤国民、龙丽萍、夏德君等
33	特用糯玉米杂交种主要农艺性状及籽粒营养成分的研究	《莱阳农学院学报》2001.3	龙丽萍、夏德君等
34	甜玉米的生育特点及实践应用	《杂粮作物》2001.6	于维忠、孙始良
35	甜玉米的生育特点与高产栽培技术	《玉米科学》2001.9	于维忠
36	玉米穗高系数对产量性状的影响	《莱阳农学院学报》2002.2	汤国民、龙丽萍、夏德君等
37	优质糯玉米杂交种烟糯6号选育报告	《玉米科学》2002.2	龙丽萍、汤国民、夏德君等
38	玉米冬季南繁育种的技术措施	《作物杂志》2002.3	夏德君、汤国民、龙丽萍等
39	糯质玉米新品种烟糯6号优质高产栽培技术	《杂粮作物》2002.4	夏德君、汤国民、龙丽萍等
40	糯玉米杂交种主要经济性状的分析	《作物杂志》2002.6	汤国民、龙丽萍、夏德君等
41	高产优质糯玉米新品种烟糯6号	《中国种业》2002.8	袁堂玉、汤国民、龙丽萍等
42	糯玉米杂交种选育指标的研究	《中国农学通报》2003.1	汤国民、龙丽萍、夏德君等
43	极早熟糯质玉米杂交种烟早糯2号的选育	《杂粮作物》2003.8	于维忠、王作全
44	专用型笋用玉米的生育特点及实践应用	《当代生态农业》2003.12	于维忠、王作全
45	极早熟糯质玉米杂交种——烟早糯2号的选育	《山东农业科学》2004.3	于维忠、王作全、李维强
46	我国专用型玉米的研究利用现状及发展前景	《玉米科学》2004.4	李晓亮、王常芸
47	优良紫色糯质玉米自交系PZ-2-2-2-2-1的选育及应用	《杂粮作物》2004.8	于维忠、王作全
48	紫色糯质玉米杂交种烟紫糯3号的选育	《山东农业科学》2005.5	于维忠、周先学、孙 亮
49	优质糯玉米杂交种烟糯7号的选育研究	《中国农学通报》2006.2	汤国民、龙丽萍、夏德君等
50	糯玉米自交系衡白522的选育及应用	《玉米科学》2006.4	夏德君、汤国民、龙丽萍等
51	糯玉米自交系1211的选育及应用	《作物杂志》2006.4	夏德君、汤国民、袁堂玉等
52	糯玉米杂交种主要经济性状及品质因素研究	《中国农学通报》2006.7	夏德君

(续表)

序号	论文题目	发表期刊、期号	本院作者
53	山东高产玉米育种选育目标研究	《中国农学通报》2006.7	汤国民、夏德君
54	优良紫色糯质玉米杂交种——烟紫糯3号的选育	《玉米科学》2006.12	于维忠
55	优良紫色糯质玉米杂交种"烟紫糯3号"的选育	《上海农业科技》2008.3	于维忠、张善勇、迟爱花等
56	花生叶片抗衰老酶的日变化研究	《中国农学通报》2008.8	矫岩林、殷岩、赵健等
57	花生抗旱性研究进展	《河北农业科学》2008.8	矫岩林、何东平、赵健等
58	山东省审定高产玉米杂交种主要性状分析	《河北农业科学》2008.11	汤国民、夏德君、杜清福等
59	肥料类型对花生产量和品质的影响	《河北农业科学》2009.4	矫岩林、赵健
60	极早熟优良糯质玉米杂交种烟早糯4号的选育及栽培技术要点	《山东农业科学》2009.9	于维忠、刘述和
61	浅析烟台市花生产业情况及发展对策	《安徽农学通报》2009.20	袁堂玉、赵健、矫岩林等
62	山东烟台地区花生高产栽培技术	《安徽农学通报》2011.9	袁堂玉、赵健、矫岩林等
63	浅谈花生主要虫害防治方法	《安徽农学通报》2011.11	袁堂玉、矫岩林、赵健等
64	播种期对鲜食糯玉米产量及其相关性状的影响	《山东农业科学》2012.5	汤国民、夏德君、杜清福等
65	丰产型糯质玉米杂交种——烟丰糯4号的选育	《现代农业科技》2012.12	于维忠、刘述和、赵明
66	早熟鲜食糯质玉米杂交种——烟早糯5号的选育	《安徽农业科学》2013.11	于维忠
67	早熟黄色优良糯质玉米杂交种烟黄糯6号的选育及栽培技术	《安徽农业科学》2016.24	于维忠、袁堂玉、夏德君等
甘薯（76篇）			
1	春甘薯高产栽培	《中国农业科学》1978.2	农科所甘薯室
2	甘薯壮苗的增产效果及培育壮苗的措施	《山东农业科学》1979.2	邹玉真
3	甘薯在不同土壤条件下高产规律的初步研究	《中国农业科学》1981.1	王树钿、于作庆
4	甘薯主要经济性状遗传趋势的研究	《遗传》1981.2	杨中萃、崔广琴、林淑娟等
5	甘薯不同品种高产需氮量的研究	《山东农业科学》1982.4	王树钿、邹玉真、于作庆等
6	烟薯3号的选育与生育特性的分析	《山东农业科学》1983.2	杨中萃、崔广琴
7	为什么春甘薯适期早栽的产量高	《农业科技通讯》1983.3	王树钿
8	甘薯高淀粉、高产、抗病新品种选育的探讨	《山东农业科学》1984.4	杨中萃、崔广琴、林淑娟等
9	快中子诱发甘薯下胚轴不定芽突变育种研究	《核农学报》1986.1	崔广琴、杨中萃、林淑娟等
10	旱薄地甘薯增产技术开发研究	《山东农业科学》1986.6	王树钿、于作庆、王曰义
11	山区旱薄地甘薯大幅度增产技术的研究	《莱阳农学院学报》1987.1	王树钿、于作庆、王曰义等
12	甘薯杂交不亲和群的鉴定与利用研究	《山东农业科学》1987.4	杨中萃、崔广琴、林淑娟等
13	甘薯优质高产品种——鲁薯2号	《农业科技通讯》1987.4	崔广琴、杨中萃
14	玉米地间作增产甘薯的几点看法	《作物杂志》1987.4	王树钿、于作庆、张善勇
15	山区旱薄地甘薯增产技术	《农业科技通讯》1987.6	王树钿等

(续表)

序号	论文题目	发表期刊、期号	本院作者
16	影响甘薯产量的因素	《云南农业科技》1988.3	王庆旭等
17	甘薯烂窖原因及预防措施	《农业科技通讯》1988.8	王树钿等
18	芋头不培土覆膜栽培法研究	《莱阳农学院学报》1989.2	王树钿、张炜、于作庆等
19	芋头高产简易栽培法	《中国农学通报》1989.3	王树钿等
20	夏甘薯品种主要经济性状的通径分析与高淀粉品种选育	《山东农业科学》1989.5	林祖军、杨中萃、王荣等
21	"三要素"不同配比对药用甘薯西蒙1号产量形成的研究	《耕作与栽培》1989.9	王庆旭等
22	甘薯亲本配合力分析及亲本选配	《中国甘薯》1990.12	林祖军、杨中萃、崔广琴等
23	氮磷钾沙配比对药用甘薯西蒙1号植株性状及产量的影响	《莱阳农学院学报》1991.1	王庆旭等
24	甘薯新品种鲁薯5号的选育及栽培措施	《山东农业科学》1991.2	王庆旭等
25	鲁薯6号甘薯新品种高产特性的观察	《莱阳农学院学报》1992.3	王树钿等
26	甘薯新品种鲁薯6号的选育和高产栽培要点	《山东农业科学》1992.5	杨中萃、崔广琴、林祖军等
27	灰色系统理论应用于甘薯新品种综合评估初探	《中国甘薯》1993.5	林祖军等
28	甘薯改良式电热温床育苗技术研究	《中国甘薯》1994.4	林祖军等
29	抗多种病害甘薯新品种——鲁薯3号	《山东农业科学》1995.3	杨中萃、崔广琴
30	甘薯新品种产量水平估算方法初探	《莱阳农学院学报》1998.1	刘学庆、王建玲、林祖军等
31	甘薯脱毒苗工厂化生产关键技术再研究	《国外农学-杂粮作物》1998.1	王常芸、王作全、李晓亮
32	甘薯新品种——烟薯16	《农业科技通讯》1998.8	杨中萃、崔广琴
33	甘薯新品种烟薯16号的选育及高产栽培技术要点	《山东农业科学》1999.2	林祖军、崔广琴、杨中萃等
34	特用甘薯的研究进展及综合开发利用	《杂粮作物》2000.3	王建玲、刘学庆、林祖军
35	甘薯新品种——烟薯27	《农业科技通讯》2000.5	杨中萃、崔广琴
36	甘薯新品种烟薯27生长动态研究	《杂粮作物》2001.1	辛国胜、林祖军、刘学庆等
37	引进国际先进技术项目 高产优质甘薯新品种——烟薯16号	《新农业》2001.7	崔广琴
38	甘薯新品种烟薯18选育及高产栽培技术	《作物杂志》2003.3	王建玲、辛国胜、韩俊杰等
39	灰色关联度分析在甘薯高淀粉育种上的应用	《莱阳农学院学报》2003.3	辛国胜、林祖军、王建玲等
40	烟紫薯337利用价值分析及高产栽培技术研究	《杂粮作物》2004.2	韩俊杰、林祖军、辛国胜等
41	甘薯新品种烟薯20号的选育及高产栽培技术	《山东农业科学》2004.6	林祖军、辛国胜、韩俊杰等
42	改进杂交制种方法加速甘薯新品种选育	《杂粮作物》2005.6	王建玲、王常芸、迟爱花等
43	甘薯杂交不亲和群的鉴定分析及在育种上的应用	《山东农业科学》2006.1	王建玲、林祖军、王常芸
44	甘薯新品种烟紫薯1号的选育及产业化开发	《山东农业科学》2006.4	林祖军、辛国胜、韩俊杰等

(续表)

序号	论文题目	发表期刊、期号	本院作者
45	紫甘薯花色素研究进展及其产业化前景	《辽宁农业科学》2006.5	辛国胜、林祖军、韩俊杰等
46	灰色关联度多维综合评估在高淀粉甘薯新品种评价中的应用	《山东农业科学》2006.6	林祖军、辛国胜、韩俊杰等
47	灰色系统理论在高淀粉甘薯育种上的应用	《安徽农业科学》2006.7	辛举文、辛国胜
48	改进杂交法在紫甘薯资源创新利用及新品种选育上的应用	《中国农学通报》2007.7	辛举文、辛国胜
49	优质加工型甘薯新品种烟薯21号的选育及高产栽培技术	《杂粮作物》2008.4	刘志坚、林祖军、辛国胜等
50	高产高淀粉甘薯新品种烟薯22号选育及高产机理研究	《山东农业科学》2009.4	林祖军、辛国胜、韩俊杰等
51	不同施肥模式对甘薯生长发育及高产生理特性的影响	《山东农业科学》2009.11	辛国胜、林祖军、韩俊杰等
52	烟紫薯2号的选育及产业化开发	《山东农业科学》2010.1	辛国胜、林祖军、韩俊杰等
53	甘薯茎线虫病防治技术初探	《杂粮作物》2010.6	刘志坚、林祖军、商丽丽等
54	黑色地膜对甘薯生理特性及产量的影响	《中国农学通报》2010.15	辛国胜、林祖军、韩俊杰等
55	不同用途的甘薯栽培方式综述	《作物杂志》2011.3	王建玲、林祖军、辛国胜等
56	高产高淀粉甘薯新品种烟薯23号选育研究	《山东农业科学》2011.7	辛国胜、林祖军、韩俊杰等
57	甘薯优异种质资源安全保存及在制种关键技术上的应用	《作物杂志》2012.3	王建玲、林祖军、商丽丽等
58	甘薯的营养成分及开发利用研究进展综述	《安徽农学通报》2012.9	商丽丽、赵德虎、杜清福等
59	高产高淀粉甘薯新品种"烟薯24号"选育及覆膜栽培技术研究	《中国农学通报》2013.21	辛国胜、林祖军、韩俊杰等
60	烟台地区甘薯病虫害发生情况与防治对策	《安徽农学通报》2014.4	王冬梅、杜清福、商丽丽等
61	甘薯树不同模式栽培技术及特性研究	《现代农业科技》2014.5	王建玲、李卫强、王常芸等
62	两种除草剂对甘薯田杂草防效研究	《辽宁农业科学》2014.6	邱鹏飞、商丽丽、辛国胜等
63	紫甘薯的营养成分及开发利用研究	《安徽农业科学》2014.7	王冬梅、王建玲、孙妮娜等
64	提高紫甘薯新品种选育效率的途径及其应用	《黑龙江农业科学》2014.7	王建玲、林祖军、孙妮娜等
65	温室水培甘薯树光合特性研究	《中国农学通报》2015.3	王建玲、李卫强、王作全等
66	优质高产甘薯新品种烟薯25选育及高产生理研究	《上海农业学报》2015.4	辛国胜、林祖军、韩俊杰等
67	甘薯重茬对土壤微生物的影响及重茬障碍防治措施研究	《作物杂志》2015.4	商丽丽、杜清福、韩俊杰等
68	不同品种甘薯茎尖脱毒快繁技术优化研究	《农学学报》2015.5	王常芸、李晓亮、辛国胜等
69	花青素型甘薯不同生长时期光合光响应特性研究	《山东农业科学》2015.5	张磊、刘维正、辛国胜等
70	烟薯28选育与高产栽培技术	《中国农技推广》2015.8	韩俊杰、辛国胜、林祖军等
71	3种专用型甘薯光合光响应曲线及其模型拟合研究	《中国农学通报》2015.15	张磊、刘维正、辛国胜等
72	甘薯茎线虫病防控研究	《安徽农学通报》2015.18	商丽丽、韩俊杰、邱鹏飞等

(续表)

序号	论文题目	发表期刊、期号	本院作者
73	黑色地膜对甘薯光合作用及叶绿素荧光特性的影响	《中国农学通报》2015.18	张磊、林祖军、刘维正等
74	灰色多维综合分析在食用型甘薯品种评价中的应用	《山东农业科学》2016.2	辛国胜、韩俊杰、商丽丽等
75	优质高产甘薯新品种"烟紫薯3号"选育及紫薯食用品质相关性状分析研究	《江西农业学报》2016.3	辛国胜、韩俊杰、商丽丽等
76	不同浓度NAA对甘薯茎尖诱导植株再生的影响	《安徽农业科学》2017.3	邱鹏飞、柳璇、商丽丽等
蔬菜（97篇）			
1	提高番茄杂交种子数量与质量的技术措施	《北方园艺》1987.2	邬振祥、崔万锁
2	健康防癌的珍馐菜蔬——青花菜在烟台采种成功	《技术开发与引进》1987.4	崔万锁
3	烟台市青花采周年栽培技术	《长江蔬菜》1988.1	崔万锁
4	按照优选法选择的开花日期进行番茄栽培	《技术开发与引进》1989.1	崔万锁
5	运用优选法对番茄进行花期选择栽培试验	《北方园艺》1990.4	崔万锁
6	"烟白1号"大白菜	《技术开发与引进》1990.3	崔万锁
7	"烟白1号"	北京《蔬菜》1991.3	崔万锁
8	番茄栽培理论新发现及应用	《北方园艺》1991.11-12	崔万锁、黄代峰
9	N离子注入对蕃茄的辐照效应	《安微农学院学报》1991.4	邬振祥、李素梅、曲华
10	增甘膦保鲜黄瓜、菜豆	《植物杂志》1992.2	邬振祥、李素梅
11	结球莴苣引种鉴定试验	《山东农业科学》1992.2	王庆旭、宋文卿、黄代峰等
12	番茄花粉活力测定法	《农业新技术新方法译丛》1993	张善勇
13	用DNA指纹法鉴别作物品种和品系（译文）	《农业新技术新方法译丛》1993.4	崔万锁
14	新型创汇蔬菜——牛蒡	《山东农业科学》1993.2	崔万锁、邬振祥、李卫强
15	抱子甘蓝	《上海蔬菜》1993.2	崔万锁、刘连成、黄代峰
16	青花菜新品种——绿公爵	《北京农业》1993.2	崔万锁
17	牛蒡及其栽培技术	《农业科技通讯》1993.8	崔万锁、邬振祥、李卫强
18	日本千筋京水菜的栽培技术	《山东农业科学》1994.1	崔万锁
19	烟粉1号番茄新品种选育报告	《北方园艺》1994.1	崔万锁、邬振祥、刘连成
20	梨乡成为我国最大的牛蒡出口生产基地	《农业科技要闻》1994.6.18	崔万锁
21	离子注入在番茄育种上的应用	《安徽农业大学学报》1994.3	邬振祥、李素梅、尹国香等
22	番茄果实粘质性和粉质性的评价方法及其遗传（译文）	《中国蔬菜》1995.4	崔万锁
23	冬暖式日光温室草莓的栽培技术	《中国科协第二届青年学术年会园艺学卫星会议论文集》1995.9	崔万锁、李卫强、黄代峰、张鹏

(续表)

序号	论文题目	发表期刊、期号	本院作者
24	千筋京水菜的周年栽培技术	《北方园艺》1997.6	李卫强、崔万锁、张 鹏
25	番茄枯萎病抗性鉴定方法及种质资源抗性鉴定研究	《北方园艺》1997.2	王全华
26	福山二包头大白菜	《中国蔬菜》1998.1	卜宪玉
27	烟台特长901菜豆	《长江蔬菜》1998.1	崔万锁
28	著名大白菜品种——福山包头及其一代杂交种	《中国科协第3届青年学术年会园艺学卫星会议暨中国园艺学会第2届青年学术讨论会论文集》1998.6	崔万锁、卜宪玉、李卫强、宋文卿、孙 亮
29	全雌节成型无籍黄瓜日光温室冬春茬栽培技术	《长江蔬菜》1998.11	崔万锁、孙 亮、李卫强、宋 波
30	离子注入番茄诱变育种效应与成果初报	《园艺学进展》1998.2	李素梅、邹振祥、尹国香等
31	番茄新品种——鲁番茄7号	《北方园艺》1999.2	尹国香、邹振祥、李素梅等
32	高产抗病"鲁番茄七号"	《农村百事通》1999.16	黄代峰、葛晨辉
33	节能日光温室三茬三作高效栽培技术	《北方园艺》2000.4	王全华、孙世川、葛晨辉等
34	冬暖棚烟椒二号高产栽培技术	《长江蔬菜》2000.12	宋文卿、李素梅、孙世川
35	番茄根结线虫病抗病育种研究进展	《莱阳农学院学报》2001.3	王全华、葛晨辉、尹国香等
36	沿海地区日光温室辣椒栽培关键技术	《中国蔬菜》2001.3	宋文卿、李素梅、孙世川
37	保护地西葫芦主要病害发生及防治对策	《北方园艺》2001.6	尹国香、孙世川、王全华等
38	药食兼用的无公害野菜	《上海蔬菜》2002.2	王 荣、孙 亮、刘学卿等
39	辣椒新品种烟椒2号的选育	《中国辣椒》2002.2	宋文卿、李素梅、孙世川
40	烟台地方西葫芦种质资源创新利用研究	《莱阳农学院学报》2002.3	尹国香、王全华、孙世川等
41	腈菌唑防治西葫芦白粉病试验研究	《农药》2002.6	尹国香、王全华、孙世川等
42	生产开发无公害蔬菜有关问题及对策	《上海农业科技》2002.6	王 荣、孙 亮、刘学卿等
43	烟台市大白菜杂交制种技术研究	《中国种业》2002.12	葛晨辉、张善勇、王全华等
44	冬暖棚无公害蔬菜生产栽培技术	《当代生态农业》2003.Z1	孙世川、王熙琼、葛晨辉
45	春季胡萝卜栽培技术研究	《当代生态农业》2004.1	孙世川、葛晨辉、王熙琼
46	葡萄糖氧化酶（GO）基因在番茄中的遗传转化	《园艺学报》2005.3	王全华、葛晨辉、张焕春等
47	不同GO基因植物表达载体对番茄遗传转化效率的研究	《北方园艺》2006.6	王全华、李素梅、尹国香等
48	外源GO基因导入番茄后对叶霉病的抗性机制	《中国农业科学》2006.7	王全华
49	菜用玉米早熟丰产技术	《现代农业科技》2006.10	黄代峰
50	保护地无公害蔬菜生产技术	《现代农业科技》2006.11	于 波、辛艳萍、于维胜等
51	番茄组织再生及其遗传转化体系的优化	《青岛农业大学学报（自然科学版）》2007.1	王全华、葛晨辉、曹守军等

(续表)

序号	论文题目	发表期刊、期号	本院作者
52	温室水培番茄树光合特性的研究	《青岛农业大学学报》2007.4	李卫强、梁树乐、王建玲
53	嫁接及其对蔬菜作物的改良作用	《河北农业科学》2008.1	李素梅
54	番茄新品种烟番5号选育及栽培技术研究	《北方园艺》2008.2	王全华、葛晨辉、李素梅等
55	甜椒新品种烟椒3号的选育	《中国蔬菜》2008.3	李素梅、曹守军、李涛等
56	番茄新品种烟番6号	《西北园艺（蔬菜专刊）》2008.3	王全华、葛晨辉、李素梅等
57	Mn、Cu和Zn在植物生长发育中的生理作用	《河北农业科学》2008.6	李涛、王全华、夏秀波等
58	葱对辣椒根结线虫病的防治效果	《山东农业科学》2008.7	李涛、王全华、李素梅等
59	世纪大葱引种示范初报	《北京农业》2008.9	刘志坚、刘学锋、张士叶
60	观赏南瓜病毒病发生特点及综合治理	《北方园艺》2008.10	尹国香、张焕春、薛增敏等
61	露地春大白菜品种比较试验	《山东农业科学》2009.1	曹守军、李涛、张焕春等
62	菜豆新品种烟芸3号的选育及栽培技术要点	《山东农业科学》2009.2	夏秀波、王全华、李素梅等
63	高浓度 Mn^{2+}、Cu^{2+} 或 Zn^{2+} 营养液对冷胁迫黄瓜幼苗叶片SOD活性的影响	《西北农业学报》2009.3	李涛
64	世纪大葱的品种特性及栽培技术	《科学种养》2009.3	刘志坚、张士叶
65	Cu^{2+}、Zn^{2+} 和 Mn^{2+} 对低温胁迫下黄瓜幼苗叶片叶绿素荧光参数的影响	《中国蔬菜》2009.14	李素梅、李涛、曹守军等
66	一种防治蔬菜根结线虫病的新技术	《中国蔬菜》2009.17	王全华、曹守军、李素梅等
67	西葫芦新品种烟葫4号的选育	《中国蔬菜》2010.24	尹国香、王全华、张焕春等
68	适于出口的越冬菠菜品种比较试验	《北方园艺》2011.1	夏秀波、王全华、尹国香等
69	胶东地区保护地番茄灰霉病防治药效试验	《山东农业科学》2011.3	曹守军、姚建刚（3）
70	观赏南瓜种质资源引进筛选及创新利用研究	《中国农学通报》2011.4	尹国香、张焕春、刘学卿等
71	早熟南瓜新品种红阳南瓜的选育	《中国蔬菜》2011.6	尹国香、张焕春、刘学卿等
72	胡萝卜肉质根生长异常的原因与对策	《新农民》2011.6	黄代峰
73	Effects of Reducing Mn^{2+}, Cu^{2+} and Zn^{2+} Concentrations in Nutrient Solution on SOD Activity in Grafted Cucumber Seedling Leaves Under Cold Stress	"AGRICULTURE SCIENCE AND TECHNOLOGY" 2011.12	李涛
74	降低营养液 Mn^{2+}·Cu^{2+} 和 Zn^{2+} 浓度对冷胁迫嫁接黄瓜幼苗叶片SOD活性的影响	《安徽农业科学》2011.33	李涛
75	应用DTOPSIS法对早春日光温室番茄组合进行综合评价	《长江蔬菜》2012.2	夏秀波、王全华、尹国香等
76	沼渣与基质配比对茄子幼苗的影响	《北方园艺》2012.3	姚建刚
77	烟台地区露地越冬菠菜品种比较试验	《山东农业科学》2012.4	夏秀波、王全华、姚建刚等
78	番茄新品种"烟番9号"	《园艺学报》2012.10	夏秀波、王全华、尹国香等
79	大葱伴生栽培对黄瓜根际土壤微生物的影响	《长江蔬菜》2012.24	夏秀波、王全华、曹守军等
80	日光温室早春茬水果黄瓜品种比较试验	《安徽农业科学》2013.2	张焕春、尹国香、夏秀波

（续表）

序号	论文题目	发表期刊、期号	本院作者
81	Antisense Suppression of Cucumber (Cucumis sativus L.) Sucrose Synthase 3 (CsSUS3) Reduces Hypoxic Stress Tolerance.	"Plant Cell and Environment" 2013.3	王虹云
82	食用兼观赏型南瓜新品种宝仁南瓜的选育	《长江蔬菜》2013.4	张焕春、尹国香、赵 明
83	国家大宗蔬菜产业技术体系研究成果介绍（一）番茄安全生产关键技术	《中国蔬菜》2013.11	王全华
84	新型创汇蔬菜——青叶紫苏订单温室栽培技术	《中国农业信息》2013.15	卢建声、崔万锁、赵 明
85	大葱伴生栽培对黄瓜根区土壤细菌种群的影响	《中国蔬菜》2013.16	夏秀波、王全华、葛晨辉等
86	锰离子浓度对黄瓜幼苗叶片抗冷性的影响	《山东农业科学》2014.1	周先学、李 涛、王志新
87	烟台地区早春大拱棚西瓜无公害密植栽培技术规程	《新农村（黑龙江）》2014.2	黄代峰
88	西葫芦新品种烟葫5号的选育	《长江蔬菜》2014.12	尹国香、张焕春、李涛等
89	大葱伴生栽培对日光温室连作番茄生长、产量和光合特性的影响	《长江蔬菜》2015.2	夏秀波、李 涛、姚建刚等
90	烟台地区秋冬番茄安全生产技术	《农业科技通讯》2015.3	夏秀波、李 涛、曹守军等
91	制革下脚料酶解物在黄瓜生产中的应用	《北方园艺》2015.21	姚建刚、李 涛、夏秀波等
92	含氨基酸水溶肥料在蔬菜上的应用及其经济效益	《安徽农业》2015.30	刘翠玲
93	Identification of Two Cucumber Putative Silicon Transporter Genes in Cucumis Sativus	"Plant Growth Regul" 2015.34	李 涛
94	24-表油菜素内酯对韭菜农药残留的降解作用	《浙江农业科学》2016.5	夏秀波
95	烟台地方黄瓜种质资源植物学鉴定及聚类分析	《北方园艺》2016.10	曹守军、李 涛、姚建刚等
96	制革下脚料酶解物对番茄生长的影响	《长江蔬菜》2016.10	姚建刚、李 涛、曹守军等
97	嫁接番茄在烟台地区越冬栽培效果评价	《长江蔬菜》2016.12	夏秀波、李 涛、曹守军等

花卉（39篇）

序号	论文题目	发表期刊、期号	本院作者
1	菊花名种试管苗快速繁殖	《莱阳农学院学报》1983.5	王福斌、常 鸿
2	甘薯新品种产量水平估算方法初探	《莱阳农学院学报》1998.1	刘学庆、王建玲、林祖军等
3	郁金香促成栽培技术	《北方园艺》2000.4	王建玲、刘学庆
4	电子束辐射菊花组培苗诱变育种研究	《山东农业科学》2000.5	林祖军、孙纪霞、崔广琴等
5	唐菖蒲辐射诱变育种研究	《莱阳农学院学报》2001.1	孙纪霞、林祖军、崔广琴等
6	电子束在花卉诱变育种上的应用	《核农学报》2002.6	林祖军、孙纪霞、连福惠等
7	一品红根腐性病害及防治技术研究	《莱阳农学院学报》2003.3	孙纪霞、王继秋、王晓等
8	蝴蝶兰夜温控制与开花相关性研究	《莱阳农学院学报》2003.4	鲁守臣、孙纪霞、刘学庆等
9	彩色马蹄莲盆栽生产技术	《北方园艺》2004.1	刘学庆、王 晓、路香兰等
10	郁金香贮藏及促成栽培技术	《北方园艺》2004.2	辛国胜、韩俊杰、刘志坚等
11	红掌侵染性病害及其综合治理研究	《北方园艺》2006.6	孙纪霞、王继秋、刘克宁等

(续表)

序号	论文题目	发表期刊、期号	本院作者
12	蝴蝶兰不同品种耐冷特性的研究	《园艺学报》2007.2	刘学庆、王秀峰、朴永吉等
13	低温胁迫对不同蝴蝶兰品种生理特性的影响	《山东科学》2008.5	刘学庆、宋来庆、杨永杰等
14	应用氧电极方法测定蝴蝶兰光合速率	《山东农业科学》2009.3	刘学庆、李涛、孙纪霞等
15	北方地区擎天属观赏凤梨种植技术	《北方园艺》2009.12	孙纪霞、刘学庆、丁朋松等
16	家庭绿化植物种类选择	《黑龙江农业科学》2011.6	郭文姣
17	北方地区盆栽红掌"Dakota"的温室栽培管理技术	《北方园艺》2011.21	刘述河、孙纪霞、郭文姣等
18	上海地区国外树种引种调查分析	《中国农学通报》2011.31	刘述河、丁朋松、张京伟等
19	上海地区落叶含氮量丰富的高校固氮树种选择	《中国园林》2011.4	王振、张京伟、张德顺
20	基于模糊相似优先比法划分与上海气候相似的全球区域	《中国园林》2012.1	王振、张京伟、张德顺
21	低温胁迫对蝴蝶兰内源激素的影响	《江西农业大学学报》2012.3	刘学庆、孙纪霞、丁朋松等
22	不同催花药剂处理对擎天凤梨开花的影响	《北方园艺》2012.7	刘述河、丁朋松、郭文姣等
23	忍冬属植物的研究进展	《安徽农业科学》2012.9	孙纪霞、丁朋松、刘学庆等
24	植物生长延缓剂对蝴蝶兰开花特性的影响	《中国农学通报》2012.28	孙纪霞、刘学庆、丁朋松等
25	蝴蝶兰花芽分化过程中叶片内源激素对三种植物生长延缓剂的响应	《中国农业大学学报》2013.5	孙纪霞、王丽辉、刘学卿等
26	蝴蝶兰组培快繁技术体系研究	《北方园艺》2013.15	王常芸、李晓亮、张京伟
27	蝴蝶兰杂交育种研究进展	《安徽农业科学》2014.7	丁朋松、郭文姣、孙纪霞等
28	叶绿素荧光参数快速鉴定蝴蝶兰的生殖生长进程	《山东农业科学》2014.10	卢建声、丁朋松
29	低温处理对蝴蝶兰生长发育及叶绿素荧光参数的影响	《中国农学通报》2014.25	丁朋松、张英杰、郭文姣等
30	蝴蝶兰叶片生长曲线与环境积温的关系研究	《中国农学通报》2016.1	张京伟、孙纪霞、郭文姣等
31	大花型红花蝴蝶兰花梗腋芽诱导的影响因素	《中国农学通报》2016.16	谈静、张英杰、郭文姣等
32	不同基质对3个忍冬品种扦插成活的影响	《中国农学通报》2016.25	张京伟、孙纪霞、张英杰等
33	17个玉簪品种在山东烟台的引种表现	《北方园艺》2017.6	张京伟、张英杰、孙纪霞等
34	蝴蝶兰"大辣椒"和"0436"杂交后代花部性状分离研究	《中国农学通报》2017.20	郭文姣、张京伟、孙纪霞等
35	肉饼兜兰叶片生长模型与解剖结构研究	《热带作物学报》2017.7	张英杰、初美静、刘学庆等
36	基于文献计量学的我国蝴蝶兰论文现状与发展趋势研究	《江西农业学报》2017.8	郭文姣、张京伟、孙纪霞等
37	基于AHP的玉簪品种适应性分析与评价	《河南农业科学》2017.8	张京伟、孙纪霞、张英杰等
38	不同外源钙物质对蝴蝶兰水苔理化性状的影响	《山东农业科学》2017.9	张京伟、郭文姣、孙纪霞等
39	3种植物生长延缓剂对蝴蝶兰品种"大辣椒"开花特性的影响	《中国农学通报》2017.10	卢建声、崔万锁

(续表)

序号	论文题目	发表期刊、期号	本院作者
植保（382篇）			
1	苹果潜叶蛾（Leucopterasp.）	《昆虫知识》1960.4	章宗江
2	苹果红蜘蛛的生物与化学综合防治研究初报	《中国昆虫学会1962年学术讨论会会刊》	章宗江
3	若干种药剂对苹果红蜘蛛及其天敌消长的影响	《昆虫知识》1963.1	章宗江
4	飞机防治小麦蓟马调查初报	《新疆农业科学》1963.8	卓耀南
5	关于水稻三化螟分布北界问题探讨	《植物保护》1964.4	张香蓉
6	苹毛金龟甲生活习性观察与药剂试验	《植物保护》1964.6	吴桂本
7	银纹潜叶蛾的初步研究	《昆虫学报》1965.1	章宗江
8	苹果根绵蚜的初步研究	《山东农业科学》1965.2	章宗江
9	提高毒砂治螟效果的初步研究	《山东农业科学》1965.5	吴桂本、贾廷祥
10	小麦地黄病的现场调查	《植物保护》1965.5	张香蓉
11	枣树的一种新害虫——枣瘿蚊的研究	《山东农业科学》1966.2	章宗江
12	小麦条锈病发生规律及其防治	《新疆农业科学》1966.3	卓耀南
13	苹果小食心虫的发生预测及防治	《昆虫知识》1977.1	于绍夫、贺春林
14	苹果红腐病在果树生产中的危害	《山东果树》1979.4	赵万图、李治
15	论小麦全蚀病的防治	《植物保护》1979.8	吴桂本
16	果树害螨的天敌——捕食性螨的研究（简报）	《山东果树》1980.1	章宗江
17	苹果园管道输液喷药新设施	《中国果树》1980.3	于绍夫、贾伯卿
18	小麦全蚀病菌的诊断及病原菌的鉴定技术	《山东农业科学》1980.3	贾廷祥
19	苹果小卷叶蛾性诱剂田间试验初报	《烟台果树》1981.2	章宗江、于英琛
20	麦田沟金针虫的发生和三查三定	《植物保护》1981.4	陈昌玉
21	放蜂苹果园中桃小食心虫的药剂协调防治	《山东农业科学》1981.4	于绍夫
22	果树害虫天敌昆虫的研究	《山东果树》1982.2	章宗江
23	桃小食心虫综合防治研究	《烟台果树》1982.2	章宗江、于英琛
24	盐生土壤苹果缺铁黄叶病的初步研究	《中国果树》1982.4	于绍夫、曲复宁
25	我国小麦全蚀病的初步研究	《中国农业科学》1982.5	贾廷祥、吴桂本、叶学昶、臧逢春、卓耀南、宫本义
26	桃小食心虫综合防治研究	《山东果树》1983.2	章宗江、于英琛、王欲山
27	桃小食心虫越冬幼虫分布规律的初步调查	《烟台果树》1983.2	于英琛
28	苹果缺铁黄叶病防治的初步研究	《山西果树》1983.4	于绍夫、曲复宁、滕世杨
29	桃小食心虫甲腹茧蜂	《植物保护》1984.1	章宗江
30	地膜覆盖防治桃小食心虫试验总结	《山东果树》1984.2	臧逢春、陈明杰、王盛
31	苹果红腐病发生规律及防治研究（1982—1983年阶段）总结	《烟台果树》1984.2	曲俊远、陈凤霞、孙笑玲

(续表)

序号	论文题目	发表期刊、期号	本院作者
32	苹果缺铁黄叶病五省一市考察报告	《山西果树》1984.3	于绍夫
33	三唑酮防治小麦全蚀病	《植物保护》1984.4	吴桂本
34	低浓度甲胺磷防治玉米螟	《植物保护》1985.3	臧逢春、张文准、田中岐
35	果园绿肥效应	《落叶果树》1986.3	周培庆、张树华
36	粉锈宁防治苹果白粉病研究初探	《植物保护》1986.5	吴桂本、卓耀南、宫本义
37	我国小麦全蚀病菌变种类型及其分布的初步研究	《浙江农业大学学报》1986.7	贾廷祥、吴桂本、叶学昶、葛起新、张炳新
38	苹果毛根病在成龄树上的一种症状表现	《烟台果树》1987.2	房道亮
39	呋喃丹种衣剂防治玉米螟研究简报	《山东农业科学》1987.4	张文准、臧逢春
40	苹果斑点落叶病防治技术研究	《植物保护》1988.4	吴桂本、王英姿、宫本义、卓耀南
41	苹果害螨生物学和有效杀螨剂的应用研究	《农药科学与管理》1988.9	吴桂本
42	果树害虫的生物防治	《落叶果树》1989.2	章宗江
43	果树害虫的生物防治——利用松毛虫赤眼蜂自然繁殖大面积控制果树多种害虫	《落叶果树》1989.3	章宗江
44	果树害虫的生物防治——苹果蚜虫和红蜘蛛的生物防治	《落叶果树》1989.4	章宗江
45	果树害虫的生物防治——应用斯氏线虫防治桃小食心虫	《落叶果树》1990.1	章宗江
46	果树害虫的生物防治——应用桃小甲腹茧蜂防治桃小食心虫	《落叶果树》1990.4	章宗江
47	果树害虫的生物防治——应用跳小蜂防治金纹细蛾	《落叶果树》1991.1	章宗江
48	杀螨剂三唑锡药效及应用技术	《植物保护》1991.3	吴桂本、李绍敏、宫本义、王英姿、倪寿山
49	果树害虫的生物防治——利用几种天敌防治舞毒蛾为害	《落叶果树》1991.4	章宗江
50	苹果上新的类病毒状病害"苹果柚子果病"的发生	《国外农学-果树》1991.4	房道亮
51	果树害虫的生物防治——利用两种新天敌控制梨木虱的为害	《落叶果树》1992.1	章宗江
52	葡萄透翅蛾发生规律及性信息素测报防治技术	《烟台果树》1992.1	于英琛、赵曼华
53	桃小灵乳油防治桃小食心虫药效试验	《中国果树》1992.1	张文准、臧逢春、田忠岐
54	桃小灵乳油防治桃小食心虫研究	《烟台果树》1992.1	臧逢春、张文准
55	果树害虫的生物防治——利用两种寄生蜂控制梨茎蜂的为害	《落叶果树》1992.2	章宗江
56	安索菌毒清防治苹果腐烂病试验研究	《莱阳农学院学报》1992.2	刘志坚、张钦书
57	芦笋茎枯病发生规律及防治研究	《植物保护学报》1992.2	贾廷祥、刘传德、倪寿山、尹国香

（续表）

序号	论文题目	发表期刊、期号	本院作者
58	果树害虫的生物防治——利用梨瘿蛾齿腿姬蜂、茧蜂等控制梨瘿蛾的为害	《落叶果树》1992.4	章宗江
59	苹果病毒病害及防治	《山西果树》1992.4	房道亮
60	鲁玉2号对玉米大斑病抗性退化原因的研究	《山东农业科学》1992.5	张文准、臧逢春、张积祥
61	桃小灵乳油（30%）防治桃小食心虫试验简报	《山西果树》1993.1	臧逢春、张文准
62	北斗霉心病的发生与防治	《山西果树》1993.1	房道亮、姜丽芝
63	四螨嗪防治苹果害螨药效试验	《农药》1993.1	尹国香、刘传德、刘仁久等
64	防治梨树黑星病的有效药剂及应用技术的初步研究	《烟台果树》1993.2	吴桂本、倪寿山、王英姿、李绍敏、宫本义、刘传德
65	三唑醇拌种防治小麦全蚀病和纹枯病试验	《山东农业科学》1993.5	贾廷祥、刘传德、吴桂本、宫本义、刘传德、孔德生、常广杰
66	三唑醇（羟锈宁）拌种防治小麦根病	《植物保护》1994.1	贾廷祥、吴桂本、刘传德、宫本义、李绍敏
67	核果类果树的主要病毒病害	《落叶果树》1994.1	于绍夫
68	石刁柏田十四点负泥虫发生规律及防治办法	《中国蔬菜》1994.1	尹国香
69	核果类果树的主要病毒病害（续一）	《落叶果树》1994.2	于绍夫
70	梨树的主要病毒病害	《山西果树》1994.3	于绍夫
71	核果类果树的主要病毒病害（续二）	《落叶果树》1994.3	于绍夫
72	苹果病毒病害与无病毒苗繁殖	《北方园艺》1994.4	于绍夫
73	梨树的主要病毒病害	《山西果树》1994.4	于绍夫
74	核果类果树的主要病毒病害（续三）	《落叶果树》1994.4	于绍夫
75	酶联吸附免疫法（ELISA）检测果树病毒研究进展	《落叶果树》1995.1	于绍夫
76	用25%灭幼脲3号悬浮剂防治苹果金纹细蛾药效试验	《北方果树》1995.2	吴桂本、李绍敏、王英姿、宫本义、倪寿山、刘传德
77	我国小麦根腐性病害研究现状及防治对策	《中国农业科学》1995.3	贾廷祥、吴桂本、刘传德
78	小麦根腐镰刀菌鉴定及其生物学特性	《植物保护学报》1995.3	贾廷祥、刘传德、吴桂本、李绍敏、王英姿
79	新农药杀铃脲防治苹果潜叶蛾有特效	《北京农业》1995.4	刘志坚
80	防治苹果潜叶蛾的特效新农药——杀铃脲	《农业可开发》1995.4	刘志坚
81	苹果褪绿叶斑病毒的特性与为害	《烟台果树》1995.4	姜中武、张振英、都韶英
82	小麦纹枯病病原、发生规律及防治研究	《山东农业科学》1995.5	贾廷祥、吴桂本、刘传德、宫本义、李绍敏
83	防治果树二点叶螨的方法	《北京农业》1995.7	孙庆田
84	防治苹果金纹细蛾简报	《西北园艺》1996.1	刘志坚、张钦书、郭绚
85	1996年无公害优质苹果病虫害综合防治历	《烟台果树》1996.1	刘志坚、张钦书

(续表)

序号	论文题目	发表期刊、期号	本院作者
86	灭幼脲3号、杀铃脲防治苹果金纹细蛾开发应用情况报告	《山西果树》1996.1	刘志坚、张钦书、郭绚
87	防治苹果主要病虫害有效药剂及其应用技术	《烟台果树》1996.1	吴桂本、王英姿、刘传德、宫本义、李绍敏
88	防治苹果绵蚜高效药剂及其应用技术研究	《烟台果树》1996.2	王英姿、吴桂本、李绍敏、宫本义、刘传德
89	结果宝涂干促花增产试验示范报告	《山西果树》1996.2	臧逢春、于强
90	苹果膨大着色药肥对苹果生长及果实品质的影响	《烟台果树》1996.2	张宗坤、房道亮、秦海林
91	关于生产无公害苹果用药方面的几个问题	《烟台果树》1996.3	刘志坚
92	新型杀菌剂——喷克80%可湿粉药效试验	《烟台果树》1996.3	吴桂本、李绍敏、王英姿、宫本义、李绍敏
93	苹果主要病虫害化学防治技术	《农药科学与管理》1996.3	吴桂本、王英姿、刘传德、宫本义、李绍敏、王培松
94	烟台苹果苦痘病发生原因及防治技术初探	《烟台果树》1996.3	于忠范、姜学玲、张广和
95	30%蛾螨灵防治苹果害螨及金纹细蛾药效试验简报	《烟台果树》1996.4	吴桂本、王英姿、刘全德、宫本义、李绍敏、王培松
96	桃小灵防治桃小食心虫效果好	《北京农业》1996.4	臧逢春、张文准
97	两种麦根腐蠕孢菌的比较研究	《植物病理学报》1996.6	贾廷祥、吴桂本、刘传德、宫本义、李绍敏
98	防治苹果虫害有效药剂及其应用技术	《北京农业》1996.7	吴桂本、王英姿、刘佳德、宫本义、李绍敏
99	苹果褪绿叶斑病毒PBM1（李假痘）毒株的提纯、抗血清制备及ELISA检测	《植物病理学报》1996.26	姜中武、W.Jelkmann、王小凤
100	大生M4580WP防治果树主要病害药效及应用研究	《烟台果树》1997.1	吴桂本、王英姿、刘传德、宫本义、王培松
101	果树二斑叶螨	《农业知识》1997.1	孙庆田、张福兴、刘美英
102	比灭幼脲更理想的杀虫杀螨新药剂蛾螨灵	《山西果树》1997.1	刘志坚
103	大生M45对苹果和葡萄主要病害的防治效果	《北方果树》1997.2	吴桂本、王英姿、刘传德、宫本义、王培松
104	苹果褪绿叶斑病毒PBMI毒株的提纯、抗血清制备研究总结	《烟合果树》1997.3	姜中武、张振英
105	1997年无公害优质苹果病虫害综合防治历	《农村科技开发》1997.4	刘志坚
106	关于生产无公害苹果用药方面的几个问题	《农牧产品开发》1997.6	刘志坚
107	防治苹果虫害有效药剂及其应用技术	《农业科技与信息》1997.7	吴桂本、王英姿、刘传德、宫本义、李绍敏
108	代森锰锌与异菌脲混用防治西洋森黑斑病药效研究	《农药》1997.9	尹国香、刘传德、孙亮
109	苹果粗皮病及其防治对策	《烟台果树》1998.1	于忠范、姜学玲、于波等
110	防治苹果轮纹病新法	《农业知识》1998.1	孙庆田、张福兴、刘美英等

(续表)

序号	论文题目	发表期刊、期号	本院作者
111	喷克80WP、×科博30WP防治苹果主要病害药效试验	《烟台果树》1998.1	吴桂本、王英姿、刘传德、王培松、宫本义
112	关于开发应用索利巴尔的几个问题	《落叶果树》1998.1	刘志坚
113	改革传统用药生产无公害苹果	《河北果树》1998.1	刘志坚
114	关于应用灭幼脲类药剂的几个问题（兼答读者问）	《河北林果研究》1998.1	刘志坚、刘学军
115	谈烟台果园农药使用趋向	《烟台果树》1998.2	张福兴、刘美英、孙庆田
116	阿巴丁防治苹果二斑叶螨药效试验	《落叶果树》1998.2	孙庆田、张福兴、刘美英等
117	50%多霉清对苹果轮纹病、炭疽病病原菌的抑制作用	《烟台果树》1998.2	吴桂本
118	改革传统用药、生产无公害苹果	《中国果菜》1998.2	刘志坚、刘学军
119	1998年无公害苹果病虫害综合防治历	《河北果树》1998.2	刘志坚
120	喷克防治苹果主要病害应用技术	《农药科学与管理》1998.4	王英姿、吴桂本、刘传德、宫本义
121	对苹果园用药的几点意见	《北方果树》1998.5	刘志坚、杨聚德
122	无公害苹果病虫害综合防治历	《农家参谋》1998.12	刘志坚
123	谈对果园农药的正确认识与合理使用	《烟台果树》1999.1	张福兴、刘美英、孙庆田
124	多霉清50%可湿粉防治苹果轮纹病田间药效研究初报	《烟台果树》1999.1	吴桂本、王培松、王继秋、王英姿、刘传德
125	生产绿色食品（果品）专用药剂概述	《山西果树》1999.1	刘志坚、刘学军
126	50%多霉清可湿粉防治苹果轮纹病	《植物保护》1999.2	吴桂本、王英姿、刘传德、王培松、王继秋、宫本义
127	78%科博可湿粉对苹果和葡萄病害的防治效果	《北方果树》1999.2	吴桂本、王继秋、王培松、宫本义
128	凯速达防治苹果黄蚜和桃粉蚜试验	《烟台果树》1999.2	张凤敏
129	立克秀拌种防治小麦纹枯病和全蚀病试验研究	《农药科学与管理》1999.2	刘传德、吴桂本、王英姿等
130	无公害药剂——索利巴尔	《农家参谋》1999.3	刘志坚
131	全套袋苹果病虫害综合防治措施	《中国果菜》1999.3	刘志坚
132	苹果斑点落叶病菌的分化及生物学研究	《中国果树》1999.4	吴桂本、王英姿、王培松、王继秋、宫本义
133	"保效灵"增产果菜应用技术	《中国果菜》1999.6	王英姿、吴桂本、刘传德、王培松、王继秋
134	全套袋苹果病虫害防治历	《山西农业》1999.7	刘志坚
135	苹果主要病虫害的化学防治技术	《烟台果树》2000.1	吴桂本、孙亮、张广和、刘勤博、周先学
136	苹果斑点落叶病发生规律研究	《中国果树》2000.1	王英姿、吴桂本、刘传德、王培松、王继秋
137	苹果粗皮病发生规律及其与轮纹病的区别	《河北果树》2000.1	于忠范、姜学玲、于波等
138	大生M-45对树体锰含量影响的研究	《烟台果树》2000.1	于忠范、姜学玲、于波等

（续表）

序号	论文题目	发表期刊、期号	本院作者
139	烟台苹果园中几个抗性害虫的发生与防治	《烟台果树》2000.1	张福兴、刘美英、孙庆田等
140	树干注射法防治苹果黄蚜试验	《河北果树》2000.2	张凤敏、姜中武、于 强
141	全套袋苹果病虫害综合防治历	《农家参谋》2000.2	刘志坚
142	苹果轮纹病和炭疽病发生规律的研究	《莱阳农学院学报》2000.2	吴桂本、刘传德、王培松、王继秋、宫本义
143	80%喷克可湿性粉剂在套袋红富士苹果上应用效果的初步研究	《烟台果树》2000.2	吴桂本、于乃敏、刘学卿、孙亮、鞠法远
144	烟台苹果病虫害的演变与防治	《烟台果树》2000.2	孙庆田、张福兴、刘美英
145	树干注射法防治苹果黄蚜试验	《烟台果树》2000.2	姜中武、张凤敏、于 强
146	防治果树、蔬菜病虫害的化防新技术——热雾技术	《农药科学与管理》2000.3	宫本义、王英姿、刘传德、王继秋、王培松
147	高效内吸杀菌剂——10%世高水分散粒剂的应用效果	《落叶果树》2000.3	吴桂本、周先学、宋 波、黄代峰
148	全套袋无公害苹果病虫害综合防治历	《北京农业》2000.3	刘志坚
149	乐斯本防治苹果绵蚜、桃小食心虫及韭蛆的效果及其应用技术	《植保技术与推广》2000.3	吴桂本、李绍敏、于乃敏、尹国香、宋 波
150	40%毒死蜱乳油防治苹果绵蚜试验初报	《落叶果树》2000.3	孙庆田、张福兴、刘美英等
151	谈对果园杀螨剂的正确认识与合理使用	《烟台果树》2000.4	张福兴、刘美英、孙庆田
152	关于套袋苹果黑点病问题的探讨	《山西果树》2000.4	刘志坚
153	浅谈果园保护性杀菌剂和内吸治疗性杀菌剂	《烟台果树》2000.4	房道亮、姜丽芝
154	苹果无病毒苗木流水线生产技术	《烟台果树》2000.4	姜中武、张振英、于 强
155	应用10%世高水分散粒剂防治草莓、苹果等真菌病害	《植物保护》2000.5	吴桂本
156	喷施钙肥防治苹果痘斑病试验	《柑橘与亚热带果树信息》2000.5	周培庆、温承日、柳戈福
157	套袋苹果黑点病初探	《西北园艺》2000.5	刘志坚
158	苹果树根外喷钙防治果实缺钙病试验	《柑橘与亚热带果树信息》2000.6	周培庆
159	两种混配杀菌剂对苹果果实主要病害的室内外药效	《农药》2000.11	王英姿、宫本义、吴桂本、王继秋、王培松
160	苹果园病虫害防治中的误区及纠正措施	《农业知识》2000.21	孙庆田、张福兴、刘美英
161	苹果轮纹病和炭疽病病原菌生物学研究	《中国果树》2001.1	吴桂本、刘传德、王继秋、王培松、宫本义
162	20%虫螨特可湿性粉剂防治苹果蚜虫、害螨试验	《农资科技》2001.1	王英姿、吴桂本、王培松
163	2001年苹果园全年病虫害防治历（供参考）	《烟台果树》2001.1	吴桂本
164	50%圣城果病杀防治苹果轮纹病药效试验	《北方果树》2001.1	孙庆田、张福兴、刘美英等
165	使用化学农药应注意的问题	《烟台果树》2001.1	孙庆田、张福兴、刘美英等
166	大樱桃流胶病及其防治措施	《河北果树》2001.1	许秀美、邱化蛟、张广和

(续表)

序号	论文题目	发表期刊、期号	本院作者
167	谈套袋苹果红点病、黑点病及其防治	《烟台果树》2001.2	刘美英、张福兴、孙庆田
168	病毒杀虫剂绿洲1号防治抗性菜蛾初报	《长江蔬菜》2001.2	宋波、黄代峰、葛晨辉等
169	80%大生M-45可湿性粉剂防治苹果主要病害及其对套袋苹果应用效能试验报告	《烟台果树》2001.2	吴桂本
170	苹果斑点落叶病防治试验	《落叶果树》2001.2	周培庆、都业成
171	保护地草莓常见病害及其综合防治技术	《烟台果树》2001.3	王英姿、吴桂本、宫本义、王培松、王继秋
172	改革传统用药为子孙后代负责——从苹果套袋及666、DDT、有机磷类农药残毒说起	《西南园艺》2001.3	刘志坚、吕平年、许维远
173	胶东地区科博防治葡萄病害的应用总结	《烟台果树》2001.4	房道亮
174	70%甲基托布津防治苹果轮纹病的试验初报	《落叶果树》2001.4	吴桂本
175	多锰锌对苹果主要病害的防治效果	《中国果树》2001.4	王英姿、刘传德、宫本义、王继秋、王培松、吴桂本
176	50%多锰锌可湿性粉剂防治苹果主要病害的应用技术研究	《农药科学与管理》2001.5	吴桂本、宫本义、王继秋、王培松、鞠法远
177	苹果套袋仍要防止农药污染	《农资科技》2001.5	刘志坚、张发亭
178	套袋的苹果要防黑点病	《农家参谋》2001.6	刘志坚、吕平年、许维远
179	小麦主要病害化学防治研究进展	《农药》2001.9	刘传德、吴桂本、宫本义等
180	山东苹果主要病虫害种类及化学防治技术	《农药》2001.11	王英姿、吴桂本
181	山东苹果主要病虫害化学防治技术	《农药科学与管理》2001.增刊	吴桂本、王继秋、王培松、宫本义
182	80%喷克可湿性粉剂防治梨木虱田间药效	《烟台果树》2002.1	王英姿、吴桂本
183	大棚栽培樱桃桑白蚧的发生与防治	《落叶果树》2002.2	王培松、吴桂本、王英姿、宫本义、刘传德
184	应用10%世高防治草莓、苹果等真菌病害	《烟台果树》2002.2	吴桂本
185	套袋红富士苹果主要病虫害防治关键技术	《烟台果树》2002.2	房道亮、姜丽芝等
186	富士苹果轮纹病防治观点的探讨	《烟台果树》2002.2	张福兴、刘美英、孙庆田等
187	2001年红富士苹果轮纹病发生严重的原因及防治对策	《落叶果树》2002.2	孙庆田、张福兴、刘美英等
188	樱桃苗木芽枯病的发生及防治	《烟台果树》2002.2	王培松、宫本义
189	50%百虫丹可湿性粉防治金纹细蛾及黄蚜试验	《农资科技》2002.4	王培松、吴桂本、王继秋
190	果园常用农药及其特点	《烟台果树》2002.4	张福兴、刘美英、孙庆田等
191	农抗120的性能	《烟台果树》2002.4	刘志坚
192	红富士套袋及不套袋苹果主要果实病害的化学防治技术	《农药》2002.5	王英姿、吴桂本、王继秋、王培松、宫本义
193	黑点病的识别与防治	《农业知识》2002.8	刘志坚
194	桃树病虫害综合防治历	《烟台果树》2003.1	孙庆田、张福兴、刘美英等

(续表)

序号	论文题目	发表期刊、期号	本院作者
195	2003年红富士苹果主要病虫害防治技术（供参考）	《烟台果树》2003.2	吴桂本
196	套袋苹果黑点病、红点病的病因与防治	《烟台果树》2003.2	房道亮、姜丽芝等
197	红富士苹果主要果实病害的化学防治技术研究	《烟台果树》2003.2	吴桂本、王英姿、宫本义、王继秋、王培松
198	苹果中农药残留量标准	《山西果树》2003.2	张振英
199	多霉清防治温室番茄灰霉病药效试验	《农药》2003.3	葛晨辉、王全华、尹国香等
200	不可忽视套袋苹果的黑点病	《北方果树》2003.3	刘志坚
201	套袋苹果病虫害综合防治措施	《农村科技开发》2003.4	刘志坚
202	桃树新害虫——绿盲蝽	《烟台果树》2003.4	张福兴、刘美英、孙庆田等
203	套袋红富士苹果斑点类病害及其病原菌鉴定	《中国果树》2003.5	吴桂本、王英姿、王培松、王继秋、刘传德、宫本义
204	全套袋苹果病虫害综合防治历	《农业知识》2003.7	刘志坚
205	灭幼脲类农药的正确使用	《果农之友》2003.9	刘志坚
206	红富士套袋苹果主要病害病原菌鉴定及化学防治技术研究	《农药科学与管理》2003.9	王英姿、吴桂本、王培松、王继秋
207	烟椒二号辣椒种子良种繁育技术	《中国种业》2003.11	葛晨辉、张善勇、黄代峰等
208	冷藏苹果走俏与虎皮病的发生及预防	《北方果树》2004.1	刘志坚
209	70%杀灭尔WP防治苹果轮纹病试验	《烟台果树》2004.1	王培松、王继秋
210	套袋富士苹果黑点病发生的原因与分析	《河北果树》2004.1	张福兴、孙庆田、刘美英等
211	绿颖机油乳剂防治果树病虫害药效及应用技术	《中国果树》2004.2	梁新明、王英姿、王培松等
212	苹果粗皮病的发生及防治	《农业知识》2004.2	孙庆田、张福兴、刘美英等
213	套袋苹果叶片褐斑病发生严重的原因与防治	《烟台果树》2004.4	孙庆田、张福兴、刘美英等
214	苹果小卷叶蛾的发生与防治	《落叶果树》2004.4	张凤敏
215	菜豆主要病虫害无公害综合防治技术	《中国果菜》2004.5	黄代峰
216	蔬菜根肿病与根结线虫病的区分及无公害综合防治	《中国果菜》2004.6	黄代峰
217	70%赛生防治苹果病害好	《烟台果树》2005.1	孙庆田、张福兴、刘美英等
218	三唑类杀菌剂及其在小麦病害防治中的应用研究进展	《山东农业大学学报（自然科学版）》2005.1	刘传德、王培松、王继秋等
219	2005年红富士苹果主要病虫害防治技术（供参考）	《烟台果树》2005.1	吴桂本
220	冷藏苹果走俏及虎皮病的发生和预防	《北京农业》2005.1	刘志坚
221	2004年苹果病虫害发生特点及对策	《烟台果树》2005.1	房道亮、姜丽芝等
222	改进用药方法保护天敌昆虫	《西北园艺》2005.1	梁玉本
223	苹果套袋后的病虫害防治技术	《烟台果树》2005.3	刘万好、孙庆田、张福兴、刘美英

(续表)

序号	论文题目	发表期刊、期号	本院作者
224	佳多频振式杀虫灯在农业植保中的应用	《烟台果树》2005.4	张凤敏
225	黑点病的识别与防治	《北方果树》2005.4	刘志坚
226	苹果虎皮病的发病机制与防治	《烟台果树》2005.4	张超杰、刘万好、张宗坤、沙玉芬
227	2005年套袋红富士苹果主要病虫害防治技术规程	《北京农业》2005.7	吴桂本
228	生产AA级黄金梨用药技术	《农业知识》2005.8	刘志坚
229	防治苹果干枝病害的新型杀菌剂——丙环·多	《西北园艺》2005.12	王英姿、王继秋、王培松、吴桂本、宫本义
230	2%宁南霉素水剂防治苹果斑点落叶病药效试验	《烟台果树》2006.1	房道亮、姜丽芝等
231	2006年无公害套袋苹果病虫害防治历	《烟台果树》2006.1	孙庆田、张福兴、刘美英等
232	烟威地区果树腐烂病发生较重的原因浅析	《烟台果树》2006.3	张福兴、姜学玲、李淑平等
233	日光温室秋冬茬番茄腐霉茎基腐病的发生与防治	《上海蔬菜》2006.3	黄代峰
234	性诱剂在苹果害虫预测预报上的应用	《山东农业科学》2006.4	孙 亮、王 荣
235	梨锈病的发生规律与防治措施	《烟台果树》2006.4	张凤敏
236	4种杀菌剂组合在套袋苹果上的应用效果	《中国果树》2006.6	刘学卿、王培松、杨永杰等
237	两种混配杀菌剂对苹果枝干病害的药效	《植物保护》2006.6	王英姿、刘学卿、王培松、王继秋、吴桂本
238	套袋苹果黑点病发生原因与防治对策	《果农之友》2006.10	房道亮、姜丽芝等
239	大棚番茄叶霉病的发生与综合防治	《现代农业科技》2006.11	黄代峰
240	2007年优质套袋苹果主要病虫害防治历	《烟台果树》2007.1	孙庆田、张福兴、刘美英等
241	50%翠贝干悬浮剂防治果树病害试验	《中国果树》2007.1	王英姿、刘学卿、王培松
242	30%福连悬浮剂防治苹果病害的效果	《落叶果树》2007.2	王英姿、王培松
243	不同杀虫剂对苹小卷叶蛾的防治效果	《北方果树》2007.2	王培松、王继秋、宫本义、王英姿
244	25%真高微乳剂对果树病害的防效试验	《烟台果树》2007.2	王继秋、孔 波、王英姿
245	不同杀虫剂对苹小卷叶蛾的防治效果	《北方果树》2007.2	王培松、王继秋、宫本义、王英姿
246	苹果花腐病的发生及防治	《烟台果树》2007.4	孙庆田、张福兴、刘美英等
247	葡萄霜霉病菌田间消长动态及药剂防治试验	《中国果树》2007.6	王英姿、任 强、栾炳辉
248	套袋苹果斑点类病害的研究进展	《安徽农业科学》2007.10	王继秋、马建华、孙纪霞等
249	红富士苹果主要病害种类及防治技术	《山东农药信息》2007.10	吴桂本
250	大樱桃蛀干虫的发生与防治	《烟台果树》2008.1	田世恩
251	2008年优质套袋苹果主要病虫害综合防治历	《烟台果树》2008.1	孙庆田、张福兴、刘美英等
252	百泰防治果树病害试验	《烟台果树》2008.1	王英姿、任 强、栾炳辉

(续表)

序号	论文题目	发表期刊、期号	本院作者
253	兴农"征露"防治苹果轮纹病试验	《烟台果树》2008.2	王英姿、任 强、栾炳辉
254	35%真高微乳剂防治果树病害试验	《烟台果树》2008.2	王继秋、王培松、王英姿
255	2007年套袋苹果痘斑病发生严重的原因及防治措施	《果农之友》2008.2	房道亮、姜丽芝等
256	烟威地区果园绿盲蝽发生重的原因与防治	《烟台果树》2008.3	孙庆田、张福兴、刘美英等
257	10% ZL0712悬浮剂防治葡萄霜霉病试验	《北方果树》2008.5	王培松、王英姿、栾炳辉、任 强
258	葡萄炭疽病菌的生物学研究	《江苏农业科学》2009.1	王培松、刘学卿、王英姿、栾炳辉、张 伟
259	2009年胶东套袋苹果主要病虫害防治历	《烟台果树》2009.1	孙庆田、张福兴、刘美英等
260	介绍几种苹果生理性和病毒性病害	《烟台果树》2009.1	房道亮、姜丽芝
261	大樱桃流胶病的病因与防治	《烟台果树》2009.1	张洪胜
262	烟台苹果主要病虫害的演变与防治对策	《烟台果树》2009.2	房道亮、姜丽芝
263	伽穆孢属(丝孢纲)——中国新记录种	《菌物研究》2009.3	张 伟、刘保友
264	苹果花叶病及其防治	《烟台果树》2009.3	张凤敏
265	套袋苹果黑点病持续严重发生的原因及预防技术	《山西果树》2009.3	隋秀奇
266	甜樱桃褐斑穿孔病的药剂防治试验	《烟台果树》2009.4	田世恩
267	60%百泰水分散粒剂防治葡萄主要病害试验	《中国果树》2009.5	王培松、蒋恩顺、王英姿、栾炳辉、刘万好
268	一株黄瓜枯萎病拮抗菌的筛选和鉴定	《生物技术》2009.6	孙燕霞、张瑞清、张 伟
269	大樱桃根癌病原细菌分类地位鉴定	《湖北农业科学》2009.10	刘保友、张 伟、栾炳辉、宫海鹏、盖中帅
270	伽穆孢属(丝孢纲)——中国新记录种(续)	《菌物研究》2009.11	张 伟、刘保友
271	烟草野火病菌在不同衬底上吸附的原子力显微镜研究	《中国农学通报》2009.21	刘保友
272	苹果锈病的发生与防治	《烟台果树》2010.1	张凤敏
273	苹果腐烂病药剂防治试验	《烟台果树》2010.1	田世恩
274	百泰促进套袋红富士苹果营养生长效果试验	《烟台果树》2010.1	王英姿、于云政、盖中帅、宫海鹏、刘学卿
275	2010年烟威地区套袋苹果病虫害综合防治历	《烟台果树》2010.1	孙庆田、张福兴、刘美英等
276	樱桃根癌病研究进展	《烟台果树》2010.2	李淑平、张福兴、孙庆田
277	2009年烟威地区苹果褐斑病发生重的原因与对策	《烟台果树》2010.2	张凤敏
278	苹果套袋后的病虫害防治	《烟台果树》2010.2	张凤敏
279	30%福连悬浮剂防治葡萄白腐病试验	《落叶果树》2010.2	栾炳辉、王英姿
280	苹果园主要病害的药剂防治策略	《烟台果树》2010.3	王英姿、赵 明

（续表）

序号	论文题目	发表期刊、期号	本院作者
281	环渤海湾苹果主产区苹果轮纹病菌致病性研究	《山东农业大学学报（自然科学版）》2010.4	刘保友、王培松、张 伟、栾炳辉、王英姿
282	套袋苹果叶片主要病害的发生与防治	《烟台果树》2010.4	刘美英、于 青、张振英
283	烟台苹果农药残留状况	《烟台果树》2010.4	鹿泽启
284	苹果褐斑病的发生与防治	《山西果树》2010.4	张凤敏
285	山东省苹果轮纹病菌对戊唑醇的抗药性及其地理分布	《果树学报》2010.6	王英姿、张 伟、刘保友等
286	山东省苹果轮纹病菌对多菌灵抗药性及其地理分布	《北方园艺》2010.12	张 伟、王英姿、刘保友、蒋恩顺、赵 明
287	白地霉和解淀粉芽孢杆菌对黄瓜枯萎病的防治效果	《山东农业科学》2010.12	孙燕霞、张瑞清、刘保友
288	苹果轮纹病菌对代森锰锌的敏感性	《安徽农业科学》2010.18	刘保友、王英姿、张 伟、栾炳辉、盖中帅
289	2011年套袋苹果主要病虫害发生预测与防治	《烟台果树》2011.1	房道亮、姜丽芝
290	二氰蒽醌悬浮剂防治苹果轮纹病、褐斑病田间试验	《烟台果树》2011.1	王培松、王英姿、栾炳辉、盖中帅
291	2011年烟威地区套袋苹果病虫害综合防治历	《烟台果树》2011.1	孙庆田、张福兴、刘美英等
292	苹果发生黑根、红根和烂根的原因及防治方法	《烟台果树》2011.2	房道亮、姜丽芝
293	新型杀菌剂"乐谱道"对果树主要病害的防治效果	《烟台果树》2011.2	王英姿、栾炳辉、王 鹏、盖中帅
294	40%晟世可湿性粉剂防治苹果轮纹病、斑点落叶病田间试验	《烟台果树》2011.3	盖中帅、王英姿、王培松、栾炳辉
295	60%百泰水分散粒剂防治苹果褐斑病试验	《烟台果树》2011.4	栾炳辉、盖中帅
296	果树病虫无公害防治技术探讨	《烟台果树》2011.4	于 强、苏佳明、沙玉芬
297	苹果轮纹病病原菌孢子田间释放监测方法研究	《中国果树》2011.6	刘保友、王英姿、栾炳辉、张 伟、盖中帅
298	烟台地区大棚秋延迟黄瓜病虫害综合防治技术要点	《新农民》2011.9	黄代峰、董 超
299	黄瓜枯萎病病菌生物学特性的研究	《山东农业科学》2011.10	张 伟、刘保友、盖中帅、王英姿
300	苹果轮纹病菌孢子田间释放规律	《湖北农业科学》2011.19	王培松、刘保友、栾炳辉、张 伟、王英姿
301	B型烟粉虱取食诱导的烟草对斜纹夜蛾生长发育和繁殖的影响及机制探讨	《中国农业科学》2011.22	王洪涛
302	辽宁省土壤中暗色丝孢菌初查	《菌物学报》2012.1	张 伟、刘保友
303	吉林松辽平原暨西部草原湿地土壤中的暗色丝孢菌	《菌物学报》2012.1	张 伟、刘保友
304	2012年烟威地区套袋苹果病虫害综合防治历	《烟台果树》2012.1	孙庆田、张福兴、刘美英

(续表)

序号	论文题目	发表期刊、期号	本院作者
305	Effect of glutaradehyde fixation on bacterial cells observed by atomic force microscopy. DOI：10.1002/ sca.20269	"Scanning" 2012.1	Bao you Liu
306	25%吡唑醚菌酯乳油防治苹果腐烂病室内外药效试验	《烟台果树》2012.2	王英姿、王培松、栾炳辉、盖中帅
307	大樱桃褐斑病病原菌鉴定与田间流行动态研究	《果树学报》2012.4	刘保友、张伟、栾炳辉、王英姿
308	新型有机硅助剂对梨、大樱桃、桃和葡萄果实安全性评价试验	《江苏农业科学》2012.4	张伟、栾炳辉、王英姿、王培松、刘保友
309	苹果和樱桃主要病毒调查及脱毒苗培育研究	《山东农业大学学报》2012.4	苏佳明
310	山东地区不同苹果全爪螨种群对4种杀螨剂的抗药性检测	《果树学报》2012.6	王洪涛、王培松、司树鼎、栾炳辉、王英姿
311	增效剂倍创与48%毒死蜱乳油混用对韭菜根蛆防治效果的评价	《中国蔬菜》2012.6	王洪涛、王培松、栾炳辉、王英姿
312	新型农用有机硅喷雾助剂在苹果上的安全性试验	《北方园艺》2012.8	刘保友、栾炳辉、王英姿、张伟、王培松
313	乙嘧酚等药剂防治南瓜白粉病药效试验研究	《长江蔬菜》2012.12	张焕春、尹国香
314	葡萄气灼病和日烧病防治	《农业知识》2012.14	唐美玲、郑秋玲、徐维华等
315	葡萄主要病虫害防治历	《农业知识》2012.17	孙庆田、张福兴、刘美英
316	烟台市苹果园主要病害发生现状与防治策略	《烟台果树》2013.1	王英姿、刘保友、王培松
317	葡萄白腐病菌菌丝生长与产孢条件的研究	《安徽农业科学》2013.1	王英姿、张伟、赵明、刘学卿
318	套袋苹果痘斑黑点病发生的原因及防治对策	《烟台果树》2013.1	房道亮、姜丽芝
319	2013年烟威地区套袋苹果病虫害综合防治历	《烟台果树》2013.1	孙庆田、张福兴、刘美英等
320	木美土里防控苹果花脸病效果初报	《烟台果树》2013.1	张宗坤
321	苹果园主要害虫发生规律及药剂防治技术	《烟台果树》2013.2	王英姿、王洪涛、王鹏、王丽丽
322	樱桃根癌病防治试验	《烟台果树》2013.2	李淑平、张福兴、刘美英
323	烟台地区果树天牛发生情况调查及防治技术	《烟台果树》2013.3	王冬梅，王利平
324	病毒特防治苹果病毒病的试验	《落叶果树》2013.3	田世恩
325	倍创与不同杀菌剂混用对葡萄霜霉病的防治效果评价	《中国果树》2013.3	于晓丽、王培松、栾炳辉、李宝燕、王英姿
326	苹果幼果期新病害——褐皮缩果病	《烟台果树》2013.4	房道亮
327	苹果斑点落叶病病菌对多抗霉素的抗药性及其地理分布	《中国果树》2013.4	刘保友、王英姿、张伟、栾炳辉、王鹏
328	倍创与杀菌剂混用对葡萄果实病害的防效评价	《北方园艺》2013.4	张广和、于晓丽、栾炳辉、李宝燕、王英姿
329	烟台葡萄绿盲蝽的季节性发生规律	《植物保护》2013.4	王丽丽、王洪涛、王鹏、栾炳辉、王英姿

（续表）

序号	论文题目	发表期刊、期号	本院作者
330	苹果轮纹病菌对苯醚甲环唑和氟硅唑的敏感性及其交互抗性	《植物病理学报》2013.5	刘保友、张伟、栾炳辉、王培松、王英姿
331	大樱桃根茎腐烂致病菌的分离鉴定	《北方园艺》2013.15	李淑平、刘美英、孙庆田
332	保护地南瓜白粉病的发生及综合防治技术研究	《安徽农业科学》2014.1	张焕春、尹国香、刘学卿
333	3种杀菌剂对葡萄霜霉病菌的毒力测定和田间药效试验	《江苏农业科学》2014.1	李宝燕、王英姿、刘学卿
334	山东苹果主产区金纹细蛾对4种杀虫剂的抗药性测定	《果树学报》2014.1	王洪涛、刘学卿、王丽丽、王英姿
335	2014年胶东地区套袋苹果病虫害综合防治历	《烟台果树》2014.1	孙庆田、张福兴、刘美英等
336	烟台市酿酒葡萄封穗期和采收期病害及防控	《烟台果树》2014.1	张超杰、郑秋玲、王婷等
337	苹果疫腐病的发生与防治	《烟台果树》2014.2	刘美英、宋来庆、赵玲玲
338	苹果果实表面新病害——苹果疮痂病	《烟台果树》2014.2	房道亮、姜丽芝
339	不同颜色黏虫板对葡萄园绿盲蝽的诱集效果	《果树学报》2014.2	王丽丽、王洪涛、刘学卿、任爱梅、王英姿
340	抑毒星防治苹果病毒病药效试验	《烟台果树》2014.3	田世恩
341	不同药剂与包扎方式对甜樱桃伤口流胶的影响	《山东农业科学》2014.3	姜学玲、张福兴、孙庆田等
342	5种杀虫剂对葡萄园绿盲蝽的田间防效试验	《中国果树》2014.3	王丽丽、王洪涛、刘学卿、王英姿
343	山东烟台葡萄园农药减量控害技术试验	《中国果树》2014.4	于晓丽、王培松、刘学卿、栾炳辉、王英姿
344	6种杀虫剂对绿盲蝽3龄若虫的室内毒力测定	《山东农业科学》2014.4	王洪涛、王丽丽、刘学卿、王英姿
345	48%联苯肼酯对3种苹果害螨的田间防治效果	《中国果树》2014.6	刘学卿、王洪涛、王英姿
346	5%氟虫脲可分散液剂对韭蛆的室内毒力测定及田间防效	《农药》2014.6	王洪涛、宋朝凤、王英姿
347	6种生物杀菌剂对苹果轮纹病菌室内毒力测定	《中国园艺文摘》2014.10	刘保友、亓超、张伟、李宝燕、王英姿
348	葡萄霜霉病生物药剂防治	《农药》2014.11	李宝燕、王培松、王英姿
349	0.5%毒死蜱药肥混剂对韭蛆的田间防治效果	《安徽农业科学》2014.17	王洪涛、刘学卿、王丽丽、王英姿
350	杰效利与常规农药混用防治苹果褐斑病的节本增效作用研究	《安徽农业科学》2014.21	刘学卿、李宝燕、王英姿、任爱梅
351	2015年胶东地区套袋苹果病虫害综合防治历	《烟台果树》2015.1	孙庆田、刘美英、张福兴
352	不同间隔期喷施波尔多液对苹果褐斑病的防效评价	《安徽农业科学》2015.2	于晓丽、亓超、王英姿

(续表)

序号	论文题目	发表期刊、期号	本院作者
353	First report of cherry stem rot and leaf necrosis disease caused by Phytophthora nicotianae in YantaiChina	"Plant Disease" 2015.2	Yu Xiaoli、Wang Peisong、Wang Yingzi
354	22.7%二氰蒽醌悬浮剂对苹果主要真菌病害防治效果评价	《烟台果树》2015.2	于晓丽、王培松、王英姿
355	苯醚甲环唑与克菌丹混配对苹果轮纹病的增效作用研究	《中国果树》2015.3	张伟、亓超、王英姿、刘保友
356	烟台地区苹果主要病虫害综合防控技术指导方案	《烟台果树》2015.3	姜中武、刘美英
357	甜樱桃流胶病研究综述	《烟台果树》2015.3	张福兴
358	韭菜迟眼蕈蚊成虫对不同颜色的趋性及黄色黏虫板的诱杀效果	《江苏农业科学》2015.6	王洪涛、宋朝凤、王英姿
359	山东苹果重要有害生物抗药性治理技术	《农业知识》2015.8	王英姿
360	农药助剂倍创对辛硫磷防治韭菜韭蛆的增效作用	《北方园艺》2015.9	宋朝凤、王洪涛、王英姿
361	17.2%吡唑醚菌酯·氟环唑悬乳剂对玉米的防病保健作用	《安徽农业科学》2015.25	于晓丽、王培松、巴信斌、王英姿
362	农药增效剂倍创在韭蛆药剂减量化防治中的应用	《安徽农业科学》2015.32	王洪涛、王英姿
363	2016年烟威地区套袋苹果病虫害综合防治历	《烟台果树》2016.1	孙庆田、刘美英、张福兴
364	17%唑醚·氟环唑悬浮剂对花生的抗病和保健作用	《现代农药》2016.1	王培松、于晓丽、栾炳辉、刘洁、王英姿
365	新型杀螨剂吡螨胺对苹果全爪螨的田间防治效果评价	《中国果树》2016.1	王洪涛、倪寿山、栾炳辉、盖中帅、王英姿
366	6种杀菌剂对葡萄炭疽病菌的毒力测定	《北方果树》2016.1	孙行杰、刘保友、王英姿
367	果树真菌病害拮抗细菌的筛选、鉴定及拮抗机理初探	《果树学报》2016.1	于晓丽、亓超、王培松、李宝燕、王英姿
368	5种植物源杀虫剂对葡萄园绿盲蝽的室内毒力及田间防效	《中国生物防治学报》2016.1	王丽丽、栾炳辉、王洪涛、王英姿
369	不同葡萄品种对霜霉病的抗性鉴定及相关生理生化研究	《果树学报》2016.2	李宝燕、王培松、刘学卿、王英姿
370	生物药剂对花生叶斑病的防治研究	《花生学报》2016.2	张伟、刘洁、王英姿
371	填补国内空白的高效滤液器的使用效果与使用技术	《烟台果树》2016.3	刘保友、王英姿
372	几种杀菌剂对小麦白粉病的防治效果试验	《湖北农业科学》2016.11	张伟、刘保友、刘洁、王英姿
373	3种种衣剂对小麦纹枯病的室内毒力和田间防效	《安徽农业科学》2016.25	于晓丽、王英姿、张伟、刘洁、王培松
374	套袋红富士苹果病虫害防治技术规程	《烟台果树》2017.1	刘保友、王英姿
375	烟台地区小麦纹枯病病原菌群体组成与致病力分化	《黑龙江农业科学》2017.4	于晓丽、王培松、张伟、陈敏、王英姿

(续表)

序号	论文题目	发表期刊、期号	本院作者
376	葡萄叶片中营养物质和叶绿素含量与其对绿盲蝽抗性的关系	《昆虫学报》2017.5	王丽丽、栾炳辉、刘学卿、王培松、王英姿
377	烟台地区樱桃茎腐病病原菌、致病性及流行条件	《果树学报》2017.11	于晓丽、储昭辉、李宝燕、林霞、王培松、王英姿
378	不同葡萄品种对越冬代绿盲蝽的抗性分析	《植物保护学报》2017.4	王丽丽、栾炳辉、岳林旭、王英姿
379	不同浓度鸡粪沼液对露地韭菜产量和品质的影响	《山东农业科学》2017.8	王洪涛、王英姿、姜法祥、董泰丽、付传翠
380	芽孢杆菌BCJB01和BMJBN02对葡萄霜霉病的田间防效	《北方园艺》2017.17	王贻莲、李纪顺、王英姿、辛相启、李宝燕、谢雪迎
381	鸡粪沼液"新壮态"对韭菜迟眼蕈蚊的防控效果	《中国生物防治学报》2017.5	王洪涛、衣先家、董泰丽、付传翠、王英姿
382	烟台地区小麦纹枯病发生规律研究	《山东农业科学》2017.10	于晓丽、王英姿、张伟、栾炳辉、石洁

土肥（88篇）

序号	论文题目	发表期刊、期号	本院作者
1	麦田套种草木樨肥效试验	《山东农业科学》1965.1	于令康
2	毛叶苕子绿肥在烟台地区的肥效试验报告	《土壤通报》1966.3	于令康、高洪芝
3	在建设高产稳产田中土体厚度与整地方法的研究	《中国土壤与肥料》1977.3	王士友
4	农田基本建设中不同土壤施肥问题的研究	《土壤肥料》1978.4	王士友
5	烟台地区有机肥料积存方法的调查	《中国土壤与肥料》1978.6	王士友
6	冬小麦穗粒肥研究初报	《土壤肥料》1979.2	于令康
7	高产小麦施穗粒肥效果好	《农业科技通讯》1979.4	于令康
8	丘陵地高产稳产田土体厚度的研究	《土壤通报》1979.4	王士友
9	不同土壤类型的深翻效果研究	《土壤通报》1982.6	王士友
10	钾肥在花生生产中的作用	《花生科技》1989.1	姜学玲
11	应用^{15}N示踪法研究中低产田小麦对氮肥的利用率	《核农学通报》1990.1	宋文卿、于令康、高洪芝等
12	花生因土施钾肥研究初报	《土壤通报》1991.3	王士友、于良忠、祝洪林等
13	应用~（15）N对花生氮肥肥效的研究	《核农学通报》1992.1	姜学玲、王士友、宋文卿
14	土壤磷素水平对花生施钾效果的影响	《花生学报》1993.1	姜学玲、王士友、于良忠
15	施康露对果树生长发育及果实品质的影响	《烟台果树》1998.3	张宗坤、孔娣
16	绿色果品专用肥料概述	《烟台果树》1999.1	刘志坚、刘学军
17	烟台市果园土壤养分现状及施肥对策	《烟台果树》1999.3	于忠范、姜学玲、于波等
18	浅淡果树设施栽培的CO_2施肥	《西北园艺》1999.3	张凤敏
19	胶东地区优质苹果园病虫害防治经验	《山西果树》2000.1	房道亮
20	苹果粗皮病土壤防治技术研究	《烟台果树》2000.2	姜学玲、于忠范、徐维华等
21	果园测土配方施肥取样应注意的问题	《烟台果树》2000.3	于波，姜学玲、徐维华等

(续表)

序号	论文题目	发表期刊、期号	本院作者
22	影响苹果钙素营养的土壤环境及科学施肥技术	《烟台果树》2000.4	于忠范、姜学玲、于 波等
23	叶面喷施美奇天然海藻肥对黄瓜的影响	《山东蔬菜》2000.4	姜学玲、徐维华、于忠范等
24	锰毒害对苹果树势及树体锰分布的影响	《北方果树》2000.6	于忠范、姜学玲、张广和等
25	土壤锰含量对苹果树势的影响	《落叶果树》2000.6	姜学玲、于忠范、于 波等
26	新型果园绿肥作物——高秆菠菜	《烟台果树》2001.2	王 荣、孙 亮、刘学卿等
27	棕壤土苹果园土壤与叶片营养关系初探	《河北果树》2001.2	于忠范、姜学玲、徐维华等
28	氨基酸系列液体肥对葡萄生长发育及品质的影响	《烟台果树》2001.3	于忠范、徐维华、姜学玲等
29	富士苹果粗皮病田间诊断指标研究	《北方果树》2001.3	于忠范、姜学玲、刘学卿等
30	果树的钙素营养	《河北果树》2001.4	张凤敏
31	花生土壤磷素适宜值及磷肥最佳用量研究	《中国农学通报》2001.4	姜学玲、于 波、徐维华等
32	九丰肥田宝对苹果生长发育的影响	《北方果树》2001.5	于忠范、张广和、姜学玲等
33	生物菌肥对苹果弱树营养生长的影响	《河北果树》2002.1	姜学玲、于 波、徐维华等
34	旱涝收腐殖酸叶面肥在甜樱桃上的应用试验初报	《落叶果树》2002.1	姜学玲、于忠范、于 波等
35	富士苹果树体营养与果实品质关系初探	《河北果树》2002.6	于忠范、姜学玲
36	海藻肥对黄瓜产量、品质及抗性影响的试验	《蔬菜》2002.8	姜学玲、徐维华、于忠范等
37	养乐多植物保健剂在苹果上的应用效果	《烟台果树》2003.1	姜学玲、董 超、于忠范等
38	韩国生物钙肥肥效试验总结	《烟台果树》2003.2	张凤敏、姜中武
39	苹果硼过多的危害及防治措施	《烟台果树》2003.3	于忠范、姜学玲、张广和
40	苹果园生草适宜草种筛选	《北方果树》2003.6	姜学玲、于忠范、徐维华等
41	硼在果树生产中的作用及应用	《烟台果树》2004.1	姜学玲
42	几种钙肥对苹果的适宜喷施浓度试验	《烟台果树》2005.2	姜学玲、张振英、刘述河
43	果树缺钙的原因及补充措施	《烟台果树》2005.3	隋秀奇
44	翠康花果灵在果树上应用效果	《烟台果树》2005.4	隋秀奇
45	翠康花果灵在苹果树上试验效果	《落叶果树》2005.5	隋秀奇
46	PBO对红富士苹果防霜冻夺高产的效果	《烟台果树》2006.1	张凤敏
47	PBO在果树上的应用效果	《河北果树》2006.3	张凤敏
48	硼对套袋苹果的作用及补硼方法	《烟台果树》2006.4	房道亮、姜丽芝等
49	套袋苹果的科学施肥技术	《烟台果树》2007.4	房道亮、姜丽芝等
50	果树的枝干施肥法	《落叶果树》2007.4	刘志坚
51	硅素养分的特性及其对农作物的作用	《作物杂志》2008.5	姜学玲、于 强
52	农田土壤重金属污染的特点和治理对策	《农技服务》2008.7	刘传德、王 强、于 波等
53	苹果可持续发展所面临的土壤肥料问题与对策	《中国农村小康科技》2008.8	姜学玲、孙庆田、李述平等
54	"爱吉富"海藻肥在甜樱桃上的应用	《烟台果树》2009.1	姜学玲

(续表)

序号	论文题目	发表期刊、期号	本院作者
55	水杨酸对带瘤大青叶砧苗生长影响研究初报	《烟台果树》2009.2	李淑平、张福兴、孙庆田
56	蒲公英牌有机肥兼治根瘤病有奇效	《烟台果树》2009.3	张宗坤
57	施美肽在富士苹果上的应用效果研究	《烟台果树》2011.1	于强、李庆余、苏佳明
58	一组常温纤维素分解菌稳定复合系的创建及其功能	《山东科学》2011.1	张瑞清、孙燕霞、袁堂玉等
59	苹果园施用鸡粪的利弊分析	《烟台果树》2011.2	刘美英、于青、宋来庆
60	两组纤维素分解菌复合系 MC-A1 和 MC-N1 的筛选及其协同功能初探	《山东科学》2011.6	张瑞清、袁堂玉、孙燕霞等
61	植物源有机肥配方设计及对梨幼树的营养效应	《中国农业科学》2011.12	赵玲玲
62	苹果春秋季施肥效果对比试验	《烟台果树》2012.1	田世恩
63	鱼肽素对大樱桃坐果及品质的影响	《烟台果树》2012.4	姜学玲、张福兴、孙庆田等
64	NPK 复合肥与商品有机肥不同配比试验	《烟台果树》2012.4	田世恩
65	胶东地区梨园土壤状况调查分析	《山东农业科学》2012.7	段小娜、于强、李公存等
66	酸性土壤上甜樱桃流胶病的防治试验	《北方果树》2013.1	姜学玲、崔万锁、田长平等
67	环渤海湾地区主要梨园土壤养分状况及养分投入研究	《土壤通报》2013.1	李元军
68	增施钾肥对苹果果实及树盘土壤的影响	《山东农业科学》2013.8	张振英、李延菊、崔万锁等
69	叶面喷施硼肥对富士苹果品质和香气成分的影响	《山东农业科学》2014.1	唐岩、宋来庆、孙燕霞
70	我国微生物菌肥行业迎来黄金发展期	《烟台果树》2014.2	张洪胜
71	叶面喷施硅酸钾对富士苹果品质的影响	《落叶果树》2014.4	唐岩、宋来庆、孙燕霞
72	优质丰产甜樱桃叶片养分调查研究	《果树学报》2014.4	姜学玲、张福兴、孙庆田等
73	钾肥对富士苹果着色的影响及机理	《中国农业科学》2014.5	姜学玲、徐维华、李延菊等
74	Genetic Diversity and Molecular Evolution of Plum bark necrosis stem pitting-associated virus from China	"PLOS ONE" 2014.9	苏佳明（5）
75	果树施肥误区的剖析与矫正	《烟台果树》2015.2	姜学玲、汤国民、张瑞清等
76	生物炭肥及其在苹果园中的应用前景分析	《烟台果树》2015.4	孙燕霞、宋来庆、李慧峰
77	稻壳炭对富士苹果树光合作用及生长的影响	《现代农业科技》2015.5	杨剑超、张瑞清、孙晓等
78	果木炭对富士苹果光合作用的影响	《现代农业科技》2015.23	杨剑超、张瑞清、孙晓等
79	两种生物质炭对果园土壤氮素淋失、滞留的影响	《安徽农业科学》2015.32	张瑞清、孙晓、杨剑超等
80	Genetic diversity of Prunus necrotic ringspot virus infecting stone fruit trees grown at seven regions in China and differentiation of three phylogroups by multiplex RT-PCR	"Crop Protection" 2015.74	苏佳明（6）
81	氮、磷、钾不同施肥水平对苹果容器苗生长的肥料效应研究	《山东科学》2016.1	张瑞清、孙晓、杨剑超等

（续表）

序号	论文题目	发表期刊、期号	本院作者
82	钾肥对富士苹果着色的影响及机理	《中国园艺文摘》2016.1	姜学玲、徐维华、李延菊
83	两种生物质炭对果园酸化土壤改良效果的研究	《山东农业科学》2016.2	张瑞清、杨剑超、孙 晓等
84	能百旺对红将军苹果品质和风味物质的影响	《烟台果树》2016.3	田世恩、刘美英、宋世志等
85	硫酸钾肥对樱桃产量和果实品质的影响初探	《烟台果树》2016.4	李淑平、李 晶
86	氮肥施用量对菜豆产量和土壤有效氮的影响	《农业科学与技术（英文版）》2016.8	汤国民
87	生物碳对土壤团聚体及结合态碳库影响研究进展	《山东农业科学》2016.9	张 磊、柳 璇、韩俊杰等
88	缓控释肥料施用量对鲜食糯玉米生长及产量的影响	《黑龙江农业科学》2017.7	汤国民
检测评估（28篇）			
1	离子色谱法测定水性漆中氯离子的含量	第11届全国离子色谱学术报告会论文集》（2006）	王志新
2	苹果中有毒有害物质及综合调控治理对策	《现代农业科技》2007.13	刘传德、于 波、徐维华等
3	红将军苹果的脱毒与检测技术研究	《华北农学报》2009.1	苏佳明
4	3-环丙基卟吩 f-3 甲酯与转铁蛋白的相互作用	《光谱实验室》2009.3	李晓亮
5	土壤及苹果中戊唑醇残留的GC测定方法	《安徽农业科学》2009.6	刘传德、周先学、王志新等
6	烟台市主要果树病毒调查与检测鉴定初报	《山东农业科学》2009.6	苏佳明
7	烟台出口苹果产地土壤环境质量监测及评价	《青岛农业大学学报》2011.1	李晓亮、周先学、刘学卿
8	我国蔬菜水果农药残留检测技术发展动向和质量安全控制对策	《北方园艺》2011.11	刘传德、周先学、王志新等
9	德国苹果病毒病分子检测与防控技术考察报告	《烟台果树》2012.1	李元军、周先学、赵玲玲
10	苹果与土壤中吡唑醚菌脂残留分析方法研究	《中国农学通报》2014.10	周先学、刘传德、鹿泽启等
11	我国农业环境污染现状及防治对策	《安徽农学通报》2012.13	臧宏伟（第2位）
12	叶枯唑在桃和土壤中的残留分析	《安徽农业科学》2012.14	王志新、鹿泽启、徐维华等
13	北方主要蔬菜水果现行绿色食品标准中卫生（或安全）指标与食品安全国家标准的比较与分析	《农学学报》2014.2	李晓亮、王常芸、段小娜
14	赤霉酸在梨中的残留消解动态研究	《中国农学通报》2014.12	姚 杰、刘传德、鹿泽启、王志新、段小娜等
15	苹果农药残留风险评估	《中国农业科学》2014.18	刘传德（第3位）
16	二氰蒽醌和吡唑醚菌酯在枣中的残留行为及膳食摄入风险评估	《农药学学报》2015.6	兰 丰、刘传德、周先学、王志新、鹿泽启等
17	山东省主产区苹果农药残留水平及累积急性膳食摄入风险评估	《食品安全质量检测学报》2015.7	兰 丰、刘传德、周先学、王志新、鹿泽启等
18	苹果中喹啉铜残留的GC测定方法探讨	《农学学报》2015.12	王志新、姚 杰、刘传德

(续表)

序号	论文题目	发表期刊、期号	本院作者
19	水果质量安全风险来源及防治对策	《现代农业科技》2015.18	臧宏伟、刘传德、王志新等
20	气相色谱-氮磷检测法检测喹啉铜在苹果中的残留及消解动态	《农药学报》2016.1	姚 杰、刘传德、周先学、鹿泽启、王志新等
21	5%丁硫克百威在花生植株及土壤中消解动态及最终残留研究	《花生学报》2016.3	姜 蔚、王志新、姚 杰等
22	苯氧威在甘蓝和土壤中的残留消解动态	《中国蔬菜》2016.5	鹿泽启、刘传德、周先学、王志新、姚 杰、兰 丰等
23	不同产量水平及磷利用效率花生磷素及干物质累积、分配特点	《中国油料作物学报》2016.6	王春晓（2）
24	Contributions of rational soil tillage to compaction stress in main peanut producing areas of China	英国"Scientific Reports" 2016.6	王春晓（3）
25	唑虫酰胺的残留研究进展及发展趋势	《农药》2016.8	柳 璇（2）、姜 蔚等
26	鲜食樱桃农药残留限量标准比较研究	《世界农业》2016.11	柳 璇、段小娜、姜 蔚等
27	Assessing the concentration and potential health risk of heavy metals in China's main deciduous fruits	"Journal of Integrative Agriculture" 2016.15	徐维华
28	山东主产区苹果、梨农药残留风险因子排序	《植物保护》2017.2	兰 丰、王志新、鹿泽启、姚 杰、姜 蔚等

畜牧兽医（10篇）

序号	论文题目	发表期刊、期号	本院作者
1	DO1B 喂绵羊效果	《中国饲养学会论文集》1986	李慎生
2	查干花系中国美利奴羊的饲养管理	《农村科学实验》1986.6	李慎生
3	吉林省中国美利奴羊已繁育成功	《农村科学实验》1986.6	李慎生
4	高效益羔羊肥育法	《农村科学实验》1986.7	李慎生
5	快速养猪法应用试验报告	《中国畜牧》1989.4	李慎生
6	利用膨润土试制蛋用种鸡复合饲料添加剂的研究	《莱阳农学院学报》1990.2	刘洪森
7	肉仔鸡立体笼养技术	《中国家禽》1990.5	李慎生
8	盐霉素在生猪肥育中应用效果	《畜牧兽医科技信息》1991.2	李慎生
9	莱芜猪各阶段的饲养管理要点	《猪业科学》2012.12	王增光
10	大蒜在莱芜猪等地方畜禽良种生产中的应用技术及效果	《当代畜牧》2013.1	王增光

综合（54篇）

序号	论文题目	发表期刊、期号	本院作者
1	关于当前果品生产、经营中的几个问题以及加快发展果品生产的建议	《中国果树》1979.1	于绍夫
2	关于加快实现果品生产现代化的考察报告	《烟台果树》1981.1	于绍夫
3	落叶果树品种花粉中矿质元素含量的研究	《烟台果树》1988.1	于绍夫、姜中武、刘一飞
4	落叶果树品种花粉形态解剖学的研究（摘要）	《落叶果树》1989.1	于绍夫、姜中武、刘一飞

(续表)

序号	论文题目	发表期刊、期号	本院作者
5	九种落叶果树花量及花粉生产量的研究	《落叶果树》1989.4	于绍夫、姜中武
6	世界果品市场研究之一——新加坡	《烟台果树》1990.3	梁玉本
7	部分杏、李品种花粉形态解剖学的研究	《北方果树》1990.3	于绍夫、姜中武、刘一飞
8	世界果品市场研究之二——香港	《烟台果树》1991.1	梁玉本
9	世界果品市场研究之三——中东地区	《烟台果树》1991.2	梁玉本
10	世界果品市场研究之四——美国	《烟台果树》1991.3	梁玉本
11	世界果品市场研究之五——欧洲	《烟台果树》1991.4	梁玉本
12	日本山口县的农业科研	《山东农业科技》1991.5	房道亮
13	落叶果树花粉中的维生素含量及其评价	《落叶果树》1992.1	于绍夫、姜中武、刘一飞
14	世界果品市场研究之六——澳大利亚	《烟台果树》1992.1	梁玉本
15	世界果品市场研究之七——日本	《烟台果树》1992.2	梁玉本
16	世界果品市场研究之八——加工果品在日本	《烟台果树》1992.3	梁玉本
17	关于世界果品市场研究的几个问题	《烟台果树》1992.4	梁玉本
18	试论科研院所领导干部的非权力影响力	《科学学与科学技术管理》1993.1	盛志政、刘勤博
19	葡萄、草莓塑料大棚立体栽培研究报告	《山西果树》1993.4	汪克诚、李元军、吕宗武
20	"倒芽接"在盆栽果树中的应用	《植物杂志》1994.2	汪克诚
21	"抽枝宝"在果树上应用试验小结	《烟台果树》1994.3	汪克诚、王金玉、巩先宜
22	改进各种包装箱、盒、袋	《中国改革建议大奖赛集粹》1994.7	崔万锁
23	盆栽观赏果树的栽培技术	《植物杂志》1995.1	汪克诚、于 青
24	新型植物生长调节剂矮丰灵	《农家参谋》1997.3	刘志坚
25	加快成果转化壮大农业经济	《科技管理研究》1997.4	刘学卿、王江春、周先学
26	花椒、枸杞——绿色围墙的好材料	《科技致富向导》1998.1	王 荣
27	施康露对果树生长发育及果实品质的影响	《烟台果树》1998.3	张宗坤
28	切实加强青年科技人才素质教育	《科学与管理》1998.4	刘学卿、牟春生、周先学、王 荣
29	抓人才管理促科研发展	《科技管理研究》1998.4	刘学卿、牟春生、周先学、王 荣
30	精准农业是知识经济时代农业可持续发展的必由之路	《科学中国人》1999.8	梁新明、崔万锁
31	套袋封口的学问	《农家参谋》2001.4	刘志坚
32	NJ-6型连栋塑料温室冬季光温环境的试验研究	《中国农业大学学报》2001.6	孙吉南
33	韩国果树考察报告	《烟台果树》2002.1	李元军
34	韩国近年培育的主要果树优良新品种介绍	《烟台果树》2002.4	李元军、于 青
35	韩国果树育种目标及近年培育的主要优良新品种	《山西果树》2003.1	李元军、于 青

(续表)

序号	论文题目	发表期刊、期号	本院作者
36	塑膜袋的质量标准	《北方果树》2004.1	
37	落叶果树花粉中内源IAA含量的研究	《烟台果树》2004.3	于绍夫、姜中武
38	无公害果品、绿色果品、有机果品的定义和区别	《北方果树》2004.6	张振英
39	国外有机农业现状及我国的发展建议	《当代生态农业》2006.1	李晓亮、王常芸、周先学
40	果树行业未来研发的几个热点领域	《烟台果树》2007.1	张洪胜、张宗坤
41	建设农业循环经济、促进可持续发展	《当代生态农业》2007.10	于 波、辛艳萍、杨洪忠等
42	果品质量安全监控对策	《北方园艺》2007.10	刘传德、周先学、牟建进
43	我国有机水果的发展现状及前景	《烟台果树》2008.2	张洪胜、张宗坤
44	果树春季霜冻发生规律与防控技术	《烟台果树》2009.2	李元军、姜中武、苏佳明
45	我国首台自主知识产权的大樱桃机械分选机投入使用	《落叶果树》2010.3	张洪胜
46	我国自主研制成功大樱桃自动分选机	《西北园艺》2010.6	张洪胜
47	我国有机食品产业现状及发展优势	《现代农业科技》2011.22	臧宏伟（第2位）
48	大资本进军果业成功的关键——模式创新	《烟台果树》2013.4	张洪胜
49	山东省农产品出口现状、问题及对策	《农村经济与科技》2013.7	王永奇
50	烟台市有机食品发展现状与问题分析	《安徽农学通报》2013.13	臧宏伟（第2位）
51	烟台市绿色食品产业现状及发展对策分析	《安徽农学通报》2014.7	臧宏伟（第2位）
52	山东省农业经济发展减少自然灾害受灾率的思考建议	《农业开发与装备》2014.12	刘翠玲
53	果园生态循环模式的主要类型与前景展望	《烟台果树》2016.4	王新语（第2位）
54	农业信息化成为农业经济增长的新动力	《中国农业信息》2016.14	刘翠玲

其他（39篇）

序号	论文题目	发表期刊、期号	本院作者
1	糖用甜菜早期生长差异的简易数学模式	《农业新技术新方法译丛》1988	张善勇
2	烟台市高效益农田的几种模式	《农业科技通讯》1988.11	张善勇、王作全、谢永福
3	西洋参种子不同成熟期与裂口发芽率的关系	《特产研究》1989.4	徐源连、周德强
4	佛手瓜高产栽培技术	《北方园艺》1989.10	王作全、张善勇、谢永富
5	佛手瓜裸培育苗技术	《农业科技通讯》1990.2	王作全、张善勇、谢永富
6	胶东地区农田栽参土壤地块的选择	《特产研究》1992.1	徐源连、尹国香、周德强等
7	西洋参种子催芽中倒种与裂口的关系	《特产研究》1992.2	徐源连、周德强
8	人参西洋参黑斑病的发生与防治	《农业科技通讯》1992.8	尹国香、刘传德、徐源莲
9	银屑病患者的性格特征	《临床精神医学杂志》1997.5	张克云
10	柿新品种——次郎甜柿	《烟台果树》1998.2	张广和、鞠法远
11	确定设施栽培果树扣棚升温时间的方法	《烟台果树》1999.4	张凤敏
12	果树设施栽培中存在的问题及对策	《河北果树》2000.3	张凤敏
13	果树设施栽培中的有害气体及防除	《山西果树》2000.4	张凤敏、李元军
14	日粮中添加乳糖对鸡白痢防治效果的试验	《中国兽医杂志》2000.12	梁明志、宋世志、王增光
15	无花果设施栽培技术	《山西果树》2003.5	张凤敏
16	烟台农科院农业科技旅游博览园建设初探	《中国农学通报》2004.1	王常芸、李晓亮

(续表)

序号	论文题目	发表期刊、期号	本院作者
17	某社区60岁以上退休老人糖尿病现况调查分析	《中华医学实践杂志》2005.5	张肖平
18	复方杠柳液外用治疗尖锐湿疣临床观察及对离体人乳头瘤病毒DNA的影响	《中国中西医结合杂志》2005.5	张肖平
19	蚕蛾营养成分及其保健品的研究与应用	《山东农业科学》2006.2	于 波、于维胜、邹德庆等
20	果树盆栽技术	《烟台果树》2006.3	李淑平
21	山东农业旅游发展浅析	《当代生态农业》2007.1-2	王常芸、李晓亮、王建玲
22	血管淋巴样增生伴嗜酸粒细胞增多症伴毛囊黏蛋白病1例	《中国麻风病杂志》2007.6	张肖平、张克云
23	冬红果盆景的制作与养护	《烟台果树》2008.4	李淑平、赵 明、张福兴
24	皮肤垢着病1例	《中国麻风病杂志》2008.9	张肖平、张克云
25	营养不良性大疱性表皮松懈症1例	《中国麻风病杂志》2008.10	张肖平、张克云
26	蓝莓的庭院栽培	《烟台果树》2009.1	于 强、苏佳明、沙玉芬
27	当前会计信息化的主要问题及其对策	《商业文化》2009.2	王永奇
28	本期果园农历提示	《烟台果树》2009.4	孙庆田、张福兴、刘美英等
29	审计聘任机制研究	《中国集体经济》2009.4	王永奇、姜青梅
30	同步荧光法研究溴氰菊酯与牛血清白蛋白的结合作用	《光谱实验室》2011.1	鹿泽启
31	栽培技术问答	《烟台果树》2011.4	慈志娟、张振英、张洪胜
32	农业科技与旅游结合模式的探讨	《山东农业科学》2011.4	王建玲、王常芸、王冬梅等
33	中药联合他克莫司软膏治疗玫瑰痤疮32例	《中国中西医结合杂志》2011.10	张肖平
34	浒苔绿潮的发生、危害及防治对策	《山东农业科学》2012.3	于 波、汤国民、刘少青等
35	三倍体苹果杂交后代及其亲本果实香气及品质分析	《经济林研究》2013.4	王玉霞
36	叶绿素荧光参数快速鉴定蝴蝶兰的生殖生长进程	《山东农业科学》2014.10	卢建声、丁朋松
37	毛果杨中与PtMKK4互作的PtMPKs的筛选及验证	《林业科学》2015.3	顾 亮
38	果树对盐胁迫的响应及缓解机制研究进展	《北方园艺》2015.9	李芳东、张福兴、孙庆田等
39	长白山野生笃斯越橘根系内生菌资源调查	《山东农业科学》2015.12	顾 亮

三、获奖论文

据不完全统计，在各级学会、协会以及各类优秀论文评委会组织的优秀论文评选中，获得各种奖励的优秀论文60篇（详见表2-6）。

表2-6 获奖论文统计表

序号	获奖论文题目	获奖时间	获奖名称及等级	授奖单位	本院作者
1	山区旱薄地甘薯大幅度增产技术的研究	1988.01	优秀学术论文二等奖	烟台市科学技术协会	于作庆
2	芋头高产特性及新法栽培	1990.05	优秀学术论文二等奖	烟台市科学技术协会	于作庆

（续表）

序号	获奖论文题目	获奖时间	获奖名称及等级	授奖单位	本院作者
3	Ti质粒转化百脉根叶圆片及其再生植株的研究	1990.11	山东省青年农业科技征文比赛一等奖	山东省青年农业科技征文评委会	王江春
4	酶联免疫吸附法对葡萄扇叶病毒的检定	1992.05	优秀论文奖	中国生态学会青年研究会	房道亮
5	《乡镇干部农业技术手册》精装本	1993.12	北方十省市优秀科技图书二等奖	山东科技出版社	孙苡瑶
6	发展高产高效种植业新格局	1994.03	优秀论文	94全国双高一优农业学术论文评审委员会	姜鸿明
7	高产小麦品种熟相类型的比较研究	1995.03	优秀学术论文三等奖	山东省科学技术协会	姜鸿明
8	水分胁迫对高产小麦品种的生理效应	1996.06	1994—1995年度学术论文二等奖	烟台市科学技术协会	姜鸿明
9	小麦根腐蠕孢菌的研究——平脐蠕孢菌和内脐蠕孢菌的比较	1997.08	优秀论文一等奖	省青年科协《山东农业科学》编辑部	刘学卿
10	《旱地周年覆盖栽培技术》科技录像片	1997.11	神农奖组委会奖	农业部	孙苡瑶
11	《旱地周年覆盖栽培技术》科技录像片	1997.11	第五届全国优秀科技音像作品三等奖	中国科协与国家新闻出版署	孙苡瑶
12	糯玉米的选育	1999.06	优秀论文三等奖	烟台市委组织部	辛举文、李晓亮、张建明
13	特用型玉米的研究进展及综合开发利用	1999.06	优秀论文二等奖	烟台市委组织部、人事局、科学技术协会	李晓亮
14	抗旱高产小麦新品种烟农18的选育及栽培要点	1999.08	优秀学术论文一等奖	中国农学会	李晓亮
15	加强科研攻关，推动农业产业化发展	2000.10	优秀论文一等奖	烟台农学会	刘学卿
16	草莓普通大棚促成栽培技术	2000.10	科技论文一等奖	烟台农学会、烟台市农业科技人才管理协会	李晓亮
17	草莓普通大棚促成栽培技术	2000.10	烟台市农业科技论文一等奖	烟台农学会、烟台科技人才管理协会	王常芸
18	特用甘薯的研究进展及综合开发利用	2000.10	烟台市农业科技论文一等奖	烟台农学会、烟台科技人才管理协会	王建玲、刘学庆、林祖军
19	抗旱、高产、广适冬小麦新品种鲁麦21号的选育与应用	2000.12	优秀农业科技论文一等奖	山东省农学会	方 正、刘维正
20	毛樱桃砧对桃树生长结果的影响	2002.01	优秀论文三等奖	烟台市组织部、人事局、科协	张凤敏
21	果树设施栽培中存在的问题及对策	2002.01	优秀论文二等奖	烟台市组织部、人事局、科协	张凤敏
22	核果类果树设施栽培实用技术（专著）	2002.01	优秀论文一等奖	烟台市组织部、人事局、科协	张凤敏

(续表)

序号	获奖论文题目	获奖时间	获奖名称及等级	授奖单位	本院作者
23	桃树高效设施栽培技术问答（专著）	2002.01	优秀论文三等奖	烟台市组织部、人事局、科协	张凤敏
24	烟台苹果园中几个抗性害虫的发生及防治	2002.01	优秀论文二等奖	烟台市组织部、人事局、科协	张福兴、刘美英、孙庆田
25	谈对果园农药的正确认识与合理使用	2002.01	优秀论文三等奖	烟台市组织部、人事局、科协	张福兴、刘美英、孙庆田
26	比利时樱桃砧木茎尖组培育苗研究初报	2002.07	山东第二届农业科技优秀论文一等奖	山东省农业厅、山东省农业科技人才管理协会	姜中武、沙玉芬
27	40%毒死蜱乳油防治苹果绵蚜试验初报	2002.01	优秀论文二等奖	烟台市组织部、人事局、科协	孙庆田、张福兴、刘美英
28	烟台苹果病虫害的演变与防治	2002.01	优秀论文三等奖	烟台市组织部、人事局、科协	孙庆田、张福兴、刘美英
29	苹果无病毒苗木流水线生产技术	2002.01	优秀论文三等奖	烟台市组织部、人事局、科协	姜中武、张振英、于强
30	苹果对钙的吸收特点及套袋苹果的补钙措施	2002.01	优秀论文三等奖	烟台市组织部、人事局、科协	隋秀奇
31	2000年苹果园部分病虫害重发原因及对策	2002.01	优秀论文三等奖	烟台市组织部、人事局、科协	隋秀奇
32	浅谈当前桃、李、杏小果品的发展	2002.01	优秀论文三等奖	烟台市组织部、人事局、科协	李元军、夏月明
33	桑树平衡施肥的研究	2004.03	山东蚕学会第十二次年会二等奖	山东省农科院	于波
34	食疗同源昆虫——蚕蛾的研究利用现状与展望	2005.12	山东蚕学会第十三次年会一等奖	山东省农科院	于波
35	PBO在果树上的应用效果	2007.02	中国当代优秀学术成果奖	中国文化传媒出版社、华夏学术杂志社	张凤敏
36	山东省小麦品种演变及产量性状的遗传分析	2007.12	自然科学优秀学术论文三等奖	烟台市自然科学优秀学术论文评委会	王江春
37	外源GO基因导入番茄后对叶霉病的抗性机制	2007.12	自然科学优秀学术论文一等奖	烟台市科协	王全华
38	优良调味型生姜组培快繁技术研究	2009.02	烟台市第十二届自然科学优秀论文优秀奖	烟台市自然科学优秀学术论文评委会	沙玉芬、苏佳明
39	建国以来山东省小麦品种及其亲本Glu-1位点的亚基组成和多样性分析	2009.02	自然科学优秀学术论文优秀奖	烟台市自然科学优秀学术论文评委会	王江春
40	鲁麦14空间诱变后代籽粒蛋白质及相关酶活性研究	2009.02	自然科学优秀学术论文三等奖	烟台市自然科学优秀学术论文评委会	王江春
41	科学施肥在甘薯高产栽培中的应用	2009.02	第十二届自然科学优秀学术论文三等奖	烟台市自然科学优秀学术论文评委会	辛国胜
42	设施栽培油桃对叶面施^{15}N的吸收、分配特性研究	2009.02	烟台市第十二届自然科学优秀论文优秀奖	烟台市自然科学优秀学术论文评委会	李延菊、张序

(续表)

序号	获奖论文题目	获奖时间	获奖名称及等级	授奖单位	本院作者
43	'红灯'甜樱桃果实发育过程中香气成分的组成及其变化	2009.02	烟台市自然科学优秀学术论文三等奖	烟台市科协	张序、李延菊
44	Cu^{2+}、Zn^{2+}和Mn^{2+}对冷胁迫黄瓜叶片提取液SOD活性的影响	2009.11	中国园艺学会优秀论文奖	中国园艺学会	李涛
45	红灯甜樱桃果实芳香成分的SPME-GL-MS分析	2010.06	中国园艺学会樱桃分会优秀论文	中国园艺学会樱桃分会	张序、李延菊
46	'红灯'甜樱桃果实发育过程中香气成分的组成及其变化	2010.08	《中国农业科学》年度高影响力论文	《中国农业科学》编委会	张序、李延菊
47	苹果轮纹病菌对代森锰锌的敏感性	2011.08	自然科学优秀学术论文三等奖	烟台市自然科学优秀论文评委会	刘保友、王英姿、张伟
48	黑色地膜对甘薯生理特性及产量的影响	2011.08	第十三届自然科学优秀学术论文二等奖	烟台市自然科学优秀学术论文评委会	辛国胜、林祖军、韩俊杰
49	高产高淀粉甘薯新品种烟薯24号选育及覆膜栽培技术研究	2012.10	"中国知网杯"强科技促发展征文三等奖	农业部科技教育司	辛国胜、林祖军、韩俊杰、刘志坚、商丽丽、邱鹏飞
50	农业科技与旅游有机结合模式的研究与开发	2012.10	"中国知网杯"强科技促发展征文优秀奖	农业部科技教育司	王常芸
51	烟台地区不同嘎啦品种果实经济性状分析	2013.07	自然科学优秀学术论文优秀奖	烟台市自然科学优秀论文评委会	刘美英、于青、宋来庆、赵玲玲、孙燕霞、唐岩等
52	大樱桃褐斑病病原菌鉴定与田间流行动态研究	2013.07	自然科学优秀学术论文二等奖	烟台市自然科学优秀论文评委会	刘保友、张伟、栾炳辉
53	增效剂倍创与48%毒死蜱乳油混用对韭菜根蛆防治效果的评价	2013.07	自然科学优秀学术论文优秀论等奖	烟台市自然科学优秀论文评委会	王洪涛、王培松、栾炳辉
54	华帅苹果在烟台地区的引种表现及栽培技术要点	2014.09	烟台市第十五届自然科学优秀学术论文	烟台市自然科学优秀论文评委会	孙燕霞、于青、刘美英、唐岩、宋来庆、赵玲玲等
55	不同品种甜樱桃果实芳香成分的GC-MS分析	2014.05	中国园艺学会中国樱桃年会优秀论文	中国园艺学会	张序、李延菊、孙庆田等
56	'美早'甜樱桃优质高效树体研究	2015.05	2015年中国樱桃年会优秀论文奖	中国园艺学会樱桃分会	李芳东、张序、田长平、孙庆田、盖文贤、张福兴
57	富士苹果浓红色芽变品种果实品质和香气成分差异分析	2015.08	优秀论文一等奖	山东园艺学会	宋来庆、赵玲玲、刘美英、唐岩、孙燕霞、姜中武
58	烟台地区主要早熟品种综合性状分析	2015.08	优秀论文二等奖	山东园艺学会	刘美英、宋来庆、赵玲玲、孙燕霞、唐岩
59	大葱伴生栽培对黄瓜根区土壤细菌种群的影响	2015.12	烟台市自然科学优秀学术论文三等奖	烟台市科协	夏秀波、王全华、葛晨辉等

序号	获奖论文题目	获奖时间	获奖名称及等级	授奖单位	本院作者
60	优质丰产甜樱桃园土壤和叶片养分状况分析	2017.05	2017年中国樱桃年会优秀论文奖	中国园艺学会樱桃分会	李芳东、张福兴、孙庆田、姜学玲、张 序、王玉霞、李延菊、田长平

第三节 审（鉴、认）定品种

一、自育审定品种

截至目前，通过国家审（鉴）定、省审（认、鉴）定的作物品种共计118个。自育审、鉴定的作物品种100个，其中果树专业14个，小麦专业24个，甘薯23个，玉米、大豆专业20个，花卉11个，蔬菜8个（详见表2-7）。

表2-7 自育审、鉴定的作物品种统计表

果树

序号	品种名称	亲本组合	审定时间	审定级别	品种选育人
1	"砂蜜豆"甜樱桃	萨米脱芽变	2007.09	鲁省审	张福兴、孙庆田、刘美英、于 青、姜学玲、张 序、李淑平、李延菊、苏佳明
2	烟砧一号	鸡冠自然实生苗	2009.10	鲁省审	姜中武、李元军、宋来庆、于 青、赵玲玲、刘美英、刘学卿
3	"黑珍珠"甜樱桃	萨姆实生	2010.09	鲁省审	张福兴、孙庆田、张 序、李淑平、张广和、李延菊、姜学玲
4	"福星"甜樱桃	萨米脱×斯帕克里	2013.11	鲁省审	张福兴、孙庆田、张 序、李淑平、李延菊、田长平
5	"福晨"甜樱桃	萨米脱×红灯	2013.11	鲁省审	
6	"烟葡一号"葡萄	8612芽变品种	2013.11	鲁省审	唐美玲、张超杰、刘万好、张振英、徐维华、姜中武
7	烟富8	红富士芽变	2013.11	鲁省审	隋秀奇
8	美乐	长富2号芽变	2014.12	鲁省审	姜中武、李元军、宋来庆、于 青、赵玲玲、刘美英、唐 岩、孙燕霞、刘学卿
9	"福美"油桃	瑞光19×（冠华雪桃、北京晚蜜）	2015.12	鲁省审	张福兴、李延菊、刘美英、孙庆田、张 序、于 青、王玉霞、李淑平、田长平、李芳东
10	"福秀"油桃	瑞光19×（冠华雪桃、北京晚蜜）	2015.12	鲁省审	
11	"福翠"甜樱桃	晚红珠自然杂交	2015.12	鲁省审	张福兴、孙庆田、张 序、李淑平、李延菊、田长平、李芳东、王玉霞
12	"福金"甜樱桃	雷尼×晚红珠	2017.02	鲁省审	
13	"福阳"甜樱桃	黑珍珠×（萨米脱+先锋）	2017.02	鲁省审	张福兴、孙庆田、张 序、李延菊、田长平、李芳东、王玉霞
14	"烟樱3号"砧木	'大青叶'田间芽变选育	2017.02	鲁省审	

(续表)

小麦

序号	品种名称	亲本组合	审定时间	审定级别	品种选育人
1	蚰包麦	蚰子麦×包打300炮			
2	烟农15号	蚰包麦×St2422/464	1982.04	鲁省认	
3	烟农685	蚰包麦×辐系4号	1982.04	鲁省认	徐沛然
4	烟农78	关东矮×东方小麦	1983	鲁省认	
5	鲁麦7号	洛夫林10×〔（维尔×如罗）×蚰包麦〕	1985.08/1989.04 1989.11	鲁省审/国审 苏省审	
6	鲁麦13号	74〈11〉混1-1-3×莱阳584	1989.05	鲁省审	方 正
7	鲁麦14号	C149×$F_4$530	1990.08 1992/1993	鲁省审 晋省审/国审	王玉心、方 正
8	鲁麦21号	鲁麦13号×宝丰7228	1996.05	鲁省审	方 正
9	烟85722	烟79214×烟791604	1996.04	苏省审	王玉心
10	烟农18号	（144×寨5241）×小黑麦遗8	1999.04 2001.09	鲁省审 晋省审	陈永娜
11	烟农19号	烟1933×陕82-29	2001.05/2001.09 2003.04/2004.09 2005.09/2006.04	鲁/苏省审 皖引/晋省审 豫引/京审	姜鸿明
12	烟农21号	烟1933×陕82-29	2002.10/2004.10	鲁省审/国审	
13	烟农22号	烟1604×（尉132×87初20）	2002.10	鲁省审	
14	烟辐188	烟中22、兴麦7721和鲁麦7号γ2为亲本	2002.08	苏省审	李兴桥
15	烟农23号	烟1061×鲁麦14号	2003.10	鲁省审	于经川
16	烟农24号	陕229×安麦1号	2004.09	鲁省审	刘兆晔
17	烟2415	烟849×鲁麦21号	2006.09	鲁省审	于经川
18	烟农5286	鲁麦14号×烟945015	2007.09/2011.05	省审/皖省审	刘维正、刘兆晔、于经川
19	烟农5158	烟航选2号×烟农15	2007.09/2009.05 2010.11	鲁省审/皖省审 苏省审	王江春
20	烟农0428	烟1668×鲁麦21号	2008.09	鲁省审	姜鸿明
21	烟农836	烟9292卫星搭载处理	2010.09/2014.01	鲁省审/国审	
22	烟农999	（烟航选2号×临9511）F_1×烟BLU14-15	2011.10/2016.03	鲁省审/国审	王江春
23	烟173	济麦22×烟2415	2016.02	鲁省审	丁晓义
24	烟农1212	烟5072×石94-5300	2018.01	鲁省审	姜鸿明

甘薯

序号	品种名称	亲本组合	审定时间	审定级别	品种选育人
1	烟薯1号	胜利百号与南瑞苕杂交后代	1982	鲁省审	杨中萃、崔广琴、王树钿
2	烟薯3号	"52-45"自由授粉杂交后代	1982	鲁省审	杨中萃、崔广琴等

(续表)

序号	品种名称	亲本组合	审定时间	审定级别	品种选育人
3	烟薯8号	丰收黄与台农10号杂交后代	1982	鲁省审	崔广琴、杨中萃、邹玉真、沈稼青、于作庆、王庆旭
4	鲁薯2号	烟薯3号放任授粉后代	1986	鲁省审	崔广琴、杨中萃、王庆旭、林淑娟、邹玉真、于作庆
5	鲁薯3号	徐薯18与美国红杂交后代	1989	鲁省审	崔广琴、杨中萃、林淑娟、王庆旭、林祖军
6	鲁薯5号	蓬尾与烟薯6号杂交后代	1989	鲁省审	崔广琴、杨中萃、林祖军、王淑贞、刘学庆
7	鲁薯6号	76-827与薯8号杂交后代	1992	鲁省审	崔广琴、杨中萃、林祖军、刘学庆
8	烟薯16	台农57放任授粉后代	1998.04	鲁省审	崔广琴、杨中萃、林祖军、刘学庆、王建玲、辛国胜
9	烟薯27	烟183与百岁薯杂交后代	1999.09	国审	崔广琴、杨中萃、林祖军、王建玲、辛国胜、刘学庆
10	烟薯18	鲁薯3号与红肉红杂交后代	2002.04/2008.03	国审/鲁省审	林祖军、辛国胜、崔广琴、韩俊杰、刘志坚
11	烟薯20	烟薯550为母本自由授粉后代	2004.06	国审	
12	烟薯21	烟137为母本放任授粉后代	2007.11	国审	林祖军、辛国胜、刘志坚
13	烟薯22	鲁薯5号放任授粉后代	2008.11	国审	
14	烟紫薯1号	烟紫薯80放任授粉后代	2005.04/2008.03	国审/鲁省审	林祖军、辛国胜、韩俊杰、刘志坚
15	烟紫薯2号	种子岛紫放任授粉后代	2009.08	国审	
16	烟薯23	冀薯98为母本放任授粉后代	2010.03	鲁省审	林祖军、辛国胜、韩俊杰、刘志坚、商丽丽
17	烟薯24	冀薯98为母本改良杂交后代	2010.08	国家级	辛国胜、林祖军、韩俊杰、刘志坚、商丽丽
18	烟薯25	鲁薯8号放任授粉后代	2012.09/2012.07	国审/鲁省审	辛国胜、林祖军、韩俊杰、刘志坚、商丽丽、邱鹏飞
19	烟薯26	烟薯23为母本放任授粉后集团杂交选育	2015.08	鲁省审	辛国胜、林祖军、韩俊杰、商丽丽、邱鹏飞
20	烟薯28	烟薯18为母本放任授粉后集团杂交选育	2015.08	鲁省审	辛国胜、林祖军、韩俊杰、商丽丽、邱鹏飞、张磊
21	烟紫薯3号	烟薯0389集团杂交后代	2014.08	国审	辛国胜、林祖军、韩俊杰、商丽丽、邱鹏飞
22	烟紫薯4号	浙薯81放任授粉后代	2016.05	国审	辛国胜、林祖军、韩俊杰、商丽丽、邱鹏飞、张磊
23	烟薯29号	烟薯24号放任授粉后代	2016.05	国审	

玉米、大豆

序号	品种名称	亲本组合	审定时间	审定级别	品种选育人
1	烟三6号	（黄126×海7）×oh43	1966		郑洪良、杨安均、王秀清、于伊、王志范、宋文华

(续表)

序号	品种名称	亲本组合	审定时间	审定级别	品种选育人
2	烟三10号	（海7×南55）×oh43	1967		
3	烟三1号	（BNP44×M14）×海7	1969		郑洪良、于 伊、杨安均、王秀清
4	单交36号	旅28×oh36	1972		于 伊
5	烟黄一号	群选1×早黄1	1973		刘明春、辛举文、王秀清
6	烟黄3号	东解1号×卫80	1974		刘明春、辛举文、王秀清
7	群三1号	（252/2411）Mo17	1975		于 伊
8	烟单14号	黄早四×Mo17	1982.04	鲁省审	于 伊、孙始良、王志范、宋文华、龙丽萍
9	鲁玉1号	黄早四×三团	1983.03	鲁省审	王志范、宋文华、孙始良、龙丽萍、朱文华
10	鲁笋玉1号	多1×日爆	1989.10	鲁省审	于 伊、孙始良、邹德庆、宋文华
11	烟单5号	衡白522×白525	1983.04	鲁省审	郑洪良、龙丽萍
12	鲁豆5号	东解1号×美-3	1984.04	鲁省审	刘明春、辛举文、王秀清、韩启秀
13	烟单17号	107×文黄31413	1992.04	鲁省审	郑洪良、龙丽平、张善勇、王志范、汤国民
14	鲁青豆1号	当地青豆×黄豆品种	1993.03	鲁省审	韩启秀、刘明春、吕祝章
15	烟单16号	8112×文黄31413	1993.05	鲁省审	郑洪良、王志范、龙丽萍、汤国民、宋文华
16	烟豆4号	7102-16412×鲁豆5号	1994.04	鲁省审	刘明春、辛举文、韩启秀、吕祝章
17	烟糯6号	6125×1211	2001.05	鲁省审	龙丽萍、汤国民、夏德君、袁堂玉
18	烟糯7号	43224×1211	2003.03	鲁省审	汤国民、龙丽萍、夏德君、袁堂玉
19	烟鲜玉1号	莱小281×津鲜系-11	2002.04	鲁省审	于维忠
20	烟早糯2号	自交系113×自交系44134	2006.04	鲁省审	于维忠

花卉

序号	品种名称	亲本组合	审定时间	审定级别	品种选育人
1	"朝霞"蝴蝶兰	Dtps. I-Hsin Paprikia × Dtps. Sinica Sunday	2007.12	鲁省审	刘学庆、孙纪霞、刘克宁、丁朋松、郭文姣、刘述河
2	"靓红"蝴蝶兰	Dtps. Ju Bao Red Rose, 为选择育种	2007.12	鲁省审	刘学庆、孙纪霞、丁朋松、郭文姣、姜 蔚、刘述河
3	"靓紫"蝴蝶兰	Dtps. Taisuco Kinlentine × Dtps. Hsinying's Coral	2007.12	鲁省审	刘学庆、姜青梅、姜 蔚、丁朋松、郭文姣、刘述河
4	"超靓火鸟"蝴蝶兰	Dtps. Minho Princess × Dtps. Leopard Prince	2007.12	鲁省审	孙纪霞、马建华、刘学庆、刘述河、姜青梅、郭文姣、姜 蔚
5	"彩霞"蝴蝶兰	Dtps. Taida Firebird × Phal. Ming-Hsing Cinderella	2011.12	鲁省审	刘学庆、孙纪霞、王丽辉、丁朋松、张京伟、刘述河
6	"亮霞"蝴蝶兰	Dtps. Taida Firebird × Phal. Ming-Hsing Cinderella	2011.12	鲁省审	刘学庆、孙纪霞、丁朋松、郭文姣、张京伟、刘述河

(续表)

序号	品种名称	亲本组合	审定时间	审定级别	品种选育人
7	"彩云"蝴蝶兰	Dtps.（Happy Smile × Taisuco Candystripe）× Dtps.（Happy Valentine× Morqenrose）	2011.12	鲁省审	刘学庆、丁朋松、张京伟、孙纪霞、郭文姣、刘述河
8	"红霞"蝴蝶兰	P. New（Cinderella × Dtps. Taisuco Firebird）× Dtps. Be Yu	2011.12	鲁省审	刘学庆、孙纪霞、刘述河、郭文姣、张京伟
9	"晓霞"蝴蝶兰	Dtps. Red Dragon × Dtps. Red Swan	2013.12	鲁省审	刘学庆、王常芸、郭文姣、丁朋松、张京伟、刘述河、孙纪霞
10	"云霞"蝴蝶兰	Dtps. Ju Bao Red Rose × Dtps. Ju Bao Red Rose	2013.12	鲁省审	孙纪霞、刘学庆、郭文姣、丁朋松、张京伟、刘述河
11	"金辉"忍冬	Lonicera×Heckrottii Rehd.	2013.12	鲁省审	刘学庆、丁朋松、张京伟、孙纪霞、郭文姣、刘述河

蔬菜

序号	品种名称	亲本组合	审定时间	审定级别	品种主要选育人
1	"福山二包头"大白菜	福山包头采用阶段选种法，经株系比较选育	1997.04	鲁省认定	卜宪玉、宋文卿、李素梅、崔万锁、李卫强
2	"鲁番茄7号"番茄	91-1^{nv}×209-2-30-7	1997.05	鲁省审	邬振祥、李素梅、尹国香、孙世川、王全华
3	"烟葫4号"西葫芦	2-13-5-26-7-3×N2-10-7-11-5-6	2010.03	鲁省审	尹国香、张焕春、王全华、曹守军、夏秀波
4	"烟番9号"番茄	XM-9×EL-13	2011.03	鲁省审	王全华、夏秀波、曹守军、李素梅、葛晨辉
5	"烟红101"番茄	XM-2-10-16-3-5-9 × FL-10-4-8	2012.09	国鉴定	王全华、夏秀波、尹国香、曹守军、葛晨辉、姚建刚、李素梅
6	"烟红103"番茄	819-9×821-13	2013.05	鲁省审	王全华、夏秀波、曹守军、姚建刚、葛晨辉、尹国香、李素梅、张焕春
7	"翡秀"黄瓜	DDX-12-29-19-11-5 × MS-16-5-1-18-13	2013.05	鲁省审	王全华、曹守军、夏秀波、姚建刚、葛晨辉、张焕春、尹国香、李素梅、周杨
8	"烟粉207"番茄	P91-1-26-6-5-1-9 × NF19-9-5-15 -6-3	2015.06	国鉴定	王全华、李涛、夏秀波、姚建刚、曹守军、李素梅、尹国香、张丽莉、王虹云

二、引选审定品种

通过国内外引种选育并通过山东省作物品种审定委员会审定的优良品种18个，主要为果树专业的大樱桃、苹果、梨优良品种（详见表2-8）。

表2-8　通过引种选育审定的品种统计表

序号	品种名称	亲本组合	审定时间	审定级别	品种选育人
1	"斯帕克里"甜樱桃	加拿大引进	2004.12	鲁省审	
2	"先锋"甜樱桃	加拿大引进	2004.12	鲁省审	张凤敏、张福兴、郑宗文、孙庆田、姜学玲、姜中武、左绪海、李元军、于绍夫
3	"拉宾斯"甜樱桃	先锋×斯太拉	2004.12	鲁省审	
4	"萨姆"甜樱桃	加拿大引进	2004.12	鲁省审	
5	"斯太拉"甜樱桃	加拿大引进	2004.12	鲁省审	

(续表)

序号	品种名称	亲本组合	审定时间	审定级别	品种选育人
6	"美早"甜樱桃	斯太拉×布莱特	2006.12	鲁省审	
7	"萨米脱"甜樱桃	先锋×萨姆	2006.12	鲁省审	张福兴、孙庆田、姜学玲、李淑平、张 序、李延菊、刘美英、于 青
8	"早生凡"甜樱桃	加拿大引进	2006.12	鲁省审	
9	晚丰	宾库×日出	2007.09	鲁省审	张福兴、孙庆田、刘美英、于 青、姜学玲、张 序、李淑平、李延菊
10	艳阳	先锋×斯太拉	2008.09	鲁省审	
11	桑提娜	斯太拉×萨米脱	2008.09	鲁省审	张福兴、孙庆田、张 序、李淑平、张广和、李延菊、姜学玲
12	艳红	斯太拉×宾库	2009.10	鲁省审	
13	"甘红"苹果	早艳×金矮生	2010.12	鲁省审	
14	"太平洋玫瑰"苹果	嘎啦×华丽	2010.12	鲁省审	姜中武、李元军、宋来庆、于 青、赵玲玲、刘美英、刘学卿
15	"皮诺娃"苹果	克利维亚×金帅	2010.12	鲁省审	
16	早红	嘎拉自然实生苗	2011.10	鲁省审	姜中武、李元军、宋来庆、于 青、赵玲玲、刘美英、唐 岩、孙燕霞、刘学卿
17	华美	嘎啦×华帅	2011.10	鲁省审	
18	阿巴特梨	法国引种	2006.09	鲁省审	李元军、丁菊凤、姜中武、于 青、刘美英、宋来庆

第四节 知识产权

一、育成品种

(一) 品种权保护

目前，本院已有11个品种（系）获得品种权；10个品种通过初审获得申请公告号。其中，小麦品种3个，甘薯品种7个（详见表2-9）。

表2-9 烟台市农科院国家植物新品种（系）保护权名录

种类	品种名称	申请日	公告日	申请公告号	授权日	品种权号
小麦	烟农21号	2004.04.13	2004.07.01	CNA001421E	2005.11.01	CNA20040195.5
	烟农23号	2004.04.13	2004.07.01	CNA001422E	2005.11.01	CNA20040196.3
	烟农5286	2004.12.29	2005.07.01	CNA002153E	2008.01.01	CNA20040686.8
	烟2070（品系）	2004.12.29	2005.07.01	CNA002152E	2008.01.01	CNA20040685.X
	烟农5158	2005.07.27	2006.01.01	CNA002506E	2008.07.01	CNA20050438.X
	烟2415	2005.07.27	2006.01.01	CNA002507E	2008.07.01	CNA20050439.8
	烟BLU99603（品系）	2005.07.27	2006.01.01	CNA002505E	2009.03.01	CNA20050437.1
	烟农0428	2010.12.22	2011.07.01	CNA007642E	2015.11.01	CNA20101128.9
	烟农999	2011.09.19	2012.01.01	CNA008174E	2016.05.01	CNA20110666.8
	烟农836	2015.07.17	2015.11.01	CNA014013E		
	烟农173	2015.09.15	2016.01.01	CNA014304E		
	烟农1212	2017.06.09	2018.01.01	CNA019010E		

(续表)

种类	品种名称	申请日	公告日	申请公告号	授权日	品种权号
樱桃	烟樱1号	2016.07.20	2016.11.01	CNA016400E	2018.01.02	CNA20161260.1
	烟樱2号	2016.07.20	2016.11.01	CNA016401E	2018.01.02	CNA20161261.0
甘薯	烟薯25	2015.12.18	2016.05.01	CNA015160E		
	烟薯28	2016.03.31	2016.07.01	CNA015600E		
	烟薯29号	2016.12.07	2017.05.01	CNA017383E		
	烟紫薯4号	2016.12.07	2017.05.01	CNA017382E		
	烟薯26号	2016.12.07	2017.07.01	CNA017787E		
	烟薯30号	2017.04.26	2017.11.01	CNA018454E		
	烟薯31号	2017.04.26	2017.11.01	CNA018455E		

（二）品种转让

到目前为止，已有15个农作物品种进行经营权转让，其中小麦品种14个；玉米品种1个（详见表2-10）。

表2-10 烟台市农业科学研究院农作物品种经营权转让名录

种类	品种名称	审定时间	审定级别	转让时间	受让单位
小麦	烟农15号	1982	省审	2016	安丘市奥原种子有限公司
	鲁麦21号	1996	省审	2016	海阳市郭城镇农业科学研究所
	烟农19号	2001.05/2001.09 2003.04/2004.09 2005.09/2006.04	鲁/苏省审 皖引/晋省审 豫引/京审	2016	济宁欣丰种业有限公司
	烟农21号	2002.10/2004.10	鲁省审/国审	2016	江苏省洪泽湖农场种子公司
	烟农21号	2002.10/2004.10	鲁省审/国审	2016	安徽永民种业有限责任公司
	烟农21号	2002.10/2004.10	鲁省审/国审	2016	兰陵垦星种业有限公司
	烟农23号	2003.10	鲁省审	2016	青岛鲁聚丰种业有限公司
	烟农24号	2004.09	鲁省审	2016	莱阳市种子公司
	烟2415	2006.09	鲁省审	2014	山东立原种业有限公司
	烟农5286	2007.09/2011.05	鲁/皖省审	2016	山东德发种业科技有限公司
	烟农5158	2007.09/2009.05 2010.11	鲁/皖省审 苏省审	2016	无棣惠农种子科技有限公司
	烟农0428	2008.09	鲁省审	2015	无棣惠农种子科技有限公司
	烟农836	2010.09/2014.01	鲁省审/国审	2014	河南省郑州睿鸿志诚农业科技有限公司
	烟农836	2010.09/2014.01	鲁省审/国审	2014	山东莘州种业有限公司
	烟农999	2011.10/2016.03	鲁省审/国审	2015	安徽新世纪农业有限公司
	烟农173	2016.02	鲁省审	2016	青岛信宜佳种业有限公司
	烟农1212	2018.01	鲁省审	2018	莱州市金海种业有限公司

(续表)

种类	品种名称	审定时间	审定级别	转让时间	受让单位
玉米	烟早糯 2 号	2006.04	鲁省审	2016	青岛诚信蔬菜研究所

(三) 品种后补助

1999—2001 年有烟农 19、烟农 21、鲁麦 21 三个小麦品种获农业部农作物新品种后补助（详见表 2-11）。

表 2-11 烟台市农科院农作物新品种后补助名录

序号	品种名称	育成时间	亲本组合	审定时间	补助时间
1	烟农 19	1997	烟 1933×陕 82-29	2001	2001
2	烟农 21	1998	烟 1933×陕 82-29	2002	2005
3	鲁麦 21	1992	鲁麦 13×宝丰 7228	1996	1999

(四) 新品种奖励

2002—2013 年有烟农 21、烟农 22、烟农 24 三个小麦品种，华美、早红、太平洋玫瑰、皮诺娃五个苹果品种和烟砧一号一个苹果砧木，砂蜜豆、8-102、红手球、桑提娜、艳阳、艳红、福晨、福星八个樱桃品种获得烟台市农业新品种奖励（详见表 2-12）。

表 2-12 烟台市农业新品种奖名录

种类	品种名称	育成时间	亲本组合	审定时间	奖励时间
小麦	烟农 21	1998	烟 1933×陕 82-29	2002	2004
小麦	烟农 22	1998	烟 1604×（尉 132×87 初 20）	2002	2004
小麦	烟农 24	2000	陕 229×安麦 1 号	2004	2006
苹果	烟砧一号	2007.09	鸡冠苹果实生苗中选出	2009.10.	2009.11
苹果	华美	2005.10	嘎啦和华帅杂交	2011.10	2011.11
苹果	早红	2006.10	意大利引进嘎啦的自然芽变	2011.10	2011.11
苹果	甘红	2009.09	早艳和金矮生杂交	2010.12	2010.11
苹果	太平洋玫瑰	2009.09	嘎啦和华丽杂交	2010.12	2010.11
苹果	皮诺娃	2009.09	克利维亚和金帅杂交	2010.12	2010.11
樱桃	8-102	2005	大连农科院，宾库×日出	2007	2007
樱桃	红手球	1997	日本，Big×佐藤锦	2007	2007
樱桃	桑提娜	2005	加拿大，斯坦勒×萨米脱	2008	2008
樱桃	艳阳	2004	加拿大，先锋×斯坦勒	2008	2008
樱桃	艳红	2005	美国，斯坦勒×宾库	2008	2008
樱桃	福晨	2008	烟台农科院，萨米脱×红灯	2013	2013
樱桃	福星	2009	烟台农科院，萨米脱×斯帕克里	2013	2013

二、国家专利

2007—2018年，已有30项获国家发明专利权，4项获国家实用新型专利权，37项专利进入实质审查期（详见表2-13）。

表2-13 获国家专利名录

序号	专利名称	申请日	申请号	授权日	专利号	发明人
1	阿维菌素·杀虫双杀虫剂组合物及其微乳剂制备方法	2007.02.14	200710013631.7	2010.08.04	ZL200710013631.7	王英姿、王继秋、王培松
2	含有克菌丹的具有协和作用的杀菌剂组合物	2007.02.14	200710013632.1	2010.11.24	ZL200710013632.1	
3	含有吡唑醚菌酯和多抗霉素的杀菌组合物及其应用	2008.03.12	200810014753.2	2011.06.15	ZL200810014753.2	王英姿、王培松、栾炳辉、张伟
4	含有吡唑醚菌酯和福美双的杀菌组合物及其应用	2008.03.12	200810014754.7	2011.07.27	ZL200810014754.7	王英姿、王培松、任 强、刘保友
5	蛇床子素和多菌灵的复配组合物及其应用	2008.12.28	200810249876.4	2012.05.02	ZL200810249876.4	王英姿、石志琦、刘保友、王培松、张 伟
6	蛇床子素和苦参碱的复配杀虫剂及其应用	2009.07.02	200910016985.6	2012.05.02	ZL200910016985.6	王英姿、石志琦、王培松、刘保友、栾炳辉等
7	一种含有小檗碱和多抗霉素的复配杀菌剂及其应用	2012.11.05	201210434239.0	2013.11.20	ZL201210434239.0	王英姿、刘保友、李宝燕、于晓丽、王培松
8	苹果专用稻壳炭基肥及其制备方法	2013.05.06	201310162133.4	2015.02.04	ZL201310162133.4	张瑞清、姜中武、赵玲玲、袁堂玉、徐维华
9	一种复配生物杀虫剂及其应用	2013.07.11	201310290870.2	2015.04.29	ZL201310290870.2	王英姿、王丽丽、王洪涛、刘保友、王培松
10	一种甘薯栽插用打孔浇水破膜器	2013.07.19	201320428798.0	2014.05.28	ZL201320428798.0	辛国胜
11	甘薯高效、轻简化覆膜栽培方法	2013.07.31	201310325095.x	2015.05.27	ZL201310325095.x	辛国胜、林祖军、韩俊杰、商丽丽、邱鹏飞
12	一种高效复配生物杀菌剂及其应用	2013.09.18	201310434820.7	2014.10.22	ZL201310434820.7	
13	一种复配农用杀菌剂及其应用	2013.10.12	201310476404.3	2014.09.10	ZL201310476404.3	王英姿、李宝燕、王培松、刘保友
14	一种协同增效复配生物杀菌剂及其应用	2013.10.12	201310477047.2	2015.01.14	ZL201310477047.2	
15	一种高效复配生物杀菌剂及其应用	2013.10.12	201310476873.5	2015.01.28	ZL201310476873.5	
16	一种栽培大盆精品蝴蝶兰的方法	2013.11.18	201310573138.6	2016.03.02	ZL201310573138.6	刘学庆、孙纪霞、刘述河、王常芸、丁朋松等
17	甘薯茎尖剥离方法	2013.12.14	201310678323.1	2015.07.15	ZL201310678323.1	辛国胜、林祖军、韩俊杰、商丽丽、邱鹏飞等

(续表)

序号	专利名称	申请日	申请号	授权日	专利号	发明人
18	一种大樱桃树的整形修剪管理办法	2014.01.15	201410017539.8	2015.08.26	ZL 201410017539.8	吕以明、孙庆田
19	丁子香酚和蛇床子素的复配组合物及其应用	2014.04.11	201410145944.8	2015.06.24	ZL201410145944.8	李宝燕、王英姿、刘保友、王培松、张 伟
20	一种防治苹果病害的杀菌组合物及其应用	2014.04.11	201410145584.1	2015.06.24	ZL201410145584.1	王英姿、于晓丽、王培松、栾炳辉、王洪涛
21	防治苹果病害的杀菌组合物及其应用	2014.04.11	201410145339.0	2015.08.26	ZL201410145339.0	王英姿、于晓丽、刘保友、张 伟、王丽丽
22	蛇床子素和抑霉唑的复配组合物及其应用	2014.04.11	201410145602.6	2015.12.09	ZL201410145602.6	王英姿、李宝燕、王培松、刘保友、栾炳辉
23	一种提高甜樱桃苗木成活率及苗木质量的综合管理方法	2015.01.21	201510029681.9	2016.10.19	ZL201510029681.9	孙庆田、田长平、张福兴、张 序
24	一种复配杀虫剂及其应用	2015.01.30	201510047625.8	2016.08.17	ZL201510047625.8	王丽丽、王洪涛、王培松、栾炳辉、王英姿
25	一种含氟吡呋喃酮和辛硫磷的农药组合物及其应用	2015.01.31	201510050560.2			王洪涛、栾炳辉、王丽丽、王培松、王英姿
26	克菌丹和抑霉唑的复配组合物及其应用	2015.04.21	201510190837.1			王英姿、刘保友、张 伟、王培松、栾炳辉
27	一种农药组合物及其应用（溴氰虫酰胺和氟酰脲）	2015.05.04	201510221365.1			王英姿、王洪涛、栾炳辉、王丽丽
28	一种复配杀虫剂及其应用（噻虫胺和除虫菊素）	2015.05.04	201510221417.5	2017.11.28	ZL201510221417.5	王洪涛、王丽丽、栾炳辉、王英姿
29	一种复配杀虫剂及其应用（吡螨胺和螺虫乙酯）	2015.07.06	201510386954.5			王洪涛、王英姿、王丽丽、王培松、栾炳辉
30	蛇床子素和噻呋酰胺的复配组合物及其应用	2015.07.31	201510464215.3	2017.03.01	ZL201510464215.3	张 伟、王英姿、王 鹏、刘保友、刘 洁
31	一种蓝莓苔藓苗繁育方法	2015.08.24	201510521440.6	2017.07.07	ZL201510521440.6	苏佳明、顾 亮、沙玉芬、李公存、王建萍等
32	甜樱桃高纺锤形及其整形修剪方法	2015.11.06	201510747785.3	2018.01.02	ZL201510747785.3	张福兴、刘美英、李淑平、孙庆田、田长平等
33	广谱抗果树病原真菌的解淀粉芽孢杆菌菌株及其应用	2015.11.06	201510747590.9	2018.04.10	ZL201510747590.9	王英姿、于晓丽、李宝燕、王培松
34	苹果专用果木炭基肥及其制备方法	2015.11.16	201510779275.4			张瑞清、姜中武、孙 晓、杨剑超、赵玲玲等

(续表)

序号	专利名称	申请日	申请号	授权日	专利号	发明人
35	一种富士苹果组培苗锈果类病毒脱除方法	2015.12.07	201510896655.6	2017.08.25	ZL201510896655.6	赵玲玲、宋来庆、姜中武、张硕、张学勇等
36	利用制革灰皮废料制备有机液体肥的工艺方法	2016.02.25	201610104566.8			姜学玲、杨建超、孙晓、汤国民、徐维华等
37	一种提高不摘袋富士苹果冷库贮藏性的方法	2016.03.17	201610152308.7			孙燕霞、宋庆来、唐岩、刘美英、赵玲玲等
38	一种提高富士苹果外在品质的果袋安全药剂及其应用	2016.04.20	201610250834.7			唐岩、宋来庆、孙燕霞、刘美英、赵玲玲等
39	一种快速分离苹果果肉单细胞的方法	2016.06.06	201610392631.1			屈海泳、刘珅坤、王永章、管押琴、邢文曦等
40	一种促进樱桃生长期芽体萌发抽枝的调节剂	2016.08.12	201610660089.3			孙庆田、田长平、张福兴、张序、李芳东等
41	一种抑制根结线虫卵孵化的天然物质的提取工艺	2016.09.05	201610537655.1	2018.04.10	ZL201610537655.1	李涛、夏秀波、曹守军、姚建刚、张丽莉等
42	一种模拟仿生大葱根系分泌物提取装置	2016.09.05	201621037421.2	2017.03.15	ZL201621037421.2	李涛、曹守军、夏秀波、姚建刚、王虹云等
43	一种促进乔砧甜樱桃中心干多发枝的方法	2016.09.07	201610805434.8			张福兴、李芳东、王玉霞、张序、李延菊等
44	一种用于甜樱桃喷雾授粉的花粉营养液及其配制方法及使用方法	2016.09.07	201610805433.3			
45	一种蝴蝶兰盆花的快速活体染色方法和人工染色种植方法	2016.09.09	201610812120.0			张英杰、郭文姣、孙纪霞、刘学庆、张京伟等
46	一种提高大花型兜兰种子萌发率及其栽培方法	2016.09.09	201610811368.5			刘学庆、孙纪霞、郭文姣、张英杰、张京伟等
47	一种大花型兜兰育种与栽培方法	2016.09.09	201610812117.9			孙纪霞、张英杰、张京伟、刘学庆、郭文姣等
48	一种蝴蝶兰染色和栽培方法	2016.09.09	201610811328.0			刘学庆、刘述河、张京伟、孙巨青、孙纪霞等
49	樱桃抗根癌病砧木筛选方法	2016.10.13	201610890568.4			李淑平、孙庆田、张福兴、田长平、张焕春等
50	一种丘陵山地甜樱桃园简易肥水一体化灌溉系统	2017.01.13	201720039339.1	2017.09.12	ZL201720039339.1	张福兴、李芳东、张序、王玉霞、李延菊等
51	一种含有双丙环虫酯和苦参碱的复配杀虫剂及其应用	2017.03.31	201710205098.8			王英姿、陈敏、王洪涛、王丽丽、栾炳辉

(续表)

序号	专利名称	申请日	申请号	授权日	专利号	发明人
52	一种具有广谱抗菌活性的绿针假单胞菌及其应用	2017.05.12	201710333734.5			李宝燕、王英姿、王培松
53	温棚卷帘控制系统	2017.05.19	201710356691.2			杨剑超、姜学玲、李廷菊、孙晓、徐维华等
54	一种含印楝素和双丙环虫酯的复配杀虫剂及其应用	2017.05.27	201710390129.1			王丽丽、王英姿、王培松、王洪涛、陈敏
55	基于RGB颜色传感器的植物叶片养分监测设备及监测方法	2017.07.13	201710569751.9			姜学玲、杨剑超、张晓伟、王德涛、贺晶等
56	一种水果中单氰胺残留量的检测方法	2017.08.01	201710648571.X			兰丰、刘传德、王志新、姜蔚
57	松花粉养生干红葡萄酒及其酿制方法	2017.09.30	201710937714.9			刘振国、王婷、郑秋玲、杨明广、刘珅坤等
58	人参养生干红葡萄酒及其酿制方法	2017.09.30	201710922603.0			杨明广、卢建声、刘万好、刘军田、唐美玲等
59	桑葚养生干红葡萄酒及其酿制方法	2017.09.30	201710918280.8			刘军田、张超杰、刘珅坤、张生谦、刘万好等
60	玛咖养生干红葡萄酒及其酿制方法	2017.09.30	201710920182.8			张生谦、肖慧琳、唐美玲、刘振国、郑秋玲等
61	大白菜种质资源材料单株授粉装置	2017.10.09	201721293309.X	2018.06.08	ZL201721293309.X	李涛、张丽莉、王虹云、姚建刚、曹守军等
62	一种防治葡萄病害的复配组合物及其应用	2017.12.11	201711306692.2			李宝燕、王英姿、王培松、刘保友、栾炳辉
63	防治果树病害的复配组合物及其应用	2017.12.12	201711319953.4			李宝燕、王英姿、刘保友、石洁、汪少丽
64	一种高成活率的苹果组培苗两步移栽法	2017.12.19	201711372246.1			赵玲玲、宋来庆、姜中武、张硕、张学勇等
65	中生菌素和丁子香酚的复配组合物及其应用	2017.12.20	201711385835.3			李宝燕、王英姿、栾炳辉、王洪涛、汪少丽
66	一种降低苹果外植体褐变率的培养方法	2018.02.06	201810118046.1			宋来庆、赵玲玲、姜中武、张硕、张学勇等
67	一种防治作物灰霉病的沼液和杀菌剂复配组合物及其应用	2018.02.10	201810138250.X			王英姿、王洪涛、王培松、石洁、刘保友
68	一种防治作物灰霉病的沼液和杀菌剂复配组合物及其应用	2018.02.10	201810138250.X			王英姿、王洪涛、王培松、石洁、刘保友

（续表）

序号	专利名称	申请日	申请号	授权日	专利号	发明人
69	一种含沼液和杀螨剂的复配组合物及其应用	2018.02.10	201810138242.5			王英姿、王洪涛、王培松、王丽丽、石洁等
70	一种含沼液和杀虫剂的复配组合物及其应用	2018.02.10	201810138259.0			王洪涛、王英姿、栾炳辉、陈敏、王丽丽
71	一种鸡粪沼液和杀菌剂复配组合物及在防治苹果叶部病害中的应用	2018.02.10	201810138275.X			王英姿，王洪涛，刘保友，李宝燕，汪少丽

第三章 科研管理

第一节 科研体制改革

科研体制改革是一个复杂的系统工程,随着改革的深化,难度也越来越大,特别是农业科技体制改革,更是如此。在深化改革的过程中,烟台农科院通过大胆探索和实践,取得了显著成效。

科研体制改革是一个复杂的系统工程。1985年以来,特别是"双放"改革以来,烟台市农科院通过大胆探索和实践,取得了显著成效。

一、科技成果奖励的演变

中华人民共和国成立以来,我国的科技奖励制度大致经历了3个阶段:初创探索阶段(1949—1976年)、调整发展阶段(1977—1998年)与改革完善阶段(1999年至今)。

在初创探索阶段,政府成为我国科技奖励制度的设奖主体,评审的基本运作程序建立,奖励注重物质奖励与精神奖励相结合;在调整发展阶段,科技奖励的设奖层次更丰富,奖励针对性更强,评审程序更严格,精神奖励荣誉度与物质奖励额度逐渐提升。此阶段本院获得了包括全国科学大会奖、国家发明三等奖、山东省科技进步一等奖、山东省农牧渔业丰收奖一等奖等一大批优秀成果。在改革完善阶段,科技奖励设奖主客体框架形成并不断完善,评审工作注重科技导向与公正度,奖励注重投入产出,此阶段本院取得了以国家科技进步二等奖、山东省科技进步一等奖、山东省农牧渔业丰收奖一等奖、烟台市科技进步一等奖等为代表的各级各类奖励。

2009年以前,我院未实施相应的成果、品种奖励办法。2009年,制定了新品种和成果奖励暂行办法(烟农科政字〔2009〕32号),对获国家自然科学奖、科技进步奖的成果,按获奖等级和国家奖金额,一等奖增发100%奖金,二等奖增发50%奖金。对获国家发明奖,按获奖等级和国家奖金额,一等奖增发150%奖金,二等奖增发100%奖金,三等奖增发50%奖金。对获省自然科学奖、发明奖、科技进步奖的成果,按获奖等级和省奖金额,一等奖增发50%奖金,二等奖、三等奖分别增发30%和15%奖金。对获得农业部农牧渔业丰收奖的成果,按奖励等级,一等奖、二等奖分别增发40%和20%奖金;对获得省农业厅农牧渔业丰收奖的成果,一等奖增发20%奖金。对获烟台市科技进步奖的成果,按获奖等级和市奖金额,一等奖、二等奖分别增发20%和10%奖金。对联合申报获得的科技奖励成果,若本院为第二完成单位,但本院科技人员是第一完成人,或者本院为第一完成单位,但本院科技人员最高排名为第二位完成人,并享有部分知识产权,按对应金额的50%增发奖金;若本院为成果第二完成单位,本院科技人员最高排名为第二完成人,并享有部分知识产权,按上述增发金额的20%增发奖金。

2016年,制定了烟台市农科院科学技术奖励办法(烟农科发〔2016〕7号),获国家自然科学奖和发明奖的,一等奖奖励50万元,二等奖奖励30万元,三等奖奖励15万元。获国家科技进步奖的,一等奖奖励30万元,二等奖奖励15万元。获省自然科学奖、发明奖、科技进步奖的,一等奖奖励15万元,二等奖奖励5万元,三等奖奖励2万元。获农业部农牧渔业丰收奖的,一等奖奖励4万元,二等奖奖励2万元。获省农业厅农牧渔业丰收奖的,一等奖奖励2万元。获烟台市科技进步的,一等奖奖励5万元,二等奖奖励2万元。对联合申报获得的科技奖励成果,若本院为第二完成单位,但本院科技人员是第一完成人,或者本院为第一完成单位,但本院科技人员最高排名为第二位完成人,并享有部分知识产权,按对应规定标准的50%计算奖励金额。若本院为成果第二完成单位,本院科技人员最高排名为第二完成人,并享有部分知识产权,按对应规定标准的20%计算奖励金额。同一成果依次获得市(厅)、省(部)、国家级奖励的,按照相应标准分别给予奖励。

二、专业技术人员管理

本院的职称正常评聘工作开始于1978年党的十一届三中全会之后,按国家规定,恢复科技人员技术职称评定工作。

初始评聘不分开,1988年烟台市农科院进行"特所试验",对在岗不在岗,编内编外等不同情况给予不同的工资、奖励、福利待遇,以解决比较普遍存在的人员结构不合理、人浮于事、劳动效率低下等的问题。在劳动人事制度上,实行定编定员、逐级聘任、双向选择、优化组合、编外待业、自行消化等办法,在分配制度上,初步打破了固定工资制度,实行了浮动工资,根据各类人员评分考核结果,给予不同的工资福利待遇。

从2011年开始,为充分调动专业技术人员的工作积极性,促进本院专业技术人员由身份管理向岗位管理,由固定用人向合同用人的转变,按照省、市主管部门的部署,本院制定了《烟台市农科院2011年专业技术职务分级聘任办法》,开始组织分级聘任。聘期由两年改变为一年半,后从2014年6月开始,副高及以下岗位聘期改为3年,正高岗位改为5年。

三、品种管理

我院的农作物品种管理一直实行院统一管理的模式,院科技成果开发中心作为代表全院管理的部门,行使统一管理的职责。各单位新品系在申请国家有关管理部门审、鉴(认)定之前,先通过院里统一组织的品种比较试验,经鉴定认可后启动参试程序,否则不允许开展品种审定的相关试验工作。品种进入审定流程后,由科技成果开发中心组织各育种单位做好适时跟进工作,密切关注该品种在各个试验阶段的产量结果和综合表现,提前做好品种审定、品种保护的应对工作,确保品种审定、保护的顺利进行。品种通过国家有关部门的审、鉴(认)定后,在科技成果开发中心备案、登记。

申报的品种权在取得国家植物新品种保护办公室的公告号后,在院里的领导下由科技成果开发中心与育种单位、育种人联合确定转让对象、转让标的和转让细则,公示后组织实施。并及时在品种的主推区建立良种试验示范点,集成配套栽培技术,联合合作企业通过媒体宣传、实地观摩等多种形式扩大品种的推广面积和社会影响力。

我院自主培育并通过审定(登记备案)的小麦、玉米、花生、蔬菜和苹果、大樱桃、葡萄等主要作物品种,原则上必须申请保护并取得植物新品种权。在申请保护前和取得品种权后,所有的农作物品种其所有权均归山东省烟台市农业科学研究院,由科技成果开发中心负责具体实施,任何单位和个人未经授权不得私自经营、转让和泄密。

第二节 科技人员培训

1978年以前,主要通过实际工作,不断培养、提高技术干部的业务水平,提高研究质量。采取新老手结合的方法,就地教、就地学,边学边用,相互取长补短。对工作能力较强,知识水平较好的新技术员,采取重点培养的办法,派到江苏省徐州专区农科所、中国农科院土肥所、浙江省农科院植保所等科研先进单位学习经验。利用专家、教授和经验丰富的老研究人员到本所考察的机会,组织临时技术讲座。利用业余时间,组织各种各样的自修班,开展自修学习,包括英语、日语、俄语等自修班,提高技术人员阅读外国资料的水平。

20世纪80年代至90年代初期，对科技人员的培训采取请进来、送出去，选送进修，办短期学习班等办法，帮助科技人员知识更新。增订了图书资料，中文图书资料达到近万册，外文资料600多册，并购买国外农业科研期刊杂志，专人负责翻译与本院科研领域相关文献，保证了科技人员的学习与工作的需要。为了培养人才、更新知识，1986年，选派3名科技人员到山东农业大学、烟台大学进修。1987年推荐1名同志报考代培研究生。1990年，为加强科技队伍建设，培养科技人才，原烟台市农科所成立了职工教育委员会，制定了3年继续教育规划，使科技人员继续教育迅速全面的展开。推荐2名同志攻读硕士学位研究生，15名同志参加大中专院校函授。24名高、中级科技人员与初级职称青年科技人员签订了包教包学责任书，27名青年科技人员组成了外文翻译咨询小组，利用冬春闲季，对科技人员通过专题报告、学术讲座、推荐必读文献、外文翻译和撰写综述文章等形式进行继续教育。经过3年的规划，科技人员的专业理论知识和实际业务水平有了明显的提升，有力地促进了科研工作的顺利开展。

20世纪90年代后期，由于历史和经济的原因，科研人才断层、匮乏的问题上升为烟台市农科院的主要矛盾之一，尤其是中青年科研骨干的知识档次低、知名度不高、竞争力不强。在这样的情况下，抓好人才培养与引进势在必行。与山东农业大学联合兴办有37名科技人员参加的以遗传育种和栽培、植保为主题的研究生进修班开课。

步入21世纪，为了使科技人员能及时了解全国同行业信息，2000年本院先后派出去7批19人次外出考察、学习，为适应国际合作交流的需求，组织科技人员进行外语培训。2003年以后陆续选派姜鸿明、姜中武、刘学庆等7人攻读博士研究生，唐美玲、赵玲玲两人外出做博士后研究工作。2009年，院里拿出一定的资金有计划地安排科研人员参加高水平的学术会议、出国研修、外出讲学等，开阔视野，提高业务理论水平。2010年隆重召开了农科院有史以来的第一次青年工作会议，全面实施青年人才发展战略。与中国农科院、中国农业大学、山东农业大学、安徽农业大学等26名知名专家建立了继续培养关系，全院人才培养工作呈现立体性展开格局。2015年烟台农科院创办了"烟台农科院讲坛"，先后举办12期，分别邀请院内专家，从技术、申报课题、申报奖项、人生经历等方面进行交流，深受广大干部职工的喜爱。2015年10月，印发烟台市农科院规章制度汇编，并且组织全体干部职工进行政策解读性学习。2016年由本院承办高级人才培训会，院部分科研工作者参加。并提出《关于创新人才管理机制，加快学科团队建设和中青年人才培养步伐的意见》，于2017年实施《烟台市农科院中青年人才培养5个工程实施办法》，包括中青年科研人员"顶天"深造工程、青年科研人员"立地"实践工程、学科团队带头人"传帮带"工程、中青年学科团队带头人突破工程、高端人才引进工程，计划利用5~10年的时间，将现有100名左右的45周岁以下中青年科研人才，培养成为各学科团队的中坚力量，培养学科团队带头人15名以上；每个学科团队培养2~3名学术带头人；在保持本院传统优势学科的基础上，在其他学科团队中，打造1~2个学科团队达到国内一流水平，打造2~3个学科团队达到省内一流水平，全面提升本院现有学科团队整体水平。

第三节　科技计划与成果管理

一、1958—1982年

按照科研为"两当"（当地、当前）服务的原则进行。自1975年起，设立专人；1983年又设立科研管理科，加强科研管理。管理的内容主要是：遵循国家科学技术方针、政策，进行决策、组织、协调、指挥、控制和反馈等。

1. 组织管理

建立以业务所长为主体的科研指挥系统。即以所长为主体，以专家内行为骨干组成所务委员会，讨论决定和检查督促全所行政业务工作。具体负责科研规划、计划的制定和实施，技术措施的检查和落实，科技人员的业务培训和考核，以及成果的鉴定和规章制度的建立健全等。

2. **计划管理**

紧扣为当地、当前农业生产服务的方向、科研内容，依据当地特点和科研力量，把生产上最需要解决的技术问题，列为研究的重点，各项课题计划的制定，自上而下，反复酝酿讨论，而后由所务委员会决定。每项课题必须有完成年限，有达到的指标，有课题主持人和执行人。课题计划的实施，均有实施设计者。开始抓计划，中间抓检查，末期抓总结，课题结束抓鉴定。并使课题组人员保持相对稳定，确保5/6的科研工作时间。

3. **制度管理**

健全以科研为中心的科研管理制度，制定科研管理16条，内容包括：领导分工负责制度，岗位责任制度，科研工作五固定制度，计划制度，人才培养制度，贯彻双百方针制度，保证科研时间制度，实验总结制度，科研检查制度，技术档案制度，情报资料管理利用制度，成果鉴定制度，仪器管理使用制度以及勤俭办科研、思想政治工作、基点工作制度。

二、1983—1998年

1983—1998年，科研管理进入较系统阶段，按照国家农业现代化建设对农业科研提出的要求，遵循科技方针政策，最经济有效地利用人力、经费、物资、资料等条件，促进规划和目标的实现。具体内容主要如下。

① 合理确定应用开发研究的比例。注重加速有重大经济效益课题的研究开发和科技成果的推广应用。

② 按照当地经济建设和产业结构调整的需要，编制长远规划、年度计划，并遵循4条原则，即从实际出发，远近结合，突出重点，发挥地方资源优势和研究优势。坚持3个步骤，即调查研究占有材料，综合分析，提出依据；学术委员会进行论证，做出决策；领导审核把关。

③ 积极争取承担国家、省、市级攻关项目，加强科研单位专业之间的协作。

④ 1985年9月，成立了所学术委员会，贾廷祥任主任委员，于伊、徐沛然任副主任委员，王士友、王熙玉、杨中萃、吴桂本、郑洪良、张善勇、常鸿、盛志政任委员。

⑤ 1993年5月，选举产生了烟台市农科所学术委员会，选举主任委员：牟春生，副主任委员：贾廷祥、郑洪良，委员：王熙玉、汤国民、杨中萃、张善勇、徐沛然、盛志政。

三、1999年至今

1998年，撤所建院后，科研计划及管理进入全面有序管理。科研项目计划管理年初有计划，项目执行过程中科研处不定期对相关课题、项目进行检查。考核是否按计划实施，有何创新势头。试验结果有总结报告，年终考核和课题档案归档。

2009年11月，新一届学术委员会成立，张善勇任主任，林祖军、姜鸿明、姜中武任副主任，刘学庆、王英姿、刘维正、汤国民、王全华任委员。2009年，集中制定出台了《烟台市农科院科研管理办法》（烟农科政字〔2009〕28号）、《烟台市农业科学研究院新品种和成果奖励暂行办法》（烟农科政字〔2009〕32号）等一系列文件，进一步调整和拓宽了研究方向，稳住一批重点课题，保证成果、人才、效益的不断涌现。

2015年，制定、修订了《科研项目和课题管理办法》《烟台市农科院科学技术奖励办法》等科研、成果的相关办法。明确项目、课题实施与管理的基本原则，根据类别、任务、目标的不同，科研项目实行分类管理、分级考核。项目的申报、立项、实施、验收和考核等工作，由科研处统一组织协调，各申报、承担、协作的中层单位或个人负责具体执行。

第四节　科技档案管理

在科技档案管理方面，建立相关规章制度，明确管理办法。

凡列入院年度科研计划的课题，必须开题立档，年度归档，逐年交齐全部资料、图片。2009年以后由科研处督促落实。

归档内容包括试验计划、开题报告、任务书、合同书、年度实施计划及课题工作形成的文字材料（原始记录，数据的汇总、统计、分析，试验总结，与课题有关的考察报告、学术论文，鉴定、验收、报奖、获奖以及育种杂交组合和年度进度情况等），2009年以后需要同时报送相关电子文档，健全电子档案管理。

归档材料一律为原稿。示意图用硫酸纸绘制。电子文档做必要的补充和参考。

归档时间为当年12月到翌年2月底。科技档案由课题主持人全面审核，确保资料齐全，记录、计算准确，前后次序清楚，并填写《科技档案送交简表》，经单位领导审查签字后，送办公室立卷保存。

前期由档案室负责接收，2000年以后由院办公室负责接收、保存全院科技档案，按照归档要求进行登记、分类、编目立卷、管理和提供利用，并做好保密工作。

未能按期送交档案的或者档案有重大缺损、遗漏的，科研处不予进行课题验收、鉴定，取消其申请各级课题的资格直至档案得到修正合格。

严格借阅制度。本院科技人员可直接到档案室查阅自己的课题档案，查阅其他课题档案需经被查阅课题主持人同意。未经院长批准，科技档案不得对外借阅。

第五节　资料采编

20世纪80—90年代，资料室的工作人员负责定期定时的采集当时订阅资料、期刊及各大交流院所内部资料中与本院学科研究相关的研究方法、研究方向等具有利用价值的资料、信息，搜集农业类信息，采取总结、摘抄等方式记录，及时翻译有关的外文资料，汇编有关专题资料。资料室成立之初，工作人员根据报刊等文献报道的最新农业科技动态资料，通过作物楼大厅及农场的黑板，以黑板报的形式快速传递给科研人员，科技快速发展，喷绘广告的出现取代了黑板，黑板报停办。定期编发《农业科技图书期刊资料目录选编》，将信息分为总类、小麦、玉米、甘薯、植物保护、花卉、果树园艺、农业新技术、图书几大类。早期采用蜡纸刻板印刷，随着计算机的普遍应用，2000年左右改为计算机打印版本。印刷后分发于各研究室等指定范围用于资料借阅查阅依据。

不定期将本院科研人员撰写的文章汇总，编辑出版《农业科研资料选编》，与山东农业大学、宁波农科所、福建农科院等上百个高等院校、农科院所进行信息交流。

随着时代的发展，科技不断进步，网络逐渐进入工作中，各大数据库逐渐建立，为信息查阅提供方便的途径。20世纪90年代《农业科研资料选编》停止印发，2004年《农业科技图书期刊资料目录选编》停止印发。

第六节　图书管理

在图书管理方面，建立了必要的规章制度。

1. 图书登记：规定每进一批书，必须登记单据号码、册数、价格、来源、做到账物相符。同时建立分类账便于管理、查找。

2. 凭证借阅：建立借书证和登记卡相结合的办法，严格借阅手续。

3. 工作移交：工作人员调离岗位，必须进行工作移交。

4. 制定《图书管理办法》，规范了图书管理员的职责，图书借阅程序等。

5. 定期编制《农业科技图书期刊资料目录选编》，建立图书资料索引，下发到各科研单位。

6. 不定期出板报，将科技文献中新、奇、特展示出来，供全院科技人员参阅。

图书资料科学分类：中文图书采用中小型图书分类方法，除进行总登记外，于1978年设置分类目录，恢复编制数目卡工作；外文图书，1976年前混合登记编目，1976年后按文种进行分类编目，1979年又按不同文种专业性质进行初步分类；资料分类，按照中国农科院过去采用的英文字母作分类符号的编目方法。

第四章　科研平台

一、农业部农药登记田间药效试验认证单位

1. 建立时间　1982年

2. 批准部门　农业部

3. 成员组成　吴桂本、王英姿、王培松、刘保友。

4. 职责范围　承担农业部农药检定所下达的国内外农药公司在杀菌剂和杀虫剂方面的田间药效试验，并通过田间药效试验引进和筛选适合我市农业生产的高效低毒低残留和低风险的新农药，制定配套使用技术并推荐给广大农民。

5. 工作成绩　烟台市农科院植保所积累了丰富的田间药效试验经验，完全具备了承担田间药效试验的能力与水平，建有主要作物病虫害防控试验基地58个，涉及作物品种20余个，病虫害种类50余个。30余年来，完成了美、德、法、日、以色列等近20个国家的国内外大型农药研制生产公司的农药新品种室内外试验，开展了新型农药应用技术合作研究和大面积推广工作，借助各级业务部门召开的有关会议讲座，协助委托单位宣传推广，使其尽快服务于生产，为此受到有关公司尤其是广大农民好评。同时针对国情，联合有关农药生产企业先后引进、筛选和复配出了防治苹果、梨、葡萄、小麦、韭菜、柑橘、香蕉等南北方主要果树病虫害高效、低毒、低残留新型农药品种35个，同步投放市场，取得良好防效，为果业安全生产发挥了重要作用。

二、农业部果树无病毒苗木繁育基地

1. 建立时间　1991年

2. 批准部门　农业部

3. 成员组成　刘志坚、姜中武、房道亮、张洪胜。

4. 职责范围　通过病毒检测和脱毒相关设施的建设，使烟台市果树研究所具备了开展果树病毒检测和脱毒的能力。

5. 工作成绩　国家投资42.0万元，在烟台市果树研究所建设脱毒、病毒检测室$100m^2$，网室$200m^2$，温室$90m^2$。科研人员采用温室地栽苗加盖双层塑膜热处理、盆栽苗恒温玻璃箱热处理相结合的方式，对富士、嘎啦等品种进行脱毒处理，相继培育出脱毒烟富1~6号、脱毒烟嘎1~2号、脱毒皇家嘎啦等一系列品种，经检测不含有锈果、花叶、茎沟、茎痘和褪绿叶斑等主要病毒病，建立了脱毒原种保存圃和采穗圃，为脱毒良种苗木开发奠定良好的基础，1999年研究完成的"苹果病毒脱除、检测与无毒矮化丰产技术研究"项目，获国家科技进步三等奖。

三、农业部山东烟台苹果育种中心

1. 建立时间　2002年至2009年3月27日（一期项目）；2009年至2012年8月18日（二期项目）

2. 批准部门　农业部

3. 成员组成　一期：牟春生为负责人，姜中武、张凤敏、张宗坤、张福兴、李元军、刘学卿；

二期：姜中武为负责人，李元军、翟广印、苏佳明、于青、宋来庆、刘美英、赵玲玲、唐美玲、张洪胜、张振英、李公存、慈志娟、刘学卿、刘克宁、于强、沙玉芬、刘万好、张超杰、李美玲。

4. 中心概况　山东烟台苹果育种中心项目建设内容包括：土建工程（人工气候室、连栋温室）、田间工程（打机井、道路硬化、灌溉设施）、仪器设备购置（PCR分析仪、蛋白质核酸分析仪、凝胶成像系统等）。项目总投资1100万元，其中中央财政投资资金800万元，地方投资资金300万元。通过育种中心建设项目，在烟台市农科院新建人工气候室245m^2，新建连栋温室3872m^2，新打机井3眼，道路硬化8100m^2，田间喷滴灌设施812亩，购置PCR分析仪、蛋白质核算分析仪等仪器设备33台（套）。

育种中心一期项目验收后，烟台市农科院根据科研需求情况，又组织申报了山东烟台苹果育种中心二期建设项目。批准建设中心实验室等土建工程1800m^2，完善田间工程、购置仪器设备73台（套）。项目总投资679.0万元，其中中央投资450.0万元，地方投资229.0万元。根据项目批复要求，新建中心实验室1100m^2，改造苗木分级包装车间、苗木储藏室552.3m^2，改造农机具房及修理室、基地仓库206.23m^2，场地硬化1500m^2；建设实生苗杂交圃、品种资源圃、苗木繁育圃、良种采穗圃和品种示范园等250亩，防虫网室211.95m^2，排水沟渠100m，试验地护栏1000m，园地喷灌设施250亩，输电线路及配套845m，机井及配套1眼；购置完成染色体核型分析仪等仪器设备73台套。

5. 工作成绩　通过育种中心的建设，在烟台市农科院建设完成国内一流的苹果育种中心实验室、人工气候室，保存苹果种质资源420份，栽植杂交实生苗4.5万株，为具有自主知识产权的苹果新品种选育奠定了良好的基础。

四、农业农村部果品及苗木质量监督检验测试中心（烟台）

1. 建立时间　2003年4月

2. 批准部门　农业部

3. 人员组成　主任朱波，副主任周先学（常务）、李晓亮、刘传德，部门负责人王志新、段小娜、鹿泽启，检测人员徐维华、张伟、姚杰、臧宏伟、姜蔚、兰丰、柳璇、王春晓、徐静静。

4. 基本情况及职责　"中心"现拥有检测和办公面积1500m^2，其中温控面积800m^2，设有感官、前处理、天平、标准溶液、各种大型设备等20多个功能室，配备检测所需的各种仪器设备60余台（套），总价值1300余万元。其中大型仪器有气相色谱串联质谱仪、气相色谱质谱联用仪、气相色谱仪、液相色谱串联质谱仪、液相色谱仪、电感耦合等离子体质谱仪、原子吸收分光光度计、原子荧光光度计、紫外/可见分光光度计等。主要从事果品及苗木、蔬菜、粮食、肥料、土壤、灌溉水等项目分析与检测。

"中心"的职责是包括：承担农产品（含农业投入品和农业生产环境）质量监督检验工作；承担国家和地方下达的农产品质量安全风险监测、监督抽查及产品质量认证和市场准入等检验工作；承担农产品质量安全重大事故、纠纷的调查、鉴定和评价，承担委托、仲裁等检验工作；开展检测技术、农产品质量安全及风险评估等研究，承担国家、行业和地方标准制定、修订及验证工作；开展国内外农产品质量安全技术交流、培训、指导、服务及咨询。

5. 工作成绩　"中心"于2008年取得农业部无公害农产品定点检测机构的资质；2010年取得中国绿色食品产品质量定点监测机构和农业部农药登记残留试验单位资质。"中心"自通过认证以来，积极对外开展工作，每年接收政府部门、企业、农民合作社和农户等社会各类委托检验3000余批次。承担农业部果品质量安全风险评估、农业部农药登记残留试验、山东省和烟台市农产品质量安全风险监测和监督抽查、各类科研课题及横向委托项目多项，制定国家食品农药残留限量标准和山东省地方标准共11项。

五、农业部小麦原原种繁育基地

1. 建立时间　2010年

2. 批准部门　农业部和财政部

3. 成员组成　陈永娜、刘维正、黄代峰、姜青梅、李美玲、于经川、王江春。

4. 职责范围 通过实施小麦原原种扩繁基地建设,增强小麦原原种的供应能力,从源头上改变小麦优质良种供应不足的现状,解决生产中小麦种子混杂严重的现象。项目的实施可切实提高项目承担单位的技术装备水平,建设成具有辐射带动力的农业技术成果的繁殖、示范、推广基地。年繁殖原原种15万 kg,满足生产需求。另外,采取技术讲座、现场培训和现场观摩会等形式,对基层农技人员、农民开展技术培训和技术推广等,培训人数达7 000人次。

5. 工作成绩 通过项目的实施,一是推动了研究能力和学术水平的全面提高;二是组织和培养了一批优秀科技人才,为小麦育种事业的发展积蓄了力量;三是巩固和发展了学科优势,形成了国内外有影响的品种资源、育种和栽培学科;四是扩大了烟台市农科院小麦原种的影响力,拓宽了对外科技合作与交流的渠道;五是原原种的扩繁推广应用,促进了小麦品种产业化发展,获得了显著的经济效益和社会效益,为农业和农村经济发展做出了积极贡献。

六、烟台市苹果工程技术研究中心

1. **建立时间** 2011年9月
2. **批准部门** 烟台市科技局
3. **成员组成** 姜中武(中心主任)、李元军(副主任)和宋来庆(副主任)等。
4. **职责范围** 主要是在烟台市搭建一个以苹果树种为主要对象的工程化技术研究平台,面向全市苹果产业生产的实际需要,促进有关苹果科研成果向生产力转化,提高现有苹果科技成果的前瞻性、成熟性、配套性和工程化水平,不断推进全市苹果产业的现代化水平,提高产业的国内外市场竞争力。
5. **工作成绩** 烟台市苹果工程计划研究中心建成后,重点开展了苹果品种改良与新品种培育、苹果优质标准化苗木工厂化繁育技术体系和抗重茬无病毒苗木繁育技术研发与示范工作,适于烟台特色的宽行密植技术体系和苹果品质提升关键技术研究与示范以及烟台苹果产业发展信息调查和预警预测,为政府决策、产业发展提供公益性咨询和信息服务。

以皮诺娃、粉红女士为亲本,杂交培育的 PG-101、FG-44 等4个苹果抗病新品系通过专家验收;构建了高温热处理、茎尖培养、超低温处理、抗病毒抑制剂等相结合的苹果病毒病脱除技术体系;研究完成的"优良抗病耐贮早中熟苹果新品种选育与推广应用",2015年获山东省农牧渔业丰收奖二等奖;"苹果优良早中熟耐贮新品种选育与脱毒利用"和"烟台苹果品质提升关键技术研究与推广应用",分别于2014年和2015年获烟台市科技进步二等奖。

七、小麦玉米国家工程实验室烟台试验站

1. **建立时间** 2011年5月
2. **批准部门** 国家发展和改革委员会
3. **成员组成** 山东省农业科学院牵头,各市级农科院作为该项目试验站,小麦玉米国家工程实验室烟台试验站是该项目的主要成员单位,烟台试验站主要人员有姜鸿明、孙晓辉、李林志、陈永娜、于经川、严美玲、王江春、辛庆国、殷岩、赵倩、丁晓义。
4. **职责范围** 在自主创新方面,针对黄淮海区域小麦、玉米科研生产重大技术"瓶颈"问题,加强自主创新能力建设,形成"自主基因、自主技术、自主品种"的黄淮海小麦和玉米产业发展格局,大幅度增强我国小麦、玉米科研创新能力及产业化水平;在平台共享方面,与黄淮海区域内现有小麦、玉米研发平台对接,创新共享机制,实现资源共享,整体带动区域科技创新水平的提高;在成果转化方面,与大型种子企业对接,拓建高效的新品种新技术转化推广渠道和网络,在黄淮海区建立良种繁育和技术推广示范基地,依托工程实验室试验站技术优势,开展技术指导和服务,加速科研成果转化,提高小麦、玉米研发成果产业化水平;在人才培养方面,开展国际、国内学术交流和技术培训,培养优秀育种技术人才;建立一支创新能力强、业务精通、经验丰富、作风扎实的研究和技术推广队伍,为黄淮海小麦、玉米生产服务。

5. 工作成绩　试验站工作运行以来，烟台站在黄淮区域审定小麦品种烟农999，并于2014年农业部组织的专家验收实打中亩产817.0kg，刷新了山东省小麦单产最高纪录，也创下了农业部专家实打验收全国冬小麦单产最高纪录。小麦新品种烟农173于2016年通过山东省农作物品种审定委员会审定，申请了植物新品种权。培育的小麦新品种烟农1212，由农业部组织的4个省的小麦专家对其进行实打验收，实打平均亩产828.5kg，再次刷新全国小麦亩产最高纪录，并于2018年通过山东省农作物品种审定委员会审定。

八、山东省酿酒葡萄良种工程实验室

1. 成立时间　2011年10月24日

2. 批准部门　山东省发展和改革委员会

3. 成员组成　姜中武（工程实验室主任）、李元军（副主任）、唐美玲（副主任）和张福兴、姜学玲、苏佳明、王英姿、刘万好、赵玲玲、张洪胜、张超杰、慈志娟、张振英、王婷、郑秋玲、刘珅坤、肖慧琳、沙玉芬、李公存、王建萍、王义菊、李庆余、张瑞清、王玉霞、李芳东22名成员。

4. 建设概况　工程实验室在建设和发展过程中，努力提高酿酒葡萄育种与酿造领域的自主创新能力，积极完成省有关部门委托的科研课题，开展相关产业关键技术攻关、重要技术标准研究制定，凝聚培养酿酒葡萄产业继续的技术创新人才。通过建立促进省级工程实验室良性发展的运行机制，促使实验室更好地为行业服务。

项目建设期间：新建葡萄育种中心实验室、苗木培育自动化温室、防虫网室、嫁接苗生产车间、组织愈合室、贮存仓库等2 600m^2；建设苗木繁育圃、无毒采穗圃、实生杂交圃、种植资源保存圃等90亩；扩建品种示范园60亩；购置实验室仪器设备等191台（套）。围绕酿酒葡萄产业发展的实际技术需求，开展高效育种及配套栽培技术研究，进行地域特色新酒种试制和关键工艺试验研究，实施相关技术和产品的产业化转移。建设期间，选育1~2个优良品种、年繁育100万株无毒优质苗木，建成基础设施完善、试验设备优良、技术研究水平和工程转化能力较强的酿酒葡萄良种工程实验室。

5. 工作业绩　利用基因工程技术对保存的206份种质资源进行遗传多样性分析和特异基因鉴定，目前为止已经做了32个杂交组合，获得10 835棵杂种实生苗；对优良品种及砧木开展病毒检测方法研究，创建病毒快速检测方法；对带毒的优良品种及砧木进行脱毒技术研究，建立无病毒原种保存圃；研究适合机械化、省力化的栽培模式，针对生产上主栽品种及优良新品种开展不同架势（包括不同叶幕类型、副梢修剪方式等）的研究；开展新品种酿造特性研究和主栽品种酿造工艺的精细化研究。

九、烟台大学农学院

1. 建立时间　2012年7月

2. 批准部门　烟台大学

3. 成员组成　烟台大学农学院管理委员会，主任郭善利，副主任张善勇，委员刘学卿、金海诛、姜中武、郭承华。烟台大学农学院院长郭承华，副院长姜中武、林剑。

4. 基本情况　以服务烟台市地方经济为主要目的，招收园艺、作物、植物保护3个领域的全日制和非全日制农业推广硕士。共建双方将倾尽各自资源，培育人才，建设一支高水平的科研团队，研发和培育国内领先的、拥有自主知识产权的农业科技成果。现有导师30人，其中烟台市农科院专职导师20人，山东省农业科学院兼职导师10人。二级研究员6人，三级研究员5人，四级研究员13人。享受国务院特殊津贴专家2人，省突出贡献专家2人，全国先进工作者2人，获得烟台市科学技术最高奖1人，烟台学科带头人12人，赴国外学习归国人员7人。

5. 工作成绩　截至2017年5月，共招收研究生81名，包括55名全日制硕士研究生和26名在职研究生，已毕业17名，其中4名考取博士继续深造，7名考取公务员和事业单位，5名进入专业对口公司工作，就业率达100%。

十、农业部大樱桃良种苗木繁育基地

1. 建立时间 2013 年

2. 批准部门 农业部

3. 成员组成 姜中武、张福兴、孙庆田、李美玲、刘维正、姜青梅、张序、李延菊、田长平、李芳东和王玉霞。

4. 职责范围 建设集苗木快繁、脱毒检测、新品种新技术展示于一体的高标准、现代化樱桃良种苗木繁育基地。新扩建"三圃一园",其中,无病毒原种保存圃 10 亩,良种采穗圃 70 亩,良种苗木繁育圃 780 亩,无病毒良种示范园 30 亩。项目的实施,建成全国最大的无病毒优质苗木生产基地,品种构成上,美早、萨米脱、黑珍珠、早大果等品种占 70%,早生凡、彩虹、早丹、拉宾斯、明珠、龙冠、布鲁克斯、艳阳、桑提娜等品种占 30%。年培训果农和技术骨干 2 万人次,辐射带动周边地区果农采用无病毒良种苗木建园,提高建园质量,实现果园的规范化、标准化管理。

5. 工作成绩 新扩建标准化大樱桃无病毒原种保存圃、良种采穗圃、良种苗木繁育圃、无病毒良种示范园。苗木基地规模、建设水平居国内领先,为本院大樱桃学科提供了良好的科技成果转化平台。目前,根据市场需求,年生产樱桃良种苗木 30 万株,砧木为大青叶,品种构成上,美早、萨米脱、黑珍珠、福晨、福星等品种占 70%,早生凡、明珠、布鲁克斯、艳阳、桑提娜等品种占 30%。辐射带动周边地区果农采用无病毒良种苗木建园,提高建园质量,实现果园的规范化、标准化管理。该基地的建设实施,大幅提高大樱桃种苗的规范化、专业化生产程度,为我国大樱桃产业发展提供种苗保障,给果农带来效益。项目的实施对农村经济的发展有着重要意义。

十一、农业农村部果品质量安全风险评估实验室(烟台)

1. 建立时间 2013 年 4 月

2. 批准部门 农业部

3. 人员组成 主持人周先学,首席专家刘传德,成员有李晓亮、王志新、徐维华、鹿泽启、兰丰、段小娜、姚杰、臧宏伟、柳璇、姜蔚、王春晓、张伟、姜中武、王英姿、李元军、刘维正、孙庆田、唐美玲、王培松、刘保友、张瑞清、宋来庆、赵玲玲、唐岩、于强、王义菊、王洪涛。

4. 概况与职责 农业农村部果品质量安全风险评估实验室(烟台)由烟台市农业科学研究院承建的第二批国家农产品质量安全风险评估实验室。目前农业部在全国设立"农产品质量安全风险评估实验室" 98 家,本中心为其中之一,同时也是全国 4 个果品质量安全风险评估实验室之一。

实验室面积为 1 500 m^2,其中温控面积 800 m^2。有大型仪器设备 60 余台(套),总价值 1 300 余万元,包括液相色谱串联质谱仪、气相色谱串联质谱仪、气相色谱质谱联用仪、超高效液相色谱仪、高效液相色谱仪、气相色谱仪、电感耦合等离子质谱仪、原子吸收分光光度计、原子荧光光度计等。

实验室接受农业部和国家风险评估机构的领导和监督,实行主任负责制。实验室下设风险监测研究室、风险分析研究室、风险控制研究室、风险信息研究室、标准制定研究室和综合办公室 6 个部门。2013 年由烟台市编委批准成立烟台市农业科学研究院农产品质量标准与检测技术研究所。同年申报成立了由国内农产品质量安全领域和果树、植保学科知名专家组成的技术委员会,实验室技术委员会成员 10 人,烟台市农科院院长兼农业部果品及苗木质量监督检验测试中心(烟台)主任任技术委员会主任。负责实验室重大问题的审议和决策。

实验室的职责,主要是承担政府主管部门下达的果品质量安全风险隐患动态监测任务;开展果品质量安全风险评估研究和重大风险隐患科学评价工作;承担主管部门下达的果品质量安全风险评估、风险监测工作;参与果品质量安全风险交流工作;参与果品质量安全相关标准制修订工作。

5. 工作成绩 实验室自设立以来,承担国家果品质量安全风险评估、国家农药最大残留限量标准研制、山东省及烟台市农产品质量安全风险监测和监督抽查、农业部农药登记残留试验、无公害农产品和绿色食品的认证检验,以及山东省地方标准制修订等课题项目10多项。

2013年承担农业部"苹果施药套袋操作技术规程"项目,研制了"一种提高苹果外在品质的果袋安全药剂",已申报国家发明专利。2016年以来承担国家农药最大残留限量标准制定项目8项,在《果树学报》《农药学学报》《食品安全质量检测学报》等刊物上发表果品质量安全方面的研究论文20余篇。

十二、农业部甘薯原原种扩繁基地

1. **建立时间**　2013年10月
2. **批准部门**　农业部和财政部
3. **成员组成**　辛国胜、刘维正、林祖军、姜青梅、李美玲、韩俊杰、商丽丽、邱鹏飞、黄代峰、张磊和贾礼聪。
4. **职责范围**　利用本院先进的脱毒快繁技术,通过茎尖脱毒、试管苗快繁、原原种、原种的繁育技术路线,以优质烟薯系列品种为推广品种,扩大原原种的供应量。带动北方地区尽快实现甘薯的优质专用化,增加当地居民在甘薯生产、加工、销售方面的收入和就业机会,并采取技术讲座、在线访谈、现场培训和现场观摩会等形式,对基层农技人员、农民开展技术培训和技术推广,推动本地区甘薯产业的快速健康发展。
5. **工作成绩**　目前由烟台市农科院选育的优质新品种烟薯22、23、24、25、26、28、29和烟紫薯3号均在市场中发挥出积极作用,农民逐渐抛弃了一些老品种北京553、遗字138、胜利百号、徐薯18等,脱毒新品种的增产幅度达到10%~90%,烟薯25被评为全国最好吃的甘薯品种,该品种在我们的示范区域基本代替了老品种北京553和遗字138,其增产达到30%以上,而且市场售价提高了20%,极大地增加了农民的效益。带动北方地区尽快实现甘薯的优质专用化,增加当地居民在甘薯生产、加工、销售方面的就业机会,新增劳动就业人数300多人。

项目实施以来,共种植甘薯原原种150亩,繁殖原原种15万kg,满足了市场部分生产需求。该项目通过改进栽培方式,比如采用黑色地膜,推广甘薯轻简化栽培技术等,减少了除草剂的施用,简化了栽培程序,提高了劳动效率,减轻了劳动强度。通过测土、配方施肥,提高肥料利用率,减少肥料的土壤残留。经济效益和生态效益显著。

采取技术讲座、在线访谈、现场培训和现场观摩会等形式,对基层农技人员、农民开展技术培训和技术推广等,培训人数达2 200人次。该项目扩大了烟台市农科院甘薯优良品种的影响力,拓宽了对外科技合作与交流的渠道;促进了甘薯品种产业化发展,获得了显著的经济效益和社会效益,为农业和农村经济发展做出了积极贡献。

十三、山东省甘薯示范工程技术研究中心

1. **建立时间**　2015年8月
2. **批准部门**　山东省科学技术厅
3. **成员组成**　林祖军(主任)、辛国胜、刘维正、李美玲、韩俊杰、商丽丽、邱鹏飞、张磊和贾礼聪。
4. **职责范围**　主要从事甘薯的品种收集保存、新品种引进、种质资源创新利用、优质高产新品种选育、高产配套栽培技术研究与示范推广等工作。并根据我省科技和经济体制改革的要求,建立全新的、适合市场经济发展要求的管理体制和运行机制,走省支持和自我发展的良性循环道路,最终达到"拥有一流的仪器设备,培养一流的人才,从事一流的研究,形成一流的成果,提供一流的服务,发挥一流的效益"的目标。满足我省甘薯生产对良种的需求,并占领国内外市场。
5. **工作成绩**　2006年8月成立山东省甘薯工程技术研究中心,2015年8月升级为山东省甘薯示范工程技术研究中心,中心成立以来引进省内外优良甘薯新品种28份,外引资源3份,筛选15个优异材

料作为亲本；杂交制种 2 万余粒；筛选高产、优质、抗病、适合机械化生产的优良材料 23 个；初步研究出适合烟台地区节水高效种植技术和轻简化栽培技术。

获得中华农业科技奖 1 项，烟台市科技进步一等奖 1 项、烟台市科技进步二等奖 1 项，国家发明专利授权 2 项，育成 4 个甘薯新品种通过国家鉴定或山东省审定。筛选出适合生产需求的优质、高产品种 5 个，满足了市场多层次的需求。

中心建成后不仅为我省提供了适合市场需求的优良新品种和高产栽培技术，还为其他育种单位提供优良的育种材料及先进的育种方法，整体加快了我省新品种选育和高产栽培技术研发的进程；同时大力推动了甘薯生产和加工业的快速发展。全省利用中心育成的品种年推广面积达 30 万亩。

十四、烟台国际苹果育种中心

1. 建立时间　2015 年 8 月 4 日

2. 批准部门　烟台市机构编制委员会

3. 成员组成　束怀瑞院士（中心主任）、姜中武研究员（中心副主任）、韩明玉教授（中心特聘顾问）、保加利亚农业研究所 Iliyana Stoyanova Krishkova 博士、Dimitar Kirilov Sotirov 博士，波兰园艺作物研究所 Edward Zurawicz 教授（中心特聘客座教授）、郝玉金教授、刘志研究员、马钧研究员、刘延杰研究员和沙广利研究员（中心特聘客座研究员）。

4. 职责范围　主要任务是加强和国内外苹果育种机构的合作，联合开展苹果新品种、新砧木的选育和育种技术的研发工作。与国外合作单位有保加利亚农业研究所、波兰园艺作物研究所、俄罗斯顿河国立科技学院、白俄罗斯国家科技大学、格鲁吉亚农业大学。国内合作单位有山东农业大学、辽宁省果树科学研究所、甘肃省农业科学院林果花卉研究所、云南省农业科学院园艺作物研究所、黑龙江省农业科学院牡丹江分院、青岛市农业科学研究院。

5. 工作成绩　自中心成立以来，和保加利亚农业研究所联合申报的中保政府间国际合作项目"中保苹果抗病种质资源鉴定评价与创新利用"，于 2016 年 12 月获科技部批复实施；2017 年 5 月，和波兰园艺作物研究所联合申报的出国培训项目"苹果育种体系与省力化栽培模式培训"，获国家外国专家局批复实施。联合西班牙、俄罗斯、格鲁吉亚、葡萄牙等国家，联合申报了欧盟委员会 Erasmus+项目，获得欧盟委员会批复实施，参与研究课题是"苹果抗病种质资源评价与新品种培育"，获欧盟资助资金 62 050 欧元。以"烟台国际苹果育种中心"为国际合作平台，联合苹果育种中心国内外签约单位，牵头申报了科技部战略性国际科技创新合作重点专项"苹果优异种质创制、基因挖掘及特色新品种联合培育与示范"。

十五、烟台市苹果种质创新与品质调控工程研究中心

1. 建立时间　2015 年 8 月

2. 批准部门　烟台市发展和改革委员会

3. 成员组成　中心主任姜中武、副主任宋来庆、赵玲玲。

4. 职责范围　"中心"围绕制约烟台苹果产业发展的良种种苗、果实品质方面的"瓶颈"问题，以培育优良苹果新品种和新砧木、提升果实品质为主线，开展苹果种质创新和品质调控技术的研发与推广工作。

通过中心的建设，搭建一个以苹果种质创新和品质调控为主要对象的工程化研究平台，为全市苹果良种选育与技术创新的合作平台、良种选育及相关技术成果转化的重要源头，面向苹果产业生产的实际需要，充分利用分子育种与常规育种相结合、应用研究和开发研究相结合的方式，开展苹果种质资源的收集与创新利用，选育适于烟台地区推广应用的苹果新品种和新砧木，用来更换市场竞争力差的嘎啦、老劣富士品种以及老龄果园的重茬改建，使烟台苹果的资源创新能力和品质调控技术达到国际先进水平，满足于科研对资源的需求，满足果农对苹果良种良法的需求，为烟台苹果产业应对和参与国内外市

场竞争提供强大技术支撑，为烟台苹果产业做大做强保驾护航。

5. 工作成绩　从八楞海棠和烟台沙果中选育出的6个抗重茬砧木优系，通过专家验收；研究完成的"苹果脱毒良种良砧苗木培育及大面积开发应用"，2016年获国家农牧渔业丰收奖三等奖；主编完成《烟台苹果品质提升与调控》，2015年由中国农业出版社出版。

十六、人社部博士后科研工作站

1. 建立时间　2015年10月

2. 批准部门　国家人社部

3. 成员组成　主任朱波，副主任周先学、刘学卿、姜鸿明、姜中武、刘学庆、王英姿、郭绪良和李元军，委员刘维正（科研处）、苏佳明（人事处）、姜青梅（财务处）、李美玲（总务处）和站管理工作人员。

4. 基本情况　人社部博士后科研工作站是烟台市首个在事业单位设立的博士后科研工作站。工作站始终以"培养和使用相结合，在使用中培养，培养和使用中发现更高级的人才"的指示精神为发展基础，按照国家、省、市农业相关政策要求，根据本院发展实际情况培养、使用农业领域高端人才。

博士后科研工作站设立的植保、作物及果树3个招收方向均为院优势专业，各学科拥有业界知名专家作为博士后指导老师，雄厚的科研力量作为研究后盾。为进一步强化人才培养力量，本院聘请了包括1名中国工程院院士在内的山东农业大学著名专家为博士后联合指导老师。邀请领域内专家及合作导师严格进行博士后进站评审，并对博士后科研计划提出修改建议，指导博士后研究人员制定合理、科学的研究计划，为博士后顺利出站打下坚实基础。

5. 工作成绩　为贯彻全国博士后管理委员会和博士后管理办公室精神，提高管理工作水平，培养优秀高级农业人才、培育高质量的科研成果，出台了《烟台市农科院博士后管理办法（试行）》，对博士后的在站管理、考核等方面做出明显规定。建站以来，通过对申请者的独立科研工作能力、已有的科研成果水平等多层次的严格筛选，博士后流动站已与山东农业大学共同培养博士后3名。

十七、烟台市小麦工程技术研究中心

1. 建设时间　2015年12月至2017年12月

2. 批准部门　烟台市科技局

3. 成员组成　姜鸿明、于经川、王江春、陈永娜、刘兆晔和李林志等30人。

4. 职责范围　中心建设依托单位为山东省烟台市农业科学研究院小麦研究所。根据我市科技和经济体制改革的要求，该中心建立全新的、适合市场经济发展要求的科研、管理体制和运行机制，走市场支持和自我发展的良性循环道路，最终达到"培养一流的人才，拥有一流的仪器设备，从事一流的研究，形成一流的成果，提供一流的服务，实现一流的效益"的目标。通过完善科研基础设施、人才队伍建设、小麦育种技术创新、配套栽培技术和示范与推广，使小麦育种科研水平保持国内领先水平，并把中心建成为一流的集科研、学术、产业于一体，适应市场经济运行的科研实体，小麦新品种和配套技术研究满足我市、我省及我国小麦生产的需求。

工程技术研究开发内容主要有：完善作物遗传育种实验室及科研辅助设施和技术装备，培养和引进优秀人才，建立现代管理体制和运行机制；小麦种质资源收集保存、创新研究利用；创新小麦育种技术体系，培育小麦新种质和新品种；配套栽培技术体系研究；高产示范与推广技术体系研究。

5. 工作业绩　2016年中心在研课题9项，总经费234万元，当年经费125.4万元，2015年结转经费33.5万元。2016年申报国家省市课题项目3项，已经批复3项。烟农999通过国家审定，烟农173和烟农1212通过山东省审定，多个新品系参加国家和山东省各级试验，获得山东省科技进步一等奖1项，烟台市科技进步三等奖1项，出版著作1部，在核心期刊发表论文4篇。2人获得高级农艺师资格，培养硕士研究生2名。

十八、国家农作物品种区域试验站

1. 建立时间　2016—2018 年

2. 批准部门　农业部

3. 成员组成　朱波、姜鸿明、郭绪良、李美玲、刘维正、姜青梅、于经川、袁堂玉、李林志、王江春等。

4. 职责范围　山东省烟台市国家农作物区域试验站建设总体目标是：以筛选高产优质广适的农作物品种为目的，立足项目区现有设施设备及田间试验条件，通过国家农作物品种区域试验站建设，提升项目承担单位的试验基础设施水平，建成胶东地区设施齐全、管理规范、运行高效的机械化、智能化、规范化农作物品种区域试验站，为国家和山东省小麦、玉米等农作物审定和推广提供有力的技术支撑。项目建成后，区试站将具有年承担 1 000 个次以上小麦、玉米等农作物品种国家和省级各类区域试验、品种展示等任务的能力，区试站每年承担小麦、玉米等作物的新品种示范展示任务，同时进行国内外企业品种展示和信息发布。

十九、小麦新品种研究综合院士工作站

1. 建立时间　2016 年 10 月

2. 批准部门　山东省科技厅

3. 成员组成　于振文（山东农业大学）、赵振东（山东省农业科学院）、陈剑平（浙江省农业科学院），本院工作人员有姜鸿明、于经川、王江春、李林志、赵倩、辛庆国、殷岩等。

4. 职责范围　工作站的设立将加快市农科院中青年科研人员成长、成才步伐，有力推动我市打造现代农业"升级版"，推进我市农科院小麦育种工作向国际接轨。3 位院士发挥各自的优势，互为补充，帮助市农科院掌握世界先进的核心技术，突破技术"瓶颈"，推进小麦育种工作向纵深发展。

5. 基本情况　小麦育种是市农科院传统优势学科。1972 年，"蚰包麦"在黄淮麦区首次突破亩产 500kg，开创了我国小麦高产育种的先河，先后选育了烟农 15、鲁麦 14、鲁麦 21、烟农 19、烟农 21 等 5 个推广面积均超亿亩的新品种。2014 年以来，"烟农 999""烟农 1212"连续 3 年刷新全国、全省小麦高产纪录。烟农 5158 获 2015 年山东省科学技术进步一等奖。

与此同时，育种工作也存在着育种方向选择、育种技术手段提升、种质资源创新、高产机理研究、抗病机理研究和配套栽培技术研究等方面基础研究相对较弱等诸多"瓶颈"问题。自 2015 年开始，市农科院主要领导和小麦团队成员多次赴杭州、济南、泰安争取 3 位院士在市农科院建立院士工作站。2016 年中国工程院院士、浙江省农业科学院院长陈剑平研究员，中国工程院院士、山东省农业科学院赵振东研究员，中国工程院院士、山东农业大学于振文教授分别与烟台市农科院签署了《院士工作站合作协议》，共同在烟台市农科院设立综合院士工作站。2016 年年底完成了院士工作站备案工作。

陈剑平院士连续 20 年在市农科院开展黄淮麦区小麦土传花叶病害试验，对新品种选育、抗病材料鉴定、抗病机理研究给予了大量支持。于振文院士创建的氮肥后移技术，很好地解决了市农科院选育小麦品种倒伏和品质问题，促进了主推品种的大面积推广应用。赵振东院士在小麦种质资源、育种技术体系建设、高产攻关等方面给予支持和指导，推动了市农科院小麦高产育种不断冲击全国纪录。

2017 年 4 月，3 位院士齐聚本院共商小麦科研大计，分别对本院科研工作给予了具体指导，迎来了本院小麦科研的新春。

二十、国家自然科学基金依托单位

1. 建立时间　2016 年 11 月 29 日

2. 批准部门　国家自然科学基金委员会

3. 成员组成　（集体）山东省烟台市农业科学研究院

4. 职责范围 根据《国家自然科学基金条例》《国家自然科学基金指南》和《国家自然科学基金依托单位基金工作管理办法》及有关项目管理办法的要求，组织申请和实施国家自然科学基金项目，严格遵守国家自然科学基金管理法规和政策，切实履行依托单位的管理职责，对申请和资助的项目进行规范管理。

国家自然科学基金依托单位是科学基金制运行的重要枢纽，是组织实施科学基金项目的重要依托。从2011年开始，新增科学基金依托单位即可独立向国家自然科学基金委员会申请国家自然科学基金项目。

5. 工作成绩 目前，国家自然科学基金主要资助"探索、人才、工具、融合"四大系列。其中，探索系列主要包括"面上项目、重点项目、应急管理项目"等；人才系列主要包括"青年科学基金、地区科学基金、优秀青年科学基金、国家杰出青年科学基金、创新研究群体、海外及港澳优秀学者项目、外国青年学者研究基金"等；工具系列主要包括"国家重大科研仪器研制项目、相关基础数据与共享资源平台建设"等；融合系列主要包括"重大项目、重大研究计划、联合基金项目、国际合作项目、科学中心项目"等。

获批依托单位之后，本院认真组织申报2017年度国家自然科学基金项目，推荐3项青年自然科学基金项目，并于2017年4月均通过国家自然科学基金委员会的初审。其中，植保所于晓丽博士申请的"樱桃茎腐病菌RxLR效应分子PpArh241功能与作用机制研究"获得立项资助。

二十一、国家苹果育种创新（科研）基地

1. 建立时间 2017年4月13日

2. 批准部门 农业部

3. 成员组成 领导小组成员：组长朱波，副组长周先学、刘学庆、郭绪良；项目建设办公室：主任姜中武，成员苏佳明、刘维正、姜青梅、李美玲、丁鹏松；基地办公室：主任姜中武，副主任李元军、宋世志、宋来庆。

4. 职责范围 根据农业部的批复文件，国家苹果育种创新（科研）基地项目总投资540万元，中央投资485万元，单位自筹55万元。项目将在烟台市农科院牟平高陵基地建设国家苹果育种创新基地150亩，其中资源圃30亩，展示示范园70亩，杂交苗保存圃50亩；建设温室1 760m^2；建设田间主路2 440m；建设田间支路2 800m；建设排水沟1 376m；建设围墙1 176m；配套喷灌设施150亩；购置设备仪器41台（套、批），其中物联网数据获取与处理系统1套，染色体核型分析仪等检测仪器设备27台，小型锄草机等农机具13台。

5. 工作成绩 项目建成后，使项目单位人均实验室面积达45m^2以上，把项目基地建设成为国内一流的苹果种质资源鉴定评价、品种创新利用科技基础研发平台，苹果种质创新科研整体实力显著提升，院企合作成效明显，每年承担省市级以上项目10个，2~3年育成新品种1个；科研成果得到进一步转化，成果转化率为70%以上；通过5~10年的努力，使苹果新品种创新能力达到国际先进水平，满足科研对资源的需求，满足果农对苹果良种的需求，积极参与国内外市场竞争，为有效地提高我国苹果育种研发能力和活力、加快科研体制创新、解决我国苹果种业面临的关键问题提供技术支撑。

第五章　国家、省综合试验站

一、国家小麦产业技术体系烟台综合试验站

1. 建立时间　2007年10月

2. 批准部门　农业部

3. 成员组成　站长姜鸿明，团队成员陈永娜、于经川、王英姿、李林志、王廷利等。

4. 职责范围　国家小麦体系烟台综合试验站是农业部根据国家现代农业产业技术体系建设实施方案，根据小麦产业的区域生态特征、市场特色等因素，在鲁东地区设立的综合试验站，聘任姜鸿明研究员为站长，团队成员4名，5个示范县分别是牟平区、海阳市、莱阳市、莱州市、平度市，每个示范县设有2个示范基地。其主要职能是：在鲁东地区开展小麦产业综合集成技术的试验、示范；培训当地技术推广人员和科技示范户，开展技术服务；调查、收集生产实际问题与技术需求信息，监测分析疫情、灾情等动态变化并协助处理相关问题。

5. 工作成绩　自国家小麦产业技术体系烟台综合试验站成立以来，姜鸿明站长与团队成员及示范县技术骨干一起努力，先后集成2套栽培技术规程在生产上应用；选育通过省级以上审定的品种7个，获得植物新品种权5个；先后获得国家科技进步一等奖1项，山东省科技进步一等奖1项，二等奖2项、三等奖1项，烟台市科技进步一等奖3项、三等奖1项；研究团队被烟台市政府评为"烟台市十大优秀创新研究团队"之一。

举办学术会议2次，现场培训会40次，培训基层农技人员和农民5 000余人。

二、国家苹果产业技术体系烟台苹果综合试验站

1. 建立时间　2008年

2. 批准部门　农业部

3. 成员组成　站长姜中武，团队成员宋来庆、刘美英、于青、刘学卿；2008—2010年，示范县范围包括海阳市、招远市、蓬莱市、牟平区和威海文登区；2011—2016年，示范县包括栖霞市、招远市、蓬莱市、牟平区和威海文登区；2017年起，示范县包括栖霞市、招远市、蓬莱市、牟平区和莱州市。

4. 职责范围　烟台是我国重要的苹果产业区，但生产上仍然存在问题，制约着烟台苹果产业的进一步提升。围绕这些问题，"试验站"开展适合烟台地区推广栽培的优良苹果品种和砧木评价与利用、低效苹果园改造关键技术、苹果矮砧集约栽培技术、苹果园省力化栽培技术及机械利用、苹果园病虫害综合控制技术、郁闭果园光能评价与群体机构优化技术、苹果园土壤培肥与连作障碍克服技术的集成与示范工作。

5. 工作成绩　烟台试验站和体系功能研究室密切联系，在首席科学家和岗位专家的指导下，全面开展试验示范、技术培训和信息调查等工作。目前，在烟台威海地区建立挂牌试验示范基地16个，总面积6 660亩。通过研究和试验示范，提出了烟台区域苹果优质大苗繁育技术规范，建立了烟台地区主要砧木、品种脱毒采穗圃；研究集成烟台地区矮砧果园高纺锤形简化整形修剪技术规范；筛选了适合烟台地区推广应用的优良新品种和砧木，建立了适宜烟台地区土壤立地条件的沃土培肥技术和肥水一体化技术规范，集成了适合烟台地区推广的苹果轮纹病、腐烂病综合控制技术规范。评价了体系提供的苹果新品种34个、新优系42个，有23个苹果新品种（系）通过验收和鉴定，6个苹果品种和1个砧木品

种通过审定；获得国家、省、市科技进步奖和农牧渔丰收奖10项，合计发表研究论文120余篇；累计培训技术骨干2 800余人次，培训果农20余万人次。共协助体系岗位专家、试验站站长及其团队成员80余人次在烟台期间的试验布置、产业调研、数据调查和采样工作；完成体系安排的示范基地信息采集、果园投入产出、苹果产销情况、花果管理、苹果病虫害等各类调查表格1 500余份。试验站连续多年考核为优秀。

三、国家花生产业技术体系烟台综合试验站

1. 建立时间　2008年4月

2. 批准部门　农业部

3. 成员组成　站长韩启秀，成员矫岩林、赵建、袁堂玉、刘传德、刘保友、曹萌。

4. 职责范围

① 对山东半岛花生种植区开展新品种引进、示范和推广，确定适宜本地区的高产高效栽培技术栽培模式、植保主要措施和适宜的高产优质主推品种，同时开展花生有机食品栽培技术研究。

② 接受上级分配的新品种、新技术试验示范任务；提供本生态区花生生产全程技术咨询服务，每年召开1~2次50人以上的现场培训会。

③ 在几个花生大县建立花生产业技术体系示范基地，建立优质花生高产核心示范片，每个10~30亩，示范区平均单产比当地平均产量显著提高。

④ 在本试验站辐射区域内选择有代表性的县市，定点调查90户花生种植户的花生生产面积、产量、劳动力、经济效益、生产积极性等情况，了解种植户急需的技术，当前花生种植存在的问题，亟待解决的问题。花生生产实行全程病虫监测，建立完善的气象病虫害等技术数据，记录档案。

⑤ 随时调查本区域花生生产季节性和突发性问题；完成部领导和首席科学家交办的临时性应急任务，突发事件的应急处置；对重大突发事件（如病害、虫害）首先上报首席科学家，并提出切实可行的建议和措施方案，以便及时宣传到农户。

5. 工作成效　以莱阳、海阳、牟平、莱州、乳山作为示范县。综合地理、气候、地域分布等因素，将高产示范县分成3种模式加以示范创建。针对莱阳境内拥有鲁花、龙大等花生油制品企业的特点，将莱阳市确定为油用品种引进示范基地；将境内拥有多家花生加工出口企业的牟平、乳山作为传统大花生品种引进示范基地和绿色食品高产栽培示范基地；将莱州和海阳作为传统大花生和普通大花生相结合的品种引进示范基地。

先后承担多项新技术新品种的试验示范工作，如花生单粒精播高产栽培技术、花生适期晚播高产栽培技术、花生蛴螬生物防治与综合防控技术、黄淮海一年两作花生品种筛选试验、抗旱耐瘠花生品种筛选试验示范、炭基花生专用肥料试验示范、花生新品种引进筛选试验及示范、机械化引进与示范试验、蓝膜控释肥试验、壮饱安化控技术试验示范、花生微量元素喷施试验、花生种衣剂和除草剂筛选试验、病虫害调查、高效低毒杀菌剂筛选试验。通过强化技术培训和宣传指导，提高了农民花生种植科技水平。采用科研院所、创新团队、推广体系、合作社、种植大户紧密互动的推广手段，建设核心、示范、辐射三区，利用"微农"APP、网络、"农科苑"电视讲座、《土生金》报刊等方式，促进了技术的大面积推广，社会经济效益显著。共举办培训班18期，召开现场会22次，累计培训3 300余人次，印发技术材料1.2万份；发表论文10篇，编写著作1部，申请专利1项。

四、国家甘薯产业技术体系烟台综合试验站

1. 建立时间　2008年12月

2. 批准部门　农业部

3. 成员组成　站长辛国胜，成员韩俊杰、商丽丽、邱鹏飞、张磊、贾礼聪。

4. 职责范围　主要从事甘薯种质资源引进、新品种培育、新技术组装集成研究与示范推广等工作；

采取技术讲座、在线访谈、现场培训和现场观摩会等形式，对基层农技人员和广大薯民开展技术培训和技术推广，解决生产中的"瓶颈"问题；针对生产中发生的重大自然灾害、极端的天气、生物灾害等，第一时间联系主管部门，制定有效的解决方案和技术措施，减少灾害引起的损失；推动本地区甘薯产业的快速健康发展。

5. 工作成绩

① 育成7个通过国家省审（鉴）定甘薯品种，"烟薯24""烟薯25""烟薯29""烟紫薯2号""烟紫薯3号"通过国家鉴定，"烟薯23""烟薯28"通过山东省审定。其中，"烟薯25"因其产量高、口味好、抗病，得到了全国甘薯市场的广泛认可，在全国甘薯高产竞赛活动中，"烟薯25"食味总评第一，被体系推荐为食用型主推品种，2017年在全国授权10单位经营"烟薯25"。

② 研发出一套"甘薯高效轻简化覆膜栽培技术"，2015年5月通过烟台市科技局组织的专家验收，并得到了专家组的一致好评，并在各个示范县进行了大面积示范，效果良好，广大薯农及甘薯种植大户争相引进。该技术将黑色地膜、打孔浇水破膜器和插苗棒结合起来，操作方便灵活，可将甘薯覆膜栽培程序由8步减少到4步，劳动强度大幅降低，劳动力投入减少1倍，且劳动强度下降。

③ 获得中华农业科技奖1项，山东省科技进三等奖1项，烟台市科技进步一等奖1项、烟台市科技进步二等奖2项，国家专利授权3项。在《上海农业学报》《中国农学通报》《山东农业科学》等学术期刊发表论文20余篇。

④ 采取技术讲座、在线访谈、现场培训和现场观摩会等形式，对基层农技人员、薯民开展技术培训和技术推广等，培训人数达2 100人次。

五、国家梨产业技术体系烟台综合试验站

1. 建立时间　2009年

2. 批准部门　农业部

3. 成员组成　站长李元军，成员于强、李庆余、王义菊、牟红梅。

4. 职责范围　试验站围绕烟台地区梨产业发展状况，开展梨新优品种及高效栽培技术的引进、示范与推广。同时开展地方优势种质资源创新利用以及传统优势品种提质增效技术的研究。

通过梨试验站的成立，在烟台市农科院、龙口、莱西、莱阳、蓬莱、牟平和文登等示范县建立了高标准的技术示范园，开展梨无病毒苗木繁育技术研究，建设梨无病毒苗木母本园、采穗圃和苗圃，并繁育无病毒苗木；开展架式栽培、梨园行间生草、水肥一体化、梨树液体授粉等省力化栽培模式试验；开展梨腐烂病、轮纹病、梨小食心虫、梨木虱等主要病虫害绿色防控技术，同时依托高标准示范园，在梨生长关键季节召开现场观摩和技术指导培训，推动了当地梨产业的发展。

5. 工作成绩　试验站历年考评均为优秀，"十二五"总考核优秀，位列试验站第5名。研究完成的"西洋梨优良品种选育及栽培技术研究与推广应用"，2015年获得烟台市科技进步二等奖。示范园栽培的"红巴梨""秋月""好本号"等新品种在2014首届中华杯全国优质梨评比活动中获得二等奖2项；在第二届中华杯全国优质梨评比活动中，获得金奖、银奖、优秀奖各1项。

六、国家葡萄产业技术体系胶东综合试验站

1. 成立时间　2009年3月

2. 批准部门　农业部

3. 成员组成　站长唐美玲，成员刘万好、张超杰、慈志娟、张振英。

4. 职责范围　胶试验站主要任务是配合岗位科学家完成体系制定的各项重点工作任务，开展葡萄基础性研究工作，处理本区域葡萄生产突发性问题。具体工作包括：对葡萄新品种进行区试、筛选与展示；收集葡萄种质资源；开展葡萄病虫害种类调查和重要病虫害监测；调研葡萄生产中实际问题；采集产业需求信息；监测分析灾情动态变化并进行及时处理；推广产业优质高效生产技术；培训基层农技人

员、管理人员和农民种植户，并接受咨询，建立葡萄产业发展的基础性平台，形成产业技术研发与成果推广应用的畅通渠道。

5. 工作成绩 "十一五"期间，借助试验站平台，申请了1项烟台市科学发展计划课题，发表论文8篇。"十二五"期间，发表论文20篇，出版著作3部，审定鲜食葡萄品种1个，参与制定中华人民共和国农业部行业标准1项，获得烟台市科技进步三等奖1项。

七、国家大宗蔬菜业技术体系烟台综合试验站

1. **成立时间** 2009年4月
2. **批准部门** 农业部
3. **成员组成** 2009—2010年，站长王全华，成员李素梅、尹国香、李涛、夏秀波；
   2011—2012年，站长王全华，成员李素梅、尹国香、曹守军、夏秀波；
   2013年至今，站长李涛，成员曹守军、夏秀波、姚建刚、尹国香、王虹云、张丽莉、姜法祥、李素梅。
4. **职责范围** "试验站"围绕制约烟威地区蔬菜发展的品种、栽培技术和病虫害等问题，主要开展设施蔬菜新品种的选育；烟威地区设施蔬菜安全高效生产技术，无土栽培技术和化肥部分替代技术的研发；同时开展蔬菜新品种和新技术的试验示范；烟威地区病害、虫害、生防和化防体系的推广应用；蔬菜生产新设施、机械和装备的示范推广；烟威地区栽培蔬菜品种、设施种类，流通和加工企业信息，及其农户相关基础数据的统计上报；应急情况的处置上报；农技人员和农民的培训等。通过"试验站"的运行，为烟威地区蔬菜产业的可持续发展保驾护航。
5. **工作业绩** "十一五"以来，选育蔬菜新品种共计11个，其中番茄8个，西葫芦2个，黄瓜1个。其中通过国家鉴定品种2个，山东省审定品种3个；研发出了大葱伴生栽培技术和化肥替代技术等新技术。每年培训农技人员100多人，农民8000余人。选育的新品种和研发的新技术在生产上大面积推广应用，获得省市级科技奖励6项，其中获得山东省科技进步奖三等奖2项、山东省农牧渔丰收奖三等奖1项、烟台市科技进步奖二等奖2项、烟台市科技进步奖三等奖1项。

八、山东省玉米产业创新团队烟台综合试验站

1. **建立时间** 2013年6月
2. **批准部门** 山东省农业厅
3. **成员组成** 2013—2015年，站长汤国民，成员夏德君、杜清福、刘少青、于维忠、刘伟；
   2016年至今，站长夏德君，成员于维忠、杜清福、刘少青、刘伟、石德杨。
4. **职责范围**

① 完成各岗位专家提供的玉米新品种的中间试验；进行新技术、新产品的集成、熟化、示范和推广。

② 调查和收集烟台玉米生产有关信息及存在的问题，将有关信息及存在的问题及时向首席及岗位专家反馈。

③ 开展科技服务工作，通过现场观摩、举办培训班、利用媒体讲座等方式，对基层农技人员和农民进行培训，加速玉米新品种、新技术、新成果在烟台的推广应用。

④ 在烟台市农科院试验农场选择土壤肥沃、地势平坦、排灌方便的土地40亩，确保烟台综合试验站各项试验的顺利实施。

⑤ 加强与创新团队内各岗位专家及试验站的联系和沟通，监测烟台玉米生产和市场的异常变化，遇有突发事件，及时通知首席及岗位专家，并组织开展本领域应急性技术指导和培训工作。

5. 工作成绩 鉴定筛选适宜山东省及周边相同生态区推广种植的玉米新品种。对岗位专家组配的500多个新组合进行丰产性、适应性、抗逆性等性状的比较与鉴定。结合本单位的育种工作，进行了玉

米育种材料的引进、改良、创新及组配新组合。进行了玉米不同钾肥肥效比较试验、钾肥精准施用量试验和节水灌溉研究试验。针对当前农村劳动力减少、施肥技术落后、肥料利用效率低、污染严重等系列问题。加强了对农民和基层技术人员技术培训和指导。在玉米生长期间多次对农民集中培训和技术指导，积极示范推广玉米"一增四改""直播晚收""秸秆还田"等技术，对玉米生产发展起到了积极的促进作用。

第三篇 科技开发

第一章 科技示范基地建设

第一节 小麦研究所基地建设

小麦研究所是国家小麦产业技术体系烟台综合试验站建设依托单位，下设 5 个示范县，建立 11 个示范基地，分别在山东省海阳市行村镇榆林村、山东省海阳市留格庄镇彩春泊村；山东省莱阳市冯格庄镇乔家庄村、山东省莱阳市冯格庄镇小黑西埠村；山东省莱州市城港路街道办事处朱由一村、山东省莱州市平里店镇淳于村；山东省平度市兰底镇河北村、山东省平度市蓼兰镇丘西村；山东省烟台市牟平区文化街道办事处西桂里村、山东省烟台市牟平区武宁镇心合村；山东省荣成市埠柳镇不夜村等。

每年示范面积 6 310 亩，示范主要品种有"烟农 0428""烟农 5158""烟农 999""烟农 21""鲁麦 21""青丰 1 号"等，主推技术主要有宽幅精播技术、种子包衣技术、测土配方施肥技术、氮肥后移技术、病虫综合防治技术、适期适量播种技术等。这 11 个示范基地担负着在示范县展示示范小麦新品种、新技术的任务，同时也是我们上报小麦体系基础数据来源。

第二节 玉米油料研究所基地建设

2009 年玉米油料所承担国家花生产业技术体系烟台综合试验站建设任务，设立 5 个示范县，在示范县建立 10 个示范基地，分别是牟平宁海办事处、玉林店镇；海阳东村、发城；莱阳谭格庄、柏林庄；乳山市乳山寨镇、夏村镇；莱州平里店镇、驿道镇。

先后进行了高油、高蛋白质新品种试验示范、优质高抗高产新品种试验示范、花生病虫害综合防治技术试验示范、花生包衣试验示范、炭基花生专用肥示范、旱薄地花生丰产栽培技术示范、花生全程机械化生产示范、花生叶斑病、网斑病化学防治技术试验示范、花生高效低毒杀菌剂试验示范等多项花生新品种、新技术、新肥料的试验示范工作。

1. 烟台牟平宁海办事处示范基地

规模 100 亩。工作任务：高油、高蛋白质高产新品种试验示范，优质高产高抗新品种试验示范，花生病虫害综合防治技术试验示范。技术负责人：韩启秀、邹翠卿、姜大奇。

2. 烟台牟平宁海办事处、玉林店镇示范基地

规模 60 亩。工作任务：花生包衣试验示范，炭基花生专用肥示范，旱薄地花生丰产栽培技术示范，花生全程机械化生产示范。技术负责人：韩启秀、邹翠卿、姜大奇。

3. 烟台海阳东村示范基地

规模 80 亩。工作任务：花生包衣试验示范，炭基花生专用肥示范，旱薄地花生丰产栽培技术示范，花生全程机械化生产示范，花生叶斑病、网斑病化学防治技术试验示范。技术负责人：韩启秀、于国进、姜常松。

4. 烟台海阳发城示范基地

规模 100 亩。工作任务：旱薄地花生丰产栽培技术示范，花生全程机械化生产示范，花生叶斑病、网斑病化学防治技术示范，花生高效低毒杀菌剂试验示范。技术负责人：韩启秀、于国进、姜常松。

5. 烟台莱阳谭格庄示范基地

规模200亩。工作任务：花生包衣试验示范，炭基花生专用肥示范，旱薄地花生丰产栽培技术示范，花生全程机械化生产示范，花生叶斑病、网斑病化学防治技术试验示范。技术负责人：韩启秀、李忠。

6. 烟台莱阳谭格庄、柏林庄示范基地

规模150亩。工作任务：花生高效低毒杀菌剂试验示范，花生新品种、新技术、新肥料的试验示范。技术负责人：韩启秀、李忠。

7. 威海乳山市乳山寨镇，国家花生产业技术体系烟台综合试验站挂牌试验示范基地

规模120亩。工作任务：高油、高蛋白质、高产新品种试验示范，优质高产高抗新品种试验示范，花生病虫害综合防治技术试验示范，花生高效低毒杀菌剂试验示范。技术负责人：韩启秀、郑强、冷传娥。

8. 威海乳山市夏村镇示范基地

规模180亩。工作任务：花生包衣试验示范，炭基花生专用肥示范，旱薄地花生丰产栽培技术示范，花生全程机械化生产示范，花生叶斑病、网斑病化学防治技术试验示范。技术负责人：韩启秀、郑强、冷传娥。

9. 烟台莱州平里店镇示范基地

规模150亩。工作任务：优质高产高抗高产新品种试验示范，花生全程机械化生产示范，花生叶斑病、网斑病化学防治技术试验示范，花生高效低毒杀菌剂试验示范，花生新品种、新技术、新肥料的试验，花生病虫害综合防治技术试验示范。技术负责人：韩启秀、刘琦、支秀美。

10. 烟台莱州驿道镇示范基地

规模80亩。工作任务：高油、高蛋白质新品种试验示范，花生病虫害综合防治技术试验示范，旱薄地花生丰产栽培技术示范，花生全程机械化生产示范，花生叶斑病、网斑病化学防治技术试验示范，花生高效低毒杀菌剂试验示范，花生新品种、新技术、新肥料的试验示范。技术负责人：韩启秀、刘琦、支秀美。

第三节　甘薯研究所基地建设

甘薯研究所以国家现代甘薯产业技术体系烟台综合试验站为依托，创建了"农科院-示范基地-加工企业-专业合作社-种植大户-技术骨干"的试验示范推广模式，在烟台各县、市、乡镇建立了甘薯试验示范基地进行品种和栽培技术的试验示范。在烟台市牟平区水道镇徐家寨村建立了800亩高产试验基地，进行淀粉型品种的筛选及其配套技术试验示范。

在山东省烟台市牟平海德农场建立了500亩鲜食品种及轻简化覆膜栽培技术试验示范基地；在山东省烟台市蓬莱兴瑞庄园建立了300亩鲜食品种及滴灌栽培技术示范基地；在山东省烟台市蓬莱大幸店镇建立了200亩淀粉及鲜食型甘薯品种示范基地；与河北省邯郸市禾下土公司联合建立200亩"烟薯25"育种、育苗基地；与山东省德州市夏津朱玉江薯业有限公司联合建立100亩"烟薯25"育种、育苗基地；与河南省濮阳市康健食品有限公司联合建立200亩"烟薯25"育种、育苗基地；与河南省郸城县金田农业科技发展有限公司联合建立200亩"烟薯25"育种、育苗基地；在山东省烟台市牟平区中正公司建立了400亩育苗、轻简化栽培及品种示范组合基地。另外在山东、河北、陕西、辽宁、安徽等各地建立了30多个试验和生产示范基地，在新品种区域化种植、新品种繁育推广、配套栽培技术、脱毒种苗示范等方面建立了合作基地。

第四节 苹果研究所基地建设

依托烟台苹果产业优势，苹果研究所以国家苹果产业技术体系烟台综合试验站为依托，在烟台、威海建立挂牌试验示范基地，进行苹果优良新品种新砧木、乔砧和矮砧宽行密植栽培、老果园重茬改建、郁闭果园改造、水肥一体化管理、化学疏花疏果、病虫害综合防控等试验示范和技术指导。

1. 烟台市苹果无病毒苗木培育示范基地

规模80亩。示范内容：苹果无病毒苗木培育、砧木组培快繁、矮化自根砧和中间砧苗木培育、带分枝苗木培育等。推广指标：带动烟台地区1 000亩苹果苗木基地繁育推广无病毒良种苗木。技术负责人：宋来庆、刘美英、于青、唐岩、孙燕霞、张学勇。

2. 蓬莱市刘家沟镇苗家村

规模170亩。示范内容：矮砧密植、起垄栽培、生草覆草、沃土培肥地力、节水灌溉、壁蜂授粉、立架栽培、生态循环、绿色控害。推广指标：辐射带动周边5万亩苹果园进行矮砧集约省力化栽培。技术负责人：宋来庆、刘美英、于青。

3. 蓬莱和圣农业技术开发有限公司

规模600亩。示范内容：矮化砧木、抗轮纹病砧木、脱毒苗等不同砧木苗木的宽行密植建园，平改坡、立架栽培、水肥一体化、病虫害生物防治。推广指标：辐射带动周边10万亩果园采用新种植模式建园。技术负责人：宋来庆、唐岩、刘美英。

4. 蓬莱市村里集镇上门家村

规模130亩。示范内容：苹果乔砧密植栽培、自由纺锤形树形、果园自然生草、病虫害生物防治。推广指标：辐射带动周边5万亩果园推广种植无病毒良种苗木。技术负责人：于青、唐岩、孙燕霞。

5. 烟台市牟平区高陵镇下雨村

规模100亩。示范内容：矮化宽行密植、行间人工生草、起垄栽培、高纺锤形整形、水肥一体化和病虫害绿色防控。推广指标：辐射带动周边5万亩苹果园进行矮砧集约栽培。技术负责人：宋来庆、刘美英、孙燕霞、张学勇。

6. 烟台市牟平区高陵镇范家庄村

规模100亩。示范内容：矮化宽行密植、行间人工生草、起垄栽培、高纺锤形整形、水肥一体化和病虫害绿色防控。推广指标：辐射带动周边5万亩苹果园进行矮砧集约省力化栽培。技术负责人：宋来庆、刘美英、孙燕霞、张学勇。

7. 威海市文登区泽头镇峰山村

规模600亩。示范内容：矮化和乔化宽行密植、新品种和新砧木试验示范、行间人工和自然生草、起垄栽培、自由纺锤形整形、水肥一体化和病虫害绿色生物防治。推广指标：辐射带动周边5万亩苹果园进行新模式建园。技术负责人：宋来庆、刘美英、于青、唐岩。

8. 威海文登区泽头镇唐疃村

规模1 050亩。示范内容：郁闭果园改造（间伐、抬干、改形）、自然生草、病虫害生物防治。推广指标：辐射带动周边5万亩郁闭老龄果园进行科学改造。技术负责人：宋来庆、唐岩、于青。

9. 威海市文登区葛家镇铺集村

规模60亩。示范内容：苹果矮砧集约栽培、宽行密植建园、行间人工和自然生草、自由纺锤形树形、病虫害绿色生物防治。推广指标：辐射带动周边8万亩果园进行矮砧集约省力化栽培。技术负责人：宋来庆、刘美英、于青、唐岩。

10. 招远市蚕庄镇大诸流村

规模700亩。示范内容：矮化宽行密植、立架栽培、行间人工生草、起垄栽培、自由纺锤形整形、水肥一体化和病虫害绿色防控。推广指标：辐射带动周边8万亩苹果园进行矮砧集约省力化栽培。技术负责人：宋来庆、刘美英、于青。

11. 招远市阜山镇吕家村

规模800亩。示范内容：苹果矮砧集约栽培、水肥一体化示范。推广指标：辐射带动周边5万亩果园进行矮砧集约省力化栽培。技术负责人：宋来庆、刘美英、于青、唐岩。

12. 栖霞市苏家店镇官地村

规模200亩。示范内容："三挖两把一棵苗"老果园改造技术，实现当年伐树当年栽树。技术要点是："三挖"是指挖掘机进行深度改土时的作业特点（一穴挖三铲），达到将生土变熟土、熟土变生土、土地深翻改良的目的；"二把"是指栽苗前施"一把"有机肥（约2.5kg），"一把"重茬剂（专用复合菌及消毒剂）；"一棵苗"即栽种一棵优质脱毒苗。果树苗木栽植采用起垄栽培、大苗建园、宽行密植（3m×5m）、自由纺锤形整形、行间生草、树盘覆膜等栽培管理模式，达到3年成园、4年结果、5年丰产，实现快速老果园快速更新。推广指标：辐射带动周边10万亩老龄果园进行重茬改造。技术负责人：宋来庆、刘美英、唐岩、孙燕霞。

13. 栖霞市观里镇乔家村

规模130亩。示范内容：M9T337矮化自根砧、海棠乔化砧木、M26矮化中间砧木等苗木建园，果园种植鼠茅草，病虫害生物防治。推广指标：辐射带动周边5万亩果园采用新种植模式。技术负责人：于青、唐岩、孙燕霞。

14. 栖霞市观里镇吴家泊村

规模150亩。示范内容：老果园改造，重茬地选用苹果脱毒苗木建园、起垄栽培、自由纺锤形树形、增施生物有机肥。推广指标：辐射带动周边5万亩老龄果园进行重茬改造。技术负责人：宋来庆、刘美英、于青。

15. 莱州市琅琊岭小龙农产品专业合作社，莱州市朱桥镇由家村

规模1 300亩。示范内容：苹果新品种、矮砧集约栽培、无袋栽培、化学疏花疏果、化肥农药减施技术等。推广指标：辐射带动周边5万亩果园采用苹果新种植管理模式。技术负责人：宋来庆、刘美英、唐岩、孙燕霞。

16. 莱州市联翔果品专业合作社，莱州市城港路街道柳林头村

规模200亩。示范内容：M9T337砧木宽行密植建园、省力化栽培管理技术、病虫害生物防控。推广指标：辐射带动周边5万亩果园采用新种植模式建园和管理。技术负责人：宋来庆、刘美英、于青。

第五节　大樱桃研究所基地建设

大樱桃研究所在山东省烟台市、莱芜市、淄博市、四川省阿坝州、青海省海东地区建立试验示范基地30余处，示范园面积1 500余亩；其中核心示范基地14处，面积925亩。新品种、新技术辐射推广70余万亩。

1. 山东省烟台蓬莱市潮水镇东泊子村，良种、良法配套及设施栽培试验示范基地

规模60亩。工作任务：用于大樱桃优良品种展示以及起垄栽培、自由纺锤形整形修剪、4.5亩用于提早上市设施栽培试验示范与推广。技术负责人：张福兴、孙庆田、邵玉杰。

2. 山东省烟台市莱山区莱山镇朱堠堡村，大樱桃避雨防霜设施试验示范基地

规模70亩。工作任务：用于水泥柱塑料固定式避雨防霜设施及纺锤形整形修剪、果园土壤改良、提质增个花果管理技术试验示范与推广应用。技术负责人：张福兴、李延菊、倪寿山。

3. 烟台市牟平区武宁镇路西村，大樱桃避雨防霜设施试验示范基地

规模60亩。工作任务：用于四线拉帘式、三线固定式避雨防霜设施试验示范及早果丰产栽培技术、流胶病防治技术试验及推广应用。技术负责人：孙庆田、田长平、赵墩起。

4. 山东省烟台蓬莱市南王镇南王村，良种、良法及避雨防霜试验示范基地

规模50亩。工作任务：用于良种示范、四线拉帘式避雨防霜设施试验示范以及起垄栽培、根颈腐烂病防控技术试验示范。技术负责人：张福兴、张序、邵玉杰。

5. 山东省烟台蓬莱市大辛店镇，蓬莱和圣农业科技公司试验基地

规模80亩。工作任务：用于塑料固定式避雨防霜设施试验示范以及优质果品技术试验示范。技术负责人：张序、李芳东、邵玉杰。

6. 烟台市莱山区莱山镇千金村，大樱桃避雨防霜设施试验示范基地

规模70亩。工作任务：用于三线拉帘式、四线拉帘式、篷布收缩式等大樱桃避雨防霜设施试验示范以及起垄栽培、防霜冻技术、老果园改造技术试验示范与推广。技术负责人：张福兴、李延菊、王玉霞。

7. 四川省阿坝州九寨沟县陵江乡七里村，四川省大樱桃优良品种及配套技术试验示范基地

规模120亩。工作任务：用于在四川及周边地区进行大樱桃优良品种试验试栽以及高标准建园技术、纺锤形整形修剪技术试验示范与推广。技术负责人：张福兴、孙庆田、苟俊。

8. 山东省莱芜市茶业口镇吉山村，莱芜市大樱桃标准化示范基地

规模65亩。工作任务：用于大樱桃优良品种展示以及高标准建园技术、整形修剪技术试验示范与推广。技术负责人：孙庆田、张序、颜廷永。

9. 青海省平安县，青海大樱桃良种、良法试验示范基地

规模70亩。工作任务：用于在青海及周边地区进行大樱桃良种试验试栽以及高标准建园技术、整形修剪技术试验示范与推广。技术负责人：张福兴、孙庆田、梁永生。

10. 山东省淄博市淄川区太河镇，大樱桃标准化示范基地

规模60亩。工作任务：用于美早、萨米脱、黑珍珠等优良品种展示以及建园、肥水管理、重要病虫害防控技术试验示范。技术负责人：孙庆田、张序、李芳东。

11. 山东省烟台招远市金玲镇上刘家村，大樱桃无病毒良种示范园

规模80亩。工作任务：用于大樱桃无病毒幼树样板园综合管理技术试验示范。技术负责人：李延菊、王玉霞、张守蜂。

12. 山东省烟台龙口市北马镇沙沟村，龙口市军璐果蔬合作社大樱桃试验基地

规模50亩。工作任务：用于大樱桃考特砧木优质苗木建园、提质增个技术试验示范与推广。技术负责人：张序、李芳东、田长平。

13. 烟台市福山区清洋街道大沙埠村，烟台市农科院大樱桃综合实验示范基地

规模60亩。工作任务：用于优良新品种展示，自由纺锤形与细长纺锤形整形修剪试验示范，聚乙烯篷布固定式和防雨绸四线拉帘式避雨设施示范，起垄栽植+地膜覆盖+避雨设施试验示范，果园喷灌、滴灌设施、无病毒试验示范园，砧穗组合试验示范以及大青叶压条繁育技术示范。技术负责人：张福兴、孙庆田、张序。

14. 烟台市莱山区初家街道界牌村，大樱桃自由纺锤形试验示范基地

规模30亩。工作任务：进行大樱桃自由纺锤形整形修剪技术试验示范与推广。技术负责人：张福兴、孙庆田、张序。

第六节　葡萄与葡萄酒研究所基地建设

葡萄与葡萄酒研究所以国家现代葡萄产业技术体系胶东综合试验站为依托，集成示范推广先进技术，在烟台各县、市建立了7个现代农业产业技术示范基地进行葡萄的试验示范，示范面积共14 900

亩。在鲜食葡萄和酿酒葡萄进行了标准化栽培技术示范、葡萄病虫害综合防控技术示范、土肥水高效利用关键技术示范、新品种试验示范、葡萄园观光采摘模式示范、不同灌溉方式对比试验示范工作。

1. 山东省海阳市发城镇忠厚村，现代农业产业技术示范基地

规模2 000亩。工作任务：红地球篱架栽培标准化技术示范、红地球篱架栽培葡萄病虫害综合防控技术、红地球篱架栽培土肥水高效利用关键技术示范。技术负责人：胶东综合试验站站长唐美玲。

2. 山东省莱州市城郭镇西武官村金岭优质果品生产基地，现代农业产业技术示范基地

规模200亩。工作任务：鲜食葡萄规模化标准化技术示范、葡萄新品种试验、葡萄园观光采摘模式示范、葡萄园高效土肥水关键技术示范。技术负责人：胶东综合试验站站长唐美玲。

3. 山东省龙口市威龙公司有机葡萄基地，现代农业产业技术示范基地

规模10 000亩。工作任务：葡萄体系区试品种观察、不同灌溉方式对比、鲜食葡萄标准化技术示范。技术负责人：胶东综合试验站站长唐美玲。

4. 山东省蓬莱市刘家沟镇中粮长城葡萄基地，现代农业产业技术示范基地

规模300亩。工作任务：葡萄标准化技术示范、病虫害综合防控技术示范、葡萄园土肥水高效利用技术示范。技术负责人：胶东综合试验站站长唐美玲。

5. 山东省烟台市开发区张裕公司工业园葡萄基地，现代农业产业技术示范基地

规模2 000亩。工作任务：酿酒葡萄标准化技术示范、酿酒葡萄机械化技术、葡萄园土肥水高效利用关键技术示范。技术负责人：胶东综合试验站站长唐美玲。

6. 山东省烟台市蓬莱市大辛店镇和圣科技有限公司，现代农业产业技术示范基地

规模100亩。工作任务：酿酒葡萄标准化栽培技术示范、鲜食省力化架式生产葡萄技术示范、葡萄病虫害综合防控技术示范、葡萄园土肥水高效利用关键技术示范。技术负责人：胶东综合试验站站长唐美玲。

7. 山东省招远市石门孟家村石门孟家果业合作社，现代农业产业技术示范基地

规模300亩。工作任务：无核红宝石标准化技术示范、无核红宝石病虫害综合防控技术、无核红宝石葡萄土肥水高效利用关键技术示范。技术负责人：胶东综合试验站站长唐美玲。

第七节　梨研究所基地建设

梨研究所以国家现代梨产业技术体系烟台综合试验站为依托，在烟台、青岛、威海建立了梨高标准示范园9处，共计4 000亩，进行阿巴特、盘克汉姆、秋月、南水等高效品种和砂梨棚网架、西洋梨宽行密植高效栽培模式及液体授粉等省力化栽培技术的示范，同时依托高标准示范园，在梨生长关键季节召开现场观摩和技术指导培训，极大地推动了当地梨产业的发展。

1. 山东省烟台市农业科学研究院试验园，核心试验示范园

规模50亩。工作任务：开展三季梨和早红考密斯留单枝、双枝和三枝并刻芽试验；在棚架梨行间进行生草试验；施用微生物菌肥和碳肥，研究不同肥料对三季梨和早红考密斯外观及内在品质的影响；将引进的梨品种高接观察，资源保存。技术负责人：李元军、于强、李庆余、王义菊、牟红梅、姜福东。

2. 山东省烟台市龙口市芦头镇七夼村，西洋梨高效品种示范园

规模800亩，主栽品种为三季梨。工作任务：老劣果园高接改换高效品种技术示范、三季梨与不同抗性砧木组合试验、高效品种试验示范。技术负责人：李元军、于强、王焕才。

3. 山东省青岛市莱西市中和农场，砂梨"Y"形拱棚架栽培示范园

规模1 200亩，主栽品种为丰水、黄金和大果水晶梨。工作任务：施用多种微生物有机肥，研究微生物有机肥对丰水、黄金和大果水晶梨外观及内在品质的影响；开展梨园无害化病虫害防控技术试验与

示范；进行丰水、黄金和大果水晶梨"Y"形拱棚架整形修剪技术试验与示范。技术负责人：李元军、李庆余、任洪春。

4. 山东省烟台市牟平区玉林店镇怡和山庄，西洋梨高效品种示范园

规模100亩，主栽品种盘克汉姆梨。工作任务：施用多种微生物有机肥，研究微生物有机肥对盘克汉姆梨外观及内在品质的影响；开展西洋梨腐烂病发病情况调查及梨小食心虫综合防控技术示范；开展盘克汉姆梨与不同抗性砧木组合试验。技术负责人：李元军、王义菊、于杰。

5. 山东省烟台龙口市诸由观西河阳村，西洋梨高产树形栽培示范园

规模100亩，主栽品种巴梨。工作任务：施用微生物菌肥和碳肥，研究微生物菌肥对巴梨外观及内在品质的影响；示范巴梨改良疏层形修剪模式。技术负责人：李元军、牟红梅、王可伟。

6. 山东省烟台市莱阳市龙旺庄镇洞仙庄村，砂梨平棚架栽培示范园

规模200亩，主栽品种南水梨。工作任务：施用多种微生物有机肥，研究微生物有机肥对南水梨外观及内在品质的影响；开展砂梨腐烂病发病情况调查；进行砂梨平棚架整形修剪技术试验，建立砂梨平棚架栽培示范园1处。技术负责人：李元军、姜福东、戴振建。

7. 山东省青岛市莱西市河头店镇青岛大林公司，砂梨棚网架栽培示范园

规模1 000亩，主栽品种黄金梨。工作任务：施用多种微生物有机肥，研究微生物有机肥对黄金梨外观及内在品质的影响；进行梨园悬挂杀虫灯、黄板等无害化病虫害防控技术示范与应用；进行砂梨棚网架整形修剪技术试验，建立砂梨棚网架栽培示范园1处。技术负责人：李元军、于强、任洪春。

8. 山东省威海市万鑫畜牧有限公司，梨重要病虫害防控关键技术示范园

规模500亩，主栽品种新高梨。工作任务：施用微生物菌肥和碳肥，研究微生物菌肥和碳肥对新高梨外观及内在品质的影响；开展新高梨有机果品生产的无害化病虫害防控技术示范。技术负责人：李元军、李庆余、王洪强。

9. 山东省威海文登市泽头镇文登德丰农业公司，西洋梨高产树形栽培示范园

规模100亩，主栽品种三季梨和早红考密斯。工作任务：示范三季梨、早红考密斯梨主干疏层形、改良疏层形修剪模式；施用多种微生物有机肥和碳肥，研究微生物有机肥对西洋梨的影响。技术负责人：李元军、于强、李庆余、王洪强。

第八节 蔬菜研究所基地建设

目前蔬菜所建设有11个固定的核心基地，并进行了挂牌。主要进行蔬菜新品种、新技术和新装备的试验与示范工作。主要涉及茄果类、瓜类、叶菜类、葱、姜、蒜等蔬菜，面积达3 300亩。具体为烟台市农业科学研究院建有1个50多亩的新品种新技术综合示范基地；结合胶东地区蔬菜优势产业区域分布，在海阳市建有2个共400亩的设施蔬种植菜示范基地；在莱阳市建有2个共700亩出口加工蔬菜种植示范基地；在文登市建有2个共1 500亩的生态有机蔬菜示范基地；在莱州市建有2个共300多亩的大姜、洋葱和韭菜等示范基地；在龙口市建有2个共400亩的无公害蔬菜生产示范基地。另外在烟威地区还建有1万亩左右的辐射推广示范基地。

基地采取分工负责，责任到人，配备专业技术人员，及时解决生产中出现的各种问题，保证示范工作的顺利进行。同时，通过科技入户、发放技术资料、会议和现场指导等各种方式开展技术指导与培训。

1. 山东省烟台市农业科学研究院蔬菜所试验基地，国家大宗蔬菜产业技术体系烟台综合试验站挂牌基地

规模50亩。工作任务：各种蔬菜新品种栽培试验示范，绿色防控根结线虫技术、改良土壤技术以及节药节肥增效技术等试验示范。技术负责人：李涛。

2. 山东省莱阳市沐浴店镇沐浴店村，国家大宗蔬菜产业技术体系烟台综合试验站挂牌基地

规模400亩。工作任务：蔬菜工厂化育苗技术、生物秸秆反应堆应用技术、病虫综合防治技术、石灰氮土壤处理技术以及测土配方施肥技术等试验示范。技术负责人：曹守军。

3. 山东省威海市文登区界石镇赵家庄村，国家大宗蔬菜产业技术体系烟台综合试验站挂牌基地

规模200亩。工作任务：绿色蔬菜、有机蔬菜相关配套栽培技术试验示范。技术负责人：夏秀波。

4. 山东省海阳市里店镇纪疃村，国家大宗蔬菜产业技术体系烟台综合试验站挂牌基地

规模300亩。工作任务：新品种展示、生物秸秆反应堆、水肥一体化以及生物菌肥的应用。技术负责人：姚建刚。

5. 山东省莱州市城郭镇清明沟村，国家大宗蔬菜产业技术体系烟台综合试验站挂牌基地

规模50亩。工作任务：韭菜、大姜农药减量控制技术，网棚防虫技术以及沼液抑虫技术试验示范。技术负责人：王虹云。

6. 山东省龙口市兰高镇小成家村，国家大宗蔬菜产业技术体系烟台综合试验站挂牌基地

规模200亩。工作任务：韭菜新品种、频振式杀虫灯、黄板诱虫技术，沼液抑虫技术，测土配方施肥技术以及培肥地力技术试验示范。技术负责人：张丽莉。

7. 山东省海阳市方圆街道办事处北城阳村，国家大宗蔬菜产业技术体系烟台综合试验站挂牌基地

规模100亩。工作任务：蔬菜新品种、水肥一体化试验示范，生物秸秆反应堆、生物菌肥的应用。技术负责人：李素梅。

8. 山东省莱阳市羊郡镇西埠前村，国家大宗蔬菜产业技术体系烟台综合试验站挂牌基地

规模300亩。工作任务：蔬菜工厂化育苗技术、生物秸秆反应堆应用技术、病虫综合防治技术、石灰氮土壤处理技术以及测土配方施肥技术等试验示范。技术负责人：尹国香。

9. 山东省威海市文登区界石镇旸里村，国家大宗蔬菜产业技术体系烟台综合试验站挂牌基地

规模1 300亩。工作任务：蔬菜新品种展示、绿色蔬菜及有机蔬菜生产技术的试验示范。技术指导人：李涛。

10. 山东省龙口市东莱街道西渠村，国家大宗蔬菜产业技术体系烟台综合试验站挂牌基地

规模200亩。工作任务：蔬菜新品种配套生产技术试验、农药减量控制技术试验示范。技术指导人：曹守军。

11. 山东省莱州市虎头崖镇东大宋村，国家大宗蔬菜产业技术体系烟台综合试验站挂牌基地

规模200亩。工作任务：蔬菜新品种展示、拱棚多层覆盖技术及病虫害生物防治技术试验示范。技术负责人：夏秀波。

第九节　植物保护研究所基地建设

以山东省现代农业产业体系果品创新团队岗位专家等课题（项目）为依托，创新集成了苹果、葡萄、大樱桃、小麦、花生、韭菜等作物上的主要病虫害防控技术，目前在栖霞、蓬莱、海阳、莱州、龙口、福山、牟平等县市区建立大区示范基地27个，示范面积1 325亩。示范基地责任化管理，有专业技术人员负责，及时、按时实施示范基地建设，解决遇到的各种问题，保证示范基地工作顺利进行，另经媒体宣传、技术资料发放、召开培训会、现场观摩会、现场技术指导等多种途径开展示范技术的大面积应用。

1. 套袋果苹果病虫害节本增效防控技术示范基地设在蓬莱市仙境合作社、蓬莱农丰果业专业合作社、牟平虹良家庭农场、牟平观水镇泥村、栖霞观里镇辛庄、栖霞观里镇东南庄，针对套袋果生产特点，开展减少用药种类、合理配伍农药等技术的试验示范，进行节本增效防控技术示范与推广。

2. 不套袋苹果病虫害节本增效防控技术示范基地设在牟平观水镇泥村、牟平惠生果树生产基地、

福山门楼镇东陌堂村，试验示范以减少用药次数、减少用药种类、新型安全高效农药等为基础的节本增效防控技术。

3. 苹果绿色覆盖技术示范基地设在蓬莱农丰果业专业合作社、蓬莱民盛果品专业合作社、栖霞官道镇许家村、栖霞官道镇北照村、威海文登葛家镇生格庄村，评价人工生草、自然生草对病虫害发生、天敌种类及数量、土壤生理生化特性、微生物多样性等方面的效果，建立示范样板园，辐射推广绿色覆盖技术。

4. 酿酒葡萄病虫害安全防控技术示范基地设在蓬莱国宾酒庄，评价防控技术对葡萄病虫害示范防控效果，并不断优化升级与辐射推广防控技术。

5. 鲜食葡萄病虫害安全防控技术示范基地设在龙口果树研究所，开展防控技术示范效果评价及其优化升级，辐射推广防控技术。

6. 绿盲蝽综合防控技术示范基地设在蓬莱中粮君顶酒庄、开发区张裕卡斯特酒庄，集成、优化升级综合防控葡萄绿盲蝽的技术，发挥引领辐射作用。

7. 大樱桃病虫害综合防控技术示范基地设在福山门楼镇东陌堂村，评价防控技术对樱桃主要病虫害的防效，实现示范带动作用。

8. 小麦病害化学防控技术示范基地设在龙口诸由观镇冷王村、莱州市大原镇大原一村，示范传播防控新技术，发挥示范基地的技术推广作用。

9. 花生叶斑病化学防治技术示范基地设在海阳留格庄镇大辛家村、牟平高陵镇农科院基地，集成、优化升级、示范辐射推广防治技术，实现花生增产。

10. 韭菜韭蛆综合防控技术示范基地设在莱山谢家庄街道冶头村、海阳留格庄镇远牛村，主要用于安全高效杀虫剂、韭蛆综合防控技术试验示范，展示新农药、新技术。

第十节　土壤肥料研究所基地建设

土壤肥料研究所目前有2个固定的基地，一个位于蓬莱和圣农业技术开发有限公司的和圣农业产业园区，2016年末，与和圣农业达成协议，土肥所配合中国农业大学资环学院为其2万亩生态园区进行以生态优先的整体规划，对目前已完成规划的2 000余亩果园进行追踪技术指导，并对其后续新上果园达成指导协议。

另一个固定基地为烟台供销社茶业公司下属的海阳招虎山茶园和牟平龙泉茶园，总面积200余亩，均为设施化茶园。目前与茶业公司达成协议，对其园区内茶叶生产需要的土壤调理、有机肥生产、水肥管理及物联网应用进行试验研究，已提供了一套生产技术规程，增收效益明显。该基地是烟台地区最大的设施茶园基地，其成功经验可以有效带动周边茶户的生产，提高烟台绿茶整体水平。

土肥所拥有一个企业横向合作生产线，2015年与烟台制革有限责任公司达成协议，为其开发以皮革下脚料为来源的新型生物肥料生产技术和具体工艺，经过2年多的试验开发，目前已经形成成熟的产品，生产线年生产能力超过5 000t，同时制革公司的肥料生产线可以为本院的新型肥料研发和中试提供生产条件。

土肥所的试验基地适应国家"十三五"大农业生产技术配套的要求，针对性强，生产技术可以为其他大型农场提供模板，适合本院新技术的推广与展示；合作企业实力雄厚，生产线具有一定的产业代表性，适合本院在新型肥料上的研发与技术示范。

第十一节　科技成果开发中心基地建设

科技成果开发中心主要承担本院的新品种、新技术、发明专利的试验示范、开发推广和成果培育等工作。目前成果开发中心有2个固定的基地，分别位于山东省临沂市兰陵县和山东省平度市崔家集镇，在山东、江苏、安徽等黄淮麦区设有6个烟农系列小麦品种（系）示范基地，主要进行小麦新品种（系）试验示范、适应性鉴定以及繁育工作，示范主要品种有"烟农0428""烟农5158""烟农999""烟农173""烟农21""鲁麦21"等，"繁育烟农999""烟农173""烟农0428""烟农5158""烟农21""烟农19"等品种的原种以及"烟农0428""烟农5158""烟农999""鲁麦21""烟农24"等品种的大田用种。

为规范小麦良种试验示范田和三圃田建设，本院与青岛信宜佳种业有限公司签订合作协议，加强了基地建设，保持了本院烟农系列小麦新品种的种性和高纯度，促进了小麦良种的可持续性推广和品牌建设，为成果培育打下了坚实的基础。并设立"烟台市农科院小麦专家（青岛）工作站"，加快了本院的小麦育种进程，提升了科研实力和市场竞争力。

基地的试验示范内容针对性强，且增产效果显著，为大田生产提供了依据和样板，发挥了示范、引导作用，极大地促进了新品种、新技术的推广。

第二章 科技服务

第一节 科技下乡

1958—1980年期间，烟台地区农科所科研人员采取下乡蹲点的方式直接服务农民、农业，"从群众中来，到群众中去"。下乡蹲点，增进了科技人员与农村群众的感情，做到思想上尊重群众、感情上贴近群众、行动上深入群众，为农民解决生产中的实际问题，积累了科技工作者基层工作经验，提高实践能力。

1958年团中央胡耀邦书记在掖县（现莱州市）召开"全国农村群众性科学实验运动"大会。烟台地委也决定派原小麦研究室方正到后吕大队驻点配合工作，总结西由公社创建农科队（又称技术队）的先进经验。同时，把科学技术、科研成果送到地头田间，以大队技术队为中心建立小麦新品种展示田，创建小麦高产田，推广先进农业技术。

1961—1962年，李存英、侯庆福、高洪芝等走访烟台山塣地区，指导当时农民压"绿线泥"和圈肥施加方案。

1963年党中央发出建设稳产高产样板田的号召。1964年秋派方正到福山县福山镇公社芝阳大队驻点，搞小麦样板田，推广小麦高产栽培技术经验。

1964年，王士友对莱西、即墨两县98万亩洼涝低产地进行调查。通过走访群众，实地勘察，行程数万里，撰写《莱西、即墨洼区利用改良调查报告》，由行署转发各县推行。

1968—1969年，贾廷祥在即墨蓝村开展水稻种植方式改革（稻改）。1969年，吴桂本在龙口智家公社周家村宣传毛泽东思想及开展植保技术服务。

1971年党中央又发出"开门办所，开门办一切科学事业"的号召，派方正到掖县（现莱州）西由公社王贾大队技术队蹲点，进行小麦育种工作。后又以西由公社的后邓大队技术队、黄县张郑大队技术队、福山县南庄大队技术队、文登县葛家大队技术队为协作点，开展小麦群选群育工作。

1974—1977年，张香蓉、宫本义在荣成港西镇、成山镇龙须岛、埠柳镇开展地瓜根茎线虫病防治研究与推广工作。

1974—1979年，贾廷祥、卓耀南在牟平解甲庄镇新天堡村开展小麦全蚀病防治研究与推广工作。1979年，吴桂本在莱州西由镇开展植保技术服务。

1980年于伊在文登蹲点服务，指导当地玉米育种技术。李连参加了山东省科委下达的由莱阳农学院和掖县县政府在西由公社进行的"农业新技术综合应用试验研究"，在莱州蹲点服务，对莱州玉米栽培生产起到了积极的推动作用。

1980—1984年，玉米栽培组科技人员先后在北京市农业局和昌平县、河南省新乡地区以及我省各地、本市各县进行玉米高产经验的宣讲；先后多人次参加全国、全省玉米栽培学术讨论会，宣讲论文受到好评，对各地玉米生产的发展起到了积极的推动作用。

1980—2000年期间，本院组织三秋三夏活动，在80年代后期与乡镇进行定点服务，针对当地农业生产特点，输送不同专业方向的技术人员，解决当地生产中的实际问题，带领农民提高生产水平，同样提高了科技人员的实践与生产经验。

1982—1984年,李连、徐源连在莱阳进行科技下乡服务。与莱阳县农业局共同主持对莱阳县4个乡镇3.3万亩玉米进行了"中低产玉米开发试验研究",对莱阳和其他县中低产玉米起到了良好的推动作用,1986年获烟台市科委优秀科技成果三等奖。

1982—1985年,张香蓉、王英姿等在烟台栖霞、海阳等近10个乡镇开展蚜虫调研与指导防治工作。

1983年,改革开放初期,为响应适时发展经济作物的要求,王士友、于良忠、祝洪林、姜学玲于牟平、文登、栖霞、蓬莱地区蹲点指导当地农户进行花生平衡施肥。

1984年,农业部门要求改善烟台地区土壤肥力水平,王士友、于良忠、祝洪林、姜学玲针对莱山地区旱薄地,指导当地农民进行土壤改造。

1986—2003年,吴桂本前往山东、山西、陕西、河北、北京等5省市,指导红富士套袋苹果主要病害化学防治技术。

1988—1990年,贾廷祥、吴桂本、刘传德、王英姿等在烟台、威海等各县市区指导芦笋茎枯病防治技术。

1989—1992年,吴桂本、宫本义等在烟台、威海等各县市指导综合防治花生线虫病措施。

1990年在于令康带领下,周先学、陈永娜下乡1年,在发城镇结合自己的本职工作,调研农村和农民所需所求。在下乡一年中,与镇干部一起骑自行车下乡,足迹踏遍发城镇的田间、山水,为农民解答问题100多场次。期间在发城西坊坞村发现的"白黄瓜"品种及应用,成为现在海阳市的支柱产业。于良忠带领于经川、倪寿山、汤江海到莱阳市照旺庄乡指导小麦玉米生产。

1990—1991年,王士友带领王作全、王江春、姜学玲到莱阳市冯格庄镇指导小麦玉米生产,水肥搭配,实现"吨粮田"目标。1991年李素梅、尹国香响应烟台市农科所号召到海阳发城下乡锻炼服务一年,一年中协助镇农技站进行小麦、玉米等作物病虫害调查,收获期测产,引进新药剂,指导农民适时防治作物及果树病虫害;指导菜农进行黄瓜杂交制种。通过下乡有效地普及了病虫害的调查和防治技术,指导了当地农作物的生产。

1991—1995年,吴桂本、贾廷祥、王英姿、宫本义等在平度、文登、邹城、龙口、牟平、莱阳等地,实地指导农民防治小麦根腐病。

1992年,王士友带领刘兆晔、周庆涛到莱阳市冯格庄镇指导小麦玉米生产,使当地的小麦玉米大幅度增产。于良忠、崔万锁赴莱阳市照旺庄乡指导牛蒡等创汇蔬菜的生产及出口、日光温室大棚的建造、黄瓜嫁接育苗及生产,获得了较高的经济效益。

1993—1998年,随着果树在烟台地区种植面积扩大,需要新的技术手段对果树进行科学施肥,于忠范、姜学玲在栖霞、牟平、蓬莱地区指导推广苹果叶片营养诊断施肥方法。

1995—2000年,于忠范、姜学玲在胶东地区调查研究土壤酸化现状与原因,指导酸化果园农民进行酸化土壤改造。

2000年以来,烟台市农科院小麦所依托国家省市课题项目,团队成员姜鸿明、于经川、王江春、陈永娜、严美玲及小麦所成员,每年在小麦生长的关键时期,到烟台市海阳、莱阳、莱州、龙口、牟平等地调研小麦生长情况,并根据调研情况提报生产管理意见,指导小麦生产。先后举办小麦田间现场培训100次,现场培训农民5 000余人次,发放明白纸6 000余份。樱桃所科技人员通过多种途径深入田间地头指导果农改良樱桃新品种、新的栽培管理技术、老果园改造等技术措施,主要服务地点在烟台市福山区、芝罘区、莱山区、潍坊临朐县、威海文登区等地,累计下乡317次,服务果农、农民专业合作社和农业公司人数约15 000人,烟台果农管理大樱桃的综合水平稳居我国前列,与樱桃所科技人员近18年的努力宣传推广新品种、新技术是密不可分的。葡萄所所长唐美玲带领团队成员在蓬莱、龙口、莱州、招远、烟台开发区、海阳建立了7个示范基地,示范面积14 900亩,进行技术指导和新技术示范,带动了胶东地区酿酒和鲜食葡萄整体栽培技术的提升,同时与烟建集团、蓬莱和圣公司、威海神山科技有限公司、中粮集团签订协议,指导建园、进行技术服务,深入蓬莱、文登、龙口、海阳、栖霞等胶东半岛葡萄主产区对种植户进行病害诊断与技术指导，累计服务 130 余次，服务人数 1 000 余人次，深受农民欢迎，得到了老百姓的认可。

2001—2003 年，姜学玲在栖霞、蓬莱、牟平等地近 10 个乡镇，向广大果农指导苹果套袋配套施肥技术。

2004 年以来，王英姿、王培松、刘保友、栾炳辉、张伟等在烟台、威海、临沂、淄博等市的苹果主栽县市区，指导应用安全高效农药配套使用技术、病虫害减施增效防控技术、抗药性治理技术等，对苹果安全生产起到了积极的推动作用。

2005 年以来，王英姿、王培松、李宝燕、刘保友、栾炳辉、于晓丽等在烟台蓬莱、龙口、海阳、威海文登等县市区，实地开展葡萄病虫害安全防控技术、减施增效防控技术等的指导工作。

2005—2006 年，姜学玲在莱州、莱山、牟平、文登的大樱桃产区近 10 个乡镇指导果农根据土壤状况，进行合理施肥技术。

2011 年，为进一步贯彻落实烟台市委、市政府《关于 2011 年进一步优化发展环境的实施意见》和《烟台市改进机关作风优化发展环境"十要十不准"规定》精神，加强农业系统干部职工能力建设，提高服务"三农"水平，从 5 月起至 11 月，烟台市市直农业系统在牟平区莒格庄镇开展蹲点调研行动，烟台农科院小麦所姜鸿明、于经川、王江春、陈永娜、丁晓义、辛庆国、李林志、孙晓辉等同志参加调研指导，发放明白纸和技术咨询解答。

2011 年，玉米油料所科技人员到牟平莒格庄进行下乡蹲点，指导农业生产，了解生产中存在的主要问题，给政府提出合理化建议。

2011 年以来，王英姿、王培松、王丽丽、栾炳辉等在烟台栖霞、蓬莱、龙口、海阳、牟平、威海文登等县市区，指导果树绿盲蝽可持续治理技术使用，有效解决了果树新生虫害绿盲蝽的防治问题。

2013 年以来，王英姿、王洪涛、栾炳辉、王丽丽等在烟台海阳、威海文登等县市区，指导韭蛆绿色防控技术的应用。

2013—2017 年玉米油料所山东省玉米试验站团队成员到莱州、莱阳、海阳指导玉米生产，宣传新品种，推介新技术。

2014—2016 年，与水利局合作开展"农业实用技术进库区服务活动"，姜中武、李元军、刘维正、张福兴、孙庆田、李芳东、赵玲玲、唐美玲、汤国民、郑秋玲、刘万好、王江春、王作全、刘美英、王培松、姜学玲、张超杰、李素梅到烟台 11 个县市区 30 多个乡镇 74 个村服务，活动采取集中讲课和田间指导相结合的方式，共培训 2 400 人次。

2016 年以来，姜学玲、郑秋玲在龙口岚皋指导当地葡萄生产户葡萄施肥和水肥平衡技术。王英姿、刘保友等在烟台蓬莱、栖霞、威海文登等县市区建立样板园，指导苹果园绿色覆盖技术。

2017 年 3 月 23 日，本院组织果树、蔬菜、作物、植保等学科的 9 位科技人员以赶大集的形式在牟平区开展送科技下乡服务活动。

第二节　科技培训

一、小麦研究所

烟台市农科院小麦研究所，2000 年以来主要依托国家粮食丰产科技工程、国家公益性行业（农业）科研专项、国家现代农业产业技术体系烟台综合试验站、山东省农业良种工程项目和烟台市科技发展计划项目等国家省市课题项目，培训内容主要包括小麦后期田间管理、一喷三防、小麦种植方式转变、小麦品种的选择、病虫害综合防治技术、小麦精量半精量播种技术、氮肥后移施肥技术、水肥一体化技术等。姜鸿明、于经川、王江春、陈永娜、严美玲及小麦研究所成员，先后举办培训班 50 余次，培训基层农技人员1 500人次；在线访谈8次；在烟台日报、烟台农业信息网、烟台电视台发布田间管理意见10多次；参加烟台市举办的"科技进千村入万户""党报记者垄上行"活动4次，到田间地头为农民提供技术服务。录制的"小麦拔节期田间管理"宣传片，在中央电视台7套播放。邀请体系有关岗位科学家到示范县集中解决问题1次。

二、玉米油料研究所

2008—2017年，国家花生综合试验站团队成员韩启秀、袁堂玉、矫岩林、赵健等定期到示范县牟平、乳山、莱州、莱阳、海阳指导花生生产，进行农技人员和种粮大户的技术培训。对新品种、新技术进行宣传引进与示范。每年进行科技培训3~5次，培训人员2 000多名，有力地促进了烟台花生产业的发展。

三、甘薯研究所

2006年以来，甘薯所主要依托国家产业技术体系——烟台甘薯综合试验站、农业部行业计划"甘薯标准化栽培技术研究"、农业部农业综合开发项目"山东省甘薯原原种扩繁基地建设"、山东省甘薯工程技术研究中心、山东省创新团队育种岗位等国家省市课题项目，充分发挥科研院所技术培训优势，以提高农技推广人员和广大薯农的整体素质和能力水平为目标，坚持按需施教、实际、实用、实效的原则，坚持理论与实践相结合。通过甘薯专家深入浅出的讲授和现场示范，农技推广人员和广大薯农了解了当前甘薯产业技术发展的最新动态，开阔了眼界，掌握了甘薯产业最先进的科研成果，提高了为农服务的能力。

在培训的安排上，与示范县农技部门对接，充分发挥示范县农技推广部门的作用，由各县农技部门根据各县甘薯生产的实际情况和存在的问题提出培训内容和要求。根据要求，属于共性的问题，组织全市范围的培训，属于各县的问题，组织小范围培训，使培训有针对性、效果好。在培训形式上，采取会议培训、现场指导、网络访谈等多种形式相结合，使培训变得更灵活、更直接、更具体、更有效且涉及的范围广，显著提高了培训效果。

通过以上培训服务活动和高产示范田建设共计培训基层技术骨干、种植大户、合作社成员、薯农6 200多人次；并探索了科研院所与基层农技推广体系衔接的长效机制，使基层农技推广增强活力和能力，切实发挥科技的支撑作用，为烟台地区发展高效甘薯产业增添了动力。

四、苹果研究所

2002—2003年，苹果课题组在蓬莱、栖霞等地开展了"富士苹果授粉品种的选择"技术讲座，主要推广富士苹果新型授粉品种"红露、甘红"，以及配套的栽培、生产管理技术。

2004—2005年，苹果课题组利用烟台市农科院举办的"北方果树苗木交易会"平台，举办"苹果品种的选择与优质丰产配套栽培技术""当前烟台苹果生产中存在的主要问题与解决措施"专题讲座，培训果农5 000多人次；设立专家咨询服务台，接受果农果园管理技术咨询2 000余人次；发放技术材料12 000余份。

2005—2006年，苹果课题组制作了《红富士苹果套袋关键技术》《高温多雨气候条件下的夏、秋季果园管理》《红将军苹果摘袋与摘袋前后的果园管理技术》《欧盟良好农业操作技术规程》电视专题片，在烟台电视台《走进乡村》栏目进行播放。

2004—2006年，苹果课题组在山东卫视《乡村季风》栏目中结合示范现场，讲述了"无病毒优质新品种苹果苗木繁育、栽植技术""果园丰产稳产综合管理技术"。在每一个果园管理的关键时期及时对广大果农进行指导，提高了烟台市果农苹果优质高效果园管理技术水平。

2006—2007年，苹果课题组在栖霞、蓬莱、福山、牟平、招远、牟平等地区举办科技下乡培训班，培训内容为"苹果病毒病的防控技术及肥水一体化管理技术""富士苹果冬季修剪技术""苹果郁闭果园改造技术"，培训60余场次，直接培训果农达15 000多人次，并现场解答果农提出的生产问题，培训效果良好。

2008年，苹果课题组借助举办"苹果产业技术体系山东技术骨干培训班"平台，邀请蓬莱、牟平、海阳、栖霞的技术人员参加技术培训。主要培训内容为山东苹果生产形势、存在问题与对策，优质高档苹果生产关键技术，高档果园土肥水管理技术措施，苹果矮砧宽行密植技术等。通过培训，技术人员对山东省和烟台市苹果生产形势和现状有了充分的了解，初步掌握了高档苹果园土肥水管理措施以及矮化砧木建园栽培管理技术。

2009年，苹果课题组以烟台苹果综合试验站为平台，在烟台举办了"现代苹果技术产业体系山东区域培训班"，对来自山东省各市27个苹果主产县的159名基层农技人员作了"国内外苹果矮化砧木评价和利用"专题技术培训。通过培训，技术代表了解了全国苹果生产形势，掌握了苹果矮化密植栽培管理技术、水肥一体化技术、病虫害综合防治技术、密植果园改造技术等果园先进管理技术。

2010年，苹果课题组参加了烟台市市政府、市人事局组织的《农民科技周》电视讲座，讲述了烟台苹果生产中存在的问题、解决对策及当前果园管理的重点事项等内容，在烟台电视台二套节目中向全市果农连续播放1周，电视收视率达60%以上。制作了《红将军苹果摘袋与摘袋前后的果园管理技术》《无病毒优质新品种苹果苗木繁育、栽植技术》《果园丰产稳产综合管理技术》等电视专题片，在烟台电视台"走进乡村"和山东电视台"乡村季风"栏目中播出，在每一个果园管理关键时期及时对广大果农进行指导。

2011—2013年，苹果课题组科研人员宋来庆、于青、刘美英等到蓬莱、栖霞、牟平等地进行苹果生产实地调研并针对各地苹果生产进行技术指导，在各市县举办"苹果品质提升关键技术""苹果病毒病的防控技术及肥水一体化管理技术""现代苹果优质高效安全综合管理技术"等技术培训讲座40余场次，培训果农5 000多人次，对果农在生产上遇见的常见问题及果树病毒病的防控做出了技术指导。

2014—2015年，面对苹果病毒病的危害日益加重，苹果课题组在蓬莱、栖霞、牟平、海阳等地进行苹果病毒病的普查工作，并在各地区进行苹果病毒病的防控讲座50余场次，培训果农7 000人次，培训主要内容为"苹果病毒病的症状及综合防控技术""苹果病毒病的防控技术及肥水一体化管理技术""苹果病毒病的脱除与无病毒良种苗木培育技术""现代苹果优质高效安全综合管理技术"。通过培训，使大部分果农认识到苹果病毒病的为害，同时使果农知道选用苹果脱毒苗木建园的重要性。

2016年，苹果课题组着重于改造烟台地区的低效果园，提升果园果品质量。伴随着2015年苹果销售价格的下跌，烟台苹果在产销上出现问题。苹果研究所在栖霞、蓬莱、昆嵛区等地开展技术培训，主要针对苹果生产技术骨干，主要培训内容为"烟台苹果产销概况及发展趋势""烟台苹果品牌建设""苹果低效果园改造技术"。通过培训，使苹果生产技术骨干认识到烟台苹果产销趋势，以及对低效果园的改造，生产优质的烟台苹果，提升烟台苹果的品牌价值，从而带动苹果销售价格的回升。5月21日，宋来庆参加民进烟台市委到蓬莱市小门家镇进行"助力脱贫攻坚战"活动，到小门家镇5个村为农民进行讲课培训，蓬莱电视台《蓬莱新闻》进行了报道。为"土生金"报纸撰写和提交稿件16份；在农科院微信平台编制微信15篇，其中9篇周点击率最高，在"微农"在线回答果农提出的苹果方面的问题26个。在胶东在线发表新闻5篇，接受烟台电视台《烟台新闻》采访1次，在福山电视台录制农业电视专题片3期，起到良好的宣传培训效果。

五、大樱桃研究所

2003—2009年，大樱桃研究所的科技人员引进国外优良甜樱桃品种32个，筛选出"美早""萨米脱""拉宾斯""先锋"等13个品种通过山东省品种审定，仅在烟台地区累计推广约10万亩。结合新品种的示范推广，先后在烟台市福山区、莱山区和牟平区等地举办樱桃新品种栽培与管理技术培训40余次，培训乡镇村技术员和果农3 000人次。

2009—2013年，结合农业部公益性行业科研专项"樱桃产业主要障碍因素攻关研究"，樱桃所科技人员在山东烟台、泰安、潍坊、青海、四川等地，举办各种类型的樱桃栽培与管理技术培训班50余次，培训县、乡镇技术骨干2 000余人次。

2013—2017年，樱桃所科技人员选育出具有自主知识产权的甜樱桃新品种"福晨""福星""福阳"和"福金"等，自主选育的新品种具有广阔的发展前景，结合新品种的示范推广，先后在烟台市福山区、莱阳市和蓬莱市等地举办樱桃新品种栽培与管理技术培训20余次，培训乡镇村技术员和果农1 000人次。

六、葡萄与葡萄酒研究所

2009—2016年，以烟台市农科院组织的基层农技推广人员培训班为依托，唐美玲作为专家为基层农技人员进行葡萄专题培训，累计培训7期，培训技术员1 000余人次。

2009年以来，以胶东综合试验站为依托，在全市各县市建立了7个示范基地，30多个示范点、联系点，与各县（市）果树站、农广校、葡萄与葡萄酒局等单位合作，结合农民需求，举办培训班，开展技术讲座40余次，培训人员4 000余人，向农民传授农业知识，推广新技术新品种。2014年到莱阳电视台，2016年到蓬莱电视台、山东有线电视台录制葡萄栽培节目，2017年到山东有线电视台《农科苑》节目进行葡萄栽培讲座录制。

七、梨研究所

2001—2006年，为了推广日本"丰水""黄金"梨等优良砂梨品种，烟台市农科院果树所科技人员先后在莱阳、莱西等地举办砂梨棚、网架栽培技术培训班15期，培训人员600余人次，调整了胶东梨品种产业结构，极大地推动了胶东梨产业的发展。

2009—2016年，本所李元军、于强、李庆余等人参与国家现代梨产业技术体系烟台综合试验站，在烟台市农科院、龙口、莱西、莱阳、蓬莱、牟平和文登等示范县建立高标准技术示范园，示范与推广梨高效品种、省力化栽培、土肥水管理、重要病虫害防控等新技术，同时依托高标准示范园，在梨生长关键季节召开现场观摩和技术指导培训，每年举办培训班3~4期，先后培训技术人员和农民2 000余人次，推动了当地梨产业的发展。

2012年，农科院"果树地方优势品种发掘与种质创新利用研究"课题组人员，结合项目的实施，先后在莱阳、龙口、栖霞等地举办"莱阳梨""龙口长把梨""栖霞大香水"等烟台地方优异品种管理技术培训班6期，培训当地技术人员和果农400余人次。

2014年，响应烟台市农业局号召，开展农业科技下乡活动，农科院科技人员赴各县市区走农户、摸实情、授科技、送服务，有针对性地开展集中培训、现场技术指导和技术服务，在莱阳市照旺庄、蓬莱市村里集等梨主产区组织举办梨优良品种及高效栽培技术培训班5期，培训农民达350余人次。

2016—2017年，结合山东省重点研发项目"莱阳茌梨品质提升关键技术研究与示范"，课题组人员多次赴莱阳市前发坊、后发坊、照旺庄等地举办莱阳茌梨高光效树形建立及简化修剪技术，莱阳梨液体授粉、化学脱萼、免套袋等省力化花果管理技术培训班10期，培训基层技术骨干和果农1 000余人次。烟台农科院成立高陵农业专家顾问团后，梨研究所所长于强作为顾问团成员，多次赴高陵进行梨栽培管理现场指导和培训，培训果农100余人次，推动了高陵镇和牟平区梨产业的发展。

八、蔬菜研究所

2009—2013年以来，蔬菜研究所年均科技下乡50余次，培训农技人员500多人次，农民达到10 000人次。主要针对蔬菜连作障碍、根结线虫病、农药残留等方面，培训示范推广了大葱伴生栽培、沼渣沼液的应用、黄板和蓝板诱虫技术、防虫网应用，以及有机硅展渗剂、油菜素内酯和生物农药等新技术和新产品，有效地缓解了蔬菜连作障碍，降低了农药残留，促进当地蔬菜的可持续生产。

2013—2016年以来，蔬菜研究所年均科技下乡40多次，培训农技人员400多人次，农民达到

8 000人次。主要针对蔬菜生产中出现的新病害和新问题，如番茄黄化曲叶病毒病和褪绿病毒病、黄瓜疤斑病、番茄死棵等问题，举办各类讲座和现场培训，介绍了新病害防治新技术、减肥减药技术、沼液应用技术等，有效解决了新病害和新问题，减少了农民损失，保障了农民收入。

2016年3月22日，李素梅等到蓬莱刘家沟镇参加"烟台农业局送科技下乡活动"，向当地农民推广了本院新品种新技术。

2017年3月23日，李涛等到牟平区开展送科技下乡服务。展示了番茄、黄瓜等蔬菜新品种，并宣讲了各自品种的特点、优势及相关栽培技术。现场发放10余种农业知识类宣传册、1 000多份明白纸，解答农业技术咨询120余人次。及时帮助农民们解决了在生产中遇到的多种疑难问题，真正把农业科技送到了百姓的心坎上。

九、植物保护研究所

1969—1983年，贾廷祥、吴桂本、叶学昶、臧逢春、卓耀南、宫本义、王国杰等人在山东烟台、青岛、潍坊等地区多次举办小麦全蚀病菌生物学和综合防治技术研究培训班，先后培训技术人员和农民1.2余万人次。

1970—1980年，张香蓉、宫本义围绕烟台离海近的县市区培训甘薯茎线虫病综合防治方法，培训技术人员和农民2 500余人次。

1982—1985年，吴桂本、卓耀南、宫本义在烟台各县市区培训粉锈宁防治苹果白粉实用技术，培训技术人员和农民3 000余人次。

1986—2005年，吴桂本同志应辽宁、河北、山西、陕西、山东等我国北方苹果主产省农业主管部门邀请，深入当地优势产区举办苹果病虫害发生规律与防治技术培训班年均10余场次，培训基层技术人员及农民3 000余人次，深受广大果农欢迎。

1992—2005年，吴桂本、贾廷祥同志应邀到本市及全省小麦主产地区讲授小麦病害尤其是根腐病防治技术。

2005—2008年，王英姿、王培松、宫本义等植保科技人员年均下乡70余次，实地指导套袋红富士主要病害化学防治技术，葡萄、大樱桃、桃重要病虫害安全控制技术等。

2009—2013年，王培松、刘保友、栾炳辉等植保科技人员年均下乡100余次，培训基层技术人员600余人次，农民达到3 500余人次，主要针对苹果、葡萄、大樱桃、番茄等作物主要病虫害田间消长动态、病原菌致病性与品种抗病性、新型农药配套使用技术、抗药性等方面，培训示范推广了作物主要病害防控技术、苹果轮纹病节本增效防控技术、苹果重要有害生物抗药性治理技术等。

2010年10月，王英姿、刘保友参加全国苹果轮纹病防治技术交流会，讲解了本院研究制定的防治技术规程与效果，并带领与会人员参观了福山不套袋及栖霞套袋果园防治现场。

2013年6月，王英姿、王丽丽参加在烟台召开的全国绿盲蝽防控技术咨询交流会，现场介绍本院不同措施对绿盲蝽的控制效果。

2014—2017年，王英姿受邀到山东省基层技术人员培训班及蓬莱、牟平、文登等地讲课，主讲了苹果、粮油作物病虫害防治技术。王培松、刘保友、王洪涛、李宝燕等植保科技人员年均下乡160余次，培训基层技术人员650余人次，农民达到3 500余人次，主要针对苹果、葡萄、韭菜、小麦、花生等重要病虫害发生动态、减施增效防控技术等方面，通过培训班、现场会等形式示范推广了套袋及不套袋苹果、葡萄病虫害减施增效防控技术、苹果绿色覆盖技术、果树绿盲蝽可持续治理技术、韭蛆绿色防控技术、粮油作物重要病害控制技术等。

2016年，王英姿应烟台市果树站邀请，在烟台市苹果提质升级培训班上作了"果树病虫害发生规律与防治技术"技术讲座。

2017年，王英姿、王培松按照市农业局安排，在全市农业保险培训班上讲授了苹果、粮油作物病虫害防治及其与农业保险的关系。

十、土壤肥料研究所

1958—1980年间,王克诰、高洪芝承担烟台地区乡镇农化检测员培训任务,通过办学习班等方式20余次,为各乡镇培训化验技术人员300多人次,学员经培训后,大都成为县、乡化验分析工作骨干。1984年,王士友、于良忠、祝洪林、姜学玲利用在文登蹲点试验期间,利用假日和夜间开展农民农业技术培训班10余次,累计培训当地村民200余人。

1990年于令康带队,带领烟台市农科所部分科技人员在发城镇组织农民解答问题100多场次。

1993—2003年,于忠范、姜学玲应政府、农业局要求,在牟平观水、高陵、姜格庄、大窑、栖霞观里、观道、蓬莱、招远等地区,面向广大农户、技术员、种植大户进行苹果土肥、栽培技术培训,累计超过20次,受训农民超过1万人次。

2015年以来,姜学玲应烟台农广校、栖霞、招远农业局、农广校之约,对农业基层科技人员进行土壤肥料培训讲座,累计培训超过5 000人次。姜学玲、杨剑超分别在齐鲁电视台、烟台电视有线频道、福山电视台接受记者采访,录制肥料讲座内容,在电视媒体播出。

第三章 成果转化

第一节 新品种开发

本院通过举办品种观摩会、农民培训班,发放宣传材料,创建高产攻关和试验示范,开展科企合作等多种方式促进了本院品种的开发推广,取得了显著的社会效益。

一、小麦

烟台市农科院开展小麦育种50多年来,先后育成具有自主知识产权的小麦品种共计24个,其中通过审(认)定的品种23个,其名称、时间及区域见表3-1。

表3-1 烟台农科院审定品种一览表

序号	品种名称	审定时间	审定区域
1	烟农685	1982	山东认定
2	烟农15	1982	山东认定
3	烟农78	1983	山东认定
4	鲁麦7号	1985、1989、1990	山东、江苏、国家
5	鲁麦13	1989	山东
6	鲁麦14	1990、1992、1993	山东、山西、国家
7	鲁麦21号	1996	山东
8	烟85722	1996	江苏
9	烟农18号	1999、2002	山东、山西
10	烟农19号	2001、2003、2004、2005、2006	山东、江苏、安徽、山西、河南、北京
11	烟农21号	2002、2004	山东、国家
12	烟农22号	2002	山东
13	烟辐188	2002	江苏
14	烟农23号	2003	山东
15	烟农24号	2004	山东
16	烟2415	2006	山东
17	烟农5286	2007、2013	山东、安徽
18	烟农5158	2007、2009、2010	山东、安徽、江苏(认定)
19	烟农0428	2008	山东
20	烟农836	2010、2014	山东、国家
21	烟农999	2011、2015	山东、国家
22	烟农173	2015	山东
23	烟农1212	2018	山东

其中，鲁麦 7、鲁麦 14、烟农 21 号、烟农 836、烟农 999 等 5 个小麦品种通过国家审定；18 个品种通过山东省审定；3 个品种通过山东省认定。5 个品种通过江苏省审（认）定，3 个品种通过安徽省审（认）定，3 个品种通过山西省审（认）定；1 个品种通过河南省认定，1 个品种通过北京市审定。鲁麦 7 号通过山东、江苏、国家审定；鲁麦 14 通过山东、山西、国家审定；烟农 18 通过山东、山西审定；烟农 21 通过山东、国家审定；烟农 5286 通过山东、安徽审（认）定；烟农 5158 通过山东、江苏、安徽审定；烟农 19 通过山东、江苏、安徽、山西、河南、北京六省一市审（认）定。

烟台市农科院小麦育成品种累计推广面积超过 8 亿亩。其中，烟农 15、鲁麦 7 号、鲁麦 14、鲁麦 21 号、烟农 19 等 5 个品种累计推广面积均超过 1 亿亩。

烟农 15：1982 年经山东省农作物品种审定委员会认定，1980 年获省科技成果三等奖，1992 年 10 月获全国农业博览会优质小麦银奖。从 1976 年推广至今已种植年限达 40 多年，至今仍在全省推广应用，累计推广面积约 1 亿亩。

鲁麦 7 号：1985 年经山东省农作物品种审定委员会审定。1989 年经全国农作物品种审定委员会审定在黄淮麦区推广，1989 年经江苏省农作物品种审定委员会审定在淮北麦区推广。从 1981 年开始到 2000 年种植年限为 19 年。该品种 1989 年全国种植面积 879 万亩，占全国冬小麦品种面积的第 8 位。1990 年获山东省科技进步二等奖。累计推广面积超过 1 亿亩。

鲁麦 14 号：1990 年由山东省农作物品种审定委员会审定，1992 年由山西省农作物品种审定委员会认定，1993 年经全国农作物品种审定委员会审定通过。在鲁、晋、苏、冀、皖、豫等地的高、中肥水条件下种植，曾是黄淮麦区种植面积最大，适应性最广的品种，据不完全统计，全国累计推广面积超过 1.3 亿亩，其中 1994 年全国累计年最大收获面积为 2 154.05 万亩。1993 年获山东省科技进步一等奖，1996 年获国家科技进步二等奖。

鲁麦 21 号：1996 年山东省农作物品种审定委员会审定。自审定以来一直作为山东省区域试验旱地小麦对照品种。1997 在莱阳市冯格庄马岚村实打，亩产达到 693.64kg，显示其巨大的增产潜力。鲁麦 21 号适应性广，经济效益显著。连续多年被山东省确定为旱地小麦主导品种，累计推广面积超过 1 亿亩。1998 年获农业部优质糕点品种后补助，1999 年被认定为中国国际农业博览会名牌产品，2000 年获山东省科技进步二等奖。

烟农 19 号：烟农 19 先后通过山东、江苏、安徽、河南、山西、北京等 6 省市审（认）定，2004 年获山东省科技进步一等奖，2007 年获国家科技进步二等奖。烟农 19 适应性广，不仅适应山东各地，而且已推广种植到江苏、安徽、河北、山西、新疆、宁夏、北京、天津、辽宁等省市。烟农 19 实现了优质、高产、抗旱、抗病、广适的有机结合，深受农民和食品加工企业的欢迎，产业化开发和出口创汇前景广阔。目前累计推广面积 1.8 亿亩。

烟农 5158：是烟台农科院选育的高产、广适、优质、高白小麦新品种，于 2007 年通过山东省审定，2009 年通过安徽省审定，2010 年通过江苏省认定，2008 年获得植物新品种权。获得山东省科技进步一等奖和烟台市科技进步一等奖。高产稳产，在山东、安徽省区试中产量表现突出，多年位居第一位；连续多年高产田实打亩产均在 650kg 以上，最高实打亩产 739.78kg；优质强筋、面粉白度高，具有 1、7+8、5+10 高分子量麦谷蛋白优质亚基；容重 816g/L，蛋白质 15.61%，湿面筋 32.8%，稳定时间 16.0min，达到国家优质强筋小麦标准；面粉白度 80.1~81.1；抗逆、抗病性强。抗寒、耐旱、抗青干，较抗倒伏，条锈病近免疫、中抗白粉和赤霉病、抗土传病毒病，田间综合抗性好；适应性广。连续多年在山东、安徽、江苏等省中高肥和旱肥地大面积种植。在山东、安徽、江苏等省累计推广种植 8 334 万亩，增收优质小麦 19.14 亿 kg，专家鉴定研究成果达到了同类研究的国际先进水平。

二、玉米

烟单 14 号：在北方推广面积 1 亿多亩，在全国 9 省市推广应用，1987 年种植面积 1 800 万亩，列全国推广品种的第三位，于 1981 年、1985 年、1987 年分别获得烟台市科技进步二等奖，农牧渔业部科技进步二等奖，国家科技进步二等奖。

烟单 17 号：于 1987 年育成，1992 年通过山东省农作物品种审定委员会认定。该品种株型紧凑，抗逆性强，茎秆坚硬，根系发达，抗病性强，产量稳定。累计种植面积达 4 000 多万亩，1994 年获农业部科技进步三等奖。

烟单 16 号：该杂交种具有高产稳产、品质优良、抗病抗倒以及适应性广等特点，在黄淮海等适宜地区推广种植，累积推广面积 1 000 多万亩。于 1993 年通过山东省农作物品种审定委员会认定，1998 年获烟台市科技进步二等奖。

烟糯 6 号：该品种综合农艺性状好，加工品质优良，可直接应用于糯玉米生产、食品加工、淀粉工业、鲜食及速冻加工。为山东、江苏、河北、河南、重庆等 10 多个省市种子部门及生产单位引进种植，累计推广面积超过 30 万亩。"烟糯 6 号选育及加工利用"于 2004 年 8 月获烟台市科技进步二等奖。

烟糯 7 号：中早熟糯玉米杂交种，鲜穗采收期平均 77 天。具有较强的抗病性，抗大、小叶斑病、粗缩病、耐青枯病。适应性强，加工品质好。由于该品种营养成分含量高，果皮薄，果穗均匀，籽粒纯白，外观美观，被山东、江苏、河北、河南、重庆等 10 多个省市种子部门及生产单位引进种植，仅山东省 4 年累计种植达 50 万亩，加工速冻糯玉米 600t。"早熟优质糯玉米新品种烟糯 7 号选育及加工利用"于 2008 年获烟台市科技进步三等奖。

烟早糯 2 号：该品种生育期短，商品性好。春播从播种到采收鲜果穗仅需 75 天，较一般品种提早上市 10~12 天，果穗商品性状优良，鲜食糯性强，口味甜嫩香润，味道好，籽粒行列整齐，抗逆性强，经济效益高。种植密度为 4 500~5 000 株/亩，亩产商品果穗 4 725 个，商品率达 89.4%，亩产鲜果穗 1 134kg，高抗玉米螟和瘤黑粉病，抗旱性强，耐密性好。烟早糯 2 号是山东省目前生育期最短的糯玉米杂交种，一年可种两茬。"超早熟糯质玉米杂交种——烟早糯 2 号的选育及开发研究"于 2010 年 12 月获烟台市科技进步三等奖，2016 年 12 月将该品种的生产经营权转让给青岛诚信蔬菜研究所。

三、大豆

烟豆 4 号：1979 年用 7102-16412 作母本，烟黄 2 号（鲁豆 5 号）作父本经有性杂交选育而成的极早熟大豆新品种。1994 年 4 月通过山东省农作物品种审定委员会认定。该品种属极早熟种，生育期 83~85 天，株高 50~60cm，有限结荚习性，籽粒黄色，百粒重 16.5g，蛋白质含量 41.5%，脂肪含量 17.9%。抗旱、耐涝，高产稳产性好。在烟威地区累计推广面积达 8.2 万亩。"极早熟大豆新品种——烟豆 4 号"于 1997 年 7 月获烟台市科学技术进步二等奖。

鲁青豆 1 号：利用当地青豆和黄豆品种杂交选育而成。该品种具有早熟高产、粒大质优、抗逆性强等特点，适合黄淮海夏播和豆麦两作区种植。籽粒绿皮青子叶，色泽鲜艳，既可收成熟干豆作菜用和加工，又适合收青毛豆食用。在山东累计推广面积达 6.2 万亩。"菜用大青豆新品种——鲁青豆 1 号选育"于 1998 年 8 月获烟台市科学技术进步二等奖。

四、甘薯

甘薯研究所通过高效的甘薯育种体系，到目前为止共选育出 23 个通过国家、省品种审（鉴）定委员会审（鉴）定品种，占山东省审（鉴）定品种的 50%，在全国处于领先地位，分别为烟薯 1 号、3 号，鲁薯 2 号、3 号、5 号、6 号，烟薯 16 号、27 号、18 号、20 号、21 号、22 号、23 号、24 号、25 号、26 号、28 号、29 号，烟紫薯 1 号、2 号、3 号、4 号。其中鲁薯 2 号被作为全国最优秀的耐寒品种，在内蒙推广种植；烟紫薯 2 号是迄今为止全国最优秀的提取花青素紫甘薯品种；我们选育的食用型品种烟薯 25，被评为全国最好吃品种，被国家甘薯产业体系作为全国食用型主推品种，该品种的育成有望真正结束北京 553、遗字 138 统治全国食用型品种的局面；育成的烟紫薯 3 号在国家区试中产量突破 2 000kg，与常规高产品种不相上下，并在国家区试中食味评比第一，改变了紫薯品种产量一直较低口感较差的状况。以上品种现已累计推广 1.8 亿亩。

五、果树

（一）苹果

脱毒烟富 3 号：脱毒烟富 3 号是 1996 年烟台市果树科学研究所苹果研究室采用温室地栽苗加盖双层塑膜热处理和盆栽恒温玻璃箱热处理相结合的方式，对烟富 3 号品种进行脱毒处理所得。2004 年又采用组培苗热处理结合茎尖培养的脱毒方法，再次对烟富 3 号品种进行了脱毒处理，经 ELISA 法和 RT-PCR 法检测，确定不含有苹果锈果类病毒、花叶病毒、茎沟病毒、茎痘病毒和褪绿叶斑病毒等主要的病毒病。脱毒烟富 3 号苹果苗木植株长势健壮、抗病性强，在重茬地亦表现出较好的生长特性，脱毒植株扩冠快、早果性好、丰产稳产性强。果实的主要特点是果个大，平均单果重 245~315g；果实圆形至长圆形，果型周正，果型指数 0.86~0.89；果实易着色，浓红艳丽，套袋果摘袋后 5 天左右即可达全红；不套袋果实的全红果比例 78%~80%，着色指数 95.6%；果肉淡黄色，致密脆甜，硬度 8.7~9.4kg/cm^2，可溶性固形物含量 14.8%~15.4%。建立脱毒原种保存网室和脱毒采穗圃各 1 处。总结制定了苹果脱毒良种良砧苗木繁育技术体系，建立苹果脱毒苗木繁育圃 500 亩。发表论文 16 篇，获省市科技进步奖 4 项。5 年来，繁育新品种和新砧木脱毒苗木 7 900 万株，推广面积 150 万亩。且生态和社会效益显著，促进了行业科技进步，为苹果产业可持续发展提供了有力保障。

烟砧一号：烟砧一号苹果砧木是烟台市农科院果树研究所从鸡冠苹果自然实生苗中选育出的高抗苹果轮纹病砧木。2007 年通过烟台市科技局组织的专家验收，2009 年通过山东省农作物新品种审定。烟砧一号中间砧盛果期树主干轮纹病发病率为 0，病情指数为 0，抗病等级为高抗，红富士骨干枝轮纹病发病率为 37.6%，病情指数 25.8，轮纹病烂果率 3.1%，抗病等级为中抗。创新了烟砧一号苗木繁育体系，制定了高抗苹果轮纹病苗木繁育技术规程和建园栽培管理技术规程，累计推广应用 5.5 万亩。

红露：韩国引入的红露品种综合性状表现优良，尤其是果实品质极为突出，符合引种选育的目标。该品种果实大型，外观艳丽，平均单果重 227.6 g，高桩、果形指数 0.86，果实去皮硬度为 8.4~9.2kg/cm^2，可溶性固形物 11%~13%。果肉多汁，甜脆有香气，品质佳，耐贮性强。在烟台地区 8 月底 9 月初成熟，果实发育期 120 天；易成花，丰产性强，5 年生高接园平均亩产 3 000kg，是目前生产上难得的中熟苹果品种。红露抗苹果锈病能力中等，抗早春晚霜冻害能力强于现有栽培的富士、嘎啦等品种，属高抗早春晚霜冻害苹果品种，具有极强的自花结实能力，自花结实率达 72.9%。现已累计繁育红露苹果品种优质苗木 112 万株，在烟台、威海、河北、山西、辽宁、河南、安徽、陕西等地扩大试栽和高接改造老品种苹果园，新建新品种试栽园 20 000 亩，高接换头老品种苹果园 10 000 亩，已成为目前各地重点引进推广的优良苹果品种。

美乐：美乐苹果品种是烟台市农科院果树分院苹果课题组从长富 2 号中选育出的优良全红芽变新品种，2005 年发现，2006 年确定为变异性状稳定的芽变品种。2014 年 12 月 26 日通过山东省农作物品种审定委员会审定。美乐 1 年生枝条灰褐色，皮孔圆形，小、疏、不规则，绒毛中多，节间平均长度 2.3cm；多年生枝粗壮，灰褐色；叶片椭圆形，浓绿色，叶面光滑，先端渐尖，基部较圆，叶缘复锯齿，叶背面绒毛较多，黄褐色，叶姿斜向上，叶面上卷；花芽圆锥形，叶芽三角形，中大，每花序 5 朵花。果实长圆形，果形指数 0.88；果个大，平均单果重 267.8g，萼洼、梗洼与长富 2 相同；果肉乳黄色，肉质细脆，果实硬度 8.4kg/cm^2，汁液中多，可溶性固形物含量 14.5%；果实风味酸甜，香气浓郁；耐贮藏性和长富 2 号等品种无差异，无采前落果现象。树体强健，树冠中大，树姿开张；枝条成枝力强，萌芽率 72%，一般抽枝 3~4 个；高接树第 2 年开始少量结果，第 3 年即大量结果，以腋花芽和短果枝结果为主，盛果期平均亩产量 3 800~4 000kg；采用八棱海棠砧苗木 3m×5m 建园，树形采用自由纺锤形，第 4 年即可形成产量，亩产量为 450~650kg，第 5 年平均亩产 2 650kg。

皮诺娃：德国以克利维亚×金帅杂交育成的苹果优良品种，1986 年发表；2001 年春烟台市农科院果树所通过对外交流途径从德国引进品种接穗，在品种资源圃中进行高接保存；2002 年开始在烟台、威海、青岛等地建立品种区域试验园和生产园；2009 年 9 月 20 日该品种通过烟台市科技局组织的专家验收；2010年1月30日通过山东省科技厅组织的专家鉴定。2010年12月通过山东省林木品种审定委员会认定。皮诺娃品种多年生枝黄褐色，1年生枝条阳面赤褐色，阴面绿色，新梢有绒毛，皮孔中多，分布较稀；节间较短，节间距2.7cm；叶片较小，浅绿色，叶尖渐尖，叶缘双锯齿，锯齿钝，叶片不平展，叶柄长2.8cm；叶芽贴生，花芽圆锥形，花瓣粉红色。果实圆形，表面光滑，皮孔稀、小，底色黄绿，着鲜红色条纹，着色面达90%；果个大，平均单果重220g，果形指数为0.82，果柄长3.13cm，果肉黄白色，甜酸适口，果皮薄，肉质脆，汁液多，香味浓郁，果肉硬度$9.12kg/m^2$，可溶性固形物13.2%；与同时期成熟的红将军相比，果实贮藏性好，抗病性强；在烟台地区，果实9月中下旬成熟，无采前落果现象。皮诺娃树势强健，枝条萌芽率88%，短枝比率占85%，成枝力强，剪口下可萌发4~5个长枝；以短果枝和腋花芽结果为主，在有授粉树的情况下，花序自然坐果率达85%，花朵坐果率达40%，7年生树平均亩产量3 750kg。

太平洋玫瑰：新西兰国家园艺研究所用嘎啦×华丽杂交育成的苹果新品种，1975年杂交，1995年发表。烟台市农科院果树研究所于2000年从新西兰引进。2003年开始，陆续在烟台、青岛、威海、陕西等地建立新品种区试园和生产园。该品种于2009年9月20日通过烟台市科技局组织的专家验收；2010年1月30日通过山东省科技厅组织的专家鉴定。2010年12月29日通过山东省林木品种审定委员会审定。该品种多年生枝灰褐色，一年生枝红褐色，披白色绒毛，枝条节间长度3.2cm；皮孔椭圆型，中密，叶色浓绿，长圆形，平均单叶面积$39.3cm^2$，叶缘锯齿钝，裂刻中深，叶背有白色绒毛；果实圆形，果型指数0.82，平均单果重230g，果面全面着鲜艳玫瑰红色，十分艳丽美观；果皮薄，果面光亮，蜡质厚，萼洼中阔、中深；果肉乳白色，肉质细腻、质脆，可溶性固形物含量14%，果实去皮硬度为$8.8kg/cm^2$，未发现采前落果现象；果实耐贮性强，自然条件下，可贮藏至翌年4月，果皮未见皱缩失水现象；在烟台，果实9月下旬成熟。树势中庸，树姿自然开张，枝条萌芽率高、成枝力中等，外围一年生枝短截可抽生2~4个新梢；坐果率高，丰产性强，以短果枝结果为主，2年生以上结果枝易形成叶丛短果枝，无大小年结果现象；高接大树第5~6年亩产达到3 500~4 000kg。

（二）桃和樱桃

1. 系列晚熟桃品种引进及栽培技术研究

筛选出了从8月下旬到10月中旬成熟的5个优良品种——北京18、北京晚蜜、寒露蜜、莱山蜜、中华寿桃，并总结出了相应的配套栽培技术。首次推出了8月下旬成熟的，综合性状优于新川中岛的北京18，最早将北京晚蜜引入烟台试栽；提出了氮、磷、钾的施肥比例为1:0.5:1.5的高钾施肥和增施钙肥技术；研究出了应用粉锈宁脱除果实绒毛技术；摸清了套袋栽培条件下桃树康氏粉蚧的发生规律及防治措施；通过应用套袋等栽培技术，克服了寒露蜜桃果实萎缩、裂果及颜色暗淡等缺点。

2. 大樱桃优良新品种引种推广研究

经过多年的引种试栽、观察比较，筛选出了斯太拉（Stella）、拉宾斯（Lapins）、萨姆（Sam）、斯帕克里（Sparkle）、先锋（Van）5个大樱桃新品种。并对5个大樱桃优良新品种的综合性状、果实发育动态、产量形成及产量组成因素等，进行了长期而系统地研究。首次总结并提出了切实可行的苗木繁育技术规程和优质丰产栽培技术规程。这5个大樱桃品种目前在大樱桃主栽地区广泛栽培，并已取得了显著的经济效益和社会效益，为我国的大樱桃产业的发展作出了较大的贡献。

3. 国内外大樱桃鲜食优良品种引种选育

经过多年国内外引进的40多个甜樱桃优良新品种的生物学特性及配套栽培技术等进行了系统的调查研究，筛选出了早熟品种"早生凡"、早中熟品种"美早"、中晚熟品种"萨米脱""黑珍珠"。这4个品种的共同特点是早果、丰产、稳产，3年生亩产150~200kg，7年生亩产可达2 200kg以上，果个大，平均单果重9.1~12.0g，品质优，可溶性固形物含量达17.4%~18.5%，果实色泽艳丽、果肉硬脆、抗裂果，易形成腋花芽，与大青叶等砧木亲和力强。筛选出的4个品种综合性状优于目前生产中主栽品种，对调整品种结构起到了重要作用。通过研究制定了"大樱桃优良品种早果、丰产、优质、高效栽培技术规程"和"大樱桃苗木繁育技术规程"，建立了一批幼树纺锤形整形修剪丰产样板园，具有一定的创新性。在生产中得到迅速推广，省内外推广面积达 13.9 万亩。取得了显著经济效益、社会效益和生态效益。

4. 自花结实甜樱桃优良品种筛选及栽培技术集成示范

选育出综合经济性质优良的自花结实甜樱桃新品种艳阳、桑提娜、艳红，通过山东省农作物品种审定委员会审定；并以自花结实品种为亲本，开展了杂交育种进行种质创新，初选出 FX03-2-18、FX03-5-3 等优系，在种质资源方面具有明显创新。针对不同立地条件，通过多点区试，创造性的开展了"深栽浅埋""高畦起垄""控芽整形""枝粗控剪""隐芽利用""保促肥水模式""碳铵增个"等关键生产技术的研究与示范，集成的配套栽培技术新颖、简便、易行。在烟台建立核心示范园 1 500 亩，创造了 6 年生树亩产 1 447kg，12 年生树亩产 3 115kg 的产量。进行了优质苗木繁育技术的探索性研究，使优质成苗比例较常规育苗提高了 30% 以上，集成了坐圃苗木繁育、春栽春接苗木繁育、当年生苗木繁育 3 种新技术。适于各樱桃产区，可作为早春易受霜冻害种植区、低产区的主推品种。

5. 大樱桃优质新品种引选及配套栽培技术研究

从国外引进 43 个大樱桃品种，建立了品种比较试验园；制定了"大樱桃优良品种综合标准"及选种目标；在此基础上，通过芽变选种及引种筛选，选出了 3 个优质新品种，砂蜜豆、红手球和晚丰。3 个品种平均单果重 9.8～11.2g，最大 18g，可溶性固形物含量 18.1%～20.5%，最高 25%。具有早产、丰产、果个大、口味好、效益高、符合出口果标准要求。对选育品种的农业生物学特性进行了系统的试验研究，并对当地实际生产中的应用现状和市场表现做出了客观的综合评价。建立了一批试验示范样板园，进行了一系列的栽培技术研究，提出了与品种相配套的早果、丰产、优质栽培技术规程，按照该"规程"管理，3 年生树每亩 150kg 以上，5 年生树每亩达 760kg 以上，7 年生树每亩达 2 400kg 以上。项目成果适于各樱桃产区，已先后在新疆、四川、陕西、北京等多个大樱桃适栽区进行推广应用。

（三）葡萄

烟葡一号葡萄品种是烟台市农科院自主选育出的优良早熟葡萄品种，2012 年通过山东省有关专家组织的验收。2013 年通过山东省农作物品种审定委员会审定。在山东的烟台市、淄博沂源市、青岛平度市等地区进行区域试验 72 亩，同时进行推广试栽，适合山东省内栽培。

（四）梨

通过课题研究，总结制定了阿巴特梨 3 年结果、6 年丰产、亩产 3 500kg 以上的早期丰产栽培技术规程。项目实施以来，累计繁育阿巴特梨品种优质苗木 35 万株，在烟台、威海、河北、北京等地扩大试栽和高接改造老品种梨园，新建梨园 1 万亩，成为各地重点引进推广的优良西洋梨品种。

六、蔬菜

福山二包头大白菜：先后在山东省及河南、湖南、湖北、安徽、江苏、广东、广西、浙江、上海、福建、山西、河北、四川、重庆、贵州、云南等地 17 省、市、区大量应用，到 1997 年累计推广面积 200 多万亩。

鲁番茄 7 号：在山东、河南、河北、安徽、江苏、天津、北京等省、市种植，已在全国 14 个省、市累计种植 1 200 亩。

碧绿黄瓜和碧玉西葫芦：在山东省烟台、菏泽、济宁、泰安、济南等市及黑龙江省等地推广应用，累计推广面积达到 20 多万亩。

烟番 5 号、烟番 6 号、烟番 7 号、烟番 8 号番茄，烟西葫 2 号、烟西葫 3 号蔬菜新品种：已出口蔬菜种子 3 000kg，出口创汇 220 万元。先后在山东烟台、菏泽、泰安，黑龙江，俄罗斯等地示范、推广选育出的新品种面积达 160 多万亩。

番茄品种"瑞卡莉""烟番 9 号"和水果型黄瓜新品种"灵秀"：先后在山东济南、潍坊、临淄、泰安、烟台、威海和黑龙江等地示范、推广面积达 200 多万亩。

烟红 101、烟粉 201 和烟红 103 等品种及配套技术：在烟台、潍坊、威海、泰安、菏泽等地累计推广面积达 56 万亩。推广的绿色技术，大葱伴生栽培和高效施药等技术，大幅减少了农药的使用，减轻了对土壤和地下水等的污染，具有显著的生态效益，应用前景广阔。

七、花卉

花卉所先后有 10 个蝴蝶兰新品种和 1 个忍冬品种通过山东省林木良种审定，并推广应用。其中，2007 年审定的"靓红""靓紫""朝霞"和"超靓火鸟"4 个蝴蝶兰新品种，先后推广至江苏、广东、陕西、北京、山东潍坊与威海等省市，推广种植面积约 10 万 m^2，经济效益和社会效益显著。2011 年审定的"彩云""亮霞""彩霞""红霞"4 个蝴蝶兰新品种，先后推广至江苏、浙江、黑龙江、广东、陕西、北京、山东潍坊与威海等省市，推广种植面积达到约 30 万 m^2。2013 年审定的 2 个蝴蝶兰品种"晓霞""云霞"和 1 个忍冬品种"金辉"，先后推广至陕西、北京、浙江、广东、山东潍坊与威海等省市，推广种植面积达到约 20 万 m^2。

第二节　新技术开发

一、甘薯

甘薯轻简化覆膜栽培技术（专利号 201310325095.x）。该技术将黑色地膜、甘薯栽插用打孔浇水破膜器（专利号 201320428798.0）、插苗棒结合起来，操作方便灵活，可将甘薯覆膜栽培程序由 8 步减少到 4 步，劳动强度大幅降低，劳动力投入减少 1 倍，而且不喷施除草剂，避免了除草剂污染，有利于生产绿色产品。

传统覆膜栽培甘薯程序：起垄、用手栽插苗子、浇水、封窝、喷洒除草剂、覆盖地膜、破膜将苗子抠出、封土。需 8 个步骤，亩需劳动力 4~5 个。

高效、轻简化覆膜栽培技术程序：起垄、小型拖拉机覆膜、用打孔浇水器打孔浇水、用插苗棒将薯苗插入、封土。只需 5 个步骤，亩需劳动力 1~2 个，比传统栽培节省劳动力 1 倍以上，且劳动强度下降。

操作技术要点。① 机械起垄覆膜同步。使用机械足墒起垄，一般垄距 80cm 左右，垄高 25~30cm，垄直、土松，垄心耕透无漏耕，垄截面呈半椭圆形，并同时覆盖黑色地膜，地膜应拉紧，留出沟底，以利雨水下渗。② 采用打孔浇水破膜器施水打孔。将入水端接入水龙头或水泵上，将打孔浇水破膜器插入垄内，直至垄内施水充足再移至另一垄。③ 插苗。采用插苗棒将苗子斜插入孔内，栽插时顶叶离地面 5cm 左右，其余部分连同叶片全部插入土中。④ 盖土。用铲子盖好插苗孔，以减少水分蒸发。

注意事项：水管最好采用内钢丝水管，不容易弯折卡水，有利于操作顺畅。

二、果树

1. 大樱桃栽培关键技术研究与应用

开展了 5 种适合大樱桃密植栽培的树形研究，首次提出了樱桃细长纺锤形和自由纺锤形标准化树体结构指标，并制定了相应的技术规程。明确了大樱桃流胶与葡萄孢座腔菌等 7 种真菌密切相关，与细菌侵染无关，樱桃根颈腐烂病与撕裂蜡孔菌密切相关，烟台地区大樱桃根癌病病原菌的优势种群是 A. tumefaciens 生物Ⅱ型；提出了 3 种病害的有效综合防治技术；筛选出高效的防治药剂及抗病砧木；筛选出 5 种简易防雨防霜棚，示范园裂果率控制在 0.1% 以下；选育出高抗根癌病、流胶病、涝渍的"优系大青叶"砧木。项目成果适于我国各樱桃产区，该成果制定的自由纺锤形、细长纺锤形整形修剪技术规程，提出了根癌病、流胶病、根颈腐烂病防控技术及避雨防霜设施，可切实解决樱桃产业发展中的病害发生及遇雨裂果问题，促进我国樱桃产业健康发展。

2. 大樱桃避雨防霜设施研究与示范推广

针对生产中存在果实成熟期遇雨裂果、经常发生霜冻危害等突出问题，开展了大樱桃避雨防霜设施与示范推广研究，对大樱桃裂果，冰雹和鸟害等具有较好的预防效果。通过对不同结构、不同立柱、不同覆盖物等避雨防霜设施的成本、实用性和效果比较试验，筛选出5种简易避雨防霜棚。在大面积地块，适宜采用聚乙烯篷布、篷布收缩式、连栋塑料固定式避雨防霜设施；在面积较小的地块，适宜采用四线拉帘式、三线拉帘式避雨防霜设施。对简易避雨防霜棚的环境特点及其对树体生长发育的影响进行了系统观察研究。聚乙烯篷布避雨棚和塑料固定式避雨棚内的光照强度低于露地栽培，特别是对下午的光照影响更大；弱光易引起营养生长旺盛，新梢长度变长，粗度降低，叶片面积增大，叶绿素含量上升，类胡萝卜素/叶绿素的比值降低，叶绿素a/b比值的降低。针对避雨防霜设施的环境特点及对树体生长发育的影响，集成了大樱桃避雨防霜设施配套管理技术规程；先后在烟台福山、蓬莱、莱山等地建立365亩避雨防霜示范基地，进行示范推广。2013—2015年被山东省农业厅确定为山东省农业主推技术。

3. 葡萄管理技术的推广应用

葡萄所承建国家葡萄产业技术体系胶东综合试验站，在"十一五"和"十二五"期间，在全市范围内进行了22个品种的区域试验，创建了千亩葡萄试验示范园。通过巨峰提质增效避雨栽培配套技术和红地球避雨栽培模式及配套管理技术的推广应用，在龙口、海阳、蓬莱、莱西等累计推广面积达5.8万多亩，已经获得经济效益3.8亿元。对推动烟台乃至全国葡萄产业健康持续发展意义重大而深远。

4. 西洋梨优良品种选育及架式栽培模式

通过建立核心技术示范园进行技术推广，我们在烟台、青岛、威海等梨主产区先后建立1 400亩核心技术示范园，将本项目的研究成果直接呈现在果农面前，果农眼见为实，看到良好效果后，立即在主产区内得到推广。同时借助核心技术示范园在梨生长关键季节召开现场观摩和技术指导培训会议。

采用本项目研究成果，在龙口市、牟平区、莱阳市、莱西市、文登市等梨产区推广应用面积1.9万亩，占胶东地区西洋梨总面积的30%以上。解决优良西洋梨品种相对匮乏、缺乏典型的西洋梨优质丰产示范园及西洋梨病害严重等问题，同时又减少了梨生产中的用工与农药使用次数，生产的果品优质、安全和高效。该综合技术累计推广示范园1 400亩，辐射带动1.9万亩。

三、蔬菜

茄果类优质安全高效技术（茄果类蔬菜的密度、整枝方式、授粉方式、平衡施肥和控肥技术研究及生物农药防治病虫害技术），及番茄、辣椒栽培专家系统，先后在山东的烟台、威海、潍坊、济南、济宁、菏泽、淄博、枣庄及黑龙江等地近4年累计推广应用140多万亩。名特优无公害蔬菜生产体系，先后在烟台芝罘、福山、海阳等地区推广名优蔬菜新品种25 000亩以上。创造社会经济效益4.875亿元。

以大葱伴生栽培、沼液利用技术、有机硅展渗剂和番茄振动授粉器应用，累计推广面积达5.12万亩。

四、花卉

1. 优质蝴蝶兰的工厂化生产与周年供花技术研究

成果先后推广到广东、北京、南京、上海、河南、山东的烟台、威海、淄博、青岛、青州。推广1 120万株。

2. 优质一品红的工厂化生产与周年供花技术研究

成果先后推广到北京、广东、山东等省市。推广2 200万株。

3. 优质蝴蝶兰新品种引进、选育及产业化技术研究

成果先后推广到广东、北京、南京、上海、河南、山东等省市。推广 4 520 万株。

4. 红掌名优品种的引进、筛选与产业化开发

成果先后推广至北京、山东、江苏、陕西等省市。

5. 名优花卉新品种选育、关键栽培技术集成与产业化

成果先后推广到北京、陕西、浙江、广东、山东等省市,推广 4 200 万株。

6. 耐寒蝴蝶兰新品种选育及关键技术研究

成果先后推广至北京、陕西、山东、河南等省市。

7. 观赏凤梨品种选育及配套栽培技术研究

成果先后推广至北京、浙江、陕西、山东、河南等省市。

8. 园林花卉新品种选育及栽培技术集成

成果先后推广至北京、陕西、山东、河南、浙江等省市。

五、植保

三唑锡产品的研制与推广。截至 1990 年,在广东、广西、四川、浙江、江西、福建、上海及山东、北京、河北、辽宁等全国 11 个省、市、自治区的柑橘、苹果集中产区大面积推广应用三唑锡防治苹果全爪螨、山楂叶螨、柑橘红叶螨、锈螨,累计推广应用面积为 2 亿亩。

果树害螨高效杀螨剂应用技术。至 1991 年,先后引进 4 个国家 9 个公司新型高效、选择性杀螨剂 11 种,其应用技术在山东烟台、威海、惠民及广东、广西、浙江、四川等省、市、自治区推广应用 300 余万亩。

桃小灵防治桃小食心虫应用技术。截至 1990 年,在山东烟台、威海、淄博、青岛等地共推广应用 220 万亩。

小麦根腐性病害防治技术。在国内率先研究应用内吸杀菌剂粉锈宁(三唑酮)、羟锈宁(三唑醇)拌种防治,是一项简便易行的防病增产措施,截至 1996 年在山东济南、烟台、威海、青岛、济宁等地推广应用面积 3 663 万亩。

苹果绵蚜和金纹细蛾国内外新农药防治技术大面积开发应用。截至 1998 年,在山东省淄博、青岛、烟台、威海等地累计推广应用 1 560 万亩。

名优苹果主要病害生物学及综合防治技术。截至 2001 年,在山东淄博、临沂、潍坊、滨州、青岛、威海、烟台以及河北、安徽、辽宁、陕西、山西、甘肃等地推广应用 1 000 余万亩。

红富士套袋苹果主要病害化学防治技术。截至 2004 年,经全国 9 省、市(自治区)红富士套袋产区累计推广应用 388 万亩。在我国山东、山西、陕西、河北、北京等 5 省市累积推广应用 321 万亩。

防治苹果病虫害高毒、高残留农药取代品种应用技术。截至 2006 年,在山东烟台栖霞、蓬莱、龙口、招远、淄博沂源、陕西礼泉、山西运城、万荣、临猗、平陆、甘肃、芮城等地推广应用 381 万亩。

葡萄、大樱桃、桃重要病虫害安全控制技术。截至 2008 年,山东、山西、陕西、河北、安徽、辽宁、北京、河南、甘肃等 9 省市市场。共推广应用 102 万亩。

烟台市主要作物重大病害控制技术。截至 2010 年,累计推广 312 万亩,直接节约防治成本 5 544 万元,挽回经济损失 36.77 万 t。

果树病虫害安全防控药剂筛选及配套使用技术。得到了大面积推广应用,累计 433.95 万亩,产生经济效益 18 亿元,且社会和生态效益显著。

苹果轮纹病节本增效防控技术。截至 2012 年,在山东、陕西、河南、山西、辽宁、河北、北京等省市,累计推广苹果轮纹病节本增效防控技术 910.05 万亩,每亩平均新增产量 56.88kg,节约农药成本 319.95 元,且生态和社会效益显著。

苹果重要有害生物抗药性治理技术。截至 2013 年,累计推广应用 335 万亩,且生态和社会效益显著，促进了行业科技进步，为苹果产业健康发展提供了有力保障。

果树绿盲蝽可持续治理技术。截至2014年，在山东省烟台栖霞、蓬莱、龙口、福山、莱山等县市区，累计推广果园绿盲蝽可持续治理技术430万亩，平均每亩新增产量为大樱桃99kg、葡萄104kg、苹果84kg，且生态和社会效益显著。

韭蛆绿色防控技术。截至2015年，在烟台海阳、莱州、威海文登、潍坊寿光、安丘等韭菜主栽区，累计推广迟眼蕈蚊发生规律及综合防治技术30.3万亩，且生态和社会效益显著。

第四篇 合作与交流

第一章 科技合作

第一节 国际合作

1972年10月，向朝鲜民主主义人民共和国出口烟三6号玉米种2.5万kg。

1976年2月20日，援助朝鲜民主主义人民共和国烟三6号玉米种399 384t，检疫起运。

2001年10月22日，副院长林祖军代表烟台市农科院与俄罗斯圣彼德堡国立农业大学校长、院士师巴拉巴克签订蔬菜、果树品种资源交换和专家互访合作意向。

2003年7月，与俄罗斯"谢捷克"农业总公司签署了科技领域合作协议及政府间科技合作项目，并得到了中俄双方政府的批准。得到了山东省副省长王军民和俄罗斯科技部科技创新司司长西姆诺夫的高度评价。该项目列入我市首批5个中俄合作项目之一，支持资金20万元。

2007年，被批准建立"山东省中保农业合作研究中心"。

2007年，与保加利亚农业研究所联合承担政府间科技合作项目"苹果、甜樱桃品种和砧木资源创新与推广"。

2010年，与德国拜耳公司签署战略合作协议，成立拜耳技术开发与推广中心（山东）。

2011年9月19日，韩国庆尚南道政务副知事姜炳基、庆尚南道农业技术院院长崔福卿等一行8人应邀来院访问，并签署合作协议。

分别于2011年、2012年与保加利亚农业研究所共同承担国家引智项目"苹果、甜樱桃优质安全生产技术利用""果树抗病新品种选育与无毒化栽培技术利用研究"。

2012年，与保加利亚农业研究所共同承担山东省引智项目"苹果矮化抗寒砧木资源引进消化利用"。

2012年，被批准建立"山东省国际科技合作基地"。

2012年3月，外聘保加利亚果树专家Atanas Stoyanov Blagov入选中共中央组织部、国家外国专家局实施的第一批"外专千人"计划项目特聘专家，获项目资助经费500万元。2012年12月5日，Blagov教授受邀参加了习近平总书记主持召开的外国专家代表座谈会，并作为专家代表进行了发言。2012年12月10日，Blagov教授被中共中央组织部、人力资源和社会保障部授予"国家特聘专家"称号。获得2013年度山东省国际科学技术合作奖。

2013年，被批准建立"山东省引智示范基地"。

2013年，与德国联邦作物研究中心共同承担农业部中德农业科技合作项目"中德果树病毒病分子检测及防控技术合作研究"。

分别于2013年、2014年与保加利亚农业研究所联合承担政府间科技合作项目"优良葡萄新品种和苹果杂交种筛选利用研究""优良甜樱桃新品种培育及其抗逆行评价研究"。

2016年8月3日，苹果研究所联合俄罗斯顿河国立科技学院、格鲁吉亚农业大学等共同申报的"University-enterprise cooperation via spin-off companies network"，获欧盟经济委员会批复实施，项目编号为"573555-EPP-1-2016-1-ES-EPPKA2-CBHE-JP"，我院参与研究题目是"苹果抗病种质资源评价与新品种培育 Apple disease-resistant germplasm resources evaluation and new varieties breeding"。

2016年10月28日，聘任束怀瑞院士为烟台国际苹果育种中心主任；韩明玉教授为烟台国际苹果育种中心特聘顾问；姜中武研究员为烟台国际苹果育种中心副主任；伊利亚娜·斯托亚诺娃·克瑞斯库娃（Iliyana Stoyanova Krishkova）、迪米特里·克瑞洛夫·索特洛夫（Dimitar Kirilov Sotirov）、爱德华多·祖拉维奇（Edward Zurawicz）为烟台国际苹果育种中心特聘客座教授；郝玉金教授、刘志研究员、马钧研究员、刘延杰研究员、沙广利研究员为烟台国际苹果育种中心特聘客座研究员。

2016年11月15日，与保加利亚农业研究所联合申报的中国和保加利亚政府间科技合作项目"中保苹果抗病种质资源鉴定评价与创新利用"，获两国政府批复实施。

2016年12月16日，院长朱波带领苹果研究所所长宋来庆、大樱桃研究所副所长张序前往波兰进行为期1周的考察交流。期间，与波兰园艺研究所达成合作意向，并签署了全方位的合作协议。

2017年7月25日，设在我院农业部果品及苗木质量监督检验测试中心与岛津企业管理（中国）有限公司建立"合作示范实验室"，这是胶东半岛第一家与日本岛津公司建立的合作示范实验室。

2017年9月18日，刘学庆、刘维正、苏佳明、孙纪霞、李涛、赵玲玲6位科研人员，赴波兰园艺作物研究所执行国家外专局出国培训项目，进行了为期15天的专业技术培训与合作交流。在波兰期间，培训团代表本院组织举办了烟台国际苹果育种中心合作单位挂牌仪式。

第二节　国内合作

20世纪80年代，开展了果树害螨高效杀螨剂的筛选及其应用技术研究，在国内首次引进与试验成功了三唑锡、尼索朗、阿波罗、速螨酮等长残效杀螨剂，并与有关农药公司联合率先实现国产化，填补了我国长残效杀螨剂的空白，有效地控制了南北方主要果树害螨的发生危害，受到同行专家的赞同。

1985年11月—1987年12月，与中国农业科学院蔬菜研究所、山东省农业科学院蔬菜研究所和哈尔滨师范大学生物系番茄研究室开展合作研究，为美国纽曼种子公司番茄杂交制种，为日本泷井株式会社大葱和胡萝卜制种。

1989年开始与中国科学院等离子体研究所合作开展 N^+ 离子束对番茄的辐照育种研究，选育出了国内第一个离子束诱变番茄新品种——鲁番茄7号。

2000年11月1日，本院（甲方）与台湾客商（湖南金江实业有限公司乙方）达成合作开发蝴蝶兰项目的合作意向。

2007年1月25日，与鲁东大学在教学、科研等方面签署合作协仪。充分发挥双方在人才队伍、设备条件、信息资源、人才培养和科研开发等方面的优势，积极开展人才培养、科技攻关等方面的合作，推动烟台科技、经济与社会协调发展。

2007年1月，烟台检验检疫局与本院签订"检研合作"协议书，协议内容包括在植物、蔬菜、水果、种子的疫情检测控制等方面联合拟定研究课题、共同进行技术开发。并互派人员进行交流学习和科技考察等四个方面。

2009年11月23日，与鲁东大学共建烟台市农科院国家级中心果树资源圃（鲁东大学校友园）合作协议签约仪式，在鲁东大学隆重举行并签署。

2013年5月17日，烟台农科院与烟台大学合作共建烟台大学农学院签字揭牌仪式在烟台大学举行。副市长徐少宁，市农业局局长白国强，烟台大学校长房绍坤、副校长郭善利等出席。

2014年5月24日，由烟台市农科院主持，中国农科院郑州果树所、西北农林科技大学、北京市农林科学院、山东省果树研究所、大连市农科院5家单位参加完成的国家公益性行业（农业）科研专项"樱桃产业主要障碍因素攻关研究"项目，在烟台市顺利通过由农业部组织的项目验收专家组的验收。

2015年7月21日，朱波院长与德国拜耳作物科学（中国）有限公司开发部总监HOLGER先生签署了"山东地区农作物主要病虫草害化学防治技术研究"项目合作意向书，是双方合作的第二个五年协议。

2015年12月31日，我院与市供销社签署《为农服务战略合作协议》，市供销社党委书记、主任梁中，市农科院院长朱波等相关领导出席签约活动。

2016年5月17—18日，中国工程院院士、山东省农业科学院作物研究所首席专家、山东省政府参事赵振东研究员及其团队一行13人来院签署《院士工作站合作协议》。

2016年7月29日，中国工程院院士、博士生导师、农业部小麦专家指导组组长、中国作物学会小麦栽培学组组长于振文教授莅临本院签署《院士工作站合作协议》。

2016年10月8日，葡萄与葡萄酒研究所、植物保护研究所分别与先正达（中国）投资有限公司签署合作协议，《烟台产区葡萄园生草与病虫害规范化防控技术推广与应用》，项目经费45万元；《苹果园生草项目》，项目经费70万元。

2017年11月2日，我院与省农科院共建山东省农业科学院胶东特优果品技术研发中心正式签约成立。

第二章　学术交流

第一节　国际学术交流

1986年，本所小麦全蚀病病源菌种类、鉴定技术、病害自然衰退条件及综合防治技术研究填补国内空白，受到国内外植保界关注，美国植病学会理事长、世界著名植病专家Cook博士专程来华与我所进行了技术交流。

1993年2月20—28日，应联合国粮农组织和国际原子能机构所属粮农核技术联合处邀请，崔广琴赴日本鹿儿岛参加"在亚洲热带国家利用诱发突变改良块茎类作物的协作研讨会议"并宣读论文。

1995年11月，日本宫泽健次来所开展蔬菜园艺学术交流。中国农业大学观赏园艺系主任高俊平教授应邀作为日语翻译，全程跟随翻译。

1999年8月22日，日本农林水产省直属九州农业试验场甘薯室室长山川理博士应邀来院进行学术交流。

2000年11月2日，日本专家黑井先生来我院考察郁金香生产情况并带来郁金香新品种50多个、草莓品种2个、大樱桃品种1个。

2002年1月，法国农业科学院阿兰来所开展蔬菜园艺学术交流。

2005年11月28日，由中华人民共和国农业部和泰国农业与合作部联合举办的"2005泰中农业经济和农业商品与制品贸易研讨会"在泰国曼谷农业大学举行，副院长刘学卿应邀参加并宣读论文。

2006年8月22日，由中国园艺学会苹果分会主办，中国农业大学、山东农业大学、西北农林科技大学和烟台市农科院共同承办的第二届国际苹果学术研讨会在烟台成功举办。来自美国康奈尔大学、华盛顿大学、日本弘前大学、保加利亚农业研究所16名外籍专家和农业部、中国农业大学、西北农林科技大学、山东农业大学等16家农业高校和科研院所58名国内知名专家、教授参加本次学术研讨会。

2009年8月5日，烟台市农科院苹果课题组协助市农业局召开"中欧（烟台）苹果产业论坛"。会议在烟台市东海宾馆举行，来自保加利亚农业研究所的布拉高夫教授和山东农业大学的毛志泉教授分别作了"中欧苹果产业对比及发展建议"和"苹果园连作障碍综合控制技术研究"。

2010年10月9日，夏威夷大学李庆孝教授、中国农业大学李季教授来院进行学术交流。

2012年5月10日，匈牙利德布勒森大学农业与应用经济学研究中心的Nyeki教授、Lakatos教授以及中国农业科学院农业环境与可持续发展研究所孙忠富研究员、山东农业大学园艺学院张继祥教授来院进行科技交流。

2012年9月2—5日，中国工程院科技论坛144场暨第四届国际苹果学术研讨会——果园土壤管理及果树营养在烟台东海宾馆召开。大会由中国工程院主办，中国农业大学、山东农业大学、现代苹果产业技术体系和烟台农科院承办。美国、德国、保加利亚和土耳其等国家的9位外国专家，现代产业技术体系苹果、桃、梨、柑橘和荔枝等体系12位岗位专家、7个综合试验站站长、公益性行业专项"作物最佳养分管理"课题的代表以及相关大学科研院所和企业代表等140余人参加了会议。

2014年4月19日，德国葡萄专家拉贝尔到文登基地进行指导。

2016年5月4日，加拿大农业部马铃薯研究中心分子遗传实验室华裔学者李修庆研究员，来院举办生物专题讲座。市农技推广中心主任王奎良、院长朱波，以及30余名科技人员（包括省蚕业研究所部分科研人员）参加讲座。李修庆研究员的讲座主题为"体细胞基因组变异对遗传理论、育种学概念、人类健康、种质资源保护和植物繁殖方法的影响"。

2017年2月13—17日，姜中武赴西班牙圣地亚哥-德孔波斯特拉大学参加"伊拉斯谟+"计划项目启动会。

2017年5月25日，法国昂热市副市长伯努瓦·比磊先生、米歇尔·巴塞尔先生赴院访问，交流国际间科技合作事宜。

2017年7月4—8日，苹果所宋来庆赴葡萄牙科英布拉理工学院参加欧盟项目"伊拉斯谟+"计划工作研讨会。

2017年7月5日，法国IFO公司科技人员和市投资促进局高级顾问贺伯特先生赴院进行果树品种科技交流与座谈。

2017年7月10日，肯尼亚、南非、斯里兰卡、塞尔维亚、阿富汗等16个发展中国家的48名学员赴院考察交流果树科研与产业情况。

2017年9月3—17日，为执行中保政府间国际合作项目"苹果抗病种质资源鉴定评价与利用"，周先学、孙妮娜、刘美英赴保加利亚农业研究所，进行了为期15天的苹果国际合作交流。

2017年9月11日，王英姿参加了《联合国防治荒漠化公约》第十三次缔约方大会可持续土地管理商业论坛。

2017年9月19日至10月2日，为执行国家外专局出国培训项目"苹果育种体系及省力化栽培模式技术培训"，刘学庆、刘维正、苏佳明、孙纪霞、李涛、赵玲玲赴波兰园艺作物研究所进行了为期15天的苹果育种和省力化栽培技术培训。

2017年10月16—20日，姜中武赴德国比勒费尔德中型企业应用技术大学参加欧盟"伊拉斯谟+"项目工作研讨会。

2017年11月26—30日，应西班牙圣地亚哥-德孔波斯特拉大学邀请，宋来庆赴西班牙参加欧盟"伊拉斯谟+"项目培训与交流会，并获得科技培训证书。

2017年12月5日，宋来庆赴西班牙圣地亚哥-德孔波斯特拉大学参加欧盟"伊拉斯谟+"项目培训交流会。

第二节　国内学术交流

1973年8月，全国小麦育种协作会议，第一次在烟台地区召开，到会代表80人，全国著名育种专家均出席会议。

1976年8月，全国小麦全蚀病防治学术讨论会议在福山县召开，本所介绍了防治技术。

1983年8月20—26日，中国农科院主持的全国冬小麦育种协作会议在烟台市召开，参加人员67人，全国著名育种专家都参加会议。

1984年11月2—7日，全国"六五"蔬菜抗病育种攻关年会在烟台山宾馆召开。本所蔬菜研究室应邀派员参加。

2006年6月，组织承办了"首届全国樱桃产业发展学术研讨会"和"中国园艺学会樱桃分会"。

2008年12月25—28日，烟台苹果综合试验站承办了国家苹果产业技术体系2008年度年终总结会。会议在烟台市假日酒店举行，市政府周旦副秘书长出席并讲话。本次会议是国家苹果产业体系成立以来的第一次年终总结会。

2010年1月22日，"砂梨棚网架冬季整形修剪现场观摩会"会议组织全体代表在烟台综合试验站、青岛农业大学位于莱阳市照旺庄镇、青岛莱西市开发区的梨示范园现场观摩了"网架砂梨幼树整形修剪、高接换头网架砂梨盛果期大树开心型整形修剪和拱棚架砂梨"Y"字形整形修剪"。现场修剪由张绍铃教授指导、体系专家和示范园技术骨干共同实施。

2010年10月12—13日，由国家苹果产业技术体系植物保护研究室、国家农业行业科技项目"苹果轮纹病菌及其抗性资源信息库的建立"项目组主办，我院承办的"全国苹果轮纹病防治技术观摩与研讨会"在东海宾馆召开。会议的主题是"苹果轮纹病的发病流行规律与可持续控制技术"。董锐院长到会祝贺并致欢迎词。陈策研究员、国立耘教授、李保华教授、王英姿研究员分别作了苹果腐烂病的发生与防治、苹果轮纹病的综合防治技术研究进展、苹果轮纹病的发生与流行规律、2010年苹果叶部病害发生概况与叶部病害防治、苹果轮纹病防治示范园的具体管理措施等专题报告。参加会议的代表共计120余人。会后，与会的代表参观了院在栖霞、福山等地建设的红富士苹果套袋果园和非套袋果园的轮纹病防治示范园。

2012年7月6—7日，由现代苹果产业技术体系主办，现代苹果产业技术体系土壤与养分研究室和烟台综合试验站承办的"全国苹果水肥一体化技术研讨会"在颐正园大酒店召开。会议主题是矮砧集约栽培模式下的肥水一体化技术。现代苹果产业技术体系的15位岗位专家、25位试验站站长及相关企业代表60余人参加了会议。与会代表参观烟台综合试验站在栖霞和招远建设的2个示范基地。大会有9人进行了学术交流，对苹果肥水一体化的优缺点、设计与优化等进行讨论，束怀瑞院士与韩明玉首席进行了总结发言。

2012年7月7—8日，国家苹果产业技术体系"全国苹果矮砧砧穗组合方案研讨会"，在颐正园大酒店召开。来自"全国苹果矮砧利用及砧穗组合调研"协作组的陕西、甘肃、河南、山西、山东、辽宁、北京等8个省市的牵头人及部分体系岗位专家和团队成员共29人参加。韩明玉首席作主题发言，系统阐述了矮化砧木利用对苹果产业发展、栽培制度变革、栽培技术创新所产生的深刻影响。与会专家认真讨论审议并修订完善各主产省提出的苹果矮砧组合和栽培方案。

2012年7月21日，中国工程院院士余松烈、程顺和，国家小麦产业技术体系首席科学家肖世和等我国北方冬麦区各省区市小麦育种专家齐聚本院，共同研讨小麦育种自主创新，庆祝我国知名小麦育种专家徐沛然90岁生日。

2013年3月22—23日，"全国苹果园土壤酸化改良技术研讨会"在山东烟台召开。国家苹果产业技术体系2位岗位专家、6个综合试验站站长、烟台农技中心、山东省创新团队以及相关企业代表等30余人参加了会议。会议由国家苹果产业技术体系主办，国家苹果产业技术研发中心土壤与营养研究室和烟台综合试验站承办。会议进行了技术交流，苹果产业技术体系土壤与营养研究室岗位专家束怀瑞教授、姜远茂教授，烟台农技中心王奎良、李早东，烟台、青岛、泰安、葫芦岛、熊岳和昌黎综合试验站站长、山东省创新团队以及有关企业等13人进行了大会发言。与会专家和代表在苹果园土壤酸化形成原因、危害和改良技术等方面进行深入研讨。通过本次研讨会，与会代表对苹果园土壤酸化改良的紧迫性、重要性、技术和效果有了更加深入的理解。并按照讨论形成的改良技术方案进行试验示范，以推动苹果园土壤酸化技术进一步完善，为缓解苹果园土壤酸化提供技术支撑。

2013年8月24日，山东花生考察与技术交流会在本院召开，国家花生产业技术体系首席科学家禹山林研究员等30余名专家参会。

2013年8月26日，由烟台苹果试验站承办召开"山东区域果园雨涝减灾补救技术座谈会"，在福山宾馆举行。2013年7月中下旬，烟台、青岛等地区降雨频繁，降水量大，温度高，各果树产区均出现了严重的果园涝害，出现了大量死树现象，给生产上造成极大的经济损失。针对这一问题，体系岗位专家束怀瑞院士、姜远茂教授、王金政研究员、毛志泉教授以及烟台和青岛两个试验站分别组织团队成员于8月24—26日在莱州、招远、栖霞、蓬莱、牟平、龙口等地调研苹果涝害造成的早期落叶、死树情况，并于26日下午在福山宾馆进行了研讨交流，分析高温、雨涝造成的危害和相关的补救措施。

2014年10月24—26日，由中国园艺学会苹果分会主办，烟台农科院承办的"中国园艺学会苹果分会2014年学术年会"在东海宾馆召开。来自国内24个单位的120余名专家学者参加会议。会议由束怀瑞院士主持，市政府张广波副市长致欢迎词，朱波院长出席开幕式。浙江大学陈昆松教授、南京农业大学张绍铃教授、河北农业大学刘孟军教授、上海交通大学王世平教授、中国农科院郑州果树研究所王力荣研究员、中国农业大学韩振海教授分别作了专题报告。

2016年3月26日，中国工程院院士、浙江省农业科学院院长陈剑平研究员及其创新团队成员一行4人来院签署《院士工作站合作协议书》，并开展小麦土传花叶病毒试验调查。

2016年7月至10月，先后邀请国家甘薯产业技术体系首席科学家马代夫研究员、中国农业大学刘庆昌教授、徐州农科院谢逸萍研究员来我院进行学术指导与交流。

2016年8月8—13日，刘美英参加了由甘肃省人力资源和社会保障厅举办的"全国旱地集雨高效农业高级研修班"。

2017年4月1—3日，于振文、赵振东、陈建平三位院士到院指导工作。对黄淮麦区小麦土传花叶病害进行抗病材料鉴定与利用、抗病机理研究、综合防治新技术研发、抗病小麦新品种选育；在小麦新品种配套栽培技术与实践方面，开展抗旱生理、水肥高效利用机制、产量形成因素、光合物质作用机理等栽培理论创新研究；在重大关键技术联合攻关、农业科研项目争取、高端人才引进和培养、农业科技成果培育与转化等方面深度合作、协同创新。

2017年6月，与山东省薯类创新团队联合开展新品种展示与交流会议。

2017年8月2—3日，李涛赴宁夏银川参加"2017年中国园艺学会番茄分会年会"。我院有3个品种参加了田间展示，其中"CC-53樱桃番茄"是唯一一个被评为"最优异品种"的樱桃番茄品种。

2017年8月25—26日，由国家苹果产业体系举办的"环渤海湾产区苹果省力化管理交流会"，参加人员：姜中武、宋来庆。

2017年9月13—15日，唐岩参加了由中国园艺学会苹果分会、国家苹果产业技术体系及苹果育种协作组联合主办"第八届全国苹果育种协作组工作会议"。

2017年10月，甘薯国家产业体系育种研究室主任刘庆昌教授、徐州农科院谢逸萍和李洪民研究员、威海农科院王同勇研究员、河北省农林科学院马志民研究员等先后来我院进行学术指导与交流。

2018年1月3—12日，丁晓义、辛庆国2人到山东农业大学农学院孔令让教授实验室学习小麦分子标记辅助育种技术和小麦赤霉病田间鉴定技术。

2018年1月16日到2月5日，严美玲、苗崔钰到山东农业大学重点实验室，学习"小麦测墒补灌节水栽培技术试验示范实验"测定内容和重点实验室新型仪器的使用。

第三章　重要访问

第一节　外宾来访

1971年5月14—16日，以种子局局长李宗洙为团长的朝鲜农业技术代表团，来所参观考察玉米制种、山丘整地、科学种田技术。

1972年7月30日至8月13日，阿尔巴尼亚玉米考察组迈赫杜·迪普拉等两人，来所考察玉米制种技术、农田基本建设和科学种田。

1972年10月15日，以农科院副院长赵秉浩为团长的朝鲜农业科学代表团一行8人，来所参观考察科学种田。

1976年6月24—28日，以农科所小麦研究室主任斯肯德尔为组长的阿尔巴尼亚农业科学考察组，来所参观考察小麦栽培和育种以及墨麦品种的生长状况。

1976年9月22—24日，以国营农场中心门科长斯克卡伊·以斯特万博士为团长的匈牙利玉米、大豆、水稻考察组一行4人，来所参观考察玉米、栽培技术和农田水利。

1977年6月17—21日，以萨格拉市植物改良和生产小麦部负责人约·波托查李茨博士为组长的南斯拉夫小麦考察组，来所参观考察小麦育种和高产栽培技术。

1977年8月2—3日，南斯拉夫米卢厅延·潘契奇博士，到所参观考察玉米栽培技术。

1978年9月19日，墨西哥农业工程师托马斯·曼萨纳拉斯来所考察交流玉米育种与科研技术经验。

1978年9月29日至10月10日，以格尔夫大学生理系主任坦纳博士为团长的加拿大种子代表团一行8人，到本所参观考察小麦、玉米、花生生产和育种。

1978年10月24日，以政务院事务局副局长金丰镇、农业科学院副院长金元镇为团长的朝鲜科学家代表团，到本所参观考察专业研究和群众科研结合。

1979年7月25—27日，以巴黎第十一大学遗传学教授佩尔纳斯为首的法国农作物品种资源考察组一行3人，到所考察玉米、花生、大豆、地瓜等作物品种的收集、保存和利用等技术。

1979年8月31日，美国农业部派员到本院参观考察甘薯、大豆、蔬菜品种资源。

1980年5月31日至6月1日，以国营企业局副主任亚西姆森辛为组长的德意志作物育种考察组，到所参观考察小麦、玉米生产技术。

1981年5月24—25日，以波兰植物育种和驯化研究所副所长尤雅库别茨副教授为组长的波兰植物资源考察组，来所参观考察小麦育种和生产。

1981年10月7—8日，西德联邦农业研究院佐默尔博士，来所参观考察小麦育种、土豆栽培技术。

1982年9月20—22日，政务院农业局长金丰镇和农业科学院长李永钧等一行4人的朝鲜农业科学考察组，来所参观考察小麦、玉米、甘薯、花生、大白菜、辣椒等种子生产和农业科学研究。

1984年5月30日至6月1日，以粮食研究所处长黑尔丹博士为组长的德意志粮食生产考察组，来所参观考察粮食生产情况。

1986年5月2日，美国肯塔基大学农学院畜牧系教授克劳博士及农学系教授斯托克斯博士率领该学院学生代表团来烟考察，山东农业大学委托本所负责接待。

1999年8月22日，日本农林水产省直属九州农业试验场甘薯室室长山川理博士应邀来院进行学术交流。

2000年10月20日，范庆梅副市长陪同印度、日本、马来西亚等果蔬会代表团40余人来院参观现代化试验温室。

2000年10月20日，德国汉兹勒公司专家一行5人来院考察果业示范基地项目。

2000年11月2日，日本专家黑井先生来院考察郁金香生产情况，并带来郁金香新品种50多个、草莓品种2个、大樱桃品种1个。

2001年4月2日，法国农业代表团30余人来院参观现代化温室。

2001年5月25日，德国驻华大使农林处参赞梅慈耐一行来院参观考察。

2001年6月8日，新西兰前总理詹妮·希普利一行来院参观、考察。

2001年10月20日，第三届果蔬会国内外专家、各国驻华使节66人来院视察。

2001年10月28日，荷兰王国北荷兰省登海尔市市长一行来院参观考察。

2003年3月3日，加拿大商务考察团一行9人来院考察。

2003年7月13日，加拿大旅游投资公司总裁Tigerdev一行3人来院考察交流。

2003年8月2日，加纳议会外委会主席夸比纳·奥克彻瑞，议员奥赛·邦苏、安德鲁斯·耶布阿一行22人来院参观考察。

2003年9月3日，挪中友协会长埃文思莫、挪威商学院东亚研究副教授MR. EVENSMO JAN一行来院参观考察。

2003年9月24日，联合国亚太经社会国际贸易司司长拉维·拉特那亚克、农业工程与机械中心主任泰皮欧·尤卡斯拉提来院考察。市委副书记范庆梅、市人大副主任仇善强陪同。

2007年7月4—5日，朝鲜国家科学院山林科学院爱国树木组培研究所闵仁摄所长一行3人来院参观访问交流。

2007年12月26日，应本院邀请，美国加州大学果树植保专家毕建龙教授来院访问交流。

2010年8月19日，韩国庆尚大学农业生命科学研究院院长许武龙教授一行4人，应邀来院参观访问，并签订友好合作协议。

2010年9月18日，国家公益性行业（农业）专项首席专家国立耘及北卡罗来纳州立大学植物病理学家Turner Sutton来院访问、交流。

2010年9月28日，前美国农业部高级官员Mr. Johnson来院参观考察。

2011年8月2日，南非西开普敦省官员Bongiswa Matoti一行来院访问。

2011年9月1日，美国夏威夷大学马诺分校分子生物学与生物工程系李庆孝教授来院访问并讲学。

2011年9月19日，韩国庆尚南道政务副知事姜炳基、庆尚南道农业技术院院长崔福卿等一行8人应邀来院访问，并与本院签署合作协议。

2011年9月21日，南非西开普顿省考察团在副省长格里特·范·雷斯伯格先生的带领下访问本院。市农业局党委副书记、副局长王智成等陪同考察。

2011年9月23日，韩国江原道原州市议会产业经济委员长李相炫一行6人来院参观考察。

2011年10月17—28日，保加利亚农业研究所Maria Borovinova研究员来院访问、交流。

2011年11月28日，日本青少年友好使者代表团来院交流学习。

2012年5月10日，匈牙利德布勒森大学农业与应用经济学研究中心的Nyeki教授、Lakatos教授以及中国农业科学院农业环境与可持续发展研究所孙忠富研究员、山东农业大学园艺学院张继祥教授来院进行科技交流。

2012年6月10日，以缅甸联邦巩固与发展党党中央执委吴貌申（部级）为团长的干部考察团一行28人来院考察访问。

2012年11月21日，南非西开普省农业代表团一行6人在团长马里·鲍尔斯带领下，来院参观访问。

2013年7月6日，南非莱索托民主大会领袖、政府副首相莫泰乔阿·梅辛一行来院参观访问。

2014年6月24日，韩国4H庆南联合会组织的农业考察团一行18人，在联合会会长夏王峰的带领下来院访问、考察。

2014年7月6日，法国卢瓦尔水果蔬菜技术中心Claude Coureau博士一行来院考察交流。

2015年12月2日，俄罗斯顿河国立技术大学农科院校长别萨里奥恩·乔哈耶维奇一行3人来院考察交流。

2016年4月8日，新西兰陶朗加市市长斯图亚特·克劳斯比一行5人来院考察交流。

2016年5月30日，韩国庆尚南道农科院庆尚南道联合会长一行21人来院考察交流。

2016年9月10日，以色列著名水果采后专家ZASLAVSKY SUSAN教授，在中国国际人才交流协会亚非部李学副调研员、山东省外国专家局康忠鑫主任、烟台市外国专家管理处邰德华处长等领导陪同下，来院考察交流。

2017年5月25日，法国昂热市副市长伯努瓦·比磊先生和米歇尔·巴塞尔先生一行3人，来院进行国际合作与交流。

2017年7月10日，由山东外贸学院援外办负责人带队，来自阿富汗、斯里兰卡、肯尼亚、南非、塞尔维亚等16个发展中国家的48名学员来院考察交流果树科研与产业情况。

第二节　出境访问

1977年9月至1978年1月，农业部、水利部派水利、农业专家组赴也门民主主义人民共和国进行考察。水利组由陕西省派出，农业组由山东省烟台地区派出。农业组长莱阳农学院作物系主任迟范民，组员烟台地区农科所所长李保欣。在也期间，考察了小麦生产概况和栽培技术。考察结束后，曾向也方提出发展小麦生产的意见和技术改进报告。

1986年1月18日，本所方正被邀请参加当年10月6—11日在日本岗山召开的第五届国际大麦遗传学报告会。

1990年4月15—21日，王熙玉、吴桂本赴日本考察苹果病虫害防治技术。

1991年12月27日，本所崔广琴获批作为团组负责人赴日本参加由国际原子能机构联合国粮食与农业组织粮农核技术联合处举办的国际会议，并参加协作研讨会及宣读论文。

1992年9月30日，吴桂本赴泰国和香港进行农药应用考察，为期10天。

1993年2月20—28日，应联合国粮农组织和国际原子能机构所属粮农核技术联合处邀请，本所高级农艺师崔广琴赴日本鹿儿岛参加"在亚洲热带国家利用诱发突变改良块茎类作物"的协作研讨会议并宣读论文。

1994年6月，吴桂本赴美国戴科公司进行果业考察。

1997年9月21日，应法国埃尔夫·阿托公司的邀请，植保室主任吴桂本研究员赴法国和荷兰的实验室和设施考察学习。

2001年9月，姜鸿明、邱化蛟到墨西哥国际玉米、小麦改良中心考察学习。

2003年2月，张善勇参加山东省农业厅组织的赴澳大利亚食品安全培训班。

2004年7月13—23日，张善勇、姜中武、王全华、梁新明到俄罗斯考察蔬菜种苗生产。

2006年1月17—26日，应保加利亚果树研究所邀请，由姜中武、张凤敏、李元军组成的烟台市农科院果树考察团，赴保加利亚进行了为期10天的果树生产考察。考察期间走访了保加利亚农林部品种检测审定中心、索非亚农林大学、保加利亚果树研究所，参观了丘斯坦地尔以及周边地区的甜樱桃园、苹果园和果树所杂种保存圃。与苹果、樱桃、葡萄、小浆果专家以及地区技术推广部门的技术人员进行了座谈，并参加了保加利亚2006年果业年会。

2007年10月21日至11月4日，应美国纽约州康奈尔大学邀请，由烟台市农科院、烟台市农业局、烟台市农技推广中心和龙口市农技推广中心等单位6人组成考察团，赴美国进行了为期15天的农业生产科技考察。考察团成员包括梁新明、牟春生、戴振杰、姜中武、姜建彩等。考察团走访了康奈尔大学园艺系哈得逊谷实验室、纽约州国家农业试验站、加利福尼亚州大学河滨校区，参观了纽约州、华盛顿州和加利福尼亚州周边地区的苹果、大樱桃、葡萄生产园、果品批发市场及果品加工企业。与康奈尔大学、加州大学和地区技术推广部门的果树专家进行了座谈交流。

2009年6月15—30日，应保加利亚国家农业研究所的邀请，烟台市农科院和烟台市人事局外国专家处组成苹果IFP生产制度考察组赴保加利亚进行了为期15天的果树生产考察。由牟春生副院长任团长，宋来庆、张序、刁伟臣为团员。考察团访问了保加利亚农业研究所，参观了丘斯坦地尔以及周边地区的苹果园、大樱桃园和果树所杂种保存圃。与果树育种室、植保室和农业经济研究室的专家以及地区技术推广部门的技术人员进行了座谈，并参加了保加利亚国家樱桃学术研讨会和樱桃节。成功引进了优良苹果品种12个、甜樱桃品种16个、梨砧木1个、杏品种1个。

2010年，董锐到美国参加省委组织部组织的培训班。

2011年1月11—16日，刘学卿、王全华赴以色列特拉维夫、耶路撒冷、本-古里安考察培训，学习的主要内容为：以色列蔬菜种子行业概况；先进的蔬菜栽培和病虫害防控技术；作物育种和品种筛选体系；以色列种子企业、种苗繁育基地、蔬菜生产基地参观考察学习。

2011年6月13—27日，应保加利亚农业研究所的邀请，由翟广印、孙庆田、宋来庆组成的考察团赴保加利亚进行了为期15天的果树技术交流工作。在保加利亚期间，考察团与保加利亚农业研究所果树育种室、植保室、小浆果研究室的专家进行了合作交流，走访了普罗夫迪夫农业大学果树栽培系，参观了农业研究所的实验室、杂种保存圃、丘斯坦地尔以及周边地区的苹果园、大樱桃园、樱桃加工厂，并参加了保加利亚丘斯坦地尔地区第三届樱桃展览节，引进优良苹果品种21个，甜樱桃和酸樱桃品种16个，梨品种2个。

2011年8月20日至9月9日，由周先学、李元军、苏佳明、唐美玲、赵玲玲等组成的培训团，执行国家外国专家局出国培训项目CG2011370012"苹果病毒病的分子检测与防控利用"，赴德国栽培作物联邦研究中心（JKI）果树及葡萄栽培植物保护研究所进行了为期21天的技术培训，在培训学习期间，科技人员先后听取了德国Wilhelm Jelkmann教授、Bernd Shneider博士、Andreas Kollar博士等果树病害研究领域的科学家关于苹果病毒病、苹果植原体病害的研究新进展以及苹果病毒病的分子检测与防控技术的学术报告；在Constanze Berwarth博士指导下学习了苹果茎痘病毒、苹果花叶病毒和苹果褪绿叶斑病毒的分子检测技术，特别是带病毒样品处理、RNA提取、反转录PCR及凝胶成像等关键检测技术与方法；还参观了该所的果树病毒纯种保存圃与温室，实地学习、观察了多种苹果病毒病在苹果树上的表现症状以及病毒传播途径。另外，还与研究所的果树昆虫学、植原体学、真菌学和细菌学等方面专家以及部分地区生产部门的技术人员进行了座谈，了解与学习了德国苹果病毒病害的检测与防控技术以及果树生产与科研现状。

2011年9月19—26日，张善勇、姜中武、谷学新、于刚、李秀荣、逄孝海到美国康奈尔大学、芝加哥大学了解美国水果产业的现状和CG系列抗重茬砧木的品种特性、生长状况及应用。

2011年11月23日至12月13日，张福兴、孙庆田、刘维正、李淑平、张序应圣弗朗西斯科公司邀请，赴智利参加"樱桃育种及高效栽培培训与合作"。

2013年7月3—8日，应保加利亚农业研究所的邀请，烟台市农科院刘学卿、姜中武、宋来庆以及福山区农业局林毅先一行4人到保加利亚进行为期6天的技术交流。在保加利亚期间，考察团与保加利亚农业研究所、国家农科院、索菲亚大学等单位的果树技术人员进行了认真的合作交流，同时，参观了保加利亚的苹果矮化示范园、葡萄规模化种植园以及部分樱桃种植企业。引进苹果品种5个，甜樱桃品种 2 个及野生李子品种 1 个。

2013 年 11 月 16 日至 12 月 6 日，姜鸿明、刘维正、王江春、姜青梅、王作全应新西兰南方农业技术研究所邀请，赴新西兰参加"植物分子育种及高效生态农业技术培训"。

2014 年 11 月 23 日至 12 月 13 日，刘学庆、孙纪霞、李涛赴荷兰瑞恩种苗有限公司进行花卉自动化设施栽培技术培训。

2014 年 1 月 13—21 日，朱波、姜中武赴法国、德国开展项目合作交流、探讨建立友城事宜访问。

2015 年 9 月 21 日至 10 月 4 日，应保加利亚农业研究所的邀请，果树分院唐美玲、赵玲玲，赴保加利亚进行了为期 14 天的科技合作交流。在保加利亚期间，两名科技人员与保加利亚农业研究所科技人员进行了大樱桃、苹果杂交育种技术、杂交后代优系选育、抗性育种、病毒检测、植物保护等方面的学术交流；参观考察了保加利亚农业研究所樱桃杂交圃、复选圃，以及当地的甜樱桃、苹果、酿酒葡萄的现代果园种植模式和果品深加工和高档葡萄酒酿制等情况。引进大樱桃新品种 3 个，优良苹果品种（系）6 个，葡萄新品种 6 个。

2016 年 11 月 23—30 日，应匈牙利农业商务中心有限公司、波兰国家园艺研究所邀请，朱波院长和宋来庆、张序 3 人赴匈牙利、波兰进行为期 8 天的果树高新技术交流与合作。与波兰国家园艺研究所签署了包含果树、蔬菜、花卉的全面战略合作协议，并探讨了与匈牙利农业商务中心有限公司建立果树种苗基地、中匈高科技示范园区及下一步科技合作的可能性；同时，参观了匈牙利塞克萨德市弗里茨酒庄、佩奇市 NEDU 葡萄种苗生产基地、Nagykutas 现代果树超密集种植园和波兰国家园艺研究所科研基地等，了解了匈牙利果树种苗生产及苹果、大樱桃、杏超密集果园生产栽培技术体系、果品生产发展趋势及波兰国家园艺所在果树、蔬菜、花卉等方面的最新科研成果。

2017 年 2 月 13—17 日，欧盟科技项目"Erasmus+（伊拉斯谟+）"计划"University-enterprise co-operation via spin-off companies network"在西班牙圣地亚哥-德孔波斯特拉大学举行项目启动仪式。该项目由来自中国、西班牙、俄罗斯和格鲁吉亚等 4 个国家的 12 个科研机构与高校联合承担，是本院承担的首个欧盟科技项目，副院长姜中武研究员作为"伊拉斯谟+"计划中方项目负责人，赴西班牙参加了项目启动会。本院主要负责"伊拉斯谟+"项目中"苹果抗病种质资源评价与新品种培育"工作，着重开展抗病苹果种质资源保存及新品种创新培育与区域性评价等研究内容。

2017 年 7 月 4—8 日，本院参与的欧盟项目"伊拉斯谟+"计划工作研讨会，在葡萄牙科英布拉理工学院举行。苹果研究所所长宋来庆高级农艺师参加了此次会议。葡萄牙科英布拉理工学院农学院副校长 Nuno Ferreira 介绍了科英布拉理工学院创业学院 INOPOL 的发展状况和取得的科研成果；Henrique 教授作了"衍生企业理论、实践及成果回顾"报告；Ana Silveira 作了关于"促进科研成果衍生企业实现高效国际化战略"报告；葡萄牙 ESA 官员 Francisca 作了"欧洲知识产权与创新"报告；Caixa 资本投资公司 Walter Palma 作了"风险投资与支持大学衍生企业发展"报告；欧洲投资银行驻里斯本 EIB 集团办公室主任 Kim Kreilgaard 作了《欧洲投资与推动跨欧洲大学衍生企业发展》报告。欧盟 Horizon 2020 计划葡萄牙国家联络员 Cristina Gouveia 作了"欧盟研究与创新框架项目及其对大学衍生企业的支持"报告。

2017 年 9 月 3—17 日，周先学、刘美英、孙妮娜一行赴保加利亚国家农业研究所，执行第十五届中保例会项目"中保苹果抗病种质资源创新利用"，考察团对保加利亚苹果育种、生产和销售情况进行了考察交流。

2017 年 9 月 18 日至 10 月 2 日，刘学庆、刘维正、苏佳明、孙纪霞、李涛、赵玲玲 6 人组团执行国家外专局出国培训项目，赴波兰园艺作物研究所进行了为期 15 天的专业技术培训与合作交流。在波兰期间，培训团成员参加了波兰园艺作物研究所专家组织的苹果高效抗病育种技术体系、利用传统和现代先进技术对果园病虫害进行综合防治、矮砧果园综合管理技术、基因组图谱和分子标记与表型性状相关性评价、利用转录组分析技术鉴定品种和砧木中与抗寒性相关的基因等 18 场专题技术培训，并在实验室进行了实际操作技能培训。

2017年10月16—20日，欧盟"伊拉斯谟+"项目工作研讨会，在德国比勒费尔德中型企业应用技术大学举行。本院项目负责人姜中武研究员参加了会议。Hamid Doost Mohammadian 教授作了德国高新技术衍生企业发展的介绍报告。柏林自由大学 Steffen Terberl 教授作了本校高新技术衍生企业发展的报告。Jülich 研究中心的项目负责人 Daniel John 介绍了 EXIST 公司在德国高新技术衍生企业发展中提供的公共资金机会。比勒费尔德中型企业应用技术大学 Ralf Brüning 教授总结了会议交流情况，并就各研究机构下一步工作设想和计划进行了讨论。

第四章　国内互访交流

第一节　来院考察指导

1981年5月16—19日，由中国农科院科研部主任方翠农及山东省农科院副院长陆懋曾率领全国北方冬小麦区小麦育种栽培科学技术考察团一行13人，到本院参观考察。

1999年2月12日，市委书记任海深来院视察并看望了部分老专家。

1999年5月23日，山东省政府陈延明副省长、烟台市副市长王修伯等来院视察工作。

1999年8月18日，北京市监狱管理局清河分局吕国兴局长率北京市清河农场有关人员来院探讨技术合作事宜。

2000年3月7日，市委书记任海深、副市长王修伯来院检查指导工作，听取了关于建立烟台农业科技示范园和创汇农业高新区的汇报。

2000年4月17日，杨金镜市长来院检查指导工作，听取了关于建立烟台农业科技示范园和创汇农业高新区和内部改革的汇报。

2000年10月19日，科技部及省、市科委领导来院听取省级果业示范园项目的汇报。

2000年10月20日，全国政协副主席张思卿等来院检查指导工作。

2000年10月20日，中国工程院副院长沈国舫院士等果蔬会代表团40余人来院参观现代化试验温室。

2000年10月31日，市委常委、副书记栾秉良带领原市五大班子离、退休老干部110余人来院考察。

2000年11月10日，市委书记任海深来院考察现代化连栋温室并听取了农科院基本概况的汇报。

2001年2月7日，张幸福副市长来院检查指导工作，考察了农科院的实验室。

2001年3月31日，省科技厅姜代晓副厅长来院指导工作，听取了本院关于2001年申报省级课题的汇报。

2001年5月17日，中国工程院院士、山东农业大学教授余松烈来院参观、考察，并亲临小麦试验田指导工作。

2001年7月1日，市人大邹梅清副主任陪同中国农科院陈万金副院长一行来院参观、考察。

2001年10月18日，科技部原副部长韩德乾一行来院视察。

2001年10月19日，全国人大副委员长布赫、山东省人大主任王玉玺、烟台市人大主任王树建等20人来院视察。

2001年11月2日，市政协吕志海副主席、市总工会董禾雨副主席来院检查、指导工作。

2001年12月7日，市旅游局郝凤利局长率烟台市17家旅行社的总经理来本院论证"烟台农业科技博览园规划方案"，初步决定在次年"五一"将该项目正式推出。

2002年5月1日，中共中央委员刘明祖、省人大副主任王克玉、市委书记焉荣竹一行来院视察、指导。

2002年6月17日，全国人大农经委副主任（原山东省省长）李春亭一行来院视察，市政府杨金镜市长、张幸福副市长、张广波秘书长等领导陪同。

2002年11月29日，贵州省科技厅副厅长张建，贵州省社科院书记、院长刘作易一行10余人来院考察学习科技与旅游结合方面的经验。

2002年12月4日，济南军区司令部副司令李良辉一行10余人参观农博园，市政府副市长张幸福陪同。

2003年1月24日，福山区政府、人大、政协领导来院拜访领导。

2003年1月28日，市总工会主席吕志海一行来院看望省劳动模范梁新明院长、全国劳动模范吴桂本研究员。

2003年3月11日，财政部农业司司长张建良来院考察、指导。

2003年3月16日，国家、省、市旅游记者团一行20人参观考察农博园。

2003年4月18日，青岛旅行社、新闻媒体记者团共80人来农博园考察。

2003年6月26日，长岛县委书记于旭华、县长吴德强，旅游局局长吴忠波带领五大班子领导、各乡镇书记共38人参观农博园，考察农业观光旅游。

2003年7月9日，省人大常委会副主任王懿成、宋存胜，省科协副主席叶翔，省科技厅调研员陈周才一行14人考察农博园。

2003年8月6日，台湾旅游业者大陆考察团一行200余人考察农博园。

2003年8月19日，广东省江门市副市长李葳一行10人考察农博园。

2003年8月21日，省旅游局局长李德明、市人大副主任仇善强一行6人考察农博园。

2003年8月26日，省财政厅厅长尹慧敏考察农博园。

2003年8月29日，中国科协书记处书记宋南平、省科协主席路巽生、市科协主席李元成考察农博园。

2003年10月3日，原邓办主任王瑞林一行20余人参观考察农博园。烟台市委副书记、市纪委书记张心骥陪同。

2003年11月20日，农业部常务副部长齐景发、省农业厅厅长战树毅等一行20余人到院视察。

2004年4月1日，周齐市长和济南军区副司令员陈秉德一行24人视察农博园。

2006年3月7日，代市长孙永春来院视察。副市长张广波、张仁强，市政协副主席、市发展改革委主任孙承贤，市政府副秘书长、办公室副主任张代令，市科技局局长许前东，市农业局副局长高延庆等陪同。

2006年8月15日，市委副书记齐秀生，市政府副市长张广波等在市农科院举行座谈会，主题为农业科技如何在建设社会主义新农村中发挥支撑作用。

2007年5月19日，省科技厅监察员、纪检组组长孙伟，成果处处长孙高祚等6人来院就科技工作开展情况、科技奖励、成果鉴定及推广等方面视察指导工作。

2007年5月23日，省人大常委会委员、农业与农村委员会副主任委员马洪顺同志等6人来院检查农产品质量安全法执法情况。烟台市人大常委会副主任、农业与农村委员会主任委员蒋淑珍、烟台农业局局长栾福章等陪同视察。

2007年9月12日，农业部纪检组组长朱保成等5人来院视察指导工作。

2008年4月5日，浙江省农业科学研究院院长陈剑平研究员、博士来院调研。

2008年5月5日，山东省农科院党委书记仲崇高、副书记李维生12人，来院检查指导工作。

2008年5月11日，我国节水农业研究专家山仑院士，在山东农业大学农学院赵延兵书记、李增嘉教授的陪同下，来院指导工作。

2008年5月12日，山东省农科院院长王金宝一行来院视察。

2008年9月1日，农业部张桃林副部长到本院调研，省农业厅厅长战树毅、市政府蔡国华副市长、周旦副秘书长、市农业局梁传松局长陪同调研。

2008年9月9日，山东省委政策研究室综合处副处长魏学武等一行5人，来本院调研。市委常委、组织部部长赵强，市农业局局长梁传松，副院长张善勇等陪同。

2009年2月8日，国家花生产业技术体系首席科学家禹山林研究员来院考查、调研。

2009年2月17日，山东省农科院副院长田延年带领果树专家、省农科院院长助理张承安、李林广，小麦专家李新华等来院调研。

2009年3月24日，市人大常委会副主任于旭华一行来院视察。

2009年4月22日，国家大宗蔬菜产业技术体系首席科学家、中国农业科学院蔬菜花卉所所长杜永臣研究员来院调研指导工作。

2009年7月14日，省农业厅副厅长冯继康来院视察，市农业局局长梁传松等陪同。

2009年8月14日，中国作协党组成员、副主席陈建功在市委常委、宣传部部长朱秀香，市文联主席孙光辉，市农业局副书记、副局长王智成等陪同视察烟台农博园。

2009年9月29日，中国工程院院士、山东农业大学教授束怀瑞一行来院考察，并与院果树科技人员进行座谈。

2010年3月26日，国家大宗蔬菜产业技术体系岗位专家顾兴芳和济南综合试验站站长孙小镤一行来院调研指导工作。

2010年4月1日，科技部李增来副巡视员在山东省科技厅何乃波处长、市科技局副局长张建中陪同下来院视察指导工作。

2010年5月1日，市委副书记、市长张江汀，副市长李淑芹视察烟台农科院。

2010年5月14日，青岛农业大学副校长宋希云、省农业厅科技处处长卜祥联一行7人来院调研农业科技创新与推广情况，市农业局副局长王智成等陪同调研。

2010年5月16日，中国工程院院士程顺和来院考察交流。

2010年5月25日，农业部财务司预算处处长宋昱在市农业局局长梁传松及海洋与渔业局有关领导的陪同下来院视察指导。

2010年8月11日，原省政协主席、省农业专家顾问团团长陆懋曾在省农业厅副厅长庄文忠、科技处处长曲国庆、市农业局局长梁传松等陪同下视察本院。

2010年8月13日，农业部农产品质量安全监管局马爱国局长一行在市农业局局长梁传松陪同下，来院考察了农业部果品及苗木质量监督检验测试中心（烟台）。

2010年8月13日，山东省农科院副院长、国家花生产业技术体系栽培试验室岗位科学家万书波研究员来院调研。

2010年8月15日，国家花生产业技术体系栽培试验室主任、山东农业大学农学院万勇善教授，来院调研花生栽培试验生长情况。

2010年8月17日，国家花生产业技术体系栽培试验室岗位科学家、青岛农业大学王铭伦教授来院考察调研。

2010年9月28日，青海省政协副主席陈资全来本院参观考察。

2010年9月30日，现代农业产业技术体系的葡萄体系首席科学家段长青到胶东葡萄综合试验站视察工作。

2010年10月9日，夏威夷大学李庆孝教授、中国农业大学李季教授来院进行学术交流。

2010年10月27日，市市委书记、市人大常委会主任孙永春一行来院调研，市委常委、秘书长于爱军等陪同。

2010年11月3日，国家梨产业体系北方专家考察组来院梨试验站考察指导工作。

2011年3月27日，农业部财务司副司长毕建英在市农业局局长梁传松等人陪同下，来院视察指导工作。

2011年7月7日，市委副书记、代市长王良分别在副市长张广波、杨丽和市直有关部门负责同志陪同下，到烟台农科院进行调研。

2012年3月9日，副市长徐少宁一行来院视察指导工作，市农业局局长梁传松等陪同视察。

2012年3月25日，农业部科教司副司长刘艳，在市农业局局长梁传松的陪同下来院调研国家现代农业产业技术体系综合试验站建设情况。

2012年6月10日，缅甸联邦巩固与发展党党中央执委吴貌申（部级）为团长的干部考察团一行28人来院考察访问。

2012年6月13日，省外国专家局李伟晶副局长和许明道处长一行专程来院看望首批国家"外专千人"计划特聘专家——布拉高夫教授。

2012年7月21日，中国工程院院士余松烈、程顺和，国家小麦产业技术体系首席科学家肖世和等我国北方冬麦区各省区市小麦育种专家齐聚本院，共同研讨小麦育种自主创新问题。

2012年8月24日，市人大常委会第一副主任、特邀咨询、住会委员，部分住烟全国、省人大代表等领导针对"放心蔬菜"情况来院视察检测中心。福山区委书记姜中二、市农业局局长梁传松等陪同视察。

2012年8月25日，国家葡萄产业技术体系综合研究室设施栽培岗位科学家、中国农业科学院果树研究所所长刘凤之到胶东综合试验站葡萄与葡萄酒研究所视察指导。

2012年9月3日，中国工程院农业学部主任尹伟伦院士、副主任方智远院士、二局高中琪副局长、徐进副巡视员、农业学部办公室主任罗莎莎、学术与出版局办公室主任刘静、农业学部办公室郑召霞一行来院参观考察。

2012年9月23日，农业部总经济师毕美家一行来院视察。

2012年10月19日，山西省太原市农委副主任孙德武，太原市农科院院长程升、书记武建强等一行来院参观访问。

2012年11月22日，市委常委、副市长燕卫华在市科技局局长许前东、副局长许博等陪同下视察本院。

2012年12月5日，张家口市农科院院长张进京等来院参观访问。

2013年4月28日，市委书记张江汀到烟台市农科院调研，实地考察农业科技创新和高效农业发展情况。

2013年6月22日，国家葡萄产业体系病虫害防控研究室岗位科学家王忠跃到胶东综合试验站进行指导工作。

2014年4月3日，省农科院党委书记周林、纪委书记张明志一行来院调研、指导工作。

2014年5月24日，农业部科技发展中心原主任段武德、中国农科院果树研究所所长刘凤之研究员来院考察、指导工作。

2014年6月27日，山东省农科院院长万书波、副院长刘兆辉，来院考察、调研。

2014年7月29日，国家花生产业技术体系首席科学家禹山林研究员、中国农科院油料研究所副所长廖伯寿研究员来院考察国家花生区域试验及承担的部分花生产业技术体系试验。

2014年8月8日，农业部农产品质量安全监管局局长马爱国一行来院调研、考察。

2014年8月19日，安徽农业大学教授，国家现代农业（梨）产业技术体系栽培与耕作研究室岗位科学家朱立武教授在文登万鑫果园进行梨园施肥管理指导。

2014年8月30日，中国农业大学教授、国家现代农业（梨）产业技术体系病虫害防控研究室岗位科学家刘奇志教授，国家梨产业技术体系遗传育种研究室主任、特色梨育种岗位科学家李秀根研究员，青岛农业大学教授、国家现代农业（梨）产业技术体系遗传育种研究室岗位科学家王然教授到龙口巴梨园进行现场指导。

2014年9月27日，南京农业大学教授、国家现代农业（梨）产业技术体系病虫害防控研究室岗位科学家刘凤权教授在烟台农科院对核心示范园进行梨园病害指导。

2014年12月30日,市政府秘书长李永乐,市政府副秘书长、办公室主任王志武,副秘书长董锐,市政府办公室副主任王松杰、刘润鹏来院调研农业科技创新、产业发展、技术服务。

2015年1月11日,潍坊市农科院副院长张元国一行8人来院考察交流与座谈"科研管理、行政财务管理、人才队伍建设"等方面的新思路、好经验。

2015年1月17日,山东省农业厅科技处处长姜卫良调研本院近年来农业科技创新成果与科技服务新举措。

2015年1月29日,副市长徐少宁一行来院调研,考察了花卉中心,着重调研了我市花卉产业发展的现状与存在问题。

2015年3月30日,中国工程院院士、浙江省农科院院长陈剑平一行6人来院考察交流,双方就新品种选育、抗病材料鉴定、抗病机理研究等方面进行了深入的研究和探讨。

2015年4月14日,山东省农科院院长万书波一行12人来院考察交流。

2015年4月2日,市人大副主任高琦一行5人,来院调研、指导工作。

2015年5月4日,市人大常委会副主任、党组副书记于旭华一行7人来院调研、考察。

2015年5月20日,南京市农科所所长毛久庚一行4人来院考察交流。

2015年5月20日,徐州市农科院党委书记蔡成缓一行4人来院考察交流。

2015年6月27日,北京农业大学教授、国家现代农业(梨)产业技术体系栽培与耕作研究室岗位科学家张玉星教授在烟台市农科院对核心示范园进行高纺锤密植栽培指导。

2015年6月30日,镇江市农科院副院长刘照亭一行6人来院考察交流。

2015年7月26日,山东省农业机械科学研究院副院长焦伟一行6人来院考察交流。

2015年8月6日,农业部药检所副所长刘学一行8人来院调研考察。

2015年8月10日,郑州市蔬菜研究所所长郭竞一行6人来院考察交流。

2015年8月14日,山东省农业厅副厅长卜祥联一行4人,来院考察、调研农产品质量安全。

2015年8月20日,承德市农科所所长张学敏一行5人来院考察交流。

2015年8月20日,中国农科院蔬菜花卉研究所所长孙日飞来来院考察交流。

2015年8月28日,佛山市农科所所长黄门福一行4人来来院考察交流。

2015年11月5日,江苏里下河地区农业科学研究所所长肖鸣祥一行8人来院考察交流。

2015年11月5日,台州市农科院院长朱良其一行4人来院考察交流。

2016年1月26—27日,接待了前来参加本院山东省现代农业产业技术体系小麦创新团队遗传育种岗位专家、水果创新团队病虫防控与质量控制岗位专家、甘薯创新团队遗传育种岗位专家项目验收工作的专家,专家组成员有:中国农科院夏先春研究员、王忠跃研究员,中国农业大学国立耘教授,青岛农业大学戴洪义教授,山东省农科院张立明研究员,山东农业大学毛志泉教授,山东省果树所王少敏研究员,济宁市农科院黄成星研究员。

2016年3月7日,台州市农科院副院长屈为栋一行4人来院考察交流。

2016年3月8日,连云港市农科院党组书记陈凤一行7人来院考察交流。

2016年3月23日,中共山东省委常委、组织部部长杨东奇在烟台市市委书记孟凡利,烟台市市委常委、市政协主席、组织部部长王晓敏,市委组织部常务副部长王国伟陪同下,来院考察调研人才工作。

2016年3月26—27日,浙江省农业科学院院长陈剑平一行4人来院考察交流,签署了《院士工作站合作协议书》。双方将在小麦土传花叶病种质资源的收集鉴定与利用;抗小麦土传花叶病新品种选育;小麦土传花叶病抗性机制、抗病机理研究;小麦土传花叶病综合防治技术等方面,通过联合申报项目、协作科研攻关和人才培养等方式开展深度合作与协同创新。

2016年4月7日,山东省农科院副院长杜方岭一行5人来本院考察交流。

2016年4月21日,市委副书记王继东在市委副秘书长吕世强,市农业局党委书记、局长白国强等陪同下来院调研现代农业发展。

2016年4月26日，华中农业大学教授、国家果树脱毒种质资源室内保存中心副主任、湖北省植物病理学重点实验室主任、湖北省植物保护学会理事长、国家现代农业（梨）产业技术体系病虫害防控研究室岗位科学家王国平教授来烟台农科院原种资源圃调查与指导。

2016年4月28日，副市长宋卫宁同志在市政府副秘书长董锐陪同下，来院调研农业科技工作。

2016年5月11—12日，南充市农科院副院长梁宏一行8人来院考察交流。

2016年5月19日，陕西省经济作物气象台台长王景红一行4人在市气象局副局长高瑞华陪同下来院考察交流。

2016年5月19日，河北邯郸市农科院党委书记、院长蔺桂芬一行来院考察交流。

2016年5月30日，聊城市农科院院长褚丁印一行3人来院考察交流。

2016年5月30日，淮安市农科院党委书记、院长彭杰一行9人来院考察交流。

2016年5月30日，中国农业大学农学与生物技术学院副院长刘庆昌来院考察交流。

2016年6月20日，淮安市农科院党委书记、院长彭杰一行9人来院考察交流。

2016年6月23日，山东省气象局副局长朱小祥一行52人在市气象局局长邢建忠陪同下，来院考察特色气象服务与合作工作。

2016年7月11日，中国农业大学刘庆昌教授来院考察指导。

2016年7月28日，华中农业大学园艺林学学院院长程运江一行4人来院考察交流。

2016年8月14—15日，山东农业大学副校长高东升一行来院考察交流。

2016年8月16日，西北农林科技大学苹果首席专家韩明玉、山东省农科院苹果岗位专家王金政来本院考察交流。

2016年8月16日，山东省农业科学院副院长杜方岭一行7人来院考察交流。

2016年8月18日，山东农业大学资源与环境学院教授委员会主任张民一行2人来院考察交流。

2016年9月9日，山东省农药科学研究院院长李德军一行4人来院考察交流。

2016年10月11日，湖南常德市农科院院长张平喜一行4人来院考察交流。

2016年10月26日，国家甘薯产业技术体系首席专家马代夫来院考察指导。

2016年12月15日，山东省委原副书记、山东省委农村工作领导小组副组长王军民在山东省委办公厅副主任陈保亚、维稳办副主任甘信忠，山东省农科院院长万书波、副院长杜方岭，烟台市委副书记王继东，市农业局局长白国强等陪同下来院视察。

2017年4月27日，山东省农业厅副厅长林国华一行3人来院调研农业科技工作。

2017年7月17—18日，中国农科院植保所副所长郑永权研究员、马春森研究员、王忠跃研究员、马罡博士来我院考察交流。

2017年8月7日，中国工程院院士、中国农业科学院副院长吴孔明研究员一行7人来院考察交流。

2017年9月18日，台湾清华大学钟叶青教授来我院，作"An Iot-Based Cloud-Fog Computing Platform for Big Data Application"专题讲座。

2017年11月9日，西藏日喀则市农科所拉吉书记一行5人来院考察交流。双方就项目合作研究、平台建设以及人才培训等感兴趣的领域与合作方向进行了深入探讨。

2017年11月21日，镇江市农科院陈明春副书记一行6人来院考察交流，双方就人才引进与培养、科技成果权益分配等方面进行了深入的讨论与交流。

第二节　外出考察学习

2002年5月13—20日，烟台市农科院副院长果树科学研究所所长牟春生带领果树所领导班子一行

5人，先后到辽宁省（熊岳）果树科学研究所、中国农科院果树研究所（兴城）、河北省昌黎果树研究所、北京市林果研究所、中国农科院郑州果树所、山东省果树所以及山东农业大学园艺学院等单位，围绕科学研究、科技开发、机构改革、管理机制、创收以及重点实验室、仪器设备、科研示范基地、果树种质资源保存圃等进行了全面地考察、参观学习。

2002年9月20—28日，根据烟台市政府有关领导的指示精神，烟台市农科院副院长果树科学研究所所长牟春生带领果树所领导班子一行5人，先后对陕西省的杨凌中富绿色硅谷股份有限公司、陕西省果树研究所、陕西省果树良种苗木繁育中心（铜川）、延安市果树试验场和洛川国家无公害苹果生产示范基地等单位，围绕果树的发展现状和规划、品种的选育、苗木的繁育、基地的开发以及栽培管理技术等方面，进行了重点的考察学习，并将考察报告及时上报市政府有关领导。

2007年5月12—17日，烟台市果树苗木协会组织成员，由常务副会长牟春生带队，一行20人赴陕西渭南、西安两地市进行果树生产发展考察、学习和交流活动。

2010年7月22—26日，院党委书记张善勇带队一行5人到黑龙江农科院园艺分院参观学习，先后听取了黑龙江农科院园艺分院情况介绍，参观了旅游观光区，并与园艺分院院长耿月伟等院领导进行了深入座谈。

2012年3月3—11日，党委书记张善勇，副院长刘学卿、刘学庆、郭绪良赴台湾考察学习。

2014年4月22—25日，由院长朱波带队一行7人赴山东省农科院、省果树所、泰安农科院、潍坊农科院参观学习，随行的还有副院长刘学卿、姜中武、郭绪良等。

2015年1月14日，由院长朱波带队一行5人到徐州市农科院参观学习，会见了副院长李再祥。

2015年1月15日，由院长朱波带队一行5人到扬州市农科院参观学习。

2015年1月16日，由院长朱波带队一行5人到青岛市农科院参观学习。

2015年5月29日，由纪委书记刘学卿带队一行2人到南京市农科所参观学习。

2015年9月7—13日，应中国海峡两岸农业协会的邀请，院长朱波随"山东省观光农业科技考察团"赴台湾进行实地考察。对台湾观光农业发展模式、设施蔬菜种植方式及循环农业新技术等进行实地考察和交流，为山东省提供观光农业与休闲农业发展的新思路和新模式；考察和观摩台湾在农业领域的先进技术，探讨山东与台湾在农业科技研究领域合作与发展的可能性。

2015年12月23日，由院长朱波带队一行5人到浙江省农科院走访，会见了院长陈剑平，学习了浙江省农科院科研管理、团队建设等经验，商讨了合作事宜。

2016年3月25日，院长朱波到山东省农业科学研究院对接胶东半岛创新中心相关事宜。由省农科院党委书记周林、院长万书波会见。

2016年3月30日，纪委书记刘学卿一行3人到山东农业大学和山东省农业科学院，分别会见了于振文院士和赵振东院士，商讨院士工作站建立事宜。

2016年3月30日至4月1日，院长朱波带队一行2人到福建省三明市农科院，参加全国地市农业科研院所工作委员会主任单位座谈会。

2016年4月11日，院长朱波一行5人，赴安徽、江苏3家农业公司考察，探讨深化科企合作、推进成果转化等事项。参观了安徽中源新世纪农业科技股份有限公司。考察了江苏大华种业集团有限公司，在江苏洪泽湖农场，并实地察看了烟农系列小麦品种在当地的生长表现。

2016年6月2日，纪委书记刘学卿一行3人到山东农业大学，会见农学院院长孔令让，商讨与于振文院士签订合作协议，以及推荐优秀博士毕业生到本院博士后科研工作站工作等事宜。到山东省农业科学院，会见作物研究所所长刘开昌，签署《院士工作站合作协议书》。

2016年9月13日，副院长姜中武一行3人到武汉市农科院，考察学习科研管理和科技成果转化工作。

2016年9月14日，副院长姜中武一行3人到山东农业大学园艺学院，了解山东省农业产业技术体系进展和特色蔬菜研究。

2016年10月19—21日，副院长郭绪良一行2人到咸阳市农科院，参加中国农业科技管理研究会地市农业科研院所工作委员会2016年年会。

2016年12月30日，朱波一行2人到山东省农业科学院参加山东省农业科研院所交流会。

2017年1月23日，王英姿一行2人到中国农业科学院植保所交流学习，探讨我院植保所与中国农业科学院植保所的合作，并邀请中国农业科学院植保所领导、专家到我院考察。

2017年2月24日，李元军一行2人到昆明农科院参加2016国家梨产业技术体系年终总结。

2017年2月21日，朱波一行2人到丹东农业科学院参加中国农业科技管理研究会地市农业科研院所工作委员会主任单位座谈会。

2017年3月15—17日，刘学卿一行2人到山东农业大学，商讨联合培养博士后以及博士后管理等事宜。

2017年4月24日，郭绪良一行5人到浙江省农业科学院考察交流，合作共建樱桃特色小镇的意向。

2017年5月19日，姜鸿明一行7人到山东农业大学参观学习农学学院小麦团队科研情况，听取了关于小麦分子育种的报告。

2017年5月11—22日，姜鸿明一行2人走访了运城棉花所、山西省农业科学院、石家庄农科院、河北沧州农科院、邢台农科院、衡水旱作所、邯郸农科院、聊城农科院、济宁农科院、泰安农科院、滨州农科院、潍坊农科院等科研院所，了解小麦育种进展、小麦品种的特点，以及我院的小麦品种在该地区的表现。

2017年5月15日，王英姿一行2人到山东省农业科学院植保所交流学习，共同研究果树绿色防控技术，并参与省农科院创新工程项目，以及2017年度省重大科技创新工程项目。

2017年5月26日，李元军到郑州果树所参加《梨.志》编撰会议。

2017年5月27日，姜中武参加烟台大学农学院研究生毕业答辩。

2017年6月24日，王英姿一行2人到山东农业大学交流学习，探讨新型铜制剂替代波尔多液在防治果树病害上的应用。

2017年6月24日，李元军一行2人到北京农林科学院参加梨树与桃树化肥农药减施技术集成研究与示范研讨会。

2017年7月，郭绪良一行2人到湖北恩施自治州参加全国地市级农科院年会，全国150多家地市级农科院代表出席了会议，我院做了典型发言。

2018年1月29日至2月1日，刘学卿一行3人到东营农科院、德州农科院、泰安农科院、潍坊农科院学习党建、财务管理、人才培养与管理、法人治理结构建设等相关问题。

第五篇 人 物

第一章 人物简介

第一节 现任院领导

朱波,男,汉族,1969年11月生,山东海阳人,大学学历,1991年7月参加工作,1990年10月加入中国共产党。现任烟台市农业局党委委员,烟台市农业科学研究院党委书记、院长,主持院全面工作,负责组织人事、财务、知识产权工作,分管办公室、人事处、财务处、科技成果开发中心。荣获烟台市级人才引进伯乐奖。

1987年9月至1991年7月在山东省烟台农业学校农学专业学习;1991年7月至1997年12月在烟台市农业局办公室任科员(期间于1993年9月至1996年7月在山东农业大学在职学习经济管理专业);1997年12月至2007年4月任烟台市政府办公室副主任科员、副科长、科长(期间于2006年9至2009年1月在中国石油大学在职学习工商管理专业);2007年4月至2013年9月任烟台市政府办公室副主任、党组成员;2013年9至2014年12月任烟台市农业局党委委员、副局长,烟台市农业科学研究院院长、党委副书记;2014年12月至2016年9月任烟台市农业局党委委员,烟台市农业科学研究院院长、党委副书记、书记;2016年9月至今,任烟台市农业局党委委员,烟台市农业科学研究院党委书记、院长。

自2013年9月任烟台市农科院院长以来,提出建设全国一流地市级农业科研单位和争创全国文明单位的新奋斗目标,创造性地提出"科研立院、制度建院、开放办院、产业兴院、文化强院、党建固院"六大发展理念,形成了"传承、创新、协作、奉献"农科院精神。先后新争取各级各类项目、课题100余项,科研经费平均年增16%;获得各级各类科技成果奖励40余项;小麦新品种在2014—2017年连续4年突破亩产800kg大关,刷新全省、全国高产纪录;建成小麦新品种研究综合院士工作站、博士后科研工作站、烟台国际苹果育种中心、国家主要农作物区域试验站等高层次创新平台;修订完善烟台市农科院规章制度29项,形成了以《烟台农科院岗位目标责任制分类考核办法》为工作引领的烟台农科院制度体系;建立了传统媒体和现代媒体相融合、全覆盖的农业科技信息服务平台体系;修缮、改造基础设施,全院民生状况大幅改善,院容院貌实现根本性转变,精神文明层次和文化建设水平大幅提升。

任职期间,烟台市农科院于2017年11月荣膺"全国文明单位"荣誉称号;先后荣获省级文明单位、山东省先进基层党组织、全省农业系统先进集体、省富民兴鲁劳动奖状、山东省绿化模范单位、省级节约型公共机构示范单位、市直A级事业单位、市级杰出引才奖;另有6名同志分别荣获全国先进工作者、泰山学者、山东省女职工建功立业标兵、市有突出贡献中青年专家、市五一劳动奖章、市道德模范等荣誉称号。

周先学,男,汉族,1964年9月生,山东荣成人,中共党员,研究员。1986年毕业分配到烟台市农科所至今。2002年任烟台市农科院工会主席。2004年兼任烟台市农产品质量检验检测中心主任、农业部果品及苗木质量监督检验测试中心(烟台)常务副主任。2010年任烟台市农科院副院长,农业部果品质量安全风险评估实验室(烟台)主任、农业部农产品质量安全检测机构考核评审员、山东省检验检测机构资质认定评审员、烟台市食品药品安全风险评估预警专家。获得烟台市安全生产先进个人等荣誉称号6项。

主要从事农产品质量安全、风险评估等研究工作。主持国家发改委"烟台市农产品质量安全综合检验检测中心建设""农业部果品质量安全风险评估""山东省蔬菜水果农药残留例行监测和监督抽查"等项目，承担农业部农药检定所"农药在环境与水果蔬菜中的残留动态行为研究"项目等16项，主持制订山东省地方标准2项，参与制订部、省标准7项。获省科技进步奖等成果奖励11项。在《中国农学通报》等核心期刊发表论文15篇，参编著作3部。

刘学卿，女，汉族，1966年3月生，山东招远人，中共党员，大学本科，研究员。1989年7月于莱阳农学院园艺系毕业后分配到烟台市福山区农业局，1991年11月调入烟台市农科院，历任烟台市农科所科管科副科长、科研处副处长、处长、办公室主任、纪委书记、副院长。现任农科院纪委书记、烟台市福山区第十七届、十八届人大代表，烟台市福山区第十八届人民代表大会常务委员会委员、农业农村侨务外事委员会委员；烟台大学农学院管委会委员；山东省科技成果评审专家。先后荣获"全国五一巾帼标兵""山东省女职工建功立业标兵""烟台市优秀党务工作者""烟台市五一劳动奖章""烟台市纪检监察工作先进个人""烟台市职业道德标兵""烟台市优秀工会之友"等荣誉称号。

自参加工作以来，积极从事科学研究、技术推广和科研管理等工作，先后参加国家、省、市课题、项目30余项，获奖成果8项，其中山东省科技进步一等奖1项、二等奖1项，烟台市科技进步一等奖3项、二等奖1项、三等奖1项，山东省农业丰收计划三等奖1项。在《果树学报》《中国果树》《中国蔬菜》《中国农业大学学报》等刊物上主笔或参与发表论文50余篇，目前参加国家现代农业产业技术体系苹果综合试验站、国家苹果育种中心等项目的研究。

姜鸿明，汉族，男，1961年4月生，山东莱西人，二级研究员，农学博士，中共党员，烟台市农科院副院长。在农业科研一线从事小麦研究30多年，先后获得全国先进工作者、全国五一劳动奖章、山东省先进工作者、山东省有突出贡献的中青年专家、山东省富民兴鲁劳动奖章、山东省十大杰出科技创新工作者、山东省职工创新能手、烟台市科学技术最高奖、烟台市杰出人才奖、烟台市优秀人才奖、烟台市十大科技领军人才等荣誉称号，享受国务院政府特殊津贴。领军的小麦研究团队，2008年被烟台市委、市政府授予烟台市优秀创新团队。

作为主要研究人员先后获得国家、省、市科技成果奖励14项，其中作为第一位完成人完成的"优质高产广适性小麦新品种烟农19的选育和推广应用"，2007年获得国家科技进步二等奖。作为主要研究人员还先后获得山东省科技进步一等奖2项、二等奖3项，烟台市科学技术最高奖1项。主持和参加选育小麦新品种13个，取得专利权7项。其中，主持选育的小麦新品种"烟农19"，实现了高产、优质、节水、适应性广、肥水高效利用的有机结合，先后通过6省（市）审（认）定，现已在我国小麦主产区的十余个省份广泛种植。2006年成为我国年推广面积最大的小麦新品种，累计推广面积已超过2亿亩。育成小麦品种累计推广面积超过6亿亩，创造经济和社会效益300多亿元。被农业部、财政部聘任为首批国家现代农业产业技术体系建设——小麦综合试验站站长，作为山东省专家组副组长主持承担了国家"十五""十一五"攻关——国家粮食丰产科技工程。累计承担国家科技支撑计划、国家"863"计划项目、农业科技成果转化资金项目、公益性行业（农业）科研专项等国家、省、市重大科技攻关课题40余项。理论研究上对小麦品质育种、高产、超高产育种和小麦优质高产栽培技术进行了深入的探讨，在核心期刊发表论文60多篇，参编著作4部。

姜中武，汉族，男，1960年3月生，山东牟平人，中共党员，烟台市农科院副院长、果树分院院长，农学博士，二级研究员，享受国务院特殊津贴。山东省泰山学者种业计划专家、烟台市学科（技术）带头人、烟台市农科院苹果创新团队首席专家、烟台市农业科技专家顾问团副团长兼秘书长。2006年被授予烟台市优秀共产党荣誉称号、2012年获烟台市五一劳动奖章。

主要从事苹果育种、果树病毒和高效栽培技术研究。主持承担国家、省、市课题28项。其中包括山东省国家级果树无病毒苗木繁育基地项目，农业部"山东（烟台）国家级苹果育种中心建设项目（一、二期）"、国家樱桃良种苗木繁育基地建设项目，山东省苹果种质资源收集、保存与创新利用建设项目，GM、GC矮化樱桃砧木引种试栽示范推广项目（农业部948），中共中央组部"外专千人计划项目"，国家苹果育种创新（科研）基地项目，做为中方代表主持欧盟"Erasmus+"项目，国家苹果产业技术体系山东烟台苹果试验站9个国家级项目，累计申请上级科研经费5 000余万元。参加的"苹果病毒脱除、检测与无毒矮化丰产技术研究"课题，1999年获国家科技进步三等奖；主持的"苹果良种良砧选育与脱毒技术研究与应用"，2013年获山东省科技进步二等奖；主持的"红露苹果新品种选育及试栽利用研究""高抗苹果轮纹病砧木'烟砧一号'选育与开发""苹果、甜樱桃品种资源搜集研究与创新利用""烟台苹果品质提升关键技术研究与推广应用""苹果优良早中熟耐贮新品种选育与脱毒利用"5项课题获烟台市科技进步二等奖；2016年主持的"苹果脱毒良种良砧苗木培育及大面积开发应用"获全国农牧渔业部丰收奖三等奖；2015年主持的"优良抗病耐储早中熟苹果新品种选育与推广利用"获山东省农牧渔业丰收奖二等奖；2015年执导完成的"优良2001富士苹果脱毒原种苗的培育及保存"获山东省专业学位研究生优秀实践成果奖。执笔编写的我国第一个红富士品种的分级标准"红富士苹果（NY/T 1075—2006）"由我国农业部颁布实施。2008年起担任国家现代苹果产业技术体系山东烟台苹果试验站站长，并担任执行专家组成员。兼任烟台国际苹果育种中心副主任、烟台大学农学院副院长、鲁东大学农学院副院长、烟台大学硕士生导师、烟台农科院博士后工作站博士后指导导师、鲁东大学校外合作研究生导师。培养硕士研究生11名。主编著作3部、参编7部、发表研究论文80余篇。

刘学庆，男，汉族，1969年2月生，山东招远人，中共党员，农学博士，二级研究员，副院长，山东花卉协会理事，山东省林木品种审定委员会委员。山东省有突出贡献中青年专家、烟台市青联第十届委员会常务委员、烟台市优秀共产党员、烟台市福山区第十六届人大代表。荣获全国先进工作者、全国"五一"劳动奖章、山东省"富民兴鲁"劳动奖章、烟台市"五一"劳动奖章。任烟台大学硕士研究生导师。

1991年本科毕业于莱阳农学院，2007年山东农业大学博士毕业。先后从事甘薯育种和园林花卉的科研与开发工作。主持、参加国家、省市课题20余项，包括国家攻关项目、"863"子专题、"948"项目、山东良种产业化重大项目和农业重大应用技术创新项目及烟台市重大科技攻关项目等。获得部、省、市科研成果10余项，其中山东省科技进步二等奖1项、三等奖2项，主持制定了山东省蝴蝶兰品质标准。选育的11个花卉新品种通过省林木良种审定，获得中国第七届花卉博览会银、铜奖8项，第八届中国花博会金奖1项，山东第五届、第六届花博会金奖3项、银奖3项。获国家发明专利1项，在《园艺学报》等发表论文42篇，参编著作2部。

王英姿，女，1962年8月生，汉族，山东文登人，中共党员。1983年毕业于山东农学院植保系，同年到烟台地区农业科学研究所工作。现任烟台市农业科学研究院副院长，三级研究员，烟台大学硕士生导师。《山东省现代产业技术体系——果品产业创新团队》病虫防治与质量控制岗位专家、山东省植物病理学会理事、烟台市有突出贡献中青年专家、烟台市农业科技专家讲师团专家。

长期从事作物病虫害种类鉴定、生物学特性、发生规律、抗药性监测及综合防治技术研究。先后主持完成国家级课题（项目）6项，省市级课题（项目）28项，明确了影响果树、蔬菜、大田作物等作物重要病虫害的发生和流行主导因素及不同地区主要病虫对常用药剂的抗药性，筛选确定了适合果树病虫害安全防控的农药品种50余个，并在国内率先研究集成了苹果、葡萄重要病虫害的减施增效控制技术，较常规防治危害率均降低50%以上，减少农药用量30%以上。研究成果均得到大面积推广应用，解决了生产中用药量大防治效果差、农药残留高等突出问题。

获各级各类科研成果20余项，其中全国农牧渔丰收奖二等奖1项，山东省科技进步二等奖3项、三等奖2项，市厅级一等奖5项。获得国家发明专利授权17项，主持制定山东省地方标准5项；在《Plant Disease》《植物病理学报》《植物保护学报》《昆虫学报》《果树学报》等期刊上发表论文80余篇。先后获山东省优秀科技服务工作者、烟台市先进工作者、烟台市"三八"红旗手、烟台市十佳科技创新女能手、烟台市十佳女职工建功立业标兵等荣誉称号。

郭绪良，男，汉族，1969年9月生，山东蓬莱人，大专学历，1991年7月参加工作，1995年1月加入中国共产党，现任烟台市农业科学研究院副院长。负责行政后勤、宣传、对外合作与交流、综合治理、安全保卫工作，协助院长管理全院知识产权保护与转让的日常工作；分管总务处、基地办、安全保卫处、信息所，协助分管办公室、科技成果开发中心。1992年和1995年分别获得山东省"青春立功"活动三等功和二等功。

1987.9—1991.7在山东省烟台农业学校农业经济管理专业学习；1991.7—1998.12在烟台市农科所任农经员；1998.12—2013.9任烟台市农科院办公室副主任、主任，政治处处长；2013.9至今任烟台市农科院副院长。

自2013年任副院长以来，修订完善了涵盖经济、科研、管理、服务、奖惩等方面的规章制度，从制度上增强干部职工创新创造创业的积极性；设计、完成烟台农科院农业科技信息服务平台体系建设；大力推动院所与企业合作，探讨多种合作形式，创造科研资金的源头活水；不断推动院县战略合作，探索科技成果转化与服务"三农"的新模式；完成了全院绿化美化规划、设计、实施工程。

李元军，男，汉族，1964年12月生，山东牟平人，大学本科，中共党员，研究员。现任烟台市农业科学研究院工会主席、果树分院副院长、烟台大学硕士生导师、国家现代农业产业技术体系梨体系烟台综合试验站站长、山东省第六届水果品种审定委员会委员、山东省科技成果评审专家、烟台市农业科技专家讲师团专家。荣获烟台市"五一"劳动奖章。

主持农业部"国家梨产业技术体系烟台综合试验站建设"和农业部种子工程"山东省烟台市农业科学研究院樱桃良种苗木繁育基地建设"；山东省重点研发项目"莱阳茌梨品质提升关键技术研究与示范"和"梨优质矮化、多抗功能基因挖掘与种质创新利用"；烟台市"果树地方优势品种发掘与种质创新利用研究"等多个项目；参与农业部"948"项目"高抗苹果连作障碍CG系砧木引进筛选和消化利用"。引进国内外种质资源200余份，筛选的"阿巴特"梨、"华美"苹果等6个品种通过山东省农作物品种审定。先后获部、省、市科研成果10余项。其中，"苹果脱毒良种良砧选育与开发"和"烟台苹果优质高效综合技术研究与产业化开发"分别获山东省科技进步二等奖和三等奖；"苹果脱毒良种良砧苗木培育及大面积开发应用"获全国农牧渔丰收奖三等奖；"优良抗病耐贮早中熟苹果新品种选育与推广利用"获山东省农牧渔业丰收奖二等奖；"红露苹果新品种引种选育及试栽利用研究"和"高抗苹果轮纹病砧木'烟砧一号'选育与开发"，获烟台市科技进步二等奖；参编著作2部。在《园艺学报》等国内核心期刊发表文章40余篇。

第二节 往届院（所）领导

董传周（1928.9—2011.5），男，汉族，山东荣成人。中共党员，中共烟台市委原书记，烟台市人民代表大会常务委员会原主任，离休干部。

1944年3月参加工作，1944年3月任荣成县崂山区小学教师、教导主任；1947年6月任荣成县崂山区区公所教育助理兼完小校长；1949年2月任荣成县崂山、俚岛区委副宣传委员；1950年6月任荣成县桥头区团委、昆嵛县文山区团委副书记、书记；1952年8月任昆嵛县团委副书记、书记；1953年10月任昆嵛县文山区区委常委、书记、县委委员；1956年5月任文登县县报总编辑、主持《大众日报》烟台记者站工作；1959年9月任烟台专区（地区）农科所党委副书记、书记；1969年11月任烟台地革委农林局负责人；1971年1月任福山县委副书记；1973年7月任福山县委书记、县革委主任；1977年5月任烟台地委常委、地革委副主任；1977年7月任烟台地委副书记、地革委副主任；1977年9月在中央党校学习；1978年5月任烟台地委副书记、副专员；1983年11月任烟台市市委副书记、市长；1987年3月任烟台市市委书记；1988年1月任烟台市市委书记、市人大常委会主任；1989年5月任烟台市人大常委会主任；1993年12月离职休养。

王树森（1919.10—1972.8），男，汉族，山东文登人，中共党员。1944年7月参加工作，任文荣威联中指导员；1945年7月任东海专区农场副指导员；1946年4月任牟平农业指导所副主任；1946年10月任胶东农业指导所推广员、副主任；1948年8月任胶东行署实业处农业科科员；1949年10月任胶东行署农业干部训练班组教股股长；1950年4月任莱阳种子站副经理；1950年9月任莱阳专署农场副场长；1954年7月任莱阳初级农校副校长；1955年5月任莱阳农业试验站副站长；1958年7月任烟台专区科学研究所农业系主任；1959年9月任烟台专区科学研究所党委委员、副所长；1960年5月任烟台专区科学院兼农科所党委委员、副院长、副所长；1962年6月任烟台专区农业科学研究所党委委员、所长。1945年1月在文荣威联中被选为劳模，授予劳模奖章；1953年1月在莱阳专区农场被选为模范工作者。

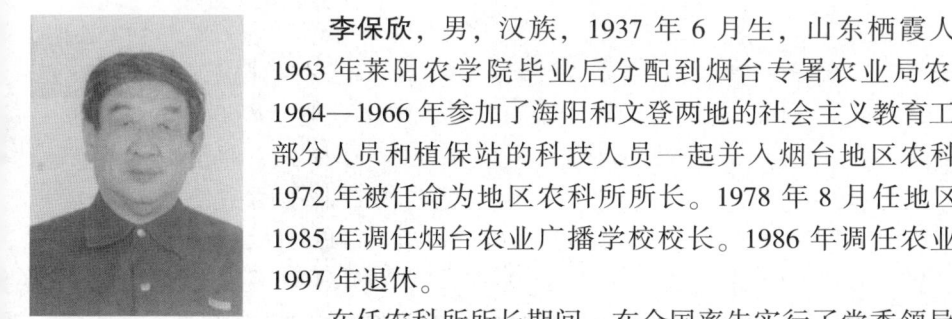
李保欣，男，汉族，1937年6月生，山东栖霞人，中共党员，高级农艺师。1963年莱阳农学院毕业后分配到烟台专署农业局农业组，从事技术推广工作。1964—1966年参加了海阳和文登两地的社会主义教育工作。1966年农业局农业组的部分人员和植保站的科技人员一起并入烟台地区农科所，成立烟台农技植保站。1972年被任命为地区农科所所长。1978年8月任地区农科所党委副书记、所长。1985年调任烟台农业广播学校校长。1986年调任农业部烟台科技交流中心主任。1997年退休。

在任农科所所长期间，在全国率先实行了党委领导下的所长负责制，并且不论在什么情况下都能把科研放到最重要的位置上去抓。即使走知识分子与工农相结合的道路、接受再教育期间，科技人员都带着课题到农村，和农村的技术队一起开展试验研究，不但加快了出成果的步伐，还把农科所在小麦、玉米、地瓜和大豆所选育的新品种、研究的新技术迅速推广开来。

为了壮大农科所的技术力量，从省内、新疆建设兵团、东北等地引进一批中年科技人员。还与全国多所农业大专院校和科研单位建立了相互交流相互学习的关系。由于烟台地区农科所的成绩比较突出，李保欣同志代表农科所出席了1978年召开的全国和省科学大会。在全国大会上做了书面发言，在省大会上做了大会发言。

1977年国家应南也门领导人的请求，要我们派专家帮他们解决发展小麦生产的问题，国家把重任交给了山东省，当时由于烟台的小麦生产和研究工作搞得比较好，就让李保欣同志和莱阳农学院的迟范民同志一起去也门考察，帮助解决也门小麦生产的问题。不到三个月的时间做了大量的调查，召开了多次不同层次的座谈会，最后写出了对也门小麦生产发展的指导意见，获得了也门农业部门的好评。

王忠善（1921.2—1994.3），男，汉族，山东牟平人，中共党员。1944年3月参加工作，1939.1—1941.10 牟平县王格庄太夼村小学，教员；1941.11—1942.4 牟平县王格庄公社，乡长；1942.5—1942.12 在家务农；1943.1—1944.2 牟平县原元区李家小学和西屯东夼小学，初级教员；1944.3—1944.5 经党组织调到本区各联会，农会宣传；1944.6—1945.3 东海地委干部培训班学习，副组长；1945.4—1947.2 回本区农会工作，先后任农会宣传、农会会长、各联会长（区委委员）；1947.3—1947.11 鲁南支队，中队指导员（党支部书记）；1947.12—1951.5 牟平县椿山区，先后任各联会长（区委委员）、区委副书记、区委书记；1951.6—1952.1 文登地委农委，秘书；1952.2—1958.10 牟平县，先后任县委秘书处秘书（县委常委）、县办公室主任（县常委）、县委合作部部长（县常委）；1958.11—1959.5 烟台市农村工作部，副部长；1959.6—1961.9 中国农科院花生研究所办公室，副主任；1961.10—1962.5 烟台专署退赔办公室，主任；1962.6—1964.10 烟台专署计划委员会计划科，科长；1964.11—1968.9 烟台专署物价委员会，副主任；1968.10—1971.4 地委五七干校三连，学员；1971.5—1973.9 烟台地区农科所，副书记；1973.9—1982.6，烟台地区农科所，书记。1983年1月离休。

左言华（1936.10—2011.9），男，汉族，1936年10月生，山东莱西人，中共党员。1952年12月起先后任莱阳专区电影队学员、放映员，平度县电影队队长；1959年9月任西藏日喀则县土改工作队副队长；1971年3月任中共西藏日喀则地革委政工组干事；1972年10月任日喀则地革委、军分区开辟绒辖工作队副队长、核心组成员兼绒辖区委书记；1977年6月任中共西藏定结县委常委、副书记、革委副主任。

1982年6月任烟台农科所党委书记；1988年3月任烟台市农业局局长、党组书记；1993年3月任烟台市人大常委会副主任、党组成员，农村经济委员会主任委员。1998年10月退职休养。

王熙玉（1944.11—2012.6），男，汉族，1944年11月生，山东文登人，中共党员，高级农艺师。1968年7月毕业于山东农学院农学专业，1968年9月参加工作。1968.12—1970.3，聊城地区莘县李大人村、董杜庄，插队；1970.3—1972.12，聊城地区莘县糖厂，技术员、生产组副组长兼车间主任；1972.12—1979.6，福山县福山镇公社农技站，技术员；1979.6—1981.6，福山县农技站，技术员、助理农艺师、副站长；1981.6—1982.12，福山县古现公社管委，副主任；1982年12月从福山县调入烟台地区农业科学研究所；1983年9月任试验农场党支部书记；1985年5月任烟台市农业科学研究所党委副书记、所长；1996年1月调入山东省烟台农业学校，任副校长（正处级）。

在所期间，主持完成的省科委"地市级农科所科技体制改革研究"项目，1994年获山东省科技进步三等奖；参加完成的省科委"旱地周年覆盖栽培技术研究"项目，1998年获山东省科技进步二等奖；参加完成的"烟台市农业'八五'期间科技发展预测研究"项目，1990年获烟台市科技进步三等奖。主笔在《科研管理》《科学学研究》等期刊上发表了"正确处理科技兴农的十个关系""地市农科所深化内部改革的探讨"等7篇研究论文。参加了《姜新法高产栽培》《高效庭院致富模式与技术》等多部著作的编写工作。先后兼任"烟台市科学学与科研管理研究会副会长""山东省农业科学技术联合会副会长""烟台市研究所工作研究会副会长、会长"等。1990年烟台市科委授予"优秀所长",1991年农业厅授予"山东省农业科教先进工作者",1992年烟台市农业局记大功1次。

初展葵,男,汉族,1944年6月生,山东烟台人,中共党员,高级农艺师,毕业于山东农业大学农学专业。1971年任原世回尧公社党委副书记;1972—1975.5任共青团烟台市委副书记(主持工作);1975.5—1983.11任原中共烟台市市委常委、副书记等职;1983.11—1989.12任福山区政府副区长;1989.12—1995.9任烟台市农科所党委书记、副所长;1996年2月,任福山区人大常委会副主任(正县级)。

在农科所工作期间,切实加强党的建设,落实各项制度,建立活动阵地,开展争做优秀党员活动,以促进各项政治思想工作。切实加强科技队伍建设,抓好改革与考核,端正科研方向,发扬艰苦奋斗精神,以老带新,团结协作,促进多出人才、多出成果,全所综合实力得到很大提高。对从学校新入所的科技人员,定期到乡镇第一线蹲点锻炼。对重点科室的青年科技人员,采用定岗培训的方式,送到大专院校进行重点培训,培养高精尖的科技人才。切实抓好企业改制,解决企业吃所大锅饭的问题。1991年主持省农业厅下达的"地方农业科研机构内部考核研究"课题,撰写了"关于对各类单位及人员实施考核的试行办法",并组织实施交流。参与主持省科委下达的"地市级农科所科技体制改革研究课题",通过省科委鉴定,并获山东省科技进步三等奖(第2位人员)。1990—1992年担任市政府下达的照旺庄乡、冯格庄乡、发城镇和高陵镇4乡镇吨粮田和旱薄地开发领导小组组长,与科技人员一道,落实技术措施,圆满完成各项指标,本所被评为先进单位,本人获全市"奋战三年,实现烟台粮油生产持续稳定发展"工作先进工作者称号。承担省农委下达的研究探讨庭院致富模式与技术的课题。主编出版了《高效庭院致富模式与技术》一书,计36万字。在省及国家级刊物上发表论文10余篇。1990年获烟台市农业局先进工作者和市农业局党委优秀党员称号。

2008年退休后,热心于甲骨学及其书法的研究与推广,先后出版《甲骨文的学习与书刻》《汉字的源流与演变》《甲骨文的研究、教学与创作》三册,计字百余万,推动了优秀的历史文化的传承和发展。

王培旭(1938.10—2001.7),男,汉族,山东烟台人,中共党员,农艺师,大学本科学历。曾任胶县农学会常务理事、青岛市政协委员、烟台市畜牧兽医学会理事长。

1962年10月参加工作,1962.10—1963.3任胶县沽河农场见习技术员;1963.3—1963.11任胶县农业局农技站见习技术员;1963.12—1980.2任胶县农业局农技站技术员;1980.3—1981.5任胶县农业局副局长;1981年6—1982.5任胶县城北公社管委副主任;1982.5—1984.2任烟台地区农技站农艺师;1984.3—1986.11任烟台市农业局农业科副科长;1986.11—1989.5任烟台市农业局农业科科长;1989.5—1995.9任烟台市农业局副局长;1995.9—1996.2任烟台市农业局副局长、烟台市农科所党委书记;1996.2—1999.1任烟台市人大农经副主任(正处级)。

参与研究的"稀土在小麦花生等作物技术开发试验",1991年3月获烟台市科技进步三等奖,为第2位研究人员;"夏玉米丰收计划"项目,1993年3月获全国丰收计划一等奖,为第16位人员。

隋安臣，男，汉族，1953年9月生，山东海阳人，大学文化程度，中共党员。1976年8月参加工作，1980年12月入党。曾任烟台市政协党组成员、市政协副主席兼秘书长、机关党组书记。

1972.11—1974.9任海阳县大辛店公社农技站技术员；1974.9—1976.8山东莱阳农校学生；1976.8—1977.12任海阳县农校老师，1977.12—1978.12任海阳种子站技术员；1978.12—1980.12任海阳县农技站副站长；1980.12—1989.12任海阳县徐家店公社（镇）先后任管委副主任、党委副书记、镇长；1989.12—1994.9任蓬莱县（市）政府副县（市）长（其间：1990.9—1992.7莱阳农学院经济管理专业在职学习）；1994.9—1995.9任蓬莱市委常委、常务副市长；1995.9—1996.2任烟台市农科所所长、党委副书记；1996.2—1997.12任烟台市农业局副局长、农科所所长、党委书记（其间：1993.9—1996.7山东农业大学经济管理专业在职学习）；1997.12—2000.12任烟台市牟平区委副书记、代区长、区长；2000.12—2009.5任烟台市民政局局长、党组书记、市拥军优属拥政爱民领导小组办公室主任；2009.5—2013.6任烟台市市政协党组成员、机关党组书记、秘书长、市政协副主席兼秘书长。2013年6月退休。

在农科所任职期间，制定印发了《各级各类人员岗位责任制》《机关职能部门责任制》《财务管理办法》，适当调整了所内有关分配政策。组织了由分管领导负责、有关部门参加的对关停企业债权债务清理和封存物质处理工作。根据工作需要，完成了机构设置和干部聘任工作。突出科研优势，科研工作步伐明显加快，科研工作实现了重大突破，获得国家级奖励3项，省部级奖励5项，市厅级奖励10项。社会技术服务空前活跃，科技开发获得规模效益，经济创收创造了最高记录。争取项目资金成效显著，确保各项事业发展的经费支撑以及干部职工工资的正常发放，解决了多项历史遗留问题。设施条件得到了很大改善，干部职工工作环境和生活条件不断提高，职工宿舍楼（1#）工程项目竣工，历时3个月的新建饮水工程竣工，解决了本所职工饮水源严重污染问题。

1996年，在全国农业系统"八五"科研开发能力综合评估中排名第85位，列639个地市级农科所第4名，山东省地市级农科所第1名。被农业部评为"八五"全国农业科研开发综合实力百强研究所。

梁新明（1955.4—2008.9），男，汉族，1955年4月生，山东龙口人，大学学历，中共党员。先后荣获全国五一劳动奖章、山东省富民兴鲁劳动奖章、山东省先进工作者、烟台市先进工作者，市农业局三等功4次。

1975年11月参加工作。1975.11—1985.2任中共黄县县委宣传部干部，办公室秘书、副科长、副主任；1985.2—1990.4任烟台市委办公室秘书，农工委副书记，市农委副主任；1991.3—1996.1任海阳县挂职副县长，县委常委、副县长，县委副书记；1996.1—1997.12任烟台市林业局党组副书记、副局长；1997.12—1998.8任烟台市农业局副局长、市农科所所长、党委书记；1998.8—2008.8任烟台市农业局副局长、市农科院院长、党委书记。

在农科院工作期间，争取市政府批准完成了撤所建院工作，投资600万元筹建山东省首个AAA级农业科技博览园，建设当时烟台市面积最大、自动化程度最高的连栋温室7 155m²，培育蝴蝶兰花卉支柱产业实现销售收入突破百万元，组织37名中青年科技人员参加山东农大硕士研究生进修班并获得结业证书，投入基本建设资金达1 200余万元新建职工宿舍楼5栋、综合科研实验库1座、重修院大门、双面高炮广告牌1个等使农科院面貌发生了根本改观，制作科技专题片15部在中央电视台、山东卫视、烟台电视台等新闻媒体播放，加大烟台农科院对外宣传力度；先后争取到"农业部山东烟台苹果育种中心（一、二期）"和"农业部果品及苗木质量监督检验测试中心"千万元以上建设项目2项，"农业部重点建设地市级农科院"、农业部"烟农18小麦"跨越计划、山东省计委高技术项目、山东省农业高科技园区（果业）、山东省省级果业示范园建设项目、"烟台市农作物工程技术研究中心"、烟台市现代化连栋温室建设、烟台市农业高新区科技创新区项目等百万元以上课题项目7项。

任职期间市农科院先后被农业部、科技部列为"重点建设地市级农科院（所）""全国农科院所综合改革试点单位"，被省政府授予"省科技推广先进集体""省级引进国外农业成果示范园"，先后荣获"山东省文明单位""烟台市文明单位""烟台市思想政治工作先进单位""烟台市先进基层党组织"等称号。

张善勇，汉族，男，1956年5月生，山东烟台芝罘人，中共党员，三级研究员，省重大科研项目评审专家。山东省第十一届政协委员。

1975年10月在烟台市芝罘区大疃中学任教；1978年2月考于莱阳农学院农学系；1982年1月到烟台农科所大豆室工作；1983年5月在科管科任职；1984年4月调到新技术室，1985年6月任新技术室副主任；1989年3月任烟台市农科所所长助理兼开发中心副主任；1992年5月任烟台农科所副所长；1998年8月任烟台农科院副院长；2008年12月至2016年9月任烟台农科院党委书记、副院长、学术委员会主任；2016年9月退休。

先后取得山东省农业厅科技兴农先进个人称号、"奋战三年实现粮油稳定发展"先进个人、烟台市"五一"劳动奖章、烟台市有突出贡献中青年专家、山东省富民兴鲁劳动奖章、烟台市先进工作者、全省粮食生产突出贡献农业科技人员，被烟台市农业局记功1次，嘉奖2次。

主持、承担国家科技部成果转化项目、农业部跨越计划、与俄罗斯政府间合作以及省市课题10余项。作为主要研究人员参加的"优质、高产、广适性小麦新品种'烟农19'的选育和推广应用"获国家科技进步二等奖；"优质、高产、广适性强筋小麦新品种烟农19（烟优361）的选育推广和产业化开发"与"高产广适优质高白小麦新品种'烟农5158'的选育与推广应用"获山东省科技进步一等奖；"抗旱、节水、高产、优质小麦新品种'烟农21'的选育与应用"获山东省科技进步二等奖；还获省、部级科技成果奖2项，烟台市科技进步奖7项。主编、参编著作4部，发表学术论文18篇。

董锐，男，汉族，1964年9月生，山东莱阳人，中共党员，大学学历。曾任烟台市农业局副局长，烟台市农业科学研究院院长，党委副书记。现任烟台市政府副秘书长。

1986年7月，于莱阳农学院园艺系果树专业毕业，分配到烟台市福山区农牧局工作；1988年8月调到烟台科技信息报社任主任；1994年6月调到烟台建筑设计院政工科；1995年8月调烟台市市政府办公室综合一科；1998年4月调烟台市市政府办公室秘书科任副科长；1998年9月任烟台市市政府办公室秘书一科副科长；2002年7月任烟台市农业局副局长；2008年12月任烟台市农业科学研究院院长、党委副书记，烟台市农业局副局长。2009年3月，根据农业部农产品质量安全监管局规定，任命董锐同志为农业部果品及苗木质量监督检验测试中心（烟台）主任；2013年7月，颁布成立山东省农业科研院所科技协作委员会，聘请院长董锐为委员会委员。2013年9月调任烟台市市政府副秘书长。

在农科院工作期间，先后争取到国家农业产业技术体系烟台综合试验站（花生、梨、葡萄、甘薯、蔬菜）5个，以及国家发展改革委小麦玉米国家工程实验室烟台试验站、农业部山东省烟台市甘薯原原种扩繁基地、农业部大樱桃良种苗木繁育基地、国家苹果技术工程中心烟台分中心和农业部果品质量安全风险评估实验室等国家级科研平台；唯一由地市级农科院主持的农业部公益性行业科研专项"樱桃产业主要障碍因素攻关研究"经费3 044万元、国家发改委建设项目"烟台市农产品质量安全综合检验检测中心建设"、中组部人社部第一批国家"外专千人计划"项目等千万元以上大项目，其中"外专千人计划"项目特聘外国专家布拉高夫教授于2012年12月参加了习近平总书记主持的外国专家座谈会，并作了大会发言；完成了农业部山东烟台苹果育种中心（二期）项目建设工作。

在任职期间，农科院产业创收首次突破1 000万元；承办的"中国工程科技论坛144场暨第四届国际苹果学术研讨会——果园土壤管理及果树营养学术论坛",吸引了海内外10多个国家和地区的专家到会;与鲁东大学联合组建了鲁东大学农学院,小麦、苹果两个研究领域与山东农业大学联合被教育部确定为全国首批100家农科教合作人才培养基地;农科院先后荣获国家科技进步二等奖1项,山东省科技进步奖一等奖1项、二等奖4项,烟台市科技创新奖1项(首次授予科研单位)。涌现出全国先进工作者、全国"五一"劳动奖章、烟台市科技最高奖获得者等各1人次。

孙忠远(1921.2—),男,汉族,1921年2月出生,山东海阳人,中共党员,高小文化程度,离休干部。

1958年8月福山调入本所,1959年任烟台地区农业科学研究所副所长;1975年3月任烟台地区农业科学研究所总支委员会党总支副书记;1978年8月25日,成立烟台地区农业科学研究所基层委员会,1978年10月,孙忠远任基层委员会副书记。以后相继担任过烟台地区农业科学研究所总支委员会党总支副书记、基层党委副书记等职务。

郑洪良(1933.9—2013.6),男,汉族,山东莱西人,中共党员,曾任烟台市农科所副所长,高级农艺师,烟台市专业技术拔尖人才。

1957年毕业于莱阳农校,1958年12月来烟台农科所从事玉米育种工作40余年。率先提出我国玉米南繁加代育种的理念。主持育出有利用价值的自交系有衡白522糯、白525糯、文青1331、文黄31413。在20世纪60年代美国人也主要利用"双交种"的前提下在本院率先大胆采用"单交种"和"三交种"的育种方法。主要成果有6项:主持选育的"烟三6号""烟三10号"玉米杂交种,1978年分别获山东省科学大会奖和烟台市科学大会奖;"烟三6号"玉米三交种,1975年被引往朝鲜大面积种植。"双穗高产糯质玉米杂交种'烟单5号'的选育",1986年获山东省科技进步三等奖;"玉米自交系'文黄31413'的选育",1994年获烟台市科技进步一等奖;"玉米杂交种'烟单17号'的选育和利用",1994年获农业部科技进步三等奖;"广适性玉米新品种'烟单16号'的选育",1996年获烟台市科技进步二等奖。合译出版专著《水浇地玉米》一书。发表科技论文20余篇。"玉米雄花不育系及恢复性在双交玉米组合中的利用""玉米双穗性的选育和利用""选育玉米三交种的体会"等文章发表于《山东农业科学》和《农业科学通讯》上,引起玉米育种同行的强烈关注。

贾廷祥,男,汉族,1933年生,山东长清人,高级农艺师,1952年毕业于山东农学院植保系专科,先后在惠民农校、济南农校任教4年;1956—1957年山东省农业厅科教处任巡视员,1958年起任莱阳农学院植保系任副主任,任教5年;1963年到烟台农科所任植保系主任,1975年任烟台农科所副所长,1995年退休。

主持承担小麦全蚀病、小麦根腐性病害和芦笋茎枯病研究等多项课题(项目),其研究成果在国内产生重要影响。其中作为"小麦全蚀病生物学及培养鉴定技术研究"主持人,系统开展了小麦全蚀病症状、病原菌生物学特性、病害发生发展、防治措施等研究,科研成果发表在《中国农业科学》上,并以首位人员获山东省科技进步三等奖;作为主要完成人承担"小麦根腐性病害发生规律和防治技术研究",研究明确了小麦根腐镰刀菌、蠕孢菌鉴定、病原菌生物学特性、防治技术等研究,科研成果发表在《中国农业科学》《植物病理学报》《植物保护学报》上,以第二位人员获山东省科技进步二等奖;作为"芦笋茎枯病发生规律和防治研究"主持人,明确了芦笋茎枯病菌越冬、分生孢子释放、病菌侵染周期、田间消长动态、流行影响因素等，筛选出高效防控芦笋茎枯病的药剂，科研成果发表在《植物保护学报》上，并以首位人员获烟台市科技进步二等奖。

王凤福（1925.9—2005.5），男，汉族，1925年9月9日生，山东海阳人，中共党员。1943年考入海阳中学，1945年2月结业被分配到平南县委参加了革命工作，先后立战功5次，其中三等功3次、四等功2次，授物质奖2次。

1945.2—1948.8 在平南县，先后任平南县委工作队队员、平南县三合山区武装部部长、平南县指挥部书记、平南县警卫营营部书记、平南县五连文干、平南县二连副政治指导员；1948.3—8 任115团三营九连副政治指导员；1948.9—1950.6，先后任三一军九三师炮营一连副政治指导员、连长；1950.7—1950.12 任277团炮连连长；1951.1—1954.12 先后任九三师炮兵室参谋、炮兵司令部参谋；1955.1—1959.9 任373团85炮营营长；1959.10—1965.2 任279团炮兵室主任兼营长；1965.3—1970.1 任福建省军区独立三团炮兵主任；1970.2—1974.1 任福建省建设兵团24团参谋长；1974.2—1978.11 任福建省沙县人民武装部副部长；1978年11月部队转业。1978.11—1988.7 任烟台地区农科所党委副书记、副所长。

1984年2月22日，烟发〔1984〕47号，经省委同意，本所离休干部王凤福提为厅局级待遇。

谢良全，男，汉族，1939年5月生，山东章丘人，1964年7月毕业于山东农学院农学专业，本科学历，1964年8月参加工作，1966年1月加入中国共产党，1987年12月晋升高级农艺师。1964.8—1971.3 在昌潍地区农业局任技术员；1971.3—1976.8 在昌潍地区农业局植保站任站长；1976.8—1977.11 在昌潍地区农业局办事组任组长；1977.11—1981.9 在昌潍地区农科所任党委副书记；1981.9—1982.11 在烟台地区农科所任副所长；1982.11—1988.10 在烟台地区植保站任站长、书记（1988.7 明确为副县级）；1988.10—1990.8 在烟台农广校任书记；1990.8—1997.12 在烟台市农业技术推广中心任副书记；1997.12—1999.6 在烟台市农业技术推广中心任助理调研员；1999.6 退休。

任烟台市植保站站长以来，先后组织完成了旱田化学除草技术，七星瓢虫、大灰食蚜蝇控制麦田蚜虫指标的研究应用，参加了"山东省花生病虫害综合防治技术开发研究"，分别获烟台市科技进步三等奖和山东省科技进步三等奖。大面积应用低容量喷雾技术每年推广八百多万亩次，效益显著，受到了烟台市委、市政府的奖励。

任职期间在全国农业环境保护杂志、山东省农业生态环保学会论文集和《烟台果树》等杂志上发表多篇学术论文，其中"八五期间防治烟台农田污染的对策"一文获山东省优秀论文二等奖。还参加了《农业环境保护指南》一书的编写工作。

于乃敏，女，汉族，1943年10月生，山东文登人，中共党员，高级农艺师。曾任烟台市农业科学研究院党委副书记、副院长。

1968年9月毕业于山东农学院园林系果树专业。毕业后分配到聊城地区茌平县工作。先后在农村插队劳动锻炼、县土产果品公司、县供销社工作。1976年5月任茌平县供销社副主任兼党总支副书记。1983年8月调烟台地区农业科学研究所工作，任政工科副科长。1985年5月任烟台市农业科学研究所党委副书记兼政工科长。1989年4月任烟台市农业科学研究所党委副书记、副所长。1998年8月任烟台市农业科学研究院副书记、副院长。2001年5月任助理调研员。2003年退休。在烟台市农业科学研究院工作期间，主要从事党务、行政、后勤等工作。

1975年被授予聊城地区"社会主义革命和社会主义建设积极分子"称号；1989年被烟台市委授予"优秀党务工作者"称号；1992年被山东省农业厅授予"省农业科教先进工作者"称号；1993年被烟台市委、市政府授予"社会治安综合治理"先进个人称号；1992年、1993年被评为市农业系统"先进工作者"；1994年、1997年市农业局给予嘉奖奖励；1999年被评为市农业系统"优秀党务工作者"。

牟春生，男，汉族，中共党员，1951年11月生，山东栖霞人，二级研究员。1976年8月毕业于山东省莱阳农业学校农学专业，分配至烟台地区农科所工作，一直从事小麦育种和科研管理工作，曾任烟台市农科院副院长兼果树所所长、山东省优质小麦研究与开发协会副理事长、山东省科技厅"课题和成果评审网上审定专家"、烟台市科协常委、烟台市标准化协会常务理事、《烟台果树》杂志主编。1998年被国务院批准享受政府特殊津贴。1999年被烟台市委、市政府授予专业技术拔尖人才。1998—2013年连任山东省第八届、第九届、第十届政协委员。

先后参加和主持国家"六五""七五""八五"冬小麦育种子专题和省市研究课题多项，其中参加的国家"八五"冬小麦育种攻关子专题"高产、多抗、优质小麦新品种选育"，1996年10月荣获国家"八五"科技攻关重大成果奖；参加的小麦良种"烟农15"选育工作，1981年获省科技进步三等奖，1992年获中国首届农业博览会银奖；参加小麦良种"鲁麦7号""鲁麦14号"的选育工作，"鲁麦7号"获山东省科技进步二等奖，"鲁麦14号"获山东省科技进步一等奖、国家科技进步二等奖。主持农业部"山东（烟台）国家级苹果育种中心"建设项目和烟台市科技发展计划项目"果园霜冻预报预警机制及防治措施研究"。多次赴欧洲、美国、韩国等国家进行农业科研考察和学习交流。主编《创汇作物50种》一书。在《莱阳农学院学报》《华北农学报》等科技期刊上发表学术论文10余篇。

孙莅瑶，男，汉族，1937年12月生，山东栖霞人，中共党员，高级农艺师。1963年毕业于莱阳农学院农学系，同年分配到栖霞市农业局工作。曾任栖霞市农业局局长、农委主任。1991年调入烟台市农科所，1992年任副所长。曾于1986年和1987年，获栖霞市委、市政府"记功"奖励，1988年底给予晋升一级工资奖励。同年被评为"县级技术拔尖人才"，被授予"山东省优秀科技工作者"称号。

先后获得多项科研成果，其中主持研究推广的"小畦大背套种半夏玉米技术""花生蚜虫的发生规律与测报防治技术"和"压低套种玉米小穗率的技术"3项成果，1978年获烟台地区科学大会奖。主持完成的"旱地周年覆盖栽培技术研究"，1995年获山东省农业厅科技进步二等奖。1995年"旱地周年覆盖栽培技术"成果的开发列为省政府开发项目，1998年被国家科技部列为"九五"国家科技成果重点推广计划项目。"旱地周年覆盖栽培技术研究与开发"，1998年获山东省科技进步二等奖。

主持编导的"花与农时"科技录像片，1991年在中央电视台播出并获农业部"神农奖"。主持编导由山东省农业影视中心摄制的电视片"旱地周年覆盖栽培技术"，1997年5月荣获第六届全国农业影视"神农奖"组委会奖。同年11月荣获中国科协、国家新闻出版署颁发的第五届"全国优秀科技音像作品奖"三等奖。主持编导，由国家电影局批拍的科教电影"旱地周年覆盖"，向全国发行并获奖。编著出版了《乡镇干部农业技术手册》《乡镇干部农事工作手册》等10多部书籍，共约200万字。在农业科技期刊上发表研究论文20余篇。

林祖军，男，汉族，1957年9月生，山东龙口人，中共党员。1983年莱阳农学院本科毕业，1989—1996年担任甘薯研究室副主任，1996—2007年担任甘薯研究所所长，1999年起担任烟台市农科院副院长、研究员，全国甘薯鉴定委员会专家，国家甘薯产业技术体系烟台综合试验站站长，山东省甘薯工程技术研究中心主任，山东省农学会原子能协会副理事长，山东省品种审定委员会委员，烟台市学科带头人。先后荣获山东省新长征突击手、烟台市新长征突击手标兵、烟台市十大科技青年标兵、烟台市"五一"劳动奖章、山东省富民兴鲁劳动奖章、烟台市突贡专家等荣誉称号。

主要从事甘薯遗传育种工作，主持国家公益性行业科技项目、国家"948""863"项目等国内外重大科研项目9项，山东省发展计划等课题16项。选育出通过国家、省甘薯审（鉴）定委员会审（鉴）定的甘薯新品种10个，先后获国家、农业部、省市科技奖励15项，其中"甘薯高胡萝卜素食用、加工用新品种——烟薯18"，获农业部神农中华科技奖三等奖；"高产、优质、抗病甘薯新品种—烟薯16"，获烟台市科技进步一等奖；"快中子诱发甘薯下胚轴不定芽突变育种方法"获国家发明三等奖。

薛增敏，女，汉族，1955年3月生，山东青岛人，中共党员，山东经济学院大学毕业，高级会计师，曾任农科院副院长。1974年6月于福山一中高中毕业，1974年7月在福山古现公社皂户头村下乡知青，1974年10月招工到烟台市农科所，担任会计、财务科副科长、科长，2001年4月任烟台农科院副院长，主抓农博园工作，分管财务、后勤、基建。2010年7月退居二线，2015年4月退休。2005年被评为烟台市先进工作者。主持的农业科研和旅游有机结合模式与开发，2009年获得山东省农科院科研开发成果奖二等奖。发表论文2篇，参编著作1部。从2001年12月筹建农博园工作开始，2002年4月28日开业，农博园由小变大，由弱变强，2003年被评为国家3A级旅游景区，2005年被评为全国首批农业旅游示范点，并代表山东省出席全国授牌仪式，连续多年被评为烟台市旅游工作先进单位，获得国家、省、市级荣誉奖牌20多项。分管财务工作十多年，严把财务关，连续多年受到上级好评。在分管后勤和基建工作上，建立联合采购制度，大宗商品和办公用品一律由财务科、总务科或使用单位参与采购、定价、验收；所有基建项目一律签订合同，全部由财务、总务参与共同洽谈协商，体现了公开、公平、公正的原则，从而杜绝了该方面的不良之风。

温承日，男，汉族，1935年11月生，山东招远人，高级农艺师，中共党员。1956.7—1959.2就读于莱阳农学院，毕业后到文登市水道镇工作；1974年3月调至烟台地区林科站工作；1978.9—1984.8担任烟台市果树试验站站长、书记；1984.8—1987.12担任烟台市果树科学研究所所长、书记；1987年12月调至山东省烟台农业学校工作，任副校长；1990年被《烟台果树》编辑部聘为特约编委。1996年1月退休。

完成的"着色系富士苹果的引种试验"，1985年获山东省科委科技进步三等奖，第2位人员。1990年、1991年被农业局评为先进工作者，为陕西海浪精细化工有限公司配位技术顾问，1992年12月被收入《中国中等专业学校高级讲师人名辞典》，由长春出版社出版。

于坤令，男，汉族，1951年8月生，山东荣成人，中共党员，大学本科，农业技术推广研究员，1974年8月毕业于莱阳农学院农学专业，1987年6月烟台市市委党校大专班毕业，1997年7月莱阳农学院农技推广专业本科毕业，1974年8月参加工作。

1974.8—1990.5在烟台市种子站从事种子繁育推广工作，1984年任副站长，1987年任站长、农艺师；1990.5—1997.12在烟台市果科所主持科研推广工作，任书记、副所长、高级农艺师；1997年12月在烟台市农业技术推广中心从事农技推广工作，分管农技、蔬菜、种子等业务，任副书记、副主任，2011年9月退休。

从事农技推广工作近40年，组织实施农业部、农业厅、市科委项目10余个，"玉米套种制种优质高产新技术""玉米高产优质新品种推广"等项目获科技成果奖10余项。发表论文20余篇，参编多部专业书籍、刊物等，多次荣获山东省农业厅先进工作者、市农业局记功、嘉奖等荣誉称号。

刘志坚，男，1938年3月生，汉族，山东蓬莱人，中共党员，高级农艺师，原莱阳农学院（现青岛农业大学）果蔬专业本科毕业，曾任招远市蚕果站站长、农业畜牧局局长，烟台市果树科学研究所所长，烟台市人大代表，山东省园艺学会果树学组副主任，全国李杏资源研究与利用领导小组副组长，退休后任中国果树研究开发协会常委，烟台市连续三届科技拔尖人才，1993年获国务院特殊津贴。1978年9月7日，《光明日报》头版头条发表了他"合理使用在农村的科技人员"读者来信，并配发长篇评论员文章，中央人民广播电台首条新闻播出，成为解放知识分子的第一声呐喊。先后被招远县、烟台市、山东省农业厅授予记大功、劳动模范、先进工作者、优秀共产党员、农业先进工作者等荣誉称号。

曾获山东省科技进步二等奖1项、三等奖2项，烟台市科技进步二等奖、三等奖多项，主编和参编《果树育苗建园》《苹果全套袋栽培》《现代大樱桃栽培》等著作多部，发表科技论文200余篇。

1998年退休后，一直为五省市和革命老区果树生产服务。业绩编入烟台市委出版的《改革开放30年辉煌》一书中。《烟台日报》专版特写"刘志坚：他把红富士苹果推向全国"，被誉为绿色农业先驱者，无公害技术创新人。2016年4月19日《烟台日报》刊发了老总编王永福为他撰写的《待到山花烂漫时》整版报道，《胶东人物》《西北园艺》转发。近期出版、编著《言志》及《悟道》等著作。

近十多年潜心国学研究，被编入《中国国学研究员大典》，荣获中华爱国艺术家孔子金像艺术奖和中国文化精英奖。

王树大，男，汉族，1957年3月生，山东福山人，大学本科，高级农艺师。1982年1月毕业于山东农学院（今山东农业大学）园艺系，毕业后到烟台地区果树试验站（后更名为烟台市果树研究所）工作，1993年3月晋升为高级农艺师。1988年带队赴新西兰学习，获新西兰普伦提湾理工学院（Bay of Plenty Polytechnic）毕业证书。1991—1992年，受农业部派遣赴德国参加中德合作研究项目，研究领域为果园病虫害综合防治和果树病毒脱除与检测。

完成的"着色系富士苹果的引种试验"，1985年获山东省科委科技进步三等奖，第三位研究人员；主持完成的"山楂幼树丰产栽培生物学研究"，1992年获山东省农业厅科技进步三等奖，首位研究人员；完成的"苹果新品种（系）丰产栽培扩大实验"1994年获烟台市科技进步二等奖，第2位研究人员；主持完成的"开拓我省果品国际市场的对策研究"，获山东省农业厅科技进步一等奖，首位人员。兼任《烟台果树》杂志副主编13年，兼任《烟台果树史志》副主编，执笔撰写了《烟台苹果栽培史志》和《烟台山楂栽培史志》；发表果业科技论文与科普文章40余篇。1995年被烟台市市委、市政府评为"八五"期间"科教兴烟"先进工作者。

刘宝革，男，汉族，1963年3月生，山东荣成人，中共党员，硕士研究生学历，高级农艺师。

1985年7月毕业于莱阳农学院（青岛农业大学），1994年8月至1986年6月省委党校研究生毕业。1985年7月进入烟台市农技推广站工作，1989年2月调入烟台市农业局，1990年7月任烟台市农业局农业科副科长，1992年11月任科长，1995年3月任科教科科长，1997年5月调至烟台市果树科学研究所任所长，1997年11月晋升副高级职称，1998年获烟台市专业技术拔尖人才。2010年调入烟台市财政局。

主持的"高产优质高效农业模式研究开发"项目，1997年获山东省科技进步三等奖，首位研究人员；"山东省果树设施栽培现状及发展策略研究"，2001年获烟台市科技进步三等奖，首位研究人员。在《中国果树》《河北果树》《山西果树》《烟台果树》等期刊发表论文5篇。

李树才，李树才，男，1958.8—1959.8任烟台专区科学研究所党委书记、所长。
刘耕夫，男，1969—1970年任烟台地区农业科学研究所支部委员会书记。
王登国，男，1970—1973年任烟台地区农业科学研究所支部委员会书记。
申泗贵，男，1988.1—1989.4任烟台市果树科学研究所党总支书记。

第三节　正高级专业技术职务人员

杨中萃（1931.1—2009.10），男，江苏南京市人，中共党员，研究员，中国作物学会甘薯专业委员会委员。1958年毕业于北京农业大学，具有作物育种专业特长。

从事甘薯杂交育种与诱变育种已有30多年，共选育甘薯新品种20个，其中有9个品种经国家和山东省品种审定委员的审定、认定，累计推广4 000多万亩，增加社会经济效益20多亿元。有3个品种获国家"六五""七五""八五"科技攻关重大成果奖；有8个品种获省、市科技进步奖。在诱变育种方面，首创的"快中子诱发甘薯下胚轴不定芽突变育种方法"，于1989年获国家发明三等奖。出版科技著作4部，其中《中国甘薯栽培学》一书，1984年由上海科技出版社出版发行，是新中国成立以来，农业科技十大著作之一。发表论文16篇，其中"快中子诱发甘薯下胚轴不定芽突变育种方法"发表在联合国粮农组织与国际原子能机构出版的"突变育种学报"上，1991年被评为山东省专业技术拔尖人才，1992年起享受政府特殊津贴。

崔广琴，女，1935年5月生，山东龙口人。中共党员，研究员。1958年毕业于北京农业大学农学系。山东省七届政协委员，1991年获国务院颁发政府特殊津贴，曾获得山东省专业技术拔尖人才、山东省优秀科技工作者、山东省劳动模范、全国"五一"劳动奖章等荣誉称号。

主要科技成果8项，先后培育出16个甘薯新品种，有9个品种通过国家和省品种审定委员会审定和认定，并在生产上大面积推广获良好社会效益。其中主持研究的"快中子诱发甘薯下胚轴不定芽突变育种方法"获国家发明三等奖（首位）；"烟薯1号"和"烟薯6号"分别获山东省科学大会奖；"甘薯新品种——鲁薯3号"和"甘薯新品种——鲁薯6号"分别获国家计委、科委、财政部"七五""八五"科技攻关重大成果奖（首位）；"烟薯8号甘薯新品种"获山东省农牧业技术改进三等奖（首位）。合著的《中国甘薯品种志》一书，由农业出版社出版发行。在科技期刊上发表研究论文10余篇，其中"快中子诱发甘薯下胚轴不定芽突变育种研究"，1986年在《原子能农业应用》刊物上发表。

王玉心，女，汉族，1935年2月生，山东蓬莱人，中共党员，研究员，曾任烟台市农科所小麦研究室主任。毕业于山东农学院，1973年到烟台地区农科所小麦研究室从事小麦遗传育种工作，2002年12月退休，获国务院政府特殊津贴和烟台市三八红旗手荣誉称号。

主持的攻关课题"高产多抗优质小麦新品种选育"获"八五"重大科技成果奖（集体）。参加选育的烟农685获烟台地区和山东省科学大会奖；烟农15获山东省科技进步三等奖、首届中国农业博览会银质奖和中国国际农业博览会名牌产品；鲁麦7号通过山东、江苏和国家审定，获烟台市科技进步一等奖和山东省科技进步二等奖。主持选育的烟85722通过江苏省审定；选育的鲁麦14号1990年通过山东省审定，1992年通过山西省认定，1993年通过国家审定。该品种是集丰产性、适应性、抗逆性三者于一体，协调同步增长的高产、广适、多抗、低耗小麦良种，连续多年为山东省和黄淮北片高、中肥区试对照种，是当时黄淮麦区种植面积最大、适应性最广的品种，至1995年全国累计推广面积达9 902.39万亩，仅1993—1995年累计推广面积5 928.01万亩，新增小麦53.92亿kg，获得经济效益66.8亿元，1993年获山东省科技进步一等奖，1996年获国家科技进步二等奖。在《莱阳农学院学报》等刊物上发表"鲁麦14号的生育特点与高产栽培""鲁麦14广适性及增产潜力分析"等多篇论文。

吴桂本，女，1936年11月生，山东无棣人，中共党员，大学本科，1963年11月由莱阳农学院植保系调入烟台地区农科所。研究员，全国先进工作者，享受国务院政府特殊津贴专家。第八届全国人大代表、山东省第六届党代表、烟台市第十届人大常委。先后荣获：农业部先进工作者、山东省专业技术拔尖人才、省齐鲁女杰、省优秀党员；2009年被授予"烟台市为新中国成立和烟台建设做出突出贡献的100位英模人物"，烟台市终身专业技术拔尖人才、市先进工作者，获市科技功臣记大功1次，烟台市优秀党员2次、烟台市十大杰出人才重奖2次。

主持完成国家级课题2项、省部级课题8项、市级课题5项，与11个国家29个公司协作研究课题18项。在国内首次发现鉴定出我国发生世界疑难性病害小麦"全蚀病"，首次在《中国农业科学》《浙江农业大学学报》发表"我国小麦全蚀病初步研究""小麦全蚀病菌变种类型及其分布研究"系统研究论文，引起国内外关注。美国植病学会理事长Cook博士专程来华学习交流时指出"研究内容系统、深入而全面、水平很高；填补了中华人民共和国在小麦全蚀病方面从无任何研究资料报道的空白"。所有研究内容收编于"高等农林院校植物病理学教材"（1988年5月出版）和3部国家级著作中。并被农业部聘任为全国对内、对外植检训练班教师（共8期）主讲小麦全蚀病。在国内率先首次报导"红富士套袋苹果果实病害致病菌种类、生物学和有效防治措施"，主持研发填补国内空白的长残效有机锡杀螨剂"三唑锡"和三种高效、低毒杀菌杀虫剂，均实现产业化。1982年经农业部资格认证为：主持承担国内外农药登记试验主持人、国家农药试验准则编审委员。先后获得省科技进步二等奖3项、三等奖2项、化工部科技进步三等奖、省丰收计划一等奖、省优秀新产品一等奖、国家成果完成奖各一项，市科技进步一、二、三等奖各2项。成果累计推广面积9 000余万亩，创社会经济效益60余亿元。主编的《小麦全蚀病》一书，经山东人民出版社1973年、1975年两次出版发行12万册，参编著作6部，发表论文70余篇，其中国家一级学报5篇。

王志范，男，汉族，1937年10月生，山东海阳人，中共党员，农业技术推广研究员。1965年7月毕业于山东农学院农学系，1965年8月分配到烟台农科所玉米室工作。1992年享受国务院政府特殊津贴。连续3届被评为烟台市专业技术拔尖人才。1974—1984年任玉米室副主任，1985—1996年任玉米室主任。先后参与选育10多个玉米杂交种在生产上大面积推广。其中"烟三6号""烟三10号"玉米三交种，

1978年获山东省科学大会奖；主持选育的"烟单15号"玉米杂交种，1982年获烟台市科技成果一等奖；参与选育的"烟单17号"玉米杂交种1994年获农业部科技进步三等奖；"烟单14号"，1987年获得国家科技进步二等奖；"烟单16号"，1996年获烟台市科技进步二等奖；"烟单5号"糯玉米杂交种，获山东省科技进步三等奖。参与编写了《全国玉米种质资源目录》《紧凑型玉米育种》两本书籍。在《作物杂志》《中国农业科学》等刊物上发表研究论文20余篇。

张凤敏，男，汉族，1953年12月生，山东海阳人，中共党员，研究员。烟台市农科院果树科学研究所副所长。现为广东省、江苏省科技咨询专家；山东省科技咨询与评估专家；山东省科技计划与科技成果评审专家；山东省政府采购评审专家等。

1975年8月在海阳市朱吴镇七寨联中和刘疃联中任教。1978年2月恢复高考后考于莱阳农学院园艺系果树专业，1982年1月毕业后分配到山东省烟台农业学校任教，1999年3月调到烟台市果树科学研究所任业务副所长。主要从事果树栽培与育种的教学和科研工作。曾任山东省烟台农业学校果树专业主任、教务处主任、党支部书记。获山东省农业系统优秀教师、烟台市优秀教师、烟台市"三下乡"先进个人等荣誉。

主持的"早熟桃高效设施栽培技术研究""砂梨优良品种引种选育"和"大樱桃优良新品种引种推广研究"3项（首位），和参加的"烟台苹果优质高效综合技术研究与产业化开发"（第3位）研究课题，先后获山东省科技进步三等奖。主持的"金帅苹果锈性及防锈技术研究"（首位）和"系列晚熟桃品种引选及栽培技术研究"（2位）获烟台市科技进步二等奖。获烟台市科技进步三等奖6项，其中3项首位，2项2位，1项6位。

主编和参编出版了《桃树高效设施栽培技术问答》《核果类果树设施栽培实用技术》、全国中等农业学校教材《果树栽培学各论》（北方本）、《桃新优品种与现代栽培》等书籍6部；发表研究论文70余篇，科技文章300余篇，并有多篇研究论文获得优秀论文奖。

刘传德，男，汉族，1963年10月生，山东荣成人，中共党员，农业技术推广研究员。1985年毕业于山东农业大学植保系植保专业，学士学位。为农业部农产品质量安全检测机构考核评审员、山东省检验检测机构资质认定评审员、烟台市学科（技术）带头人、烟台大学农学院硕士生导师。

1985—2004年，分别在文登市农牧局、烟台市农科院从事植保技术推广及研究工作。2005年至今在农业部果品及苗木质量监督检验测试中心（烟台）任副主任兼检测室主任，主要从事农产品质量安全检测和风险评估等工作。主持完成了10余项国家、部级、省地方标准研制以及市级科技攻关课题、项目，获得科技成果奖10项，其中山东省奖2项，烟台市奖5项（主持一项获得市科技进步二等奖），以及批准发布实施地方标准5项。发表论文30余篇，其中在国家级刊物上发表7篇，国际专业学术会议交流1篇。获县级以上荣誉称号3项。

王江春，男，汉族，1965年2月生，山东招远人，二级研究员，山东农业大学农学院作物遗传育种学博士，1987年进入烟台农科所小麦研究室工作至今，现任烟台市农科院小麦所副所长，烟台大学农学院硕士研究生导师，山东省现代农业产业技术体系小麦岗位专家，享受国务院特殊津贴专家，九三学社烟台市委委员，九三学社福山支社主委，政协烟台市福山区八届、九届、十届常委。曾获得山东省优秀团员、烟台市新长征突击手标兵、烟台青年科技奖、烟台市学科（技术）带头人、烟台市专业技术拔尖人才、烟台市十大创新团队成员、烟台青年奖章、烟台五一劳

动奖章、烟台"凝心聚力,富民兴烟"先进个人、烟台同心楷模、山东省政协委员履职为民故事奖、福山区优秀政协委员、九三学社中央"全国社会服务先进个人"等荣誉。

主要从事小麦高新技术育种工作,是我国率先开展航天育种研究者之一,并开创了烟台农科院航天育种工作。主持和参加国家、省、市课题60余项,获得科技成果9项,其中国家级3项、省科技进步一等奖3项、二等奖1项、省丰收奖农业技术推广合作奖1项、市一等奖1项。育成小麦新品种9个,主持选育的小麦品种"烟农5158"通过山东、安徽、江苏三省审(认)定,是2007年以来生产上推广的面粉白度最高的小麦品种,2015年获山东省科技进步一等奖;主持选育的"烟农836"和"烟农999"均通过了山东省和国家审定;"烟农999"还是烟台农科院成立以来第一个通过南片试验的国审优质高产品种,2014年农业部组织专家实打验收中平均亩产817kg,创造了农业部专家实打验收全国最高小麦单产纪录,也是我国经农业部专家打出的第一个单产冲破800kg的超高产标志性品种。获得植物新品种权9项,在省级以上刊物发表论文30余篇。

姜学玲,女,汉族,1962年8月生,山东牟平人,九三学社社员。1983年于山东农学院土壤农化专业毕业后,分配到烟台市农科所工作,从事作物营养与土壤肥料方面的研究开发工作。2005年晋升为研究员职称,现任土肥研究所副所长。曾获山东省农业科教先进工作者、烟台市富民兴烟先进个人等荣誉称号。为烟台市土壤肥料专业学科(技术)带头人。

先后进行过小麦、花生、蔬菜、苹果、葡萄、樱桃等作物的营养、施肥及综合栽培技术研究;苹果节水灌溉与肥水一体化管理技术研究;"旱薄地""吨粮田"等农业综合性项目研究开发;作物营养对病害的影响与防治研究。1996年率先提出土壤酸化、苹果锰毒害问题,在烟台市科技局立项,后与山东农业大学、中国农业大学合作研究,研究成果推广以多种形式在全国推广。探明了大樱桃流胶、根颈腐烂、根瘤、裂口四大难题与土壤及施肥的关系,提出了适宜的土壤、叶片养分指标,建立了大樱桃平衡施肥与节水灌溉的肥水一体化管理模式,初步建立起大樱桃土肥水管理的技术支撑体系。

已完成的国家"948"项目子课题1项,国家公益性行业(农业)科研樱桃专项1个,"十一五"国家科技支撑计划子课题3项,国际钾肥研究所合作项目1个,省、市科研项目20多个。获全国农牧渔业丰收奖1项、山东省科技进步奖3项、烟台市科技进步奖9项。合作编辑出版书籍5部,在专业期刊上发表学术论文80多篇。

于经川,男,汉族,1964年8月生,山东福山人,中共党员,研究员,历任小麦研究所副所长、所长。1985年7月毕业于莱阳农学院农学专业,毕业至今一直在小麦所从事小麦遗传育种工作,为烟台市学科(技术)带头人、烟台市十大创新团队成员、山东省第六届农作物品种审定委员会委员、烟台大学兼职硕士研究生导师。先后获烟台市拔尖人才、烟台市青年科技标兵暨烟台市新长征突击手荣誉称号。

主持选育的"烟农23号""烟农24号""烟2415",通过山东省品种审定委员会审定,获植物新品种保护权3项。主持、参加科技支撑计划等国家、省、市课题50余项,参加的攻关课题"高产多抗优质小麦新品种选育"获"八五"重大科技成果奖(集体);参加选育的"鲁麦14""烟农19"均获得山东省科技进步一等奖和国家科技进步二等奖;参加选育的"鲁麦21"获山东省科技进步二等奖;主持选育的"烟农24"获山东省科技进步二等奖和烟台市农业新品种奖二等奖,并连续多年被确定为山东省小麦主导品种和小麦良贴品种;主持选育的"烟农23"和"烟2415"被确定为山东省粮食补贴品种,分别获烟台市科技进步一等奖和三等奖。在各种专业期刊上发表学术论文50余篇,参编《山东小麦遗传改良》一书。

王作全，男，汉族，1959年3月生，山东栖霞人，中共党员。1982年大学毕业分配到烟台市农科所工作。为烟台市跨世纪青年学科（技术）带头人，第一轮山东省现代农业产业技术体系薯类岗位专家，农业技术推广研究员。曾在小麦研究室、新技术研究室、生物组培脱毒中心、果树研究所、农业博览园、基地办等部门工作过。历任新技术研究室副主任，生物组培脱毒中心主任。

从事过小麦栽培、玉米栽培、计算机农业应用、佛手瓜栽培、小麦器官诱变育种研究，草莓、葡萄、马铃薯、甘薯等作物的脱毒快繁及栽培，有机蔬菜栽培等工作。主笔撰写的"佛手瓜高产栽培技术""烟台市高效益农田的几种模式""疏花疏果对丰香草莓生长发育的影响""烟台草莓发展瓶颈及对策""草莓优质高产栽培技术""草莓单主茎无断档期优质高产栽培技术"等论文，分别发表于《北方园艺》《农业科技通讯》和《烟台果树》。主持完成的"草莓脱毒及配套栽培技术研究""丰香草莓品种的引进与推广应用"两项科研项目，分别于1997年和2000年获烟台市科技进步二等奖。参与研究的"组培脱毒快繁技术在农业上的开发应用"，1997年获得山东省农牧渔业丰收二等奖。

通过多年的科研工作，积累了丰富的实践经验和宽泛的理论基础知识，在草莓研究领域具有很深的造诣，创造出了技术有创新、理论有突破的保护地草莓单主茎无断档期优质高产栽培技术。

刘维正，男，汉族，1965年5月生，山东荣成人，中国民主促进会会员，研究员，科研处处长。1986年7月毕业于莱阳农学院农学专业，分配到原烟台市农科所小麦研究室从事小麦育种研究，历任原小麦室副主任、小麦所副所长、烟台市农科院科研处处长、办公室副主任。先后多次获烟台市"富民兴烟"先进个人和民进山东省委先进个人、烟台市优秀政协委员、烟台市青年科技奖、烟台市优秀创新团队奖。

主持选育的优质、高产、抗病小麦新品种烟农5286，2007年通过山东省农作物品种审定委员会审定，2013年通过安徽省引种认定，并获得国家植物新品种保护权。参与选育了通过省级审定小麦、大麦新品种鲁麦21、烟农5158、烟农19、莱州95021、啤酒大麦ANT13等6个。作为主要研究人员参加的"优质高产广适冬小麦烟农19号的选育与产业化开发"获山东省科技进步一等奖、国家科技进步二等奖；"抗旱、高产、广适冬小麦新品种鲁麦21号（烟886059）的选育与应用"获山东省科技进步二等奖；还获省、部级科技进步三等奖等成果奖励3项。在《山东农业科学》《华北农学报》等核心期刊上，发表"超级小麦育种的探讨""抗旱广适冬小麦新品种鲁麦21号的选育与应用"等论文20余篇。

陈永娜，女，汉族，1964年12月生，山东牟平人，中共党员，研究员。1986年毕业于山东农业大学农学院，获学士学位，同年进入烟台市农科所小麦研究室，主要从事小麦遗传育种研究工作。烟台市学科带头人，烟台市优秀创新团队"烟台市农业科学研究院小麦新品种选育及配套技术研究创新团队"核心成员。2008年被烟台市总工会授予"烟台市十佳女职工建功立业标兵""三八红旗手"称号，同时授予烟台市"五一"劳动奖章。

主持育成的小麦品种烟农18通过山东省、陕西省审定，于2001年入选农业部农业科技跨越计划项目；参加育成鲁麦21、烟辐188、烟农19等品种。作为主要研究人员曾先后获得国家科技进步二等奖1项，山东省科技进步一等奖1项、二等奖1项，烟台市科技进步一等奖1项，山东省农牧渔业丰收奖农业技术推广合作奖1项。参与国家、省、市级各类课题30余项。撰写的"黄淮旱地小麦新品种高产稳产性分析"发表于《莱阳农学院学报》2000年第4期，在《山东农业科学》等期刊上发表研究论文10余篇。参加《全国小麦高产高效栽培技术规程》等3部科技书籍的编写工作。

汤国民,男,1960年10月生,山东荣成人,中共党员,研究员。1982年7月毕业于莱阳农学院农学专业,同年分配到烟台地区农业科学研究所,主要从事玉米育种研究工作。曾先后任玉米研究室副主任、科研部副部长、玉米杂粮研究室主任、玉米油料研究所所长、土壤肥料研究所所长。曾多次获得农科院(所)先进工作者,1999年被评为烟台市学科(技术)带头人。

主持烟台市科技局下达的科研课题5项,参加了山东省科技厅、山东省计委、烟台市科技局下达的6项科研课题和项目的研究工作。参加了烟单16号、烟单17号高产玉米杂交种以及烟糯6号、烟糯7号专用玉米杂交种的选育工作,累计推广面积4 000多万亩,获得了显著经济效益和社会效益。先后获得国家、农业部、烟台市科技进步奖10余项。其中参加完成的"中国农作物种质资源收集保存评价与利用",2004年获国家科技进步一等奖(二级证书);"紧凑性玉米杂交种烟单17号的选育和应用",1994年农业部科技进步三等奖;"玉米自交系文黄31413的选育",1994年获烟台市科技进步一等奖;主持完成的"烟台玉米地方品种资源及亲本材料创新利用研究""早熟优质糯玉米新品种烟糯7号选育及加工利用",分别于2002年和2008年获烟台市科技进步三等奖。在《山东农业科学》《莱阳农学院学报》上,首位发表了"烟台市玉米品种资源的研究与利用""山东高产玉米育种选育目标研究"等研究论文15篇。参加编写科技书籍3部。

龙丽萍,女,汉族,1952年11月生,山东荣成人,中共党员,玉米油料所副所长,农业技术推广研究员。1976年毕业于莱阳农校农学专业,同年到烟台农科所从事玉米育种工作。1996—2006年任玉米所副所长,1999—2002年被烟台市政府评为烟台市专业技术拔尖人才,为烟台市第九届、第十届政协委员。先后主持参与国家、省、市级科研课题20余项,获得国家、省、市科技进步奖8项,主持和参与山东省农作物品种审定委员会审(认)定的玉米杂交种5个的选育,其中主持选育的"烟单17号"玉米杂交种,获农业部科技进步三等奖;主持选育的"烟糯6号"及加工利用,2004年获烟台市科技进步二等奖。参与选育的"烟单14号"获国家科技进步二等奖;参与选育的"烟单5号"糯玉米杂交种,获山东省科技进步三等奖;烟台市玉米地方品种资源及亲本材料创新利用研究,获烟台市科技进步三等奖;在《莱阳农学院学报》《山东农业科学》等省级以上期刊上发表学术论文20余篇,参编著作2部。

韩启秀,女,汉族,1959年7月生,山东莱州人,中共党员,玉米油料所副所长,研究员,烟台市学科带头人,山东省第四届品种审定委员会大豆专业组专家。1982年1月毕业于莱阳农学院农学专业,1998—2003年任职烟台农科院玉米油料所副所长,2004年任质检中心综合科科长,现为国家现代产业技术体系烟台花生综合试验站站长。为大豆育种和花生育种作出了较大贡献。多次被评为先进工作者。

先后承担省、市级以上课题10项,获得山东省科技进步三等奖1项,烟台市科技进步二等奖2项,烟台市新品种选育三等奖2项。主持参与选育大豆新品种5个。主持选育的"鲁青豆1号",于1993年通过山东省审定。参与选育的"烟黄二号(鲁豆5)",1987年6月获得烟台市科技进步二等奖;极早熟大豆新品种——"烟豆4号",1994年4月通过山东省农作物品种审定委员会认定。参与整理的大豆品种资源获得国家一等奖。先后在《中国农学通报》《中国油料作物学报》《青岛农业大学学报》等学术期刊上首位发表科技论文10余篇,合作发表文章20余篇。

张福兴，男，汉族，1962年8月生，山东海阳人，中共党员，三级研究员，烟台市农科院果树分院副院长、农业部樱桃行业科技首席专家、烟台大学农学院硕士生导师、中国园艺学会樱桃分会副理事长、烟台市大樱桃协会会长。

1984年毕业于莱阳农学院园艺系果树专业，分配到烟台市果树科学研究所工作；1992—1994年，参加国家经贸部派遣的"中国援厄瓜多尔落叶果树专家组"。2005年、2011年参加国家外专局组织的赴匈牙利、智利大樱桃考察学习，2007年晋升研究员。先后担任烟台市果树科学研究所植保室副主任，农科院果树所栽培室主任、副所长、果树分院副院长。为烟台市有突出贡献的中青年专家、烟台市学科（技术）带头人。曾多次被评为烟台市农业系统优秀共产党员，多次受烟台市农业局嘉奖奖励和授予三等功。

主持承担了国家公益性行业（农业）科研专项"樱桃产业主要障碍因素攻关研究"、农业部"山东省烟台市国家樱桃良种苗木繁育基地建设项目"等国家、省、市大樱桃课题15项。获省、市科技进步奖9项，其中山东省科技进步二等奖1项、三等奖3项，烟台市科技进步二等奖4项、三等奖6项。在《中国农业科学》《植物学报》《果树学报》等刊物上发表学术论文60余篇，编著大樱桃书籍5部。主持选育出福晨、福星等23个大樱桃，福秀、福美等3个桃优良品种，其中21个通过山东省品种审定，这些品种占全国大樱桃生产栽培应用品种中的80%，推广面积超过120万亩，占全国总面积的60%以上，为我国樱桃产业发展作出重大贡献。

孙庆田，男，汉族，1964年4月生，山东招远人，中共党员，研究员，现任大樱桃研究所所长。曾任农业部樱桃行业科研专项岗位专家，现任山东省果品产业体系岗位专家、中国园艺学会樱桃分会常务理事、烟台市大樱桃协会秘书长、烟台大学硕士生导师、河北省和广东省科技厅成果评审专家、陕西铜川市政府樱桃科技顾问。

1986年毕业于山东农业大学园艺系果树学专业，同年分配到烟台市果树科学研究所（现为山东省烟台市农业科学研究院果树分院）工作。多次被评为烟台市农科院先进工作者、烟台市农业系统优秀共产党员，山东省农业厅科技推广先进个人。

主持参加国家公益性行业（农业）科研专项"樱桃产业主要障碍因素攻关研究"、农业部"山东省烟台市国家樱桃良种苗木繁育基地建设项目"等国家、省、市大樱桃课题28项。获省、市科技进步奖11项，其中山东省科技进步二等奖1项、三等奖3项，烟台市科技进步二等奖3项、三等奖4项。编著大樱桃书籍5部，在学术刊物上发表学术论文50余篇，发表SCI论文1篇（影响因子2.38），获烟台市级以上优秀论文奖6项。参加选育出23个大樱桃和2个桃优良品种，其中17个樱桃品种和2个桃品种通过山东省品种审定。申报专利2项。

刘兆晔，女，汉族，1964年5月生，山东青州人，研究员。1985年毕业于山东省昌潍农校农学专业，1999年和2000年函授取得大专和大本文凭，2008年被评为烟台市学科（技术）带头人，2015年被评为第六批烟台市有突出贡献的中青年专家，2017年获烟台市优秀女知识分子和烟台市三八红旗手荣誉称号。

先后获国家、省、市科技成果奖10项，其中作为首位研究人员主持选育的小麦新品种烟农24号高产稳产，抗倒广适，面粉白度高，增产潜力大，连续4年在鲁东片联试、省预试、省区试中均居第一，2005—2014年连续被确定为山东省小麦主导品种、小麦良贴品种，2010年莱阳市旱肥地实打折亩产679.53kg，2011年龙口高产创建实打亩产767.98kg，刷新了烟台市当时最高纪录，居全省前茅，其种植面积最大时，占烟台市小麦播种面积的45%以上,该品种2006年获烟台市农业新品种奖二等奖,2011年获山东省科技进步二等奖。主持及承担国家、省、市项目课题50余项,主持及共同育成通过国家、省审(认)定小麦新品种8个,累计推广面积3.5亿多亩,获植物新品种权3项,主笔及合作发表学术论文50余篇。

李素梅,女,1962年12月生,汉族,山东乳山人,研究员。1985年7月于山东农业大学蔬菜专业本科毕业,进入烟台市农业科学研究院蔬菜所(原烟台市农科所蔬菜室)工作。先后从事番茄、大白菜、辣椒和西葫芦等蔬菜新品种的选育工作,以及相关高效栽培技术研究。

先后主持参与国家和省市课题30多项。先后获得省市级成果奖励6项。其中"大白菜新品种——福山二包头的选育和应用",1998年获得山东省科技进步奖三等奖;"地方蔬菜种质资源黄瓜、西葫芦种质资源创新利用研究",2005年获得山东省科技进步奖三等奖;"适于出口的番茄、西葫芦新品种选育",2010年获得山东省科技进步奖三等奖。先后参与选育蔬菜新品种30多个,其中烟红101番茄和烟粉207番茄通过国家鉴定;福山二包头白菜、鲁番茄7号、烟葫4号西葫芦、烟番9号番茄、烟红103番茄和翡秀黄瓜通过国家和山东省审(鉴)定。在《中国蔬菜》《华北农学报》《北方园艺》等学术刊物上发表论文20余篇。

尹国香,女,1964年8月生,汉族,山东招远人,九三学社社员,研究员,农博园副主任。1985年7月毕业于山东济宁农业学校植保专业。同年7月进入烟台市农科所植保室从事植物保护研究工作。1988年9月参加山东农业大学函授学习,获专科毕业证书;1990年1月至2001年12月烟台市农科院蔬菜所(室)从事番茄、西葫芦育种及栽培工作;2002年1月至2013年12月在烟台市农科院农业科技博览中心工作。2009年1月参加山东农业大学函授学习,获得本科毕业证书;2014年1月到蔬菜所工作。

先后主持参与国家和省市课题30多项;获得成果奖励10项,其中省部级3项;主持"南瓜的种质资源创新利用究",获得了烟台市科技进步奖二等奖;主持育成的烟葫4号西葫芦,2010年通过山东省审定;参加选育的烟番9号、烟红101、烟红103、烟粉207番茄、翡秀黄瓜通过国家和山东省审(鉴)定。在《中国蔬菜》《中国农学通报》和《长江蔬菜》等学术期刊上发表论文30余篇。2008年8月被确定为烟台市学科(技术)带头人。多次被评为烟台市农科院先进工作者和受农业局嘉奖。

张洪胜,男,1960年10月生,山东青州人,无党派人士,研究员。《烟台果树》杂志执行主编、编辑部主任。

1983年莱阳农学院园艺系果树专业毕业,1988年获山东农业大学园艺系果树专业硕士学位。先后就职于烟台市果树科学研究所、复发中记集团、上海熙可国际贸易公司以及烟台农科院等科研与生产单位。多次出国考察参访,具有行业国际视野并有丰富的果树栽培及采后处理实践经验。

在山东农业大学读研期间,主持并独立完成了"果树病毒特异性核糖核酸分析"研究,获山东省科技进步三等奖。在复发中记工作期间,主持建设公司5 000亩樱桃生产基地,通过精选大苗、K84根系处理,采用智利架式栽培、纺锤形整枝、迷雾机喷药、园内生草等多项先进技术成为当时国内面积最大、连片、标准化程度最高的樱桃示范园区。2007年在借鉴智利等国外樱桃采后水预冷、机械分选经验基础上,与某公司合作研制成功我国第一台大樱桃机械化自动分选机,奠定樱桃产业国内机械化水冷分选技术基础。出版《现代大樱桃栽培》专著1部。在各级果树专业期刊发表论文数十篇。

赵倩,女,汉族,1971年10月生,山东蓬莱人,研究员。烟台市学科(技术)带头人,山东省有突出贡献中青年专家。1995年毕业于莱阳农学院,至今在科研一线从事小麦遗传育种研究。曾获烟台市农科院"先进工作者"、烟台市农科院"优秀青年""烟台市女职工建功立业标兵"荣誉称号。获烟台市青年科技奖。

主持和承担国家科技支撑计划、"863"计划等国家、省市重大课题项目40项。获国家科技进步二等奖1项(3位),山东省科技进步一等奖1项(3位),山东省科技进步二等奖2项(3位;8位),山东省科技进步三等奖1项(2位),烟台市农业新品种奖励2项(2位)。育成的优质高产小麦新品种烟农19号通过山东、江苏、安徽、山西、河南、北京6省市审(认)定,被确定为国家小麦主导品种;育成的高产早熟小麦新品种烟农22号被山东省确定为小麦与其他作物间作套种和晚茬麦主选品种;育成的节水型优质高产小麦新品种烟农21号通过山东省和国家审定并获植物新品种权,被确定为国家和山东省小麦主导品种。在国内外学术期刊发表论文37篇。

张广和,男,汉族,1963年4月生,山东夏津人,中共党员,研究员。1982年毕业于山东省德州农业学校果树专业。1997年取得山东农业大学果树专业大学本科学历。1982—1990年在烟台市福山区农林局从事果树技术推广工作,曾任福山园艺场技术员、门楼镇果树站长等职。1991年调入烟台市农科所工作,历任试验农场副场长、果业研究中心副主任、果树科学研究所副所长、试验农场场长等职。

先后获得4项省部级科研成果,5项地市级科研成果。选育出4个大樱桃新品种。其中,作为主要人员完成的"名优苹果主要病害发生规律及防治技术研究"和"自花结实甜樱桃优良品种筛选及栽培技术集成示范"两项研究,分别于2000年和2011年获山东省科技进步二等奖;"苹果病虫害安全防控药剂的研配与推广",2013年获全国农牧渔业丰收二等奖;"苹果叶片营养诊断与高产优质施肥模型研究"和"富士苹果锰毒害防治技术研究"分别于1998年和2000年获烟台市科技进步二等奖。"百万亩葡萄、大樱桃、桃主要病虫害安全控制技术示范与推广",2008年获山东省农牧渔业丰收二等奖。在省级以上专业期刊上主笔发表学术论文9篇。其中"烟台大樱桃适宜授粉组合的研究""甜樱桃先锋及其芽变品种的SSR分析""5个欧洲甜樱桃引种初报",分别发表于《北方园艺》和《中国果树》。参编著作1部。

于青,女,1963年11月生,山东海阳人,研究员。1987年7月毕业于莱阳农学院,分配到烟台市果树科学研究所工作至今,主要进行了苹果、梨、大樱桃、杏等果树优良品种及砧木的引种选育,及其优质丰产栽培技术的研究与推广工作。曾多次被评为单位先进工作者并被授予农业局嘉奖。

先后主持承担国家、省、市课题12项,其中包括农业部"山东(烟台)国家级苹果育种中心"、国家苹果产业技术体系山东烟台苹果试验站、农业部948"欧洲甜樱桃砧木的引种试验"等国家级项目。共获得国家奖(二级证书)1项,山东省科技进步奖2项,山东省丰收奖1项,烟台市科技进步奖9项。参与完成的"仁用杏引种试栽研究",获烟台市科技进步三等奖;参与完成的"苹果良种良砧选育与脱毒技术研究与应用",2013年获山东省科技进步二等奖,"国内外大樱桃鲜食优良品种选育及配套栽培技术研究",获山东省科技进步三等奖;"红露苹果新品种引种选育及试栽利用研究"和"主要果树病毒ELISA和RT—PCR鉴定及脱毒技术",分别于2008年和2011年获烟台市科技进步二等奖;"优良抗病耐贮早中熟苹果新品种选育与推广应用",获山东省农牧渔业丰收奖二等奖;选育出的烟砧一号、甘红、太平洋玫瑰等5个苹果新品种及砧木通过省级审定。主编出版了《苹果优质高效安全生产栽培技术》科技著作。参编果树科技书4部，在专业科技刊物上发表论文70余篇。

王培松，男，1969年11月生，山东诸城人，1996年7月毕业于莱阳农学院园艺系果树专业，获农学学士学位，同年到烟台市农科所工作，2016年获农业推广硕士学位，现任烟台市农科院植保所所长，研究员。

主要从事果树、蔬菜、粮油作物主要病虫害种类的发生规律调查及综合防控技术研究，主持和参与国家、省、市级课题20余项，共获各级科研成果16项，其中"名优苹果主要病害发生规律及防治技术研究"，2000年获山东省科技进步二等奖（4位）；"苹果病虫害安全防控药剂的研配与推广"，2013年获农业部农牧渔业丰收二等奖（2位）；"苹果轮纹病病源确证及节本增效防控技术集成"，2014年获山东省科技进步三等奖（3位）；"苹果绵蚜和金纹细蛾生物学研究及国内外新农药防治技术大面积开发应用研究"，1999年获烟台市科技进步一等奖（4位）；"烟台市主要作物重大病害成灾规律研究与控制技术集成"，2011年获烟台市科技进步一等奖（2位）。另获山东省农牧渔业丰收一等奖1项、市厅级二等奖6项、三等奖4项。在《江苏农业科学》《中国果树》等杂志首位发表论文10篇，参与发表论文60余篇。作为主要完成人，获国家发明专利授权14项，参与制定山东地方标准3项。

刘美英，女，1965年3月生，山东莱阳人，研究员。1986年毕业于山东省烟台农业学校，分配至烟台市果树科学研究所工作；2012—2015年连续4年被评为烟台市农科院先进工作者。

主要进行了草莓、大樱桃、苹果等树种的优良品种引种选育及苹果杂交育种及病虫害综合防治方面的研究工作，先后参加了农业部山东（烟台）苹果育种中心、国家苹果综合试验站等国家、省市科研课题20多项；参与完成的"苹果良种良砧选育与脱毒技术研究与应用"，获山东省科技进步二等奖；"早熟桃高效设施栽培技术研究"和"国内外大樱桃鲜食优良品种选育及配套栽培技术研究"分别获山东省科技进步三等奖；"苹果脱毒良种良砧苗木培育及大面积开发应用"和"优良抗病耐贮早中熟苹果新品种选育与推广应用"，获山东省农牧渔业丰收奖二等奖；参与完成的"烟台苹果品质提升关键技术研究与推广应用"等6项课题获烟台市科技进步二等奖；"国内外大樱桃鲜食优良品种引种选育"等5项课题获烟台市科技进步三等奖。参与审定苹果砧木1个、苹果品种6个、大樱桃品种5个、桃品种2个。参编出版《最新甜樱桃栽培实用技术》《烟台苹果品质提升与调控》等书籍5部，其中副主编1部。在《果树学报》《中国果树》等科技期刊首位发表论文18篇，参与发表130余篇。

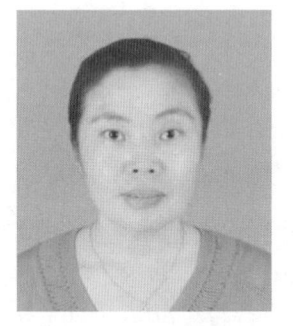

孙纪霞，女，汉族，1974年6月生，山东蓬莱人，中共党员，研究员，园林花卉所所长。1997年毕业于中国农业大学，2013年获中国农业大学硕士学位。主要从事园林花卉的科研、生产与开发工作。先后获市"五一"劳动奖章、山东省女职工建功立业标兵、烟台市十佳女职工建功立业标兵称号，被评为烟台市青年榜样、市先进工作者及山东省三八红旗手，多次被评为烟台市农业系统优秀党员，在第八届中国花博会被评为先进个人，被聘为烟台市农业科技专家讲师团专家。

先后参加国家"863"计划子项目，中科院知识创新工程项目，科技部成果转化项目和省良种产业化项目，以及烟台市科技攻关项目，日本郁金香种球合作开发项目等10余项。先后获得省、市级科研成果8项，其中山东省科技进步二等奖1项、三等奖2项、市科技进步奖5项。

选育的10个蝴蝶兰及1个忍冬新品种通过省林木良种审定,参加制定了山东省蝴蝶兰品质标准,获得国家发明专利1项。在《中国农业大学学报》等刊物发表相关研究论文20余篇。

辛国胜,男,1972年11月生,山东海阳人,中共党员,中国农业大学硕士,研究员。现从事甘薯遗传育种、栽培等工作,2008年以来担任甘薯所所长,2016年担任国家甘薯产业技术体系烟台综合试验站站长。2012年被山东省农业厅聘为山东省农作物品种审定委员会委员。

主持了农业部"山东省烟台市甘薯原原种扩繁基地建设"、国家863子课题"甘薯生物育种技术创新与专用型新品种选育"、山东省重大项目"高产优质紫甘薯高效育种技术与轻简化栽培技术研究"等国家、省、市课题7项;参与了农业部公益性行业科技"甘薯标准化栽培技术"、山东省科技厅"山东省甘薯示范工程技术研究中心"、山东省农业厅"山东省薯类创新团队育种岗位"等课题16项。主持育成了10个通过国家和山东省审(鉴)定品种,分别是烟薯23、24、25、26、27、28、29以及烟紫薯2号、3号、4号。获得发明专利2项,分别为"甘薯高效、轻简化覆膜栽培方法"和"甘薯茎尖剥离技术";"一种甘薯打孔浇水破膜器"获得国家实用新型专利。提出了"人工昆虫二次授粉法""茎尖快速剥离技术""分层施肥技术""黑色地膜覆盖栽培技术""甘薯轻简化栽培技术"。主持农业部中华科技三等奖1项,烟台市科技进步一等奖1项、二等奖3项,以第2位获得省部级成果2项,参与市级成果3项。撰写论文50余篇,首位或通讯作者发表论文17篇。

第四节 副高级专业技术职务人员

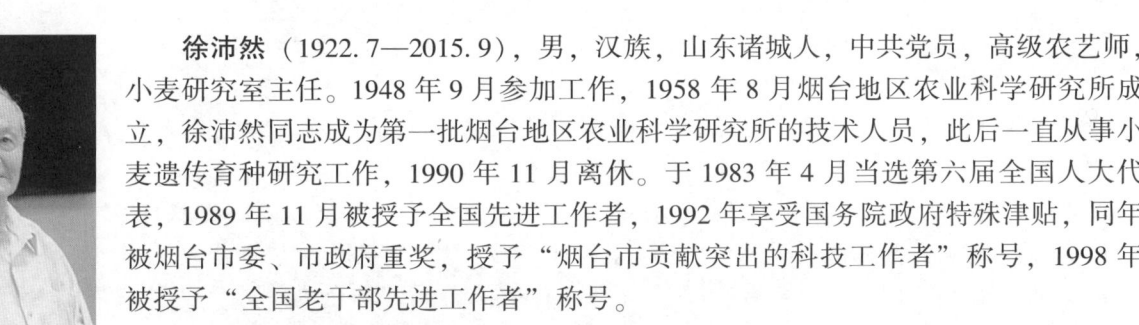

徐沛然(1922.7—2015.9),男,汉族,山东诸城人,中共党员,高级农艺师,小麦研究室主任。1948年9月参加工作,1958年8月烟台地区农业科学研究所成立,徐沛然同志成为第一批烟台地区农业科学研究所的技术人员,此后一直从事小麦遗传育种研究工作,1990年11月离休。于1983年4月当选第六届全国人大代表,1989年11月被授予全国先进工作者,1992年享受国务院政府特殊津贴,同年被烟台市委、市政府重奖,授予"烟台市贡献突出的科技工作者"称号,1998年被授予"全国老干部先进工作者"称号。

在近60年的小麦育种工作中,先后选育出烟农280、烟农78、烟农685、蚰包、烟农15、鲁麦7号等10多个小麦新品种,为我国粮食增产、农民增收作出了重要贡献。其中,选育的蚰包麦,1972年莱阳良种场种植310.01亩高产田,平均亩产达到577kg,首次在黄淮麦区突破亩产500kg,开创了我国小麦高产育种的先河,1978年获烟台地区、山东省和全国科学大会奖。蚰包麦不仅是黄淮冬麦区具有划时代意义的一个小麦新类型,而且是重要的亲本材料,由此衍生了48个省级审(认)定品种和18个国审品种,这些品种获国家技术发明四等奖1项,省科技进步一等奖和国家科技进步二等奖各4项。选育的烟农685、烟农78均获烟台地区和山东省科学大会奖。1976年选育的小麦新品种烟农15,被农民誉为"傻800和千斤不倒"品种,至今已种植40年之久,获山东省科技进步三等奖、首届中国农业博览会银质奖和中国国际农业博览会名牌产品。选育的鲁麦7号通过山东、江苏和国家审定,1988年12月被国家科委纳入1989—1991年重点科技成果推广计划,获烟台市科技进步一等奖和山东省科技进步二等奖。主持的攻关课题"高产多抗优质小麦新品种选育"获"八五"重大科技成果奖(集体)。撰写的"冬小麦杂交育种的几个问题""冬小麦高产抗锈育种的探讨""山东省'九五'期间小麦科技进展及'十五'科研与生产建议"发表于《山东农业科学》。参编《山东小麦遗传改良》一书。

于 伊（1921.1—1999.12），男，汉族，山东青岛人，高级农艺师。1945年毕业于省立农业专科学校，先后在胶东农业实验场、莱阳专区农场、莱阳农业试验站、烟台农科所工作。1988年被授予山东省劳动模范称号，1991年国家批准享受政府特殊津贴，第四届、五届山东省政协委员。

从事玉米育种工作40余年，是山东省最早的玉米育种工作者之一。选育出的主要品种有"莱杂7号"、三交种"群三1号"、双交种"烟双545"等。20世纪70年代中期致力于玉米新品种"紧凑型种"的选育研究，在我国率先提出"紧凑型玉米育种"理论。1977年选出的第一个紧凑型品种"烟单14号"，在北方推广面积1亿多亩，1981年获得烟台市科技进步二等奖，1985获得农牧渔业部科技进步二等奖，1987年获国家科技进步二等奖。他用多1为母本，日爆为父本选育的"鲁笋玉1号"，于1989年通过了山东省审定。他除了自己进行紧凑型玉米育种外，又将新型的育种方法和株型模式介绍与指导莱州市玉米研究所和莱州农科所进行紧凑型育种。为全国玉米育种特别是紧凑型玉米育种的发展起到了至关重要的引领作用。先后在《山东农业科学》《种子世界》等期刊上发表论文10余篇。主持编写了《紧凑型玉米育种》一书，1993年在气象出版社出版。

陈昌玉（1923.7—2009.2），男，四川成都人，九三学社社员，高级农艺师。1942年毕业于华西农大农专科。1942—1946年先后在四川省农业改进所、四川三台地区射洪县女中师范及县政府工作。1946—1949年在农林部农田水利工程处、徐海水利工程处工作。1949—1962年先后在山东人民政府实业厅农业局、胶东农业实验场、山东省莱阳农业试验场、莱阳专区农场、莱阳专区农场、莱阳专署农业技术指导所、平度县农业技术指导站、莱阳专区初级农校、莱阳专署农林局、胶东植保植检站工作。1962.11—1990.11在烟台地区农科所工作。

自参加工作以来，主要从事农作物虫害防治技术研究推广及教学工作。研究明确了小地老虎在烟台地区一年发生代数、发生特点、防治标准、防治方法。主持完成的"溴氰菊酯防治麦田套种玉米小地老虎研究"，1984年获山东省农业厅科技成果三等奖。同时开展了绵虫、甘薯黑斑病、长蠕象、金针虫等害虫发生与防治的研究工作。撰写的"麦田沟金针虫的发生和三查三定""栗长蠕象的发生和防治""山东省平度县潘桃区甘薯黑斑病的防治与调查""山东莱阳专区绵虫幼虫的习性观察及人工防治"分别发表于《植物保护》《农业科技通讯》《华东农业科技通讯》等期刊杂志上。

张香蓉（1926.10—2016.3），男，浙江嵊县人，高级农艺师。1950.3—1953.4山东省惠民病虫防治站，1953.5—1954.2惠民农业技术指导所，1954.3—1954.10滨县农技站，1954.10—1955.7南京农业部未邱林训练班，1955.7—1961.10山东省农业厅，1961.10—1963.9山东省莱阳农学院，1963.9—1990.11在烟台地区农科所工作。

主要从事农作物害虫研究工作，对桃天蛾、蚜虫、土蝗、金针虫、天蛾、绿刺蛾等害虫进行了系统研究。"地瓜线虫病"，1978年获山东省科学大会奖；"蚜虫模式及其经济效益"，1985年获山东省科委三等奖；"山东省农业害虫天敌调查"，1986年获山东省科委三等奖。在《植物保护》《华北农业科学通报》等期刊上发表论文10余篇，出版专著《玉米螟》《地瓜茎线虫》2部。

刘明春（1936.1—2007.12），男，汉族，山东莱西人，中共党员，烟台农科所大豆室主任，高级农艺师。1958年8月参加工作，主要进行大豆育种和栽培工作40余年，为烟台农科所大豆育种作出杰出贡献。获得烟台市科技进步奖5项，参与课题15项，主持选育的"烟黄一号"和"烟黄二号（鲁豆5）"大豆，分别于1981年6月和1987年6月获得烟台市科技进步二等奖；极早熟大豆新品种——"烟豆4号"，1994年4月通过山东省农作物品种审定委员会认定，该品种属极早熟种，抗旱、耐涝、高产稳产性好。在烟威地区累计推广面积达8.2万亩，增加直接经济效益4 268.22万元，1997年7月获烟台市科技进步二等奖。参与选育的大豆品种有8个。其中"鲁青豆1号"于1993年通过山东省审定。在《莱阳农学院学报》《中国蔬菜》等期刊上发表论文18篇。

王士友（1932.1—2001.10），男，汉族，山东青州人，中共党员，1960年毕业于山东农学院土化系，后在莱阳农校参加工作，1962年10月调入烟台地区农科所，任土肥室主任，1987年授高级农艺师。担任烟台市农学会副秘书长。

从事土壤及施肥效果研究工作。1963年主持了"姜家洼"地区的低产障碍因素调查与改良研究，克服了诸多不利因素，创出旱田、水田改良样板，改良报告由当时专署下发各县，累计推广面积700余万亩，实现累计增产超过2.5亿kg，推动了当时烟台地区农业发展。1974年主持进行了丘陵地区高产稳产土体厚度的研究，给出适宜的土体指标，推广50万亩，1981年获山东省农牧科技成果三等奖，同年主持进行了"高产稳产"土体条件研究，在"麦秋高产稳产"型土体结构有很大的理论突破，并提出改良措施。1978年主持了山东省农业生态规划和经济效益关系的应用研究，给出了农业合理布局提高经济效益的依据和布局意见，被农业系统采纳。1981—1984年主持了土壤养分状况与花生施氮效果关系的研究，拟定了花生土壤氮素丰缺指标比例协调程度指标和氮肥的最佳用量，推广面积达300万亩，1987年获山东省科技进步三等奖。1985年主持了土壤普查成果应用，花生经济合理施用磷钾肥研究，有很大的理论创新意义，文章也被多家刊物转载。1992年被授予烟台市农业系统先进工作者称号。在《土壤通报》《土壤肥料》等适时权威期刊发表论文7篇。

于令康（1935.9—2002.4），男，山东龙口人，九三学社社员，1961年毕业于南京农学院土化专业，同年9月分配到烟台地区农业科学研究所参加工作，1987年受聘为高级农艺师。

从事肥料研究工作。其对绿肥增产增效研究以及栽培措施，1965年在《山东农业科学》一期发表了麦田套种草木樨肥效试验，并参编山东省农业厅的农业干部学习资料绿肥专刊，后又参加了《科学实验一千个》绿肥部分的编写及《发展绿肥，培养地力》一书，并在国家级绿肥会议作了大组发言，在绿肥方面的研究成果在国内有一定的影响力。1973—1974年参加含氮井水课题，并参加了全国肥水会议，介绍了烟台地区肥水利用及其可用标准，参加了全国农展馆的展览，并由西安电影制片厂拍制成宣传影片，在全国有一定影响。1977—1980年，研究了氨水的最佳施用深度和浓度，主持小麦穗粒肥进行了系统性研究工作，发表相关论文3篇，合编《小麦高产栽培研究》一书，该研究在全国具有一定的领先性，1981年获烟台市科技进步一等奖（主持人）。1974—1983年参与全国全省化肥协作网试验，获全国科学大会奖和农牧渔业部科技进步奖。1975—1984年承担了吨粮肥水实验设计及相应的技术设计，研究出创高产的一条新途径。1985年获省科技进步三等奖（第二位）。在各级政府举办的培训班，农广校、党校、农中等主讲土壤肥料，农业化学和化学课程，共培训超过5000人次。为烟台地区普及土肥知识、农业基础理论有突出贡献。

盛志政（1935.12—2016.5）男，汉族，山东烟台人，中共党员，高级农艺师，原烟台农科所科研管理科科长。1952年8月毕业于山东农学院病虫害专修科。

1952年8月参加工作，历任惠民病虫防治站、桓台县农业局、济阳农业局、安达市农业局、延寿县农业局技术员，1975年5月调入烟台市农科所担任技术员，从事科研工作。至1983年2月任烟台市农科所科研办公室副主任，1985年6月升为科长，工作至1995年12月6日退休。

在科研管理岗位上有较大的成绩。先后在《农业科技管理》《科学与管理》《上海管理科学》等刊物上发表论文15篇，各级刊物发表技术性报道文章500多篇。"地市科研机构科技体制改革研究"，获得山东省科技进步三等奖，位列第3位。1987年获得烟台市科协优秀会员称号。编辑试验研究资料80余本，撰写各种报告、总结、典型材料百余份，对烟台市农业科学研究院的科研管理作出了很大贡献。

方 正，男，汉族，1935年1月生，浙江嘉善人，高级农艺师，历任小麦研究室副主任、主任。1953年冬毕业于杭州农校，响应党支援山东号召，1954年3月分配至文登专区农场，1955年4月并入莱阳农业试验站，1958年7月调至烟台市农科所从事小麦育种，1995年1月退休。1998年获国务院政府特殊津贴，为烟台市政协六、七、八届委员、常委，1997年3月荣获政协烟台市委员会献计出力奉献杯，2000年任山东省作物学会第四届理事会理事。育成或共同育成小麦新品种10个，获国家、省、市科技进步奖10项，为我国农业技术事业作出了突出贡献。其中蚰包麦获烟台地区、山东省、全国科学大会奖；烟农78、烟农685获烟台地区、山东省科学大会奖；烟农15获山东省科技进步三等奖、首届中国农业博览会银质奖和中国国际农业博览会名牌产品；鲁麦14获山东省科技进步一等奖和国家科技进步二等奖；鲁麦13在非灌溉条件下创造了亩产616.3kg的纪录，耗水系数为0.6838mm/亩·mg，获烟台市科技进步二等奖；鲁麦21抗旱、高产、广适、综合抗性好，自审定以来一直作为山东省区域试验旱地小麦对照品种，连续多年被山东省确定为旱地小麦主导品种，1997年在莱阳市冯格庄马岚村实打，旱肥地最高单产达693.64kg，创当时全国小麦最高记录，其耗水系数为$8.199mm/hm^2·kg$，这是节水型超高产品种选育上的重大突破，1997年获省科委后补助，1998年获农业部优质糕点品种后补助，1999年被认定为中国国际农业博览会名牌产品，累计推广面积超过1亿亩，创社会经济效益15亿元，2000年获山东省科技进步二等奖。主持的"优质高产啤酒大麦新品种选育及栽培技术研究"，获山东省科技进步三等奖（集体），参加的"我国小麦白粉病菌毒性研究及抗源有效性评价利用"获农业部科技进步三等奖。国内外发表学术论文16篇，著《冬小麦新品种选育研究》一书，参编《小麦育种学》《中国小麦品种及其系谱》和《中国小麦品种志（1962—1982）》著作3部。

章宗江（1916.2—2005.1）男，汉族，浙江嘉兴人，九三学社社员。1937年7月毕业于浙江大学高级农校，浙江大学农学院园艺系肄业，1938年因抗战辍学。1949年8月参加工作。1950年在华东农林部农业科学研究所工作，1951年调至山东省农林厅园艺处，1952年调至山东省胶东果树指导所，1953年调至烟台市农林局，1966年调至烟台地区果树试验站。1990年11月离休。

1982年被国务院科学技术干部局授予高级农艺师，1983—1988年任烟台市政协副主席，1977—1987年任山东省第五届人民代表大会代表，1983—1993年任全国人民代表大会第六届、第七届代表。1987—1990年被中共烟台市委、市政府评为专业技术拔尖人才。1983年被山东省科委聘任为山东省高级农艺师评委会委员。

先后获科技成果3项,其中"苹果灰斑病防治研究",1981年获山东省科技成果三等奖(首位);"桃小食心虫综合防治",1981年获烟台地区行署科技成果三等奖(首位);"应用靳式线虫及性信息素防治桃小食心虫研究",1989获烟台市科委科技进步奖三等(首位)。在《昆虫学报》《山东农业科学》《山东果树》等国内科技期刊上发表"银纹潜叶蛾的初步研究""苹果根绵蚜的初步研究""桃小食心虫综合防治研究"等研究论文20余篇。主编和参编著作2部,其中主编的《果树害虫天敌》由山东科技出版社出版发行。

吕锡祯(1924.5—2009.1)男,汉族,山东益都人,高级农艺师。1946年7月毕业于西北农学院(现西北农林科技大学),1949年调入威海园艺场工作,1951年调至昌潍专署建设科,1953年调至龙口园艺场,1954年调至莱阳专署农业科,1962年调至昆嵛山林场,1979年调至烟台地区果树实验站,1990年离休。

本人主持完成的"草莓保护地栽培及引种试验"科研项目,1989年获烟台市科委科技进步三等奖。编著的《苹果丰产长寿修剪法》一书,1987年11月由中国展望出版社出版发行,在国内科技期刊上发表论文10余篇。

周培庆,男,汉族,1933年3月生,山东乳山人,1955年毕业于济南农校园艺科,分配在惠民地区无棣县建设科工作,1956年考入山东农业大学园艺系带职学习,1960年8月大学毕业调入山东渤海农垦局工作,1962年调入国营黄河农场生技科工作,1979年9月调回烟台果科所品种资源室工作,曾任室主任,高级农艺师,1991年获山东农业科技先进工作者,1994年被烟台市市委组织部、人事局、市科协评委科技英才称号,1993年退休至今。

主持的"着色系富士苹果引种试栽",1985年获山东省科委科技成果三等奖(首位研究人员);"红富士苹果试验、示范、推广",1988年获山东省农业厅科技改进三等奖(首位);"红富士苹果引种试验",1988年获农业部科技进步二等奖(第8位);"红富士早期丰产开发研究",1989年获烟台市科技进步二等奖(第2位);"北斗苹果新心中扩大试验",1995年获烟台市科技进步三等奖(首位)。在《柑桔与亚热带果树信息》《山西果树》《落叶果树》等国内科技期刊上发表了"苹果树根外喷钙防治果实缺钙病试验""长富2着色系高接效应初步观察""着色系富士引种栽培研究初报"等研究论文25篇。编著的《苹果新品种》一书,1991年由山东省新闻出版局出版发行。

邹云贵(1936.6—2013.11),男,汉族,山东乳山人,高级农艺师,中共党员。1963年毕业于莱阳农学院(现青岛农业大学)园艺系果蔬专业,同年分配至烟台专区劳改队果场,1974年调至烟台地区果树实验站,曾任栽培研究室主任。主要从事果树优良砧木选育研究,1994年退休。

先后获得科技成果2项,其中"矮化砧木与苹果品种组合研究",1981年获烟台地区行署科技成果二等奖,为首位研究人员;"苹果新品种(系)丰产栽培扩大试验",1994年获烟台市科委科技进步二等奖,为首位研究人员。在《山东果树》《烟台果树》等国内科技期刊上发表"几种矮化中间砧对小国光幼树生长发育的影响""苹果矮砧、品种组合研究初报"等科技论文12篇。

李　连（1936.9—2013.8），男，汉族，山东莱州人，中共党员，高级农艺师，历任玉米研究室主任、技术咨询服务中心主任、特产室主任。

1960年8月毕业于山东农学院农学系，1973年2月从黑龙江佳木斯农业学校调入烟台地区农业科学研究所。先后从事玉米栽培技术研究、农业技术咨询服务及西洋参栽培及加工技术研究工作。重点开展了春夏玉米综合丰产技术研究、紧凑型玉米高产栽培研究，参加完成的"夏玉米大面积高产攻关"，1983年获农牧渔业部农牧渔业部技术改进二等奖；主持完成的"中低产玉米开发试验研究"，1986年获烟台市科委优秀科技成果三等奖；主持完成的"原皮西洋参加工技术研究"，1993年获山东省科委科技进步三等奖。多次参加全国全省玉米栽培学术讨论会，宣讲论文收到好评。在《山东农业科学》《玉米科学》等期刊上发表了"玉米紧凑型杂交种烟单15号高产栽培的初步研究""土壤通透性与夏玉米高产关系的研究""烟台地区夏玉米大面积过千斤高产栽培技术"等研究论文多篇。

王树钿（1935.3—2018.7），男，汉族，山东栖霞人，中共党员，高级农艺师。1991—1996年担任甘薯研究室主任，1991年被评为烟台市农业系统先进工作者，1993年获国务院颁发政府特殊津贴。

从事甘薯杂交育种及栽培工作30多年，共参与选育甘薯新品种20个，其中有9个品种经国家和山东省品种审定委员会的审定、认定。1981年"春地瓜高产栽培技术研究"，获得山东省科技进步二等奖（首位）；"利用芋头儿芽平垄双行不培土栽培新方法"，1989年获得山东省科技进步三等奖（首位）。多次获得省市科协优秀论文奖。参加编写了《中国甘薯栽培学》《甘薯》《烟台地区甘薯高产栽培》3本著作。在《中国农业科学》《山东农业科学》《中国农学通报》《莱阳农学院学报》等刊物上发表论文16篇。

叶学昶（1925.3—2016.2）男，江苏松江人，1951年9月毕业于山东大学农学院。1951.10—1952.4 莱阳农校，1952.4—1953.4 莱阳专区病虫防治站，1953.4—1954.1 莱阳专区农业技术指导站，1954.1—1958.9 黄县农业技术指导站，1958.9—1961.8 黄县农校，1961.8—1962.10 昆嵛山林校，1962.10—1975.11 烟台地区植保站，1975.11 到烟台地区农科所工作。

主要从事植物保护研究工作，1981年3月，小麦全蚀病菌生物学及培养鉴定技术研究，荣获山东省科技进步三等奖；"我国小麦全蚀病菌变种类型及其分布的初步研究"论文获得市级一等奖；于《农业科学通讯》上发表一篇题为"山东莱阳专区粟长蝽蟓发生与防治"的论文；于农业出版社出版名为《花生病虫害》的著作一部；于《山东农业科学》第三期发表一篇题为"小麦全蚀病的诊断及其病原菌的鉴定技术"的论文；于《浙江农业大学学报》发表一篇题为"我国小麦全蚀病菌变种的类型及其分布的初步研究"的论文。

李慎生（1940.4—1999.5）男，汉族，山东莱西人，高级农艺师，九三学社社员。1964年毕业于山东农业大学畜牧专业，本科学历，毕业后一直从事畜牧科研工作，曾任吉林省畜牧兽医学会养马学科副组长、学科带头人，动物遗传育种研究生导师组成员，培养吉林省农科院首届两名硕士研究生。

1966—1977年参加"吉林马育种"，1978年获全国科技大会重大成果奖；1978—1980年参加"中国良种细毛羊选育"，1986年获国家科技进步一等奖。先后在国家级和省级刊物上发表论文20余篇，其中"澳波羊经济性状及遗传特性的研究"是国内较早少有报道的畜禽数量遗传及应用的学术论文，获1981年吉林科协优秀学术论文二等奖；撰写的"吉林省西部地区农业资源利用与农业结构问题考察报告"，1981年获吉林省优秀科技建设二等奖。1986年4月来到烟台市农科所，担任畜牧室副主任，立即对烟台畜牧生产现状做了全面深入的调查，撰写"烟台市畜牧生产现状及发展前景"，被评为院优秀论文，在此基础上撰写的"烟台市国土规划之畜牧业发展规划"被市农业局采用，由于业绩突出被收入《山东省农业名人录》，登上了《齐鲁科教兴农群英谱》，多次被市农业局、九三学社、烟台市委评为先进工作者。

王彩珍，女，汉，1931年7月生，江苏张家港人，中共党员，高级农艺师。1951.1—1953.8于华东装甲兵第二编练基地任文工队员，文化教员，先后立四等功2次，1953.9—1956.6山东莱阳农校学习（部队保送），毕业后历任山东莱阳农校助教，山东省烟台市地区农业展览馆资料员，烟台专署农业局技术员。1963年9月调入原烟台农科所，先后在小麦研究室、杂粮研究室、甘薯研究室、资料室工作，1990年11月退休。

1970—1980年在杂粮研究室先后参加了主要试验研究课题项目，参加了谷子、高粱、大豆良种选育及栽培试验。参与鉴定推广鲁谷1号、2号，北京5号谷子良种；晋杂5号，原杂10号、12号等高粱良种；早黄1号、齐黄10号、东解1号等早熟大豆良种。参与完成大豆栽培试验7个项目，找出了本地区夏大豆丰产栽培优化措施。1981年在甘薯研究室参与完成了本省及北方甘薯新品种联合试验。1982年后在科技档案资料室摘编农业科技书刊检索目录等二次文献，为领导和科技人员及时提供农业科研动态、经验等信息。1983—1985年兼烟台日报农业科技版的业余编辑，编发农业科技稿90篇。1986年后恢复编辑本所不定期刊《试验研究资料选编》发至全国500多个有关农业科研院校等单位，进行农业科研情报信息交流。收集汇编烟台市农业科学研究所"获奖科技成果汇编"，参与了《高效庭院致富模式与技术》和《烟台市农业志》的编写。

邹玉真（1934.10—2016.10），女，汉族，山东栖霞人，高级农艺师。1957年9月进入文登县高村区农技站，任技术员；1958年4月进入文登县农业局第三农技服务站，任技术员；1959年3月进入文登县农科所，任技术员；1961年8月调入烟台地区农科所，曾在杂粮、甘薯、蔬菜等方面从事研究工作。历任技术员，助理农艺师，农艺师，高级农艺师。

先后从事高粱杂交育种试验和甘薯栽培技术研究；在蔬菜室工作期间，主持了辣椒新品种的选育及栽培技术研究，开启了烟台地方辣椒品种福山张格庄三道筋的复壮提纯工作，选育出了烟椒1号辣椒品种。1978年获得山东省科委的科学大会奖；1981年获得山东省农业厅科技成果二等奖；1983年获得山东省科委成果三等奖。在《山东农业科学》等刊物发表论文2篇。

孙始良，男，汉族，1946年2月生，山东即墨人，中共党员，高级农艺师。1974年毕业于山东农学院。工作后主要从事玉米育种和玉米栽培工作，业绩突出。1991年被评为烟台市专业技术拔尖人才、山东省专业技术拔尖人才，1992年享受国家政府特殊津贴。

1977年参加选育出的第一个紧凑型种"烟单14号"，在北方累计推广面积达1亿多亩，1981年获烟台市科技进步二等奖，1985年获农牧渔业部科技进步二等奖，1987年获国家科技进步二等奖。作为主要参编人员参加了《紧凑型玉米品种选育》的编写工作。参与选育的"烟单15号"玉米杂交种，1982年获烟台市科技成果一等奖；参与选育的"鲁笋玉1号"，于1989年通过山东省审定；参与选育的极早熟玉米"烟鲜玉1号"，于2002年通过山东省农作物品种审定委员会审定。在《山东农业科学》《上海农业科技》等期刊上发表科技论文17篇。

徐源连，男，汉族，1937年5月生，山东威海人，中共党员，高级农艺师。

1964年8月在中国人民解放军白城军马场二队工作，担任农业技术员；1965年调到中国人民解放军白城军马场七连；1968年在吉林省呼和马场任技术员；1978年6月到烟台市农科所玉米研究室工作，主要从事玉米研究工作；1980年10月晋升助理农艺师；1982年5月晋升农艺师；1984年烟台农科所成立特产研究室，调到特产研究室从事西洋参栽培研究工作；1992年12月晋升高级农艺师；1997年退休，在农科院工作期间，多次被评为烟台农科院先进工作者和优秀党员。

参加玉米和西洋参栽培研究相关的多项课题，其中，"中低产玉米大面积开发研究"于1985年获烟台市科技进步三等奖。在《特产研究》期刊上发表了题为"西洋参种子不同成熟期与裂口发芽率的关系""胶东地区农田栽参土壤地块的选择"及"西洋参种子催芽中倒种与裂口的关系"3篇文章及合作发表论文数篇。

在中国医学科学院药用植物研究所专家指导下，西洋参在胶东地区的莱州、蓬莱、栖霞、福山、牟平、荣成、文登7县市共18个镇大面积栽培，最高亩产达600公斤，每亩收入达5万余元。

李兴桥（1937.2—2007.6），男，汉族，河北沧州人，大学本科学历，中共党员，高级农艺师。

连续多年主持山东省和黄淮北片区域试验，选育"烟辐188"小麦新品种，于2002年在江苏省通过审定。参加的攻关课题"高产多抗优质小麦新品种选育"，1996年获国家计委、科委、财政部联合颁发的"八五"重大科技成果奖（集体），第四位；参加的"全国大区级小麦良种区域试验'六五'成果及其应用"，1986年获农牧渔业部科技进步二等奖，1987年获国家科技进步二等奖。

孙树礼，男，汉族，1938年9月生，河北省昌黎人，中共党员，高级农艺师，原烟台农科所资料室副主任。

1963年9月参加工作，历任二九一农场技术员、指导员，二分场副场长，农场干校副校长。1984年10月调入原烟台农科所试验农场担任副场长，历任原烟台农科所技术开发中心副主任，原烟台农科所特产研究室副主任。1991年2月任原烟台农科所资料室副主任至退休。

1984年被招聘到烟台市农科所以来，先后在试验农场开发中心、特产室、资料室任副主任，积极出主意想办法较好地完成各项任务，为全所科研发展做出一定的贡献。在开发中心工作时积极宣传和开发该所的科研成果，向全国印发有关的小册子2 000多份，大大增加了该所的知名度，也有力地促进了科研成果的开发。该所引进并开发的西洋参、人参等特种植物，填补了胶东的空白。据不完全统计，累计种植面积达200余亩，创社会效益400多万元。

为了宣传和推广本单位的科研成果，并引进兄弟院所新的科研成果，先后发表科技文章50余篇。主持资料室工作期间，狠抓了科技信息资料服务工作，紧密结合研究课题，为研究室提供了大量有价值的科技信息资料，节省了科技人员的宝贵时间，促进了科研工作的发展。

张建安，男，1937年8月生，上海鸿庆里人，高级农艺师。1959年9月山东农学院植保系毕业，1960.5—1962.1烟台地区科学院技术科，1962年1月起到烟台市农科所工作。

主要从事作物病害防治技术工作，主持农药田间药效试验。1984年，"利用砭肥付产氟硅酸防治小麦锈病技术"，荣获农牧渔业部颁发二等奖；1992年，"保护地温室黄瓜霜霉病粉尘法防治技术",荣获农业部颁发三等奖;1989—1992年,先后于《农业新技术新方法译丛》刊物上发表了"水稻初生根伤流速度的测定方法""土壤有效氮的简易测定法""荧光 X 线分析法定量土壤中的游离氧化物""用硫酸—过氧化氢分解法测定作物体内全氮量"等研究论文9篇。参编的《甘薯》一书,1984年由科学出版社出版发行。

卓耀南（1936.12—2012.1),男,江苏泗水人,高级农艺师。1960年9月毕业于山东农学院植保系,1960年9月至1976年1月在新疆建设兵团工作,1976年2月到烟台市农科所工作。

主要从事小麦病害及苹果病虫害防治技术研究工作。1984年从事粉锈宁防治小麦全蚀病、白粉病、叶锈、条锈大面积应用研究,荣获山东省农业厅农牧业技术改进三等奖;1985年,推广应用粉锈宁防治苹果白粉病,荣获烟台市科委推广二等奖;1986年,从事小麦叶锈病发生规律与防治研究,荣获山东省科技进步三等奖;1990年,从事苹果斑点落叶病发生规律及应用"宝丽安"防治技术研究,荣获烟台市科技进步二等奖。在《中国农业科学》、《植物保护》等期刊上发表"我国小麦全蚀病的初步研究""粉锈宁防治苹果白粉病研究初报""苹果斑点落叶病防治技术研究"论文3篇。

臧逢春,男,1939年11月生,汉族,江苏宿迁人,中共党员,高级农艺师。1959年毕业于北京农业大学植保系,1964年在新疆建设兵团农科所工作,1975年调到烟台市农业科学研究所,主要从事果树病虫害综合防治研究工作,1991年9月调到烟台市果树科学研究所,曾任烟台市果树科学研究所植保室主任,1999年退休。

主持的"桃小灵防治桃小食心虫应用技术研究与大面积推广应用",1996年获烟台市科委科技进步二等奖（首位研究人员）;"呋喃丹种衣剂防治玉米主要害虫研究",1989年获烟台市科学技术进步三等奖（首位）;"小麦全蚀病菌生物学及培养鉴定技术研究",1981年获山东省科技进步三等奖（第4位）。

在《植物保护》《山东农业科学》《中国果树》等国内科技期刊发表"地膜覆盖防治桃小食心虫试验总结""低浓度甲胺磷防治玉米螟""呋喃丹种衣剂防治玉米螟研究简报""桃小灵乳油防治桃小食心虫药效试验""桃小灵乳油防治桃小食心虫田间药效试验""桃小灵乳油防治桃小食心虫研究"等研究论文30余篇。

张文准,女,汉族,1939年3月生,山东牟平人,中共党员,高级农艺师。1965年7月毕业于北京农业大学植保系,1965年9月在新疆生产建设兵团工作;1975年4月至1991年12月,在烟台市农科所植保室工作;1992年1月调到烟台市果树科学研究所,任烟台市果树科学研究所植保室副主任。1994年4月1日退休。曾先后多次被评为新疆兵团农八师农科所先进工作者、烟台市农科所先进工作者、烟台市农科所优秀党员、烟台市农业局先进工作者。

参加研究的"桃小灵防治桃小食心虫应用技术研究与大面积应用推广",1996年烟台市科委技术进步二等奖（第2位）;"呋喃丹种衣剂防治玉米主要害虫研究",1989年获烟台市科学技术进步三等奖（第2位）;"玉米品种资源对大斑病、小斑病和丝黑穗病的抗性鉴定",获农牧渔业部科技进步一等奖（二级奖励）。在《山东农业科学》《中国果树》《植物保护》等科技刊物上发表"鲁玉2号对玉米大斑病抗性退化原因的研究""桃小灵乳油防治桃小食心虫药效试验""呋喃丹种衣剂防治玉米螟研究简报"等多篇研究论文;其中"鲁玉2号对玉米大斑病抗性退化原因研究"一文,被联合国国际农业科技信息摘录在《农学索引》期刊1996年6月上。

于英琛，女，汉族，1939年5月生，山东乳山人，中共党员。1963年毕业于莱阳农学院（现青岛农业大学）植物保护专业，同年分配至牟平县大窑公社农技站工作，1964年调入莱阳县山前店公社，1965年调至海阳县社教工作队，同年调回牟平县大窑公社农技站，1974年调至烟台地区果树实验站，1994年退休。

主要从事果树病虫害综合防控技术研究，先后获科技成果3项，其中"苹果灰斑病防治研究"，1981年获山东省科技成果奖三等奖（第2位）；"桃小食心虫综合防治"1981年获烟台地区行署科技成果三等奖（第2位）；"应用靳式线虫及性信息素防治桃小食心虫研究"1989年获烟台市科技进步三等奖（第4位）。在《烟台果树》《山东果树》等国内科技期刊上，发表了"苹果小卷叶蛾性诱剂田间试验初报""桃小食心虫综合防治研究""桃小食心虫越冬幼虫分布规律的初步调查""葡萄透翅蛾发生规律及性信息素测报防治技术""苹果小卷叶蛾性诱剂田间试验初报"等研究论文15篇。

于良忠（1939.1—2002.6），男，汉族，山东莱西人，中共党员，1964年毕业于山东农学院土化系，后分配到盘锦农垦局工作，1981年调入烟台地区农科所，1983年任土肥室副主任，1991—1996年任土肥室主任，高级农艺师。

从事作物施肥研究工作。在盘锦农垦局工作期间，曾获国家农委技术推广三等奖、辽宁省科学大会奖。在烟台农科所工作期间，在玉米高产稳产土壤条件、中低产田障碍因素、花生施肥研究、旱地粮食作物增产技术及配方施肥和肥料研发等方面做出成绩。1990年开展苹果优质高产施肥研究，突破性地解决地上地下结合施肥，根据叶片进行养分诊断解决平衡施肥难题，充实了烟台地区苹果施肥方法，是烟台地区较早的苹果施肥研究成果。获山东省科技进步三等奖两项。在《土壤通报》《花生学报》等刊物发表学术论文多篇。

王克诰（1939.7—2013.12），男，汉族，山东即墨人，中共党员，1960年在烟台地区农科所参加工作，曾任烟台地区农科所化验室主任、工会副主席，高级农艺师。

从事农业理化分析工作及农化应用研究。1966年参与含氮井水资源调查任务，该项目1972年参加全国农业科技成果展览。1970—1971年主持农用氨水冬季贮藏方法与效果研究。1982年对田间持水量测定方法进行系统化研究。改进对土壤速效磷的测定法实现了不受时间影响，重现性高的优势。参与第二次土壤普查任务，于1990年获得省科技进步二等奖。1992年合编《乡镇干部农业技术手册》由山东科技出版社出版。1994年合编《几种经济作物高产高效实用技术》由中国农业出版社出版。

先后组织开办化验员训练班20余次，为各乡镇培训化验技术人员300多人次，学员经培训后，大都成为县、乡化验分析工作骨干。

张宗坤，男，汉族，1954年12月生，山东文登人，中共党员，高级农艺师。1982年1月毕业于山东农学院园艺系果树专业，毕业后直至1983年5月在山东农学院园艺系果树教研室任教。1983年8月调烟台市果树科学研究所工作，曾任烟台市果树科学研究所副所长、烟台市农科院新技术研究室副主任、烟台市农科院果树所贮藏加工室主任。

1992.8—1994.6赴厄瓜多尔共和国，任中国果树专家组组长，对厄进行果树栽培技术指导及技术培训。2008年5月退居二线，2014年11月退休。

主要从事苹果、大樱桃栽培技术研究工作，作为第一完成人的"大樱桃保护地栽培技术研究"项目，1998年获烟台市科技进步三等奖；参与的"着色系富士引种试栽技术研究"获山东省科技进步三等奖（第3位）。参编著作《中国作物及其野生近缘植物果树卷》一部。在《山东果树》《山西果树》《烟台果树》《中国果树》等刊物上发表研究论文40余篇。

胡孟兴，男，1939年5月生，山东乳山人，中共党员，高级农艺师。1963年毕业于原莱阳农学院（现青岛农业大学）果树育种专业。曾任烟台市果树科学研究所品种资源研究室主任。

选育出烟青、烟红、烟红蜜等苹果新品种。"苹果优良短枝型新品种玫瑰红、烟红、锦丽"，1981年获山东省科技进步三等奖（第2位）；"矮化砧木与苹果品种组合研究"，1981年获烟台地区行署科技成果二等奖（第3位）；"着色系红富士苹果引种试验"，1984年获山东省科技进步三等奖（第4位）；"着色系富士苹果引种试栽"，1985年获山东省科委科技进步奖三等奖（第4位）。参编《山东省果树志》（1996年版）。在国内科技期刊上发表研究论文5篇，在北方10多个省市建千亩以上基地20多处，为红富士苹果在全国推广做出重大贡献。1993年、1994年分别记大功1次，三等功1次。

高洪芝，女，汉族，1936年10月生，山东蓬莱人，毕业于山东省莱阳农学院，1959年2月分配到烟台地区农业科学研究所工作，1987年晋升为高级农艺师，1991年退休。

主要从事作物、蔬菜的肥料及肥效作用研究。参加了适时烟台地区相关部门委托的绿肥试验、含氮井水检测、作物增产配肥等多项科研任务。其中参与的"中低产田小麦氮肥效应研究"获得了省科技进步三等奖。参与"稀土微肥研究"获市科学技术二等奖。发表了"大蒜稀土微肥试验""烟台地区钾肥肥效研究""胶东丘陵棕壤地区甘薯钾肥肥效研究"等多篇研究论文。主持参加了"绿肥增产增效研究""碳酸氢铵施用深度研究""农用氨水冬季贮藏方法与效果研究""保护地蔬菜的优化配方施肥"和"钾钙肥的肥效试验"等课题，为指导适时烟台地区农业生产发挥了重要的作用。

叶明君，女，汉族，1942年1月生，山东烟台芝罘人，高级畜牧师。1964年8月参加工作，1986年10月调到烟台市农业科学研究所，先后在畜牧研究室、资料室、办公室工作至退休。

在鸡场采用鸡人工授精技术，改种鸡平养为笼养，提高经济效益30%以上；实施鸡强制换羽技术，使每只鸡成本降低15~20元，产蛋率比自然换羽鸡提高11.93%。主持的"肉仔鸡集约化生产技术研究"解决了胸囊肿发病率高难题。饲料报酬2.09∶1，49日龄平均体重（1 680.73±8.85）g，均达国内先进水平，经济效益比平养提高了2.34倍。期间在《中国畜牧杂志》《中国家禽》《致富月刊》发表论文、科普文章共4篇。

资料室、档案室的工作，因有20多年科研工作基础，加之勤奋好学，所以做得出色，几乎连年被本院评为先进工作者。撰写5篇农业高新技术综述性文章，3篇被烟台广播电台播出。

为档案资源的开发利用，编写了本院1978—1990年"获奖科技成果"汇编一书，印刷1 500册，与全国340多个有关单位交流，反映良好。

在《中国科技信息》上，不断发表文章，宣传本院培育小麦、玉米、甘薯、蔬菜新品种及筛选的新型高效农药。效果很好，当时就有山西、河南、河北等地的客户来订购小麦种子。

由于本院档案资源开发利用成绩突出，被烟台市农业局纳入局主持的"农业科技档案信息资源开发利用研究"课题。此课题1995年12月获山东省农牧业科技进步三等奖。

刘洪森（1936.12—2017.12），男，山东陵县人，中共党员。1958年毕业于山东省泰安牧校畜牧专业，学制3年。毕业后在栖霞县农业局畜牧兽医站做畜牧技术员，1973年开始任副站长、站长，1979年调入烟台地区五四农场从事畜牧工作，1983年调入烟台市农科所任试验农场副场长、畜牧师，1987年开始担任畜牧研究室副主任，1993年晋升为高级畜牧师，1997年1月退休。

任职期间，通过制定科学的饲料配方，先进的饲养管理规程，严格的防疫程序及利用杂交优势等综合配套技术，显著提高仔猪产量和种鸡饲养水平。1991—1992年主持豆粕代替鱼粉的蚕、鸡饲料研究，使鸡的育雏、育成水平大幅度提高，节本增效显著。工作中，多次被评为先进工作者。撰写的"利用膨润土试制蚕用种鸡复合饲料添加剂的研究"，发表于《莱阳农学院学报》1990年第2期，"产蛋鸡不同饮料方法筛选试验报告"发表于《山东畜牧兽医》1993年第2期。作为主要完成人参与的研究项目"利用膨润土试制蚕用种鸡复合饲料添加剂"，1994年荣获山东省农业厅科技进步二等奖。

辛举文，男，汉族，1949年8月生，山东海阳人，中共党员，高级农艺师。自1974年8月分配到烟台市农业科学研究所工作。1974年8月至1992年7月参与大豆新品种选育工作，历任大豆室副主任；1992年8月至2009年8月调任成果开发中心，担任成果开发中心主任，负责主持新品种、新成果普及推广工作；1993年晋升为高级农艺师；2009年8月退休。先后16次被单位评为先进工作者，两次被评为烟台市农业系统先进个人。

先后主持和参加选育出10余个大豆新品种（系），获得多项科技进步奖，其中"极早熟大豆——鲁豆五号的选育"，1990年获山东省科技进步三等奖（第2位）；"极早熟大豆新品种——烟豆4号"和"菜用大青豆新品种——鲁青豆1号选育"，分别于1997年和1998年获烟台市科技进步二等奖（均为第2位）。主持参加小麦新品种推广应用工作，特别是新品种烟农19从参入组织试验到推广跑遍了黄淮海北片区域，投入了大量的人力物力，为烟农19取得山东省科技进步一等奖和国家科技进步二等奖奠定了基础，本人为该成果获奖人之一。

先后在《农业科技通讯》《上海农业科技》《中国蔬菜》等刊物上主笔发表了"烟黄二号大豆新品种的选育、鲁青豆一号的选育及栽培""鲜食糯玉米杂交种烟糯6号""芦笋玉一号专用型玉米高产栽培技术"及"灰色系统理论在高淀粉甘薯育种上的应用"研究论文6篇，合作发表论文10余篇。

宫本义，男，汉族，1948年6月生，山东文登人，高级农艺师。1973年6月毕业于山东农学院生物系；1973.6—2008.6在烟台农科院植保所工作。

主要从事粮食、果树、蔬菜主要病虫害防治技术研究工作。先后获山东省科技进步二等奖3项、三等奖1项，烟台市科技进步一等奖1项、二等奖2项、三等奖1项，其中1992年参与的成果"果树害螨高效杀螨剂的筛选及应用技术研究"获得山东省科技进步二等奖（第4位）；1996年参与的成果"小麦根腐性病害发生规律和防治技术研究"获得山东省科技进步二等奖（第6位）；2000年参与的成果"名优苹果主要病害发生规律及防治技术研究"获得山东省科技进步二等奖（第6位）；1999年参与的成果"苹果绵蚜和金纹细蛾生物学研究及国内外新农药防治技术大面积开发应用研究"获得烟台市科技进步一等奖（第7位）。主笔和参与发表论文43篇。

邹振祥（1945.1—2014.5），男，满族，北京人，九三学社社员，高级农艺师，原烟台市农科所蔬菜室副主任，烟台市第九届、十届政协委员。1968年7月毕业于北京市农学院，1968—1984年在中国科学院植物研究所工作，1984年进入烟台市农业科学研究所。

主要从事番茄离子束辐照育种研究。主持"八五"和"九五"国家攻关重点科技项目子课题"离子束生物工程方法和应用研究"和"离子束遗传改良研究"。选育出了国内第一个离子束诱变番茄新品种——鲁番茄7号，并获得烟台市科技进步奖一等奖。在《植物杂志》《安徽农业大学学报》《北方园艺》等刊物发表了"提高番茄杂交种子数量与质量的技术措施""离子注入在番茄育种上的应用""离子注入番茄诱变育种效应与成果初报"等研究论文16篇。

宋文卿，女，汉族，1948年10月生，山东莱阳人，高级农艺师。1976年7月毕业于山东农业大学（原山东农学院），分配到烟台市农科所大豆研究室，从事大豆品种的选育研究，参与了烟豆一号的选育；1984年调到土肥室，从事小麦和花生氮肥肥效和利用率的研究；1992年调到蔬菜室，主要从事辣椒、大白菜等蔬菜新品种的选育工作。

先后选育出了麻辣型辣椒品种烟椒二号和烟椒三号。参与的"中低产田小麦氮肥效应研究"，1984年获得山东省科技科技进步奖三等奖；参与的"大白菜新品种——福山二包头的选育和应用"，1998年10月山东省科技进步三等奖。先后在《核农学通报》《中国蔬菜》《中国辣椒》和《长江蔬菜》等学术刊物发表文章10篇。1993年、1994年分别获得烟台市农科所先进工作者称号。

汪克诚，男，汉族，1947年4月生，山东烟台人，1978年2月恢复高考后考入莱阳农学院（现青岛农业大学）园艺系果树专业，1982年1月毕业后分配到烟台市果树实验站工作，1987年晋升农艺师，1989年赴北京外语学院（现北京外国语大学）俄语系进修1年，1995年晋升高级农艺师，2007年退休。

主要从事盆栽果树和矮化栽培技术研究，本人主持的"盆栽观赏果树研究"课题，于1991年1月18日通过了烟台市农业局科教科组织的成果鉴定。撰写的《怎样使盆栽果树快速成型早结果》，被《花木盆景》杂志评为1992年度优秀文章。先后在《山西果树》《烟台果树》《植物杂志》等国内科技期刊上发表了"盆栽桃、李、杏的砧木比较试验""桥插中间砧的尝试""葡萄塑料大棚促成栽培技术小结""葡萄、草莓塑料大棚立体栽培研究报告"等科技论文7篇。

孟惠英，女，汉族，1941年10月生，山东龙口人，1961年9月毕业于蓬莱农校农学专业。1961.9—1975.7在黄县（现龙口市）农技站从事农业技术推广工作。1975年7月调入本院小麦所从事小麦栽培研究工作，1999年12月退休。

在从事小麦栽培研究期间分别获得：由山东省农科院主持的"山东省小麦生态区划的研究"，1993年12月获山东省科技进步二等奖；由中国农科院作物所主持的"中国小麦光温特性的研究"，1995年获国家自然科学三等奖（集体）；由本院主持的"旱地周年覆盖栽培技术研究与开发"，1998年10月获山东省科技进步二等奖。

撰写的"不同生态类型小麦品种播种——生理拔节期的温光反应"编入1990年8月出版的金喜宝主编的《小麦生态研究》中。在1991年12月出版的由金善宝主编的《小麦生态理论与应用》一书中，撰写了第八章第二节部分。

于作庆，男，汉族，1938年生，山东文登人，中共党员。1958年参加工作开始在烟台地区农科所技术队担任副队长，1963—1965年主要负责管理地瓜储藏和育苗工作，1988年开始担任试验农场场长，1996年晋升为高级农艺师。曾多次被评为院先进工作者，受到受烟台市农业局嘉奖、记功等表彰奖励。

先后在本单位和海阳县陈家疃村、栖霞县北洛汤村、莱阳县姜家泊村和沙沟村进行地瓜、芋头的高产栽培研究与技术推广。其中，作为主要人员完成的"春地瓜高产栽培研究""利用芋头儿芽平垄双行不培土栽培新方法"两项研究，分别获得山东省科技进步二等奖和三等奖；选育的"地瓜新品种——烟薯8号"，获山东省农业厅农牧业技术改进三等奖；"山区旱薄地甘薯大幅度增产技术研究"，获山东省第二届优秀学术成果三等奖。撰写的"甘薯不同土壤条件下高产规律的研究"，发表于1981年第1期《中国农业科学》，"甘薯不同品种高产需氮量的研究""旱薄地甘薯增产技术研究""玉米间作增产甘薯的几点看法""芋头不培土覆膜栽培法研究"等论文分别发表于《山东农业科学》《莱阳农学院学报》和《作物杂志》。

李全义，男，汉族，1942年5月生，山东莒南人，中共党员，高级农艺师。1964年毕业于山东省临沂农业学校果树蔬菜专业，同年分配至招远林业局工作，1976年调至招远农业局，1986年调至烟台市果树研究所，先后任试验场场长、栽培研究室主任等职，2002年退休。

主持的"仁用杏引种试验"课题，1999年获烟台市科学技术进步三等奖（首位研究人员）；参加的"红富士苹果早期丰产开发研究"，1989年获烟台市科学技术进步奖二等奖（第3位）；"推广快速培育良种良砧苹果苗的新技术"，1983年获烟台市科学技术推广二等奖（第4位）。撰写的"果园角额壁蜂授粉技术研究"论文，1997年被中国城镇科技信息丛书编委会、中国华城信息网络科技信息研究中心，评为科技进步二等奖。在《中国果品研究》《烟台果树》《山东林业科技》《西北园艺》等国内科技期刊上，发表了"仁用杏的营养价值和市场销售动态""仁用杏引种试验研究报告""仁用杏早期丰产栽培技术"等研究论文10余篇。

崔万锁，男，1962年11月生，山西襄汾人，高级农艺师。1982年7月毕业于山西农业大学园艺系，分配到山西省吉县蚕桑果树局工作。1984年10月被招聘到山东省烟台市农科所。司法部司法鉴定专家，市政府采购专家库成员，民主党派专家服务团科技专家，九三学社烟台市委员会福山支社宣传委员。

主持国家火炬计划"全雌型黄瓜育种新技术的开发和利用"项目和市科委"全雌黄瓜杂交种选育及开发"等10余项研究课题。"改进各种包装箱盒袋"，1994年获首届中国改革建议大奖赛三等奖；"精准农业是知识经济时代农业可持续发展的必由之路"，2000年获市社会科学优秀成果二等奖。"大白菜新品种——福山二包头的选育和应用"，1998年获省科技进步三等奖。主编《创汇作物50种》，1998年获共青团中央和国家新闻出版署颁发的"97全国农村青年最喜爱的科普读物"称号，2000年获市科技进步三等奖。"名优特菜无公害蔬菜生产体系的研究"，2004年获市科技进步三等奖。提案《关于加快发展茶产业的建议》通过九三学社烟台市委提交给烟台市政协十一届四次会议，促成市政府办公室〔2012〕94号文件《烟台市人民政府办公室关于推进绿茶产业发展的意见》。创意策划设计了政府"产学研金融"五位一体，"农业示范园区和农村社区"两区共建，山西省政府1号工程23000亩"天泽园"。在科技刊物上发表论文27篇。1990年获北京第11届亚运会组委会荣誉奖。2008年在《奥运之歌》发表《我的爱 奥运来》《中国"奥运三问" 三级跳远式的完美回答》荣获优秀作品奖。1987年获市农业局模范团员称号。多次被评为所优秀团员。

1991年获省首届"科教兴鲁"二、三等奖。九三学社烟台市委2011—2012年信息宣传和2012年参政议政先进社员,2014年九三楷模荣誉称号。

卜宪玉,男,汉族,1939年12月生,山东福山人,高级农艺师。1961年7月山东省烟台市第六中学毕业后,在福山东北关从事蔬菜栽培育种工作。1984年进入原烟台市农科所蔬菜室工作。1992年获烟台市农业局先进工作者称号,1992年和1993年获得烟台市农科所先进工作者称号。

选育的"福东大椒2号"和"福东大白菜"新品种,1978年获得省科委科技成果奖;"福东荚瓜1号"和"福东大椒2号",1980年分别获得山东省科技进步三等奖和烟台市科技进步二等奖;"福东荚瓜2号"和"菜花北方就地留种研究",1981年分别获得烟台市科技进步二等奖和三等奖。参与的"冬小麦晚播独秆栽培研究",1991年获得国家发明三等奖。在蔬菜所期间,主要进行大白菜育种及栽培的研究工作。开创了"福山包头"系列白菜的选育工作。先后选育出的"福山包头"系列大白菜——福山大包头、福山二包头和福山小包头。选育的福山二包头大白菜1997年通过山东认定;该品种累计推广200多万亩,新增社会效益2.29亿元,并于1998年获得山东省科技进步三等奖。在《中国蔬菜》《园艺学进展》等学术刊物发表论文4篇。

梁玉本,女,1959年11月生,山东荣成人,高级农艺师。1982年1月于山东农学院园林系毕业分配在荣成市蚕种场工作。1984年11月调到烟台市果树科学研究所资料室工作,后任《烟台果树》杂志编辑,2002年烟台市果树科学研究所并归烟台市农科院,直至退休。

先后参加过多项科研课题,其中"山楂幼树丰产栽培生物学研究",1991年获得山东省农牧业科技进步三等奖和烟台市科技进步奖三等奖(第3位);参与的研究课题"开拓我省果品国际市场对策研究",1994年获山东省农牧业科技进步一等奖(第2位)。在国内各类专业期刊杂志发表研究论文和技术文章50余篇,其中省级刊物发表30余篇,市级刊物发表20余篇。

在编辑部工作期间,主要负责彩色广告,兼理编务。该杂志在质量和发行量方面,居国内同类果树期刊前列。该杂志由最初的一份内部资料成长为国内公开发行的专业杂志。2002年及2004年,《烟台果树》两次通过国家组织的行业专家的审验评比,获得"华东地区优秀期刊"和"山东省优秀科技期刊"两项荣誉称号。

田世恩,男,1962年2月生,汉族,山东安丘人,中共党员,高级农艺师。1984年7月莱阳农学院园艺系果树专业毕业后,分配在山东省枣庄市农业学校任教。1990年9月调到烟台市果树科学研究所工作,曾任果树所新技术开发处主任、新品种研究室主任、所长助理等职务。现任陕西电视台《农林卫视》、山东电视台《农科频道》、烟台电视台《绿色田园》栏目特邀专家。

参与完成的"山东省红富士优质栽培技术研究"项目,1993年获山东省科技进步三等奖。主编的《果树病虫害防治》,1998年由中国农业出版社出版。主编的《苹果综合管理技术问答精编》,2011年10月由中国农业科学技术出版社出版发行。在《落叶果树》《烟台果树》等专业期刊上发表论文数十篇。每年编辑出版《福田植保》实用技术科普杂志3.5万本,农业适时宣传单页12万张,并免费发放给农民,及时准确地提供果树管理新理念和实用技术,帮助农民解决生产中的实际问题。发表于《烟台果树》上的"NPK复合肥与商品有机肥不同配比试验"论文,在国内率先提出了"二八施肥理念",即氮磷钾肥与有机肥(指商品有机肥)

的配比 1∶4 和 1∶2∶7（中微量元素∶氮磷钾∶有机肥）的观点，被广泛应用，迎合了目前国家提倡的"两减一增"工作的开展。

张克云，男，汉族，1945 年 2 月生，山东海阳人，中共党员，皮肤科副主任医师。1963 年 12 月参加工作。1963.12—1972.4 在 6018 部队医训队当学员；1972.4—1973.10 在海阳皮肤病防治所任医生、所长；1973.10—1983.5 在海阳辛安医院任医士、科室主任；1983.5—1996.7 在海阳市中医院任医师、科室主任；1996.7—2002.1 在海阳中医药职专任主治医师、科室主任；2002 年 1 月至今在烟台农科院中医皮肤病医院任主任医师、医院院长。1992—2004 年，连续 3 届获得海阳市专业技术拔尖人才称号；1995 年度、1997 年度、1999 年度荣获海阳市委市政府 3 次嘉奖奖励；1998 年、2000 年荣获海阳市委市政府 2 次三等功奖励；2002 年获农业局嘉奖；2002 年、2003 年评为烟台市农科院先进工作者。参加工作以来，多次于山东医科大学附院皮肤科、上海第二医大皮肤科进修，业务水平有较大程度提高。在《中国麻风病杂志》《临床精神医学杂志》刊物上发表"血管淋巴样增生伴嗜酸粒细胞增多症伴毛囊黏蛋白病 1 例""营养不良性大疱性表皮松懈症 1 例"等论文 4 篇。

王常芸，女，汉族，1966 年 4 月生，山东龙口人，中共党员，大学本科学历，高级农艺师。1990 年 7 月于莱阳农学院农学专业毕业后，分配至烟台市农业科学研究所新技术研究室工作，曾任烟台农科院生物中心副主任，农博园副主任、主任，2017 年 12 月调任甘薯研究所副所长（正科级）。2001—2010 年度、2014 年度、2015 年度被评为农科院先进工作者，并获烟台市农业局嘉奖；2005 年荣立烟台市农业局三等功；2010 年获省旅游局"好客山东"优秀服务明星银质奖；2014 年获市旅游局"城市月月休闲汇"先进个人称号。

主要从事农业生物高新技术在草莓、甘薯、花卉、马铃薯、小麦、葡萄、果树等领域育种栽培技术研究、应用及农业科技旅游研发工作，参加主持多项国家、省、市级重大课题项目研究，获农业部科技进步三等奖 1 项、省丰收计划二等奖 1 项、市科技进步二等奖 7 项，省审定品种 2 个，国家发明专利 1 项，获奖论文 3 篇，在《中国农学通报》《北方园艺》《山东农业科学》等省级以上期刊发表论文 30 余篇，其中首位 13 篇。参编著作 2 部。

李晓亮，男，汉族，1968 年 6 月生，山东莱州人，中共党员，大学本科学历，高级农艺师，质检中心副主任。1990 年 7 月毕业于莱阳农学院农学专业，同年 7 月分配至莱州市仲院乡农业技术推广站从事农业技术推广工作；1992 年 12 月调至烟台市农科所科技成果开发中心从事科技成果推广工作；2004 年 4 月调至烟台市农科院农业部果品及苗木质量监督检验测试中心（烟台）从事检验检测工作。曾多次获烟台市农科院先进个人和烟台市农科院优秀党员，2001 年 3 月获烟台市文化科技卫生"三下乡"活动先进个人，2007 年 4 月经考核成为山东省检验检测机构资质认定评审员。2016 年 1 月经考核成为农业部农产品质量安全检测机构考核评审员。

自参加工作以来，主持了烟台市科技攻关课题 1 项，主持"全国农产品产地环境重金属污染检测""山东省蔬菜水果农药残留监督监测及分析"等 4 项，参与制定山东省地方标准 8 项。1998 年、2007 年和 2012 年各获烟台市科技进步奖 1 项。在省级以上核心期刊发表论文 8 篇，合作发表论文 10 余篇。

第五篇 人物

李卫强，男，汉族，1968年6月生，山东龙口人，高级农艺师，农业科技博览中心副主任。1990年7月于山东农业大学园艺系蔬菜专业毕业后，分配到烟台市农业科学研究所工作。

先后参与培育了"烟椒一号"辣椒新品系及大白菜新品系"福山二包头"的选育及应用的研究课题；1996—2015年主要从事蔬菜无土栽培的研究示范工作，先后进行了浙江农科院"fch浮板毛管水培种植黄瓜和番茄"、中国农科院"有机生态型蔬菜无土栽培种植技术"、北京市农科院"立柱与浮板结合式立体无土栽培叶菜类蔬菜"和中国农业大学的"利用营养液深液流技术水培观光番茄树"的引进试种和展示，在此期间培育出了番茄单株结果达13 000个的大果番茄树和空中结地瓜单墩100斤单株过千斤的水培地瓜树，并于2008年受邀于寿光蔬菜科技博览园作为技术顾问现场进行水培地瓜树的指导，值此无土栽培期间，力所能及地进行了蔬菜无土栽培技术在多领域的科普示范与种植推广工作，取得了一定的成效。先后获得大白菜、西葫芦和甘薯方面省、市级成果奖3项，省级以上刊物发表论文7篇，其中主笔3篇。

于维忠，男，汉族，1963年7月生，山东文登人，高级农艺师。1986年毕业于烟台农业学校农学专业；1989.7—1992.7在山东农业大学学习，获得大专证书；2004.2—2006.1在山东省农业管理干部学院学习，获得本科证书。

主要从事玉米育种与栽培研究工作。尤其是在特用型（鲜食）玉米育种研究工作中，做了大量的工作。主持选育出的极早熟玉米品种——"烟鲜玉1号"和"烟早糯2号"分别在2002年和2006年通过山东省农作物品种审定委员会审定。其中"烟早糯2号"的选育及开发研究于2010年获得烟台市科技进步三等奖，本人为首位研究人员。"烟早糯2号"是目前山东省审定的生育期最短的糯玉米杂交种，一年可种两茬。选育的"烟紫糯3号"紫色糯玉米杂交种，目前正在进行大面积的示范推广，取得了较高的经济效益和社会效益。在《山东农业科学》《玉米科学》《中国农学通报》等刊物上发表研究论文20余篇。

房道亮，男，汉族，1964年11月生，山东鱼台人，中共党员，高级农艺师。1986年7月毕业于莱阳农学院植保系，分配到烟台市果树科学研究所工作；1998年7月毕业于莱阳农学院农学系，获大学本科学历。1989.6—1990.5赴日本山口县农业试验场研修日本落叶果树栽培技术及果树无病毒化技术。

从事果树技术研究和推广工作30多年，获得烟台市科技进步二等奖1项，三等奖3项。主编和参编著作4部。在科技期刊上发表研究论文40余篇。

每年编辑出版《惠尔果树》实用技术科普杂志并针对果农免费发放2万份。每年下乡到基层讲课约80场次，培训果农约10 000人次。主要从事果树新品种、实用新技术、新产品的开发、试验、应用与推广以及果树病虫害诊断与防治，果树营养及生理病害的诊断与防治。被全国葡萄病虫害防治协作网聘为"国家葡萄产业体系病虫害防治专家委员会"委员。被烟台广播电视台《绿色田园》栏目聘为特邀专家。烟台广播电视台每周一《绿色田园》"房老师有话说"节目，以"说说果园问题，谈谈果业技术，聊聊果树人生"为主题，及时准确地提供果树管理新技术和实用技术，帮助果农解决生产中的实际问题，得到了烟台地区广大果农的欢迎和赞誉。

近年来，针对烟台地区果树生产中存在的突出问题，在各县市区指导建立果树示范园20多个，以示范园为先导，改变果农"果树有了问题才去解决问题"的传统管理理念，推广果树健康理念，从改良新品种、土壤调理、发达根系、重视生物菌肥、按套餐合理施肥、抛弃环剥提倡新式整形修剪方式，为烟台果农生产优质高档果品提供了更有效的技术保障。

夏德君，男，汉族，1969年5月生，山东莱阳人，高级农艺师，玉米油料所副所长。1994年7月毕业于西南农业大学植物遗传育种专业，同年分配到烟台市农科所玉米研究室从事玉米育种和高产技术栽培研究工作。现任山东省玉米产业体系烟台综合试验站站长。

参加工作以来，参与选育玉米杂交种2个，获得各类奖励5项。"玉米新杂交种烟单16号推广应用"，1998年获烟台科学技术进步奖二等奖；"烟台市玉米地方品种资源及亲本材料创新利用研究"，2002年获烟台市科技进步三等奖；"烟糯6号选育及加工利用"，2004年获烟台市科技进步二等奖；"早熟优质糯玉米新品种烟糯7号选育及加工利用"，2008年获烟台市科技进步三等奖；"烟早糯2号选育及开发研究"2010年获烟台市科技进步三等奖。先后在《中国农学通报》《中国种业》《山东农业科学》等学术期刊发表首位作者文章10余篇，合作发表文章20余篇。

孙吉南，男，汉，1950年10月生，山东海阳人，中共党员，高级工程师，曾任总务处处长。1968.3—1973.3在北京卫戍区一师三团当战士；1973.4—1974.9在山东海阳刘家村任党支书；1974.9—1977.7在山东农业大学农学系学习，任学生会副主任；1977.7—2010.12在烟台农科院工作，历任农场党支书、农场场长、农科所党总支委员、农科所党委委员、总务科科长、高级工程师。1977—2005年获得8次先进工作者、6次优秀党员、1次烟台市农业局三等功、绿化委员会先进工作者等荣誉。

主持策划、规划、设计，建成住宅楼7栋12 000 m²，建成科研实验楼2 500m²，种子库、温室11 000m²；主持建设科研连栋温室5座20 000m²，日光温室10座5 000m²，并配套了水、电、暖、电话、电视及温、湿度控制和喷滴灌；按照国家AAA级旅游景点标准，主持建成了中国烟台农业科技旅游博览园，并于2003年顺利通过验收，成为我国首批农业生态旅游景点示范单位，先后被命名为全国、烟台市青少年科普教育示范基地。发表"甘薯新品种烟薯20号选育及高产栽培技术"等3篇论文。编写《姜新法高产栽培》等3部著作。

隋秀奇，男，1966年2月生，汉族，山东乳山人，中共党员，高级农艺师，大学本科学历，1992年7月参加工作。2012年获得"烟台民间模范"的荣誉称号。

主持"苹果新品种——烟富8的选育"课题项目，已通过专家鉴定，选育的烟富8苹果新品种通过山东省品种委员会审定，该品种在第十三届中国林产品交易会上获得金奖。主持"短枝型苹果新品种神富6号的选育"课题项目，已通过专家鉴定，鉴定结果：神富6号苹果新品种在短枝型品种的优良性状，居国内领先水平。

参加编写《当代苹果》（编委）、《精品苹果是怎么生产出来的》（副主编）、《新编梨树病虫害防治技术》（编委）、《桃高效栽培关键技术》（副主编）、《最新甜樱桃栽培实用技术》（编委）、《中外果树形体展示及塑造》（副主编）等专业书籍。先后在《河北果树》《山西果树》《烟台果树》等专业技术期刊上，发表了"甜樱桃生长的营养需求及施肥技术""套袋苹果果锈、果灰、裂纹、表光差产生原因分析""套袋苹果黑点病持续严重发生的原因及预防技术""苹果新品种神富一号（烟富8）的选育"等论文30多篇；其中"杀菌农用抗生素在果树上的应用及前景展望"被第二十一届全国农药械"双交会"论文集收录。

王志新，男，汉族，1972年4月生，山东招远人，中共党员，高级农艺师。现为农业农村部果品及苗木质量监督检验测试中心（烟台）综合办公室主任，农业农村部果品质量安全风险评估实验室（烟台）风险监测室主任，农业部农产品质量安全检测机构考核评审员。

1995年7月毕业于山东农业大学植物保护系植物保护专业，1995.7—1996.11在山东酒精总厂工作；1996年12月调至烟台市农业科学研究所工作；2014年6月取得烟台大学食品加工与安全专业农业推广硕士学位。2005年、2011—2016年被评为烟台市农科院先进个人，2015年评为优秀共产党员，2015年被评为国家农产品质量安全风险评估工作优秀个人。

现主要从事蔬菜、果品质量安全风险监测、监督抽查和风险评估、农药残留检测技术和农药登记残留试验研究等工作。主持"烟台市农产品质量安全检测及分析""无公害农产品认证产品质量和产地环境定点监测"项目。参与国家果品质量安全风险评估、农业部行业标准研制项目等部省市课题20余项；获烟台市科技进步二等奖3项、发明三等奖1项；在《农药学学报》《农学学报》等核心期刊上，发表研究论文10余篇；主持制定山东省地方标准1项，参与制（修）定农业部行业标准、山东省地方标准10余项。

王建玲，女，汉族，1972年7月生，山东蓬莱人，中共党员，高级农艺师、农博园副主任。1995年7月毕业于莱阳农学院农学专业，同年7月分配在烟台市农业科学研究所甘薯研究室，2003年参与农博园工作至今。曾先后6次被评为农科院先进工作者和获烟台市农业局嘉奖；2007年获烟台市青年文明工作者荣誉称号；2011获省旅游局"好客山东"优秀服务明星银质奖；2016获市旅游局"城市月月休闲汇"工作先进个人。

主要从事甘薯遗传育种和栽培技术研究及农业科技旅游研发工作，参加主持甘薯国家攻关、农业部948项目、国家863子课题、省三○工程等多项国家、省、市级重大课题项目研究；参与育成烟薯16、烟薯18等6个通过国家和省审定的甘薯品种。获农业部科技进步三等奖1项、烟台市科技进步奖4项。在《中国农学通报》《作物杂志》《山东农业科学》等省级以上期刊发表论文20余篇，其中首位12篇，获奖论文1篇。参编著作2部。

黄代峰，男，1971年9月生，山东昌邑人，中共党员，高级农艺师，现任山东省烟台市农业科学研究院科技成果开发中心主任兼科研处副处长。

1991年7月到烟台市农科所见习，1992年4月在海阳市发城镇农业技术推广站锻炼，1992年8月在烟台农科所任技术员，1996年9月任助理农艺师，1997年4—10月前往西藏自治区聂拉木县农业局援藏，1999年1月担任烟台市农科院科技成果开发中心副主任，2000年在中国农业大学农林经济管理专业函授学习，2002年8月晋升农艺师，2007年9月任烟台市农科院科技成果开发中心主任，2009年1月晋升高级农艺师，2009年12月在山东农业大学园艺专业学习，2012年12月获农业推广硕士学位，2014年12月兼科研处副处长。先后曾多次获得烟台市农科所先进工作者、烟台市新长征突击手、烟台农科所优秀团员、烟台市农业系统优秀共产党员、烟台农科院优秀党务工作者等荣誉称号，被山东省委共青团记功1次，烟台市农业局嘉奖5次、记三等功2次。

主持的"烟农系列小麦品种示范与推广"，获得山东省农牧渔业丰收奖农业技术推广合作奖；作为主要人员参加的"高产广适优质高白小麦新品种烟农5158的选育与推广应用"，获山东省科技进步一等奖。还获山东省科技进步二等奖2项、山东省农牧渔业丰收奖一等奖1项、烟台市科技进步一等奖1项。先后发表论文8篇及合作发表论文数篇。

姜青梅，女，汉族，1972年1月生，山东蓬莱人，中共党员。1992年7月到烟台市农科所财务科工作。于2000年5月通过全国统考取得会计师资格，2002年1月被单位聘为会计师，2009年取得高级会计师资格。2002年5月任农科院财务处副处长，2004.1—2017.12任财务处处长，主管财务处工作负全责，2017年12月任茶叶研究所所长。

先后参与国家公益性行业科技项目、现代农业产业体系，科技部重大成果转化、农业部原种繁育基地等国家和省级重大项目的财务工作，较好地完成了项目要求的资金使用管理工作。2003—2014年被评为烟台市农科院先进工作者，并受农业局嘉奖；2006年被烟台市农业局记三等功。2008年被烟台市工会、烟台市地方税务局评为烟台市工会经费征收工作先进个人。2010年评为市直农业系统优秀党务工作者；2005年评为烟台市农业系统优秀共产党员，2011年、2014—2016年市直农业系统优秀共产党员。2012年任福山区九届政协常委。

先后在《中国农业会计》《农业开发与装备》《中国集体经济》等刊物上发表论文5篇。

丁晓义，男，汉族，1974年1月生，山东蓬莱人，高级农艺师。1997年毕业于莱阳农学院农学系，同年分配到烟台市农科所小麦室工作，主要从事小麦遗传育种研究。

主持选育的小麦新品种烟农173于2016年通过山东省品种审定委员会审定，并申请国家植物新品种权保护。先后参与育成了烟农18、烟农19、烟农21、烟农22、烟农24、烟农5286等6个小麦新品种。其中"优质高产广适性小麦新品种烟农19的选育和推广应用"，获国家科技进步二等奖和山东省科技进步一等奖（第5位）；"高产广适优质高白小麦新品种烟农5158的选育与推广应用"，获山东省科技进步一等奖（第10位）；"抗旱、节水、高产、优质小麦新品种烟农21号的选育与应用"，获山东省科技进步二等奖（第4位）；"高产稳产小麦新品种烟农24号（原代号烟475）的选育与应用"，获山东省科技进步二等奖（第5位）；"抗旱、高产、广适冬小麦新品种鲁麦21号（烟886059）的选育与应用"，获山东省科技进步二等奖（第9位）；"早熟、高产小麦烟农22的选育和推广应用"，获山东省科技进步三等奖（第3位）；"高产优质节水小麦新品种烟农18的选育及产业化开发"，获烟台市科技进步一等奖（第8位）；先后参与国家、省、市级课题研究10余项，发表学术论文10余篇。

韩俊杰，男，汉族，1978年5月生，山东牟平人，中共党员，2000年7月毕业于山东农业大学农学院，大学本科学历，2014年山东农业大学农学遗传育种专业研究生毕业。2000年7月来烟台市农科院甘薯所工作，2012年7月晋升高级农艺师，2009年6月被聘为甘薯所副所长。

先后参加国家"'863'计划甘薯生物育种技术创新与专用型新品种选育"、农业部"948"、农业部行业科技、农业部原原种基地建设、"现代农业产业技术体系烟台甘薯综合试验站"、山东省良种工程、山东省甘薯示范工程技术研究中心、烟台市重大项目等国家、省、市级课题20余项。主持烟台市课题1项，主持山东省重大创新工程子课题1项。参与选育出烟薯27、18、20、21、22、23、24、25、26、28、29和烟紫薯1号、2号、3号、4号共计15个通过国家、省审（鉴）定甘薯新品种。在科技刊物上独立发表研究论文2篇，合作发表论文20余篇。取得国家、省、市级成果9项，参与研制获得国家发明专利2项。

李淑平，女，汉族，1975年9月生，山东高唐人，中共党员，硕士研究生，高级农艺师，农业情报信息研究所副所长，中国果品流通协会樱桃分会常务理事，中国园艺学会樱桃分会理事，烟台市大樱桃协会副秘书长。

1998年毕业于山东农业大学果树专业，获农学学士学位；1998—2002年，烟台市莱山区林业花卉高科技园，助理农艺师；2002—2005年，莱阳农学院果树专业学习获农学硕士学位；2005年至2016年4月，烟台农科院大樱桃研究所工作。2011年11—12月执行国家外专局项目"樱桃育种及高效栽培培训与合作"，赴智利进行技术培训，担任翻译。2016年4月至今在农业情报信息研究所工作。

2006—2009年主持院长基金项目"果树盆景关键技术研究与产业化开发"。2008—2011年参加烟台市重大课题"樱桃栽培中五大障碍因素攻关研究"。2009—2013年参加国家公益性行业（农业）科研专项"樱桃产业主要障碍因素攻关研究"。

参与选育的樱桃品种已有11个通过省级审定，并选育出杂交优系26个。国内率先开展樱桃KGB、UFO树形研究，已经结果并在生产中推广应用。首次分离鉴定出撕裂腊孔菌为樱桃根颈腐烂病致病菌；筛选出4种抗樱桃根癌病砧木；提出了樱桃根颈腐烂病和根癌病的有效防控措施。先后获山东省科技进步二等奖1项、三等奖1项，获烟台市科技进步奖7项。在《中国农业科学》《果树学报》等刊物上发表文章42篇，其中第一作者9篇。副主编书籍2部。

刘述河，男，汉族，1962年4月生，河北临西人。高级工程师，现为园林花卉所副所长。1980年12月参加工作，先后在办公室、化验室和胶辊厂工作，现在烟台市农科院花卉所从事温室花卉的栽培与开发工作。

先后参加了科技部成果转化项目、中科院知识创新工程重要方向项目、国家"948"项目和省市科研课题10余项。其中"红掌名优品种的引进、筛选与产业化开发"，获烟台市科技进步二等奖（等3位）；"名优花卉新品种选育、关键栽培技术集成与产业化"，获山东省科技进步二等奖（第4位）；"园林花卉新品种选育及栽培技术集成"，获市科技进步二等奖（第4位）。在《中国农学通报》《北方园艺》等刊物上发表了"上海地区国外树种引种调查分析""北方地区盆栽红掌的温室栽培管理技术""不同催花药剂处理对擎天凤梨开花的影响"等研究论文6篇，其中主笔3篇。获专利1项，审定品种8个。

段小娜，女，汉族，1973年10月生，河南禹州人，高级农艺师，检测中心综合办公室副主任。1998年毕业于西北农林科技大学园艺系果树专业，学士学位。

1998.9—2003.12在中国农业科学院果树研究所，主要从事果品及苗木质量检测工作，期间参加完成了"主要农产品及其加工产品质量标准研究"子专题——"水果中单宁测定方法标准研究"（第2位执行人）和"主要水果及其加工产品质量标准研究"子专题——"梨石细胞定量测定方法研究"（第5位完成人）；参与编制了GB 9847—2003《苹果苗木》和NY 5100—2002《无公害食品 梨》两项标准。参编的《果树标准化生产手册》，2003年由中国标准出版社出版。

2003年底至今，在烟台市农科院检测中心综合办公室，从事农产品质量安全检测和风险评估工作。期间参与国家发展改革委农产品质检体系建设项目1项；参加的山东省科技发展计划项目"主要果树病毒ELISA和RT-PCR鉴定及脱毒技术研究"和烟台市科技发展项目"烟台主要蔬菜水果有害物质监测及调控治理技术的研究"，分别于2011年、2012年获烟台市科技进步二等奖；参与编制了省级地方标准8项。参编的《现代大樱桃栽培》（第3位）由中国农业出版社出版；在《果树学报》《山东农业科学》等刊物上发表专业文章10余篇。

苏佳明,男,汉族,1973年12月生,汉族,陕西城固人,中共党员,硕士,高级农艺师。现任烟台市农科院办公室主任、人事处处长,办公室科研处党支部书记。曾多次被评为烟台市农科院先进工作者。

1998年7月毕业于西北农业大学(现西北农林科技大学)园艺系果树专业;1998年10月到中国农科院果树研究所工作;2003年12月调入烟台市农业科学研究院工作,曾任烟台市农科院新技术研究室副主任、主任。2010年12月获山东农业大学园艺学农业推广硕士学位。曾从事苹果、樱桃、梨、葡萄等果树病毒的检测、脱除技术研究与脱毒原种苗培育,草莓花药培养脱毒快繁及苹果小孢子培养,西洋梨与日韩砂梨栽培与育种研究等工作。现主要从事蓝莓、草莓、猕猴桃小浆果栽培与育种研究,以及行政管理工作。

主持的山东省科技发展计划项目"主要果树病毒ELISA和RT-PCR鉴定及脱毒技术研究",获烟台市科技进步二等奖(首位);主持的烟台市科研项目"西洋梨优良品种选育及架式栽培模式研究与示范",获烟台市科技进步二等奖(第2位);以及主持了山东省外国专家局引智项目"蓝莓优良品种引进试栽与示范推广""俄罗斯蓝莓特异优良品种引进及开发应用研究"和"优良蓝莓品种选育及高效栽培技术集成与示范"项目的研究工作;参与了"农业部山东烟台苹果育种中心"(一、二期)建设、农业部行业科研专项、国家863计划等部、省、市级项目12个。获国家发明专利1项,参编著作3部,在《园艺学报》《果树学报》、plos one 等核心期刊发表研究论文和科技文章58篇。

赵玲玲,女,汉族,1979年8月生,山东肥城人,山东农业大学园艺学院果树学博士,现任烟台市农科院果树分院生物技术工程研究室主任,高级农艺师,烟台大学农学院硕士研究生导师。

2011.5—2013.3在山东农业大学资源与环境学院农业资源利用博士后工作站进修。主要从事苹果抗性砧木选育、抗病新品种培育、苹果品质提升技术、病毒病检测及脱毒技术研究等方面的研究。先后参加国家省、市各类课题18项,参与选育出19个适合烟台地区推广的苹果新品种和砧木通过验收或鉴定;7个品种通过山东省林木良种审定。开展高温热处理、化学处理、超低温处理与茎尖培养等脱毒方法研究,已培养脱毒品种13个。先后获得省、市各类奖项6项,其中,山东省科技进步二等奖1项,山东省农牧渔业丰收二等奖2项,烟台市科技进步二等奖3项。以第一作者在 Biologia Planta、Journal of Bulgarian mountain agriculture、《园艺学报》《果树学报》等期刊上发表研究论文9篇,合作发表论文35篇。副主编出版《烟台苹果品质提升与调控》著作1部,参编2部。

董超,男,汉族,1966年2月生,山东莱西人,高级农艺师,科技成果开发中心副主任。

1989年7月黑龙江粮食学校毕业,分配到烟台市肉食公司工作;1991年6月调到烟台市农科所科技成果开发中心工作,主要从事本所科技成果的推广开发工作。2011年、2012年连续两年被评为烟台农科院先进工作者。参与了鲁麦14、鲁麦21、烟农19、烟农21、烟单17及蔬菜品种的推广,是烟农21、烟农24的主要推广人员。先后获得科技成果奖3项,其中烟农21获山东省科技进步二等奖(第7位);烟农24获山东省科技进步二等奖(第8位)、山东省农牧渔业丰收奖农业技术推广合作奖(第2位)。在《吉林农业》《农业科技通讯》《安徽农学通报》《山东农业科学》等刊物上主笔发表了"黑色地膜在蔬菜作物上的应用""浅谈小麦良种补贴政策在我国发挥的作用""不同灌溉模式对小麦产量的影响研究""小麦品种烟农0428的选育及其配套栽培技术""用DTOPSIS法对小麦灌溉模式进行综合评价"5篇论文。

唐美玲，女，汉族，1976年1月生，山东威海人，中共党员，博士，高级农艺师。现任烟台农科院葡萄与葡萄酒研究所所长，烟台大学和滨州医学院硕士生导师，国家葡萄产业技术体系胶东综合试验站站长。

主要从事葡萄新品种选育和轻简化栽培技术研究，能够熟练将现代分子技术用于葡萄育种的各个环节。引进国内外100多份种质资源，利用分子标记技术分析其遗传多样性配置了20个杂交组合，获得杂交实生苗2 000多株，选育出5个适宜烟台产区推广的新品种，形成了3套栽培技术规程。

主持国家、省、市课题10项；主笔撰写《葡萄高效栽培专家答疑》著作1部、参与编写《红地球栽培》和《绿色食品生产技术操作规程简易读本》著作2部；在《园艺学报》《中国农业科学》等专业期刊发表研究论文20余篇。参与的"名优花卉新品种选育、关键栽培技术集成与产业化"研究，获山东省科学技术进步奖二等奖（第7位）；通过芽变选育的品种"烟葡一号"，获得山东省农作物品种委员会审定；主持完成的"烟台产区鲜食葡萄提质增效栽培技术研究与应用"项目，获烟台市科学技术进步奖三等奖。以第2位编写人员完成的农业部行业标准《酿酒葡萄生产技术规程》（NY/T 2682—2015）于2015年5月1日开始实施。

张肖平，女，汉族，1971年12月生，山东海阳人，中共党员，副主任医师，副处长。1992年9月至1996年7月在海阳中医院皮肤科工作。1996年7月至2001年12月在海阳市中医药职专附属医院皮肤科工作。2002年1月调到烟台市农科院中医皮肤病医院工作至今。现为烟台市中西医结合学会第二届理事会理事，山东中西医结合学会第一、第二届皮肤性病学委员会委员，第七届烟台市皮肤病学专业委员会委员。2004—2015年度考核均为优秀，2004年、2006—2015年被评为农科院先进工作者，2006年、2007年受烟台市农业局嘉奖奖励，2011—2013年评为烟台市农业系统优秀共产党员。

从事皮肤病专业26年，在治疗各型痤疮、玫瑰痤疮、湿疹、银屑病、白癜风、真菌类疾病、病毒类、疱病、结缔组织病、皮肤肿瘤等方面，有多种独特的治疗方案。在《中国中西医结合杂志》《中华医学实践杂志》《中国麻风病杂志》等专业刊物上发表了"复方杠柳液外用治疗尖锐湿疣临床观察及对离体人乳头瘤病毒DNA的影响""某社区60岁以上退休老人糖尿病现况调查分析""血管淋巴样增生伴嗜酸粒细胞增多症伴毛囊黏蛋白病1例""皮肤垢着病1例""营养不良性大疱性表皮松懈症1例""中药联合他克莫司软膏治疗玫瑰痤疮32例"等多篇研究论文。

张焕春，男，汉族，1979年7月生，山东沂水人，中共党员，大学本科学历，农业推广硕士学位，高级农艺师，农业情报信息研究所所长。

2002毕业于山东农业大学园艺学院园艺专业，2014获得山东农业大学农业推广硕士学位。2002.10—2004.12在烟台市农科院从事蔬菜育种及栽培工作，见习；2005.1—2008.12被烟台农科院聘为助理农艺师；2009.1—2014.12被烟台农科院聘为农艺师；2007年5被烟台农科院聘为农业科技博览中心副主任，主要从事蔬菜育种及栽培管理工作。2015年6月被聘为高级农艺师，2016年4月到烟台农科院农业情报信息研究所工作至今。

参与国家、省、市下达的重大课题项目10多项，主要承担南瓜、西葫芦种质资源的搜集、新品种选育和栽培新技术研究等工作。将太空诱变技术应用于特大南瓜、观赏南瓜育种，培育出特大南瓜新品种1个，观赏南瓜杂交种22个。发表论文11篇，主笔4篇，分别发表在《中国蔬菜》《中国农学通报》《安徽农业科学》等刊物上，为蔬菜生产和理论研究提供参考。获得山东省科技进步三等奖3项，烟台市科技进步二等奖2项，山东省农牧渔业丰收奖三等奖1项。

李 涛，男，汉族，1980年3月生，山东荣成人，中共党员，高级农艺师，现任烟台农科院蔬菜所所长、农科院团委书记。2007年7月于山东农业大学博士毕业，2007年12月进入山东省烟台市农业科学研究院，2007.12—2009.5在蔬菜所工作，2009.5—2013.9在院科研处工作，2013年10月至今在蔬菜所工作。目前担任国家大宗蔬菜产业技术体系烟台综合试验站站长、山东园艺学会理事、山东蔬菜协会副理事长、烟台大学硕士研究生导师。2013年获烟台市直农业系统优秀共产党员，并连续4年获得烟台市农科院先进工作者，2017年获烟台市优秀青年岗位能手称号。

主要从事番茄、黄瓜、大白菜等蔬菜新品种选育及栽培技术研究工作。先后主持"国家大宗蔬菜产业技术体系烟台综合试验站"、国家重点研发计划"环渤海（烟威地区）设施蔬菜化肥农药减施技术模式建立与示范"等国家、省、市级课题10余项。获得山东省科技进步二等奖1项，山东省农牧渔业丰收奖三等奖2项，烟台市科技进步奖三等奖1项。选育出番茄、黄瓜等新品种3个。在国家核心期刊上发表研究论文20余篇，出版编著1部。

严美玲，女，汉族，1978年9月生，山东鄄城人，中共党员，高级农艺师，作物栽培与耕作学博士。2006年7月毕业于山东农业大学，毕业后到烟台市农业科学研究院工作至今。

主要从事小麦高产高效及抗旱生理基础研究。负责小麦绿色高产高效攻关，创造全国冬小麦单产最高纪录。2015年"烟农1212"实际产量按13%水分含量折算，平均亩产达809.13kg，创2015年山东省冬小麦单产最高纪录。2016年6月，全国有关专家对种植于莱州市的20亩"烟农1212"小麦绿色增产模式攻关田进行了实打验收，平均亩产828.5kg，创造全国冬小麦亩产最高纪录。这是2014年度以来，本院小麦新品种"烟农999"和"烟农1212"连续3年突破亩产800kg大关，不断刷新全国纪录。

主持课题1项，参与课题16项，先后获山东省科技进步一等奖1项，山东省科技进步二等奖1项，山东省农牧渔丰收一等奖1项，烟台市科技进步三等奖1项。发表论文20余篇，参编著作1部。

王永奇，男，汉族，1969年6月生，山东栖霞人，中共党员，高级农经师，财务处处长。曾多年被评为农科院先进工作者，2010—2011年被评为烟台市农业局市直系统优秀共产党员。

1990年7月于中国煤炭经济学院专科毕业，2014年1月山东农业大学本科毕业，1990年9月参加工作，在烟台市果树科学研究所任会计、主管会计、助理会计师，2005.1—2005.12任烟台市农科院主管会计、助理会计师，2006.1—2008.12任烟台市农科院财务处副处长、助理会计师，2009.1—2010.12任烟台市农科院财务处副处长、经济师，2011.1—2014.12任烟台市农科院财务处副处长、院纪委副书记、经济师，2015.1—2017.12烟台市农科院财务处副处长、院纪委副书记、高级农业经济师，2017年12月任财务处处长。

先后获得科研成果4项，其中"大樱桃保护地栽培技术研究"，1998年获烟台市科技进步三等奖（第5位）；早熟、高产小麦烟农22号的选育和推广应用"，2011年获山东省科技进步三等奖（第4位）；"苹果病虫害安全防控药剂的研配与推广"，2012年获山东省农牧渔业丰收计划一等奖（第6位）；"苹果脱毒良种良砧苗木培育及大面积开发应用"，2014年获山东省农牧渔业丰收计划二等奖（第8位）。并参与苹果育种中心、甘薯、小麦原原种基地建设等项目的建设。在《商业文化》《中国集体经济》《农村经济与科技》《山东农业科学》等刊物上，主笔撰写发表了"当前会计信息化的主要问题及其对策""审计聘任机制研究""山东省农产品出口现状、问题及对策""烟台地区脱毒苹果园植株长势和产量效益分析"等多篇论文。

张振英，女，汉族，1962年10月生，大学本科学历，山东牟平人，中共党员，高级农艺师。1981年7月毕业后在山东省牟平县高陵水库管理所工作，1985年12月调到烟台市果树科学研究所，2002年1月果树科学研究所与烟台市农业科学研究院合并后，主要在《烟台果树》编辑部工作，承担广告编审业务。2012年度、2013年度考核优秀，并评为烟台市农业科学研究院先进工作者。

参加研究的"苹果良砧良种选育及脱毒技术研究与应用"和"砂梨优良品种引种选育"两项课题，分别获得山东省科技进步二等奖和三等奖；参加研究的"系列晚熟桃品种引选及栽培技术研究""红露苹果新品种引种选育及试栽利用研究"等4项课题，均获烟台市科技进步二等奖；"早熟富士王选育"获烟台市牟平区科技局颁发二等奖。

参编《现代大樱桃栽培》《烟台苹果品质提升与调控》著作2部，发表科技文章32篇，其中"GM、GC矮化樱桃砧木引种试栽示范推广技术报告"和"苹果无病毒苗木流水线生产技术"分别获烟台市组织部、人事局、科协优秀论文奖一等奖（第1位）和三等奖（第2位）。

宋来庆，男，1981年1月生，山东东阿人，2005年6月毕业于西南农业大学果树学专业，获硕士学位。2005年8月，在烟台市农科院果树所品种资源室工作，从事苹果育种及栽培技术研究。2008年5月，任烟台市农科院果树所品种资源室副主任职务；2011年4月，任烟台市农科院果树所苹果研究室主任职务；2012年4月，任烟台市农科院果树分院苹果研究所所长；2013年9—12月，参加烟台市委党校第26期中青年干部培训班学习；2014年2月至2015年2月，在山东省农业厅科技处挂职锻炼；2014年10月，获得高级农艺师资格，2015年4月起，被聘为高级农艺师。分别于2009年、2011年和2013年赴保加利亚进行果业科技合作交流。

先后承担国家、省、市级科研项目20余项，选育出的美乐、烟砧一号、甘红、太平洋玫瑰等8个苹果新品种通过省级审定，获山东省、烟台市科研成果9项，发表研究论文60余篇，其中第一作者16篇。参编《烟台苹果品质提升与调控》《现代农村经济发展问题研究》等著作4部，其中副主编3部。

辛庆国，男，汉族，1981年7月生，山东临朐人，中共党员，高级农艺师。2007年毕业于山东农业大学农学院，获作物遗传育种硕士学位，同年进入烟台市农科院小麦研究所，从事小麦遗传育种研究工作。作为主要研究人员之一，先后育成通过山东、安徽、江苏三省审（认）定的高产高白优质广适小麦新品种"烟农5158"，通过国家黄淮南片和山东省审定的超高产优质小麦新品种"烟农999"，通过国家和山东省旱地审定的高产抗旱小麦新品种"烟农836"3个小麦品种，参与育成省审小麦新品种1个。参与完成农业部科技成果转化项目、国家科技支撑计划、山东省现代农业产业技术体系等国家、省、市级各类课题20余项；获山东省科技进步一等奖1项（第4位），山东省农牧渔业丰收奖农业技术推广合作奖1项（第3位），烟台市科技进步一等奖2项。在"*Acta Physiol Plant*"、"*The Crop Journal*"、《麦类作物学报》等刊物上发表研究论文20余篇。

商丽丽，女，汉族，1981年9月生，山东聊城人，2003年7月毕业于莱阳农学院农学专业，获得本科学历和学士学位，2007年7月毕业于中国农业大学作物遗传育种专业，获得研究生学历和硕士学

位，2007年7月进入烟台市农科院甘薯所工作，2010年12月获得农艺师资格，2015年11月获得高级农艺师资格。

主要从事甘薯育种及配套栽培技术工作，2014年开始负责马铃薯育种及栽培工作，参加了"现代农业产业技术体系烟台甘薯综合试验站""'863'计划甘薯生物育种技术创新与专用型新品种选育"、山东省甘薯示范工程技术研究中心、山东省科技发展计划项目等国家、省、市级课题10余项。2008年主持院长基金1项。2016年任山东省现代农业产业技术体系创新团队薯类育种岗位专家。工作期间共发表论文30篇，其中以第一作者发表论文6篇。参与选育7个甘薯新品种通过国家、省审（鉴）定。获得中华神农奖三等奖1项，山东省科技进步奖1项，市级成果2项，参与研制获得国家发明专利2项。

李林志，男，汉族，1981年9月生，山东莒县人，中共党员，高级农艺师，小麦所副所长。2007年毕业于山东农业大学农学专业，毕业获硕士学位，同年到烟台农科院小麦研究所工作至今，主要从事小麦遗传育种及栽培研究。

先后参加了国家现代农业产业技术体系、国家粮食丰产科技工程、山东省农业良种工程等国家省市课题项目17项，其中国家级课题7项，省级课题4项，市级课题6项。"抗旱、节水、高产、优质小麦新品种烟农21号的选育与应用"和"高产稳产小麦新品种烟农24号（原代号烟475）的选育与应用"，均获得山东省科技进步二等奖，分别列第5位、第9位；烟农系列小麦品种示范与推广，获得山东省农牧渔业丰收奖农业技术推广合作奖，列第6位。参加选育的小麦新品种"烟农0428"通过山东省审定，并获得植物新品种权保护；参加选育的"烟农1212"，通过山东省区域试验进入山东省生产试验；共搜集种质资源2000多份。在核心期刊发表论文20余篇，其中1篇被SCI收录，参编著作1部。

张　序，男，汉族，1980年8月生，山东淄博人，中共党员，高级农艺师，现任烟台市农科院果树分院大樱桃研究所副所长、中国园艺学会樱桃分会理事、烟台市大樱桃协会副秘书长。2006年毕业于山东农业大学果树学专业，获硕士学位，同年到烟台市农科院工作，一直从事大樱桃育种与栽培技术研究工作。

主持参加国家公益性行业（农业）科研专项"樱桃产业主要障碍因素攻关研究"、农业部"烟台市国家樱桃良种苗木繁育基地建设""十二五"国家科技支撑计划子课题"桃、樱桃、李新品种选育"等国家、省、市课题16项。完成的"自花结实甜樱桃优良品种筛选及栽培技术集成示范""大樱桃优质新品种引选及配套栽培技术研究""果树最佳养分管理技术研究与应用"等成果获省、市科技进步奖6项，其中山东省科技进步二等奖2项，烟台市科技进步二等奖3项、三等奖1项。参与选育出18个大樱桃优良品种，11个通过山东省品种审定，在全国广泛推广应用。在"Agricultural Sciences in China"、《中国农业科学》《园艺学报》等刊物发表论文40余篇，参编《大樱桃品种、砧木与关键技术》《樱桃产业主要障碍因素攻关研究论文汇编》书籍2部。

李延菊，女，汉族，1978年12月生，山东青州人，中共党员，果树学硕士，高级农艺师。2006年毕业于山东农业大学园艺学院果树专业，同年到烟台市农科院工作至今。一直从事大樱桃、桃育种与栽培技术研究工作，现为山东省水果产业体系团队成员、中国园艺学会大樱桃分会理事。

先后主持院长基金"资源高效利用型设施果树安全生产关键技术研究与示范"和烟台市科技发展计划项目"大樱桃避雨防霜设施研究与示范推广"。参加国家公益性行业科研（农业）专项"樱桃产业主要障碍因素攻关研究"、农业部"国家樱桃良种苗木繁育基地建设项目"、"十二五"国家科技支撑计划项目子课题"桃、樱桃、李新品种选育"、山东省农业良种工程"硬脆甘甜离核晚熟油桃新品种选育及开发"等国家、省、市课题18项。获得山东省科技进步二等奖1项、烟台市科技进步二等奖1项、三等奖1项。主持制定了"大樱桃防霜避雨设施栽培技术规程"，2014—2017年连续4年被推选为山东省农业主推技术。参加选育出21个大樱桃优良品种，其中15个通过山东省品种审定，并在全国广泛推广应用；选育出的3个油桃品种通过省级审定。在《中国农业科学》《植物营养与肥料学报》等刊物上发表论文50余篇。参编《现代大樱桃栽培》《大樱桃品种、砧木与关键技术》《樱桃产业主要障碍因素攻关研究论文汇编》书籍3部。

夏秀波，男，汉族，1980年1月生，山东栖霞人，高级农艺师，现任蔬菜所副所长。2007年7月于山东农业大学硕士毕业。2007年10月进入烟台市农业科学研究院蔬菜所工作至今。主要从事设施番茄新品种的选育、蔬菜安全生产技术研究、蔬菜伴生栽培技术研究等。2010年、2011年、2012年连续3年被评为烟台市农科院先进工作者。

先后主持参与国家、省、市科研项目20余项。获得省、市级奖励6项，其中获山东省科技进步奖三等奖1项，山东省农牧渔丰收奖二等奖1项，山东省农牧渔丰收奖三等奖1项，烟台市科技进步奖二等奖2项、三等奖1项。作为主要育种人育成的"烟红101"和"烟粉207"番茄，通过国家品种鉴定委员会鉴定；"烟番9号"和"烟红103"番茄，通过山东省农作物品种审定委员会审定；参与选育的"烟葫四号"西葫芦和"翡秀"黄瓜，通过山东省农作物品种审定委员会审定。在《应用生态学报》《园艺学报》《中国蔬菜》等学术期刊上发表学术论文30余篇。参与出版著作2部。

丁朋松，男，汉族，1981年2月生，山东莱州人，大学本科学历，2002年就业于山东省烟台市农业科学研究院，在花卉所任技术员。2005年开始任花卉所副所长，2015年开始担任试验基地管理服务办公室主任，2016年晋升为高级农艺师。

参加工作以来，先后参与选育出蝴蝶兰新品种9个，参与4项市级课题研究，2项省级课题研究，1项国家高技术研究发展计划（863计划）子课题专题研究。参与研究的课题、项目"优质蝴蝶兰的工厂化生产与周年供花技术研究"，2004年获山东省科技进步三等奖；"优质一品红的工厂化生产与周年供花技术研究"，2006年获烟台市科技进步二等奖；"优质蝴蝶兰新品种引进、选育及产业化技术研究"，2009年获山东省科技进步三等奖；"名优花卉新品种选育、关键栽培技术集成与产业化"，2011年获山东省科技进步二等奖；"耐寒蝴蝶兰新品种选育及关键技术研究"，2010年1月3日通过市级鉴定，2012年获烟台市科技进步二等奖，在核心期刊发表论文10余篇。

卢建声，男，汉族，1972年7月生，山东蓬莱人，高级农艺师，葡萄与葡萄酒研究所副所长。1996年7月毕业于山东农业大学园艺系。

1997.7—2001.12在院生物中心工作，主要从事西洋参栽培加工及草莓、葡萄、马铃薯、蝴蝶兰的脱毒、组培快繁技术研究，期间参与省级研究课题3项，市级研究课题4项，获得鉴定成果2项，在《中国农学通报》等国家核心期刊上发表论文4篇，其中"论烟台草莓发展战略"获得烟台市农业科技论文一等奖。

2002.1—2012.9在院花卉所工作，主要从事蝴蝶兰、红掌、一品红等花卉工厂化生产、周年供花技术研究及花卉市场开发方面的工作。参与的"优质蝴蝶兰的工厂化生产与周年供花技术研究"，获山东省科技进步三等奖；先后参与烟台市科技局"优质一品红工厂化生产与周年供花技术研究""彩色马蹄莲新品种引进与组培快繁技术研究""红掌名优新品种的引进、筛选与产业化开发"等多项课题项目。

2012.10—2014.12在办公室工作；2015.1—2016.3在总务处工作，曾获烟台市公安局"全市单位内部治安保卫工作先进个人"荣誉称号。2016年3月在葡萄与葡萄酒研究所工作，参与省、市级课题研究6项。

徐维华，男，汉族，1975年12月生，山东莱阳人，中共党员，总务处处长，高级农艺师。1999年7月毕业于山东农业大学资环学院，农学学士学位；2015年7月毕业于烟台大学生命科学学院，农业推广硕士学位。曾在烟台市农科院土肥所和农业部果品及苗木质量监督检验测试中心（烟台）工作，2016年4月调到烟台市农科院安全保卫处任处长，2017年12月调任总务处处长。

主要从事土壤、肥料、蔬菜、果品等检测和研究工作，2008年承担了农业部测土配方施肥项目中2700多个土壤样品的分析测试工作。主要承担了有机质、有效磷、全氮等常规检验，及微量元素的检测，为科学配肥提供依据。先后承担了农业部土壤重金属烟台区域的样品测试工作，共检测样品3000余个，检测数据得到主管部门高度认可。承担了农业部山东区域63种果品风险评估任务，主要从事果品重金属检测和分析工作。参与国家发展改革委农产品质量安全检测体系建设——烟台市农产品质量安全综合检验检测中心建设项目，项目资金1000万元，负责光谱仪器的调研、参数设置，项目现已招标完毕，大部分仪器已到位并在运行中。

近几年承担了大量的横向委托检验和社会委托检测任务；参与山东省3个地方标准的制定；获得烟台市科技进步奖4项，发明专利1项，参与编写著作1部。

张伟，女，汉族，1979年2月生，山东龙口人。2006年7月毕业于山东农业大学植保学院植物病理学专业，同年到烟台市农科院植保所工作，2016年4月调入质检中心工作。

主要进行果树、蔬菜、大田作物的植保科研、推广等工作。作为主要完成人参加了农业部公益性科研专项、山东省现代农业产业技术体系水果产业创新团队、省科技计划项目、山东省农业重大应用技术创新课题等8项国家、省、市课题的研究工作，5项课题顺利通过科技局组织的专家验收。获全国农牧渔业丰收奖二等奖1项，第5位研究人员；山东省科技进步奖三等奖1项，第6位研究人员；市厅级一等奖2项，分别为第4、第5位研究人员；市厅级二等奖3项，分别为第3、第4位研究人员。发表研究论文25篇，其中第一作者9篇、国家一级学报2篇。作为主要完成人获国家发明专利4项、制定山东省地方标准1项。每年病虫防治关键时期实地指导科学用药，科技下乡1000余人次，每年辅助组织召开培训会4~5次，发放资料25000余份。

刘保友，男，汉族，1981年10月生，山东成武人，2006年7月毕业于山东农业大学植保学院植物病理学专业；同年到烟台市农科院植保所工作至今。

任职以来，主要开展果树、蔬菜、大田作物的植保科研、推广等工作。作为主要完成人参加了农业部公益性科研专项、山东省现代农业产业技术体系水果产业创新团队、山东省科技计划项目、山东省农业重大应用技术创新课题等8项国家、省、市课题的研究工作。其中7项课题顺利通过科技局组织的专家验收。先后获全国农牧渔业丰收奖二等奖1项，山东省科技进步奖三等奖1项，市厅级一等奖2项、二等奖3项。发表研究论文27篇，其中第一作者11篇、SCI收录论文1篇、国家一级学报2

篇。作为主要完成人获国家发明专利7项、制定山东省地方标准3项。

袁堂玉，男，汉族，1975年2月生，山东沂水人，中共党员，高级农艺师，玉米油料研究所所长。1999年7月莱阳农学院毕业，同年7月来烟台农科院玉米油料所工作，主要从事玉米育种工作；2003—2005年在烟台农博园负责游客市场开发和接待工作；2005—2008任检测中心综合科副科长。2008年6月任烟台农科院玉米油料研究所副所长，主要从事玉米、花生育种及栽培研究工作。

先后参与国家2项课题、省市16项课题的研究。获山东省农牧渔业丰收奖2项，烟台市科技进步奖5项。参与选育的糯玉米杂交种"烟糯6号"和"烟糯7号"，分别于2001年和2003年通过山东省审定。引进和创新花生种质资源500余份。自2008年来参与国家现代产业技术体系烟台花生综合试验站建设工作。在《中国种业》《安徽农学通报》《山东农业科学》等期刊上发表研究论文18篇。

于 强，男，汉族，1971年2月生，山东海阳人，中共党员，大学学历，1993年7月毕业于莱阳农学院，同年就业于烟台市果树科学研究所，2002年受聘于烟台市农科院果树科学研究所，2016年11月取得高级农艺师资格。2013年4月任梨研究所副所长，2016年4月任梨研究所所长。

主要从事果树栽培及育种工作。参与梨研究所、梨体系综合试验站及院苹果创新团队的工作。先后参与"国家现代农业产业技术体系梨体系烟台综合试验站""莱阳茌梨品质提升关键技术研究与示范""中俄第三代水果种质资源引进、驯化与利用研究""果树地方优势品种发掘与种质创新利用研究"等国家、省、市级课题项目8项。其中"日本'丰水'梨引种试栽与开发"，2001年获烟台市科技进步三等奖（第2位）；"主要果树病毒ELISA与RT-PCR鉴定及脱毒技术研究"，2011年获烟台市科技成果二等奖（第4位）；"西洋梨优良品种选育及栽培技术研究与推广应用"，2015年获烟台市科技进步二等奖（第3位）。参编《绿色食品生产操作规程简易读本》《现代大樱桃栽培》著作2部；在《山东农业科学》《烟台果树》等农业期刊发表文章31篇，其中第一作者11篇。

沙玉芬，女，汉族，1977年3月生，山东蓬莱人，1998年毕业于烟台市农业学校农业对外贸易专业。1999年函授毕业于中国农业大学农业经济管理专业，获学士学位。2009年函授毕业于山东农业大学园艺专业。2016年取得高级农艺师资格。

自2000年参加工作以来，一直在烟台市农科院果树所从事果树苗木的脱毒和繁育工作，涉及苹果、樱桃、蓝莓、草莓、猕猴桃、梨等多个树种。2010年加入山东省水果产业创新团队，开展优新果树品种的脱毒与检测研究工作。曾于2013年、2014年连续两年被评为烟台市农业科学研究院先进工作者。

先后参加省、市课题11项，其中8项已通过专家组验收。获国家农牧渔业丰收奖三等奖1项（第6位），山东省农牧渔业丰收二等奖1项（第6位），烟台市科技进步二等奖2项（分别为第5、第8位）；获国家发明专利1项（第3位）；烟台市科技学术论文优秀奖2项（分别为第1、第2位）。在《果树学报》《中国果树》《中国农学通报》等杂志发表论文40余篇，其中第一作者7篇、第二作者9篇。

孙燕霞，女，汉族，1980年5月生，山东招远人，2007年毕业于山东农业大学生物化学与分子生物学系，取得硕士研究生学位，同年10月应聘到烟台市农科院生态所工作，2010年12月调至苹果研究所工作至今，2010年被聘为农艺师，2017年取得高级农艺师资格。

主要进行了微生物土传真菌病害防治、苹果优良品种引种选育及苹果杂交育种等方面的研究工作，先后参加了农业部山东（烟台）苹果育种中心、国家苹果综合试验站等国家、省、市科研课题近20项。参与完成的"优良抗病耐贮早中熟苹果新品种选育与推广应用"，获山东省农牧渔业丰收奖二等奖；参与完成的"烟台苹果品质提升关键技术研究与推广应用"等两项课题，获烟台市科技进步二等奖。选育出的美乐、甘红、太平洋玫瑰等4个苹果新品种通过省级审定。在《中国果树》《山东农业科学》《烟台果树》等科技期刊上发表研究论文50余篇，第一作者8篇，获优秀论文奖1篇。参与编写《烟台苹果品质提升与调控》《现代农村经济发展问题研究》著作2部。

于 波，男，汉族，1962年9月生，山东文登人，中共党员，高级农艺师，现任安全保卫处副处长。1980.12—1981.7在试验农场工作，1981.8—1986.7从事后勤工作，1986.8—2004.5在化验室、土化所工作，2004.6—2016.4在农科院农业部果品及苗木质量监督检验测试中心（烟台）工作，2016年4月调到烟台市农科院安全保卫处工作，曾多次被评为农科院先进工作者。

在农科院农业部果品及苗木质量监督检验测试中心（烟台），主要从事土壤、肥料、饲料、蔬菜、果品等检测和研究工作，1986—2004年共检测各类理化项目达2万余项次。2008年承担了农业部测土配方施肥项目中2 700多个土壤样品的分析测试工作，主要承担了有机质、有效磷、全氮等常规检验及微量元素的检测，为科学配肥提供依据。2013—2014年承担了农业部土壤重金属烟台区域的样品测试工作，共检测样品3 000余个，检测数据得到主管部门高度认可。2014—2015年承担农业部山东区域6种果品风险评估任务，主要从事果品重金属检测和分析工作。2014年度参与国家发展改革委农产品质量安全检测体系建设——烟台市农产品质量安全综合检验检测中心建设项目，项目资金1 000万元，负责光谱仪器的调研、参数设置，目前项目已招标完毕，大部分仪器已经到位并在运行中。

先后参加6项课题的研究工作，参与山东省5个地方标准的制定；获得烟台市科技进步二等奖3项、三等奖2项。在《山东农业科学》等期刊上发表研究论文12篇。

王增光，男，汉族，1973年1月生，山东栖霞人，大学本科学历，1997年毕业于山东农业大学，并就业于山东省烟台市农业科学研究所，在畜牧试验场任技术员。2015年开始任基地办副主任，2017年12月任农业科技博览中心副主任，2016晋升为高级畜牧师。

参加工作后，根据烟台市农科院工作安排与要求，参与了烟台市农科院与莱芜市畜牧兽医局联合科研工作，参与的"莱芜黑耳长毛兔品种选育及配套技术开发"课题，2009年获得莱芜市科学技术进步三等奖；"鲁莱黑猪专门化品系的培育"畜牧课题研究，培育出生产性能和繁殖性能较高、肉质特性优良、遗传性能稳定的新品种——鲁莱黑猪，2011年获莱芜市科技进步一等奖；参与的山东省农业技术推广课题"莱芜猪选育及产业化开发"，2012年获山东农牧渔业丰收奖二等奖；"莱芜吉山黑鸡配套系的培育"课题研究，2012年获莱芜市科技进步奖二等奖。

在国内畜牧期刊上发表多篇论文，其中"针对大蒜在畜禽生产中的应用进行技术研究"，研究结果在国内核心期刊《当代畜牧》发表；为进一步发挥地方猪品种优势，个人就莱芜猪的饲养管理措施进行具体分析研究，研究结果在国内核心期刊《猪业科技》发表。

孙妮娜，女，汉族，1980年6月生，山东青岛人，中共党员，高级农艺师，科研处副处长。2007年毕业于山东农业大学农学专业，获农学硕士学位；2009年到烟台农科院科研处工作至今，主要从事科研管理和小麦育种及栽培研究。作为副处长，主要负责专业技术人员管理与服务，协助院领导和科研处领导圆满完成各年度专业技术人员职称评审、聘任、国务院特贴、省市突贡专家申报，引智项目管理等。

先后承担完成国家粮食丰产科技工程、山东省农业良种工程等国家、省、市级课题10项；参与育成"烟农5158"、"烟农23"等小麦新品种3个；"高产广适优质高白小麦新品种烟农5158的选育与推广应用"获得山东省科技进步一等奖和烟台市科技进步一等奖；"高产稳产小麦新品种烟农23号的选育与应用"获得烟台市科技进步一等奖。在《中国农学通报》等期刊上发表论文13篇。作为主要成员参与小麦综合院士工作站、博士后工作站、烟台市小麦工程技术研究中心等平台建设。

邱鹏飞，男，汉族，1984年4月生，山东省临沂人，中共党员，高级农艺师。2006年7月本科毕业于莱阳农学院生物科学专业，获得本科学历和学士学位；2009年7月研究生毕业于青岛农业大学作物遗传育种专业，获得研究生学历和硕士学位。2009年7月进入烟台市农科院甘薯研究所工作，现任甘薯研究所副所长。主要从事甘薯育种及配套栽培技术研究工作。

先后参加了国家现代农业产业技术体系烟台甘薯综合试验站项目、863计划甘薯生物育种技术创新与专用型新品种选育、山东省甘薯示范工程技术研究中心等国家、省、市课题10余项。工作期间共发表论文20篇，其中以第一作者发表论文3篇。参与选育6个甘薯新品种通过国家、省审（鉴）定。获得中华神农奖三等奖1项，山东省科技进步奖1项，市级成果3项，参与研制获得国家发明专利2项。

杜清福，男，汉族，1979年4月生，山东省平度人，中共党员，高级农艺师。2003年7月毕业于莱阳农学院农学专业，获得本科学历和学士学位；2007年7月毕业于中国农业大学种子科学专业，获得研究生学历和硕士学位。2007年7月进入山东省烟台市农业科学研究院玉米油料研究所工作，2010年12月获得农艺师资格，2018年2月获得高级农艺师资格。

主要从事玉米育种及配套栽培技术研究工作，通过山东省玉米创新团队试验站，做好玉米品种及配套栽培技术推广工作，先后参与了7项玉米课题的研究，引进、创新各类玉米种质资源600余份。先后获得中华农业科技奖三等奖1项，烟台市科技进步一等奖1项，烟台市科技进步二等奖1项。在《山东农业科学》《安徽农业科学》《中国农学通报》《安徽农学通报》等各类学术期刊共发表论文12篇。

刘万好，男，汉族，1978年5月生，山东招远人，中共党员。葡萄与葡萄酒研究所副所长，高级农艺师。2001年7月毕业于山东农业大学食科系。2001.7—2002.7在院果业中心见习；2002.7—2008.12在院果树所，从事果树栽培技术研究、组培和果品气调库管理等；2009年1月至今在院葡萄与葡萄酒研究所，从事葡萄品种引进及栽培技术研究。其中2015.7—2017.12在昆嵛区昆嵛镇头日庵村挂职第一书记，完成了组织交给的脱贫攻坚任务。2013年、2016年被评为院"先进工作者"，2016年被评为优秀共产党员。

参加研究的"烟台产区鲜食葡萄提质增效栽培技术研究与应用"获得烟台市科

学技术进步三等奖;"果园绿盲蝽可持续治理技术示范与推广"获山东省农牧渔丰收奖二等奖。在《山东农业科学》《经济林研究》等科技期刊以第一作者发表论文4篇;参编《葡萄高效栽培专家答疑》《大樱桃品种、砧木与生产关键技术》《烟台苹果品质提升与调控》著作3部。

张瑞清,女,汉族,1977年4月生,山东郓城人,中共党员,高级农艺师,土壤肥料研究所副所长。2006年中国农业大学毕业,获研究生学历和理学博士学位,同年7月进入烟台市农科院生态农业研究所工作,从事城镇生活垃圾肥料化研究。2011年重新编入土壤肥料研究所,主要从事农林废弃生物质多元化利用及果树施肥技术研究。

先后主持或承担烟台市科技发展计划、山东省农业重大应用技术创新课题、山东省农科院农业科技创新工程、中科院广州能源研究所重点实验室开放基金等项目。获烟台市科技进步奖1项、山东省农牧渔业丰收奖1项,授权国家发明专利1项。在《植物生态学报》《生态学报》《中国农学通报》等期刊发表论文20余篇,主编的《烟台苹果药肥减施与生物炭肥》著作,由中国农业出版社出版发行。

王洪涛,男,汉族,1983年11月生,山东郓城人,九三学社社员。2011年7月毕业于山东农业大学植物保护学院农业昆虫与害虫防治专业,获博士学位。2011年10月进入山东省烟台市农科院植保研究所工作至今,现任植保所副所长,高级农艺师。

主要从事果树、蔬菜害虫综合防治方面的研究。作为主要完成人参加了农业部公益性科研专项、山东省现代农业产业技术体系水果产业创新团队、山东省科技计划项目、山东省农业重大应用技术创新课题等6项省、市课题的研究工作。先后获全国农牧渔业丰收奖二等奖1项、市厅级二等奖2项、三等奖2项(均为首位研究人员)。发表研究论文18篇,其中第1作者11篇、国家一级学报2篇。作为主要完成人获国家发明专利4项(首位1项)、制定山东省地方标准1项。2015年获"烟台市优秀共青团员"荣誉称号。

第二章 外聘专家

束怀瑞　院士

烟台国际苹果育种中心主任。男，汉族，1929年9月生，山东淄博人，中共党员，教授，博士生导师，中国工程院院士。1950年毕业于山东农学院园艺系并留校任教，2001年12月当选为中国工程院院士；2016年被聘为烟台国际苹果育种中心主任。从20世纪50年代开始研究苹果根系生物学，发现果树根系具有功能补偿结构特征，提出了"局部效应、界面效应、冗余节能、结构及周年补偿"的观点，开发了多项配套技术，其中发明的"地膜覆盖穴贮肥水技术"，被国家科委列为重点项目在17个省市推广470万亩，经济效益7.6亿元；"平原地起垅沟草制""界面培养基质诱导生根"等技术对解决果树的逆境早衰等效果极为显著。在国内较早开展果树栽培生理研究，对苹果碳氮营养物质运转、分配、贮藏再利用规律的研究1989年获国家教委科技进步二等奖，提出的"看碳施氮、以氮促碳、养根壮树、优质丰产"的理论对生产起到很大指导作用；提出的苹果三大主枝主干疏层形、枝类组成、枝组概念、优质丰产合理树体结构及调控措施等，成为苹果整形修剪的经典一直沿用至今。在学科建设中注重学科交叉借鉴，将数学、化学等引进果树学，开发果树优质丰产生物数学模型，组织开展果树特色资源分子生物学研究，建立了无融合生殖、矮化砧种子繁殖体系研究。主持的"山东省百万亩苹果幼树优质丰产综合技术研究"，开发108万亩，使产量提高7倍，创造社会经济效益56亿元，获国家科技进步二等奖。自1994年主持山东果树良种产业化项目，组织全省科技人员选育了一批苹果、桃、杏等优良品种品系，推广达250多万亩。1995年开始组建并主持园艺学博士后科研流动站，出站38人，其中大部分已经成为岗位骨干。2007年被评为全国优秀博士后流动站，2006年承担工程院的咨询项目"果树产业可持续发展战略研究"，组织全国果树界54位专家对我国果树产业的现状、社会经济地位、历史经验教训及今后的发展战略与目标进行了详细的论述，完成了65万字的咨询报告；1998年联合山东省产学研各方组建了山东省苹果工程技术研究中心，经过10年的努力，2008年组建了国家苹果工程技术研究中心。培养硕士28人、博士44人，有4人获省优秀博士论文，主编高校统用教材等8部，发表论文300余篇。

于振文　院士

男，1944年6月生，汉族，北京人，山东农业大学教授，博士生导师，中国工程院院士。兼任农业部小麦专家指导组组长，中国作物学会小麦栽培学组组长，山东省农业专家顾问团小麦分团团长。

研究小麦高产优质栽培理论与技术，以第一完成人获得2项国家科技进步二等奖：小麦衰老生理和超高产栽培理论与技术（2001年）、小麦品质生理和优质高产栽培理论与技术（2006年）。创建的氮肥后移技术被农业部、山东省农业厅定为我国和山东省农业主推技术，在适宜麦区推广，获得显著的经济效益和社会效益。创建的小麦深松少免耕镇压节水栽培技术被农业部和山东省农业厅定为2012—2015年农业主推技术；小麦测墒补灌节水栽培技术被农业部和山东省农业厅定为2016年农业主推技术。

1998年获全国"五一"劳动奖章，2000年获全国先进工作者称号，2006年获何梁何利科技进步奖。2009年获中华农业英才奖，2011年农业部授予全国粮食生产突出贡献农业科技人员称号，2012年

11月山东省政府授予"科技兴农功勋科学家"称号。

陈剑平　院士

1963年4月出生，浙江宁波人。中国工程院院士，发展中国家科学院院士，浙江省农业科学院院长。1985年毕业于浙江农业大学植保系；1992—1995年赴苏格兰作物研究所学习分子植物病毒学，并取得英国邓迪大学博士学位。自1985年分配至浙江省农业科学院从事植物病毒学和病毒病防治研究；1989—1990年作为访问学者到英国洛桑试验站进修植物病毒学一年；1996—2002年任浙江省农业科学院副院长，2002年至今任浙江省农业科学院院长。目前担任中国植物病理学会副理事长，中国植物保护学会名誉副理事长，中国农业生物技术学会常务理事，浙江省科协副主席，浙江省青年联合会副主席，浙江省知识分子联谊会副会长，英国国际园艺研究中心荣誉研究员，首届浙江省特级专家，2011年当选中国工程院院士，2012年当选发展中国家科学院院士。

长期从事植物病毒基础和应用研究，主持农业部/浙江省植保生物技术重点实验室，先后承担国家杰出青年科学基金、农业部转基因专项、"973"、"863"和欧盟等40多个研究项目，在植物病毒种类鉴定、病毒与禾谷多黏菌介体关系、病毒致病和植物抗病分子机制、病害发生规律和防控技术等方面取得重大进展。发表论文260多篇，其中SCI收录140多篇；获得国家科技进步奖一等奖1项、二等奖4项（均为第一完成人），部省科技进步奖一等奖9项；授权发明专利32件。

赵振东　院士

山东省农业科学院作物研究所首席专家。男，1942年9月出生，汉族，山东武城人。1965年毕业于南京农学院农学专业，1980年考入湖南农学院攻读作物遗传育种专业研究生学业，获得硕士学位。1984年调入山东省农业科学院作物研究所，历任小麦育种研究室副主任、主任，作物研究所副研究员、研究员。现为作物研究所首席专家，2013年12月19日，被评为中国工程院院士。

长期从事优质高产小麦新品种选育和推广工作，育成济南17、济麦19、济麦20、济麦21、济麦22等5个高产优质大面积主推小麦品种，累计推广超过2.6亿亩，增产小麦82.6亿kg。先后获国家科技进步二等奖4项（第一完成人2项、第二完成人2项）、山东省科技进步一等奖3项（第一完成人1项、第二完成人2项）、二等奖1项（第一完成人）；在国家和省级学术期刊发表学术论文70余篇，参编专著5部。

阿塔纳斯·布拉高夫（Atanas Stoyanov Blagov）　教授

1947年1月29日生，国籍为保加利亚，博士、教授。工作单位为保加利亚农业研究所（Institute of Agriculture-Kyustendil, Bulgaria），从事于苹果新品种选育及高效栽培技术研究，主持保加利亚农业和食品部研究项目6项，中保政府科技合作项目2项，有8个苹果品种进入保加利亚国家品种数据库，选育出Besapara、Gorana、Elegia、Martina、Martinika、Siana等6个具有保加利亚自主知识产权的优良苹果品种，通过保加利亚国家审定；在保加利亚《植物科学》《农业科学》和《山地农业科学》等国家级期刊发表专业论文130余篇；主编出版《苹果新果园创建》著作1部。自2001年开始，在烟台进行长期科技合作，2004年9月，获山东省人民政府颁发的"齐鲁友谊奖"；2008年9月，获中国国务院颁发的"国家友谊奖"。2012年3月，入选第一批国家"外专千人计划"特聘专家，是首批40名外专千人计划非华裔外国专家中的唯一一名果树专家。2012—2014年长期在烟台市农科院长期开展果树新品种选育和育种技术研究工作。2012年12月5日，布拉高夫教授参加了习近平总书记主持召开的外国专家代表座谈会，并作为专家代表进行了发言。2012年12月10日，被中共中央组织部、人力资源和社会保障部授予"国家特聘专家"称号。2013年，被山东省人民政府授予"山东省国际合作奖"。

爱德华多·祖拉维奇（Edward Zurawicz） 教授

烟台国际苹果育种中心客座教授。男，1947年生，国籍为波兰，博士、教授，工作单位为波兰园艺作物研究所（Research Institute of Horticulture, Skierniewice, Poland），主要从事于苹果、樱桃等果树的种质资源收集评价、新品种选育与栽培技术研究，2016年被聘为烟台国际苹果育种中心客座教授。现担任波兰园艺作物研究所果树育种研究室主任，主持和参与"Genetic and molecular analysis of selected apple genotypes for shortening of the juvenile period and quality improvement of the fruits""Identification of the genome regions correlated with cold hardiness of apple rootstocks by transcriptomic analysis of differentially expressed candidate genes"等波兰国家科研项目12项，选育出P14、P16、P22、P59、P60、P66、P67、P68等P系列苹果矮化抗性砧木，Alwa、Ligo、Ligolina、Gold Milenium、Ping Braeburn、Putinka、Early Szampion等苹果新品种。在 *European Journal of Plant Pathology* 等杂志发表论文110余篇，在国际上具有很高的学术地位。

伊利亚娜·斯托亚诺娃·克瑞斯库娃（Iliyana Stoyanova Krishkova） 副教授

烟台国际苹果育种中心客座教授。女，1974年生，国籍为保加利亚，博士、副教授，现担任保加利亚农业研究所（Institute of Agriculture-Kyustendil, Bulgaria）副所长，主要从事于果树砧穗组合和产业经济研究，2016年被聘为烟台国际苹果育种中心客座教授。国家"外专千人计划"项目团队成员，主持和参与保加利亚农业和食品部研究项目3项，参加中保政府科技合作项目4项，参与选育出IK-8、IK-9等2个具有保加利亚自主知识产权的樱桃砧木；参加选育的Gorana、Besapara、Superstar等苹果和樱桃品种通过国家审定，目前在保加利亚及周边国家进行推广应用；出版著作3部，在 *Plant science*、*National Centre for Agricultural Sciences*、*Journal of Mountain Agriculture on the Balkans* 等杂志发表专业论文30余篇，先后3次来烟台进行科技合作交流。

迪米特里·索特洛夫（Dimitar Sotirov） 副教授

烟台国际苹果育种中心客座教授。男，1965年6月25日生，国籍为保加利亚，博士、副教授，工作单位为保加利亚农业研究所（Institute of Agriculture-Kyustendil, Bulgaria）。主要从事于苹果、樱桃砧木和砧穗组合研究，2016年被聘为烟台国际苹果育种中心客座教授。主持保加利亚农业和食品部研究项目2项，参加中保政府科技合作项目2项，选育出IK-8、IK-9等2个具有保加利亚自主知识产权的樱桃砧木；参加选育的Besapara、Gorana、Martina、Superstar等4个苹果和樱桃品种通过国家审定，目前在保加利亚进行推广应用；在保加利亚《农业科学》《山地农业科学》等国家级期刊发表专业论文60余篇；先后5次来烟台进行科技合作交流；现担任保加利亚农业研究所育种研究室主任、保加利亚研究所科技协会成员、保加利亚国家农科院科技成员和保加利亚科技联盟丘斯坦地尔分会成员等职务。

储昭辉　教授

烟台农科院特聘博士后联合培养导师。1977年1月生，安徽岳西人，山东农业大学教授，山东省植物病理学"泰山学者"特聘教授。

1995.9—2006.1在华中农业大学完成本硕连读并提前攻读博士学位，2006—2008年加入英国The Sainsbury Laboratory从事博士后研究，2008年受聘山东省植物病理学岗位"泰山学者"特聘教授，在山东农业大学植物保护学院从事植物病理学研究，2010年入选山东省泰山学者海外特聘专家。2015年至今，在山东农业大学农学院作物生物学国家重点实验室从事微生物与植物相互作用以及作物抗性遗传方向研究。现为山东省现代农业产业技术体系水稻产业创新团队岗位科学家，《植物病理学报》编委，中国植物生理与植物分子生物学会植物微生物分子互作专业委员会委员，山东省植物病理学会理事。先后发表研究论文40多篇，获中国发明专利16项、国际发明专利1项，参编《基因工程》《园艺植物保护学》等教材4部，学术专著2部。主持有国家"863"计划课题、国家重点研发计划、转基因生物新品种培育重大专项、国家自然科学基金等课题。曾荣获湖北省科学技术奖励自然科学奖一等奖、全国优秀博士学位论文奖（生物学）、国家自然科学二等奖等奖项。

李斯深　教授

烟台农科院特聘博士后联合培养导师。1963年5月生，汉族，山东即墨人，教授，博士生导师。国家小麦品种审定委员会委员、农业部小麦良种重大科研联合攻关专家委员会委员、山东省农作物品种审定委员会小麦专业组成员、山东省小麦产业体系岗位专家、山东农业大学1512工程第一层次。

1984年毕业于莱阳农学院（现青岛农业大学），本科，2002年毕业于山东农业大学获得博士学位，2005年中国农科院博士后毕业。1997年获国家技术发明一等奖（第8位），1999年获国家图书奖（第2位），2014年获国家科技进步二等奖（第5位），2012年获山东省政府"全省粮食生产突出贡献农业科技人员"。主要研究方向为小麦育种、小麦种质资源、重要功能基因分析、生物进化。主持育成审定小麦新品种6个，其中山农30为国家审定，山农29、山农17为国家和山东省审定。发表研究论文80余篇，其中SCI论文20余篇，累计影响因子近70。

郝玉金　教授

烟台国际苹果育种中心客座教授。1971年生，山东农业大学园艺科学与工程学院院长，教授，博士生导师。

2016年被聘为烟台国际苹果育种中心客座教授。2000年毕业于华中农业大学作物遗传改良国家重点实验室，获农学博士学位；2000年7月至2002年6月北京大学生命科学学院攻读博士后；2002年7月至2004年7月日本国家果树研究所攻读博士后；2005年美国加州大学河滨分校综合基因组生物学研究所朱建康实验室合作研究。教育部"长江学者"特聘教授，国家杰出青年科学基金获得者，国家百千万人才工程国家级人选，国家有突出贡献中青年专家，科技部中青年科技创新领军人才，教育部"长江学者和创新团队发展计划"创新团队带头人，山东省"泰山学者"特聘教授，山东省现代农业产业技术体系果品创新团队岗位专家。现任山东农业大学园艺科学与工程学院院长，国家苹果工程技术研究中心副主任；兼任国家自然科学基金委员会专家评审组成员，中国园艺学会理事，山东遗传学会常务理事等；国际SCI期刊"Plant Cell, Tissue & Organ Culture"的Associate Editor，"Scientia Horticulturea"的咨询编委。

刘 志 研究员

烟台国际苹果育种中心客座研究员。1968年3月生,辽宁建平人,博士,研究员。现为国家现代苹果产业技术体系熊岳综合试验站站长,辽宁省自然科学研究农业科研系列高级评委会评审专家,辽宁省农业综合开发项目评审专家,辽宁省果树科学研究所学术委员,北方果树编委,2016年被聘为烟台国际苹果育种中心客座研究员。1990年至今,主要从事苹果新品种选育及配套栽培技术研究。获农牧渔业部丰收计划二等奖1项,辽宁省政府科技进步二等奖2项。选育苹果新品种13个,苹果矮化砧木1个。发表论文50余篇,参加编写著作3部,制定辽宁省地方标准2项。

马 钧 副研究员

烟台国际苹果育种中心客座研究员。男,现任云南省农业科学院园艺作物研究所副所长、副研究员,主要从事高原苹果产业技术研究与示范推广工作,2016年被聘为烟台国际苹果育种中心客座研究员。现为中国园艺学会理事,云南省园艺学会常务副理事长兼秘书长,国家苹果产业技术体系昭通综合试验站站长,农业部云贵高原果树科学观测实验站站长,温带水果产业技术研发省级创新团队核心成员。自2008年以来,先后引进选育出适宜云南低纬高原发展的苹果新品种5个,获得云南省科技进步二等奖1项、三等奖1项,发表论文11篇,出版专著2部。

刘延杰 研究员

烟台国际苹果育种中心客座研究员。1957年12月20日生,汉族,中共党员,东北农业大学园艺专业毕业,研究员,2016年被聘为烟台国际苹果育种中心客座研究员。现任黑龙江省农业科学院牡丹江分院仁果研究室主任,国家苹果产业技术体系东北寒地综合试验站站长,中国园艺学会苹果分会理事,中国农业科学院研究生院硕士研究生导师。提出寒地果树发展必须走寒地特色、自有品种、自有技术,研究寒地苹果乔砧密植建园和纺锤形修剪新技术,在果树育种、果树资源的整理研究方面,积累大量试材和经验。龙丰、龙冠苹果等14个果树新品种在生产推广。获省级成果奖10余项,撰写论文40余篇。

沙广利 研究员

烟台国际苹果育种中心客座研究员。男,1965年生,博士,研究员,现任国家苹果产业体系青岛综合试验站站长,2016年被聘为烟台国际苹果育种中心客座研究员。长期从事苹果砧木选育研究。主持或参与研究"国家科技支撑计划""公益性行业科研专项""国家农业产业技术体系""山东省农业良种化工程"等项目。选育的无融合生殖苹果砧木"青砧1号"等,种子繁殖,整齐一致;根系发达,适应范围广,无支架栽培;早果丰产。2012年获山东省科技进步二等奖,2014年获国家植物新品种保护权。"享受国务院颁发政府特殊津贴人员"(2014),"青岛市突出贡献专家"(2013),"青岛市拔尖人才"(2015),"青岛市优秀共产党员"(2016)。"山东省农作物品种审定委员会"委员,云南省昭通市人民政府"苹果产业发展专家组成员"。

第三章 全院（所）职工名录

1. 离退休、调离干部名录

姓名	性别	籍贯	出生年月	学历	在岗职务、职称	来院所时间	离院所时间	离退休时间
徐沛然	男	山东诸城	1922.07	中专	小麦室主任、高级农艺师	1958.08		1990.11
于 伊	男	山东青岛	1921.01	专科	高级农艺师	1958.08		1990.11
方 正	男	浙江嘉善	1935.01	中专	小麦室主任、高级农艺师	1958.08		1995.01
王树森	男	山东文登	1919.10		所长	1958.08	1972.08 去世	
李树才	男	山东蓬莱			所长、书记	1958.08	1959.08	
王树钿	男	山东栖霞	1935.03	中专	甘薯室主任、高级农艺师	1958.08		1995.05
于洪春	男	山东文登	1939.08	高小	畜牧场场长、技术员	1958.08		1999.08
于庆显	男	山东福山	1941.10	小学	试验农场副场长、助理农艺师	1958.08		2001.10
孙忠远	男	山东海阳	1921.02		副书记、副所长	1958.08		
刘明春	男	山东莱西	1936.01	中专	大豆室主任、高级农艺师	1958.08		1996.01
谢永福	男	山东福山	1939.11	中专	农艺师	1958.08	1997.01 去世	
王洪志	男	山东福山	1924.05	高小	干部	1958.08		1983.04
孟庆珉	男	山东牟平	1930.12	高小	干部	1958.08	1982.07	
李润生	男	山东莱州	1927.08	初中	主管会计	1958.08	1974.05	
岳德章	男	山东福山	1940.05	高小	助理农艺师	1958.08		1994.06
曲福勤	男	山东莱西	1919.01	初小	干部	1958.08		
郑洪良	男	山东莱西	1933.09	中专	农科所副所长、高级农艺师	1958.12		1995.10
于作庆	男	山东文登	1938.10	中专	试验农场场长、高级农艺师	1958.09		1998.10
崔广琴	女	山东龙口	1935.05	本科	研究员	1958.10		2002.12
高洪芝	女	山东蓬莱	1936.10	本科	高级农艺师	1959.02		1991.11
侯庆福	男	山东夏津	1937.01	中专	小麦室副主任	1959.08	1980.10	
董传周	男	山东荣成	1928.09		书记	1959.09	1969.01	
常 鸿	男	上海市	1934.01	本科	主任、高级农艺师	1959.09		1991.07

(续表)

姓名	性别	籍贯	出生年月	学历	在岗职务、职称	来院所时间	离院所时间	离退休时间
冯长祥	男	安徽灵璧	1935.10	本科	小麦室副主任	1959.09	1985.04	
王克诰	男	山东即墨	1939.07	高中	化验室主任、高级农艺师	1960.07		1999.08
刘学智	男	山东龙口	1945.07	初中	场长	1961.04		2005.08
邹玉真	女	山东栖霞	1934.01	中专	高级农艺师	1961.08		1990.11
于令康	男	山东龙口	1935.09	本科	高级农艺师	1961.09		1995.09
张建安	男	上海静安	1937.08	本科	高级农艺师	1962.01		1997.09
卓耀南	男	江苏泗水	1936.12	本科	高级农艺师	1962.02		1997.01
曹继森	男	山东高青	1934.08	本科	技术员	1962.04	1969.04	
王彩珍	女	江苏张家港	1931.07	中专	高级农艺师	1962.09		1990.11
王士友	男	山东青州	1932.03	本科	土肥室主任、高级农艺师	1962.10		1992.03
杨中萃	男	江苏南京	1931.01	本科	甘薯室主任、研究员	1962.10		2002.12
陈昌玉	男	四川成都	1923.07	专科	高级农艺师	1962.11		1990.11
任秀兰	女	山东青岛	1939.10	高小	干部	1963	1982.07	
刘笃信	男	江苏沛县	1935.08	本科	农艺师	1963.09	2001.02 去世	病退
张香蓉	男	浙江嵊县	1926.10	专科	高级农艺师	1963.09		1990.11
贾廷祥	男	山东长清	1933.04	专科	农科所副所长、高级农艺师	1963.10		1995.05
吴桂本	女	山东无棣	1936.11	本科	植保所所长、研究员	1963.11		2002.12
杨月桓	女	山东牟平	1940.03	本科	农艺师	1964.08		1988.06
鞠洪刚	男	山东荣成	1927.01	高中	干部	1965.05		1975.11
刘恩庆	男	河北临西	1935.06	中专	主任	1965.05	1985.01	
宋文华	男	山东文登	1948.03	中专	农艺师	1965.06		2008.03
王志范	男	山东海阳	1937.10	本科	玉米室主任、研究员	1965.08		1998.06
李保欣	男	山东栖霞	1937.06	大学	所长	1966.	1985.05	
刘耕夫	男	山东牟平			党支部书记	1969.01	1970	
王登国	男	山东招远			党支部书记	1969.		
孙盛宁	男	山东烟台	1937.11	中专	会计员	1970.07		1992.05
王忠善	男	山东牟平	1921.02	初中	书记	1971.05	1983.01	
于永平	男	山东文登	1939.11	本科	技术员	1971.	1974.	
叶连桂	女	山东日照	1935.05	本科	农艺师	1971.01	1986.08	
仲广庭	男	山东莱州	1923.04	高小	干部	1972.09		1981.08
王玉心	女	山东蓬莱	1935.02	本科	小麦室主任、研究员	1973.03		2002.12
林淑娟	女	山东福山	1946.07	大普	农艺师	1973.08	1987.04	
刘再庆	男	山东福山	1951.01	中专	保卫科副科长	1973.02		2011.01

(续表)

姓名	性别	籍贯	出生年月	学历	在岗职务、职称	来院所时间	离院所时间	离退休时间
李　连	男	山东莱州	1936.09	本科	特产室主任、高级农艺师	1973.02		1996.09
宫本义	男	山东文登	1948.06	大普	高级农艺师	1973.06		2008.06
徐元丰	男	山东平度	1933.10	本科	小麦室副主任、技术员	1973.07	1981.12	
陈　栋	男	山东济南	1936.04	初中	办公室副主任	1973.07	1982.07	
周复来	男	山东蓬莱	1938.02	本科	技术员	1973.10	1978.02	
薛增敏	女	山东胶南	1955.03	本科	副院长、高级会计师	1974.10		2015.04
杨清大	男	山东荣成	1950.02	中专	生产组副组长	1974.08	1982.02	
孙始良	男	山东即墨	1946.02	本科	高级农艺师	1974.07		2006.02
辛举文	男	山东海阳	1949.08	本科	开发中心主任、高级农艺师	1974.08		2009.08
孙世川	男	辽宁长海	1949.01	本科	蔬菜所所长、农艺师	1974.11		2009.01
盛作富	男	山东福山	1938.09	中专	医师	1974.12		1994.07
盛志政	男	山东烟台	1935.12	专科	科管科科长、高级农艺师	1975.05		1995.12
修凤英	女	山东海阳	1929.03	小学		1975.06		1990.11
孟惠英	女	山东龙口	1941.10	中专	高级农艺师	1975.07		1999.12
田学俭	男	山东文登	1945.05	高小	工程师	1975.08		2005.06
姜爱莲	女	山东荣成	1949.09	大普	副主任、兽医师	1975.08	1989.04	
叶学昶	男	江苏松江	1925.03	专科	高级农艺师	1975.11		1990.11
鞠法远	男	山东荣成	1952.10	初中	畜牧场场长、农艺师	1975.11		2012.10
蒋敦仪	女	上海市	1936.11	大专	资料室主任、农艺师	1976.02		1992.01
周鸿志	男	山东福山	1941.07	初中	主治医师	1976.03		2001.08
宋文卿	女	山东莱阳	1948.01	本科	高级农艺师	1976.08		2003.11
于开亮	男	山东乳山	1951.07	大专	农艺师	1976.08	1989.04	
王庆旭	男	山东即墨	1954.10	本科	蔬菜室主任、高级农艺师	1976.08	1998.08	
龙丽萍	女	山东荣成	1952.11	中专	玉米所副所长、研究员	1976.08		2007.11
牟春生	男	山东栖霞	1951.11	专科	副院长、所长、研究员	1976.08		2013.11
隋金华	女	山东莱阳	1959.05	中专	财务处副处长	1977.04		2014.05
孙吉南	男	山东海阳	1950.10	本科	总务科科长、高级工程师	1977.07		2010.10
宋子钦	男	山东文登	1935.01	中专	总务科科长	1978.04		1995.01
吕绍玲	女	山东莱西	1949.04	中专	财务处处长	1978.05		2004.05

(续表)

姓名	性别	籍贯	出生年月	学历	在岗职务、职称	来院所时间	离院所时间	离退休时间
徐源连	男	山东威海	1937.05	本科	高级农艺师	1978.06		1997.06
王克语	男	山东即墨	1953.12	中专	助理畜牧师	1978.09		2013.12
王凤福	男	山东海阳	1925.09	初中	党委副书记、副所长	1978.11		1985.11
王建清	男	山东福山	1935.06	高中	工程师	1978.12		1995.07
吕振忠	男	山东福山	1954.10	初中	干部	1978.12		2014.10
韩义文	男	山东蓬莱	1928.03	高小	政工科科长	1979.08		1990.11
董世文	男	河北沽沅	1929.03	中学	办公室副主任	1980.01		1990.11
于云增	男	山东莱州	1960.06	大专	团委书记	1980.07	1984.05	
盛玉兰	女	山东莱州	1963.03	中专	助理会计师	1980.12		2018.03
张爱萍	女	山东文登	1962.11	中专	药师	1980.12		2017.10
王荣	女	山东海阳	1962.05	本科	科研处副处长、农艺师	1980.12		2017.05
祝洪林	男	山东蓬莱	1960.02	专科	助理农艺师	1981.01	1990.04	
谢良全	男	山东章丘	1939.05	本科	副所长	1981.09	1982.11	
于良忠	男	山东莱西	1938.11	本科	土肥室主任、高级农艺师	1981.09		1998.12
张善勇	男	山东芝罘	1956.05	本科	党委书记、副院长、研究员	1982.01		2016.09
李瑞庆	男	山东莱州	1960.02	本科	助理农艺师	1982.01	1985.04	
徐文芳	女	山东栖霞	1948.10	中专	工会副主席	1982.04		2003.12
左言华	男	山东莱西	1936.10		书记	1982.06	1988.03	
李兴桥	男	河北沧县	1937.02	本科	高级农艺师	1982.06		1999.03
邹德庆	男	山东烟台	1959.03	本科	玉米室副主任、农艺师	1982.07	1994.04	
吕建华	男	山东福山	1955.09	中专	助理农艺师	1982.08	1995.06	
王熙玉	男	山东文登	1944.11	大学	所长、副书记、高级农艺师	1982.12	1996.01	
刘洪森	男	河北陵县	1937.01	中专	副场长、高级畜牧师	1983.03		1997.01
刘昌和	男	山东威海	1938.01	大学	科长	1983.06	1985.09	
林祖军	男	山东龙口	1957.09	本科	副院长、研究员	1983.07		2017.09
于乃敏	女	山东文登	1943.10	本科	副书记、副院长	1983.08		2003.11
吴朝熙	男	山东福山	1944.12	本科	办公室主任	1983.08	1988.12	
张心玲	男	山东福山	1945.05	大专	试验农场书记	1984.04	1989.12	
王福斌	男	山东荣成	1962.07	本科	科管科副科长、农艺师	1984.07	1993.05	
卜宪玉	男	山东福山	1939.12	高中	高级农艺师	1984.07		1999.12

(续表)

姓名	性别	籍贯	出生年月	学历	在岗职务、职称	来院所时间	离院所时间	离退休时间
巴信斌	男	山东福山	1957.08	中专	开发中心副主任、助理会计师	1984.08		2017.08
邬振祥	男	北京市	1945.07	中专	副主任、高级农艺师	1984.09		2005.02
孙树礼	男	河北昌黎	1938.09	本科	副主任、高级农艺师	1984.10		1998.10
孙君强	男	河北武邑	1933.08	中专	副主任、会计师	1984.11		1993.10
段大海	男	山东蓬莱	1960.05	本科	农艺师	1985.01	1990.10	
赵鸿荃	女	河北故城	1938.06	高中	助理馆员	1985.01		1993.07
刘连成	男	山东威海	1964.03	本科	农艺师	1985.07	1992.12	
李素梅	女	山东乳山	1962.12	本科	研究员	1985.07		2017.12
周德强	男	山东福山	1964.04	中专	副主任	1985.11	1999.10 去世	
鞠洪绶	男	山东荣成	1959.09	本科	助理农艺师	1985.12	1987.05	
李慎生	男	山东莱西	1940.04	大本	副主任、高级畜牧师	1986.04	1999.05 去世	
于希明	男	山东乳山	1963.01	本科	助理农艺师	1986.07	1989.07	
孙益良	男	山东莱州	1944.11	本科	蔬菜室副主任、工程师	1986.07	1989.12	
郑秀芹	女	山东聊城	1944.02	本科	工程师	1986.07	1989.12	
汤江海	男	山东荣成	1963.08	本科	助理兽医师	1986.07	1992.09	
王伟	男	山东威海	1965.09	大学	助理经济师	1986.07	1988.12	
衣先家	男	山东栖霞	1965.05	专科	助理农艺师	1986.07	1989.06	
倪寿山	男	山东莱西	1964.05	本科	农艺师	1986.07	1994.12	
叶明君	女	山东烟台	1942.01	本科	高级畜牧师	1986.10		1999.12
张福良	男	山东莱州	1950.12	专科	政工科副科长	1986.12	1988.12	
王月平	女	河北邱县	1940.08	中专	护师	1986.12		1995.09
张炜	男	山东烟台	1963.09	硕士	农艺师	1987.07	1993.08	
曲华	女	山东牟平	1964.08	本科	助理农艺师	1987.07	1990.01	
宗清友	男	山东龙口	1964.05	大学	助理农艺师	1988.06	1990.10	
马丽娜	女	山东栖霞	1958.05	中专	科员	1989.04		2013.05
于忠范	男	山东乳山	1963.04	本科	土肥所所长、高级农艺师	1989.07	2003.05	
王淑贞	女	山东莱阳	1966.12	本科	助理农艺师	1989.07	1993.12	
李绍敏	男	山东栖霞	1958.07	本科	植保室副主任、高级农艺师	1989.09	2003.12	
初展葵	男	山东烟台	1944.06	大学	党委书记、副所长、高级农艺师	1989.12	1995.09	
王学宽	男	山东福山	1950.08	初中	工业科副科长	1990.05		2010.08
娄桂兰	女	山东莱西	1950.06	中专	助理会计师	1990.10		2005.08

(续表)

姓名	性别	籍贯	出生年月	学历	在岗职务、职称	来院所时间	离院所时间	离退休时间
吕祝章	男	山东莱阳	1964.01	本科	研究员	1991.05	2006.05	
周庆涛	男	山东福山	1970.04	专科	助理农艺师	1991.07	1995.11	
孙苡瑶	男	山东栖霞	1937.12	本科	农科所副所长、高级农艺师	1991.07		1999.02
张鹏	男	山东蓬莱	1966.11	本科	助理农艺师	1992.07	1994.09	
刘丽	女	辽宁营口	1970.01	大学	助理农艺师	1992.07	1995.10	
柳尧训	男	山东福山	1952.05	中专	副场长、兽医师	1993.07		2012.05
王培旭	男	山东烟台	1938.10	大学	党委书记	1995.09	1996.02	
隋安臣	男	山东海阳	1953.09	大学	所长、党委书记	1995.09	1997.12	
宋波	男	山东莱阳	1976.01	大专	农艺师	1996.07	2005.07	
王全华	女	山东单县	1965.04	博士	蔬菜所所长、研究员	1996.09	2013.10	
许秀美	女	山东平度	1974.02	本科	农艺师	1996.09	2006.04	
梁新明	男	山东龙口	1955.04	大学	书记、院长、研究员	1997.12	2008.09去世	
邱化蛟	男	山东平阴	1972.10	博士	农艺师	1999.07	2006.07	
刘志坚	男	山东牟平	1979.08	本科	甘薯所副所长、农艺师	2001.07	2014.02	
鲁首臣	男	山东莒县	1976.08	本科	花卉所副所长、助理农艺师	2001.07	2004.11	
宋连升	男	山东牟平	1978.12	大学	助理农艺师	2001.07	2007.08	
许珂	男	山东定陶	1979.05	大学	助理农艺师	2001.07	2002.09	
葛晨辉	男	黑龙江依兰	1964.12	专科	开发中心副主任、高级农艺师	2002.01	2013.09	
张克云	男	山东海阳	1945.03	专科	副主任医师	2002.01		2005.03
刘克宁	男	山东莱州	1980.12	本科	办公室副主任	2003.07	2011.08	
陈蕾	女	山东泰安	1980.11	本科	见习	2004.03	2005.10	
任强	男	山东招远	1983.10	本科	助理农艺师	2006.12	2008.08	
董锐	男	山东莱阳	1964.09	大学	副书记、院长	2008.12	2013.09	
卢绪娟	女	山东莒南	1981.01	硕士	助理农艺师	2008.12	2009.04	
司树鼎	男	山东东阿	1981.11	硕士	助理农艺师	2008.12	2010.05	
蒋恩顺	男	山东济南	1980.03	硕士	助理农艺师	2008.12	2011.01	
田伟	女	山东文登	1982.02	博士	助理研究员	2012.10	2013.07	
王丽君	女	山东龙口	1985.09	本科	农经师	2012.12	2016.04	
张波	男	山东烟台	1941.09	中专	农场副场长	1966.04	1991.12	
赵万图	男	山东齐河	1925.08	大专	农艺师	1966.04	1985.12	
刘道恩	男	山东文登	1917.01	初中	—	1966.04		1997.01
于绍夫	男	山东崂山	1940.03	大学	所长（代）	1966.04	1992.01	

(续表)

姓名	性别	籍贯	出生年月	学历	在岗职务、职称	来院所时间	离院所时间	离退休时间
章宗江	男	浙江嘉兴	1916.02	大学	市政协副主席	1966.04		1990.11
李 治	男	辽宁铁岭	1935.07	大学	农艺师	1967.09	1984.05	
王清美	女	山东青岛	1950.05	大学	农艺师	1970.07	1985.03	
乔秀芝	女	山东泗水	1936.04	大学	农艺师	1973.02	1984.07	
邹云贵	男	山东乳山	1936.06	大学	栽培室主任	1974.08		1996.06
于英琛	女	山东乳山	1939.05	大专	高级农艺师	1974.08		1999.05
胡孟兴	男	山东乳山	1939.05	大专	高级农艺师	1974.08		1999.05
毕庶华	男	山东文登	1951.08	小学	副场长	1975.11		2011.08
朱相川	男	山东福山	1952.08	高中	场长	1976.01		2012.08
刘殿海	男	山东福山	1934.12	初中	副站长	1976.05	1986.05	
孙洪喜	男	山东烟台	1924.11	初中	副书记	1978.01		1985.01
林怀玉	女	山东福山	1953.01	大专	副主任	1978.04	1989.01	
聂惠清	女	山东蓬莱	1949.09	大专	农艺师	1978.07	1984.05	
陈熙山	男	山东莱州	1939.05	初中	副书记	1978.08	1988.06	
温承日	男	山东招远	1935.12	大学	所长	1978.09	1987.06	
孙贞义	男	山东福山	1949.09	高中	农场场长	1978.01		2009.09
徐合庆	男	山东莱西	1955.03	高中	会计	1978.12	1986.01	
吕锡祯	男	山东益都	1924.05	大学	高级农艺师	1979.02		1990.11
侯学珍	女	山东烟台	1934.04	中专	会计	1979.07		1990.11
周培庆	男	山东乳山	1933.04	大学	高级农艺师	1979.01		1993.04
张学禹	男	山东潍县	1925.12	初中	副书记	1980.03	1986.02	
孙广隽	男	山东芝罘	1943.02	高中	编辑部主任、编辑	1980.03	2001.11	
陈凤霞	女	山东荣成	1957.11	中专	助理农艺师	1980.07	1982.03	
黄文静	女	山东牟平	1941.01	高小	—	1980.08	1984.08	
马海峰	男	山东乳山	1932.03	初中	医师	1980.09	1987.03	
秦洪志	男	山东莱州	1934.09	中专	主任	1981.03	1987.05	
曲俊远	男	山东莱州	1934.05	中专	植保室主任	1981.11	1984.01	
梁厚华	男	山东文登	1936.09	初中	农场书记	1982.01		1996.09
王树大	男	山东福山	1957.03	大学	所长、高级农艺师	1982.01	1996.03	
汪克诚	男	山东烟台	1947.07	大学	高级农艺师	1982.01		2007.07
曲复宁	女	山东牟平	1959.08	大学	助理农艺师	1982.01	1985.03	
郭尊东	男	山东莱西	1961.11	大学	助理农艺师	1982.07	1985.03	
于 泳	男	山东牟平	1960.12	大学	团支部书记	1982.07	1991.01	
徐 杰	男	山东乳山	1962.01	大学	助理农艺师	1983.07	1987.12	

(续表)

姓名	性别	籍贯	出生年月	学历	在岗职务、职称	来院所时间	离院所时间	离退休时间
姜淑庆	女	山东龙口	1963.02	大学	助理农艺师	1983.07	1997.08	
张宗坤	男	山东文登	1954.11	大学	主任、高级农艺师	1983.08		2014.11
梁玉本	女	山东荣成	1959.11	本科	高级农艺师	1984.01		2014.11
史旭波	女	山东乳山	1964.11	大学	助理农艺师	1985.07	1989.03	
张景双	男	山东乳山	1963.05	大学	团支部副书记	1985.07	1990.09	
杨昌庆	男	山东招远	1963.01	大学	助理农艺师	1985.07	1991.07	
李全义	男	山东莒南	1942.06	中专	栽培室主任	1986.01		2002.06
董向丽	女	山东栖霞	1965.02	大学	助理农艺师	1987.07	1996.07	
高日志	男	山东莱阳	1965.07	大学	助理农艺师	1987.07	1990.11	
赵曼华	女	山东莱州	1965.11	大专	助理农艺师	1987.07	1996.07	
申泗贵	男	山东茌平	1941.05	初中	书记	1988.01	1989.04	
刘一飞	男	江西新田	1964.06	研究生	助理农艺师	1988.01	1996.07	
于学仙	男	山东海阳	1942.11	初中	副书记	1988.05		2002.11
滕学珍	女	山东莱州	1966.11	大专	助理农艺师	1988.07	1997.02	
于建波	男	山东牟平	1966.12	大学	助理农艺师	1989.08	1991.09	
张钦书	男	山东寿光	1966.01	专科	助理农艺师	1989.09	1997.07	
刘志坚	男	山东蓬莱	1938.03	大学	果科所所长	1990.03		1998.03
刘玉卿	女	山东蓬莱	1936.12	中专	工程师	1990.04		1996.12
于坤令	男	山东荣成	1951.08	大专	书记	1990.05	1997.12	
张文准	女	山东牟平	1939.03	大学	高级农艺师	1991.09		1994.03
臧逢春	男	江苏泗洪	1939.11	大学	植保室主任、高级农艺师	1991.11		1999.11
任建华	女	山东枣庄	1964.01	大专	助理农艺师	1992.01	1994.09	
都韶英	女	山东牟平	1955.01	大本	果树所副书记	1992.04		2010.01
刘宝革	男	山东荣成	1963.03	研究生	所长、高级农艺师	1997.05	2002.06	
刘宗敏	男	山东烟台	1955.07	大学	办公室主任	1998.06		2015.07
张凤敏	男	山东海阳	1953.12	本科	果科所副所长、研究员	1999.03		2013.12

2. 退休、调离工人名录

姓名	性别	籍贯	出生年月	学历	在岗职务、职称	来院时间	离院时间	离退休时间
张天清	男	山东文登	1931.10	高小	高级工	1958.08		1991.10
林钧明	男	山东文登	1938.09	高小	高级工	1958.08		1995.03
王元章	男	山东福山	1937.09	初小	高级工	1958.08		1997.10
盛治川	男	山东莱州	1938.07	高小	高级工	1958.08		1998.08

(续表)

姓名	性别	籍贯	出生年月	学历	在岗职务、职称	来院时间	离院时间	离退休时间
孙廷昌	男	山东龙口	1938.10	高小	高级工	1958.08		1998.12
王镇国	男	山东蓬莱	1934.08	高小	高级工	1958.08		1994.09
于树朴	男	山东文登	1937.10	高小	高级工	1958.08		1995.03
谭忠松	男	山东文登	1937.05	初小	高级工	1958.08		1997.06
周进丑	男	山东文登	1938.01	高小	高级工	1958.08		1995.03
于成义	男	山东文登	1937.	高小	普通工	1958.08		1991.04
张培举	男	山东莱州	1936.09	高小		1958.08	1991.07	
邹焕桥	男	山东栖霞	1939.12	高小	高级工	1958.08		1994.07
吕谔	男	山东莱阳	1929.05	初小	普通工	1958.08		1989.05
柳义芳	男	山东蓬莱	1937.09	高小	高级工	1958.08		1992.04
薛成彩	男	山东青岛	1926.08	初小	工人	1958.08		1988.08
林春堂	男	山东文登	1930.03	高小	工人	1958.08		1990.03
刘精武	男	山东蓬莱	1931.02	高小	工人	1958.08		1980.12
姜洪福	男	山东文登	1934.09	高小	工人	1958.09		1994.09
陈宗修	男	山东福山	1940.03	高小	普通工	1958.09		1992.05
宫淑清	女	山东龙口	1935.03	初小	普通工	1958.12		1988.08
陈明杰	男	山东乳山	1938.10	高小	高级工	1959.09		1998.11
迟旭海	男	山东文登	1941.12	高小	高级工	1960.03		2002.01
王德芳	女	山东文登	1937.07	初小	普通工	1960.03		1988.08
吕学勤	男	山东沾化	1943.01	初中	工人	1964.06		2003.02
张曙生	男	浙江嵊县	1948.03	高小	工人	1970.08	1992.05	
刘惠利	男	山东昌乐	1956.07	高中	工人	1971.01	1982.07	
孙风珠	男	山东福山	1925.12	高小	普通工	1973.01		1980.12
周世家	男	山东福山	1948.05	高小	工人	1973.03	1986.07	
吕学军	男	山东沾化	1956.03	初中	高级工	1973.05		2016.03
尉福龙	男	山东海阳	1952.10	高中	高级工	1973.05		2012.10
姜新义	男	山东海阳	1925.02	初小	普通工	1973.12		1983.05
王仁章	男	山东福山	1947.01	初中	高级工	1974.03		2007.02
王熙琼	女	山东文登	1955.09	高中	—	1974.06	1984.07	
孙德明	男	山东高密	1957.07	初中	中级工	1974.06		2017.07
薛久香	女	山东胶南	1956.07	高中	工人	1974.07	1984.09	
杜成杰	男	山东牟平	1956.03	高中	高级工	1974.09		2016.03
曲莲钰	女	山东莱阳	1955.04	高中	工人	1974.10	1983.04	
孙巧玲	女	山东平度	1955.11	初中	工人	1974.10	1988.11	
王臣柱	男	山东昌邑	1954.05	初中	高级工	1974.10		2014.05

(续表)

姓名	性别	籍贯	出生年月	学历	在岗职务、职称	来院时间	离院时间	离退休时间
王秀美	女	山东平度	1953.11	高中	工人	1974.10	1986.04	
王华坤	女	山东莱阳	1955.11	高中	高级工	1974.10		2005.12
邢巧燕	女	山东昌邑	1956.08	高中	工人	1974.10		2006.09
姜金玲	女	山东济南	1955.03	高中	工人	1974.	1989.04	
马继红	女	山东乳山	1950.06	初中	工人	1974.	1983.05	
高明安	男	山东牟平	1957.05	高中	工人	1975.03	1982.07	
刘玉荣	女	山东济南	1952.08	初中	工人	1975.06	1982.07	
史和平	男	山东济南	1953.04	高小	高级工	1975.06		2006.12
宋金花	女	江苏淮安	1956.07	高中	高级工	1975.06		2006.07
魏振华	女	山东济南	1955.01	高小	高级工	1975.06		2005.01
王希阳	男	山东即墨	1953.11	初中	高级工	1975.07		2013.11
王寿仁	男	山东文登	1944.08	初小	工人	1975.07		1995.03
刘正金	男	山东文登	1937.04	高小	高级工	1975.08		1997.04
于时功	男	山东文登	1944.07	高小	电工	1975.08	1985.03	
宋协忠	男	山东文登	1941.08	高小	工人	1975.08	1985.03	
牛国富	男	山东无棣	1939.06	高小	高级工	1975.08		1999.07
陈令军	男	山东烟台	1956.09	高中	中级工	1975.10	1991.06	
冯雁玲	女	江苏南京	1953.07	初中	普通工	1976.01		2003.10
刘惠芹	女	山东福山	1956.02	高中	高级工	1976.02		2006.02
吴吉喜	男	山东福山	1955.09	初中	高级工	1976.03		2015.10
王均平	男	山东莱阳	1951.04	初中	高级工	1976.03		2011.04
纪秀敏	男	山东福山	1957.03	高中	高级工	1976.08		2017.03
王淑美	女	山东牟平	1955.10	初中	高级工	1977.07		2005.11
孙同卿	女	山东海阳	1953.09	初中	高级工	1977.10		2003.10
王巧玲	女	山东荣成	1953.12	初中	高级工	1978.01		2003.12
包绍莉	女	山东福山	1953.01	初中	高级工	1978.03		2003.02
李福如	男	山东莱州	1952.10	初中	高级工	1978.08		2012.10
孙露滋	女	江苏无锡	1957.08		工人	1978.11	1988.11	
鞠少杰	男	山东福山	1957.09	初中	工人	1978.12	1982.09	
张增志	男	山东福山	1950.03	初中	工人	1978.12	1985.01	
丁庆金	男	山东邹县	1953.03	高小	工人	1978.12	1982.03	
李宗茂	男	山东莱州	1946.06	高小	高级工	1979.03		2006.04
姜 华	女	山东文登	1966.01	中专	高级工	1979.07		2016.02
崔寿艳	女	山东福山	1949.11	高小	中级工	1979.10		2000.01
宋秀英	女	山东荣成	1938.03	高小	—	1980.01		1990.11

(续表)

姓名	性别	籍贯	出生年月	学历	在岗职务、职称	来院时间	离院时间	离退休时间
成秀萍	女	山东龙口	1950.10	初中	中级工	1980.03		2000.11
吕志娟	女	山东福山	1956.08	初中	工人	1980.04	1989.02	
王 华	女	山东蓬莱	1965.06	初中	高级工	1980.05		2015.06
朱小华	女	山东济南	1952.08	初中	高级工	1980.09		2002.08
张建平	女	山东菏泽	1959.01	中专	普工	1980.10		2009.01
王振芝	女	山东福山	1958.03	初中	高级工	1980.12		2008.03
于 红	女	山东福山	1963.05	中专	高级工	1980.12		2013.05
姜 红	女	山东文登	1963.07	中专	高级工	1980.12		2013.04
王 琴	女	山东福山	1963.11	中专	高级工	1980.12		2013.11
周爱云	女	山东文登	1962.11	中专	高级工	1980.12		2012.11
孙翔琴	女	山东烟台	1956.02	初中	高级保育员	1980.12		2006.02
仲崇臣	男	山东莱州	1956.09	中专	高级工	1980.12		2016.09
邹贵强	男	山东栖霞	1962.12	高中	中级工	1980.12	1995.12	
刘治臣	男	山东蓬莱	1962.09	初中	高级工	1980.12	2001.10	去世
杨义文	男	山东济宁	1955.11	高中	高级工	1980.12	2012.04	
张爱杰	女	山东文登	1965.11	中专	高级工	1981.08		2015.11
孙福生	男	山东即墨	1951.12	初中	工人	1981.09	1982.07	
刘淑卿	女	山东福山	1949.08	初中	工人	1982.03		1999.09
于爱波	女	山东文登	1966.09	初中	高级工	1982.12		2016.9
王月华	女	山东乳山	1957.11	初中	中级工	1983.03		2007.11
赵桂珍	女	山东莱西	1950.07	初中	工人	1983.03	1988.09	
王振萍	女	山东福山	1965.08	中专	高级工	1983.04		2015.08
姜 芳	女	山东海阳	1965.12	高小	工人	1983.06	1986.05	
王民相	男	山东龙口	1939.04	大学肄业	高级工	1983.09		1999.06
陈广芸	女	山东福山	1966.11	大专	中级工	1983.12	2000.	
邹家萍	女	山东蓬莱	1942.02	初中	普工	1984.10		1993.02
窦墨华	女	山东莘县	1957.12	小学	初级工	1984.12		2008.01
刘云芝	女	山东文登	1947.02	初中	高级工	1985.06		1995.03
岳富杰	男	山东福山	1965.09	初中	工人	1985.06	2000.07	
徐 艳	女	江苏盐城	1960.12	中专	科员	1985.07		2014.07
于淑敏	女	山东龙口	1941.11	高小	普工	1985.09		1991.12
周树仁	男	山东福山	1939.08	初中	高级工	1985.10		1999.09
孙树章	男	山东济南	1944.10	中专	高级工	1985.12		1994.12
刘红艳	女	山东福山	1963.05	初中	中级工	1985.12		2013.05
李玉珍	女	北京顺义	1947.09	初中	高级工	1986.01		1997.10

（续表）

姓名	性别	籍贯	出生年月	学历	在岗职务、职称	来院时间	离院时间	离退休时间
郭世同	男	山东文登	1952.08	初中	高级工	1986.11		2012.08
于洪明	男	山东文登	1955.02	初中	中级工	1987.01	1996.11	去世
王连珍	女	山东文登	1957.04	初中	高级工	1987.01		2007.05
王振霞	女	山东福山	1966.07	大专	高级工	1987.03		2016.08
于瑞娜	女	山东福山	1964.01	中专	高级工	1987.03		2014.01
于瑞敏	女	山东福山	1966.07	初中	高级工	1987.03		2016.07
孙 涛	男	山东福山	1970.06	初中	工人	1987.04	1989.04	
王忠香	女	山东乳山	1965.12	中专	高级工	1987.05		2015.12
王振礼	女	山东福山	1940.01	初中	普通工	1989.12		1991.01
谭先珍	女	山东文登	1965.05	大专	会计师	1990.03	1993.01 调离	
金秀香	女	山东平度	1954.05	初中	中级工	1990.04		2004.05
迟利平	男	山东文登	1970.03	大专	中级工	1990.09	2003.06	
吕振亚	男	山东福山	1963.03	初中	初级工	1990.09	2003.06	
徐孟利	男	山东栖霞	1972.10	大专	中级工	1991.09	2003.06	
汪克严	男	山东芝罘	1949.01	初中	高级工	1992.07		2007.12
张仕海	男	山东海阳	1968.09	初中	工人	1998.07	去世	
焉建军	男	山东乳山	1976.08	本科	—	2005.11	2008.04	
孙明伦	男	山东烟台	1946.01	初中	高级工	1966.04		2006.01
张树英	女	山东福山	1953.12	初中	—	1971.12	1984.07	
王金山	男	山东乳山	1957.03	初中	—	1972.07	1991.08	
颜世玉	男	山东临邑	1925.01	小学	普工	1972.11		1985.01
于志江	男	山东福山	1953.12	小学	高级工	1973.02		2013.12
刘守东	男	山东烟台	1948.08	小学	高级工	1973.03		2008.08
权福凤	女	山东福山	1955.09	中专	高级工	1973.04		2005.01
郭为金	男	山东青岛	1936.04	小学	高级工	1973.06		1996.04
王惠心	男	山东龙口	1928.01	小学	普工	1973.06		1988.01
高明德	男	山东烟台	1956.03	初中	中级工	1973.12		2000.06
姚家财	男	山东烟台	1951.11	中专	高级工	1974.05	2004.09	
陈建菊	女	山东福山	1954.02	初中	中级工	1974.06		2004.02
初国英	女	山东海阳	1957.02	初中	—	1974.06	1989.07	
孙德明	男	山东高密	1957.07	初中	中级工	1974.06		2017.07
卢爱云	女	山东烟台	1957.01	初中	高级工	1974.07		2001.04
赵 友	男	山东福山	1957.03	初中	—	1974.11	1986.11	
王灵花	女	山东烟台	1957.11	初中	—	1974.11	1988.05	
陈宝产	男	山东福山	1954.01	中专	高级工	1974.12		2014.01

(续表)

姓名	性别	籍贯	出生年月	学历	在岗职务、职称	来院时间	离院时间	离退休时间
王晋勇	男	山东潍坊	1954.03	高中	高级工	1974.12		2014.03
许炳奎	女	山东烟台	1951.12	初中	中级工	1975.07		1999.06
万太宗	男	山东即墨	1951.04	高小	中级工	1975.07		1996.02
张秀嵩	男	山东济南	1953.05	小学	高级工	1975.07		2013.05
陈燕云	女	山东济阳	1954.02	高中	—	1975.07	1985.02	
胡宝泉	男	山东潍坊	1956.01	高小	—	1975.07	1988.01	
杨德顺	男	山东济南	1954.09	初中	高级工	1975.07		2014.09
付维强	男	山东福山	1958.01	初中	—	1975.11	1987.06	
姜红玉	女	山东烟台	1957.01	初中	高级工	1976.01		2004.04
王忠花	女	山东福山	1954.01	初中	—	1976.01	1990.01	
郭有玲	女	山东烟台	1946.04	高小	—	1976.01	1992.03	
冷延有	男	山东福山	1950.03	中专	高级工	1976.01		1997.09
赵淑月	女	山东烟台	1958.01	初中	高级工	1976.01		2008.01
张树华	男	山东福山	1947.04	初中	高级工	1976.01		1999.06
殷洪全	男	山东福山	1954.07	初中	高级工	1976.02		2014.07
董光岭	男	山东福山	1954.02	小学	高级工	1976.03		2014.02
王玉经	男	山东烟台	1956.07	中专	高级工	1976.03		2016.09
于树秋	女	山东烟台	1960.06	初中	高级工	1976.04		2010.06
唐运海	男	山东烟台	1952.03	初中	高级工	1976.04		2012.03
臧金花	女	山东海阳	1952.12	高中	高级工	1976.04		2002.12
王树德	男	山东福山	1955.01	初中	高级工	1976.04		2015.01
赵敦成	男	山东烟台	1956.03	中专	高级工	1976.04		2016.04
靳淑芹	女	山东烟台	1959.02	初中	高级工	1976.04		2001.04
王金华	女	山东烟台	1957.07	初中	—	1976.04		1994.01
郭见彩	女	山东胶南	1955.02	小学	中级工	1978.01		2005.12
王淑萍	女	山东烟台	1957.09	中专	高级工	1978.01		2001.04
王家存	男	山东福山	1952.07	高小	—	1978.01	1984.06	
王素凤	女	山东烟台	1958.01	高中	—	1978.07	1987.04	
郝喜旺	男	山东烟台	1945.01	小学	—	1978.12		1998.07
霍秀海	男	山东阳谷	1956.06	初中	高级工	1978.12		2016.06
解北显	男	山东烟台	1947.12	小学	中级工	1978.12		1998.01
赵培臣	男	四川渠县	1957.02	初中	—	1978.12	1986.07	
任福江	男	山东乳山	1957.02	高中	—	1978.12	1987.04	
彭天宏	男	山东福山	1954.09	初中	高级工	1978.12		1997.08
郭见梅	女	山东胶州	1963.09	中专	高级工	1979.01		2013.09

(续表)

姓名	性别	籍贯	出生年月	学历	在岗职务、职称	来院时间	离院时间	离退休时间
梁志清	女	山东文登	1963.11	本科	高级工	1979.01		2013.11
张淑华	女	山东文登	1956.02	高中	—	1980.03	1986.05	
张景彩	女	山东东营	1948.01	初中	普工	1980.03		1993.01
崔淑珍	女	山东烟台	1947.03	初中	普工	1980.03		1993.02
宁家荣	女	山东烟台	1947.09	初中	普工	1980.03		1993.01
林国芝	女	山东烟台	1946.11	初中	普工	1980.03		1993.01
林成凯	男	山东烟台	1951.08	小学	高级工	1980.03		2011.08
武连萍	女	山东烟台	1949.12	初中	普工	1980.03		1994.12
刘 红	女	山东烟台	1950.12	高中	中级工	1980.03		1998.07
于茂兰	女	山东烟台	1950.02	初中	普工	1980.03		1995.02
王存凯	男	山东烟台	1950.01	初中	中级工	1980.03	1995.05	
林克增	男	山东烟台	1951.09	高中	高级工	1980.03		2011.09
崔庆选	女	山东烟台	1952.04	初中	—	1980.03	1993.04	
郭玉华	女	山东烟台	1952.08	初中	中级工	1980.03		1998.07
王建华	男	山东青岛	1955.12	小学	中级工	1980.03		2015.12
傅桂荣	女	山东烟台	1953.04	初中	高级工	1980.03		2003.04
苏爱华	女	山东烟台	1954.08	初中	高级工	1980.03		2004.08
林洪江	男	辽宁大连	1950.01	中专	高级工	1980.03		2010.01
杨翠华	女	山东烟台	1949.01	初中	普工	1980.03		1995.03
王淑欣	女	山东龙口	1954.08	高小	—	1980.12	1983.01	
张洪梅	女	山东潍县	1955.05	初中	—	1980.12	1988.06	
孙笑玲	女	山东烟台	1952.11	初中	—	1980.12	1988.08	
王淑君	女	山东龙口	1965.02	高中	—	1983.07	1987.02	
孙振珊	男	山东荣成	1955.12	初中	中级工	1984.12		2015.12
姜水玲	女	山东烟台	1951.08	初中	初级工	1985.12		1998.12
丁秀娥	女	山东胶州	1950.11	初中	中级工	1985.12		1998.12
孔庆兰	女	山东牟平	1953.06	高中	中级工	1985.12		2003.06
刘翠蓉	女	山东福山	1954.02	初中	中级工	1985.12		2004.12
宋兆花	女	山东栖霞	1955.04	初中	中级工	1985.12		2005.04
栾光荣	女	山东烟台	1955.11	初中	中级工	1985.12		2005.11
孙月广	女	山东烟台	1955.12	初中	中级工	1985.12		2005.12
沙明淑	女	山东福山	1956.01	高中	中级工	1985.12		2006.01
曲光辉	女	山东烟台	1961.12	中专	高级工	1985.12		2011.12
鄮丕玲	女	山东烟台	1952.12	初中	初级工	1985.12		1998.07
邹积英	女	山东烟台	1951.03	初中	初级工	1985.12		1998.07

(续表)

姓名	性别	籍贯	出生年月	学历	在岗职务、职称	来院时间	离院时间	离退休时间
邹兰英	女	山东烟台	1951.11	初中	初级工	1985.12		1997.01
艾淑臻	女	山东德州	1955.01	初中	—	1985.12	1988.01	
解恭海	男	山东福山	1967.11	初中	—	1985.12	1990.01	
姜淑花	女	山东栖霞	1954.07	高中	—	1985.12	1991.12	
林成芝	女	山东烟台	1952.04	初中	初级工	1985.12		1998.07
夏曰明	男	山东福山	1958.01	初中	高级工	1985.12		2018.01
孙景全	男	黑龙江绥化	1949.01	初中	—	1990.02	1992.05	
隋淑艳	女	辽宁庄河	1952.07	初中	中级工	1990.02		2000.07

3. 在职干部名录

姓名	性别	籍贯	出生年月	学历	学位	职务、职称	来院时间
于 波	男	山东文登	1962.09	本科	—	安全保卫处副处长、高级农艺师	1980.12
刘述河	男	河北临西	1962.04	专科	—	园林花卉所副所长、高级工程师	1980.12
王 敏	女	山东蓬莱	1963.10	中专	—	梨所副所长、馆员	1980.12
汤国民	男	山东荣成	1960.10	本科	学士	土肥所所长、研究员	1982.07
王作全	男	山东栖霞	1959.03	本科	学士	研究员	1982.07
姜中武	男	山东牟平	1960.03	研究生	博士	副院长、研究员	1982.07
孙 亮	男	山东芝罘	1964.04	本科	—	农艺师	1982.09
李美玲	男	山东莱西	1963.11	本科	—	果树分院党总支副书记、农艺师	1982.10
姜鸿明	男	山东莱西	1961.04	研究生	博士	副院长、研究员	1983.07
王英姿	女	山东文登	1962.08	本科	学士	副院长、研究员	1983.07
姜学玲	女	山东牟平	1962.08	本科	学士	土肥所副所长、研究员	1983.07
张福兴	男	山东海阳	1962.08	本科	学士	果树分院副院长、研究员	1984.07
翟广印	男	山东莘县	1958.12	中专	—	果树所副书记	1984.10
崔万锁	男	山西襄汾	1962.05	本科	学士	高级农艺师	1984.10
韩启秀	女	山东莱州	1959.07	本科	学士	质检中心综合科科长、研究员	1985.03
尹国香	女	山东招远	1964.08	本科	—	农博园副主任、研究员	1985.07
于经川	男	山东福山	1964.08	本科	学士	小麦所所长、研究员	1985.07
刘兆晔	女	山东青州	1964.05	本科	—	研究员	1985.07
宋世志	男	山东莱阳	1962.08	大专	—	安全保卫处处长、农艺师	1985.07
张振英	女	山东牟平	1962.10	本科	—	高级农艺师	1985.12
周先学	男	山东荣成	1964.09	本科	—	质检中心主任、研究员	1986.07
刘维正	男	山东荣成	1965.05	本科	学士	科研处处长、研究员	1986.07
陈永娜	女	山东牟平	1964.12	本科	学士	研究员	1986.07
房道亮	男	山东鱼台	1964.11	本科	—	高级农艺师	1986.07

(续表)

姓名	性别	籍贯	出生年月	学历	学位	职务、职称	来院时间
姜丽芝	女	山东乳山	1964.09	大专	—	农艺师	1986.07
孙庆田	男	山东招远	1964.04	本科	学士	樱桃所所长、研究员	1986.07
刘美英	女	山东莱阳	1965.03	本科	—	研究员	1986.07
李元军	男	山东牟平	1964.12	大学	学士	工会主席、研究员	1986.07
于维忠	男	山东文登	1963.07	本科	—	高级农艺师	1987.07
王江春	男	山东招远	1965.02	研究生	博士	小麦所副所长、研究员	1987.07
于 青	女	山东海阳	1963.11	本科	学士	苹果所副所长、研究员	1987.07
刘勤博	女	山东文登	1964.01	专科	—	农艺师	1988.12
刘传德	男	山东荣成	1963.10	本科	学士	检测中心副主任、研究员	1990.01
迟爱花	女	山东文登	1966.04	中专	—	办公室副主任	1990.02
王常芸	女	山东龙口	1966.04	本科	学士	甘薯所副所长（正科）、高级农艺师	1990.07
李卫强	男	山东龙口	1968.06	本科	学士	农博园副主任、高级农艺师	1990.07
王永奇	男	山东栖霞	1969.06	本科	—	财务处处长、高级农经师	1990.09
田世恩	男	山东潍坊	1962.02	本科	学士	高级农艺师	1990.09
董 超	男	山东莱西	1966.02	专科	—	开发中心副主任、高级农艺师	1991.06
黄代峰	男	山东昌邑	1971.09	本科	硕士	开发中心主任、高级农艺师	1991.07
刘学庆	男	山东招远	1969.02	研究生	博士	副院长、研究员	1991.07
高建周	男	山东乳山	1966.04	本科	学士	助理农艺师	1991.07
张广和	男	山东夏津	1963.04	本科	—	土肥所副所长、研究员	1991.07
郭绪良	男	山东蓬莱	1970.08	大专	—	副院长	1991.07
刘学卿	女	山东招远	1966.03	大学	学士	纪委书记、研究员	1991.11
王 丽	女	山东文登	1973.09	本科	—	人事处副处长、助理农艺师	1991.12
姜青梅	女	山东蓬莱	1972.01	本科	—	茶叶研究所所长、高级会计师	1992.07
隋秀奇	男	山东乳山	1966.02	本科	学士	高级农艺师	1992.07
李晓亮	男	山东莱州	1968.06	本科	学士	检测中心副主任、高级农艺师	1992.12
于 强	男	山东海阳	1971.02	本科	—	梨所所长、高级农艺师	1993.07
夏德君	男	山东莱阳	1969.05	本科	学士	玉米油料所副所长、高级农艺师	1994.07
梁明志	男	山东莱阳	1970.12	本科	学士	兽医师	1994.07
王建玲	女	山东蓬莱	1972.07	本科	学士	农博园副主任、高级农艺师	1995.07
王培松	男	山东诸城	1969.11	本科	硕士	植保所所长、研究员	1996.07
王志新	男	山东招远	1972.04	本科	硕士	质检中心综合办公室主任、高级农艺师	1996.11
赵 倩	女	山东蓬莱	1971.10	本科	学士	研究员	1997.04
黄金荣	女	河南上蔡	1973.01	本科	—	主管护师	1997.05
卢建声	男	山东蓬莱	1972.07	本科	学士	葡萄所副所长、高级农艺师	1997.07
辛国胜	男	山东海阳	1972.11	本科	硕士	甘薯所所长、研究员	1997.07

(续表)

姓名	性别	籍贯	出生年月	学历	学位	职务、职称	来院时间
孙纪霞	女	山东蓬莱	1974.06	本科	硕士	园林花卉所所长、研究员	1997.07
丁晓义	男	山东蓬莱	1974.01	本科	学士	高级农艺师	1997.07
王增光	男	山东栖霞	1973.01	本科	学士	农博园副主任、高级畜牧师	1997.07
邵长军	男	山东菏泽	1973.03	本科	学士	兽医师	1997.07
王继秋	男	山东海阳	1975.12	大学	学士	农艺师	1998.07
徐维华	男	山东莱阳	1975.12	本科	硕士	总务处处长、高级农艺师	1999.07
袁堂玉	男	山东沂水	1975.02	本科	学士	玉米油料所所长、高级农艺师	1999.07
刘翠玲	女	山东文登	1978.10	本科	—	财务处副处长、农业经济师	1999.09
沙玉芬	女	山东蓬莱	1977.03	本科	—	高级农艺师	2000.07
韩俊杰	男	山东牟平	1978.05	本科	硕士	甘薯所副所长、高级农艺师	2000.07
刘万好	男	山东招远	1978.05	本科	硕士	葡萄所副所长、高级农艺师	2001.07
张超杰	男	山东郓城	1978.01	本科	学士	农艺师	2001.07
张肖平	女	山东海阳	1971.12	本科	—	副主任医师、总务处副处长	2002.01
赵明	女	山东龙口	1983.07	本科	—	农艺师	2002.10
姜蔚	女	山东文登	1983.12	本科	硕士	农艺师	2002.10
王冬梅	女	山东龙口	1983.01	本科	—	农艺师	2002.10
唐美玲	女	山东文登	1976.01	研究生	博士	葡萄所所长、高级农艺师	2002.09
张焕春	男	山东沂水	1979.07	本科	硕士	信息所所长、高级农艺师	2002.10
丁朋松	男	山东莱州	1981.02	本科	硕士	试验基地办主任、高级农艺师	2002.10
苏佳明	男	陕西城固	1973.12	本科	硕士	办公室主任、人事处处长、高级农艺师	2003.12
段小娜	女	河南禹州	1973.10	本科	学士	质检中心综合办公室副主任、高级农艺师	2003.12
张丽娟	女	河南新蔡	1975.08	本科	—	科员	2004.10
鹿泽启	男	山东诸城	1979.02	本科	硕士	质检中心检测室副主任、农艺师	2004.12
李淑平	女	山东高唐	1975.09	研究生	硕士	信息所副所长、高级农艺师	2005.07
曹守军	男	山东苍山	1982.08	本科	硕士	蔬菜所副所长、农艺师	2005.07
宋来庆	男	山东东阿	1981.01	研究生	硕士	苹果所所长、高级农艺师	2005.08
郭文姣	女	山东福山	1981.04	本科	学士	园林花卉所副所长、农艺师	2005.10
张伟	女	山东龙口	1979.02	研究生	硕士	高级农艺师	2006.07
刘保友	男	山东成武	1981.10	研究生	硕士	植保所副所长、高级农艺师	2006.07
张瑞清	女	山东郓城	1977.04	研究生	博士	土肥所所长、高级农艺师	2006.07
张序	男	山东博山	1980.08	研究生	硕士	樱桃所副所长、高级农艺师	2006.07
李延菊	女	山东青州	1978.12	研究生	硕士	高级农艺师	2006.07
严美玲	女	山东鄄城	1978.09	研究生	博士	高级农艺师	2006.07
孙晓辉	男	山东平度	1981.11	本科	学士	农艺师	2006.07

（续表）

姓名	性别	籍贯	出生年月	学历	学位	职务、职称	来院时间
殷 岩	女	山东蓬莱	1982.03	本科	硕士	农艺师	2006.07
栾炳辉	男	山东栖霞	1982.10	本科	硕士	农艺师	2006.12
张洪胜	男	山东青州	1960.10	研究生	硕士	编辑部主任、研究员	2007.01
矫岩林	男	山东平度	1979.05	本科	硕士	玉米油料所副所长、农艺师	2007.03
李林志	男	山东莒县	1981.09	研究生	硕士	小麦所副所长、高级农艺师	2007.07
辛庆国	男	山东临朐	1981.07	研究生	硕士	高级农艺师	2007.07
商丽丽	女	山东茌平	1981.09	研究生	硕士	高级农艺师	2007.07
李 涛	男	山东荣成	1980.03	研究生	博士	蔬菜所所长、高级农艺师	2007.07
夏秀波	男	山东栖霞	1980.01	研究生	硕士	蔬菜所副所长、高级农艺师	2007.07
杜清福	男	山东平度	1979.04	研究生	硕士	高级农艺师	2007.07
赵 健	男	山东张店	1981.10	研究生	硕士	农艺师	2007.07
孙燕霞	女	山东招远	1980.05	研究生	硕士	高级农艺师	2007.10
赵玲玲	女	山东肥城	1979.08	研究生	博士	生物技术工程研究室主任、高级农艺师	2007.12
姚 杰	男	安徽颍东	1983.05	研究生	硕士	农艺师	2008.08
慈志娟	女	山东文登	1980.04	研究生	硕士	编辑部副主任、农艺师	2008.08
李公存	男	山东兰山	1981.08	研究生	硕士	小浆果所副所长、农艺师	2008.09
邱鹏飞	男	山东沂南	1984.04	研究生	硕士	甘薯所副所长、高级农艺师	2009.07
孙妮娜	女	山东黄岛	1980.06	研究生	硕士	科研处副处长、高级农艺师	2009.07
唐 岩	男	吉林长春	1980.01	研究生	硕士	苹果所副所长、农艺师	2009.12
刘少青	男	山东莱阳	1982.04	研究生	硕士	试验基地办副主任、农艺师	2010.07
张京伟	男	山东文登	1983.09	研究生	硕士	农艺师	2010.10
姚建刚	男	山东荣成	1984.06	研究生	硕士	农艺师	2010.10
李庆余	男	山东安丘	1983.11	研究生	硕士	梨所副所长、农艺师	2010.12
臧宏伟	女	山东成武	1980.11	研究生	硕士	农艺师	2010.12
王 鹏	男	山东莱州	1982.10	研究生	硕士	科研处副处长、农艺师	2010.12
顾 亮	男	山东芝罘	1986.10	本科	学士	农艺师	2009.12
田长平	男	山东肥城	1983.04	研究生	硕士	农艺师	2010.12
王义菊	女	山东高密	1979.05	研究生	博士	农艺师	2010.12
王 婷	女	山东任城	1982.12	研究生	硕士	农艺师	2010.12
王建萍	女	山东安丘	1983.05	研究生	硕士	农艺师	2010.12
郑秋玲	女	山东巨野	1981.09	研究生	硕士	农艺师	2011.10
刘珅坤	女	山东栖霞	1983.11	研究生	硕士	农艺师	2011.10
柳 璇	女	山东栖霞	1986.02	研究生	硕士	农艺师	2011.10
王洪涛	男	山东郓城	1983.11	研究生	博士	植保所副所长、高级农艺师	2011.10
王丽丽	女	山东诸城	1983.03	研究生	硕士	农艺师	2011.10

(续表)

姓名	性别	籍贯	出生年月	学历	学位	职务、职称	来院时间
肖慧琳	女	山东福山	1987.05	研究生	硕士	农艺师	2012.09
兰 丰	男	山东乳山	1985.11	研究生	硕士	农艺师	2012.09
李宝燕	女	山东历城	1983.03	研究生	博士	农艺师	2012.10
于晓丽	女	山东莱西	1982.10	研究生	博士	农艺师	2013.04
张丽莉	女	辽宁开原	1984.06	研究生	硕士	农艺师	2013.07
王新语	女	山东长岛	1987.11	研究生	硕士	农艺师	2013.08
张丽丽	女	山东诸城	1987.07	研究生	硕士	经济师	2013.08
王虹云	女	山东文登	1986.03	研究生	博士	农艺师	2013.08
牟红梅	女	山东牟平	1986.05	研究生	硕士	农艺师	2013.08
张英杰	女	山东乳山	1987.03	研究生	硕士	农艺师	2013.08
孙 晓	女	山东莱西	1984.10	研究生	博士	农艺师	2013.09
朱 波	男	山东海阳	1969.11	大学	—	院长、书记	2013.09
杨剑超	男	山东新泰	1984.01	研究生	博士	农艺师	2013.10
李芳东	男	山东商河	1980.08	研究生	博士	农艺师	2013.10
王玉霞	女	山东莱西	1982.02	研究生	博士	农艺师	2013.10
姜法祥	男	山东昌邑	1984.11	研究生	硕士	农艺师	2014.09
冯烨宏	女	山东莱阳	1987.02	研究生	硕士	农艺师	2014.09
张 炜	女	山东福山	1986.03	研究生	硕士	助理农艺师	2014.09
黄连明	女	山东莱山	1988.07	本科	学士	医师	2014.09
刘 洁	女	山东福山	1986.06	研究生	硕士	农艺师	2014.12
郑建鹏	男	山东乳山	1989.12	研究生	硕士	助理农艺师	2015.07
张 磊	男	内蒙古通辽	1989.02	研究生	硕士	助理农艺师	2015.07
刘 伟	女	山东芝罘	1986.06	研究生	硕士	农艺师	2015.07
陈 敏	男	山东即墨	1988.12	研究生	硕士	助理农艺师	2015.07
姜福东	男	山东牟平	1987.12	研究生	硕士	助理农艺师	2015.07
张学勇	男	山东青州	1988.03	研究生	硕士	助理农艺师	2015.07
曲美娜	女	山东牟平	1988.05	研究生	硕士	助理农艺师	2015.07
王春晓	男	山东莱西	1986.04	研究生	硕士	助理农艺师	2015.08
张 硕	男	山东博山	1989.10	研究生	硕士	助理农艺师	2015.08
贾礼聪	男	山东滕州	1987.06	研究生	博士	农艺师	2016.07
石德杨	男	山东沂水	1987.01	研究生	博士	农艺师	2016.08
石 洁	女	山东蓬莱	1991.01	研究生	硕士	助理农艺师	2016.08
王彦波	男	山西晋中	1980.06	研究生	硕士	农艺师	2017.01
曹 萌	女	山东烟台	1989.12	研究生	硕士	助理农艺师	2017.08
张占田	男	山东莱州	1991.08	研究生	硕士	(见习期)	2017.08

(续表)

姓名	性别	籍贯	出生年月	学历	学位	职务、职称	来院时间
李凌云	女	山东文登	1987.06	研究生	硕士	（见习期）	2017.08
陈 娜	女	山东栖霞	1987.04	本科	学士	会计师	2017.08
刘笑宏	女	山东栖霞	1990.03	研究生	硕士	（见习期）	2017.08
汪少丽	女	山东招远	1989.03	研究生	博士	（见习期）	2017.08
马雪飞	女	山东淄博	1978.10	本科	—	高级会计师	2017.11

4. 在职工人名录

姓名	性别	籍贯	出生年月	学历	职务、职称	来院时间
林成欣	男	山东烟台	1959.12	小学	高级工	1975.12
姜玉科	男	山东烟台	1958.07	初中	高级工	1976.01
李学勇	男	山东福山	1960.05	初中	高级工	1976.04
宋宗财	男	山东莱山	1959.03	初中	高级工	1978.01
王建华	男	山东栖霞	1959.11	中专	高级工	1979.05
孙翔玉	男	山东福山	1959.11	中专	高级工	1980.01
林治生	男	山东文登	1964.04	中专	高级工	1980.12
王国卫	男	山东蓬莱	1962.11	高中	高级工	1980.12
林治强	男	山东文登	1962.11	中专	高级工	1980.12
王 宁	男	山东福山	1963.12	中专	高级工	1980.12
陈广宽	男	山东福山	1964.07	中专	高级工	1980.12
周爱军	男	山东文登	1964.02	中专	高级工	1980.12
秦海林	男	山东莱州	1963.06	高中	高级工	1980.12
孙翔勇	男	山东福山	1962.10	初中	高级工	1980.12
张建明	男	山东文登	1966.04	中专	高级工	1985.01
臧金文	男	山东海阳	1960.05	初中	高级工	1985.03
刘 亭	男	山东海阳	1966.03	初中	高级工	1986.01
岳富卫	男	山东福山	1968.06	中专	高级工	1988.10
赵明光	男	山东福山	1964.06	初中	高级工	1990.01
王培波	男	山东牟平	1970.03	本科	高级工	1990.02
赵志军	男	山东栖霞	1971.01	高中	高级工	1990.04
孙元和	男	山东福山	1964.01	中专	高级工	1992.04
孙圃田	男	山东福山	1965.03	中专	高级工	1994.04
李淑海	男	山东栖霞	1972.07	高中	高级工	1991.08
高仁宝	男	山东即墨	1972.12	中专	高级工	1991.08
姜志红	女	山东牟平	1970.09	中专	高级工	1992.01
林晓峰	男	山东烟台	1970.07	初中	中级工	1993.12

(续表)

姓名	性别	籍贯	出生年月	学历	职务、职称	来院时间
宋金斌	男	山东临沂	1971.10	初中	高级工	1993.12
王炳成	男	山东福山	1973.01	高中	高级工	1993.12
卫 杰	男	山东福山	1980.12	本科	中级工	2005.11
高明利	男	山东牟平	1963.05	初中	高级工	2011.08
赵建伟	男	山东海阳	1983.06	大专	初级工	2013.11

附　录

一、先进集体荣誉

农科院获得的荣誉

年份	授奖机关	荣誉名称
1987	山东省科委、省经委、省体改委	科技体制改革试点创新奖
1991	山东省农业厅	先进农业科研单位
1991	烟台市农业局	1990年农业推广年活动先进单位
1991	烟台市科委	烟台市科研工作先进集体
1991	中共烟台市委	烟台市先进基层党组织
1991	中共福山区委、福山区人大、福山区政府	全民普及法律常识先进单位
1992	烟台市精神文明建设委员会	1991年市级精神文明单位
1992	烟台市绿化委员会	花园式单位
1992	烟台市科委	1991年烟台市属科研机构先进集体
1992	农业部	"七五"农业科研机构综合科研能力地区级优秀单位
1993	烟台市精神文明建设委员会	1992年市级文明单位
1996	农业部	"八五"全国农业科研开发综合实力百强研究所
1996	中共烟台市农业局委员会	先进基层党组织
1997	山东省农业厅	全国农业科技推广年活动先进集体
1997	中共烟台市农业局委员会	先进基层党组织
1998	山东省人民政府	引进国外作物良种成果示范园
1998	烟台市农业局	1997年度市直农业系统先进单位
1999	烟台市农业局	1998年度市直农业系统先进单位
1999	中共烟台市委、市政府	烟台市文明单位
1999	中共烟台市委、市政府	烟台市科技工作先进集体
1999	中共烟台市委	烟台市先进基层党组织
1999	中共烟台市委、市政府	烟台市1999年度文化科技卫生三下乡活动先进集体
1999	烟台市总工会	先进职工小家
2000	烟台市委、市政府	烟台市思想政治工作先进单位
2002	中共烟台市委、市政府	2000—2001年度精神文明单位
2002	中国科学技术学会	全国农村科普示范基地
2003	中共烟台市委	烟台市先进基层党组织

(续表)

年份	授奖机关	荣誉名称
2003	山东省精神文明建设委员会	省级文明单位
2003	烟台市总工会	烟台市"五一劳动奖章"先进集体
2003	烟台市人民政府	烟台市旅游工作先进集体
2004	山东省精神文明建设委员会	省级文明单位
2004	中共烟台市委、市政府	烟台市人才工作先进集体
2005	山东省精神文明建设委员会	省级文明单位
2005	山东省人民政府	全省农业科研与技术推广先进单位
2006	山东省精神文明建设委员会	省级文明单位
2006	烟台市农业局	2005年度市直农业系统先进集体
2006	烟台市总工会	烟台市信得过基层工会
2007	山东省精神文明建设委员会	省级文明单位
2007	烟台市农业局	2006年度市直农业系统先进集体
2008	山东省精神文明建设委员会	省级文明单位
2009	山东省政府学位委员会、山东省教育厅	山东省研究生联合培养基地
2009	山东省精神文明建设委员会	省级文明单位
2009	中共烟台市委、市政府	烟台市人才工作先进集体
2010	山东省精神文明建设委员会	省级文明单位
2010	烟台市农业局	2009年度市直农业系统先进集体
2011	烟台市人社局、市农业局	2010年度烟台市农业系统人才工作先进集体
2011	山东省精神文明建设委员会	省级文明单位
2011	烟台市农业局	2010年度烟台市农业网络信息工作先进集体
2011	烟台市农业局	2011年度市直农业系统先进集体
2011	烟台市总工会	烟台市模范职工之家
2011	中共烟台市委	烟台市先进基层党组织
2011	中共烟台市委	2010年度烟台市先进基层党组织
2011	烟台市总工会	烟台市模范职工之家
2012	山东省精神文明建设委员会	省级文明单位
2012	中共烟台市委、市政府	烟台市科学技术创新奖
2012	烟台市福山区委、区政府	2011年度人口和计划生育目标责任管理先进单位
2012	烟台市总工会、市委宣传部、市文明办、市经信委	烟台市职业道德建设标兵先进单位
2013	山东省精神文明建设委员会	省级文明单位
2013	山东省总工会	山东省模范职工之家
2013	烟台市农业局	2012年度市直农业系统先进集体
2013	烟台市总工会	烟台市模范职工之家

(续表)

年份	授奖机关	荣誉名称
2014	山东省精神文明建设委员会	省级文明单位
2015	中共烟台市委农村工作领导小组	2012-2014年度部门包村工作先进单位
2015	山东省精神文明建设委员会	省级文明单位
2015	省农业厅、人社厅、公务员局联合	全省农业系统先进集体
2015	山东省林业厅	山东省绿化模范单位
2016	烟台市总工会	模范职工小家
2016	烟台市体育局	2011-2015年度全民健身先进单位
2016	山东省总工会	山东省富民兴鲁劳动奖状
2016	山东省精神文明建设委员会	省级文明单位
2016	中共山东省委员会	山东省先进基层党组织
2017	中央精神文明建设指导委员会	全国文明单位
2017	山东省精神文明建设委员会	省级文明单位
2017	市委组织部	杰出引才奖

各中层单位获得的荣誉

年份	获得荣誉单位	授奖机关	荣誉名称
1996	农科院团委	共青团烟台市委	"烟台市青春立功活动"先进集体
1999	农科院团委	共青团烟台市委	烟台市青年科技活动先进单位
1999	农科院团委	共青团烟台市委	烟台青年科技创新行动风韵犹存示范基地
2000	科技成果开发中心	烟台农业局	市直农业系统先进基层党组织
2003	财务处	烟台市总工会	建功立业女标兵岗
2003	烟台农博园	全国旅游景区质量等级评委会	AAA级国家旅游景区
2004	烟台农博园	全国工农业旅游示范点评委会	首批全国农业旅游示范点
2004	财务处	烟台市总工会	建功立业女标兵岗
2005	烟台农博园	烟台市旅游局、烟台市旅游协会	魅力烟台"联通杯"市区十佳旅游区（点）
2005	科技成果开发中心	烟台农业局	烟台市农业系统先进基层党组织
2006	质检中心	山东省农业厅	省农业厅农业质量市场信息工作先进集体
2006	烟台农博园	烟台市创建青年文明号组委会	青年文明号
2006	烟台农博园党支部	中共烟台农业局委员会	烟台市农业系统先进基层党组织
2006	烟台农博园	烟台人事局、烟台市旅游局	全市旅游系统先进集体
2006	烟台农博园	烟台市旅游质量监督管理所	烟台市旅游工作先进集体
2006	烟台农博园	山东省旅游行业协会、山东电视台农科频道	山东省公众最喜爱的十佳乡村旅游景区
2008	农科院团委	共青团烟台市委	烟台市五四红旗团（总）支部

(续表)

年份	获得荣誉单位	授奖机关	荣誉名称
2008	烟台农博园	国家统计局烟台调查队、烟台市旅游局	全市旅游统计先进单位
2008	烟台农博园	烟台市旅游业发展协调促进委员会	全市旅游系统先进集体
2008	烟台农博园	山东旅游协会	特殊贡献奖
2008	小麦研究所	烟台市委、市政府	烟台农科院小麦新品种选育及配套技术研究创新团队被授予烟台市优秀创新团队
2008	成果开发中心	烟台市农业局	烟台市农业系统先进基层党组织
2009	农科院团委	共青团烟台市委	2008年度烟台市五四红旗团（总）支部
2009	烟台农博园	国家统计局烟台调查队、烟台市旅游局	全市旅游统计先进单位
2010	农科院团委	共青团烟台市委	2009年度烟台市五四红旗团（总）支部
2011	财务处	省资源清查办	山东省第二次R&D资源清查优秀单位
2011	植保所党支部	烟台市农业局党委	烟台市农业系统先进基层党组织
2011	烟台果树苗木协会	烟台市民政局	优秀社会组织
2011	农科院团委	共青团烟台市委	2010年度烟台市五四红旗团（总）支部
2011	烟台农博园	中华人民共和国农业部和国家旅游局	首批国家休闲农业与乡村旅游示范点
2012	植保所党支部	烟台市农业局党委	烟台市农业系统先进基层党组织
2013	农科院团委	共青团烟台市委	2012年度烟台市五四红旗团（总）支部
2013	财务处	烟台市总工会	烟台市女职工建功立业标兵岗
2013	烟台农博园	烟台市农业局、旅游局	烟台市休闲农业与乡村旅游五星级园区
2014	农科院团委	共青团烟台市委	2013年度烟台市五四红旗团（总）支部
2015	烟台农博园	烟台市总工会	烟台市女职工建功立业标兵岗
2015	园林花卉研究所	烟台市总工会、科技局	烟台市职工（劳模）创新工作室
2015	园林花卉研究所	烟台市总工会	工人先锋号
2015	烟台农博园	山东省旅游局、省委宣传部、省文明办	山东省文明旅游先进单位
2016	植物保护研究所	共青团烟台市委	青年文明号
2016	园林花卉研究所	烟台市总工会	模范职工小家
2016	烟台农博园	山东省旅游局、省委宣传部、省文明办	山东省文明旅游先进单位
2017	农科院团委	共青团烟台市委	2016年度烟台市五四红旗团委
2017	葡萄与葡萄酒研究所	共青团烟台市委	烟台市青年突击队

附录

各中层单位获农科院先进集体荣誉
农科院（所）先进党支部

年度	先进党支部名单
1989	植保研究室党支部、财务科党支部、试验农场党支部
1990	植保研究室党支部、畜牧农场党支部、总务科党支部
1991	畜牧农场党支部、政工科管党支部、植保研究室党支部、总务科党支部
1992	畜牧农场党支部、植保研究室党支部、总务科党支部
1993	科研一支部、畜牧开发中心党支部、植保开发中心党支部、试验农场党支部
1994	科研一支部、畜牧开发中心党支部、植保研究开发中心党支部
1996	植保研究室党支部、试验畜牧场党支部、试验农场党支部
1997	植保党支部、试验农场党支部、试验畜牧场党支部
1998	植保党支部、农场党支部、甘薯小麦党支部
1999	植保所党支部、甘薯小麦党支部、办公室党支部
2000	植保所党支部、畜牧场党支部、办公室党支部
2001	植保研究所党支部、甘薯花卉小麦研究所党支部、办公室党支部、财务处党支部
2002	办公室党支部、财务处农博园党支部、植保土肥化验所党支部、甘薯党支部
2003	果树所党总支、花卉所党支部、办公室党支部、财务处农博园党支部
2004	果树所党总支、办公室党支部、财务处农博园党支部、烟星种业党支部、植保所党支部、花卉所党支部、小麦党支部
2008	果树所党总支、烟星种业党支部、甘薯花卉党支部、检测中心党支部、植保所党支部、财务处党支部
2009	果树所党总支、农博园党支部、检测中心党支部、烟星种业党支部、办公室科研处党支部、总务处党支部
2010	果树所党总支、农博园党支部、烟星公司党支部、甘薯花卉研究所党支部、总务处党支部、离退休党支部
2011	果树科学研究所党总支、植保研究所党支部、烟星公司党支部、农博园党支部、办公室科研处党支部、总务处党支部、老干部党支部
2012	果树科学研究分院党总支、小麦研究所党支部、植保研究所党支部、甘薯园林花卉研究所党支部、农博园党支部总务处党支部、老干部党支部
2013	果树科学研究分院党总支、小麦研究所党支部、烟星公司党支部、甘薯花卉研究所党支部、农博园党支部、总务处党支部、离退休党支部
2014	果树分院党总支、甘薯所农博园党支部、办公室科研处党支部、财务处党支部、总务处农场党支部、离退休党支部
2015	果树分院党总支、植保蔬菜所党支部、园林花卉所党支部、办公室科研处党支部、财务处党支部、总务处农场党支部、离退休党支部
2016	办公室科研处党支部、财务处开发中心党支部、总务保卫基地办党支部、甘薯所农博园党支部、土肥玉米信息所党支部、果树分院二支部、植保蔬菜所党支部、农产品综合质检中心党支部、离退休党支部
2017	办公室科研处党支部、总务保卫基地办党支部、植保蔬菜所党支部、园林花卉所党支部、果树分院一支部、果树分院二支部、退休干部职工党支部

农科院（所）先进单位

年度	先进单位名单
1990	政工科、植保研究室、甘薯研究所、玉米研究室、试验农场、大豆研究室
1991	甘薯研究室、植保研究室、玉米研究室、畜牧试验场、开发中心、科研管理科
1992	甘薯研究室、植保研究室、玉米研究室、科研管理科、开发中心、试验农场
1993	科研部、办公室、植保研究开发中心、畜牧技术开发中心、试验农场、保卫科、安装队

(续表)

年度	先进单位名单
1994	植保研究开发中心、畜牧技术开发中心、作物良种开发中心、科研部、试验农场、政工科
1995	植保研究开发中心、试验农场、畜牧技术开发中心、科研部
1996	植保研究室、试验畜牧场、试验农场、小麦研究室、财务科
1997	植保研究室、小麦研究室、新技术特产研究室、试验农场、试验畜牧场、财务科
1998	植物保护研究所、小麦研究所、甘薯花卉研究所、生物组培脱毒中心、科技成果开发中心、财务处
1999	植保研究所、甘薯研究所、烟台烟星种业有限责任公司、办公室、财务处
2000	植保研究所、甘薯花卉研究所、小麦研究所、试验畜牧场、办公室、财务处
2001	植保研究所、甘薯研究所、小麦研究所、花卉研究所、办公室、财务处
2002	花卉研究所、小麦研究所、植保研究所、农业科技博览园、办公室、财务处
2003	果树科学研究所、花卉研究所、烟台烟星种业公司、烟台农博园、办公室、财务处、门诊部
2004	果树科学研究所、花卉研究所、烟星种业公司、农业科技博览园、办公室、财务处、门诊部
2005	果树科学研究所、烟星种业公司、农业科技博览园、园林花卉研究所、办公室、财务处、中医皮肤病医院
2006	果树科学研究所、植物保护研究所、园林花卉研究所、烟星种业公司、农业科技博览园、办公室、财务处、中医皮肤病医院
2007	果树科学研究所、小麦研究所、甘薯研究所、园林花卉研究所、植物保护研究所、烟台农产品质量监督检验测试中心、烟星种业公司、农业科技博览园、办公室、财务处、中医皮肤病医院
2008	小麦研究所、甘薯研究所、园林花卉研究所、烟星种业公司、农博园、办公室、财务处、中医皮肤病医院
2009	果树科学研究所、小麦研究所、甘薯研究所、植保研究所、园林花卉研究所、烟星种业公司、办公室、财务处、中医皮肤病医院
2010	果树科学研究所、烟星种业公司、检测中心、园林花卉研究所、植保研究所、办公室、财务处、中医皮肤病医院
2011	果树科学研究所、烟台市农产品质量检验检测中心、小麦研究所、植保研究所、甘薯研究所、园林花卉研究所、烟星种业公司、办公室、财务处、中医皮肤病医院
2012	果树分院、烟台市农产品综合质检中心、园林花卉研究所、烟星种业公司、办公室、财务处、科研处、中医皮肤病医院
2013	果树分院、检测中心、园林花卉研究所、植保研究所、办公室、财务处、中医皮肤病医院
2014	果树分院、烟台市农产品质量检验检测中心、园林花卉所、植保研究所、成果开发中心、办公室、财务处、科研处、中医皮肤病医院
2015	果树分院、烟台市农产品综合质检中心、小麦研究所、植保研究所、成果开发中心、办公室、财务处、科研处、中医皮肤病医院
2016	小麦研究所、苹果研究所、植物保护研究所、大樱桃研究所、园林花卉研究所、蔬菜研究所、科技成果开发中心、农产品综合质检中心、试验基地管理服务办公室、办公室(人事处)、科研处、财务处、中医皮肤病医院
2017	小麦研究所、苹果研究所、大樱桃研究所、植物保护研究所、甘薯研究所、蔬菜研究所、科技成果开发中心、农产品综合质检中心、试验基地管理服务办公室、办公室(人事处)、科研处、财务处、中医皮肤病医院

附　录

二、先进个人荣誉

1. 市级以上先进个人

年度	姓名	授奖机关或个人	荣誉名称
1989	徐沛然	国务院	全国先进工作者
1990	吴桂本	农业部	先进工作者
1998	徐沛然	中共中央组织部	全国老干部先进工作者
2000	吴桂本	国务院	全国先进工作者
2010	姜鸿明	国务院	全国先进工作者
2015	刘学庆	中国共产党中央委员会、国务院	全国先进工作者
1986	徐沛然	山东省人民政府	山东省劳模
1988	于　伊	山东省人民政府	山东省先进工作者
1993	吴桂本	山东省政府、人事厅	齐鲁女杰、省巾帼先进工作者
1995	崔广琴	山东省人民政府	山东省劳模
2003	梁新明	山东省人民政府	山东省先进工作者
2008	姜鸿明	山东省人民政府	山东省先进工作者
1982	徐沛然	烟台市人民政府	烟台市劳模
1992	张善勇	烟台市人事局	"奋战三年实现粮油稳定发展"先进个人
1993	于乃敏	烟台市委、市政府	"社会治安综合治理"先进个人
1993	崔广琴	烟台市人民政府	烟台市劳模
1995	王树大	烟台市委、市政府	"八五"期间"科教兴烟"先进工作者
1995	吴桂本	烟台市委、市政府	烟台市巾帼十杰，记大功
1999	吴桂本	烟台市人民政府	烟台市先进工作者
1999	王玉心	烟台市人民政府	烟台市先进工作者
1999	张凤敏	中共烟台市委、烟台市人民政府	烟台市文化科技卫生"三下乡"先进个人
2001	李晓亮	中共烟台市委组织部、烟台市人民政府	烟台市文化科技卫生"三下乡"先进个人
2002	梁新明	烟台市人民政府	烟台市先进工作者
2002	王全华	中共烟台市委、烟台市人民政府	全市文化科技卫生"三下乡"先进个人
2004	吴桂本	烟台市委、市政府	烟台市十大杰出人才，重奖（第二次）
2004	姜鸿明	中共烟台市委、烟台市人民政府	烟台市优秀人才
2005	薛增敏	烟台市人民政府	烟台市先进工作者
2008	王英姿	烟台市人民政府	烟台市先进工作者
2008	姜鸿明	中共烟台市委、烟台市人民政府	领衔的烟台市农业科学研究院小麦新品种选育及配套技术研究创新团队——烟台市优秀创新团队
2009	姜鸿明	中共烟台市委、烟台市人民政府	烟台市杰出人才奖
2009	姜鸿明	烟台市人民政府	烟台市最高奖
2011	张善勇	烟台市人民政府	烟台市先进工作者

(续表)

年度	姓名	授奖机关或个人	荣誉名称
2014	孙纪霞	烟台市人民政府	烟台市先进工作者
2017	朱 波	中共烟台市委组织部	人才引进伯乐奖
2017	孙纪霞	中共烟台市委宣传部	第六届烟台市道德模范
2018	孙纪霞	中共烟台市委宣传部	2017年第四季度"烟台好人"

2. 群众团体先进个人

工会表彰

年份	姓名	授奖单位	荣誉名称
1991	吴桂本	全国总工会	全国先进女职工
1997	吴桂本	全国总工会	全国优秀女职工
1998	崔广琴	全国总工会	全国"五一"劳动奖章
2006	梁新明	全国总工会	全国"五一"劳动奖章
2009	姜鸿明	全国总工会	全国"五一"劳动奖章
2013	刘学卿	全国总工会	全国"五一"巾帼标兵
2013	刘学庆	全国总工会	全国"五一"劳动奖章
1993	崔广琴	山东省总工会	山东省巾帼科技先进工作者
1993	崔广琴	山东省总工会	山东省"三八"红旗手
2002	梁新明	山东省总工会	山东省富民兴鲁劳动奖章
2005	姜鸿明	山东省总工会	山东省职工创新能手
2007	姜鸿明	山东省总工会	山东省富民兴鲁劳动奖章
2009	刘学卿	山东省总工会	山东省女职工建功立业标兵
2010	张善勇	山东省总工会	山东省富民兴鲁劳动奖章
2011	林祖军	山东省总工会	山东省富民兴鲁劳动奖章
2011	孙纪霞	山东省总工会	山东省女职工建功立业标兵
2012	刘学庆	山东省总工会	山东省富民兴鲁劳动奖章
2015	赵玲玲	山东省总工会	山东省女职工建功立业标兵
2004	周先学	烟台市总工会	烟台市优秀工会积极分子
2006	刘学庆、王英姿	烟台市总工会	烟台市"五一"劳动奖章
2006	王英姿	烟台市总工会	烟台市女职工建功立业标兵
2006	王英姿	烟台市总工会	烟台市十佳女职工建功立业标兵
2007	王全华	烟台市总工会	烟台市女职工建功立业标兵
2008	陈永娜	烟台市总工会	烟台市"五一"劳动奖章
2008	陈永娜	烟台市总工会	烟台市女职工建功立业标兵
2008	陈永娜	烟台市总工会	烟台市十佳女职工建功立业标兵、"三八"红旗手
2009	姜青梅	烟台市总工会	烟台市工会经费征收工作先进个人

(续表)

年份	姓名	授奖单位	荣誉名称
2009	张善勇、孙纪霞	烟台市总工会	烟台市"五一"劳动奖章
2009	孙纪霞	烟台市总工会	烟台市女职工建功立业标兵
2009	孙纪霞	烟台市总工会	烟台市十佳女职工建功立业标兵
2010	林祖军	烟台市总工会	烟台市"五一"劳动奖章
2011	赵倩	烟台市总工会	烟台市女职工建功立业标兵
2011	周先学	烟台市总工会	烟台市优秀工会工作者
2012	姜中武	烟台市总工会	烟台市"五一"劳动奖章
2012	刘学卿	烟台市总工会、市委宣传部、市精神文明办	烟台市职工职业道德建设标兵
2012	迟爱花	烟台市总工会	烟台市优秀工会工作者
2012	刘学卿	烟台市总工会、市委宣传部、市精神文明办	烟台市"五一"劳动奖章
2016	刘学卿	烟台市总工会	烟台市优秀工会之友
2016	王江春	烟台市总工会	烟台市"五一"劳动奖章
2017	李元军	烟台市总工会	烟台市"五一"劳动奖章

团委表彰

年份	姓名	授奖单位	荣誉名称
1990	王江春	共青团山东省委	山东省优秀团员
1991	林祖军	共青团山东省委	山东省新长征突击手
1992	郭绪良	共青团山东省委	山东省"青春立功"活动三等功
1995	郭绪良	共青团山东省委	山东省"青春立功"活动二等功
1997	黄代峰	共青团山东省委	山东省"青春立功"活动二等功
1990	刘维正	共青团烟台市委	烟台市青少年学雷锋送温暖活动先进个人
1992	林祖军	市委组织部、共青团烟台市委	烟台市新长征突击手
1992	王江春	共青团烟台市委	烟台市新长征突击手标兵
1996	于经川	共青团烟台市委	烟台市青年科技标兵暨烟台市新长征突击手
1997	黄代峰	共青团烟台市委	烟台市新长征突击手
1999	王江春	共青团烟台市委	烟台青年"五四"奖章
2008	丁朋松	共青团烟台市委	烟台市优秀共青团员
2011	鹿泽启	共青团烟台市委	烟台市优秀共青团员
2011	李涛	共青团烟台市委	烟台市优秀共青团干部
2012	李涛	共青团烟台市委	烟台市优秀共青团干部
2012	孙纪霞	共青团烟台市委、市青联会	烟台青年榜样
2013	曹守军	共青团烟台市委	烟台市优秀共青团员
2014	张丽丽	共青团烟台市委	烟台市优秀共青团干部

(续表)

年份	姓名	授奖单位	荣誉名称
2014	王洪涛	共青团烟台市委	烟台市优秀共青团员
2015	李公存	共青团烟台市委	烟台市优秀共青团干部
2015	姜法祥	共青团烟台市委	烟台市优秀共青团员
2016	李涛	共青团烟台市委	烟台市优秀青年岗位能手
2016	张京伟	共青团烟台市委	烟台市优秀共青团员
1987	崔万锁	共青团烟台市农科所委员会	模范团员
1989	孙亮、刘维正	共青团烟台市农科所委员会	优秀团员
1990	崔万锁	共青团烟台市农科所委员会	优秀团员
1991	于经川、崔万锁	共青团烟台市农科所委员会	优秀团员
1992	崔万锁	共青团烟台市农科所委员会	优秀团员
1993	刘学庆、迟爱花	共青团烟台市农科所委员会	优秀团员
1995	刘学庆	共青团烟台市农科所委员会	优秀团员
1997	夏德君	共青团烟台市农科所委员会	优秀团员
1998	黄代峰	共青团烟台市农科所委员会	优秀团员
2010	张序、曹守军、李涛、赵倩	烟台市农科院	优秀青年

妇联表彰

年份	姓名	授奖单位	荣誉名称
1992	吴桂本	山东省妇女联合会	山东省齐鲁女杰
1993	吴桂本	山东省妇女联合会	山东省"三八"红旗手
2016	孙纪霞	山东省妇女联合会	山东省"三八"红旗手
1979	吴桂本	烟台市妇女联合会	烟台市"三八"红旗手
1983	吴桂本	烟台市妇女联合会	烟台市"三八"红旗手
1994	吴桂本	烟台市妇女联合会	烟台市"三八"红旗手标兵
2002	刘学卿	烟台市妇女联合会	烟台市"巾帼建功"先进个人
2006	王英姿	烟台市妇女联合会	烟台市"三八"红旗手
2008	陈永娜	烟台市妇女联合会	烟台市"三八"红旗手
2017	刘兆晔	烟台市妇女联合会	烟台市优秀女知识分子、烟台市"三八"红旗手

3. 其他类型先进个人荣誉

年份	姓名	授奖单位	荣誉名称
1990	王作全	烟台市农业局	科技推广年活动先进工作者
1992	刘勤博	山东省科委	山东省科技年报积极分子
1993	王作全	烟台市农科所	烟台农业科学研究所文明标兵

(续表)

年份	姓名	授奖单位	荣誉名称
1994	吴桂本	烟台市精神文明建设委员会	烟台市十佳文明市民
2000	刘学卿	烟台市人事局、农业局	99中国国际农业博览会烟台筹展参展工作先进个人
2000	刘学卿	市委办公室、市政府办公室和市人事局	99中国国际农业博览会烟台筹展参展工作嘉奖奖励
2001	刘维正	中共烟台市委统战部	统战系统"富民兴烟"活动先进个人
2002	刘维正	中共烟台市委统战部	统战系统"富民兴烟"活动先进个人
2003	姜鸿明	烟台市福山区人大常委会	2003年度优秀区人大代表
2004	姜学玲	烟台市九三学社	"富民兴烟"先进个人
2004	刘翠玲	烟台市统计局	烟台市劳动统计先进个人
2004	刘维正	中共烟台市委统战部	统战系统"富民兴烟"活动先进个人
2005	王冬梅	烟台市旅游局	旅游统计先进个人
2006	张凤敏	山东省期刊协会	优秀编辑
2007	王冬梅	烟台市旅游局	旅游统计先进个人
2007	王建玲	烟台市创建青年文明号活动组委会	烟台市青年文明工作者
2008	王冬梅	烟台市旅游局	旅游统计先进个人
2008	王江春	烟台市委统战部	"凝心聚力富民兴烟"活动先进个人
2008	刘翠玲	烟台市统计局	烟台市统计工作先进个人
2009	刘学庆	国家林业局、中国花卉协会、北京市人民政府	第七届中国花卉博览会"先进个人称号"
2009	王冬梅	烟台市旅游局	旅游统计先进个人
2009	姜鸿明	《齐鲁晚报》	"2008山东十大责任公民"称号
2009	王江春	九三学社烟台市委员会	优秀社员
2009	姜鸿明	烟台六十佳评选组委会	山东（烟台）社会主义建设六十佳先进人物之十佳创新风云人物
2009	吴桂本	烟台市"一百"英模人物评选活动组委会	烟台市为中华人民共和国成立和烟台建设作出突出贡献的100位英模人物
2009	刘维正	烟台市科学技术协会	全市科协系统学会工作先进个人
2010	王江春	九三学社中央委员会	社会服务工作先进个人
2010	迟爱花	福山区委、福山区人民政府	福山区人口和计划生育先进工作者
2010	崔万锁	九三学社烟台市委	信息宣传工作先进个人
2010	刘维正	烟台市农业局	烟台市农业网络信息工作先进个人
2011	刘学卿	烟台市纪委、市人力资源与社会保障局、市监察局	烟台市纪检监察工作先进个人并受嘉奖奖励
2011	刘学庆	烟台市农业局	烟台市农业系统人才工作先进个人
2011	李元军	烟台市民政局	烟台民间模范
2011	崔万锁	九三学社烟台市委	信息宣传工作先进个人

(续表)

年份	姓名	授奖单位	荣誉名称
2011	王常芸	山东省旅游局	"好客山东"优秀服务明星银质奖
2011	姜学玲	烟台市委统战部	"富民兴烟"先进个人
2011	刘翠玲	山东省资源清查办	省第二次R&D资源清查优秀个人
2011	刘维正	中国民主促进会山东省委员会	双岗建功先进个人
2011	刘维正	中共烟台市委统战部	"凝心聚力富民兴烟"先进个人
2012	隋秀奇、孙庆田	烟台市民政局	烟台民间模范
2012	崔万锁	九三学社烟台市委	信息宣传先进社员
2012	崔万锁	九三学社烟台市委	参政议政先进社员
2013	姜鸿明	烟台市精神文明建设委员会办公室、烟台日报传媒集团	"烟台万达杯"2011—2012双年度人物——十佳烟台好人
2013	王江春	烟台市福山区政府	福山区优秀政协委员
2013	刘维正	中国民主促进会山东省委员会	为履行"参政党职能"做贡献先进个人
2014	王常芸	烟台市旅游局	"城市月月休闲汇"工作先进个人
2014	崔万锁	九三学社烟台市委	九三楷模
2014	孙纪霞	山东省林业厅	第八届中国花卉博览会"先进个人"
2014	王江春	烟台市委统战部、烟台市总工会	烟台市同心建功楷模
2014	刘维正	政协烟台市委员	优秀政协委员
2015	刘维正	中国民主促进会烟台市委员会	2011—2015参政议政优秀会员
2015	卢建声	烟台市公安局	全市单位内部治安保卫工作先进个人
2015	王志新、兰丰	农业部农产品质量标准研究中心	国家农产品质量安全风险评估工作优秀个人
2015	崔万锁	九三学社烟台市委	优秀社员
2016	崔万锁	九三学社烟台市委	优秀社员
2016	刘维正	政协烟台市委员	优秀政协委员
2016	鹿泽启	农业部农产品质量标准研究中心	国家农产品质量安全风险评估工作优秀个人
2016	王建玲	烟台市旅游局	"城市月月休闲汇"工作先进个人
2016	徐维华	福山区公安局	单位内部治安保卫工作先进个人
2016	王江春	山东省委宣传部、省政协办公厅、省文明办	政协委员履职为民故事奖

4. 优秀科技工作者

年份	姓名	荣誉名称
2002	吴桂本	全国优秀科技服务工作者
1978	于绍夫	山东省科技大会先进个人
1985	杨中萃	山东省科协系统先进科技工作者
1986	杨中萃	山东省科协系统先进科技工作者

(续表)

年份	姓名	荣誉名称
1991	杨中萃、崔广琴、孙始良	山东省专业技术拔尖人才
1991	张善勇	山东省农业厅科技兴农先进个人
1992	姜学玲、于乃敏、于洪春	山东省农业科教先进工作者
1994	崔广琴	山东省优秀科技工作者
1997	崔广琴、吴桂本、王玉心	山东省专业技术拔尖人才
2000	吴桂本	山东省先进科技工作者、记三等功
2004	王英姿	山东省优秀科技服务工作者
2006	姜鸿明	山东省有突出贡献的中青年专家
2011	赵倩	山东省有突出贡献的中青年专家
2012	张善勇	全省粮食生产突出贡献农业科技人员
2013	刘学庆	山东省有突出贡献的中青年专家
1978	杨中萃	烟台市先进科技工作者
1988	于伊、徐沛然、郑洪良、贾廷祥、张香蓉、王树钿、王志范、章宗江	烟台市专业技术拔尖人才
1991	郑洪良、贾廷祥、王树钿、王志范、于令康、吴桂本、刘志坚	烟台市专业技术拔尖人才
1992	徐沛然	烟台市贡献突出的科技工作者（重奖）
1992	林祖军	烟台市十大青年科技标兵
1994	周培庆	烟台市科技英才
1998	王江春	烟台市青年科技奖
1995	刘志坚、贾廷祥、王树钿、王志范、于令康、吴桂本	烟台市专业技术拔尖人才
1999	吴桂本	"烟台市科技功臣"十大杰出人才，重奖
1999	刘志坚、刘宝革、牟春生、龙丽萍	烟台市专业技术拔尖人才
1999	汤国民、姜学玲、刘传德、王作全、姜鸿明、王江春、于经川、姜中武、张福兴、王全华	烟台市学科（技术）带头人
2001	孙庆田	科学普及先进工作者
2001	陈永娜、刘维正	烟台市学科（技术）带头人
2001	王江春、于经川	烟台市专业技术拔尖人才
2002	姜鸿明	十大杰出科技创新工作者
2002	刘维正	烟台市青年科技奖
2003	刘学庆	烟台市学科（技术）带头人
2003	吴桂本	烟台市终身专业技术拔尖人才
2005	梁新明	烟台市有突出贡献的中青年专家
2006	王英姿	烟台市十佳科技创新女能手
2007	赵倩	烟台市青年科技奖
2008	刘兆晔、赵倩、尹国香	烟台市学科（技术）带头人

(续表)

年份	姓　名	荣誉名称
2009	张善勇	烟台市有突出贡献的中青年专家
2010	姜鸿明	2009年度突出贡献奖
2010	辛国胜	烟台市职工优秀技术创新成果奖三等奖
2010	姜鸿明	烟台十大科技领军人才
2012	林祖军、刘学庆	烟台市有突出贡献的中青年专家
2013	张福兴、王英姿	烟台市有突出贡献的中青年专家
2015	刘兆晔	烟台市有突出贡献的中青年专家
2017	辛国胜	烟台市有突出贡献的中青年专家

5. 烟台市农业局先进个人

（1）三等功

于洪春（1991）　于作庆（1992）　张善勇（1992）　于洪春（1993）　吴桂本（1994）　于洪春（1994）
于作庆（1995）　吴桂本（1995）　于洪春（1995）　杨中萃（1995）　王作全（1997）　王作全（1998）
张福兴（1998）　梁新明（1999）　吴桂本（1999）　薛增敏（1999）　辛举文（1999）　周先学（1999）
张福兴（1999）　孙广隽（1999）　周先学（2000）　刘学庆（2001）　梁新明（2002）　刘学庆（2002）
姜鸿明（2002）　刘学卿（2002）　吕绍玲（2002）　刘学卿（2003）　刘学庆（2003）　李美玲（2004）
梁新明（2005）　张福兴（2005）　姜鸿明（2005）　王常芸（2005）　孙纪霞（2005）　张福兴（2006）
王英姿（2006）　姜青梅（2006）　李美玲（2006）　姜鸿明（2007）　刘学庆（2007）　刘学庆（2008）
郭绪亮（2008）　姜青梅（2008）　辛国胜（2008）　黄代峰（2008）　张善勇（2009）　郭绪亮（2009）
刘维正（2009）　刘学庆（2009）　刘传德（2009）　王江春（2009）　于　青（2009）

（2）嘉奖

年份	姓　名									
1994	张福兴	张广和	房道亮	于乃敏						
1995	王作全 王玉心	周洪志 鞠法远	迟旭海	柳尧训	郭世同	吕绍玲	汤国民	林祖军	崔广琴	李绍敏	郭绪良	翟广印
1996	姜鸿明	刘学卿	张广和	房道亮	于洪春					
1997	张广和	张福兴	姜鸿明	刘传德	于乃敏					
1998	刘学卿	刘传德	张广和	于经川						
1999	崔广琴 李卫强	周鸿志 张建明	龙丽萍 王志新	吕绍玲 刘宝革	王英姿 李全义	张广和 李元军	刘维正 房道亮	柳尧训 隋秀奇	刘学庆 朱相川	翟广印 刘守东	姜青梅 林成欣	姜学玲
2000	刘学庆	张广和	刘学卿	刘传德	张福兴	孙纪霞	尹国香	张建明		
2001	姜鸿明	刘学卿	孙纪霞	刘传德	刘维正	王常芸	王建玲	李美玲		
2002	王英姿 张凤敏	王常云 张广和	郭绪良 朱相川	刘维正 黄代峰	姜青梅 娄桂兰	李美玲 迟爱花	张克云 尹国香	龙丽萍	吴桂本	崔广琴	鲁守臣	姜中武
2003	刘学庆	张福兴	王常芸	袁堂玉	尹国香	黄代峰	李美玲	孙纪霞	张凤敏	刘维正	李元军	刘传德
2004	刘学庆	刘传德	姜鸿明	王常芸	张凤敏					
2005	姜青梅 李美玲	刘维正 辛国胜	张广和 刘述河	刘传德	尹国香	张凤敏	李元军	苏佳明	郭绪良	王继秋	于经川	黄代峰
2006	张广和	刘传德	于经川	王常芸	孙纪霞	尹国香	黄代峰	张凤敏	李元军	

（续表）

年份	姓　名											
2007	李元军	于经川	王常芸	王建玲	张广和	黄代峰	张善勇	李美玲	刘维正	王全华	刘传德	辛国胜
	王培松											
2008	张善勇	王全华	刘维正	王江春	刘传德	汤国民	张福兴	张广和	王常芸	王建玲	于　青	刘兆晔
	王培松	苏佳明	丁朋松	李美玲								
2009	李美玲	汤国民	王全华	孙庆田	张广和	张洪胜	辛国胜	刘兆晔	王常芸	王建玲	张肖平	王永奇
	刘保友	黄代峰	唐美玲	苏佳明	徐维华	丁朋松						

6. 农科院（所）先进工作者

年度	姓　名											
1991	王树钿	李绍敏	王志范	于洪春	张善勇	盛志政	王士友	徐沛然	于　伊	杨中萃	吴桂本	崔广琴
	孙始良	辛举文	高洪芝	王作全	周德庆	于经川	刘维正	宋世志	姜学玲	卜宪玉	周鸿志	马丽娜
	吕　谔	陈忠修	翟广印	陈广宽	吕学勤	王仁章	徐　艳	吕建华	盛玉兰	隋金华	李福玉	张天清
	仲崇臣	冯雁玲	迟旭海	孙廷昌	陈明杰	孙　亮	孙翔勇	孙君强	王克语	姜　华	于爱波	李慎生
	汤江海	刘洪森	鞠法远	郭世同	谭忠松	于洪明		周进丑	曲学龙	刘述河	张曰金	刘淑卿
	成秀萍	张祥成	李美玲	田学俭								
1992	徐沛然	吴桂本	崔广琴	盛志政	王志范	王树钿	李绍敏	辛举文	于作庆	李慎生	徐源连	卜宪玉
	谢永富	宫本义	刘洪森	周鸿志	龙丽萍	韩启秀	马丽娜	王月平	姜学玲	魏振华	盛玉兰	冯雁玲
	孙吉南	周德庆	刘维正	周先学	孙　亮	吕建华	周庆涛	刘学庆	鞠法远	谭忠松	郭世同	李忠茂
	孙翔勇	于洪明	李素梅	王克语	孙廷昌	周树仁	迟旭海	仲崇臣	刘淑卿	王英姿	吕绍玲	刘勤波
	孙君强	吕学勤	翟广印	张建明	陈广宽	孙德明	王　敏	王　娟	吕振亚	刘述河	李美玲	王建华
	娄佳兰	陈广芸	王月华	成秀萍	王治乐	周建忠	王厚勤	于瑞娜	王巧玲		李卫强	
1993	徐沛然	杨中萃	吴桂本	崔广琴	孙始良	王玉心	王志范	王作全	刘明春	李慎生	于洪春	于作庆
	叶明君	汤国民	孙世川	孙吉南	鞠法远	刘再庆	李绍敏	宫本义	辛举文	林祖军	陈明杰	于忠范
	田学俭	周鸿志	宋世志	于经川	宋文卿	卜宪玉	孙廷昌	吕建华	于洪明	汪克严	郭世同	曲学龙
	李美玲	吕绍玲	马丽娜	隋金华	巴信斌	翟广印	王镇国	周树仁	仲崇臣	周进丑	孙翔琴	迟旭海
	王克语	王巧玲	吕振亚	张祥成	张汝本	周进丑						于树朴
1994	吴桂本	杨中萃	于洪春	崔广琴	吕绍玲	鞠法远	孙世川	徐文芳	王玉心	宋子钦	薛增敏	王志范
	龙丽萍	林祖军	谢永富	陈明杰	徐沛然	贾廷祥	周鸿志	翟广印	张广和	辛举文	汤国民	王作全
	于作庆	王克浩	于经川	刘维正	姜鸿明	韩启秀	周先学	王英姿	刘传德	宋文卿	郭绪良	马丽娜
	郑洪良	于　波	娄桂兰	姜青梅	王　敏	李慎生	宋世志	王克语	刘述河	刘惠芹	张建明	孙廷昌
	仲崇臣	周进丑	周树仁	盛治川	刘云芝	张爱杰	迟旭海	窦墨华	陈广宽	郭世同	曲学龙	赵明光
	谭忠松	汪克严		孙同卿	邹贵强	于树朴						
1995	吴桂本	于作庆	于洪春	汤国民	杨中萃	王玉心	王作全	李绍敏	鞠法远	刘学智	林祖军	崔广琴
	龙丽萍	于经川	柳尧训	周先学	郭绪良	叶明君	周鸿志	吕绍玲	黄代峰	李晓亮	翟广印	迟旭海
	于洪明	郭世同	孙翔勇	王培波	林治强							
1996	吴桂本	刘学智	鞠法远	姜鸿明	薛增敏	于洪春	于作庆	杨中萃	王玉心	崔广琴	王克浩	于庆宪
	陈明杰	李慎生	周鸿志	迟旭海	王志范	刘再庆	于　波	张广和	王英姿	吕绍玲	刘学卿	刘惠芹
	郭世同	翟广印	宋世志	赵明光	于瑞敏							
1997	吴桂本	姜鸿明	王作全	鞠法远	刘学智	薛增敏	于作庆	于洪春	黄代峰	刘惠芹	王志范	王英姿
	孙　亮	吕绍玲	周洪志	李美玲	翟广印	叶明君	崔广琴	杨中萃	李兴桥	于庆宪	张广和	刘治臣
	宋世志	刘红艳	姜学玲									
1998	吴桂本	姜鸿明	林祖军	王作全	辛举文	薛增敏	杨中萃	崔广琴	王志范	王英姿	于经川	赵　倩
	周德强	李晓亮	张建明	张广和	赵明光	郭世同	刘治臣	柳尧训	宋世志	于瑞娜	吕绍玲	刘学卿
	周洪志	刘再庆	徐　艳	于作庆								
1999	吴桂本	辛举文	周先学	薛增敏	崔广琴	龙丽萍	周鸿志	吕绍玲	柳尧训	王英姿	刘维正	张广和
	刘学庆	姜学玲	李晓亮	李卫强	郭绪良		王志新	翟广印	姜青梅	张建明		

(续表)

年度	姓　名										
2000	吴桂本	薛增敏	周先学	刘学智	刘维正	刘学庆	崔广琴	龙丽萍	周鸿志	吕绍玲	王英姿	柳尧训
	刘学卿	张广和	李晓亮	邱化蛟	孙纪霞	尹国香	卢建声	赵明光				
2001	吴桂本	吕绍玲	刘学庆	周先学	王建玲	姜鸿明	崔广琴	郭绪良	姜青梅	李美玲	刘维正	龙丽萍
	孙纪霞	王全华	王英姿	王常芸	黄代峰	宋世志	娄桂兰	汪克严	杨义文	姜中武	梁玉本	刘守东
	朱相川											
2002	刘学卿	吕绍玲	刘学庆	姜鸿明	王英姿	王常芸	吴桂本	崔广琴	龙丽萍	姜中武	张凤敏	张广和
	郭绪良	刘维正	姜青梅	李美玲	张克云	尹国香	鲁守臣	黄代峰	朱相川	迟爱花	赵明光	娄桂兰
	刘红艳											
2003	刘学卿	吕绍玲	刘学庆	辛举文	张克云	张凤敏	王常云	刘维正	姜青梅	李美玲	姜鸿明	王英姿
	汤国民	鞠法远	李元军	张福兴	孙纪霞	尹国香	娄桂兰	袁堂玉	陈广宽			
	突出贡献先进个人：薛增敏　姜鸿明　张克云　张孝正											
2004	姜鸿明	刘维正	姜青梅	孙吉南	辛国胜	翟广印	李美玲	隋金华	张肖平	于经川	刘兆晔	王英姿
	孙纪霞	段小娜	尹国香	王常芸	张凤敏	张福兴	李元军	王志新	葛晨辉			
2005	姜鸿明	张凤敏	郭绪良	刘维正	姜青梅	张广和	刘传德	张福兴	李元军	于经川	李美玲	王永奇
	孙纪霞	刘述河	辛国胜	黄代峰	王继秋	王常芸	尹国香	苏佳明	高仁宝			
2006	姜鸿明	张福兴	王常芸	孙纪霞	王英姿	姜青梅	郭绪良	刘维正	张广和	刘传德	尹国香	张凤敏
	李元军	于经川	黄代峰	李美玲	辛国胜	王全华	王建玲	刘述河	张肖平			
2007	姜鸿明	姜中武	刘学庆	郭绪良	刘维正	姜青梅	李美玲	王全华	黄代峰	刘传德	于经川	王常芸
	张广和	李元军	王建玲	王培松	张肖平	孙纪霞	辛国胜	苏佳明	张福兴			
2008	刘学庆	王全华	汤国民	张广和	郭绪良	刘维正	姜青梅	李美玲	辛国胜	黄代峰	王常芸	张福兴
	刘传德	王江春	苏佳明	于青	王建玲	刘兆晔	王培松	丁朋松	张肖平			
2009	刘学庆	王全华	郭绪良	刘维正	汤国民	李美玲	黄代峰	王常芸	张广和	刘传德	辛国胜	王江春
	苏佳明	王永奇	王建玲	于青	张肖平	丁朋松	孙庆田	张洪胜	唐美玲	刘兆晔	徐维华	刘保友
2010	刘学庆	刘维正	汤国民	张广和	李美玲	黄代峰	辛国胜	王常芸	刘传德	王江春	孙庆田	王建玲
	于青	张洪胜	苏佳明	王永奇	张肖平	唐美玲	刘克宁	刘保友	李林志	夏秀波		
2011	姜青梅	刘维正	李美玲	辛国胜	汤国民	刘传德	张广和	孙庆田	唐美玲	苏佳明	张洪胜	于青
	王志新	于经川	尹国香	孙纪霞	刘述河	王培松	迟爱花	张肖平	董超	夏秀波	孙晓辉	赵明
2012	姜青梅	李美玲	李涛	刘传德	汤国民	王江春	孙庆田	李晓亮	辛国胜	张广和	于青	张洪胜
	刘美英	孙纪霞	苏佳明	丁朋松	唐美玲	张肖平	董超	刘保友	王永奇	夏秀波	张振英	宋世志
	于波	殷岩	赵明	王冬梅	李庆余							
2013	李美玲	王永奇	张广和	黄代峰	辛国胜	迟爱花	王丽	王志新	李涛	孙纪霞	丁朋松	王培松
	刘保友	张焕春	张肖平	袁堂玉	徐维华	赵玲玲	刘万好	张振英	刘美英	于波	孙妮娜	李淑平
	沙玉芬	辛庆国	李庆余	王冬梅	王振萍							
2014	李美玲	黄代峰	王常芸	张广和	李涛	王志新	辛国胜	孙纪霞	王江春	迟爱花	张肖平	于强
	矫岩林	刘保友	徐维华	卢建声	李林志	慈志娟	刘美英	于波	孙妮娜	王丽君	李淑平	沙玉芬
	李公存	张超杰	孙艳霞	李庆余	辛庆国							
2015	宋世志	张洪胜	宋来庆	刘传德	王志新	辛国胜	李涛	王培松	王丽	李美玲	黄代峰	王常芸
	丁朋松	于强	段小娜	鹿泽启	王江春	矫岩林	刘保友	姜学玲	王鹏	刘翠玲	张肖平	卢建声
	巴信斌	王建玲	王增光	刘美英	张超杰	李公存	李庆余	田长平	丁晓义	严美玲	郭文姣	王洪涛
	黄金荣	王丽君	王宁									
2016	于经川	张福兴	孙庆田	王江春	宋来庆	李涛	王培松	张序	唐美玲	辛国胜	曹守军	刘万好
	于强	王洪涛	李庆余	邱鹏飞	袁堂玉	李公存	唐岩	矫岩林	郭文姣	黄代峰	丁朋松	王志新
	刘传德	刘维正	苏佳明	张焕春	王丽	李美玲	姜青梅	迟爱花	柳璇	郑建鹏	姚杰	兰丰
	姜法祥	王新语	刘洁									

(续表)

年度	姓　名
2017	张福兴　孙庆田　王江春　于经川　王培松　辛国胜　孙纪霞　宋来庆　张　序　李林志　赵玲玲　李延菊 李　涛　刘保友　唐美玲　李芳东　王洪涛　王玉霞　唐　岩　于晓丽　田长平　张学勇　丁朋松　黄代峰 王志新　段小娜　刘传德　刘维正　苏佳明　孙妮娜　姜青梅　郑建鹏　张振英　王冬梅　王新语　刘　洁 王　宁

1993年农科院
十佳文明标兵：吴桂本　翟广印　鞠法远　王作全　汤国民　于经川　宋世志　曲学龙　徐沛然　包绍芬
十佳文 明 户：吴桂本　李绍敏　鞠法远　杨中萃　孙世川　翟广印　仲广庭　周鸿志　宫本义　谢永富

7. 优秀共产党员

（1）烟台市农科院（所）优秀党员

年度	姓　名
1989	于作庆　仲广庭　徐沛然　杨中萃　吴桂本　张悦敏　徐文芳　周洪志　鞠法远　刘正金
1990	于作庆　吕　谭　杨中萃　徐沛然　徐文芳　鞠法远　吴桂本　周洪志　王志范　翟广印　刘明春　刘再庆 仲广庭　于洪春　宋子钦
1991	于作庆　王忠善　仲广庭　于洪春　徐文芳　吴桂本　宋子钦　杨中萃　周鸿志　鞠法远　王克诰　刘明春 徐沛然　孙始良　李绍敏　翟广印　刘正金　张善勇　王树钿　孙世川
1992	于洪春　于作庆　鞠法远　吴桂本　李绍敏　宋子钦　周洪志　仲广庭　王忠善　徐沛然　王克诰　徐文芳 孙世川　翟广印　孙君强　王树钿　崔广琴　刘明春　徐源连　辛举文
1993	王作全　徐沛然　吴桂本　杨中萃　林祖军　辛举文　陈明杰　王克语　鞠法远　汪克严　孙吉南　田学俭 吕绍玲　马丽娜　孙世川　周洪志　翟广印　仲广庭　王彩珍
1994	辛举文　于作庆　吴桂本　杨中萃　于洪春　鞠法远　翟广印　吕绍玲　孙世川　徐文芳　崔广琴　汤国民 徐沛然　贾廷祥　周洪志　王彩珍　仲广庭
2016	姜青梅　李美玲　迟爱花　李晓亮　刘传德　王培松　辛国胜　王志新　孙纪霞　李　涛　张焕春　刘保友 刘万好　李林志　慈志娟　孙妮娜　巴信斌　孙燕霞　王义菊　李延菊　赵　明　仲崇臣　宋子钦　张凤敏 王志范　徐源连　陈忠修　刘洪森
2017	苏佳明　李美玲　姜青梅　徐维华　宋来庆　唐美玲　刘传德　王志新　黄代峰　王常芸　丁朋松　王　鹏 李林志　邱鹏飞　郭文姣　刘保友　张瑞清　李淑平　李延菊　肖慧琳　王义菊　杜清福　张丽莉

（2）市直农业系统优秀共产党员

初展葵（1990）　　房道亮（1993）　　于洪春（1996）　　房道亮（1997）　　于洪春（1997）　　姜鸿明（1999）
翟广印（2000）　　张凤敏（2000）　　刘学卿（2001）　　张福兴（2001）　　张广和（2001）　　刘学卿（2002）
李美玲（2002）　　姜鸿明（2003）　　刘学卿（2003）　　刘学庆（2003）　　李美玲（2003）　　刘学卿（2004）
刘学庆（2004）　　孙纪霞（2004）　　李美玲（2004）　　孙纪霞（2005）　　姜鸿明（2005）　　于经川（2005）
姜青梅（2005）　　李美玲（2005）　　张福兴（2005）　　李元军（2005）　　黄代峰（2006）　　孙纪霞（2006）
于经川（2006）　　李美玲（2006）　　张福兴（2006）　　辛国胜（2006）　　黄代峰（2008）　　张福兴（2008）
王全华（2008）　　辛国胜（2008）　　张广和（2008）　　李美玲（2008）　　姜青梅（2008）　　刘传德（2008）
张广和（2009）　　孙庆田（2009）　　黄代峰（2010）　　王永奇（2010）　　孙庆田（2010）　　姜青梅（2010）
李美玲（2010）　　刘保友（2010）　　张广和（2010）　　黄代峰（2011）　　王永奇（2011）　　孙庆田（2011）
姜青梅（2011）　　李美玲（2011）　　汤国民（2012）　　李美玲（2012）　　姜青梅（2012）　　苏佳明（2012）
刘传德（2012）　　王培松（2012）　　张肖平（2012）　　孙纪霞（2012）　　赵　明（2012）　　李　涛（2013）
孙庆田（2013）

（3）烟台市优秀共产党员
吴桂本（1981）　　吴桂本（1986）　　吴桂本（1992）　　杨中萃（1996）　　姜中武（2006）　　刘学庆（2011）

（4）山东省优秀共产党员

吴桂本（1994）

（5）优秀党务工作者

烟台市：于乃敏（1989） 刘学卿（2008）
农业局：于洪春（1998） 于乃敏（1999） 于作庆（1996） 刘学卿（2005） 郭绪良（2008）
　　　　迟爱花（2010） 迟爱花（2012） 李美玲（2013） 姜青梅（2013）
农科院：苏佳明（2016） 黄代峰（2016） 李　涛（2016） 宋世志（2016） 姚　杰（2016）
　　　　宋子钦（2016）

三、党、政代表大会代表名录

1. 各级党代会代表

姓名	性别	党代会名称
吴桂本	女	中国共产党山东省第六次党代会代表

2. 各级人大代表

姓名	性别	全国人大	山东省人大	烟台市人大	福山区人大
徐沛然	男	六届代表			
章宗江	男	六、七届代表			
吴桂本	女	八届代表			
章宗江	男		五届代表		
吴桂本	女		八届代表		
吴桂本	女			十届常委	
刘志坚	男			十、十一届代表	
梁新明	男			十五届代表	
董锐	男			十六届代表	
朱波	男			十六届代表	
杨中萃	男				十一届代表
吴桂本	女				十二届代表
姜鸿明	男				十五届代表
刘学庆	男				十六届代表
刘学卿	女				十七届代表、十八届常委

3. 各级政协委员

姓名	性别	山东省政协	烟台市政协	福山区政协
于伊	男	四、五届委员		
崔广琴	女	六、七届委员		
牟春生	男	八、九、十届委员		
张善勇	男	十一届委员		
张香蓉	男		六、七届委员	
方正	男		六、七、八届常委	

(续表)

姓名	性别	山东省政协	烟台市政协	福山区政协
龙丽萍	女		九、十届委员	
邹振祥	男		九、十届委员	
刘维正	男		十一、十二届委员	
刘维正	男			六、七届委员
王江春	男			八、九、十届常委
姜青梅	女			九届委员

四、政府特殊津贴专家名录

徐沛然（1991）　崔广琴（1991）　于　伊（1992）　王志范（1992）　吴桂本（1992）　杨中萃（1992）
孙始良（1992）　王树钿（1993）　刘志坚（1993）　王玉心（1994）　牟春生（1997）　方　正（1997）
姜鸿明（2007）　姜中武（2015）　王江春（2016）

五、正高级专业技术人员名录

二级研究员
牟春生（四级2000.08，二级2010.12）姜鸿明（四级2003.10，二级2010.12）刘学庆（四级2007.01，二级2013.11）
姜中武（四级2002.12，二级2015.07）王江春（四级2002.10，二级2017.10）

三级研究员
张善勇（四级2004.11，三级2010.12）林祖军（四级2003.07，三级2012.05）王英姿（四级2002.01，三级2014.05）
张福兴（四级2008.02，三级2014.05）刘兆晔（四级2011.01，三级2015.11）辛国胜（四级2016.12，三级2018.01）

四级研究员
杨中萃（1997.01）	崔广琴（1997.01）	王玉心（1997.01）	吴桂本（1997.01）	王志范（1998.05）
张凤敏（2001.12）	刘传德（2002.10）	姜学玲（2003.10）	于经川（2003.10）	王作全（2004.11）
刘维正（2004.11）	陈永娜（2004.11）	汤国民（2004.11）	梁新明（2004.11）	龙丽萍（2005.11）
韩启秀（2005.11）	刘学卿（2006.10）	李元军（2009.04）	孙庆田（2010.03）	李素梅（2011.01）
尹国香（2012.12）	张洪胜（2012.12）	赵　倩（2012.12）	周先学（2014.12）	张广和（2014.12）
于　青（2014.12）	王培松（2016.12）	刘美英（2016.12）	孙纪霞（2016.12）	

六、副高级专业技术人员名录

徐沛然（1981.09）	于　伊（1981.12）	陈昌玉（1987.11）	张香蓉（1987.11）	刘明春（1987.11）
王士友（1987.11）	于令康（1987.11）	盛志政（1987.11）	方　正（1987.11）	章宗江（1987.11）
吕褐祯（1987.11）	周培庆（1987.11）	邹云贵（1987.11）	李　连（1987.11）	王树钿（1987.11）
叶学昶（1988.03）	李慎生（1988.03）	王彩珍（1988.03）	邹玉真（1989.06）	孙始良（1992.12）
徐源连（1992.12）	李兴桥（1992.12）	孙树礼（1992.12）	张建安（1992.12）	卓耀南（1992.12）
臧逢春（1992.12）	张文准（1992.12）	于英琛（1992.12）	于良忠（1992.12）	王克浩（1992.12）
张宗坤（1992.12）	胡孟兴（1992.12）	高洪芝（1992.12）	叶明君（1992.12）	刘洪森（1992.12）
辛举文（1993.12）	宫本义（1993.12）	邹振祥（1993.12）	宋文卿（1994.11）	汪克诚（1995.11）
孟惠英（1995.11）	于作庆（1996.11）	李全义（1998.11）	崔万锁（1999.11）	卜宪玉（1999.11）
梁玉本（1999.11）	田世恩（2000.11）	张克云（2001.11）	王常芸（2001.12）	李晓亮（2001.12）
李卫强（2001.12）	于维忠（2002.10）	房道亮（2003.07）	夏德君（2004.11）	孙吉南（2005.10）
隋秀奇（2006.09）	王志新（2006.09）	王建玲（2006.09）	黄代峰（2009.03）	姜青梅（2009.04）
丁晓义（2011.02）	韩俊杰（2012.01）	李淑平（2012.01）	刘述河（2012.12）	段小娜（2013.02）
苏佳明（2013.02）	赵玲玲（2013.07）	董　超（2013.12）	唐美玲（2013.12）	张肖平（2013.12）
张焕春（2014.12）	李　涛（2014.12）	严美玲（2014.12）	王永奇（2014.12）	张振英（2014.12）

宋来庆（2014.12）	辛庆国（2015.12）	商丽丽（2015.12）	李林志（2015.12）	张　序（2015.12）
李延菊（2015.12）	夏秀波（2015.12）	丁朋松（2015.12）	卢建声（2015.12）	徐维华（2015.12）
张　伟（2015.12）	刘保友（2015.12）	袁堂玉（2016.12）	于　强（2016.12）	沙玉芬（2016.12）
孙燕霞（2016.12）	于　波（2016.12）	王增光（2016.12）	孙妮娜（2018.05）	邱鹏飞（2018.05）
杜清福（2018.05）	刘万好（2018.05）	张瑞清（2018.05）	王洪涛（2018.05）	

七、民主党派成员

九三学社社员：张香蓉（男，1963.10）、陈昌玉（男，1982.1）、曹继森（男，1985.8）、陈世勇（男，1985.8）、章宗江（男，1986）、于令康（男，1987）、常鸿（男，1988.9）、李慎生（男，1990）、邵振祥（男，1991.3）、姜学玲（女，1995.4）、王江春（男，2003.10）、崔万锁（男，2009.11）、尹国香（女，2010.10）、杨剑超（男，2015.4）、王玉霞（女，2016.8）、王洪涛（男，2017.11）、冯烨宏（女，2017.11）

中国民主促进会：刘维正（男，2009.01）、赵玲玲（女，2015.12）、李宝燕（女，2015.12）

八、农科院重要规章制度汇编目录

1. 党委会议事规则
2. 院长办公会议事规则
3. 督查督办制度
4. 公文处理规程
5. 印章使用办法
6. 行政后勤单位岗位职责
7. 公务活动管理规定
8. 安全生产管理制度
9. 人口与计划生育管理规定
10. 治安保卫工作管理制度
11. 车辆使用与管理办法
12. 驾驶员管理办法
13. 外来劳务人员管理办法
14. 关于创新人才管理机制，加快学科团队建设和中青年人才培养步伐的意见
15. 烟台市农科院博士后管理办法（试行）
16. 烟台市农科院实习学生管理暂行规定（试行）
17. 烟台市农科院卫生保洁管理办法
18. 科研项目和课题管理办法
19. 科技信息和科技档案管理办法
20. 实验室管理制度
21. 农作物新品种管理办法
22. 财务管理制度（试行）
23. 差旅费管理办法（试行）
24. 内部资产和科研产品管理办法
25. 试验地管理办法
26. 水电暖管理规定
27. 保密管理制度
28. 请销假制度
29. 纪律处分规定
30. 农业信息服务管理办法（试行）
31. 烟台市农科院科学技术奖励办法（试行）
32. 烟台市农科院岗位目标责任制分类考核办法（试行）